HISTOIRE GÉNÉRALE

DE

L'EXPOSITION UNIVERSELLE

DE 1867

PAR

M. P. AYMAR-BRESSION

LES PUISSANCES ÉTRANGÈRES

« Les vraies conquêtes sont celles que
l'on fait sur l'ignorance. »

NAPOLÉON Ier.

PARIS
21, RUE LOUIS-LE-GRAND, 21

—

1868

TABLE-SOMMAIRE.

Chapitres		Pages.
I.	Introduction.	1
II.	Le Champ de Mars.	9
III.	Le Palais.	11
IV.	Le Parc.	23
V.	Le Jardin réservé.	28
VI.	Billancourt.	32
VII.	Distribution des produits.	38
VIII.	Les Pays-Bas.	48
IX.	Le grand-duché de Luxembourg.	61
X.	La Belgique.	66
XI.	La Prusse.	93
XII.	Le grand-duché de Hesse.	117
XIII.	Le grand-duché de Bade.	123
XIV.	Le Wurtemberg.	129
XV.	La Bavière.	139
XVI.	L'Autriche.	149
XVII.	La Suisse.	171
XVIII.	L'Espagne et ses colonies.	193
XIX.	Le Portugal.	215
XX.	La Grèce.	232
XXI.	Le Danemark.	245
XXII.	La Suède.	255
XXIII.	La Norwége.	267
XXIV.	La Russie.	277
XXIV bis.	L'Italie [1].	305
XXV.	Les États pontificaux.	334
XXVI.	La Roumanie.	354
XXVII.	L'empire ottoman.	363
XXVIII.	L'Égypte.	383
XXIX.	La Chine et Liou-Kiou.	397
XXX.	Japon et Siam.	403
XXXI.	La Perse.	411
XXXII.	La Tunisie.	417
XXXIII.	Le Maroc.	427
XXXIV.	Le Brésil.	431
XXXV.	Hawaii.	439
XXXVI.	Tristan d'Acunha.	449
XXXVII.	Royaume de Hongrie.	454
XXXVIII.	États-Unis d'Amérique.	458
XXXIX.	Républiques de l'Amérique centrale et méridionale.	475
XL.	La Grande-Bretagne et ses colonies; les Indes, etc.	495 à 584

[1]. Chapitre XXIV répété par erreur de l'imprimerie. Ce qui porte le nombre des chapitres parus à XLI au lieu de XL.

L'EXPOSITION UNIVERSELLE

DE 1867

I.

INTRODUCTION.

Ce n'est pas sans trembler que nous abordons le redoutable travail que l'Exposition universelle de 1867 nous impose.

Il y a là tout ce qu'il faut pour user la vie entière de plusieurs hommes.

Mais si d'un côté nous voulons y apporter tout ce qui nous reste d'ardeur, de bon sens et de lumière, nous espérons bien trouver de l'autre une indulgence à toute épreuve.

Une fois engagé dans ce gigantesque dédale, nous avons la volonté d'aller jusqu'au bout, si toutefois nos forces ne nous trahissent pas.

Grâce à plusieurs artistes et fabricants que leurs connaissances spéciales ont placés à la tête de l'art et de l'industrie et que nous ferons connaître, grâce à leurs appréciations impartiales, grâce encore à quelques publicistes d'un mérite généralement reconnu et à la complaisance des diverses commissions étrangères, nous avons pu recueillir des documents statistiques de source certaine, et c'est presque toujours sur ces bases que nous édifierons cet ouvrage.

Espérons que l'avenir nous tiendra compte de nos efforts pour laisser au pays des traces fidèles et ineffaçables du magnifique mouvement industriel qui se produit en ce moment.

Les siècles se succèdent, les États s'écroulent, les peuples disparaissent, les hommes tombent toujours..... Mais sur cet océan sans bornes, sur ces ruines amoncelées, la pensée humaine surnage vive et puissante. Le temps, ce terrible destructeur de toute chose, ne peut mordre à l'esprit souverain du monde, et sa faux s'émousse en vains efforts contre l'intelligence de tous. La pensée humaine est, en effet, insaisissable comme l'air; elle pénètre les vieux édifices, elle s'incruste dans la pierre, elle donne, sous toutes les formes, la vie à la matière, en y burinant ses vieilles traditions; elle écrit son histoire sur le sol en le chargeant de transmettre aux âges futurs le bilan humanitaire des temps passés et présents.

Ce bagage déjà si lourd, et qui grossit sans cesse, s'est aujourd'hui abattu sur Paris, dans une enceinte de fer, dans un temple immense portant à son fronton : *Exposition universelle de 1867.*

En ce vaste sanctuaire, tous les matériaux nécessaires à la reconstruction de l'histoire du monde se trouvent réunis, et comme le disait très-éloquemment le journal *le Temps*, non à propos des questions industrielles, mais au sujet d'un célèbre procès : « L'histoire n'est pas un musée d'antiquités inertes ; elle n'est pas une nécropole muette où les faits viennent se classer, s'étiqueter, s'ensevelir pour être à jamais soustraits à la discussion. Elle est tout juste le contraire de cela ; elle est quelque chose de très-vivant ; elle est une instruction continue, une procédure perpétuelle, incessamment reprise, corrigée, revisée en tous sens pour l'éducation des consciences et l'enseignement du genre humain. C'est là sa nature, sa mission et sa grandeur, et cela est tellement évident qu'il est inutile d'y insister. Dire qu'un fait appartient à l'histoire, ce n'est pas dire qu'il est soustrait à la discussion ; c'est dire au contraire qu'il y est dévolu, dévolu à la conscience générale, à l'examen. »

Ces réflexions nous sont suggérées par la création de la galerie annexe qui entoure le jardin central, galerie consacrée à *l'histoire du travail*, c'est-à-dire à l'exposition de tous les objets qui par leur nature portent la trace de tous les progrès accomplis, ainsi que les œuvres caractérisant les diverses époques de l'histoire du travail de l'homme.

Chaque nation a pris part à cette exposition spéciale, qui comprend les produits échappés au naufrage des âges, depuis les temps les plus reculés jusqu'à la fin du xviii° siècle ; elle comprend même ceux des premières époques de l'humanité, antérieures à la découverte des métaux, si bien qu'il est facile, par la vue des monuments exposés, de se rendre compte des époques principales de l'art et de l'industrie, et de saisir la succession chronologique des progrès et des transformations du travail.

Cette première partie de l'Exposition va énormément simplifier notre étude, puisque nous aurons tous les repères sous la main ; car nous n'avons nullement l'intention de faire une simple revue des objets exposés ; ce serait, suivant nous, un pauvre moyen de faire connaître au public l'état de l'industrie et du commerce chez les différents peuples. Admirer le résultat d'un travail, ce n'est pas le comprendre, ce n'est pas se faire une idée exacte de son importance : il faut — et ces temps sont venus — que le public se rende compte en même temps des années d'efforts, de recherches, de tâtonnements, d'essais, qui ont présidé à son exécution. Existe-t-il en effet une œuvre un peu travaillée qui ne parvienne à obtenir des éloges? Ces admirations banales qu'on retrouve partout ne sont-elles pas passées d'une manière déplorable dans nos habitudes? Et la presse elle-même ne s'est-elle pas faite la complaisante adulatrice de toutes les productions, quelles qu'elles soient, depuis que ses annonces et ses réclames sont devenues le monopole du mercantilisme?

C'est pour éviter de tomber, même malgré nous, dans de semblables errements, que nous suivrons une tout autre voie. Nous avons à cœur de mettre les esprits sérieux à même de se prononcer avec connaissance de cause, et pour cela il suffit de faire une étude comparative des produits naturels et manufacturés de tous les pays producteurs, sans oublier de signaler les germes qui ont pris naissance chez tel ou tel peuple ; non pas qu'en fait d'industrie nous acceptions l'égoïsme des nationalités d'une manière exclusive, mais seulement parce que nous respectons l'histoire, dont les faits réunis forment les vraies lettres de noblesse de l'univers.

Nous avons encore à cœur, aujourd'hui que nous possédons la navigation à vapeur, les chemins de fer, la télégraphie électrique, de bien constater quel est l'élément producteur qui domine ici et qui manque là. Ce bilan de tous les peuples du globe nous permettra de spécifier la pénurie et le trop-plein des centres, d'en déduire de grandes conséquences commerciales ; nous facilitera les moyens de travailler en connaissance de cause à l'équilibre commercial des nations, et d'aider, dans une mesure restreinte, il est vrai, à la solution de graves problèmes qui intéressent tous les peuples du monde.

En continuant à envisager l'Exposition universelle au point de vue moral et philosophique, nous ajouterons : qu'outre la galerie consacrée à l'histoire du travail, les classes 89 et 90 sont appelées également à une haute mission ; la classe 89 comprend : *Matériel et méthodes de l'enseignement des enfants*. La classe 90 comprend : *Bibliothèques et matériel de l'enseignement donné aux adultes dans la famille, l'atelier, la commune ou la corporation*. Qu'il nous soit permis de rappeler, à l'occasion de ces deux classes, quelques excellentes paroles extraites du rapport fait à l'Empereur par S. E. M. Duruy, ministre de l'instruction publique, et d'y prendre un point d'appui.

« ..... Le palais d'Hyde-Park n'avait reçu en 1851 que des objets fournis par la nature elle-même ou par l'industrie humaine. En 1855, l'Empereur décida que les deux anciennes expositions françaises seraient réunies : l'art fut placé à côté de l'industrie.

« Au milieu des magnificences étalées à Londres en 1862, on reconnut que le plus précieux des instruments de travail était encore l'homme, et qu'on augmenterait la valeur productive de l'ouvrier en augmentant sa valeur intellectuelle. La commission anglaise créa une classe spéciale de l'enseignement populaire; pour le même objet la Commission impériale en a établi deux.

« Mais les expositions internationales tendent à devenir la représentation complète de la société moderne, dans tous ses modes d'activité. Après avoir placé l'art à côté de l'industrie qu'il embellit et relève, Votre Majesté voudrait mettre la science pure auprès des applications qui n'en sont que la manifestation extérieure. En même temps que l'Empereur fait étudier les questions qui pourront conduire à trouver l'organisation que depuis la destruction des jurandes le monde industriel n'a cessé de chercher, vous désirez, Sire, qu'on demande aux sciences morales et politiques, ce qu'elles ont produit depuis vingt ans pour améliorer l'état de la société; aux lettres françaises, ce qu'elles ont fait « pour élever l'âme de la nation. »

« Le moyen de réaliser cette pensée est simple. Que l'Empereur daigne autoriser le ministre de l'instruction publique à être exposant. Si ses produits tiennent peu de place, sous une forme bien modeste, ils n'en fixeront pas moins l'attention, et je ne crains pas de dire que plusieurs survivront aux triomphes de leurs plus brillants voisins, puisque en eux, bien plus encore qu'en ceux-ci, se trouvera contenu l'esprit de la France.

« Je me suis déjà assuré du concours d'hommes considérables qui, dans une série de rapports signés de leur nom, afin que chacun garde l'honneur comme la responsabilité de son œuvre, présenteront :

« 1° Les progrès accomplis en France dans les sciences mathématiques, physiques et naturelles depuis vingt ans, c'est-à-dire depuis l'ère des grandes expositions ;

« 2° Les progrès accomplis par les sciences morales et politiques dans leurs applications aux besoins de la société ;

« 3° Le rôle des lettres françaises, qu'on étudierait moins au point de vue de la forme, ce qui est la tâche de la critique littéraire, que dans leurs effets sur l'éducation générale du pays. Car au palais de l'Exposition, au milieu de ces produits matériels qui sont une promesse de bien-être, les arts libéraux ne peuvent entrer que pour dire qu'ils apportent aux peuples non pas seulement de nobles distractions, mais encore des promesses de force, de dignité morale. »

Ceci est donc le couronnement moral et philosophique de l'Exposition universelle de 1867.

Ainsi nous avons, pour nous guider dans ce vaste ensemble de faits accumulés, et pour en déduire toutes les conséquences pratiques du moment : d'abord, l'exposition de l'histoire du travail, l'exposition des progrès accomplis depuis vingt ans dans les sciences mathématiques, physiques, naturelles, morales, politiques et littéraires, et enfin la statistique des éléments producteurs de toutes les nations du globe, statistique que nous allons dresser avec le plus grand soin, parce qu'elle servira de base à nos appréciations à venir.

Maintenant, il nous paraît essentiel de rappeler quelques chiffres ayant rapport aux expositions qui ont précédé celle de 1867. Bien que ces chiffres soient déjà connus, puisque nous les avons donnés nous-même dans des revues précédentes, ils se rattachent trop étroitement à notre sujet, ils en complètent trop bien le tableau pour que nous ne les reproduisions pas ici.

La première exposition industrielle eut lieu en 1798 ; elle comptait 110 exposants, et fut ouverte par François de Neufchâteau qui avait fait construire au Champ de Mars même, non loin du temple de la Science et de l'Industrie, un édifice en bois, une humble baraque où devait s'abriter la première exposition de l'industrie. — C'était alors peu de chose et beaucoup ! C'était la réalisation d'une idée qui devait se traduire, 70 ans plus tard, par 42,000 exposants, par l'élite des travailleurs du monde entier !

La deuxième exposition industrielle eut lieu en 1801 ; elle comptait 220 exposants ; — c'était à la suite de la paix de Lunéville, — elle se tint au Louvre.

La troisième exposition industrielle eut lieu en 1802 ; elle comptait 540 exposants.

La quatrième exposition industrielle eut lieu en 1806 ; elle comptait 1,422 exposants. Ce fut la plus belle de l'ère impériale. Napoléon l'avait décrétée à Vienne.

La cinquième exposition industrielle eut lieu en 1819 ; elle comptait 1,662 exposants, sur l'esplanade des Invalides.

La sixième exposition industrielle eut lieu en 1823 ; elle comptait 1,762 exposants.

La septième exposition industrielle eut lieu en 1827 ; elle comptait 1,795 exposants, dans la cour du Louvre.

La huitième exposition industrielle eut lieu en 1834 ; elle comptait 2,447 exposants.

La neuvième exposition industrielle eut lieu en 1839 ; elle comptait 3,281 exposants.

La dixième exposition industrielle eut lieu en 1844 ; elle comptait 3,960 exposants.

La onzième exposition industrielle eut lieu en 1849 ; elle comptait 4,532 exposants.

La première exposition universelle à Londres, en 1851, comptait 14,837 exposants.

La deuxième exposition universelle, à Paris, en 1855, comptait 20,709 exposants.

La troisième exposition universelle, à Londres, en 1862, comptait 27,000 exposants.

La quatrième exposition universelle à Paris, en 1867, compte 42,000 exposants [1].

Et ces 42,000 exposants disposent d'une place beaucoup plus grande, relativement, que les 21,000 exposants de 1855, et que les 27,000 exposants de Kensington en 1862.

Cette progression s'explique parfaitement : supposons qu'en 1840 la France eût fait appel au monde entier pour une semblable solennité ; le monde fût resté muet ou peu s'en faut, — pourquoi ? Parce qu'à cette époque, pourtant si proche de nous, l'Europe manquait de voies de communications intérieures, les transports étaient coûteux, les voies ferrées étaient à l'état d'enfance, la navigation à vapeur demeurait stationnaire et n'accomplissait pas encore les prodiges de rapidité qui étonnent aujourd'hui l'univers ; enfin, parce que l'unité industrielle et commerciale n'était même pas à l'état embryonnaire et n'apparaissait encore que dans les rêves de l'utopie.....

Grâce à la viabilité nouvelle, chaque pays voit sa richesse augmenter, sa puissance s'accroître, son bien-être se démocratiser et devenir plus à la portée de tous. Encore quelques efforts..... et Chanaan ne sera plus un effet de mirage.

Avant d'entrer dans le palais, laissons M. Henri Berthoud donner un bon conseil aux visiteurs :

« L'Exposition universelle, dit-il, ressemble un peu à la fameuse amphore de vin de Syracuse de ce philosophe grec qui n'avait jamais bu que de l'eau : « La première coupe de nectar que je dégustai, dit-il, transforma en quelque sorte tout mon être ; mes idées devinrent plus nettes et plus brillantes, et je compris mieux les splendeurs de la nature et de l'art qui font d'Athènes la première ville de l'Attique.

« A la seconde libation qui mouilla mes lèvres et remplit ma poitrine, je commençai à éprouver une exaltation fébrile qui surexcita mon cerveau et mes sens ; à la troisième, mes idées se confondirent et mon crâne sembla prêt à éclater. Alors, je rejetai la coupe loin de moi : — Liqueur divine ! m'écriai-je, quel dieu t'a donc vendangée pour que tu donnes, quand on use sobrement de toi, la sérénité et l'élévation de l'âme, et pour que, si l'on vient à abuser de tes généreux trésors, tu jettes ainsi l'imprudent dans le trouble et la confusion ? »

« En effet, si l'on ne règle pas d'une manière

---

[1] Il a été question à la tribune législative de 60,000 ! Sans doute, mais avec les répétitions d'exposants appartenant à plusieurs classes, avec les expositions collectives, coopératives, etc., etc.

intelligente le temps que l'on passe au Champ de Mars, la fatigue arrive bien vite. Tous les sens sont surexcités : pendant que l'esprit est attentif, que les yeux sont éblouis, que les oreilles sont assourdies, on ne s'aperçoit pas que les jambes deviennent lourdes et que les pieds s'endolorissent.

« Il est donc essentiel de ne pas se laisser dominer par une curiosité trop ardente et de ménager ses forces. »

II.

LE CHAMP DE MARS.

L'emplacement du nouveau palais de l'Industrie a donné lieu à de nombreuses discussions ; les avis étaient partagés : les uns proposaient le rond-point de l'Empereur à Courbevoie, le parc des Princes, près du bois de Boulogne, l'avenue de la Grande-Armée ; les autres voulaient la plaine Monceaux, les environs des docks Saint-Ouen, la plaine de Grenelle ou le parc de Bercy ; les plus hardis étaient d'avis de construire le palais sur la Seine même, c'est-à-dire sur un immense plancher reliant ensemble le pont de la Concorde et le pont des Invalides et mettant en communication l'ancien palais avec l'esplanade des Invalides ; le tout cependant assez surélevé pour ne pas entraver la navigation. De tous ces projets celui du Champ de Mars a prévalu.

Étrange destinée que celle de ce champ de la guerre qui est aujourd'hui transformé en champ de la paix ; dont le sol a été tant de fois remué, tant de fois arrosé du sang des nombreuses victimes des guerres civiles, dont le nom a changé selon que le vent venait de l'hôtel de ville, de la Constituante ou des Tuileries !

La première fois que le sol du Champ de Mars fut littéralement bouleversé, c'est en juillet 1790, à l'occasion de la fête de la Fédération. Tous les habitants de Paris indistinctement, le roi, les princes, les nobles, les abbés, les députés, les bourgeois, les marchands, les prolétaires, les étrangers, les femmes, les vieillards et les enfants mirent la main à l'œuvre ; en quelques jours on acheva les travaux de terrassement ; les travailleurs portaient des cocardes *blanc et rose*, ils riaient, ils chantaient, ils supportaient la faim avec philosophie. Aux dames qui se plaignaient du mal d'estomac, l'abbé Delille conseillait de s'adresser *à la fée des rations* (Fédération).

Les travaux du Champ de Mars semblent avoir donné le signal à des manifestations politiques d'une énergie jusqu'alors inconnue, et presque toutes dirigées contre les classes privilégiées.

A partir de ce moment, le Champ de Mars prit le nom de Champ de la Fédération.

Après la fatale journée du 17 juillet 1791, le champ de la Fédération fut appelé le champ de Massacre, puis champ de la Réunion, et ce ne fut qu'après la mort de Robespierre qu'il reprit le nom de Champ de Mars.

Si aujourd'hui il s'agissait de lui donner un nom nouveau, nous proposerions celui de champ de la Paix et du Progrès.

Le Champ de Mars a subi également d'importantes modifications, en 1848, à l'occasion de la création des ateliers nationaux.

Mais qui reconnaîtrait, en 1867, ce champ de la guerre, ce champ de la revue militaire et des évolutions stratégiques, dont le sol a disparu sous un immense palais et sous les verdures d'une charmante oasis ?

Actuellement, lorsqu'on est placé en dehors, la vue est bornée par un rideau de planches qui entoure complétement l'enceinte sacrée. Cette idée n'est pas heureuse ; on aurait pu mieux faire, mais la spéculation l'a voulu ainsi.

Le Champ de Mars ainsi circonscrit présente à l'intérieur de sa clôture une superficie totale de 446,000 mètres carrés, soit 44 hectares 60 ares. Dans ce chiffre n'est pas comprise la berge de la Seine qui fait cependant partie de l'Exposition.

Cette surface de 446,000 mètres carrés est

occupée par le palais, qui couvre 146,000 mètres, et par le parc, dont les plantations et les constructions de tout genre occupent le reste.

Nous reviendrons sur ces chiffres généraux, quand nous parlerons du palais et du parc, qui méritent l'un et l'autre des paragraphes spéciaux.

Si bien que le Champ de Mars est borné du côté du fleuve par le quai d'Orsay, du côté opposé par l'avenue de Lamotte-Piquet et l'École militaire, du côté droit par l'avenue de Suffren et du côté gauche par l'avenue de Labourdonnaye.

Suivant nous, et sans idées préconçues, il était impossible de trouver à Paris un plus admirable emplacement, non--seulement comme espace, mais encore et surtout comme centre et comme position, offrant les moyens d'établir facilement des voies de transport promptes et peu coûteuses; et cependant quatre mois se sont écoulés depuis le jour d'ouverture, et cette question des transports de voitures laisse encore beaucoup à désirer.

III.

LE PALAIS.

Les architectes chargés de présenter un plan de palais et de le faire prévaloir ont eu comme précédents à examiner d'abord le palais de Cristal, en second lieu le palais des Champs-Élysées, en troisième lieu le palais élevé, en 1862, à Londres, entre le jardin de la Société d'horticulture et Cromwell-Road. Nous ignorons quel a été leur sentiment à cet égard, mais nous ne croyons pas sortir de notre sujet en donnant le nôtre.

Le palais de Cristal est une grandiose cage de verre, ou plutôt une vaste serre qui a réellement un aspect monumental, surtout là où il se trouve actuellement placé. En 1851, l'Exposition s'y trouvait à l'aise, et les 14,837 exposants auxquels il donnait l'hospitalité pouvaient, sans grandes difficultés, y étaler leurs produits; en 1862, ce même palais eût été insuffisant [1].

Le palais des Champs-Élysées, trop exigu déjà en 1855, puisqu'on fut obligé d'y ajouter des annexes, ne peut plus servir aujourd'hui à une exposition universelle.

Le palais de Cromwell-Road, en 1862, n'était réellement qu'un vaste hangar provisoire, ayant néanmoins un caractère magistral incontestable.

Mais un monument destiné à recevoir une exposition ne doit pas seulement avoir un caractère architectural grandiose, il faut que le visiteur, que l'homme d'étude, que l'industriel, puissent facilement trouver l'emplacement occupé par chaque pays et, de plus, l'emplacement occupé par les produits de chacun de ces pays.

Il faut, en outre, que les produits similaires soient organisés de manière qu'il soit possible d'en faire une étude comparative continuelle, de manière à permettre au visiteur de suivre instantanément et sans solution de continuité l'esprit de progrès des peuples exposants.

Or, aucun des palais précédents n'a rempli ces deux conditions essentielles. Suivant nous, un obstacle insurmontable s'y est toujours opposé, c'est la disposition du bâtiment à rez-de-chaussée et à premier étage.

En 1862, à Londres, la France avait des produits dans trois endroits différents : Au premier étage se trouvait une partie des classes 13, 14, 15, 16, 17, 18, 19, 20, 21, 23, 24, 25, 27, 28, 29, 30, 32 et 36.

Dans l'annexe dite des machines se trouvaient : le matériel des chemins de fer et du pesage, les chaudières à vapeur, les machines à vapeur fixes, les machines à faire de la glace, les appareils de sucrerie, les machines-outils en mouvement, les métiers en mouvement, les machines hydrauliques en mouvement, les

---

[1]. Le palais de Cristal de Sydenham est beaucoup plus vaste que ne l'était le palais de l'Exposition. Ce dernier est entré tout entier dans la construction du palais de Sydenham, dont il ne forme qu'une partie.

presses typographiques, les machines motrices, les grues et les locomobiles.

Enfin, au rez-de chaussée, se trouvaient le complément de ces classes et la totalité de toutes les autres.

Il en était de même pour les différentes nations qui figuraient à Londres en 1862.

Ainsi donc, pour nous, tout bâtiment d'exposition à étage doit être rejeté ; tout bâtiment qui n'est pas disposé de manière à pouvoir grouper dans un ensemble parfait les produits d'une même nation, n'est pas parfait.

Mais comment allier ces exigences avec l'aspect architectural dont tout monument doit porter le cachet? Là est en effet la difficulté, difficulté que les architectes du palais du Champ de Mars n'ont pu surmonter ; car nous ne supposons pas qu'ils aient la prétention d'avoir construit un chef-d'œuvre d'architecture monumentale.

Mais en revanche, si on a négligé le point de vue architectural, nous ne croyons pas qu'il ait été possible de mieux faire au point de vue de la classification et de la disposition des produits, soit pour la facilité de leurs recherches, soit pour la comparaison de leur valeur, soit enfin pour le groupement intégral de toutes les populations du globe.

Pour atteindre ce triple but, il a fallu sacrifier l'agréable à l'utile ; nous disons l'agréable, c'est-à-dire le coup d'œil, et, en effet, même dans cette immense galerie des instruments et procédés des arts usuels, la disposition du bâtiment est telle, qu'elle ne permet pas au visiteur de voir à plus de cent mètres devant lui. Dans les autres galeries, il n'y a pas même de perspective, la vue est écourtée sur tous les points.

N'étant pas architecte, et nos occupations ne nous permettant pas de chercher la solution de ce difficile problème, nous donnerons jusqu'à nouvel ordre la préférence au palais actuel sur les palais antérieurs. C'est le plus laid, le plus lourd, le moins élégant : il ressemble à un immense gazomètre... soit... mais bien certainement c'est la construction qui présente à l'étude, au travail industriel, les éléments les plus féconds d'appréciation et de jugement.

Cette vérité est facile à prouver.

Le palais du Champ de Mars a une forme elliptique qui s'étend en longueur du pont d'Iéna à l'École militaire, et en largeur, de l'avenue Suffren, du côté de Grenelle, à l'avenue de la Bourdonnaye du côté de Paris.

Le grand axe de cette ellipse — du pont d'Iéna à l'École militaire — a 490 mètres. Le petit axe — de l'avenue de la Bourdonnaye à l'avenue Suffren — a 380 mètres. Si ces deux chiffres qu'on nous a donnés comme officiels sont exacts, la superficie du bâtiment entier est donc de 148,616 mètres, soit 14 hectares 86 ares 16 centiares.

Du pont d'Iéna jusqu'à la porte du palais, on compte 256 mètres ;

De l'École militaire à la porte opposée, on compte 229 mètres.

L'ellipse est donc divisée d'abord en deux artères principales : l'une la traverse dans sa longueur, l'autre dans sa largeur. La grande, qui conduit directement du pont d'Iéna à l'École militaire, a une largeur de quinze mètres du côté de la Seine et de dix mètres du côté de l'École. La petite, qui conduit de l'avenue de la Bourdonnaye à l'avenue Suffren, et qui coupe la grande à angle droit, a une largeur de dix mètres. Il existe, en outre, douze autres voies rayonnantes, qui se répartissent trois par trois entre les espaces de la croix formée par les deux grands axes. Ces douzes voies ont toutes cinq mètres de largeur dans tout leur parcours. Si bien que seize voies rayonnent de la circonférence au centre de l'édifice.

En suivant alternativement ces seize voies, on peut embrasser tous les envois d'un même pays.

Tandis qu'en suivant circulairement les galeries concentriques qui coupent les seize voies perpendiculaires, on peut voir les produits similaires de toutes les nations.

La Commission impériale a classé ainsi qu'il suit tous les peuples exposants, et nous suivons ici l'ordre indiqué par le plan officiel.

Supposons que nous entrions par la grande porte du pont d'Iéna, et qu'à notre entrée dans le palais, nous prenions la gauche, nous trouvons : la France, les colonies françaises et l'Algérie, — les Pays-Bas et les colonies hollandaises, — la Belgique, — la Prusse, — les

États secondaires de l'Allemagne, — l'Autriche, — la Suisse, — l'Espagne et les colonies espagnoles, — le Portugal et les colonies portugaises, — la Grèce, — le Danemark, — la Suède et la Norvége, — la Russie, — l'Italie, — les États romains, — les principautés danubiennes, — la Turquie, — l'Égypte, — la Chine, Siam et le Japon, — la Perse, — l'Afrique et l'Océanie, — les États-Unis d'Amérique, — le Mexique, le Brésil et les républiques de l'Amérique centrale et méridionale, — enfin la Grande-Bretagne ainsi que toutes les colonies anglaises, y compris les Indes, et nous revenons ainsi à notre point de départ.

Les galeries concentriques, dont nous venons de parler ci-dessus, parcourent concentriquement les expositions de ces vingt-quatre groupes de peuples, et, chose remarquable, c'est qu'elles renferment isolément et particulièrement un groupe spécial pour toutes les nations du globe, et par contre toutes les classes qui font partie de ce groupe spécial. Si bien qu'en suivant, par exemple, la troisième galerie concentrique et en commençant par la France, on visitera les meubles et objets meublants de tous les pays du monde jusqu'à l'Angleterre qui vous ramène au point de départ.

Mais voyons la disposition de ces galeries par rapport à l'ensemble du palais.

Dans le centre de l'immense ellipse se trouve un jardin également de forme ellipsoïdale. Ce jardin a 166 mètres de longueur sur 56 mètres de largeur, soit une superficie de 10,707 mètres ou 1 hectare 7 ares 7 centiares, ce qui réduit le sol bâti à 13 hectares 79 ares 9 centiares.

Ce jardin est le véritable *habitacle* du monument, parce qu'il renferme les moyens de pouvoir se diriger sûrement et promptement chez tous les peuples et dans toutes les classes. On sait, en effet, qu'en terme de marine, l'habitacle est un endroit réservé, placé vers le mât d'artimon, et où se trouvent réunis les compas, les boussoles, les horloges, qui servent à orienter le bâtiment.

Or, les seize avenues qui partent de la circonférence aboutissent à ce jardin central.

Le grand axe, qui part du pont d'Iéna et qui va à l'École militaire, le traverse dans sa longueur, et l'axe secondaire, qui va de l'avenue de la Bourdonnaye à l'avenue Suffren, le coupe transversalement. Les autres voies aboutissent sous un promenoir couvert, qui l'entoure, adossé à une galerie sous laquelle sont placés tous les objets caractérisant les diverses époques de l'histoire du travail.

Au milieu du jardin central s'élève un pavillon qui devait être affecté aux diamants de la couronne, mais que l'on a consacré aux poids, mesures et monnaies des différents peuples, exposition qui occupe le rez-de-chaussée. — Un escalier fort bien tourné conduit à un premier étage, où l'on a classé les monnaies fiduciaires, les billets de banque, les timbres-poste, etc.

Ce pavillon est couronné à l'extérieur par un globe terrestre qui tourne sur lui-même en vingt-quatre heures.

Il y a là une idée philosophique qui pourra bien faire avancer d'un pas la grande question de l'unité monétaire, de l'unité des poids et mesures, etc., etc. Le commerce peut se rendre un compte exact, ici, des difficultés contre lesquelles il lutte depuis des siècles, et des immenses avantages qui résulteraient pour lui de cette unité..., qui malheureusement n'est encore qu'à l'état de mirage.

Vient ensuite la galerie couverte, renfermant le premier groupe dit des œuvres d'art, qui se compose des cinq premières classes.

La deuxième galerie, plus grande que la première, puisque toutes s'agrandissent à mesure qu'elles s'éloignent du jardin central, renferme le deuxième groupe : Matériel et application des arts libéraux, qui comprend les classes six à treize, et une partie du dixième groupe, qui contient les objets spécialement exposés en vue d'améliorer les conditions physiques et morales de la population et qui embrasse les classes 89, 90, 91, 92, 93, 94 et 95.

La troisième galerie comprend le troisième groupe : Meubles et autres objets destinés à l'habitation ; il renferme les classes 14 à 26.

La quatrième galerie réunit le quatrième groupe : Vêtements (tissus compris) et autres objets portés par la personne. Ce groupe part de la classe 27 et arrive à la classe 39.

La cinquième galerie embrasse le cinquième

groupe : Produits (bruts et ouvrés) des industries extractives; il se compose des classes 40 à 46.

La sixième galerie comprend le groupe le plus considérable : Instruments et procédés des arts usuels; il commence à la classe 47 et finit à la classe 66.

Enfin la septième galerie, celle la plus externe et qui forme le pourtour extérieur du palais, tout en servant de contre-fort à la sixième galerie, comprend le septième groupe : Aliments (frais ou conservés) à divers degrés de préparation ; il compte sept classes, c'est-à-dire de la 67e à la 73e.

En dehors de cette septième galerie se trouve un promenoir couvert de 1,413 mètres de longueur, sous lequel les industries culinaires qui exposent dans la septième galerie débitent leurs produits au public visiteur, si bien que, en l'espace d'un kilomètre et demi, il est possible de pouvoir déguster les cuisines et les boissons fermentées de toutes les nations du globe. Ce promenoir couvert de 1,413 mètres de longueur n'a pas moins de 5 mètres de largeur.

Nous sommes partis du centre pour arriver à la circonférence, nous allons maintenant revenir sur nos pas et aller de la circonférence vers le centre, afin d'étudier séparément les dispositions et aménagements de chaque galerie.

La septième galerie : Aliments à divers degrés de préparation, a 10 mètres de large ; sa hauteur moyenne est de $7^m 50$. De petits caveaux ont été ménagés dans le sol, afin de pouvoir conserver et mettre au frais les substances ou les liquides qui réclament une température égale.

La sixième galerie : Instruments et procédés des arts usuels, a une largeur de 35 mètres et une élévation de 25. Ces colossales dimensions donnent à cette galerie un aspect grandiose. La coupole ou voûte si lourde, si laide extérieurement, produit ici un excellent effet : ce sont des pièces de tôle juxtaposées, dont la disposition, quand on les regarde fixement, semble vouloir entraîner le visiteur dans une course centripète; c'est une véritable cascade de flots métalliques aériens.

Cette largeur de 35 mètres est ainsi divisée :
sur les murs, de chaque côté, des étagères occupent l'espace d'un mètre, soit pour les deux étagères 2 mètres; de chaque côté circulent deux voies de 5 mètres, soit pour les deux voies 10 mètres; au centre une zone centrale de 23 mètres s'étend sur toute la longueur, soit en totalité 35 mètres.

Au milieu de cette zone centrale, on a disposé une galerie-promenoir, élevée à 5 mètres environ au-dessus du sol; elle a $3^m 30$ de largeur entre chaque pilier de soutènement et 4 mètres de tablier. Le public y circule, et, de là, il peut assister sans danger au travail de toutes les machines : sous ses pieds des forces considérables agissent, le fer se martèle, les scies grincent, le cacao se broie, les étoffes se tissent, les chiffons s'effilochent, l'écorce du chêne est transformée en tan, la gerbe de blé est battue, la terre à poterie est malaxée; tout marche, tout travaille, l'homme ici est le véritable maître de la matière.

Ce promenoir en fonte et en fer a encore une autre mission, il soutient à droite et à gauche de son parcours et immédiatement sous les pieds des promeneurs, les arbres de couche à rotules qui reçoivent leur impulsion rotative des chaudières à vapeur placées au dehors ; ces arbres de couche communiquent leur mouvement par des courroies de transmission aux machines qui fonctionnent dans ce splendide atelier du travail.

Cette galerie, véritablement aérienne, qui permet à la foule de parcourir sans fatigue le monde entier des machines, est une idée des plus heureuses ! Jamais, sous notre planète, une promenade aussi étourdissante de grandeur et de majesté ne fut offerte à l'homme.

C'est la pensée humaine planant en toute liberté sur le génie qui travaille à ses pieds!

Pour produire la force motrice nécessaire à la mise en marche de tous les appareils exposés, et qui est fournie gratuitement, on s'est décidé, au lieu de construire directement une grande machine, à créer un grand nombre de centres de production de force.

En conséquence, le service mécanique a été organisé sur les bases suivantes :

1° La galerie des machines a été divisée en quinze lots correspondant aux besoins des diverses nations ou des diverses classes d'une même nation, de la force totale de 582 chevaux.

2° Les bâtiments destinés aux générateurs ont été placés dans le parc, à une distance d'environ 30 mètres du palais. La hauteur des cheminées a été fixée à 30 mètres. Toutefois, on a autorisé la réunion de plusieurs chaudières dans un même bâtiment, et les quinze lots n'ont exigé ainsi que la construction de neuf cheminées.

3° Le mode de transmission de l'action du moteur aux appareils exposés est une transmission aérienne. Celle-ci se lie d'une façon intime à l'établissement de la plate-forme dont nous venons de parler.

4° Outre cette transmission aérienne, des transmissions souterraines ont été construites sur une longueur de 60 mètres, divisée en trois portions d'environ 20 mètres chacune. Ces transmissions souterraines se prêtent mieux aux exigences spéciales de quelques installations pour lesquelles on les a établies.

5° Enfin, plusieurs moteurs à gaz ont été installés pour donner le mouvement à quelques appareils isolés sur divers points de la galerie, ne comprenant que des objets en repos. Parmi ces moteurs les plus économiques nous signalerons d'abord la machine Hugon avec laquelle le temps est venu de compter. Tel est l'ensemble du service des machines destinées à produire la force et le mouvement dans le palais de l'Exposition.

Voici le chiffre de la force distribuée aux diverses nations exposantes :

France	300	chevaux.
Angleterre	100	—
États-Unis	50	—
Belgique	40	—
Confédération du Nord	35	—
Autriche	20	—
Suisse	17	—
États du Sud de l'Allemagne	15	—
Total	577	chevaux.

Après le *service mécanique* de l'Exposition universelle, il en est un non moins important : c'est le *service hydraulique*.

Ce service a été institué et réparti, d'après la pression nécessaire, en douze étages correspondant chacun à une distribution de 5,000 mètres et à une canalisation distincte, mais pouvant, en cas de besoin, être mis en communication directe.

Le *service haut* comprend un réservoir de 4,000 mètres de capacité, établi au sommet du Trocadéro, en bordure de l'avenue Malakof, à 32 mètres au-dessus du sol du palais, et une usine hydraulique installée sur la berge de la Seine, immédiatement à l'aval du pont d'Iéna. Ce service fournit l'eau aux ascenseurs mécaniques.

Le *service bas* est alimenté par les pompes de la grande machine d'Indret, de 1,000 chevaux. Ces pompes peuvent refouler par heure jusqu'à 1,200 mètres cubes.

Indépendamment de ces pompes, le service est assuré par cinq entrepreneurs exposants, dont l'un puise directement l'eau dans la Seine pour alimenter la pièce d'eau du parc, et dont les quatre autres aspirent dans ce bassin à niveau constant pour refouler l'eau dans la canalisation qui leur est affectée.

Le *service haut* alimente l'arrosage du parc, les ascenseurs mécaniques de M. Édoux, ingénieur, les bouches d'incendie, etc. ; le *service bas*, les condenseurs, les générateurs, les cascades, les rivières, etc.

La cinquième galerie : Industries extractives, vient ensuite ; elle a une largeur totale de 23 mètres, mais une cloison la divise en deux parties, celle qui avoisine la galerie principale n'a que 9 mètres de large ; celle qui, au contraire, se trouve placée vers le jardin central, a 14 mètres. Ici la toiture est presque italienne, elle est plate, c'est-à-dire sans comble, et le jour arrive d'en haut par deux vasistas continus.

Cette galerie, disons-le en passant, ne nous paraît pas en rapport avec les objets qu'elle est chargée d'abriter ; elle n'est ni assez large ni assez haute, elle n'a, en effet, que $7^m 50$ d'élévation.

La quatrième galerie : Vêtements et autres objets portés par la personne, a aussi 23 mètres de largeur, sans aucune division intérieure ; seulement, elle est traversée longitudinalement par une voie de 5 mètres qui permet au visiteur d'admirer les richesses qui se trouvent entassées à droite et à gauche. La toiture de cette galerie est surélevée par un comble, ce qui donne à la partie centrale une hauteur de 12m 56.

La troisième galerie : Meubles et objets destinés à l'habitation, a également 23 mètres de largeur, un chemin central de circulation de 5 mètres et une hauteur de 12m 56.

La deuxième galerie : Arts libéraux, n'a en réalité que 15 mètres de largeur, car les deux couloirs qui la séparent de la précédente sont complétement indépendants. Sa hauteur centrale est de 11m 50 ; un chemin de circulation de 5 mètres de large occupe le milieu.

La première galerie : Beaux Arts, n'a plus que 15 mètres de largeur et une élévation de 8m 50. Comme dans les autres galeries, le jour arrive par en haut ; seulement un immense velum en gaze blanche tamise la lumière, la rend diffuse et lui donne une homogénéité qui permet à toutes les œuvres d'art d'être également éclairées.

Nous arrivons ensuite à la galerie de l'histoire du travail et au jardin central.

Ajoutons que cet ensemble est muni dans toutes ses parties de cheminées d'aération, dans lesquelles les machines à vapeur extérieures insufflent, à l'aide de puissants ventilateurs, l'air nécessaire au renouvellement continu de l'atmosphère ambiante.

Outre ces documents, nous avons voulu savoir quel était l'espace attribué à chaque nation ; plusieurs listes nous ont été communiquées ; voici la plus exacte ; nos lecteurs voudront bien se souvenir que nous avions recueilli tous ces renseignements avant l'impression du Catalogue, ce qui a rendu notre tâche beaucoup plus laborieuse.

Il est bien entendu qu'il n'est question ici que du palais.

	Mètres.
France	63,640.88
Grande-Bretagne	21,059.87
Autriche	8,362.58
Prusse	12,765.27
Allemagne (États secondaires)	3,969.63
Belgique	6,993.10
Italie	3,459.37
Russie	6,060.70
États-Unis	3,944.74
Suisse	2,854.12
A reporter	133,110.26

Report	133,110.26
Hollande	1,995.51
Amérique du Sud, Brésil, roy. hawaïen	1,016.45
Suède et Norvége	1,930.14
Espagne	1,768.37
Turquie	1,525.32
États barbaresques (Tunis, Maroc)	1,096.87
Danemark	1,016.50
Chine, Siam, Japon, Liou-kiou	1,447.57
Portugal	765.37
Grèce	707.37
Perse	455.50
États romains	620.41
Principautés danubiennes	563.83
Égypte	415.38
Total	145,372.17
Plus :	
Vestibule	2,683.14
Services divers internationaux	935.47
Total général	148,990.78

Il serait fort intéressant aussi d'établir la statistique de chaque classe de travail, d'industrie, de produits, de marchandises, et de dire le nombre d'exposants qu'elle contient, mais cela nous entraînerait trop loin ; — d'autres, après nous, ne manqueront pas de le faire.

Ce que nous ne voulons pas omettre, parce que ceci rentre dans le domaine de l'histoire, c'est l'énumération des masses de terre, de pierre, de fer et autres matériaux, qu'il a fallu remuer et mettre en œuvre pour transformer le champ de la guerre en champ de la paix. Voici à ce sujet la note qu'on a bien voulu nous donner, note d'autant plus intéressante, qu'on y a ajouté l'indication des dépenses.

MATÉRIAUX.	DÉPENSES.
350,000 mètres cubes de déblais	
7,000 mètres cubes d'aqueducs	
5,300 mètres cubes de galeries d'aérage	1,772,601 fr.
50,000 mètres cubes de maçonnerie	
12,000 tonnes de fer forgé et tôles	5,274,202
1,200 tonnes de fontes ouvrées	
55,000 mètres de zinc	207,547
65,000 mètres de verres à vitre	217,474
Clôture et travaux divers	3,645
Décoration, sculpture, peinture	350,000
Galerie des beaux-arts et d'archéologie	572,764
Entrées et vestibules	374,250
Personnel et frais de bureaux	250,000
Somme à valoir pour l'imprévu	1,327,517
Total	10,350,000 fr.

Le palais n'aurait-il coûté que cela ? Ce n'est pas bien sûr... Dans tous les cas nous émettons ici un vœu partagé par des millions de personnes : c'est que ce palais soit conservé !

Il existe dans les terrains de l'ancienne banlieue annexés à la capitale d'immenses étendues où l'on peut à l'aise tailler un nouveau champ de manœuvres. Le Champ de Mars actuel, par son rapprochement du centre, demandait une autre destination. Eh bien ! ce qui a été fait est splendide. Ayons aussi notre Sydenham ! Une souscription nationale pourrait accomplir l'œuvre !

IV.

LE PARC.

Si la clôture du Champ de Mars renferme une superficie totale de 446,000 mètres et si le chiffre de la surface du palais est bien de 148,616 mètres, le parc a donc 297,384 mètres ou 29 hectares 73 ares 84 centiares.

Deux grandes voies principales divisent le parc en quatre parties égales : La première prend naissance au pont d'Iéna avec une largeur de 15 mètres; elle est recouverte d'un vaste velum, jusqu'à l'entrée du palais qu'elle traverse, en passant sous la splendide et monumentale horloge de M. Detouche; elle sort ensuite du palais devant l'École militaire. Mais alors, elle n'a plus que 10 mètres de large, elle est découverte, et la longueur de ce dernier tronçon, à partir de la sortie du palais jusqu'à l'École militaire, ainsi que nous l'avons déjà dit, n'est plus que de 229 mètres.

La voie transversale est perpendiculaire à la première et se réduit extérieurement à deux portions de faible étendue recouvertes d'une marquise; nous l'avons également dit, elle va de l'avenue de la Bourdonnaye à l'avenue Suffren.

Les extrémités de ces deux voies forment les quatre portes principales de l'Exposition.

Le parc est divisé en secteurs qui sont le prolongement des seize voies rayonnantes du palais, dont nous avons parlé dans le paragraphe précédent. Environ à 60 mètres du palais, ces seize voies sont coupées par une belle avenue circulaire de 8 mètres de large qui divise le parc en deux zones concentriques bien distinctes et à laquelle on a donné le nom de chemin des Deux-Mondes.

La zone la plus rapprochée du palais est consacrée aux industries qui, par leur importance, n'ont pu trouver place dans l'intérieur. On y voit aussi les générateurs chargés de distribuer la force motrice aux machines de la sixième galerie, qui contient les instruments et procédés des arts usuels. Ces générateurs et machines sont eux-mêmes un sujet d'exposition et de concours et appartiennent à la classe 52. Au milieu des massifs de cette zone intérieure sont disposées des usines en plein travail, des industries à feu de toutes sortes, telles que : électrométallurgie, galvanoplastie, chauffage et éclairage, etc...

La deuxième zone contient également une foule d'industries diverses, les expositions agricoles et horticoles; on y voit des kiosques renfermant des appareils de jardinage, des serres contenant les plantes les plus rares, des aquariums, des ponts et maisons rustiques, etc.

Outre ces deux zones, mais alors en dehors du Champ de Mars, la berge de la Seine a été utilisée pour recevoir spécialement les machines marines de la France et de l'Angleterre, les appareils des usines hydrauliques, les appareils plongeurs, la navigation de plaisance, l'exposition de la Société des sauveteurs etc... On pénètre dans cette partie de l'Exposition, lorsqu'on est dans le parc, par un passage souterrain qui se trouve devant le phare et qui traverse le quai d'Orsay.

La berge de la Seine, bien que faisant partie de l'Exposition, n'est pas comprise dans la superficie du Champ de Mars.

La parc contient, outre les objets et les industries qui, par leur nature et leur dimension, n'ont pu trouver place dans l'intérieur du palais, le huitième groupe : Produits vivants spécimens d'établissements de l'agriculture, et le neuvième groupe : Produits vivants et spécimens d'établissements de l'horticulture. Ces deux groupes comprennent les classes 74 à 88.

Mais afin de bien faire comprendre quelle est l'importance du parc et jusqu'à quel point il présente d'attrait au visiteur, nous allons le parcourir en prenant pour point de départ le pont d'Iéna et en nous dirigeant d'abord vers la gauche, c'est-à-dire dans la partie française.

Nous franchissons la porte d'entrée dite d'Honneur et nous apercevons d'abord à notre gauche une église, dans laquelle on a réuni tous les objets servant à la célébration du culte; en face se trouve une pièce d'eau, dont le centre est occupé par un rocher sur lequel on a élevé un phare immense; puis à droite de l'église une stéarinerie, un moulin à vent, un atelier de photosculpture, une exposition de vitraux, un atelier d'électro-métallurgie, et au dernier plan le pavillon impérial.

Ce pavillon est de forme algérienne; il est divisé en trois parties. La coupole du milieu abrite le grand salon, dont l'ornementation est magnifique. Les tapisseries ont été faites à Neuilly sur des dessins allégoriques spéciaux. La voûte, s'élevant sous le dôme, est richement décorée de caissons et de peintures dans le style Louis XIV, qui est celui de tout l'ameublement.

De chaque côté se trouvent deux salons plus petits. Le premier rappelle par son ornementation le style algérien; les étoffes et les passementeries sont d'un effet très-original. Le second est tendu de soieries de Lyon; il est dans le style Louis XVI.

Le pavillon est élevé sur un perron auquel donnent accès quatre escaliers et qui est entouré d'une balustrade en marbre de couleurs.

M. Lehmann, architecte du gouvernement, a dirigé les travaux; les peintures des plafonds et des panneaux ont été exécutées par M. Voillemot.

Si nous avançons de quelques pas dans une des allées centrales afin de diviser le panorama, nous apercevons une blanchisserie modèle, un atelier de galvanoplastie, un chalet ou maison mobile, une boulangerie militaire, un atelier de photographie, une manutention civile et militaire et le théâtre international, où devaient être représentés alternativement les chefs-d'œuvre de Molière, de Schiller et de Shakspeare, mais qui n'aura pas été une heureuse spéculation. En remontant un peu vers la porte de la Bourdonnaye nous découvrons un atelier d'appareils réfrigérants, le hangar des presses, la maison des ouvriers de Paris et dix ou quinze autres établissements qu'il serait trop long d'énumérer.

Mais ici l'avenue de la Bourdonnaye se trouve bornée par une suite de hangars qui, partant de la porte de l'Université, quai d'Orsay, laquelle forme l'angle de ce premier quart, ou quartier[1] du parc, remontent jusqu'à la porte Rapp. Ces hangars contiennent une partie de la classe 53 : Mécanique générale, de la classe 54 : Machines-outils, de la classe 24 : Appareils de chauffage et d'éclairage, de la classe 47 : Métallurgie, de la classe 50 : Brasserie, de la classe 38 : Campements, de la classe 50 : Boulangerie, de la classe 63 : Matériel des chemins de fer et syndicat des wagons, et de la classe 65 : Génie civil et travaux publics.

Si maintenant nous franchissons les marquises de la porte Rapp, nous arrivons au deuxième quart ou quartier du parc; cette partie contient la serre Maury, la serre Isambert, la serre Basset, l'aquarium d'eau douce et l'aquarium maritime, le lac des carpes de Fontainebleau, la serre monumentale de la ville de Paris, la serre aux orchidées, la serre aux palmiers, dans l'angle la porte d'entrée dite de Tourville; et aux abords du palais, exposés par la Hollande : les pavillons de la colonie de Java, une taillerie de diamant, des maisons rustiques et des fromageries, et exposées par la Belgique, une immense rotonde pour l'exploitation du matériel des chemins de fer et une annexe des beaux-arts.

Nous arrivons ainsi à l'extrémité du grand axe du Champ de Mars, à la porte de l'École militaire, et par conséquent à la moitié du parcours.

Le troisième quartier renferme encore des produits français : ce sont des constructions

---

1. Le parc est divisé en quatre quarts que nous appelons quartiers.

qui partent de la porte de l'École militaire et qui s'étendent le long de l'avenue de Lamotte Piquet, puis qui, de la porte Duplaix formant l'angle de cette partie du Champ de Mars, se prolongent le long de l'avenue Suffren ; ces bâtiments abritent la partie de l'agriculture française qu'on n'a pas expédiée à Billancourt.

Si maintenant, du grand axe, nous suivons le chemin des Deux-Mondes, dans la partie qui traverse ce troisième quartier, nous apercevons à droite et à gauche : le kiosque de la musique prussienne, une maison d'école prussienne, l'annexe des machines agricoles prussiennes, un grand restaurant pour les ouvriers délégués, le comice agricole du département du Nord, une annexe de la Suède, une maison tyrolienne, une maison hongroise, un grand bâtiment désigné sous le nom d'annexe de l'Espagne, l'annexe des beaux-arts de la Suisse, l'annexe de l'Autriche, l'annexe du Portugal, l'annexe de la Suède avec la maison de Gustave Wasa, l'annexe de la Norvége, et enfin l'annexe de la Russie. Nous sommes ici en plein nord de l'Europe.

Après, nous traversons la marquise qui abrite l'allée centrale de la porte Suffren, et nous entrons dans le quatrième quartier.

A partir de la porte Suffren, jusqu'à la porte de Grenelle, qui se trouve dans l'angle de ce quatrième quartier, et en longeant l'avenue Suffren, s'étendent les hangars destinés aux machines agricoles des États-Unis et de la Grande-Bretagne ; puis, successivement, on rencontre l'annexe de l'Italie et l'annexe des États pontificaux ; un peu à gauche se trouvent les appareils destinés au percement du mont Cenis. Voici ensuite l'annexe de l'Égypte, avec son four à éclosion, son temple et le palais du vice-roi d'Égypte ; à droite et en face de l'Égypte on aperçoit l'annexe de la Turquie, avec sa maison d'école, sa mosquée et un spécimen d'une de ses maisons du Liban. Derrière l'Égypte se trouve l'annexe du royaume de Siam, puis la Chine, le Japon et enfin le royaume de Tunis, avec le magnifique palais du bey.

Devant la Chine on a placé la Perse, avec un modèle de ses maisons, de ses kiosques et d'une de ses fabriques d'opium ; un peu plus loin, on a réuni les républiques de l'Amérique, avec leurs huttes et une curieuse collection ethnographique des peuples du nouveau monde ; le Maroc vient après et se trouve sur le même plan que Tunis.

Nous arrivons à une allée transversale qui sépare les nations que nous venons d'énumérer des produits et institutions appartenant à la Grande-Bretagne. Parmi ces dernières nous mentionnerons en passant le bâtiment des missions protestantes, une caserne-hôpital, un bâtiment consacré aux appareils de chauffage et d'éclairage, un bâtiment destiné aux équipements militaires et aux munitions de guerre, et près du palais, un hangar dans lequel on a réuni la plus grande partie du matériel agricole anglais, et un immense phare qui est resté inachevé.

Dans ce quatrième quartier se trouve aussi, bordant le quai d'Orsay, le vaste bâtiment du Cercle international, où se sont tenus, le 25 et le 27 juin, les grands et splendides banquets de l'Académie nationale et de l'Union centrale des arts appliqués à l'industrie, et à côté, sur le même plan, la salle des conférences.

Après avoir quitté le Cercle international, nous revenons à notre point de départ, c'est-à-dire au grand axe couvert qui débouche du pont d'Iéna et qui porte le nom d'avenue de l'Europe.

V.

LE JARDIN RÉSERVÉ.

Nous avons dit qu'après avoir franchi la porte Rapp, on pénétrait dans le deuxième quart du parc, et que ce quartier renfermait l'exposition du neuvième groupe : Produits vivants et spécimens d'établissements d'horticulture. Ce neuvième groupe comprend six classes qui, toutes réunies, forment un ensemble ravissant.

La superficie de l'enclos horticole du Champ de Mars, ne nous est pas connue, nous l'estimons de *visu* à 50,000 mètres carrés, soit 5 hectares, et nous croyons ne pas être loin du chiffre vrai.

Sur cette surface on a installé les produits vivants, arbres, fleurs, fruits et le matériel horticole, serres, outils et autres accessoires.

Les serres hollandaises, à bruyères, à camélias, et les jardins d'hiver; les serres tempérées pour les plantes du cap de Bonne-Espérance, de la Nouvelle-Hollande et de l'Amérique équinoxiale; et enfin les serres chaudes, forment, dans le jardin réservé, un ensemble de dix-sept constructions différentes. La grande serre monumentale, placée sur une éminence, domine l'ensemble, et circulairement dans les parois de la colline sur laquelle la serre est construite, on a ménagé une galerie pour les exposants d'instruments de jardinage.

Toutes les serres sont distribuées dans le parc avec un goût parfait et aux expositions qui conviennent le mieux aux plantes qu'elles sont chargées d'abriter; elles sont séparées par des massifs d'arbres verts, d'arbustes d'ornement et de fleurs, des kiosques élégants, des volières, des orchestres, des tentes et des bassins ornés de plantes métalliques à jets d'eau très-artistiquement combinés. Enfin le tout est traversé par une rivière, dont le cours serpente dans la plus grande longueur du parc, en passant au pied de l'aquarium d'eau douce, en traversant la pièce d'eau dite des carpes de Fontainebleau et s'arrêtant au pied de l'aquarium maritime; les rives de cette rivière miniature sont mises en communication par des ponceaux et d'élégantes passerelles élevés par les soins de plusieurs exposants, dont les amateurs recueilleront les noms.

Les grottes de l'aquarium sont à elles seules une curiosité et font le plus grand honneur à celui qui en a dirigé l'exécution. Un seul point nous inquiétait dans le principe : les jours ne nous semblaient pas convenablement ménagés pour permettre à la lumière de pénétrer à travers l'eau du réservoir, et laisser à la vue la faculté de pouvoir étudier les mystères du monde de la mer : mais le problème, depuis, a été assez bien résolu.

Quant à l'aquarium d'eau douce, il manque de grandeur, c'est étroit relativement aux autres constructions. Nous disons étroit, non extérieurement, mais intérieurement; on a fait un rocher et la science a été sacrifiée aux dispositions agrestes du paysage.

Quant aux mollusques, l'aquarium d'eau douce renferme des planorbes, des lymnées, des ampullaires et des unios, coquilles univalves et bivalves.

Rien de plus curieux que d'étudier le mode de reproduction des lymnées : ces animaux sont hermaphrodites comme tous ceux de ce sous-genre; mais comme l'organe femelle est assez éloigné de l'organe mâle, ils sont obligés de s'accoupler, de manière que celui qui sert de mâle à l'un, sert de femelle à un troisième, qui sert aussi de femelle à un quatrième, en sorte qu'ils forment quelquefois de longs chapelets.

En fait de batraciens, on voit, dans un des compartiments de l'aquarium d'eau douce, des grenouilles et des salamandres.

En fait de poissons, on a réuni dans divers réservoirs : des lamproies, des anguilles, des perches, des loches, des dorades, des carpes, des barbeaux, des tanches, des brèmes, des brochets, des saumons et des truites.

Une femelle de cette dernière espèce est dans ce moment dans une position intéressante, époque anormale, car ordinairement cela n'arrive qu'après la Toussaint. On ne lui aperçoit que la tête et le bout de la queue, le reste du corps est enseveli sous le sable ; pour arriver à se placer dans de semblables conditions, la truite se tourne sur le flanc, appuie son museau sur le gravier, s'appuie de la queue, et, se servant de sa nageoire pectorale comme d'une pelle de fossoyeur, elle fait son lit nuptial en attendant l'époux que le sort destine à la fécondation de ses œufs.

On voit aussi dans l'aquarium des coquilles à perles d'eau douce, provenant des confins de la Belgique.

Outre les serres, la galerie des fruits et légumes, le diorama botanique, les aquariums, les expositions d'instruments de jardinage, le palais des colibris et autres volières, l'orchestre, la tente de Sa Majesté l'Impératrice, si délicieusement décorée par M. Penon, la rivière, les carpes de Fontainebleau qui brillent par leur absence, les ponts et passerelles, les kiosques et le vaste établissement du restaurateur Gousset, ce chapitre serait incomplet si nous omettions un certain enclos qui se trouve devant l'École militaire et dans lequel on a réuni tous les spécimens de la taille des arbres fruitiers. Or, pour nous cet enclos est une des curiosités de l'Exposition, il renferme des merveilles et des chefs-d'œuvre de taille : les jardiniers-fruitiers ont ici atteint la dernière limite du possible.

Les produits vivants, exposés dans le jardin réservé, sont renouvelés tous les quinze jours et donnent lieu chaque quinzaine à des concours spéciaux. Ces concours ont commencé le 1er avril pour finir le 31 octobre, ils se répartissent ainsi qu'il suit :

Du 1er au 14 avril : camélias fleuris ;
Du 15 au 30 avril : conifères ;
Du 1er au 14 mai : azaléa indica, rhododendron arboreum ;
Du 15 au 31 mai : palmiers et cycadées ;
Du 1er au 14 juin : orchidées et pelagornium en fleur ;
Du 15 au 30 juin : roses et pandanées ;
Du 1er au 14 juillet : pelagornium zonale et fougères arborescentes ;
Du 15 au 31 juillet : œillets et plantes de serre chaude ;
Du 1er au 14 août : fuchsia et glaïeuls ;
Du 15 au 31 août : aroïdées ;
Du 1er au 14 septembre : dahlias ;
Du 15 au 30 septembre : araliacées ;
Du 1er au 14 octobre : fruits de toute sorte et chrysanthèmes de l'Inde ;

Du 15 au 30 octobre : légumes de toute espèce.

Outre ces concours spéciaux, des concours accessoires ont lieu aux mêmes dates et viennent compléter la série des opérations du jury d'horticulture.

Quoi qu'il en soit, le beau jardin réservé, malgré son innocente rivière, ses cascades riantes et ses verts gazons, ressemble trop souvent à un quartier du Sénégal. — Il manque là quelques grands arbres. — L'aquarium marin, l'un des rares endroits où l'on peut trouver de l'ombre, a été bien lent à se finir; la grande cascade a eu trop souvent l'air de s'alimenter dans le Mançanarez, et la rivière est veuve d'habitants..... Puis ce séjour enchanteur se ferme précisément à l'heure où l'on devrait l'ouvrir, lorsque le soleil a fait trop bien les choses pendant le jour.

Quel avantage pour le public et même pour la caisse de la Commission si l'on pouvait s'y promener le soir ! Il n'y a qu'à vouloir.

Avant de quitter ce délicieux jardin, où l'on aura jeté plusieurs millions, ce qui nous fait demander une fois de plus : qu'on le conserve !... nous citerons un nom... celui d'un homme aussi modeste que méritant, le nom de Barillet-Deschamps, jardinier en chef de la ville de Paris.

Les œuvres de ce grand travailleur, que nous appellerons un de nos plus habiles artistes, se sont propagées partout.

L'horticulture française lui doit une bonne et belle part de tous ses succès modernes, et M. Alphand, le grand maître, doit être fier de son premier aide de camp.

VI.

BILLANCOURT.

Après le palais et le parc, l'Exposition universelle de 1867 a encore une troisième station, nous voulons parler de l'île de Billancourt, annexe qui, au point de vue agricole, a une importance considérable.

Si de la porte de Paris, dite du Point-du-Jour, l'on prend le boulevard extérieur qui est immédiatement sur la gauche, on arrive, après un quart d'heure de marche, à un pont qui, traversant un bras de la Seine, vous conduit dans l'île de Billancourt ou plutôt dans l'île de Saint-Germain, où se trouve du reste depuis longtemps une administration déjà bien connue, celle des Magasins généraux de la Seine.

Après avoir traversé le pont de Billancourt,

on s'engage sur une grande voie centrale qui traverse l'île, ainsi que le bras opposé de la Seine, pour rejoindre la route de Grenelle au Bas-Meudon, ou du Bas-Meudon passant par Grenelle et allant au Champ de Mars. Cette voie centrale est bordée à droite et à gauche par des boutiques et magasins où devaient se tenir différents débits de marchandises comestibles et autres... mais qui sont restés presque tous fermés faute de locataires. A gauche, du côté des magasins généraux, on a élevé deux immenses hangars : le plus voisin des magasins est destiné aux bestiaux, le plus rapproché du pont aux instruments aratoires et au matériel agricole.

A droite de la voie centrale et immédiatement derrière les boutiques qui bordent la droite de cette voie, se trouve le champ d'épreuves, dans lequel les expériences et les essais des instruments d'agriculture ont lieu. Immédiatement après viennent les cultures ou champs ensemencés par les différents agriculteurs qui, dès le début, ont bien voulu entrer en lice. Ces champs seront l'objet d'un mûr examen de la part du jury au moment des récoltes et permettront aux jurés de décerner en toute connaissance de cause des récompenses aux meilleures méthodes et aux meilleurs procédés de culture.

Après le champ des cultures, on a établi un café-concert qui devait offrir aux lauréats, épuisés par la fatigue des concours, la facilité de reprendre des forces perdues pendant le cours des expériences. L'idée était bonne, car l'île de Billancourt est un véritable désert... mais le chalet est resté inachevé et le café-concert ne s'est pas montré.

A Billancourt, tous les instruments agricoles, renfermés dans le hangar de gauche, sont soumis à des essais quotidiens, et cela jusqu'au mois d'octobre. Nous ne dirons rien de ceux qui ont déjà eu lieu, nous réservant d'y revenir; seulement, comme ensemble de notre travail, nous donnerons le programme posé par la Commission, parce que c'est un point de départ historique qui peut avoir son utilité plus tard.

Avril. — *Première quinzaine* : Charrues de toutes sortes, machines hydrauliques, machines à vapeur.

Avril. — *Deuxième quinzaine* : Charrues à vapeur, herses, rouleaux, extirpateurs, scarificateurs, malaxeurs, appareils pour fabriquer les tuyaux de drainage.

Mai. — *Première quinzaine* : Semoirs et distribution d'engrais, teilleuse de chanvre et de lin, véhicules, harnais, bascules, barattes, ustensiles de laiterie.

Mai. — *Deuxième quinzaine* : Faucheuses, faneuses, râteaux, appareils propres à la fenaison, au bottelage, à la compression et à la conservation des foins.

Juin. — *Première quinzaine* : Concours de maréchalerie et examen de spécimens d'établissements ruraux.

Juin. — *Deuxième quinzaine* : Hache-paille, coupe-racines, houe à cheval, butteurs, moulins.

Juillet. — *Première quinzaine* : Appareils destinés à tondre les différents animaux domestiques.

Juillet. — *Deuxième quinzaine* : Moissonneuses et appareils destinés à la récolte des céréales.

Août. — *Première quinzaine* : Batteuses et appareils destinés au nettoyage des céréales et à la conservation du grain.

Août. — *Deuxième quinzaine* : Fours de campagne, appareils pour la cuisson des légumes, le lessivage du linge, fabrication des engrais.

Septembre et octobre : Examen des spécimens, industries agricoles diverses.

Ajoutons à ce programme que le concours des charrues à vapeur a été fixé du 15 au 30 avril et du 1er au 14 août, sur les terrains de la ferme impériale de Vincennes, et le concours des faucheuses et moissonneuses du 15 au 30 mai et du 15 au 31 juillet sur la ferme impériale de Fouilleuse.

Quant à l'exposition des animaux, la crainte du typhus a fait restreindre le concours aux animaux nationaux, et cette décision est excellente à tous les points de vue. Mais alors il nous semble qu'on eût dû supprimer, pour cette année seulement, les concours régionaux; c'eût été centraliser la question, au lieu de la diviser au détriment de tous et sans profit pour personne. Suivant nous, le département de la Seine eût dû avoir, cette année, le monopole exclusif des expositions d'animaux, afin de convaincre le cultivateur français de sa propre valeur, et de montrer en même temps à l'étranger ce que nous sommes capables de produire.

Outre les cultures purement agricoles, la Commission impériale a institué, à Billancourt, une exposition de viticulture qui comprend : 1° la plantation de ceps dirigée suivant les méthodes traditionnelles et progressives; 2° des conférences sur la viticulture et la vinification; 3° l'outillage, matériel et accessoires de la viticulture et de la vinification; 4° des expériences diverses; 5° des raisins propres à la cuve ou au pressoir; 6° des vins et eaux-de-vie de raisin : dégustation et commerce; 7° enfin un congrès de viticulteurs pour le mois de septembre.

Parmi les expériences comparatives qui se sont faites à Billancourt, nous prendrons celle des charrues. — Il s'agit ici de la France et de l'Angleterre, seulement. Quelle différence dans les conditions du concours! Écoutez un témoin oculaire, M. Ch. Virmaître :

« La Commission avait annoncé aux exposants qu'ils trouveraient des chevaux et des bœufs de labour. Il n'en a pas été ainsi malheureusement : la Commission a offert aux exposants des chevaux de charretiers n'ayant jamais labouré, et pendant qu'un cheval allait à *hue!* l'autre allait à *dia!* de là surgissait un désordre dans la force de traction, et le manque d'ensemble, si indispensable à l'accomplissement d'un bon labour, faisait complétement défaut. Les Anglais avaient des chevaux à eux, magnifiques, complétement dressés, et qui labouraient depuis trois semaines aux environs de Billancourt. Aussi ont-ils fait, grâce à cette circonstance, un travail plus agréable à la vue que les charrues françaises; mais cette supériorité eût été facilement atteinte par nos charrues françaises si elles eussent été attelées comme les charrues anglaises.

« Parmi les charrues françaises, nous avons remarqué une charrue *trisocs* dont la supériorité, acquise aujourd'hui, nous a paru résoudre un problème appelé à amener une révolution dans l'agriculture.

« La charrue trisocs a trois âges parfaitement distincts, et reliés entre eux par des régulateurs d'élévation et d'écartement. Ces régulateurs sont fixés par de simples clavettes; c'est ce qui permet au laboureur d'écarter avec une facilité extrême ses charrues et de les entrer sous le sol à volonté. Les chaînes de traction aboutissent à même point de l'avant-train, de sorte qu'aucune déperdition de force n'a lieu. La charrue est construite en bois et en fer, et l'appareil est d'une solidité à toute épreuve.

« L'inventeur a compris qu'il ne faut pas faire d'un laboureur un mécanicien; il a donc éloigné toute complication. C'est grâce à ces moyens qu'il a pu admirablement labourer, alors que des charrues simples échouaient dans la formation régulière des sillons, car le terrain d'expériences de Billancourt n'était pas une terre de labour, mais une terre en friche, ce qui créait une grande difficulté.

« Quatre chevaux seulement conduisaient la charrue trisocs, et bien qu'ils ne fussent point habitués à labourer et qu'ils ne marchassent que par saccades, la charrue trisocs a si bien gardé son aplomb que le triple sillon creusé par cet admirable instrument était des plus réguliers. La charrue trisocs peut, dans une terre très-forte, avec quatre chevaux seulement, labourer un hectare et demi par jour, et lorsqu'on donne tout l'écartement aux régulateurs, on fait par jour un travail de 2 hectares 70 ares. C'est M. de Casanova qui est l'inventeur de cet admirable instrument, destiné à produire une révolution dans l'agriculture. » — Nous y reviendrons.

Tel est l'esprit de bienveillance que nous voulons apporter dans l'immense travail qui se dresse devant nous, que pas un mot d'aigreur ne nous est échappé encore sur la déplorable idée de l'Exposition de Billancourt.

On ne saurait nous accuser de cruauté, cependant, si nous faisions humblement observer, en passant, que l'on a commis là une faute énorme!

Ah! si l'*agriculture* entière eût été concentrée à Billancourt, si le Champ de Mars n'eût donné asile à aucun instrument agricole, si les modèles de fermes qui se trouvent dans le parc et parmi lesquels brille au premier rang le charmant spécimen de la ferme de Chevry, dirigée par un praticien pur sang, M. Giot, eussent été rejoindre l'ensemble de l'exposition agricole, nous n'aurions rien à dire.

Mais cette partie si intéressante de l'Exposition universelle a été malheureusement scindée! Et il eût été si facile, avec quelques constructions de moins dans le parc, d'y établir à l'aise l'agriculture!

Je le répète, c'est là une disposition bien regrettable et qui fait ressembler les exposants de Billancourt à des exilés du Champ de Mars!

VII.

DISTRIBUTION DES PRODUITS DANS LE JARDIN ET LE PARC.

Nous indiquons dans ce chapitre, entièrement emprunté aux règlements de la Commission impériale, comment les produits composant les 95 classes ont été distribués dans le palais, le parc et Billancourt.

Encore un document historique dont on ne saurait contester la valeur, un document entièrement officiel.

Veut-on savoir maintenant ce que c'est qu'une classe? Prenons par exemple la C5e : Matériel et procédés du génie civil, des travaux publics et de l'architecture. — Cette classe comprend les matériaux de construction, roches, bois, métaux, pierres d'ornement, chaux, mortiers, ciments, pierres artificielles et bétons, tuiles, briques, carreaux, ardoises, cartons et feutres pour couvertures; matériel et produits des procédés employés pour la conservation des bois; appareils et instruments pour l'essai des matériaux de construction; matériel des travaux de terrassement, excavateurs, appareils des chantiers de construction, outillage et procédés de l'appareilleur, du tailleur de pierre, du maçon, du charpentier, du couvreur, du serrurier, du menuisier, du vitrier, du plombier, du peintre en bâtiment; la serrurerie fine, les cadenas, grilles, balcons, rampes d'escalier; matériel et engins des travaux de fondation, sonnettes, pilotis, pieux à vis, pompes, appareils pneumatiques, dragues; matériel des travaux hydrauliques des ports de mer, des canaux et des rivières; matériel et appareils servant aux distributions d'eau, de gaz; matériel de l'entretien des routes, des plantations et des promenades; les modèles, plans et dessins de travaux publics, ports, viaducs, aqueducs, égouts, ponts-canaux, phares, monuments publics de destination spéciale, constructions civiles, hôtels et maisons à louer, cités ouvrières, etc., etc.

C'est gigantesque! Multipliez maintenant par 95 les expositions particulières comme celle-là et voyez où cela vous mène !

Nous avons déjà dit que les 95 classes sont réparties en dix groupes. En voici le tableau exact:

1er GROUPE.

ŒUVRES D'ART.

1re *classe.* — Peintures à l'huile.
2e *classe.* — Peintures diverses et dessins.
3e *classe.* — Sculptures et gravures sur médailles.
4e *classe.* — Dessins et modèles d'architecture.
5e *classe.* — Gravures et lithographies.

2e GROUPE.

MATÉRIEL ET APPLICATION DES ARTS LIBÉRAUX.

6e *classe.* — Produits d'imprimerie et de librairie.
7e *classe.* — Objets de papeterie, reliures, matériel des arts, de la peinture et du dessin.
8e *classe.* — Application du dessin et de la plastique aux arts usuels.
9e *classe.* — Épreuves et appareils de photographie.
10e *classe.* — Instruments de musique.
11e *classe.* — Appareils et instruments de l'art médical.
12e *classe.* — Instruments de précision et matériel de l'enseignement des sciences.
13e *classe.* — Cartes et appareils de géographie et cosmographie.

3e GROUPE.

MEUBLES ET AUTRES OBJETS DESTINÉS A L'HABITATION.

14e *classe.* — Meubles de luxe.
15e *classe.* — Ouvrages de tapissier et de décorateur.
16e *classe.* — Cristaux, serrurerie de luxe, vitraux.
17e *classe.* — Porcelaines, faïences et autres poteries de luxe.
18e *classe.* — Tapis, tapisseries et autre tissus d'ameublement.

19ᵉ classe. — Papiers peints.
20ᵉ classe. — Coutellerie.
21ᵉ classe. — Orfévrerie.
22ᵉ classe. — Bronze d'art, fontes d'art diverses et ouvrages en métaux repoussés.
23ᵉ classe. — Horlogerie.
24ᵉ classe. — Appareils et procédés de chauffage et d'éclairage.
25ᵉ classe. — Parfumerie.
26ᵉ classe. — Maroquinerie, tabletterie, vannerie.

4ᵉ GROUPE.

VÊTEMENTS ET AUTRES OBJETS PORTÉS PAR LA PERSONNE.

27ᵉ classe. — Fils et tissus de coton.
28ᵉ classe. — Fils et tissus de lin et de chanvre.
29ᵉ classe. — Fils et tissus de laine peignée.
30ᵉ classe. — Fils et tissus de laine cardée.
31ᵉ classe. — Soie et tissus de soie.
32ᵉ classe. — Châles.
33ᵉ classe. — Dentelles, tulles, broderies et passementeries.
34ᵉ classe. — Articles de bonneterie et de lingerie, objets accessoires du vêtement.
35ᵉ classe. — Habillements des deux sexes.
36ᵉ classe. — Joaillerie et bijouterie.
37ᵉ classe. — Armes portatives.
38ᵉ classe. — Objets de voyage et de campement.
39ᵉ classe. — Bimbeloterie.

5ᵉ GROUPE.

PRODUITS BRUTS ET OUVRÉS DES INDUSTRIES EXTRACTIVES.

40ᵉ classe. — Produits de l'exploitation des mines et de la métallurgie.
41ᵉ classe. — Produits des exploitations et des industries forestières.
42ᵉ classe. — Produits de la chasse, de la pêche et des cueillettes.
43ᵉ classe. — Produits agricoles (non alimentaires) de facile conservation.
44ᵉ classe. — Produits chimiques et pharmaceutiques.
45ᵉ classe. — Produits spécimens des procédés chimiques de blanchiment, de teinture, d'impression et d'apprêts.
46ᵉ classe. — Cuirs et peaux.

6ᵉ GROUPE.

INSTRUMENTS ET PROCÉDÉS DES ARTS USUELS.

47ᵉ classe. — Matériel et procédés de l'exploitation des mines et de la métallurgie.
48ᵉ classe. — Matériel et procédés des exploitations rurales et forestières.
49ᵉ classe. — Engins et instruments de la chasse, de la pêche et de la cueillette.
50ᵉ classe. — Matériel et procédés des usines agricoles et des industries alimentaires.
51ᵉ classe. — Matériel des arts chimiques de la pharmacie et de la tannerie.
52ᵉ classe. — Moteurs, générateurs et appareils mécaniques, spécialement adaptés aux besoins de l'Exposition.
53ᵉ classe. — Machines et appareils de mécanique générale.
54ᵉ classe. — Machines-outils.
55ᵉ classe. — Matériel et procédés du filage et de la corderie.
56ᵉ classe. — Matériel et procédés du tissage.
57ᵉ classe. — Matériel et procédés de la couture et de la confection des vêtements.
58ᵉ classe. — Matériel et procédés de la confection des objets de mobilier et d'habitation.
59ᵉ classe. — Matériel et procédés de la papeterie, des teintures et des impressions.
60ᵉ classe. — Machines, instruments et procédés usités dans divers travaux.
61ᵉ classe. — Carrosserie et charronnage.
62ᵉ classe. — Bourrelerie et sellerie.
63ᵉ classe. — Matériel des chemins de fer.
64ᵉ classe. — Matériel et procédés de télégraphie.
65ᵉ classe. — Matériel et procédés du génie civil, des travaux publics et de l'architecture.
66ᵉ classe. — Matériel de la navigation et du sauvetage.

7ᵉ GROUPE.

ALIMENTS FRAIS ET CONSERVÉS A DIVERS DEGRÉS DE PRÉPARATION.

67ᵉ classe. — Céréales et autres produits farineux comestibles avec leurs dérivés.
68ᵉ classe. — Produits de la boulangerie et de la pâtisserie.
69ᵉ classe. — Corps gras alimentaires, laitage et œufs.
70ᵉ classe. — Viandes et poissons.
71ᵉ classe. — Légumes et fruits.
72ᵉ classe. — Condiments et stimulants, sucre et produits de confiserie.
73ᵉ classe. — Boissons fermentées.

8ᵉ GROUPE.

PRODUITS VIVANTS, SPÉCIMENS D'ÉTABLISSEMENTS D'AGRICULTURE.

74ᵉ classe. — Spécimens d'exploitations rurales et d'usines agricoles.
75ᵉ classe. — Chevaux, ânes, mulets.
76ᵉ classe. — Bœufs, buffles.
77ᵉ classe. — Moutons et chèvres.
78ᵉ classe. — Porcs et lapins.
79ᵉ classe. — Oiseaux de basse-cour.
80ᵉ classe. — Chiens de chasse et de garde.
81ᵉ classe. — Insectes utiles.
82ᵉ classe. — Poissons, crustacés et mollusques.

9ᵉ GROUPE.

PRODUITS VIVANTS ET SPÉCIMENS D'ÉTABLISSEMENTS D'HORTICULTURE.

83ᵉ classe. — Serres et matériel de l'horticulture.
84ᵉ classe. — Fleurs et plantes d'ornement.

85ᵉ *classe*. — Plantes potagères.
86ᵉ *classe*. — Arbres fruitiers.
87ᵉ *classe*. — Graines et plantes d'essences forestières.
88ᵉ *classe*. — Plantes de serre.

10ᵉ GROUPE.

OBJETS SPÉCIALEMENT EXPOSÉS EN VUE D'AMÉLIORER LA CONDITION PHYSIQUE ET MORALE DE LA POPULATION.

89ᵉ *classe*. — Matériel et méthode de l'enseignement des enfants.
90ᵉ *classe*. — Bibliothèque et matériel de l'enseignement donné aux adultes dans la famille, la commune ou la corporation.
91ᵉ *classe*. — Meubles, vêtements et aliments de toute origine, distingués par les qualités utiles unies au bon marché.
92ᵉ *classe*. — Spécimens des costumes populaires des diverses contrées.
93ᵉ *classe*. — Spécimens d'habitations caractérisées par le bon marché uni aux conditions d'hygiène et de bien-être.
94ᵉ *classe*. — Produits de toutes fabriques par des ouvriers chefs de métier.
95ᵉ *classe*. — Instruments et procédés de travail spéciaux aux ouvriers chefs d'atelier.

Telle est la classification adoptée par la Commission impériale.

Avant d'aller plus loin, nous prions nos lecteurs de vouloir bien se reporter à la division topographique que nous avons donnée en commençant. Nous allons du reste la rappeler, en suivant la même méthode, c'est-à-dire en partant du centre du palais et en nous dirigeant vers sa circonférence, car la classification qui précède doit être, quant à présent, l'objet de nos préoccupations.

Le premier groupe : Œuvres d'art, occupe donc la galerie la plus intérieure, c'est-à-dire celle qui avoisine le jardin central et qui est adossée à l'exposition spéciale de l'Histoire du travail. Ce premier groupe, entièrement consacré aux beaux-arts, est tout à fait en dehors du programme industriel et agricole des expositions ordinaires ; il échappe, par conséquent, aux travaux de l'Académie nationale et doit être traité par une autre plume que la nôtre ; nous ne signalons le chiffre de cinq classes, dont il se compose, que comme mémoire et pour compléter notre cadre.

Le deuxième groupe : Matériel et application des arts libéraux, occupe la deuxième galerie ou zone circulaire à partir du jardin central et comprend huit classes.

Plaçons-nous donc dans le grand axe du palais, avenue d'Europe, sous le grand vestibule donnant accès aux sept groupes des objets exposés, prenons à notre gauche et suivons la deuxième galerie des Arts libéraux.

Le premier compartiment dans lequel nous entrons renferme la classe 6 : Imprimerie et librairie ; le second, la classe 7 : Matériel de dessins, papeteries et reliures, le troisième, la classe 9 : Photographie ; le quatrième, la classe 8 : Application du dessin aux arts usuels et instruments de musique ; le cinquième est encore la classe 10 : Instruments de musique, et la classe 12 : Instruments de précision ; le sixième, la classe 13 : Géographie et cosmographie, et la classe 11 : Instruments de l'art médical.

A l'extrémité de cette galerie et des suivantes on a placé les classes 89, 90, 91, 92, 94 et 95. — 89, Matériel et méthode de l'enseignement des enfants ; 90, Bibliothèque et matériel de l'enseignement donné aux adultes ; 91, Meubles, vêtements et aliments de toute origine, distingués par les qualités utiles, unies au bon marché ; 92, Spécimens des costumes populaires ; 94, Produits de toutes fabriques par des ouvriers chefs de métier, et 95, Instruments et procédés de travail, spéciaux aux ouvriers chefs de métier.

Revenons à notre point de départ, c'est-à-dire au grand axe, et prenons la troisième galerie, dite des Meubles et autres objets destinés à l'habitation.

Le premier compartiment contient la classe 14 : Meubles de luxe ; le second contient la classe 14 et comprend la classe 15 : Ouvrages de tapissier ; la classe 18 : Tapis, et la classe 22 : Bronze d'art.

Le troisième compartiment n'est que la suite du deuxième, on y trouve la classe 15 : Ouvrages de tapissier-décorateur et puis la classe 22 : Bronze d'art.

Le quatrième compartiment est aussi la continuation de la classe 22 : Bronze d'art, et renferme de plus la classe 16 : Cristaux et verrerie de luxe.

Le cinquième compartiment comprend la classe 21 : Orfévrerie, et la classe 17 : Porcelaines, faïences et autres poteries de luxe.

Le sixième compartiment embrasse quatre

classes : la suite de la 17e, Porcelaines, la 26e, Objets de maroquinerie, la 20e, Coutellerie, et la 24e, Appareils et procédés de chauffage et d'éclairage.

Les classes 23, Horlogerie, et 25, Parfumerie, terminent cette troisième galerie.

Revenons encore au grand axe et reprenons la quatrième galerie, qui comprend les vêtements et autres objets portés par la personne.

C'est d'abord la classe 35 : Modes et confection; puis la classe 28 : Fils et tissus de lin et de chanvre; la classe 27 : Fils et tissus de coton; la classe 30 : Fils et tissus de laine cardée; la classe 29 : Fils et tissus de laine peignée; la classe 31 : Soie et tissus de soie; la classe 36 : Joaillerie et bijouterie; la classe 37 : Armes portatives; la classe 33 : Dentelles, tulles, broderies et passementeries; une suite de la classe 35, que nous avons vue au début de cette galerie, comprenant : les fleurs et les plumes ainsi que les coiffures; la classe 32 : les châles; la classe 39 : la bimbeloterie; la classe 34 : les articles de bonneterie, de lingerie et les objets accessoires du vêtement; la classe 38 : les objets de voyage et de campement; encore une suite de la classe 35 : Chaussures; une partie de la classe 42 : Fourrures, et enfin la classe 92 : Spécimens des costumes populaires des diverses contrées.

En revenant toujours au grand axe, et en pénétrant dans la cinquième galerie : Produits bruts et œuvres des industries extractives, nous trouvons la classe 41 : Produits des exploitations et des industries forestières; la classe 43 : Produits agricoles non alimentaires de facile conservation; la classe 45 : Produits et spécimens des procédés chimiques de blanchiment, de teinture, d'impression et d'apprêts; la classe 44 : Produits chimiques et pharmaceutiques; la classe 40 : Produits de l'exploitation des mines et de la métallurgie; la classe 42 : Produits de la chasse, de la pêche et des cueillettes; et la classe 46 : Cuirs et peaux.

Nous voici arrivé à la grande galerie des Instruments et procédés des arts usuels. Ici, comme précédemment, nous prenons toujours le même point de départ.

La première classe que nous rencontrons est la classe 55 : Matériel et procédés du filage et de la corderie; puis viennent successivement : la classe 58 : Matériel et procédés de la confection des objets de mobilier et d'habitation; la classe 56 : Matériel et procédés de tissage; la classe 59 : Matériel et procédés de la papeterie, des teintures et des impressions; la classe 51 : Matériel des arts chimiques, de la pharmacie et de la tannerie; la classe 50 : Matériel et procédés des usines agricoles et des industries alimentaires; la classe 48 : Matériel et procédés des exploitations rurales et forestières; la classe 65 : Matériel et procédés du génie civil, des travaux publics et de l'architecture; la classe 64 : Matériel et procédés de la télégraphie; la classe 66 : Matériel de la navigation et du sauvetage; la classe 63 : Matériel des chemins de fer; la classe 47 : Matériel et procédés de l'exploitation des mines et de la métallurgie; la classe 62 : Bourrellerie et sellerie; la classe 61 : Carrosserie et charronnage; la classe 53 : Machines et appareils de mécanique générale; la classe 54 : Machines-outils; la classe 60 : Machines, instruments et procédés usités dans divers travaux; la classe 57 : Matériel et procédés de la couture et de la confection des vêtements; enfin cette immense galerie a pour terme la classe 95 : Instruments et procédés de travail spéciaux aux ouvriers chefs de métiers, puis viennent ensuite les colonies françaises et l'Algérie.

La septième galerie qui clôture extérieurement le palais et qui renferme le septième groupe : Aliments frais ou conservés à divers degrés de préparation, comprend la classe 72 : Condiments et stimulants, sucre et produits de confiserie; la classe 73 : Boissons fermentées; la classe 69 : Corps gras alimentaires, laitage et œufs; la classe 68 : Produits de la boulangerie et de la pâtisserie; la classe 70 : Viandes et poissons; la classe 71 : Légumes et fruits; la classe 67 : Céréales et farineux, et enfin une partie de la classe 91 : Aliments de toute origine distingués par leurs qualités utiles et leur bon marché.

Le groupe huit : Produits vivants et spécimens d'établissements d'agriculture, comprenant neuf classes (voir le tableau ci-dessus), se trouve exposé dans l'île de Billancourt.

Le groupe neuf : Produits vivants et spécimens d'établissements d'horticulture, comprenant six classes, se trouve dans le deuxième quart du parc et est circonscrit par la porte Rapp, par le chemin des Deux-Mondes et par l'avenue de l'Europe du côté de l'École militaire; on y pénètre de l'intérieur du parc et du dehors par la porte Tourville.

A cette liste déjà si longue, il manque la classe 93 : Spécimens d'habitations caractérisées par le bon marché uni aux conditions d'hygiène et de bien-être. Cette classe se trouve dignement représentée par différentes expositions et surtout par la maison des ouvriers de Paris, dont l'exposant est l'Empereur lui-même.

Quant à la distribution des produits étrangers renfermés dans le palais ou exposés dans le parc et à Billancourt, il est facile de les trouver, parce que leur classification est basée sur le même principe. Dans le parc ces produits sont centralisés par groupes; dans le palais, il suffit pour les trouver immédiatement de se placer dans le jardin central et de chercher sur le fronton des portes, le pays qu'on veut visiter, puis à compter les zones concentriques ou chemins circulaires donnant accès aux sept groupes renfermés dans l'immense enceinte.

Quelque arides que paraissent de prime abord ces premiers chapitres de notre revue générale, ils peuvent cependant rendre de grands services à tous ceux qui visiteront le Champ de Mars avec le désir d'en emporter d'utiles souvenirs, et nous les publions au moment même où l'Exposition nous paraît enfin complète. Ces chapitres sont donc à la fois un préambule, une introduction, et un itinéraire ; c'est aussi le programme de l'immense travail que nous nous sommes imposé.

En présence de cette immensité, comment devions-nous commencer cette revue ?

Après bien des hésitations, nous avons reconnu qu'il y avait avantage à suivre la classification de la Commission, à accepter l'ordre qu'elle avait établi et à nous conformer aux dispositions adoptées pour le palais et pour le catalogue.

Nous suivrons donc de point en point l'itinéraire officiel, excepté pour la France que, par courtoisie, nous ferons venir après tous les peuples auxquels elle donne en ce moment une si splendide hospitalité...! Et nous irons, je le répète, jusqu'où nos forces nous permettront d'aller.

Alors, les honneurs du premier article reviennent, d'après le droit établi par la Commission impériale, au royaume des Pays-Bas.

Nous suivrons successivement... et lorsque nous serons de retour en France, après notre excursion scientifique à travers tous les peuples du monde, nous nous efforcerons de présenter l'histoire de toutes les classes ; c'est là que nous ferons la part des quelques centaines de membres de l'Académie nationale qui ont eu l'honneur de prendre part à cet unique et grandiose concours, et nous n'aurons pas de peine à démontrer que cette brillante pléiade s'est montrée sur toute la ligne au premier rang !

Nous ferons aussi une part aux nombreuses réclamations qui s'élèvent de tous côtés contre certains verdicts du jury international.

Sans oublier le profond respect que nous portons aux honorables membres du jury, il est cependant de ces erreurs que la presse doit redresser, de ces jugements qu'on ne peut accepter sans appel.

Mais il fait une chaleur étouffante dans ce palais de fer... quand toutefois il n'y fait pas trop froid... Ne pourrait-on pas peser la valeur des conseils suivants, qui ont été donnés par la *Liberté?*

« Malgré le nombre immense de mètres cubes d'air qui sont projetés dans les galeries de l'Exposition par une force motrice de plus de cent chevaux, il est à craindre que la température du palais ne devienne très-élevée. Un procédé très-simple pour augmenter la fraicheur consisterait à placer des fascines dans les galeries d'aérage, et à les entretenir dans un état constant d'humidité. Il est vrai, l'obstacle mécanique offert par la présence de ces branchages diminuerait la vitesse de l'écoulement de l'air; mais la perte qui en résulterait serait plus que compensée par la grande quantité de vapeur d'eau qui serait lancée dans l'intérieur du palais, et la conservation des produits exposés.

« Les conduites d'eau nécessaires pour l'arrosage des fascines ne sauraient entraîner la Commission à des dépenses hors de proportion avec ses ressources et le bien-être qui en résulterait pour les visiteurs.

« Ne pourrait-on pas, en outre, jeter dans les galeries d'aérage des jets de vapeur ayant servi pour la marche des machines, et qui produiraient d'une manière très-simple un effet analogue à celui des fascines imprégnées d'humidité? »

VIII.

LES PAYS-BAS.

La Hollande est certainement l'un des pays qui a le mieux mérité de voir citer son nom sur le grand-livre du travail des peuples.

Son territoire a été conquis sur la mer, ses digues résistent au flot envahisseur, et ce flot ne pénètre sur le sol que juste au moment où il peut venir en aide à la patrie en danger, ou féconder de ses nourrissants effluves le champ agricole.

Aussi la Hollande est-elle riche en herbages, en troupeaux, en lait et en fromages, par conséquent; aussi l'agriculture y est-elle florissante; c'est également un pays où l'industrie occupe une large place, mais c'est surtout la nation la plus exceptionnellement commerçante; à ce point de vue, et toute proportion gardée, elle rivalise avec l'Angleterre.

La force maritime et la prospérité commerciale des Pays-Bas ont peut-être bien dépendu de la découverte faite au XVᵉ siècle par Beuckels : nous voulons parler de la préparation et de l'encaquage des harengs; aussi Charles-Quint, qui s'y connaissait, frappé de l'importance économique de cette découverte, fit-il élever à Biervliet, village où Beuckels avait été inhumé, un magnifique monument à sa mémoire.

Aux harengs saurs, à la fabrication des fromages, vinrent s'ajouter la culture du lin et la fabrication des toiles et batistes, et un peu plus tard la librairie. Encore aujourd'hui l'industrie est la même, la production nationale n'a pas changé, seulement le commerce a fléchi, non parce que l'esprit entreprenant des habitants n'est plus ce qu'il était, mais bien par le fait seul de la concurrence.

La Hollande enlève à l'Asie tous ses produits spontanés, aux Moluques, son café, son tabac, sa muscade, sa cannelle, son girofle et autres épices... Les Hollandais, proclamons-le à leur gloire, sont les premiers négociants du monde, et négociants comme on en rencontre peu, puisqu'en 1810, lors de l'envahissement d'Amsterdam, Napoléon, cherchant une garantie à certaines créances, la trouva dans les magasins de la ville, garantie représentée par dix millions de francs de clous de girofle! Aujourd'hui encore la Société générale de commerce lutte à armes égales avec la Compagnie des Indes.

Nous ne dirons rien des arts et particulièrement de la peinture de la Hollande, parce que ce premier groupe de productions ne fait pas partie de notre programme.

Non compris l'espace occupé dans le parc et le jardin d'horticulture, l'exposition de la Hollande s'étend dans le palais sur une surface de 1,995ᵐ 51, et elle compte 408 exposants.

Ce dernier chiffre est en désaccord avec celui du tableau qui précède le catalogue officiel, lequel compte 504 exposants, soit une différence de 96. Comment expliquer cette différence, sinon par les expositions collectives, que nous avons comprises sous un seul numéro, tandis que ce numéro a sans doute été décomposé dans le travail de la Commission?

L'exposition des Pays-Bas vient immédiatement après celle des colonies françaises; du côté opposé, elle est bornée par la Belgique. Sa physionomie est digne et magistrale, ses produits sont rangés avec ordre et méthode, et cet ordre permet au visiteur de tout voir sans confusion. Dans le parc, adossé pour ainsi dire au palais et circonscrit par le chemin des Deux-Mondes, se trouvent deux annexes : la taillerie de diamants de M. Martin Coster et une métairie modèle.

En 1851, les Pays-Bas comptaient à Londres 113 exposants; à Paris, en 1855, 411 exposants; à Londres, en 1862, 354 exposants; cette année, à Paris, 408 numéros représentés par 504 exposants. Dans ces chiffres, le grand-duché de Luxembourg n'est pas compris.

Il y a évidemment progression, mais une progression qui n'est pas spéciale; elle se répartit sur tous les produits en général. Disons cependant que le matériel des chemins de fer, qui avait toujours fait défaut jusqu'à ce jour, compte cette année 5 exposants.

Les conserves, c'est-à-dire les produits formant le septième groupe : Aliments ou conserves à divers degrés de préparation, les étoffes, les tissus de lin, de chanvre et de coton, ainsi que les produits de l'imprimerie et de la librairie, forment la base essentiellement remarquable de l'exposition néerlandaise.

La Hollande compte 3,168,000 habitants, répartis sur une superficie de 34,165 kilomètres carrés. Quant à la population des colonies, elle est de 18,832,000 habitants répandus sur une surface de 294,825 kilomètres carrés. C'est cette population qui a envoyé les objets qui composent l'exposition néerlandaise de 1867, lesquels se répartissent ainsi qu'il suit dans les neuf groupes des produits de l'agriculture et de l'industrie [1] :

	Exposants.
2ᵉ GROUPE. — *Huit classes* : Matériel et application des arts libéraux.	51
3ᵉ GROUPE. — *Treize classes* : Meubles et autres objets destinés à l'habitation.	51
4ᵉ GROUPE. — *Treize classes* : Vêtements (tissus compris) et autres objets portés par la personne.	82
5ᵉ GROUPE. — *Sept classes* : Produits bruts et œuvres des industries extractives.	97
6ᵉ GROUPE. — *Vingt classes* : Instruments et procédés des arts usuels.	43
7ᵉ GROUPE. — *Sept classes* : Aliments frais ou conservés à divers degrés de préparation.	78
8ᵉ GROUPE. — *Neuf classes* : Produits vivants et spécimens d'établissements d'agriculture.	1
9ᵉ GROUPE. — *Six classes* : Produits vivants et spé-	
A reporter....	403

[1]. Le premier comprend les œuvres d'art : peinture, sculpture, architecture, dessins et gravures.

Report.....	403
cimens d'établissements d'horticulture [1].....	1
10ᵉ GROUPE. — *Sept classes* : Objets spécialement exposés en vue d'améliorer la condition physique et morale de la population.............	4
Total.	408

ou plutôt 408 numéros représentés, nous le répétons, par 504 exposants.

Il est difficile, d'après ce tableau et en dehors de ce que nous avons dit précédemment, de conclure, c'est-à-dire de tirer des conséquences économiques de quelque valeur, et comme c'est précisément le but que nous nous proposons, il devient nécessaire que nous entrions dans un nouvel ordre de faits qui aideront à bien saisir l'esprit de cette nation et le point vers lequel se concentrent tous ses efforts.

De la production manufacturière aux débouchés commerciaux il n'y a qu'un pas; aussi le chapitre des importations et des exportations varie-t-il selon les productions industrielles et agricoles d'un pays.

Or la Hollande exporte, en fait de marchandises, des toiles, des fromages, du beurre, des poissons salés, du papier, des viandes salées, de l'étain, des épices et autres articles des Indes orientales et occidentales, de la garance, du tabac, des pipes à fumer, des fleurs, des huiles, du genièvre, des semences, des peaux, du borax et du camphre.

Elle importe, sur son territoire, des grains, des sels, des vins, des bois de construction, des bœufs maigres pour y être engraissés, du fer, des articles dits de Paris, des fils, des laines et mercerie, du miel, des peaux ouvrées, du plaqué, de l'horlogerie et des livres.

Connaissant la nature des importations et des exportations, il nous paraît intéressant de donner ici le chiffre du commerce extérieur de la Hollande avec les différents peuples du monde, d'après les renseignements les plus officiels :

[1]. Les produits de ce groupe se renouvelant tous les quinze jours, les noms des exposants ne sont pas inscrits au catalogue. Ainsi, dans le premier concours — 1ᵉʳ au 15 avril — nous mentionnerons comme exposants primés, M. Willingk, d'Amsterdam; M. Krelage, à Harlem, etc.

	IMPORTATIONS. Florins [1].	EXPORTATIONS. Florins.
Grande-Bretagne	72,208,673	59,412,156
Belgique	26,297,618	22,854,768
Allemagne	69,089,235	94,609,280
États du Nord	6,505,709	2,300,331
Russie	10,910,524	5,528,524
Mer Méditerranée	3,448,539	11,908,066
France	9,058,259	9,519,750
Espagne et Portugal	1,341,115	1,162,437
États-Unis du Nord	7,473,642	5,834,700
Amérique du Sud et centrale	10,405,690	3,901,906
Afrique et Asie	65,865,334	12,968,040
	284,403,338	229,990,076

Soit pour les importations 608,625,283 fr. 32 c., et pour les exportations 471,499,948 fr. 64 c.

La Hollande n'a pas seulement pour elle la navigation maritime, elle a aussi la navigation fluviale du Rhin. En 1854, cette navigation s'est élevée au chiffre de 1,428,035 quintaux de marchandises [2].

Le commerce de la Hollande avec la France a lieu particulièrement par les ports de Bordeaux, de Cette, de Saint-Malo, de Dunkerque, de Nantes et d'Algérie. L'exportation seule du genièvre, par Dunkerque, s'élève annuellement en moyenne au chiffre de 2,850 pipes, et le fromage expédié par le Havre, Bordeaux, Dunkerque et divers ports de notre littoral, atteint le chiffre de 1,113,335 fromages, du poids de 2,650,554 kilogrammes.

Le mouvement commercial des colonies hollandaises de Java et de Madura, d'après les derniers relevés statistiques, a été pour les importations faites dans ces deux pays, de 135,203,000 francs. La part de la France dans ces importations est de 1,380,300 francs. Quant aux exportations, elles se sont élevées au chiffre de 157,696,000 francs, comprenant les produits suivants : café, sucre, étain, indigo, muscade, thé, cochenille, riz, tabac, tissus et fils, arack, cuirs et peaux, poivre et autres épices, rotins, nids d'oiseaux, girofle, macis, cannelle, sagou, gommes, résines, etc... La part de la France dans ces exportations s'est élevée cette même année au chiffre de 4,104,000 francs.

---

1. Le florin vaut 2 francs 14 centimes.
2. Le quintal vaut 50 kilogrammes.

Quoique cet immense commerce de la Hollande soit bien inférieur à celui qui se faisait au XVIe siècle, il ne laisse pas encore d'avoir son importance, et cette importance s'explique d'autant mieux que les Hollandais ont un capital commercial de trois milliards 400 millions de francs, réparti chez les différents peuples du monde connu.

Ces magnifiques éléments commerciaux reposent cependant sur un des plus petits territoires de l'Europe, ce qui prouve jusqu'à quel point le génie de l'homme peut accomplir de grandes choses, surtout lorsqu'il est dirigé par l'esprit d'ordre. La Hollande, géographiquement parlant, n'occupe en effet que l'espace compris entre 51° 30' et 53° 32' de latitude nord et entre 1° et 5° de longitude est. Elle est bornée à l'ouest et au nord par la mer du Nord et le Hanovre, et au sud par la Belgique ; elle se compose de onze provinces, en y comprenant le grand-duché de Luxembourg, savoir : la Hollande méridionale, la Hollande septentrionale, le Brabant septentrional, la province de Gueldre, la province de Drenthe, la province de Groningue, la Frise, le Limbourg hollandais, la province d'Utrecht, la Zélande et le grand-duché de Luxembourg.

Ses possessions d'outre-mer sont :

Dans l'Océanie : Java, Madura, Amboine, Banda, Ternate, Macassar, Sumatra, Timor.

En Afrique : Les forts d'Elmina, d'Orange, de Vredenburg, d'Antonius, de Hollandia, de la Mina, de Nassau et de Crèvecœur.

En Amérique : Les îles Bonaïr, Curaçao, Saint-Eustache, une partie de Saint-Martin, Saba et la colonie de Surinam dans la Guyane.

L'île de Sumatra fournit particulièrement les substances suivantes : Or, poivre, cannelle, gingembre, indigo, épices, gomme, camphre, ambre gris, riz, café, benjoins, rotins, morfil. — L'île de Java produit : Or, sucre, café, girofle, poivre, cannelle, gingembre, muscade, macis, indigo, cochenille, épices, bois de teinture, bois de tek et de construction, riz, cuirs secs, rotins, bois de sapan, casse, camphre, curcuma, écailles de tortue, gomme copal, étain, noix d'arec, nids d'oiseaux, tabac, coton, soie. Les Moluques, îles dites à épiceries, fournissent : Des épices, du girolle, de la cannelle, des muscades, des macis, de la cire, du sagou, du bois de santal et des nids d'oiseaux. Les Célèbes ou Macassar produisent : Des diamants, de l'or, de l'étain, du cuivre, du fer, du sel, des épices, du gingembre, du riz, des bois de teinture et de sapan, du camphre et de la cire. Enfin c'est de la possession africaine d'Elmina que les Hollandais tirent l'huile de palme.

La vraie richesse de la Hollande repose donc sur son immense et florissant commerce d'épices. Les fromages, les harengs saurs, les salaisons, les genièvres et les curaçaos, qui sont toujours en grande faveur, représentent les industries les plus importantes.

On fabrique à Leyde des étoffes connues sous les noms de camelot-poil et de polemieten, et d'excellentes couvertures de laine dont MM. Zaalberg et fils ont perfectionné la façon. On fabrique aussi en Hollande d'excellents velours unis et frappés dits d'Utrecht et de bonnes toiles de lin et de coton ; mais toutes ces industries ont énormément à lutter contre les fabrications françaises, anglaises, belges, du Zollverein et même de l'Autriche.

Depuis 1854, époque où l'on a défendu l'exportation du chiffon, il semble y avoir un réveil dans l'industrie papetière : on compte en effet en Hollande 168 papeteries, qui mettent en œuvre annuellement de cinq à six millions de kilogrammes de chiffons.

Disons, en terminant les considérations générales, que les Pays-Bas ont, depuis le 7 juillet 1865, signé avec la France un traité de commerce qui établit sur de nouvelles bases les droits d'entrée des marchandises provenant de la Hollande.

Il nous reste maintenant à parler de l'Exposition et des exposants dont les produits méritent spécialement d'être étudiés, soit par leur valeur, soit par leur nouveauté.

Nous appellerons d'abord l'attention sur les deux établissements modèles, qui forment la partie vivante et animée de l'exposition hollandaise : nous voulons parler de la fromagerie et de la taillerie de diamants.

La fromagerie hollandaise de l'Exposition est une métairie spéciale à ce genre de fabrication. L'étable, nous a-t-on dit, peut contenir vingt-quatre vaches laitières, ce qui nous a paru quelque peu exagéré ; mettons-en seize. Nous avons trouvé le plancher mal disposé pour l'écoulement des urines : celles-ci en effet, au lieu de s'écouler hors du bâtiment dans une fosse à purin, séjournent, pendant l'espace de vingt heures, dans un carneau disposé de manière à blesser les animaux. Cette urine est baquetée tous les matins dans un tonneau spécial et transportée de suite sur le sol. Les râteliers doubles sont représentés par des piquets fichés en terre et disposés de manière à faciliter le gaspillage d'une grande quantité de fourrage. Les ustensiles et instruments qui meublent cette fromagerie sont des plus primitifs, depuis le manège qui met en mouvement le pilon de la baratte, jusqu'aux presses à fromage ; nous ferons cependant une exception pour les seaux à lait à anses de cuivre et cerclés en cuivre, parce qu'ils sont solides et bien faits, mais nos fermières ne voudraient pas en faire usage, non-seulement à cause de leur pesanteur, mais surtout à cause du métal, qui exige un entretien dispendieux. La fromagerie hollandaise est pour nous une curiosité et non un modèle, et nous ne voyons pas ce que nous pourrions lui emprunter pour perfectionner les nôtres ; ce qui n'empêche pas la Hollande de marcher à la tête de la fabrication des fromages ; mais il demeure évident que si les fromages hollandais ont une aussi excellente réputation, ce ne sont ni les dispositions ni le matériel de la fromagerie qui en sont la cause, il faut l'attribuer plutôt à l'excellente qualité des herbages, au climat, à la nature de la race laitière et au mode de préparation.

L'industrie de la taille des diamants, disait M. Fassin dans son rapport lors de l'Exposition de 1855, appartient particulièrement à la Hollande ; elle donne lieu chaque jour à un commerce immense en transformant des cristaux, sans valeur à leur état brut, en véritables trésors. — Par suite de ce rapport, la Commission internationale décerna à M. Coster, représentant les diamantaires de la Hollande, une médaille de 1re classe.

Outre la taillerie proprement dite, l'établissement qui figure à l'Exposition renferme une série de vitrines dans lesquelles se trouvent rangés d'intéressants spécimens ; ce sont d'abord : les formations minéralogiques qui accompagnent les sables diamantifères, les gangues contenant le diamant, des sables graviers, des cascalho ou tries de graviers, de petits cailloux à apparence métallique dits carbone, et des diamants bruts dont quelques-uns à reflets chatoyants, le tout provenant des mines de Sincora, de Groupiara, de Baranco, de Gruma, de Mosquitos (province de Bahia) et des mines de Jeguitiuhoua (province de Rio). — Vient ensuite une collection de spécimens de cristallisation et de couleur au nombre de seize, puis une série croissante d'échantillons taillés composée de 1,000 diamants pesant 1 carat, de 800, 500, 260, 130, 65, 32, 16, 8, 4, 2 et 1 diamants; à côté de cette merveilleuse vitrine, se trouve un *fac-simile* du Ko-i-nor qui pesait avant la taille 186 carats et qui n'a plus pesé après la taille que 102 carats 1/2, et un *fac-simile* de l'Étoile du sud qui pesait brut 254 carats, et qui, après la taille que lui a fait subir M. Coster, ne pèse plus que 125 carats. Une des curiosités de cette exposition est un diamant monté en épingle, sur lequel on a gravé le portrait de l'Empereur.

Au centre de ces richesses étalées aux yeux des visiteurs, se trouve la taillerie proprement dite : là des ouvriers diamantaires font subir aux précieuses pierres les opérations du clivage, de l'égrisage et de la taille ; c'est à l'aide de la poussière provenant de l'égrisage, mêlée à un peu d'huile et mise sur la meule d'acier, qu'on parvient à polir les facettes de ces riches joyaux.

Entrons maintenant dans le palais, et arrêtons-nous devant les expositions qui méritent réellement de captiver l'attention du visiteur.

Le groupe sept, classe 73, qui se trouve exposé dans la galerie excentrique du palais donnant sur le parc à l'extérieur, nous offre d'abord les boissons et liqueurs : genièvre de Schiedam, amer de Hollande, curaçao, rosolio, marasquin, scubac de Hollande, etc., puis les aliments : biscuits pour la marine, biscottes, pâtisserie sèche, chocolats, fromages et conserves. Tous ces produits, quoique mettant en éveil les sensations gastronomiques d'un chacun, ne sauraient être de notre part l'objet d'aucune appréciation, puisqu'il n'est pas permis d'y goûter. Nous ferons exception cependant en faveur des produits de la maison de Bont, d'Amsterdam. Ces produits, qui consistent en chocolats, sucreries et liqueurs, nous les avons goûtés et nous les déclarons d'excellente qualité. Le reste nous échappe et, quant à parler de l'étiquette du sac, nous préférons nous abstenir ; mais à défaut du goût nous avons la vue, dont l'usage n'a besoin d'aucune autorisation, ce qui fait que nous avons pu étudier sans permission préalable une très-intéressante collection de préparations microscopiques de céréales et de semences légumineuses, reproduite photographiquement, collection à l'aide de laquelle il est possible de déterminer microscopiquement le mélange des farines et leurs qualités plus ou moins panifiables.

Si maintenant nous passons au groupe six : Arts industriels, et à la classe 68 : Matériel des chemins de fer, nous devons rendre hommage à la bonne construction des wagons à voyageurs de 1re, 2me et 3me classe, exposés par la société des chemins de fer de l'État néerlandais, ainsi qu'à l'exposition du matériel de la navigation, classe 66, du ministère de la marine royale de la Haye, sans préjudice des poulies et excellents engins de marine, exposés par une grande maison d'Amsterdam.

N'oublions pas non plus le modèle de locomotion de sûreté à freins automoteurs de M. Meitland, de la Haye.

Comme excellence de fabrication, nous trouvons dans le compartiment qui suit les cires et bougies et les produits stéariques des manufactures de Gouda et de la manufacture royale d'Amsterdam. Non-seulement les spécimens exposés sont fort beaux, mais ils sont surtout bien choisis et bien exposés pour permettre aux visiteurs de suivre les diverses transformations de la matière première. Dans ce même compartiment, nous trouvons les tabacs à priser, à fumer, ainsi que les cigares ; une spécialité nationale, nous voulons parler de la préparation des plumes de cygne, d'oie, de mouette, de canard, de poule, de dinde, de pigeon et de plusieurs oiseaux des mers glaciales ; toute la série des produits des Indes néerlandaises, produits auxquels nous reprocherons un peu la parcimonie des échantillons ; une belle collection minéralogique des étains et des houilles de l'archipel des Indes, et enfin une collection de bois provenant également des îles de l'archipel des Indes orientales, collection qui malheureusement ne porte pas de noms botaniques, mais seulement des noms indigènes *hollandisés*.

Il ne faut pas quitter cette galerie, sans jeter un coup d'œil sur des marionnettes indiennes articulées, dont les formes bizarres sont des plus saisissantes. Nous recommandons surtout à nos fabricants de jouets d'étudier le mécanisme très-simple qui les met en mouvement et qui nous paraît mieux conçu et plus solidement établi que les vieilles ficelles de nos pantins de carton.

Un coup d'œil encore, dans la classe 21, à de très-belles pièces décoratives de table de M. Van Kempen, orfévre de la cour [1].

Que les hommes du métier étudient aussi en passant la pendule astronomique Hohwn d'Amsterdam, c'est une pièce qui en vaut certes la peine ; il est également nécessaire d'examiner les échantillons provenant de la régénération du soufre des marcs de soude, échantillons obtenus à l'aide d'un procédé nouveau, qui pourrait être fructueusement appliqué en France.

Dans la classe 6 : Produits d'impression et de librairie, nous trouvons en chromolithographie un véritable chef-d'œuvre, c'est la reproduction du tableau de *l'École du soir* de Gérard Dov, dont l'original se trouve au Musée royal d'Amsterdam ; plus loin ce sont les magnifiques impressions en langues orientales de la maison Tetterode d'Amsterdam et de la maison Brill de Leyde ; elles se disputent toutes les deux la suprématie. Pour nous, le chef-d'œuvre de ce dernier exposant, c'est l'oraison dominicale traduite et imprimée en hébreu, en chaldéen, en caractères hiéroglyphiques et hiératiques, en samaritain, en sanscrit, en copte, en syriaque, en arabe, en persan, en tartare, en turc, en javanais, en chinois, en japonais, en malais et en grec ancien. Ajoutons que les types de toutes ces impressions sont irréprochables de netteté.

Notre attention a aussi été captivée par l'exposition collective de la colonie de Batavia, qui se trouve placée dans le dernier compartiment des produits hollandais : c'est d'abord une panoplie de poignards, de flèches, de lances, de casse-tête, etc... Ce sont ensuite : des pagodes, des dentelles, des étoffes de soie brochées d'or et des tapisseries peintes dont les monstrueux dessins vous transportent au milieu d'une civilisation que l'imagination la plus féconde ne saurait rêver.

Ce n'est pas tout encore, il nous reste à parler d'une dernière exposition : c'est celle des exposants réunis des Indes orientales, au milieu de laquelle se trouvent le plan et la perspective du temple de Boro-Boudour, une de ces grandes pages de l'histoire des premiers âges du monde.

Ce temple rappelle à la mémoire ces versets de la Genèse : — « Et comme ces peuples étaient portés du côté de l'Orient, ayant trouvé une campagne dans le pays de Sennaar, ils y habitèrent. — Et ils se dirent l'un à l'autre : Faisons des briques et cuisons-les au feu. Ils se servirent donc de briques comme de pierres, et de bitume comme de ciment. Ils s'entredirent encore : Venez, faisons-nous une ville et une tour qui soit élevée jusqu'au ciel, et rendons notre nom célèbre avant que nous ne nous dispersions en toute la terre. »

Mais du pays de Sennaar aux dernières limites des Indes orientales, combien d'étapes ! Mais entre la Babel construite de briques et de bitume et la Babel de Boro-Boudour, construite de pierres sculptées, de pagodes, de magots, le tout amoncelé jusqu'au ciel et s'étendant sur une immense surface, quelle différence ! Puis ce monument découvert par hasard sous les sables des déserts indiens, à

---

[1]. Propriétaire de la manufacture royale néerlandaise d'orfévrerie, à la tête de cent ouvriers et d'une machine à vapeur de 16 chevaux, M. J.-M. Van Kempen compte pour quelque chose dans l'industrie de son pays.

Il avait exposé, à la classe 21, plusieurs produits de galvanoplastie en argent massif qui lui ont coûté douze ans de travail et occasionné de grands sacrifices.

Il était permis de croire que ces travaux frapperaient l'attention du jury... Et cependant ils sont restés dans l'oubli.

Mais tout oubli est réparable ! Et nous faisons des vœux pour que notre voix soit entendue.

Dans l'immensité de cette exposition, les erreurs et les oublis sont parfaitement excusables ! mais si on les signale, au moins qu'on les répare !

quel âge appartient-il? A-t-il précédé ou suivi notre Babel génésique? L'esprit se perd en vaines recherches, et vouloir discuter de semblables questions sans renverser et fouler aux pieds nos dogmes et nos livres sacrés nous paraît chose impossible.

Et maintenant la Hollande n'est pas seulement un pays industriel et commercial, c'est aussi une nation où le mouvement intellectuel a, depuis plus d'un siècle, fait de louables et fructueux efforts pour développer l'instruction publique.

Dès l'année 1752, quelques hommes de progrès fondaient à Harlem la Société hollandaise des sciences, et en 1787 la célèbre Société teylerienne; ce qui prouve une fois de plus que l'agriculture, l'industrie, le commerce et la science sont réellement la base fondamentale de la prospérité des nations, à la condition toutefois qu'on n'entrave pas, par des mesures impolitiques, la liberté de leur développement.

Dans ces mêmes Pays-Bas, en 1761, on fondait à Groningue la Société *pro excellendo jure patrio*; en 1766, à Middelburg, chef-lieu de la Zélande, la Société des sciences; la même année, à Leyde, la Société de littérature néerlandaise; en 1766, à Utrecht, la Société des sciences, et en 1773, la Société provinciale des arts et des sciences; en 1777, à Amsterdam, la Société littéraire et musicale; en 1778, à la Haye, la Société des industries néerlandaises; en 1790, dans la même ville, la Société de médecine et de chirurgie, et aujourd'hui — 1867 — on compte dans les Pays-Bas trente-neuf sociétés savantes réparties dans les différentes provinces du royaume.

Le catalogue officiel, qui a cru devoir donner un aperçu chronologique et statistique sur les expositions de l'industrie depuis leur origine, ne signale dans les Pays-Bas qu'une seule exposition, celle de Harlem en 1825. Il a donc oublié, et pourquoi? la grande exposition universelle qui a eu lieu dans ces dernières années; il a oublié aussi de mentionner l'exposition internationale d'appareils de pêche, qui a eu lieu en 1861 à Amsterdam, et dont nous devons le compte rendu à M. Émile de Brouwer, secrétaire de la chambre de commerce d'Ostende.

De ce rapport il résulte qu'en 1859 les pêcheurs hollandais ont pris trente-six millions de harengs, et en 1860 vingt-quatre millions seulement. Qu'en 1859, ils ont pêché 37,701 barils d'anchois et en 1860, 68,005, chaque baril pesant 58 kilogrammes.

M. de Brouwer, au sujet de la pêche de la morue ou cabillaud, ne nous donne malheureusement aucun chiffre statistique; on trouve cependant dans ce rapport de précieux documents sur les engins destinés à cette sorte de pêche.

Ajoutons, et cela pour donner une juste idée du commerce maritime, que, d'après un rapport présenté par M. le ministre des finances aux états généraux des Pays-Bas, en 1852, on a construit dans le pays 125 navires jaugeant 27,414 tonneaux et que 14 bâtiments de 2,450 tonneaux ont été nationalisés; ces chiffres, bien que très-anciens, ont une importance qu'il nous paraît essentiel d'enregistrer ici et forment pour la statistique courante un point de départ certain.

Enfin, au moment où nous écrivons ces lignes, a lieu à la Haye une autre exposition de pêche, organisée par la Société néerlandaise pour les progrès de l'industrie, et à laquelle la France, l'Angleterre et la Belgique ont pris une part fort intéressante.

L'importance d'une exposition de ce genre, dit la circulaire officielle, pour les progrès de l'industrie et de la prospérité publique a été parfaitement reconnue. En effet, et comme imitateurs, la Hollande a déjà eu la Norvége et tout récemment la France à Arcachon.

On parle maintenant en Hollande d'un projet qui, s'il est mené à bonne fin, aura des résultats immenses! Il s'agirait, dit M. Léon Cahun, de drainer et de colmater le Zuyderzée, de le dessécher comme on a desséché la mer de Haarlem. — Que deviendrait alors l'idée d'une Allemagne maritime, d'un Zuyderzée prussien, d'une accession de la Hollande à la Confédération du Nord?

Ce ne serait pas la première fois que cette petite Hollande, ce pays libre et pacifique, aurait fait digue contre les plus forts!... Les Bataves ont d'abord arrêté l'Océan! puis ils ont arrêté l'Espagne en vertu de la liberté de conscience, l'Angleterre en vertu de la liberté des mers, et Louis XIV en vertu de la liberté du commerce et du droit des petits États.

Aussi la Hollande a-t-elle un glorieux passé sans jamais rien avoir conquis et un heureux présent sans chercher querelle à personne. L'ingénieur qui desséchera le Zuyderzée et les agriculteurs qui défricheront le fond de l'Océan auront trouvé une meilleure solution à la question prusso-européenne que la diplomatie flanquée des plus gros bataillons. En tous cas, c'est une solution qui coûtera moins cher que la poudre et rapportera certainement davantage.

Voilà tout ce que nous pouvons dire dès le début de l'Exposition. — Est-ce notre dernier mot sur la Hollande? Non, sans doute.

Dans un résumé général sur l'ensemble de l'Exposition, nous ne manquerons pas de revenir sur les points faibles de notre revue; nous ne manquerons pas non plus de dire quelle part aura été faite à chaque pays par le jury international. Pour aujourd'hui, constatons que les Pays-Bas ont répondu aussi sérieusement qu'ils ont pu le faire à l'appel de la France; que la commission hollandaise s'est parfaitement inspirée de son mandat et qu'elle a dignement représenté un pays aussi grand par les idées que remarquable par le travail, et qui a la bonne fortune d'être dirigé dans la voie du progrès par un prince aussi sage qu'éclairé, aussi richement doté par l'esprit que par le cœur.

IX.
LE GRAND-DUCHÉ DE LUXEMBOURG.

Le grand-duché de Luxembourg ne fait pas partie des provinces des Pays-Bas, comme on semble généralement le croire. S. M. le roi de Hollande en est le grand-duc, seulement. Ce pays, sous le rapport de l'industrie et des expositions, a constamment conservé son individualité; malheureusement nous ne pouvons constater aucune progression dans le nombre de ses industriels. Nous trouvons en effet qu'en 1851, à Londres, le nombre des exposants était de six, en 1855, à Paris, de vingt-trois, en 1862, à Londres, de onze et en 1867, à Paris, de dix. Pourquoi cette décroissance? Est-ce un recul? Non! les peuples, quels qu'ils soient, ne reculent pas : ils s'arrêtent, ils se reposent, ils se transforment, ils se fusionnent, mais ils ne reviennent jamais sur leurs pas.

Nous préférons attribuer cette stagnation de l'industrie luxembourgeoise aux graves événements qui viennent d'avoir lieu et aux incertitudes qui ont pesé sur ce pays. A l'inquiétude succède le calme, à l'éventualité d'une garnison étrangère va succéder une ère nouvelle, si toutefois il faut en croire le journal le *Nord*, en date du 5 juin dernier, qui s'exprime ainsi :

« Les habitants de la ville de Luxembourg en sont toujours à se demander comment ils pourront compenser avantageusement, au point de vue de leurs intérêts pécuniaires, le départ de la garnison prussienne. Parmi les projets mis en avant à cet égard, nous trouvons celui de la création d'une université. Remplacer les fortifications par des chaires, les officiers par des professeurs et les soldats par des étudiants, il n'y a réellement dans cette idée rien que de fort louable, et le monde aurait ainsi double profit au traité de Londres, qui, en supprimant une source permanente de guerre, aurait fait naître du même coup une source de lumière et de progrès.

« Nous croyons même que, s'il se fonde réellement une université à Luxembourg, les générations futures oublieront les motifs quelque peu prosaïques qui auront déterminé les Luxembourgeois d'aujourd'hui à accomplir ce projet, et qu'elles ne songeront qu'à être reconnaissantes à ces derniers des avantages intellectuels dont ils auront doté l'humanité. »

Malgré le chiffre minime de dix exposants, on aurait tort de croire que le grand-duché de Luxembourg est un pays qui ne possède pas de sérieux éléments de progrès : sur une superficie de 47 lieues carrées géographiques, on compte une population de 197,281 habitants disséminés dans seize villes, seize bourgades, 314 communes et 89 villages et hameaux qui, réunis, donnent à l'État un revenu de 1,800,000 guldens, ce qui équivaut à 11,538,000 francs.

La ville de Luxembourg, qui est fort ancienne et qui passe pour une des plus fortes places de l'Europe, est située sur la rivière l'Alzette; elle renferme 13,700 habitants; en outre la garnison prussienne s'élevait au chiffre de 5,000 hommes.

Le Luxembourg, en 1852, a eu son exposition nationale, qui fut, s'il faut en croire ceux qui l'ont visitée, très-remarquable relativement aux ressources disponibles. Le pays possède, du reste, six sociétés savantes, qui viennent continuellement en aide à l'impulsion progressive. Six sociétés, cela fait une société savante pour 32,881 habitants, tandis qu'on ne compte en Prusse que 133 sociétés, soit une société pour 177,372 habitants. Nous avons du reste été à même d'étudier très-consciencieusement l'esprit, le tact et l'intelligence des Luxembourgeois, en 1861, à l'exposition de Metz. Pendant trois jours, nous nous sommes trouvé en rapport avec une soixantaine de jeunes ouvriers orphéonistes, et nous avons été charmé des excellentes manières et de l'instruction exceptionnelle dont tous ont fait preuve dans leurs relations et leur manière d'être.

Puis, nous sommes allé à Luxembourg même, et nous avons été fort satisfait de notre voyage sous tous les rapports, un point excepté cependant : nous avions commis le crime de pénétrer sur les remparts dans une espèce de bastion réservé où nous avions aperçu, tournées vers la France, les gueules de plusieurs canons : nous avions surpris la vigilance de la sentinelle!

Tout à coup un officier prussien se dirigea sur nous, et avec des gestes qui ne manquaient pas d'éloquence, nous fit comprendre que nous avions commis une infraction, et que les remparts n'étaient pas faits pour les promeneurs et surtout pour les curieux. — Puis se rabattant sur la sentinelle, la colère de l'officier éclata comme le tonnerre. — Le malheureux factionnaire fut sévèrement puni.

Voilà un agrément que n'auront plus ceux qui visiteront maintenant la ville de Luxembourg : — il est vrai que les gueules de canon ne seront plus là..... Où sera le mal?

Le grand-duché de Luxembourg est divisé crucialement par deux grandes voies ferrées, l'une du nord au midi, qui va de la Belgique à la Méditerranée, l'autre de l'ouest à l'est, qui va de France en Allemagne.

Les céréales, le lin, le chanvre, la navette, le fer et le bétail, sont les productions principales du pays. Quant aux fabrications industrielles, elles sont représentées par les ouvrages de fer, le tissage du lin, la tannerie, les lainages, les draps et le papier.

Mais il est impossible, à l'aide des objets exposés, de déterminer quelle est l'industrie dominante : six groupes sur dix sont représentés, et neuf classes sur quatre-vingt-quinze ont envoyé quelques modestes spécimens. Voici du reste comment se répartit l'exposition luxembourgeoise :

Exposants.
1ᵉʳ GROUPE.—Beaux-arts.—*Classe* 1ʳᵉ. Peinture... 2
                          Classe 3ᵉ. Sculpture.. 1
2ᵉ GROUPE.—Matériel et application des arts libéraux.—*Classe* 7 : Papeterie............ 1
3ᵉ GROUPE.—Meubles et objets destinés à l'habitation.—*Classe* 19 : Papier peint.... 1
4ᵉ GROUPE.—Vêtements et objets portés par la personne.—*Classe* 34 : Ganterie...... 1
                          Classe 35 : Cordonnerie... 1
5ᵉ GROUPE.—Produits des industries extractives.—*Classe* 44 : Pharmacie............ 1
7ᵉ GROUPE.—Aliments à divers degrés de préparation.—*Classe* 70 : Viande et poissons. 1
                          Classe 71 : Jambons......... 1
                                   . Total.... 10

En 1862, à Londres, la métallurgie et les mines étaient représentées par des cuivres, des antimoines, des albâtres et des pierres calcaires.

La mécanique, par un fort beau pantographe, dit pantographe à progression.

Une manufacture de coton avait envoyé ses produits, et la ganterie avait pour représentant l'exposant de 1867, M. Auguste Charles, de Bonnevoie (Luxembourg), dont l'excellente fabrication fut récompensée d'une médaille.

Ainsi donc, cette année, l'exposition luxembourgeoise, envisagée au point de vue industriel, ne compte que sept exposants, puisque trois appartiennent au groupe des beaux-arts; il nous semble que le pays eût pu mieux faire, et, comme à l'exposition de 1855, avoir, en 1867, des minerais, des meules, une horloge, un fourneau de tôle, des cuirs, du papier, du tabac, de l'orge, du sucre, des conserves alimentaires, des liqueurs, un modèle d'architecture religieuse, quelques échantillons d'orfévrerie, de la peau à gants et des gants, des terres cuites, des faïences et porcelaines, des draps et tissus de laine, une bibliothèque de fonte, des papiers de tenture et des souliers.

Espérons qu'un régime gouvernemental plus arrêté, plus stable, va donner une nouvelle impulsion, va encourager les hommes d'initiative et qu'à une prochaine exposition le Luxembourg prendra carrément le rang qu'il a droit d'occuper dans la grande phalange industrielle.

X.

BELGIQUE.

La Belgique est un important trait d'union, qui, en raison de la situation industrielle en général, se place naturellement entre la France et l'Angleterre : même initiative, même activité. Est-ce l'esprit saxon qui domine? Est-ce l'esprit gaulois? Nous inclinons vers ce dernier. La Belgique est gauloise : les Belges, les Welches, les Waëls, les Walls, les Gaëls, les Galls, les Galois, les Gaulois, sont pour nous absolument le même peuple et la même nation. Ceci est si vrai, que les aspirations et les tendances belges sont identiques aux aspirations et aux tendances de la France.

Il y a seulement chez nos voisins un sentiment de placidité, de réalisme, qu'on ne rencontre pas en général ici ; nous en excepterons cependant quelques provinces de l'extrême nord.

Ce sentiment a considérablement influé sur l'élan industriel du pays; de ce sentiment est né celui de la persistance, et, la persistance aidant, la Belgique est devenue un grand petit peuple.

Nous devons être satisfaits du succès de nos cousins (ainsi nous appelait Jobard, d'éternelle mémoire), ou alors nous n'aurions pas le sentiment de la famille, défaut qu'on ne saurait nous reprocher.

Et cependant l'industrie belge, envisagée de haut, ne ressemble ni à l'industrie anglaise, ni à l'industrie française; sans la taxer d'égoïste, elle ne travaille que pour elle, pour sa grandeur, pour sa prospérité intérieure, tandis que la France et l'Angleterre, peu soucieuses de leurs frères, de leurs nationaux, travaillent pour la grande famille du globe.

Nous n'ignorons pas qu'il faut faire la part des éléments dont chacun de ces trois peuples dispose. En France et en Angleterre, ces éléments sont tels, qu'ils débordent hors du territoire, au détriment peut-être des habitants; tandis qu'en Belgique ils s'y concentrent. La nation belge pourrait se suffire à elle-même et n'exporter que son trop-plein, et voilà pourquoi le sol belge est le plus peuplé de tous les sols et le peuple le plus heureux de tous les peuples.

Ajoutons aussi que la nature a donné à la Belgique un sol privilégié, des mines abondantes, des cours d'eau nombreux, toutes choses qui n'ont pas peu contribué à sa prospérité.

L'état prospère de la Belgique se reflète sur son exposition, qui est des plus brillantes : on sent sous tous ces objets, sous tous ces produits, dans le fer de toutes ces machines, la vie industrielle circuler, bondir à cœur joie, et demander sinon à grandir encore, au moins à ne jamais déchoir.

L'exposition belge a donc un grandiose aspect; on pourrait peut-être lui reprocher un peu de confusion, mais la faute en est à l'espace restreint qui lui a été attribué.

L'espace manquait en effet, puisqu'une fois la surface accordée dans le palais, la commission belge s'est vue forcée de faire construire et d'établir dans le parc : une annexe des beaux-arts, une maison ouvrière, une vaste rotonde pour contenir le matériel des chemins de fer et dans laquelle on a également installé un grand nombre d'autres machines, puis un obélisque et enfin deux statues colossales, destinées à l'ornementation de la porte monumentale de Berchem, à Anvers.

Cet éparpillement des produits, l'agglomération de ceux-ci, les chiffres statistiques du catalogue français et de l'excellent catalogue belge, démontrent *à priori* l'énorme progression qu'a suivie la Belgique dans son évaluation et sa propagande industrielles, depuis 1851, époque de l'inauguration des expositions universelles.

En 1851, à Londres, la Belgique ne comptait en effet que 506 exposants ;

En 1855, à Paris, 686 ;

En 1862, à Londres, 863 ;

Et cette année 1867, à Paris, 1448.

Nous disons 1448, et cependant le catalogue belge compte 1727 numéros, sans préjudice de 281 exposants dans le groupe des beaux-arts, soit en totalité 2,008 exposants.

Constatons en passant deux faits qui intéressent l'œuvre de la Commission française et l'éditeur de son catalogue.

Premièrement, les œuvres d'art de la Belgique ne figurent pas au catalogue officiel français ; secondement, ce même catalogue constate dans le palais, sur un tableau d'ensemble, la présence de 1448 exposants, et dans la classification générale, il s'en trouve 1474 ; une erreur de 26.

Constatons encore qu'en 1855, à Paris, l'exposition belge, qui ne se composait que de 686 exposants, occupait une surface de 4,824 mètres, et qu'en 1867, avec 1,448 exposants, et nous ne parlons ici que de ceux qui sont dans le palais, elle n'occupe qu'une superficie de 6,993^m 10, tandis que proportionnellement elle devrait occuper, si la place eût été concédée avec la même générosité qu'en 1855 : 10,182^m 43. — Une certaine confusion devait nécessairement résulter de cet état de choses.

Voici la répartition par groupe de l'exposition belge :

	Exposants.
1er GROUPE.—Œuvres d'art..................	281
2e GROUPE.—Matériel et application des arts libéraux..................	110
A reporter.	391

	Exposants.
Report.	391
3e GROUPE.—Meubles et autres objets destinés à l'habitation..................	154
4e GROUPE.—Vêtements et autres objets portés par la personne..................	452
5e GROUPE.—Produits bruts, œuvres des industries extractives..................	412
6e GROUPE.—Instruments et procédés des arts usuels..................	358
7e GROUPE.—Aliments à divers degrés de préparation..................	204
8e GROUPE.—Produits vivants, spécimens d'établissements d'agriculture......	»
9e GROUPE.—Produits vivants, spécimens d'établissements d'horticulture.....	5
10e GROUPE.—Objets en vue d'améliorer la condition physique et morale de la population..................	32
Total....	2,008

Comme nous l'avons dit précédemment, il y a progression, mais, par le fait même de l'extrême division des classes, il est difficile, sinon impossible, d'établir exactement sur quelles industries repose cette progression. La mécanique cependant paraît être l'élément qui domine dans la question d'augmentation du pays qui nous occupe.

Voyons maintenant quelles sont les forces proportionnelles.

La Belgique s'étend sur une superficie de 29,456 kilomètres carrés, divisée en neuf provinces, savoir :

Anvers..................	2,832
Brabant..................	3,283
Flandre occidentale........	3,234
Flandre orientale..........	3,000
Hainaut..................	3,724
Liége..................	2,894
Limbourg..................	2,412
Luxembourg..............	4,417
Namur..................	3,660
Total....	29,456

Elle est bornée au nord par les Pays-Bas, à l'est par les Pays-Bas, la Prusse rhénane et le duché de Luxembourg, au sud par la France et à l'ouest par la mer du Nord.

Sa population est de 4,940,570 habitants, soit 169 habitants par kilomètre carré. Cette population, au point de vue du culte, se divise ainsi qu'il suit :

	Habitants.
Catholiques	4,928,814
Protestants et anglicans	8,193
Israélites	1,622
Autres cultes	1,941
Total	4,940,570

Le gouvernement de la Belgique est une monarchie constitutionnelle représentative.

Le chiffre des dépenses pour l'instruction primaire est, pour l'année 1867, de 12 millions. Voici, du reste, ce que nous disions en mars 1866 au sujet de l'instruction publique en Belgique, en rendant compte du savant ouvrage de M. Meulemans.

Il existe en Belgique quatre facultés : celle de philosophie et lettres, celle des sciences, celle de droit et celle de médecine ; plus, à Louvain, une faculté de théologie.

Il y a en outre à Malines, à Bruges, à Gand, à Liége, à Namur et à Tournay, des grands séminaires qui enseignent les mêmes connaissances.

Vient ensuite l'enseignement spécial qui comprend : l'école militaire de Bruxelles, l'école du génie civil, à Gand, et l'école des arts et manufactures, qui a également son siége dans cette dernière ville.

On trouve aussi à Liége une école des arts, des manufactures et des mines, ainsi qu'un musée de machines et un atelier de construction.

Il existe à Anvers, à Arlon, à Bruges, à Bruxelles, à Gand, à Hasselt, à Liége, à Mons, à Namur et à Tournay, dix athénées royaux, et sur toute la superficie du territoire cinquante écoles moyennes qui comprennent des écoles primaires supérieures et des écoles industrielles et commerciales, sans préjudice de l'école normale des humanités à Liége, de l'école normale des sciences de Gand, des écoles normales primaires de l'État, de cinq sections normales par des écoles moyennes et de sept écoles épiscopales.

Enfin chaque commune a une école primaire, outre les écoles gardiennes, les crèches, les ouvroirs, les ateliers de charité et d'apprentissage, les écoles annexées aux hospices d'orphelins, aux dépôts de mendicité, aux prisons, et les écoles de réforme.

Il existe aussi en Belgique une académie fondée en 1772, une bibliothèque royale, un observatoire royal, une galerie de peinture, un musée d'histoire naturelle, un musée de l'industrie, les archives générales de l'État, une commission royale des monuments, un conseil de perfectionnement des arts du dessin et un musée royal d'antiquités, d'armures et d'artillerie.

Ajoutons à cette énumération déjà si longue qu'on compte en Belgique 74 sociétés savantes, et que déjà dix expositions nationales ont eu lieu, savoir : une à Anvers en 1806, une à Gand en 1820, une à Tournay en 1824 et sept à Bruxelles en 1830, 1835, 1841, 1847, 1848, 1854 et 1856.

Le développement des routes et chemins vicinaux en Belgique est de 17,500 kilomètres, celui des voies ferrées de 1,800 kilomètres, celui des voies navigables de 1,500 kilomètres ; enfin le réseau télégraphique est de 3,500 kilomètres, représentant un développement de fil de 10,000 kilomètres environ.

Voici maintenant, sur l'industrie, les chiffres que nous puisons aux sources officielles et que nous empruntons à l'excellente notice de M. Faider, délégué de la Belgique :

Le royaume comptait, en 1863, 268 mines de houille concédées sur une étendue de 120,099 hectares, 21 tolérées provisoirement sur une étendue de 12,420 hectares et 182 en exploitation sur une étendue de 90,820 hectares.

Le nombre des ouvriers employés dans ces mines est de 79,187 ; le prix moyen du salaire des hommes s'élève à 2 fr. 60, celui des femmes à 1 fr. 40, celui des garçons à 1 fr. 10, et celui des filles à 1 franc [1].

---

[1]. Explosions du feu grisou arrivées en Belgique de 1820 à 1850.

Mois.	Nombre d'accidents.	de blessés.	de tués.	de victimes.
Janvier.	12	34	15	49
Février.	11	39	13	52
Mars.	23	108	164	272
Avril.	28	86	151	237
Mai.	28	84	129	213
Juin.	20	56	125	181
Juillet.	19	86	26	112
A reporter.	141	493	623	1116

La quantité de houille extraite en 1863 a été de 10,345,330 tonneaux de 1,000 kilogrammes, d'une valeur totale de 104,786,558 francs.

7,454,350 tonneaux ont été consommés à l'intérieur.
2,738,741 tonneaux ont été consommés en France.
144,783 tonneaux ont été consommés par les Pays-Bas.
2,745 tonneaux ont été consommés par la Prusse.
1,604 tonneaux ont été consommés par le grand-duché de Luxembourg.
3,101 tonneaux ont été consommés dans d'autres pays.

Le fer, la calamine, le zinc, le plomb, la pyrite, la galène, la baryte plombifère, le manganèse, le schiste alumineux, sont exploités dans quatre-vingt-quatorze mines, sur une étendue de 48,788 hectares. Le nombre des ouvriers employés à ces diverses exploitations est de 13,122.

Il y a 1,667 carrières qui occupent 19,136 ouvriers, produisant 21,891,070 francs.

On compte en Belgique 359 usines pour le traitement et la préparation de la fonte et du fer : elles occupent 18,040 ouvriers ; 41 usines pour le traitement et la préparation de l'acier, du plomb, du cuivre et du zinc : elles occupent 3,450 ouvriers ; 48 usines pour le traitement de l'alun et du verre : elles occupent 5,569 ouvriers.

Il y a de plus, en fait d'usines sidérurgiques, 105 hauts-fourneaux qui procurent du travail à 4,265 ouvriers ; 142 fonderies qui emploient 3,458 ouvriers ; 79 fabriques de fer qui occupent 8,863 ouvriers et enfin 76 usines à ouvrer le fer, dont la mise en œuvre exige 1,454 ouvriers.

Les ateliers de construction de machines et mécaniques occupent environ 20,000 ouvriers.

En 1860, il a été confectionné en Belgique 562,279 armes à feu, représentant une valeur de 12 millions.

La clouterie a une grande importance ; en 1860 la fabrication a été de 13,650,940 kilogrammes pour une valeur de 8,191,000 francs.

La coutellerie et la taillanderie, les produits réfractaires, briqueteries, poteries, faïences, porcelaines, verreries, glaces, cristaux, forment des industries florissantes, dont les produits font l'objet d'un grand commerce d'exportation.

L'industrie linière occupe 195,177 ouvriers ; ce sont les Flandres qui en ont presque uniquement le monopole.

L'industrie lainière a son centre principal à Verviers, où elle active un nombre considérable de machines et donne du travail à plus de 18,000 ouvriers drapiers et autres.

L'industrie cotonnière occupe 28,000 travailleurs.

L'industrie sétifère n'occupe guère que cinq à six cents métiers battants répartis chez une trentaine de fabricants.

Tournay et la manufacture d'Ingelmunster fabriquent des tapis ; cette industrie n'est pas en progrès, mais les produits en sont estimés.

La bonneterie, la rubanerie et la passementerie forment encore une industrie florissante pour quelques villes du pays, mais l'exportation de ces produits a peu d'importance.

Les dentelles sont fabriquées par un grand nombre d'ouvrières et font l'objet d'un commerce considérable. La maline en fil de lin, la dentelle de Grammont en fil de coton et de soie, la dentelle de Bruxelles et la valencienne sont les quatre espèces principales de dentelles fabriquées dans le royaume. 130,000 dentellières environ sont employées à ce travail.

Le chiffre de la production s'élève à 50 millions, dont plus de la moitié est répartie en salaire.

Il y a, en outre, les brasseries et distilleries ;

Mois.	Nombre d'accidents,	de blessés,	de tués,	de victimes.
Report.	141	493	623	1116
Août.	20	80	95	175
Septembre.	14	48	13	61
Octobre.	6	22	»	22
Novembre.	17	78	49	127
Décembre.	18	67	56	123
	216	788	836	1624

Comme on le voit par ce tableau, les mois les plus meurtriers sous le rapport des coups de feu sont les mois de mars, avril et mai, où *la pression atmosphérique diminue*, et les mois les moins désastreux sont ceux de septembre et octobre, où *l'effet inverse se produit*.

les raffineries de sucre, les tabacs et cigares, la bijouterie, etc., qui atteignent annuellement un chiffre considérable d'affaires.

Tel est le bilan de l'industrie en général.

Pendant l'année 1865, le chiffre des importations et des exportations a été :

	Importations.	Exportations.
Commerce général.	1,364,943,353 fr.	1,204,298,664 fr.
Commerce spécial..	756,420,342	601,551,343

Transit : 602,647,121 fr.

L'effectif de la marine marchande est de 112 navires d'un tonnage de 35,509 tonneaux. De ce nombre huit navires à vapeur sont d'un tonnage moyen de 527 tonneaux et 104 navires à voiles d'un tonnage moyen de 341 tonneaux.

Les chaloupes de pêche sont au nombre de 269, d'un tonnage de 10,158 tonneaux et le chiffre du personnel de 1,646 hommes d'équipage.

Au point de vue agricole, le déficit normal peut être de 750,000 hectolitres de blé pour les bonnes années.

Le nombre des chevaux employés par l'agriculture, d'après la dernière statistique est de 277,311, celui des bêtes ovines de 1,257,649, celui des bêtes bovines de 583,485 et enfin celui de la race porcine de 458,418.

On cultive spécialement en Belgique : le froment, l'épeautre, le seigle, le méteil, le sarrazin, l'orge, l'avoine, la pomme de terre, le lin, la betterave à sucre, le chanvre, le houblon et le tabac.

	Hectares.
Les céréales et farineux occupent une superficie de..............................	947,578
Les légumineuses.......................	58,285
Les plantes industrielles.................	76,993
Les racines et les fourrages...............	335,762
Les prairies permanentes................	312,498
Les jachères...........................	94,418
Les jardins potagers.....................	34,981
Total...	1,830,515
	Kil. carrés.
Soit................	18,305.15
A ce chiffre il convient d'ajouter :	
Bois et forêts...........................	5,506.97
Pâtures...............................	1,984.52
Terres vagues..........................	2,290.06
Sol bâti...............................	1,369.36
Total...	29,456.06

Les échanges avec les pays d'Europe représentent 84 p. 100 du commerce spécial de la Belgique. La France y tient le premier rang. En 1854 la Belgique nous envoyait pour 118,500,000 francs des produits de son sol et de son industrie, tandis que la somme des marchandises tirées de France ne s'élevait qu'à 57,500,000 francs. A la même époque, l'Angleterre recevait autant de produits belges que la France : seulement la consommation des articles britanniques sur le marché belge est bien inférieure à celle des articles français. En 1854 la Belgique a fourni à l'Angleterre 28,500,000 kilogrammes de grains, 45,451 têtes de bétail, 1,249,000 kilogrammes de viande, 3,202,000 kilogrammes de beurre et pour 1,300,000 francs d'œufs.

La Hollande et le Zollverein ne viennent dans le commerce spécial de la Belgique qu'en troisième et en quatrième rang.

En Belgique l'industrie manufacturière comprend particulièrement les produits suivants : Laines, draperies, tapis, industrie linière, toiles, cotons, soieries, dentelles, tulles, rubanerie, bonneterie, chapellerie, cuirs et peaux, toiles cirées, papeterie, typographie, lithographie, ébénisterie, orfèvrerie, bronzes, horlogerie, instruments de musique, forges, armurerie, coutellerie et taillanderie, poêlerie, carrosserie, faïences et porcelaines, chandelles, savons, huiles, sucres, sels, bières, liqueurs, machines à vapeur, verrerie, glaces, gobeleterie et cristallerie.

Tels sont les éléments sur lesquels s'appuie la prospérité du royaume de Belgique.

Voyons actuellement quels sont les spécimens qui figurent à l'Exposition et qui peuvent nous donner une juste idée du mouvement industriel, agricole, scientifique et commercial de cette laborieuse nation, qui, malgré son exiguïté, est un pays d'une importance de premier ordre, qui vient immédiatement après la France et l'Angleterre dans la carrière du travail.

On a demandé autant que possible la force motrice dans chaque section à un constructeur appartenant au pays qui devait l'employer ; la Belgique, pour assurer son service moteur, a eu besoin d'une force de 40 chevaux. La machine à vapeur appropriée à cette fonction sort des ateliers de MM. Houget et Teston. Elle est à deux cylindres horizontaux et à condensation; le générateur est installé dans le parc.

A côté du générateur belge se trouve une maison ouvrière. Cette maison a un étage, comprend deux logements, composés chacun de cinq pièces dont une cuisine, plus un grenier, une cave et un petit jardin. A Verviers, le terrain affecté à ce genre de construction vaut 8 francs le mètre en moyenne. Chaque logement se loue 21 francs par mois, et la famille ouvrière qui l'occupe en devient propriétaire au bout de vingt ans : soit 252 francs par an ou 5,040 francs pour vingt ans. Or chaque maison revient à 8,000 francs, soit pour chaque logement 4,000 francs ; l'entrepreneur gagne donc 1,040 francs sur chaque logement sans préjudice de l'intérêt des versements mensuels et composés. Personnellement nous sommes d'avis que tout le monde y trouve son compte, aussi bien l'ouvrier que le propriétaire, et il serait à désirer qu'on adoptât en France et particulièrement dans les banlieues de Paris une semblable combinaison.

Entre le pavillon de la taillerie de diamants de la Hollande et la maison ouvrière de la Belgique, on a construit la rotonde-annexe pour le matériel des chemins de fer belges.

Cette destination, comme nous le disions du reste plus haut, n'est pas tout à fait exclusive ; car, outre le matériel des chemins de fer, la rotonde contient une quantité considérable de produits divers sur lesquels nous allons jeter un rapide coup d'œil.

C'est d'abord une reproduction en relief des travaux du tunnel de Grammont ; ce tunnel, qui part du versant occidental de la montagne de Grammont, passe à $17^m 50$ sous le sol ; il est construit de manière que les eaux supérieures soient collectées dans une galerie spéciale, qui résout suivant nous le grand problème de la garantie des infiltrations dans les voûtes souterraines. Cette exposition s'adresse particulièrement aux ingénieurs, et nous sommes d'avis qu'elle mérite d'être consciencieusement étudiée.

Dans cette même rotonde se trouvent mille objets qui méritent de fixer l'attention du visiteur, non-seulement par le mérite de la fabrication, mais aussi par la nouveauté et l'invention.

L'excellence de la fabrication se trouve représentée par des plaques de tôle puddlée de $6^m 17$ de hauteur sur $1^m 45$ de largeur et $0^m 0145$ d'épaisseur ; de 10 mètres de longueur sur $0^m 60$ de largeur et $0^m 009$ d'épaisseur ; de $9^m 25$ de longueur sur 1 mètre de largeur et $0^m 028$ d'épaisseur ; ce sont là, en effet, de véritables chefs-d'œuvre. Viennent ensuite des rails de dimension colossale et qui par leur rectitude défient tout ce qui se fait de mieux en ce genre.

La Belgique, nous aimons à le répéter, est un pays privilégié ; elle possède toutes les qualités de fer nécessaires à son industrie, à l'exception toutefois des fers à acier qu'elle est obligée d'aller chercher dans les pays du nord de l'Europe. Hors de là, elle trouve sur son propre territoire tous les éléments de sa multiple fabrication.

Quant à la spécialité des rails, les bassins de Charleroi et de Liége en fabriquent des quantités immenses, et des exportations considérables se renouvellent quotidiennement.

Ainsi, de 1860 à 1864, le chiffre des rails exportés s'est élevé de 6,440,000 francs à 12,668,000 francs. Cette dernière somme représente le poids énorme de 84,451,647 kilogrammes : l'Espagne seule en 1864 a utilisé 34,056,312 kilogrammes de rails belges, les Pays-Bas 16,683,308 kilogrammes, l'Angleterre 3,292,197 kilogrammes, la France 1,746,153 kilogrammes.

La Belgique livre également à la consommation générale : des roues, des bandages et des essieux de wagons, et cela dans des conditions telles, que l'Angleterre partage aujourd'hui avec elle et avec la France le monopole de cette spécialité.

L'exposition belge, envisagée dans son matériel des chemins de fer, est des plus remarquables à étudier. Et si ce n'était la spécialité des locomotives, pour la construction desquelles la France nous paraît occuper le premier rang, la Belgique viendrait certainement en première ligne.

Comme mérite de fabrication, il faut encore mentionner les produits céramiques belges : briques, tuiles, carreaux, etc... Depuis le 1ᵉʳ mai 1861, un traité a été conclu entre la France et la Belgique, traité qui abolit les droits et qui n'a pas peu contribué à donner une heureuse impulsion à la fabrication belge. En 1864, les exportations se sont élevées au chiffre de 733,000 francs représentant 33,324,216 pièces. A elle seule, la France a demandé 11,920,697 pièces représentant une valeur de 262,255 francs. Quant aux produits réfractaires : creusets, briques, cornues à gaz, cette même année 1864, la Belgique en a exporté pour 739,000 francs et dans ce chiffre la France entre pour la somme de 150,566 fr.

Dans cette même rotonde, ou au moins sous la protection de son auvent, se trouve un magnifique spécimen des produits naturels du territoire belge, c'est un fragment de péristyle à huit colonnes, en pierre désignée en Belgique sous le nom de petit granit. Le petit granit est un calcaire à crinoïdes qui peut être considéré comme une des meilleures pierres de construction connue, à cause de son inaltérabilité, de son homogénéité, de sa résistance, de son élasticité, de son bel aspect et de son bon marché relatif.

L'exploitation du petit granit constitue en Belgique une industrie importante, on l'estime à dix millions de francs et elle occupe aujourd'hui 7,076 ouvriers.

Peu nombreux, les échantillons de houille exposés par la Belgique sont d'excellente qualité ; en revanche le matériel d'exploitation est très-considérable : ce sont des appareils de descente et de remonte, des ventilateurs pour l'aérage des mines, des lampes de sûreté, etc., etc...

Enfin, avant de quitter la rotonde-annexe, mentionnons quelques machines et produits, qui ont tout l'intérêt de la nouveauté, savoir : une machine à couper le tabac à fumer et en poudre, pouvant être mue indifféremment par moteur ou à bras, — exposant M. Carton ; — un four aérotherme dont les dispositions sont des plus ingénieuses, et qui n'exige que 11 kilogramme de charbon de terre pour la cuisson de 100 kilogrammes de pain, — système Fergusson ; — une machine à teiller le lin et le chanvre, de M. Charles Mertens, machine déjà ancienne, puisqu'elle figurait en 1851 et en 1862 à Londres, et en 1855 à Paris, mais qui ne saurait être trop recommandée ; enfin un nouveau système de joints en caoutchouc, dans lequel le collier de tuyaux est muni d'un rebord qui permet de mettre la substance élastique à l'abri de l'air extérieur, du gaz ou de l'eau intérieurs, condition essentielle sans laquelle l'emploi pratique du caoutchouc est impossible.

Le premier groupe qu'on rencontre en pénétrant dans le palais, c'est celui des aliments à divers degrés de préparation. Ce sont tout d'abord de magnifiques froments, des avoines, des orges et des seigles. Ici la statistique nous apprend qu'en Belgique le froment tend tous les jours à remplacer les autres céréales comestibles. Le rendement moyen du blé est de 18 hectolitres 41 à l'hectare, celui de l'avoine de 33 hectolitres 82. — En 1864, les importations de froment se sont élevées au chiffre de 99,649,842 hectolitres, et celui des exportations à 2,679,976 hectolitres. Dans la même année, les importations en farines ont été de 23,927,225 kilogrammes, et les exportations de 7,656,712 kilogrammes.

— M. le baron Peers, qui a exposé, à la classe 41, des échantillons d'essences forestières ; à la classe 43, du lin et du chanvre teillés, du brome de Schrader et des laines en suint ; à la classe 48, des plans de bâtiments ruraux, et à la classe 67 des céréales, M. le baron Peers, dis-je, représente en Belgique l'un des agronomes, l'un des agriculteurs les plus sérieux. Ce que le visiteur ne trouvait pas au milieu de son exposition, d'ailleurs fort belle et fort variée, ce sont les excellents petits livres qu'il a publiés et largement répandus sur différentes questions agricoles. Ici la théorie coudoie sans cesse la pratique. M. Peers écrit et cultive. Nous aurions voulu voir ce double mérite bien constaté par le jury.

A côté des froments sont exposés les vinaigres, la chicorée, les sucres, les chocolats.

— La maison Delannoy, de Tournay, s'est distinguée par une série de spécimens qui représentent toutes les transformations qu'une direction bien entendue peut donner au cacao : chocolats en bloc, en tablettes, en poudre, articles variés de fantaisie. Le mieux de tout cela c'est l'excessive pureté et la qualité supérieure de la pâte. M. Delannoy se sera révélé à l'Exposition de 1867 comme un fabricant de premier ordre.

A propos des boissons fermentées, constatons en passant que la Belgique a fabriqué, en 1865, 3,638,772 hectolitres de bière; mais comme ce produit est double du nombre d'hectolitres de contenance imposable, on peut évaluer à 7,250,000 hectolitres la quantité de bière fabriquée et consommée en Belgique.

Le sixième groupe, instruments et procédés des arts usuels, vient ensuite :

La Belgique possède de nombreux ateliers de construction de machines. Il faut bien que cela soit, puisqu'en 1864 l'importation a été de 3,244,000 francs, et que le chiffre des exportations s'est élevé à 21,616,000 francs.

Cette industrie occupe 7,251 ouvriers, sans préjudice de 3,330 ouvriers qui travaillent exclusivement à la chaudronnerie.

Signalons dans ce groupe une serrure de coffre-fort, un véritable chef-d'œuvre, exposée par M. Matthys-Declerck; la machine d'extraction de la force de 200 chevaux, de la Société de charbonnage de Chatelineau, la royale exposition de la société Cail, Halot et compagnie, exposition composée : d'un appareil d'évaporation continue pour sucrerie, un appareil de pompe à air, une presse hydraulique, un appareil de pompe de presses, une machine à chanfreiner les tôles, à mortaiser, à forer à table radiale, à forer à colonne et à plateau, à raboter, à fileter, à tarauder, puis une machine à vapeur locomobile, un moulin à blé, etc.

Voici maintenant l'exposition des appareils de M. Haeck pour la distillation continue des eaux-de-vie et le vieillissement des vins et eaux-de-vie. Suivant M. Haeck, un vin vieillit d'autant plus que les principes empyreumatiques contenus s'évaporent rapidement; il en est de même pour les eaux-de-vie. Or, le procédé de M. Haeck consiste à chauffer le vin ou l'eau-de-vie, non pour volatiliser les principes alcooliques, mais seulement pour volatiliser les huiles essentielles qui s'y trouvent; si bien qu'après l'opération faite sur un vin nouveau, ce vin paraît avoir plusieurs années de date. Sans discuter théoriquement ce nouveau système, nous dirons que, *de gustu*, le fait est vrai.

La machine à vapeur de M. Delnest est intéressante à étudier, surtout au point de vue des dispositifs qui la caractérisent : le cylindre est horizontal, mais l'arbre est vertical et entraîne horizontalement la poulie de transmission et le volant; du même exposant nous signalerons une machine à tourner les ellipses spécialement destinée à dresser les portes autoclaves des chaudières à vapeur; et enfin un chariot courbe pour dresser les jantes des poulies.

Nous avons retrouvé ici une invention que nous avions déjà appréciée depuis longtemps et qui, nous l'espérons, aura fait le chemin que nous lui avions prédit. Nous voulons parler du tube indicateur de niveau d'eau de M. Arnould. Ce tube, qui peut être appliqué à toutes les chaudières à vapeur, est destiné à prévenir toute espèce d'accidents. Il serait fâcheux que cette invention passât inaperçue. M. Arnould a exposé encore, à la classe 47, des lampes de sûreté d'un nouveau système, avec une fermeture de son invention.

— Un habile mécanicien de Saint-Ghislain, M. Laumonnier, a exposé une série de fours à coke exécutés au 10e sur le modèle de ceux qui viennent d'être établis à l'usine de MM. Blondiaux, maîtres de forges. — Voici les avantages de ce nouveau système :

Rendement en coke égal à celui obtenu au creuset. 20 p. 100 de plus que le rendement obtenu dans les fours actuels, — coke plus dense, — offrant à l'emploi une économie de 10 p. 100, donnant avec la même quantité de minerai une quantité supérieure de fonte. — Les dispositions économiques des fours Laumonnier sont d'une grande importance, et, lorsqu'elles seront bien comprises, elles apporteront à l'industrie métallurgique un immense soulagement.

— Nous avons déjà fait connaître, à la suite de l'Exposition universelle de 1855, les magnifiques produits réfractaires de M. Coste. Les creusets, les briques que nous rencontrons au Champ de Mars, indiquent que ce grand établissement s'est maintenu, s'il ne s'est pas surpassé, dans des conditions supérieures de fabrication. Aussi le jury lui a-t-il laissé un témoignage de son approbation.

Citons maintenant, appartenant au même

groupe, les belles expositions de M. Vander Elst, de M. Detombay, des ateliers de construction de M. Dorzée et de la société John Cockerill, de Seraing.

Le marteau-pilon à vapeur et à double effet de M. Vander Elst permet la fabrication de pièces de 30 centimètres de diamètre; la course du pilon est de 70 centimètres, le poids du marteau de 1,000 kilogrammes et la pression de la vapeur de 2,284 kilogrammes, soit un effet utile de 3,284 kilogrammes. Nous le signalons particulièrement pour l'excellence de sa construction.

Le marteau-pilon de M. Detombay est bien plus puissant : le pilon a 1^{m}80 de course et le poids de la masse mouvante est de 4,000 kilogrammes. Cette puissance permet à l'instrument le martelage des rails de chemin de fer.

L'exposition des ateliers Dorzée se compose d'une belle machine d'extraction pour la houille, à bâti pyramidal; elle est à deux cylindres conjugués, le tout de la force de 200 chevaux, et d'une machine d'alimentation horizontale pour une force collective de générateur de 300 chevaux ; ces deux machines sont construites de main de maître.

Quant à l'exposition de la société John Cockerill, elle n'est représentée que par une machine soufflante à deux cylindres, système Woolf, des échantillons de minerais, houille, coke, fonte et pièces forgées, ainsi que par une locomotive et des échantillons de rails, roues, essieux et ressorts. Mais ce qui doit particulièrement nous intéresser ici, c'est de connaître quels sont les éléments dont cette grandiose manufacture dispose et la valeur des produits qu'elle jette dans la consommation générale.

L'usine de Seraing a été fondée en 1817; la superficie de son exploitation est de 90 hectares, dont 11 hectares 25 sont couverts par des constructions, sans préjudice de l'exploitation minière, qui est de 3,500 hectares. En mars 1867, on comptait un personnel de 7,227 ouvriers, dont le salaire annuel s'élève au chiffre de 6,600,000 francs. Outre cette force humaine, la force motrice à vapeur se compose de 156 machines, représentant une force nominale de 2,843 chevaux-vapeur. L'usine consomme annuellement 220 millions de kilogrammes de charbon, et la production minéralogique et métallurgique s'élève par an à 25 millions de francs, qui se divisent ainsi qu'il suit :

Combustible, 260 millions de kilogrammes; coke, 80 millions; fonte de moulage et d'affinage, 50 millions; pièces moulées pour constuctions mécaniques, 5 millions; tôles, rails, fer de commerce, 26 millions; acier, bandages, etc..., 5 millions; machines à vapeur et constructions mécaniques, 7 millions; chaudières et ponts, 4 millions; constructions navales, 2,300,000, et enfin minerais 146 millions de kilogrammes.

Le fer entre donc à Seraing à l'état de minerai, et il en sort à l'état de machines prêtes à fonctionner. C'est la première usine belge qui, au moyen du puddlage avec des fontes au coke, est parvenue à obtenir des fers à nerfs ordinaires jusqu'à l'acier le mieux caractérisé. Nous terminerons cette revue du groupe VI par un mot sur l'exposition de MM. Houget et Teston, dont nous avons déjà eu l'occasion de prononcer les noms à propos de la force motrice de l'Exposition.

MM. Houget et Teston ont exposé, dans la classe 55, une machine à laver la laine; le catalogue belge nous apprend qu'ils ont obtenu en 1835 une médaille d'or et d'argent, en 1855, à Paris, une médaille de 1re classe, et en 1862, à Londres, la médaille; or, nous le croyons, la machine à laver la laine n'a figuré ni à l'exposition de 1835, ni à celles de 1855 et 1862, si bien que, jusqu'à preuve du contraire, la laveuse à laine de MM. Houget et Teston nous paraît furieusement ressembler à la belle machine Chaudet, de Rouen, qui fonctionne dans un pavillon du parc, — section française. — Est-ce une contre-façon? est-ce un emprunt? Est-ce erreur de notre part? L'avenir le dira.

— M. Nicolas Libotte mérite une mention beaucoup plus détaillée que celle que nous allons lui consacrer, — nous prenons même, en passant, l'engagement d'étudier un jour, avec le plus grand soin, l'ensemble de ses travaux.
— Il s'agit ici de la sécurité des ouvriers dans le travail des mines.

Épouvantés presque chaque jour par d'horribles sinistres qui sèment les larmes et la misère dans des milliers de familles, nous devons acclamer les hommes généreux qui emploient leur existence à chercher les moyens de conjurer ces désastres. — Eh bien, M. Libotte est de ce nombre. — Les bassins de Charleroi, de Liége, du Centre, de Mons, etc., ont reconnu et proclamé l'efficacité du parachute dont il a envoyé un modèle à l'Exposition.

Voici un exemple frappant de la puissance de ce parachute, — nous l'empruntons à un journal de Bruxelles :

« Un accident qui aurait pu avoir les conséquences les plus graves s'est produit le 21 mai de cette année, vers dix heures du soir, à la houillère de la Bonne-Espérance, à Herstal. — Voici dans quelles circonstances :

Un ouvrier placé dans la cage descendante était arrivé à environ 200 mètres de profondeur, 14 mètres au-dessus de l'étage inférieur. —Un autre ouvrier était à environ 265 mètres, c'est-à-dire à 65 mètres plus bas que cette même cage, dans une berline attachée à l'extrémité d'une chaîne d'allonge que l'on accroche à la cage et que l'on emploie pendant la nuit pour procéder à l'approfondissement du puits. — Trois autres ouvriers étaient en même temps placés dans la cage montante. — En outre 6 ouvriers *avaleurs* travaillaient dans le fonds du puits à la profondeur totale de 279 mètres.

« Telle était la situation lorsque la corde descendante vint à se rompre à la surface. Qu'on juge des craintes qu'on a dû concevoir en présence de cette rupture, et l'on aura une idée de la joie qui s'est emparée des personnes présentes lorsqu'on sut que le parachute Libotte, adapté à la cage, avait parfaitement fonctionné, et cela malgré le poids énorme d'environ 3,500 kilogrammes qu'il a eu à supporter.

« C'est donc au parachute Libotte que tous les malheureux ouvriers ont dû la vie. — N'en est-ce pas assez pour le recommander puissamment dans tous les charbonnages ? »

A l'appui du modèle, des dessins et de la notice de M. Libotte, nous avons lu de nombreuses attestations, toutes entièrement favorables à son invention.

— M. Delstanche s'est présenté à l'Exposition avec une série de dessins d'instruments aratoires et une excellente charrue. — Nous sommes allé visiter à Marbais même l'établissement de machines agricoles et les cultures de M. Delstanche, — c'était en 1852 ! Quinze années se sont écoulées depuis notre visite ; c'est-à-dire un laps de temps suffisant pour faire une fortune. — Hélas ! ces quinze années furent pour cet honorable industriel un temps de cruelles épreuves.

M. Delstanche a mis toute sa fortune dans l'agriculture et dans la machinerie agricole et, disons-le avec regret, il n'a jamais reçu de ces encouragements qui soutiennent, — je dirais presque que son pays s'est montré ingrat envers lui.

Quoi qu'il en soit, M. Delstanche a tenu bon et, malgré ses revers, a conservé sa foi. — Nous aurions voulu voir le jury prendre en considération les bons services rendus par cet éminent constructeur.

La généreuse propagande qu'il a faite pendant toute sa vie a certainement porté de bons fruits. — La conviction d'avoir été utile à ses concitoyens le console sans doute des peines qu'il s'est données et des sacrifices qu'il a faits.

— M. E. de Brouwer, avec cet excellent esprit d'investigation qu'il apporte dans toutes les questions qui peuvent intéresser son pays, a écrit plusieurs rapports très-intéressants sur les expositions internationales de pêche d'Amsterdam et de Bergen. On ne saurait trop remercier les hommes dévoués qui, pendant que la foule passe, indifférente ou folle, s'efforcent de consacrer, pour ceux qui nous suivront, le souvenir des événements contemporains. Les expositions de pêche sont fort sérieuses. Elles sont appelées à jouer un rôle important dans l'alimentation publique, et il est très-heureux qu'un homme aussi consciencieux, aussi méritant que M. de Brouwer ait pris soin de nous les faire connaître. Nous avons déjà mentionné le nom et les travaux de M. de Brouwer dans le cours de notre étude sur les Pays-Bas. Plus tard nous lui consacrerons un peu plus d'espace.

Dans le groupe V : OEuvres des industries extractives, nous retrouvons les beaux produits des Sociétés de la nouvelle et de la vieille Montagne ; ce sont : des tubes et des demi-tubes, des sashbars, des moulures de toutes sortes et de toutes formes. Viennent ensuite l'exposition de M. Montefiore-Levi et sa belle collection de minerais de cobalt, de nickel et alliages, ainsi que ses nickels fondus en plaques, en barres, transformés en bronzes d'art, en coussinets et en caractères d'imprimerie. Ce sont, après, les magnifiques cartes générales des mines de Belgique, dressées par M. Jules van Scherpenzel, et la belle collection des roches constitutives et produits minéraux du sol de la Belgique, exposée par M. le ministre des travaux publics, collection que nous avons déjà admirée en 1862 à Londres.

— Le minium de fer d'Anderghem, auquel le jury a attribué la médaille d'or et quatre autres récompenses, a fait ses preuves de la manière la plus éclatante, puisque la plus grande partie du palais de l'Exposition a été peinte avec lui. — Cette distinction de premier ordre vient confirmer ce que nous avons déjà dit et publié au sujet de ce produit, qu'il faut désormais classer en première ligne dans tous les travaux de peinture. — M. de Cartier, qui a fait tant d'efforts et de sacrifices pour faire connaître et répandre le minium d'Anderghem, a donc obtenu un immense succès.

N'oublions pas de citer en passant les limes de M. Lambert et la clouterie très-remarquable de plusieurs exposants.

Jamais la Belgique, dans les trois expositions universelles qui ont précédé celle de 1867, n'a présenté une collection plus remarquable de produits chimiques et pharmaceutiques. Comme fabrication, les spécimens exposés sont irréprochables de préparation et de pureté, seulement certaines substances industrielles se composent et se surcomposent tellement, — et ceci est cependant très-heureux au point de vue des sciences industrielles, — qu'il va bientôt devenir impossible de les dénommer. C'est ainsi que nous trouvons dans les produits dérivés du phénol, les noms barbares que voici : bibro-morthonitrophénate de potasse ; paraphénoléthylsulfate de potasse, ou bien encore iodobromonitrophénate de potasse... Le diable y perdra son latin.

— M. Cappelmans, depuis de nombreuses années, s'est voué à la fabrication des produits chimiques, aussi son établissement occupe-t-il en Belgique un rang des plus distingués. Avec la science et l'honnêteté on va loin.

Nommons en courant comme produits très-remarquables : les tabacs, les cuirs et les peaux, et arrivons au groupe IV : Vêtements et autres objets portés par la personne.

Nous n'avons pas la prétention de passer la revue et de discuter la valeur des expositions des fils et tissus de coton, des fils et tissus de lin et de chanvre, des fils et tissus de laine, des soies et tissus de soie, car chacun sait que depuis longtemps le pays belge est passé maître dans ces différentes fabrications. Qui ne connaît Verviers pour ses draps, Courtrai, Gand, Renaix, Saint-Nicolas, Termonde, pour leurs toiles et tissus de lin et de chanvre? Aussi ne nous sommes-nous occupé que d'un fait d'un puissant intérêt moral et politique : nous voulons parler des ateliers d'apprentissage, dont voici quelques-unes des dispositions réglementaires.

L'enseignement primaire, en Belgique, est donné dans les ateliers par l'instituteur communal ou par tout autre agent choisi par l'autorité locale.

Des contre-maîtres instructeurs sont chargés de l'instruction professionnelle des apprentis.

Pour être admis en qualité d'apprenti dans un atelier, il faut être âgé de douze ans au moins, et avoir l'aptitude voulue pour exercer la branche d'industrie qui y est enseignée. Les apprentis qui possèdent l'instruction primaire peuvent par exception être admis avant l'âge de douze ans.

Les commissions administratives veillent à ce que le travail des enfants soit toujours en rapport avec leurs forces physiques. Dans aucun cas, la durée de la journée de travail ne peut excéder douze heures.

Un salaire stipulé par la commission administrative avec les entrepreneurs d'industrie, est alloué aux apprentis.

Une retenue, qui ne peut être inférieure à 5 p. 100, ni dépasser 10 p. 100, est faite sur le salaire. Le montant de cette retenue est versé dans une caisse spéciale et employé, s'il y a lieu, lors de la sortie des apprentis, à l'achat de l'outillage dont ils ont besoin pour exercer leur métier à domicile.

A leur sortie, un certificat constatant leur aptitude et leur conduite leur est délivré, s'il y a lieu, par la commission.

Nous n'ignorons pas qu'en France la loi de 1841 a été faite en faveur des jeunes apprentis. Malheureusement cette loi est une lettre morte. Du reste, en pratique, la Belgique nous a depuis longtemps précédés. L'Angleterre en 1844 a pris des mesures efficaces, mais en France, encore aujourd'hui, on n'ignore pas que c'est en Alsace et dans la seule ville de fabrique par excellence, Mulhouse, qu'on a respecté, accepté et étendu la loi de 1841. Des exemples semblables se retrouvent cependant dans la Prusse Rhénane, en Bohême et en Saxe.

Qu'il nous soit permis ici de transcrire textuellement la première page de deux livrets d'apprentis de la Flandre occidentale, et cela d'autant mieux que la commission belge a cru devoir mettre ces livrets, ainsi que les cahiers et les livres d'étude des jeunes apprentis, à la disposition des visiteurs de l'Exposition. Or voici ce que nous lisons à la première page d'un de ces cahiers.

« D'HERTOGHE (Victor).

« Agé de 14 ans 6 mois. — Entrée dans l'atelier : 1ᵉʳ septembre 1866. — Degré d'instruction à son entrée : connaissance de l'écriture, de la lecture, des quatre règles, des éléments de géographie et quelques principes de la langue française. »

Et sur un second cahier :

« DEBLOCK (Pierre).

« Agé de 15 ans. — Entrée : 1ᵉʳ janvier 1866. — Degré d'instruction à son entrée : lit et écrit. »

Viennent ensuite les cahiers d'étude : dictées, écritures, arithmétique, comptabilité, puis les livres d'éducation. Enfin sur d'autres cahiers on trouve la démonstration graphique de l'enseignement théorique du travail, avec échantillons de cartes de tissage. C'est tout simplement merveilleux, et tout cela réjouit le cœur, tout en nous faisant émettre le vœu que la France marche dans la même voie en généralisant et en réglementant l'instruction dans tous ses ateliers industriels.

Nous arrivons au compartiment consacré à l'industrie dentellière. Ici toutes les nations doivent s'incliner : à la Belgique la couronne!

En fait de dentelles noires, citons d'abord la belle exposition collective de Grammont; en fait de dentelles blanches, il faut signaler l'exposition de M. Buchholtz. Plusieurs des pièces présentées par M. Buchholtz sont signées du nom de Madame Élise; pour nous cette dame est une véritable fée : elle eût vaincu Minerve et eût défié avec avantage Arachné. Nous avons également admiré l'exposition de M. Clément Lambin et particulièrement un châle sur vrai réseau dit point Marie-Henriette, qui n'est rien autre chose qu'un chef-d'œuvre de goût et de difficultés surmontées.

Nous ne quitterons pas le groupe IV sans nous arrêter devant la classe 37 : armes portatives. L'industrie des armes est pour la Belgique une branche importante de sa production nationale, nous en trouvons la preuve dans les chiffres d'importation et d'exportation : en 1864, par exemple, la Belgique importait 1,137,000 francs d'armes et en exportait pour 16,393,000 francs. Ces chiffres nous paraissent avoir leur éloquence.

Nous ne discuterons pas ici la valeur de tous les systèmes exposés; nous nous contenterons, afin de donner une juste idée de l'activité humaine lorsqu'il s'agit d'œuvres de destruction, d'énumérer *une partie seulement* des spécimens présentés par M. Malherbe, de Liége, à la curiosité des visiteurs qui s'intéressent à cet engin de mort qu'on appelle un fusil, et pour lequel, avouons-le, nous n'avons aucune sympathie.

Ah! nous l'avons déjà dit quelque part, et nous ne craignons pas de le répéter : si l'humanité avait dépensé pour sa conservation et son amélioration toutes les ressources intellectuelles et matérielles qu'elle a follement dissipées pour se détruire, elle aurait certainement retrouvé son paradis terrestre.

Mais tant que nous verrons les plus hautes récompenses aller trouver ceux qui auront inventé les plus ingénieux, les plus rapides, les plus formidables engins de destruction, nous ne pourrons que gémir sur l'aberration humaine.

Nous avons reconnu dans la vitrine de M. Malherbe, en fait de fusils de guerre se chargeant par la culasse, les systèmes : Snider, Suédois; Ramington, Peabody, Albiny, Reder, Brunswickois, Norvégien, Belge, Prussien; Chassepot, Winlsons, Garcia, Thiery, Karl, comte de Bylandt, Loron, Poilvache, Lemille, Bernard, Gaillard, Decorty, Dar, Desprez, Ghaye, etc. etc... Qu'on note bien ici que nous ne donnons pas la moitié de la liste de ces inventions diaboliques, et que nous en passons.... des meilleures ! — Ainsi nous n'avons pas encore prononcé le nom du doyen des armuriers de Paris, de M. Thomas, dont on a, pour ainsi dire, oublié de visiter la vitrine. — Et cependant, à nos yeux, c'est M. Thomas qui vient résoudre le plus économiquement ce redoutable problème. Mais il n'est pires sourds que ceux qui ne veulent pas entendre.

Dans le groupe III : meubles et autres objets destinés à l'habitation, les cheminées en marbre blanc et noir de Mme la vicomtesse Desmanet de Bresme, de M. Devilliers, de M. Leclercq, méritent une mention particulière ; il en est de même d'un buffet-dressoir pour salle à manger en bois de chêne sculpté, de deux bibliothèques en ébène de M. Snyers-Rang, ainsi que de différents meubles de M. de Gobarts. Appelons aussi l'attention sur les solides tapisseries de Tournai et d'Ingelmünster, les panneaux peints, imitation bois et marbre de M. Van der Mersch, et sur l'exposition collective des maîtres verriers du Hainault.

— MM. Boch frères, de Kéramis, ont soutenu au Champ de Mars leur belle réputation. Ils se sont même surpassés. Les glorieuses campagnes de cette maison l'ont placée au premier rang de l'industrie des produits céramiques.

— M. Learch est à la tête d'une nouvelle industrie qui rappelle les anciens cuirs de Cordoue. Ses cartons cuirs repoussés pour tentures ont reçu les hommages de la foule. Quelque adoucissement dans les prix et cette affaire marchera toute seule.

Un industriel de Gosselies a exposé à la classe 24 et à la classe 40 une belle collection d'ustensiles de ménage parmi lesquels nous citerons une cuisinière en fonte polie, des poteries de fonte de très-bon goût, des poteries de ferbattu émaillé et étamé, et toute une faïencerie sur fonte avec décors. M. Molle a réalisé là un progrès réel ; lui en sera-t-on reconnaissant ?

Le groupe II : matériel et applications des arts libéraux, renferme aussi d'excellents produits. En librairie, l'importation belge dépasse l'exportation; la première s'est élevée en 1865 au chiffre de 3,183,440 francs, et la seconde au chiffre de 914,261 francs.

Il n'en est pas de même du papier; l'importation belge ne dépasse pas 1,308,757 francs, tandis que l'exportation arrive au chiffre de 10,453,271 francs ; ce sont du moins les chiffres de l'année 1865. Dans ce genre de fabrication, en fait de nouveauté, nous recommandons l'étude des spécimens de papier de paille pure ou mélangée de chiffons, et les cartons de M. Gabriel provenant de pâtes fabriquées avec du tan, de l'osier, du regain, du foin, des déchets de brasseries, du cuir, de la paille et du chiffon.

Dans la classe 8 : application du dessin aux arts usuels, nous avons particulièrement remarqué trois beaux volumes grand in-folio, accompagnés de magnifiques planches représentant l'anatomie du bœuf. Dans la classe 9, la Société royale belge de photographie expose de très-belles épreuves représentant parfois des nudités tellement naïves, tellement......, que nous nous sommes pris plusieurs fois à baisser les yeux.

Dans la classe 10 : instruments de musique, la perfection se rencontre spécialement dans les instruments à vent en buis et dans les instruments à cordes. Dans ce dernier genre, M. Darche, de Bruxelles, a exposé, comme pièce historique, une basse fabriquée par Amati et qui, dit-on, a appartenu au roi de France Charles IX. Cette relique est cotée 25,000 francs.

La classe 11 : appareils et instruments de l'art médical; la classe 12 : instruments de précision, et la classe 13 : cartes et appareils de géographie, n'offrent rien de bien nouveau ; nous ferons cependant une exception en faveur de la carte générale des mines de la Belgique dont nous avons parlé plus haut, et de la carte du royaume belge, exposée par le dépôt de la guerre et qui se compose de 72 feuilles de 50 sur 80 centimètres.

— Un des savants les plus distingués de la Belgique, M. le professeur Gloesener, de Liége, a puissamment contribué à l'importance de l'exposition belge, mais la fatalité a voulu que la caisse contenant ses produits fût égarée parmi les caisses vides pendant plusieurs mois. Le 29 juin seulement, c'est-à-dire la veille de la distribution des récompenses, cette caisse fut retrouvée, et les objets qu'elle contenait avaient tellement souffert qu'il fallut les confier à deux des meilleurs mécaniciens de Paris. Cette négligence des employés belges a dû faire un tort considérable à M. Gloesener.

Il ne nous serait pas possible de développer ici toutes les explications que nécessitent les divers instruments et appareils de M. Gloesener. C'est de la haute science. Nous nous résignons, en attendant mieux, à donner quelques détails sommaires sur son exposition hors ligne.

Le savant professeur a exposé dans plusieurs classes. Nous avons admiré de lui :

1° A la classe 11, une belle collection d'appareils électro-médicaux.

2° A la classe 12, une série d'instruments de précision : des chronographes électriques à cylindre tournant, à pendule et à barre ; des galvanomètres ou multiplicateurs enregistreurs.

3° A la classe 23 (si rudement éprouvée en France), de belles horloges électriques et magnéto-électriques de modèles variés.

4° A la classe 64, des télégraphes électriques ordinaires et sous-marins à écrire, à aiguilles et à cadrans, un modèle de sonnerie électrique, un parafoudre, une boussole électro-magnétique.

5° Et à la classe 65, un nouveau genre de paratonnerre.

Cette exposition rappelle un peu, comme mérite, celle du révérend père Secchi, dans les États-Pontificaux. Elle indique chez M. Gloesener une de ces spécialités scientifiques auxquels on ne saurait accorder trop d'honneurs.

La Belgique doit être fière de pareils hommes.

Hélas ! les jurys et les flots sont changeants !

Nous avons oublié, à la suite de quelques chiffres sur l'instruction publique, de parler des sociétés savantes du royaume. Nous réparons ici cette omission.

On compte en Belgique soixante-quatorze académies et sociétés savantes :

Dans la province d'Anvers il en existe 11, soit, à Anvers, 9 et à Malines, 2.

Dans la province de Brabant : à Bruxelles, 18; à Ixelles, 1 ; à Louvain, 4.

Dans la province de la Flandre occidentale : à Bruges, 4 ; à Ypres, 1.

Dans la province de la Flandre orientale : à Gand, 6 ; à Saint-Nicolas, 1.

Dans la province de Liége : à Huy, 1 ; à Liége, 9 ; à Verviers, 3.

Dans la province de Limbourg : à Tongres, 1 société.

Dans la province de Hainault : à Binche, 1; à Charleroi, 1 ; à Jemmapes, 1 ; à Mons, 4 ; à Tournai, 2.

Dans la province de Luxembourg : à Arlon, 1 société.

Enfin, dans la province de Namur et à Namur, 2.

Il résulte pour nous, de cette rapide étude, qu'une nation dont la prospérité s'appuie sur une industrie si féconde et sur un commerce si considérable ; qui, dans la majeure partie des classes qui figurent à l'Exposition universelle de 1867, tient un rang si distingué, ne saurait être qu'un peuple de premier ordre.

Ce n'est donc pas aux dimensions d'un pays qu'il faut juger de son importance.

La Belgique, si restreinte qu'elle soit, a donné de bonnes leçons à l'Europe. — Profitons-en pour ce qui nous concerne.

Tant de points importants nous rapprochent, que ce n'est pas seulement en bons voisins qu'il faut vivre, mais en frères.

La commission belge a rempli d'une manière fort remarquable sa mission à l'Exposition universelle de 1867.

XI.

PRUSSE.

La Prusse est aujourd'hui un pays nouveau, une nation récemment reconstituée ; ses délimitations sont changées, ses frontières se sont agrandies. Comme le grain du raisin qui mûrit, elle a fait craquer son corset vert, et ses forces exubérantes se sont étendues chez ses royales voisines.

L'état configuratif de la Prusse étant modifié, il nous paraît intéressant, avant de parler de l'exposition prussienne, de faire l'historique de ces modifications et de voir ce que la Prusse a été autrefois et ce qu'elle est maintenant, en pleine Exposition universelle.

La Prusse, avait, avec le titre de duché en 1440, sous le duc Frédéric Ier, une superficie approximative de 29,458 65 kilomètres carrés.

En 1668, sous le duc Frédéric-Guillaume, elle avait une superficie de 110,841 61 kilomètres carrés et environ 1,500,000 habitants.

En 1713, devenue royaume sous Frédéric Ier (acquisition de Neufchâtel, de Tecklenbourg, etc.), elle avait une superficie de 112,548 56 kilomètres carrés et environ 1,650,000 habitants.

En 1740, à la mort de Frédéric-Guillaume Ier (acquisition de Gueldre et de la Poméranie), elle avait une superficie de 118,935 86 kilomètres carrés et environ 2,240,000 habitants.

En 1786, à la mort de Frédéric II, dit Frédéric le Grand (acquisition de la Silésie, de la Frise orientale et de la Prusse occidentale), elle avait une superficie de 194,922 66 kilomètres carrés et environ 5,430,000 habitants.

En 1797, à la mort de Frédéric-Guillaume II (acquisition d'Anspach et Baireuth, et d'une portion de la Pologne), elle avait une superficie de 305,709 22 kilomètres carrés et environ 8,687,000 habitants.

En 1840, à la mort de Frédéric-Guillaume III (acquisition des provinces du Rhin, etc...) elle avait une superficie de 276,966 38 kilomètres carrés et environ 14,991,241 habitants.

En 1861, à la mort de Frédéric-Guillaume IV, elle avait une superficie de 279,058 77 kilomètres carrés et environ 18,491,220 habitants.

En 1865, sous le roi Guillaume Ier (acquisition du Lauenbourg), elle avait une superficie de 280,105 07 kilomètres carrés et environ 19,305,000 habitants.

En 1866 (acquisition du Sleswig-Holstein, du Hanovre, de la Hesse-Électorale, du duché de Nassau et de divers autres territoires), elle a aujourd'hui une superficie de 352,127 24 kilomètres carrés et une population de 23,590,543 habitants.

Notons en passant que la France compte seulement 543,051 kilomètres carrés et une population de 38,067,094 habitants ; l'Allemagne du Sud (Bavière, Wurtemberg et Bade), 110,814 kilomètres carrés et 7,952,000 habitants ; l'Autriche, sans la Vénétie, 622,486 kilomètres carrés et 32,600,000 habitants, et l'Italie avec la Vénétie 284,554 kilomètres carrés et 24,225,000 habitants.

Envisagée comme superficie territoriale, abstraction faite de la Russie, la Prusse occupe le troisième rang parmi les États européens et le quatrième au point de vue de la population.

Cet agrandissement spontané de la Prusse va devenir pour nous un obstacle, car il ne nous sera pas possible de déduire de la statistique des faits des conséquences comparatives, par rapport aux expositions de 1851, de 1855 et de 1862. Nous ne citerons donc que des chiffres qui pourront néanmoins avoir leur intérêt historiquement parlant.

Ensuite, cet état de choses aura pour conséquence de ne pas nous permettre de suivre, comme précédemment, le même ordre dans l'exposé des faits concernant la Prusse et les petits États qui y ont été annexés.

La Saxe a exposé avec la Prusse.

La Prusse seule est divisée en 8 provinces formant 25 gouvernements divisés eux-mêmes en 328 cercles. Voici les noms de ces provinces :

Provinces.	Gouvernements.
De Brandebourg	De Potsdam.
	De Francfort-sur-l'Oder.
De Poméranie	De Stettin.
	De Coeslin.
	De Stralsund.
De Silésie	De Breslau.
	D'Oppeln.
	De Liegnitz.
De Saxe	De Magdebourg.
	De Mersebourg.
	D'Erfurth.
De Westphalie	De Münster.
	De Minden.
	D'Arnsberg.
Du Rhin	De Cologne.
	De Düsseldorf.
	De Coblentz.
	D'Aix-la-Chapelle.
	De Trèves.
De Prusse	De Kœnigsberg.
	De Gumbinnen.
	De Dantzick.
	De Marienwerder.
De Posen	De Posen.
	De Bromberg.

Il convient d'ajouter aujourd'hui la province de Hohenzollern, le duché de Lauenbourg, l'ancien royaume de Hanovre, la Hesse-Électorale ou Hesse-Cassel, le duché de Holstein et Francfort-sur-le-Mein.

Quant à la Saxe, elle se divise en quatre cercles : le cercle de Dresde, le cercle de Leipzig, le cercle de Zwickau et le cercle de Bautzen.

La Prusse, la Saxe et le Mecklembourg sont loin d'être en arrière du mouvement industriel, surtout en ce qui concerne les expositions. Nous en trouvons la preuve dans la liste suivante qui comprend toutes les expositions qui ont eu lieu chez nos voisins depuis 1822.

1822	Berlin.
1827	Berlin.
1842	Berlin.
1844	Berlin.
1854	Trèves.
1865	Stettin.
1865	Cologne.
1851	Mecklembourg.
1824	Dresde, Saxe.
1826	— —
1831	Dresde. —
1834	— —
1835	Leipzig. —
1837	Dresde. —
1840	— —
1844	Leipzig. —
1845	— —
1845	Dresde. —
1851	Leipzig. —

Depuis 1834 un grand fait domine l'Allemagne, c'est le Zollverein.

Le Zollverein est une confédération des États allemands, ou traité d'union ayant pour but la fusion de tous les systèmes douaniers. Les États qui composent le Zollverein et qui prennent part à ses délibérations, sont :

La Prusse, la Bavière, la Saxe, le Hanovre, le Wurtemberg, le grand-duché de Bade, l'électorat de Hesse, le grand-duché de Hesse, les grands-duchés de Saxe-Weimar-Eisenach, de Saxe-Meiningen, de Saxe-Altenbourg et de Saxe-Cobourg-Gotha ; les principautés de Schwartzbourg-Sondershausen, Schwartzbourg-Rudolstadt, Reuss-Schleitz, Reuss-Greitz, Reuss-Lobenstein-Ebersdorf ; le duché de Brunswick, celui d'Oldenbourg ; la principauté de Birkenfeld, le duché de Nassau, la ville libre de Francfort, le Mecklembourg-Schwerin, les villages de Rossow, Netzeband et Schaneberg, le landgraviat de Hesse-Hombourg, la principauté de Waldeck et le comté de Pyrmont ; les duchés d'Anhalt-Kœthen, Anhalt-Dessau et Anhalt-Bernbourg, Schaumbourg-Lippe, les possessions communes du Hanovre et du Brunswick et deux parcelles du territoire brêmois.

Le Zollverein compte plusieurs périodes : la première a duré huit ans, les autres douze, mais par suite des derniers événements, de nouvelles conventions ont été introduites dans le traité, et voici à cet égard ce qu'on lisait, à la date du 7 juin 1867, dans la *Gazette de Munich*, à propos de la conférence pour l'union douanière :

« La Prusse a présenté un projet d'après lequel les conventions relatives à l'ancien Zollverein demeuraient en vigueur, sauf cette modification que la législation douanière, en ce qui concerne les taxes du sucre indigène, du sel et du tabac, serait exercée par une administration commune, organe de tous les États participants, et par une représentation commune de toutes populations.

« Pour la représentation des États, les prescriptions concernant le *plenum* de l'ancienne assemblée fédérale et pour la représentation des populations, le chapitre V de la constitution fédérale du Nord pourrait servir de règlement.

« Le Wurtemberg et Bade ont signé ce projet sous la réserve d'un délai de trois semaines pour la ratification. Le gouvernement de Hesse a laissé espérer sa prochaine adhésion. La Bavière a réservé sa décision. »

Afin de compléter les documents qui précèdent, voici, d'après la *Gazette bavaroise* de Munich, le compte des revenus nets du Zollverein pendant l'année 1866.

Il porte, pour les parties suivantes du territoire :

	Francs.	Cent.
Prusse	34,985,633	90
Hanovre	6,609,444	61
Hesse-Électorale	1,324,466	29
Nassau	832,854	19
Francfort-sur-Mein	661,283	41
Luxembourg	361,446	75
Bavière	8,553,612	76
Saxe	4,074,810	74
Wurtemberg	3,113,806	71
Bade	2,538,367	16
Grand-duché de Hesse	1,521,255	82
Thuringe	1,965,472	67
Brunswick	478,259	81
Oldenbourg	831,188	40
Total	68,071,933	22

La Prusse et les divers États allemands, excepté le grand-duché de Hesse, le Wurtemberg, le grand-duché de Bade et le royaume de Bavière, comptaient, en 1851, 872 exposants; en 1855, à Paris, 1,313 exposants, occupant une superficie de 7,107 mètres carrés. En 1862, à Londres, toujours non compris les grands-duchés de Hesse et de Bade, le Wurtemberg et la Bavière, 2,475 exposants avaient fait acte de présence; cette année 1867, à Paris, on ne compte que 2,206 exposants, répartis dans les 10 groupes ainsi qu'il suit :

	Exposants.
1er GROUPE.—Œuvres d'art	105
2e GROUPE.—Matériel et application des arts libéraux	228
3e GROUPE.—Meubles et objets destinés à l'habitation	236
4e GROUPE.—Vêtements et autres objets portés par la personne	444
5e GROUPE.—Produits des industries extractives	525
6e GROUPE.—Instruments et procédés des arts usuels	363
7e GROUPE.—Aliments à divers degrés de préparation	268
8e GROUPE.—Produits vivants et spécimens d'établissements d'agriculture	4
9e GROUPE.—Produits vivants et spécimens d'établissements d'horticulture	12
10e GROUPE.—Objets exposés en vue d'améliorer les conditions physiques et morales des populations	21
Total	2,206

Comme on le voit, malgré son agrandissement la Prusse, compte en 1867 moins d'exposants qu'en 1862, à Londres. Nous ferons seulement remarquer que dans le 5e groupe, la classe 40 renferme un numéro qui représente à lui seul 474 exposants, ce qui en porterait réellement le nombre au chiffre de 2,680, soit alors une augmentation de 205 exposants. Quoi qu'il en soit, qu'il y ait augmentation ou diminution, cela ne peut étonner personne, surtout en présence des graves préoccupations politiques qui résultent du nouvel ordre de choses.

Le tableau qui précède nous prouve, *a priori*, que les produits bruts et ouvrés provenant des industries extractives occupent en Allemagne le premier rang; viennent ensuite les vêtements, les tissus et autres objets portés par la personne, et en troisième lieu les instruments et procédés des arts usuels.

Mais, nous le répéterons encore une fois, il nous est impossible de donner des chiffres réels sur l'état économique du pays, soit relativement au budget : recettes et dépenses, de la circulation, de l'instruction, des tendances; soit en ce qui tient à la statistique commerciale : importations et exportations; disons seulement qu'en Prusse les exportations reposent sur les productions suivantes :

Grains, toiles et fils, draps, zinc, ouvrages en fer, cuivre et laiton, porcelaine, bois de construction, ébénisterie, quincaillerie, aiguilles, armes, bleu de Prusse, tabac, viande salée, vins de la Moselle et du Rhin, liqueurs, eaux-de-vie, eau de Cologne, cire, jambons de Westphalie, montres, instruments de musique et de mathématiques.

Tandis que les principaux objets d'importation consistent en or, mercure, étain, sucre, café, thé et autres denrées coloniales, vins de France et de Hongrie, soie, coton et tabac en feuilles.

En Saxe, le pays est généralement fertile, les bestiaux, et particulièrement les moutons, y sont très-estimés; les principaux produits sont le vin, les fruits et le grain; les mines fournissent de l'or, de l'argent, du plomb, de l'étain, du cuivre, du cobalt et du fer. Quant au sel, il manque complètement. L'industrie consiste en draps, en fabrication de coton, de cuir et de porcelaine.

La Prusse et les États de l'Allemagne du Nord, à l'Exposition, offrent un magnifique coup d'œil d'ensemble, dont on doit du reste féliciter la Commission d'organisation. L'espace ne fait pas défaut; aussi, à l'encontre de certains pays, il n'y a de confusion nulle part. On remarque dans le parc une annexe contenant des machines en fonction, une maison d'école, un pavillon style arabe, plusieurs fontaines et statues. Le palais abrite le reste de l'industrie prussienne.

Or, en présence des conditions exceptionnelles dans lesquelles nous nous trouvons placés vis-à-vis de la Prusse, nous nous contenterons d'énumérer les œuvres les plus saillantes de son industrie, et au fur et à mesure que les produits nous passeront sous les yeux, nous ferons notre possible pour en déduire les conséquences qui peuvent intéresser la production et la consommation générales.

Les produits du sol occupent dans l'exposition prussienne une place importante, et les spécimens exposés sont tous, sans exception, très-remarquables. Outre les céréales et les plantes légumineuses, le lin, le chanvre, le houblon et la betterave paraissent particulièrement dominer la culture industrielle.

Le plus beau houblon provient de la province de Posen: on récolte aujourd'hui dans ce pays, année moyenne, 40,000 quintaux de houblon, et cette culture est presque le seul moyen d'existence d'une population de 10,000 âmes. Les ventes se font par l'intermédiaire des commerçants-commissionnaires de la Bavière et de la Bohême.

Les semences de betterave exposées viennent de Halle-sur-Saale; c'est une variété connue sous le nom de betterave électorale; elle est constante dans sa reproduction; on l'exporte en Russie, en Autriche, en France, en Belgique, en Hollande, et jusqu'en Amérique.

Le lin, en Prusse, est l'objet d'une culture spéciale. Dans le canton de Glogau, en Silésie, on fait usage d'un engrais à base de sulfate de potasse de Stassfurth, au moyen duquel les cultivateurs peuvent semer le lin deux fois sur le même terrain, et ils attribuent à cette méthode la finesse et la résistance des produits qu'ils obtiennent.

Les chanvres attirent également l'attention et méritent de l'attirer.

Les laines exposées par la Prusse forment un des beaux fleurons de son industrie agricole. Elles proviennent particulièrement de la Silésie et du duché d'Anhalt; elles appartiennent aux races de Prieborn, d'Ihlefeld et à celle dite électorale; cette dernière est la souche dont se sont formés la plupart des troupeaux de race, non-seulement en Prusse, mais aussi en Autriche, en Hongrie et en Russie. Nous avons aussi remarqué surtout de très-beaux spécimens de laines de M. R. Lehmann de Nitsche; il est difficile, sinon impossible, de produire mieux. Signalons aussi comme produits de premier ordre les belles laines de M. de Bruennenck (de Bellschitz), et celles de M. Rosenthal (de Tschanschwitz).

Au sujet de l'industrie de la laine, voici ce que nous lisons dans un rapport de M. Bernoville:

« C'est de la révocation de l'édit de Nantes que date la renaissance de l'industrie de la laine de l'autre côté du Rhin. Alors, 40,000 émigrés français vinrent s'établir et se faire naturaliser en Allemagne. La Prusse gagna à elle seule 20,000 sujets actifs et intelligents. On vit alors des manufactures de laine s'élever sur les bords du Rhin, en Saxe, dans le Brandebourg, en Westphalie, en Bavière. Le district d'Aix-la-Chapelle se distingua surtout par la perfection et le développement que prit cette fabrication régénérée. Aussi, sous Frédéric-Guillaume, la Prusse avait-elle déjà jeté les fondements d'une puissance industrielle qui se développa pendant le xviii° siècle. »

Un produit important de la Prusse, c'est l'amidon de blé et de riz, en rayons, en pains, en baguettes, brillant ou bleui. L'amidon fabriqué à Kiel et à Stralsund s'exporte particulièrement dans le Schleswig-Holstein, Hambourg, la Poméranie, le duché de Posen, la Marche et le Mecklembourg.

L'industrie du sucre de betterave, on le sait, a pris en Prusse de grands développements. Un homme surtout, M. de Jacobs (de Postdam), a rendu à cette industrie des services exceptionnels. Il a pu s'inspirer du génie de Crespel-Dellisse. Entre ces deux nobles champions de l'industrie sucrière indigène régnait la plus étroite amitié.

Nous avons trouvé parmi les sucres prussiens de fort beaux échantillons non raffinés de M. Sombart (d'Ermsleben), à qui le jury a cru devoir, et c'était bonne justice, voter une grande médaille d'argent.

L'exposition collective de la Société des fabriques de sucre de betterave dans le Zollverein est considérable. Elle résume à elle seule les industries sucrières de la Saxe, de la Silésie, de la Poméranie, du Hanovre, du duché de Brunswick, du duché d'Anhalt, du grand-duché de Saxe-Weimar, de la principauté de Waldeck, du grand-duché de Bade et du royaume de Wurtemberg. Elle compte en totalité quarante et un exposants.

Cette exposition se compose de sucre raffiné, de sucre cristallin et sucre candi, de sucre non raffiné, de sucre en grain, de cassonade et de sucre mêlé, produit immédiat du jus.

Les sucres raffinés en pain sont remarquables par leur complète blancheur, leur grain très-fin et leur goût irréprochable. Grâce aux dispositions de la loi fiscale sur les sucres, en vertu desquelles on impose l'industrie de la betterave sur le poids des racines saccharifères, la richesse saccharine, surtout en Allemagne, a été portée à un taux extraordinaire.

L'industrie sucrière allemande est d'autant plus remarquable, que c'est justement ce pays qui est le berceau du sucre de betterave ; nous l'avons, du reste, dit dans notre travail sur le sucre indigène [1]. C'est en 1747 que le chimiste allemand, Margraff, découvrit le premier, dans le parenchyme de la betterave, un principe sucré. C'est également à Achard, en 1787, à Berlin, que l'on doit la découverte d'un procédé industriel d'extraction ; et c'est enfin en 1809 que, pour la première fois, Crespel-Dellisse, sans avoir jamais eu connaissance des procédés d'Achard, arrivait aux mêmes résultats que le chimiste allemand.

Les Prussiens, à l'aide de soins spéciaux, ont su conserver dans toute sa pureté la betterave dite blanche de Silésie, à collet vert et collet rose, qui contient 12, 13 et 14 centièmes de sucre pur. Ajoutons que Crespel, en France, avait su également en conserver le type ; c'est au moins ce qui résulte d'une lettre de M. de Jacobs (de Postdam), à la date du 25 décembre 1863.

Les exposants dont les produits figurent au Champ de Mars méritent tous une mention spéciale, non seulement pour la valeur intrinsèque de leurs produits, mais aussi pour la quantité de matière première mise en œuvre.

L'énumération des qualités, des quantités et de l'importance du matériel roulant nous obligerait à introduire ici un chapitre spécial, ce que nous ne pouvons faire ; aussi nous contenterons-nous seulement de citer les exposants dont les noms suivent :

MM. Banck, Baumann, Bennecke Hecker et Hengel, Berge et Braun, Beurmann, Fischer, Heine, Hennige, Honig, Maquet, Rimpau, Schoch, Sombart, Spielberg, Strauss, Wiersdorff, Wrede, Bercht et Fricke, Methner, Muenchausen, Von Rath, Treutler et Scherger, Krappe, Jonas, Van Heuvel, Grassau, Seeliger, Brumme, Coqui, Wicke, la fabrication de sucre d'Alestedt et la Société badoise pour la fabrication du sucre, à Mannheim.

Au nombre des substances alimentaires apparaissait ce fameux *Extrait de viande* de

---

[1]. *De l'Industrie sucrière indigène et de son véritable fondateur*, par Aymar-Bression. 1 vol. in-12. pages 11 et suivantes.

M. Meyer-Berck, avec lequel on a fait une si grande publicité.

L'extrait de viande de M. Meyer-Berck est certainement une fort bonne chose pour tout le monde; nous l'avons déjà fait connaître.

En fait d'instruments agricoles, nous mentionnerons deux innovations :

La première consiste en une moissonneuse à bras, qui fonctionne admirablement sur l'asphalte de l'annexe, mais qui nous paraît impossible en pratique, vu sa pesanteur. Nous mettons en fait qu'après une heure de travail, l'homme le plus robuste serait épuisé, et que, dans certains terrains, la manœuvre serait au delà des forces de l'homme. L'idée est bonne cependant, et doit être sérieusement étudiée, particulièrement par nos fabricants d'instruments d'agriculture, parce que, suivant nous, tout marche progressivement en ce monde, et que l'application de la moissonneuse à bras conduira naturellement à l'application de la moissonneuse à cheval, qui, en France, est encore loin d'être passée à l'état pratique.

La deuxième innovation est représentée par une machine destinée à nettoyer les étoupes de lin et de chanvre, avec la force d'un demi-cheval-vapeur ; desservie par deux hommes elle peut épurer dans la perfection 65 à 125 kilogrammes d'étoupes par heure.

La société de Bochum (Westphalie), occupe dans la grande galerie des arts usuels, une place des plus honorable. Les charbonnages de cette société se composent de 72 couches de houille ; le puits actuel d'extraction a 4 mètres 60 de diamètre et une profondeur de 290 mètres. La machine d'épuisement a une puissance de 300 chevaux-vapeur et la machine d'extraction une force de 250 chevaux. Le montage est de 9,000 à 10,000 quintaux métriques de charbon par jour. La société occupe en moyenne, dans ses divers établissements, 2,500 ouvriers.

Outre le plan de ses charbonnages, l'exposition de la société de Bochum comprend plusieurs cloches en acier fondu, dont l'une pèse 14,750 kilogrammes[1], et un chapelet de roues de wagon venu à la fonte d'une seule pièce. Cette masse, qui n'a pas moins de 7 mètres de longueur, comprend 22 roues, qu'il ne s'agit plus que de séparer et de mettre sur le tour.

Chemnitz, en Saxe, est la ville qui renferme l'élite des mécaniciens allemands ; deux maisons marchent surtout au premier rang : celle de M. Hartmann et celle de M. Zimmermann. Cette dernière expose particulièrement des machines-outils ; elle occupe 600 ouvriers et ses produits s'expédient dans tous les pays d'Europe, dans l'Amérique du Sud, en Égypte et à Batavia.

La maison Hartmann expose des tours, des limeuses, des machines pour filatures et des locomotives. Nous signalerons, à propos de la locomotive exposée par M. Hartmann, une tendance des ingénieurs prussiens, qui consiste à mettre sur ce puissant moteur des voies ferrées le mécanicien et le chauffeur à l'abri des intempéries atmosphériques. A cet effet, deux glaces sans tain sont placées à l'avant de la cage-abri, si bien que le mécanicien et le chauffeur peuvent surveiller l'avant du convoi, comme s'ils étaient à l'air libre.

Comme merveille de fabrication, il faut aussi mentionner le marteau-pilon à vapeur, d'une pression de 300,000 kilogrammes, exposé par la maison Egells, de Berlin. Cette usine n'occupe pas moins de 650 ouvriers et livre annuellement à la consommation 3,710,000 fr. de machines. Ce sont ensuite les wagons mixtes destinés au service ordinaire du chemin de fer de Berlin à Stettin et Stralsund et du chemin de fer de Hesse-Cassel, wagons d'une distribution des plus confortable, avec salons et compartiments pour cabinets de toilette et autres. Enfin c'est un wagon de la poste royale prussienne, grande vitesse, prenant automa-

---

1. Les cloches ont été inventées par Paulinus, évêque de Nola, en Campanie, vers l'an 400. La première cloche a été mise en branle en France, en 1550, et dans l'empire grec en 864. Les monastères ont adopté les cloches dans le VII° ou le VIII° siècle, et les églises d'Europe seulement au commencement du X°. Elles furent introduites en Suisse en 1020. En Angleterre, la première série de cloches fut suspendue en 960 dans l'abbaye de Croyland (Lincolnshire). Le baptême des cloches remonte à l'année 1020. Celles de Notre-Dame de Paris ont reçu les noms de leurs parrain et marraine le duc et la duchesse d'Angoulême, représentés par procuration à la cérémonie qui eut lieu le 15 novembre 1816, par le prince de Foix et la duchesse de Damas.

tiquement les dépêches lors de son passage : le sac contenant les lettres est attaché à un poteau et le wagon est muni, sur son flanc arrière, d'une corbeille destinée à recevoir le paquet, qu'un employé en faction remet aussitôt au service intérieur.

Une exposition attire particulièrement l'attention du visiteur, c'est celle de la maison Krupp. Ici trois merveilles étonnent l'imagination. C'est d'abord un lingot d'acier fondu, forgé en octogone à l'une de ses extrémités ; il a cinquante-six pouces de diamètre et son poids est de 40,000 kilogrammes ; c'est ensuite un arbre de couche à double manivelle, pour un bateau à vapeur transatlantique, qui ne pèse pas moins de 10,000 kilogrammes ; il a 7 mètres 532 millimètres de longueur ; son diamètre est de 0^m392 ; enfin, c'est un canon de mille, rayé, se chargeant par la culasse ; son poids est de 50,000 kilogrammes, le poids de son affût est de 15,000 kilogrammes. Le diamètre intérieur de ce canon monstre est de 0^m356 ; il se charge à l'aide d'un projectile creux en acier fondu qui pèse à lui seul 500 kilogrammes.

Comme fabrication rien de plus admirable, mais nous nous demanderons toujours s'il n'y a pas anomalie à exposer dans le temple de la paix de pareils monstres de destruction ? On raconte, mais nous ne saurions garantir le fait, que la commission a refusé l'entrée de l'Exposition à une guillotine dont l'*intelligent* mécanisme permettait de couper cinquante têtes à la minute ! en présence des canons qui figurent en si grand nombre à l'Exposition, et surtout du fameux canon prussien, qui pulvériserait un régiment en une seconde, on s'est peut-être mis en tort avec l'horrible perfectionnement de la machine du docteur Guillotin. C'était une occasion de la vouer à l'exécration du monde entier, et de tuer d'un seul coup le principe et la machine !

Nous ne quitterons pas la galerie des arts usuels sans parler de la belle machine à vapeur de M. Demeuse-Houget d'Aix-la-Chapelle, spécialement affectée aux besoins de l'Exposition ; cette machine est à deux cylindres horizontaux, sans condensation, et de la force de 35 chevaux.

Nous signalerons aussi une intéressante machine à air et à gaz de M. Otto, de Cologne. Nous reviendrons à la première occasion sur cette machine, qui nous a beaucoup étonné.

Nous l'avons dit, les mines et la métallurgie à l'exposition prussienne sont largement représentées, les spécimens abondent. La série minéralogique est au grand complet, et la métallurgie de même ; l'acier naturel, l'acier affiné, l'acier puddlé l'acier fondu, l'acier laminé, l'acier étiré et tous les ouvrages d'acier sont très-bien réussis.

Après les métaux usuels, trois productions naturelles occupent dans l'industrie prussienne une place considérable : la houille, l'or et le sel.

Les bassins houillers de la Prusse ont donné en 1855, 8,107,850,000 kilogrammes de houille et, en 1865, la production s'est élevée au chiffre énorme de 18,592,100,000 kilogrammes, soit une différence en plus de 10,484,250,000 kilogrammes. Or si la houille allemande pèse 8 kilogrammes 500 grammes le décimètre cube, comme l'indique l'inscription placée sur les deux pyramides de charbon de terre exposées par le ministère royal du commerce et des travaux publics à Berlin, la production en 1855 aurait été de 957,276.73 mètres cubes, et, en 1865, de 2,194,900 mètres cubes, soit une différence de 1,237,623.27 mètres cubes.

Prenant à partie les houilles extraites en Prusse et notamment celles des arrondissements de Nicolaï et de Myslowitz (Silésie), un savant professeur, M. le docteur Gœppert, directeur du Jardin botanique de Berlin, a formé une riche collection d'échantillons, représentant la flore antédiluvienne des bassins houillers. L'auteur est arrivé à cette conclusion : c'est que la structure de la houille se modifie en raison des végétaux qui la constituent ; les genres de ceux-ci sont par ordre de quantité : des sigillaires et des stigmariées, des araucariées, des lépidodendrées, des calamariées, des noggérathiées et des fougères.

L'or recueilli annuellement en Prusse est relativement considérable. M. le ministre du commerce, afin de bien faire saisir le volume de la production du précieux métal, a fait élever une pyramide représentant la production totale des mines aurifères. Voici, sans commentaires, les chiffres que nous avons textuellement transcrits :

De 1835 à 1844, il a été extrait du
sol prussien pour............ 25,900,000 fr. d'or.
De 1845 à 1854................ 46,700,000 —
De 1855 à 1864................ 123,600,000 —
En 1865...................... 180,750,000 —

Les principales provenances de cet or sont : la Saxe et le Brandebourg, les provinces du Rhin et Hohenzollern, la Westphalie et la Silésie.

Enfin, en fait de sel gemme ou sel terrestre, l'inspection royale des mines de Stassfurt, département de Magdebourg (Saxe), a exposé de royaux échantillons, puis des plans et cartes des amas immenses de sel qui se rencontrent dans cette riche localité. Nous disons riche, parce que la couche de sel constituant cette mine, n'a pas moins de 100 pieds allemands d'épaisseur. En 1858, on a retrouvé le même banc au sud-est de Stassfurt, dans le voisinage du duché d'Anhalt-Kœthen.

En 1860, il a été extrait 37,997,008 kilogrammes de sel des mines de Stassfurt.

La métallurgie prussienne est donc très-avancée, elle excelle dans la fabrication des grosses pièces, dans le laminage et la tréfilerie; elle se fait aussi remarquer par ses fontes émaillées appliquées aux ustensiles d'économie domestique, ses patins, sa taillanderie, ses faux, ses aiguilles et ses limes.

Ajoutons néanmoins que l'industrie allemande, tout en voulant imiter l'élégance des articles français, en est encore très-éloignée; elle produit à bas prix des objets de bonne qualité, mais la forme laisse à désirer.

Un produit qui appartient particulièrement à l'Allemagne, c'est l'ambre. Nous ne parlons pas ici de l'ambre gris, concrétion qui ne se rencontre que dans le corps de certains cachalots, mais de l'ambre jaune, connu également sous le nom de succin et qui n'est qu'une résine fossile que l'on trouve sur les côtes de la mer Baltique et dans plusieurs localités de la Prusse.

Le gouvernement prussien retire de cette résine antédiluvienne un revenu de 85 à 90,000 francs. Elle vaut en moyenne 500 fr. le kilogramme. Une seule maison de Memel, ville située à l'entrée du golfe de Courlande et qui fait partie du gouvernement de Kœnigsberg, occupe douze bateaux à vapeur draineurs spécialement affectés à la pêche de l'ambre; elle fait vivre en outre cinq cents ouvriers et elle a des maisons de vente à Paris, à Vienne, à Londres, à New-York, à Hong-Kong, à Bombay, à Calcutta, au Mexique et à Constantinople.

Le minerai de nickel est également en Prusse l'objet d'une fabrication importante; une seule usine, à Naumbourg, occupe 25 ouvriers et livre annuellement à la consommation 32,738 kilogrammes de nickel et 42,200 kilogrammes d'oxyde de la même substance.

Avant de parler des produits chimiques de la Prusse, disons un mot de la mécanique scientifique et de précision.

Les exposants sont peu nombreux, mais les expositions sont remarquables : celle de la maison Siemens et Haske surtout renferme des chefs-d'œuvre sous le rapport des difficultés vaincues. Cet établissement a une succursale à Saint-Pétersbourg et a construit une grande partie des télégraphes de l'État et des chemins de fer russes ; il possède aussi une autre succursale à Tiflis et est propriétaire direct d'une manufacture de porcelaine, exclusivement destinée à la fabrication des isolateurs de la télégraphie électrique.

Parmi les instruments de précision de la Prusse on distingue surtout une belle collection due à M. Ausfeld (de Gotha).

La classe des produits chimiques et pharmaceutiques ne compte pas moins de cent trente-cinq exposants. Les substances qui dominent et qui sont, en effet, des produits essentiellement nationaux, sont les matières tinctoriales extraites du goudron produit par la distillation de la houille dans la fabrication du gaz d'éclairage, le bleu d'outre-mer et les huiles essentielles.

En voyant ces couleurs si délicates, si riches, si vives, l'esprit se refuse d'abord à croire qu'elles proviennent de ce sale liquide noir et nauséabond qu'on nomme le goudron; et cependant de cet humble goudron on retire du jaune, du rouge, du bleu, du violet, du vert, et, à volonté, toutes les nuances intermédiaires entre ces différentes couleurs. L'aniline est la base qui, par divers traitements chimiques, se transforme en cette multitude de nuances dont l'application aux arts de la teinture est toute nouvelle. Disons pour mémoire que cette découverte est due à Hausseman, à Laurent, à M. Perkin en Angleterre, à M. Verguin à Lyon, à M. Hoffmann à Londres, à M. Wurtz à Paris, et à M. Renard à Lyon; ce dernier a le premier mérite de l'application pratique.

C'est également du goudron de houille qu'on retire l'acide phénique, corps doué de la faculté de garantir de la putréfaction les matières animales et dont on extrait l'azuline. Le goudron contient aussi la quinoléine et la naphtaline.

Ce sont ces différents produits qui composent dans l'exposition prussienne la plus belle partie de la classe 44.

Le bleu d'outre-mer factice, dont l'invention est due à M. Guimet de Lyon, se fabrique sur une grande échelle en France et en Allemagne. La maison Curtius, de Duisbourg, sur le Rhin, en fabrique à elle seule 14,000 quintaux, et la maison Vorster, de Düsseldorf, 2,000 quintaux. La Prusse exporte ce produit en Autriche, en Belgique, en Hollande et en Angleterre.

Les huiles essentielles et essences sont en Prusse la base d'une importante industrie; aussi l'Exposition abonde-t-elle en produits de ce genre, qui ont pour débouchés l'Europe et l'Amérique.

Nous venons de parler des productions colorantes extraites du goudron de houille; on retire également de cette substance la paraffine, avec laquelle on fabrique de magnifiques bougies. L'exposition de la Société de Saxe et de Thuringe, à Halle, est, à ce point de vue, une des plus remarquables, et des notes officielles nous apprennent que la fabrication de cette usine est annuellement d'environ 1,300,000 francs; elle occupe du reste 600 ouvriers, possède 26 machines à vapeur et ses produits sont avantageusement expédiés sur tout le continent et en Amérique.

Pour la première fois la patrie d'Hahnemann expose une riche collection de médicaments homœopathiques. Cette médecine, que nous ne discuterons pas, a toujours de nombreux adeptes, nous en trouvons la preuve dans ce seul fait : c'est qu'en 1866 la maison exposante a envoyé de Leipzig, 2,000 pharmacies homœopathiques et 150,000 flacons de médicaments : en Allemagne, en Angleterre, en Espagne, en Italie, à Cuba, au Cap, aux Indes orientales et en Australie.

Les eaux minérales de Selters, de Fachingen, de Geilnau, d'Ems, de Schwalbach et de Weilbach sont représentées par l'administration royale des finances.

Enfin Cologne a, comme toujours, sa phalange de Jean-Marie Farina, et, autour d'elle, un grand nombre de fabricants de parfumerie savante.

Les eaux de Cologne de tous les Farina sont assurément fort bonnes, et nous ne voudrions pas nous brouiller avec eux; mais cela ne nous empêchera pas de constater aussi la supériorité d'un fabricant qui, sans se nommer Farina, n'en produit pas moins une eau merveilleusement fine : nous voulons parler de l'eau de Cologne de M. Stollwerck, qui est, aujourd'hui, plus particulièrement fabricant de chocolat, de bonbons exquis et d'excellentes liqueurs.

L'industrie des cotons : indiennes, mousselines, calicots, canevas, castors, fils teints, tissus blancs et teints, unis, imprimés, jaspés, etc..., peluches, flanelles et velours, est dignement représentée par quarante-cinq exposants dont les plus méritants appartiennent à la Saxe.

C'est dans la Prusse rhénane que les fabriques de draps se rencontrent en plus grand nombre. On trouve aussi dans cette même circonscription le siège de la fabrication des velours de soie et des tissus de fil et de chanvre.

Les châles se font remarquer par leur brillantes couleurs et particulièrement par leurs prix réduits.

Enfin, comme nouveauté, citons dans le même groupe la maison Schnorr et Steinhæuser de Plauen (Saxe) et ses robes à dentelles, ses parures et mouchoirs avec broderies en relief. C'est une heureuse innovation dans l'ornementation du costume des dames, innovation qui mérite de fixer l'attention de nos fabricants en général et celle d'Opigez-Gagelin en particulier [1].

---

1. La maison Opigez-Gagelin (de Paris) a affirmé

Les glaces d'Aix-la-Chapelle sont connues par leur beauté, mais en présence des produits de Saint-Gobain, Cirey et Montluçon, elles sont d'un pâle effet. Quant à la poterie, c'est différent; elle a son originalité spéciale, surtout dans la fabrication des cruches, cruchons et pots à bière qui viennent de Hohr près Coblentz et qu'on désigne généralement sous le nom de poterie de Coblentz. Dans la même classe, la fabrique de Mettlach et Septfontaine près Luxembourg se fait remarquer par ses carreaux mosaïques qui ornent très-artistiquement le plancher de la salle XXIII de l'exposition prussienne. Ces carreaux sont richement décorés et d'une dureté telle qu'ils font feu sous le briquet. On les distingue des carreaux anglais de Minton, parce que leur couleur fait partie de la masse même, tandis que ceux de Minton ont leur couleur incrustée dans les ornementations dessinées en creux et sont, par conséquent, moins durables. Cette industrie a pris depuis quelque temps une grande importance. Ainsi, en 1866, la fabrique de Septfontaine a fourni les matériaux nécessaires au carrelage de 274,900 pieds carrés. La même usine, dont les produits s'exportent dans toute l'Europe, fabrique, sous le nom de Cararra, des terres cuites blanches pour statues et vases de jardin qui résistent à toutes les influences de la température et de l'atmosphère. De nombreuses machines à vapeur et 1,500 ouvriers sont occupés à cette fabrication.

La manufacture royale de porcelaine de Berlin, a exposé de fort beaux spécimens qui attestent d'excellentes études et d'excellents procédés. Cette manufacture a été fondée dans le siècle dernier par le roi Frédéric II; elle exporte une partie de ses produits en Angleterre et dans l'Amérique du Nord.

Aux produits de la porcelainerie de Berlin, nous préférons ceux de la manufacture royale de porcelaine de Saxe. Si, depuis le commencement du siècle dernier, cette manufacture n'a pas fait de progrès elle est au moins restée à la hauteur de sa vieille réputation. Le Zollverein, l'Angleterre, l'Amérique du Nord, la Russie et même la France sont encore ses tributaires. Les objets exposés au Champ de Mars appartiennent au commerce ordinaire; nous en excepterons cependant deux grands candélabres exécutés sur les dessins de l'architecte Wiedemann de Dresde, un vase de forme ovale, un tableau de M. le professeur Schnorr et un grand vase qui n'a pas moins de 2 mètres de hauteur.

Mais après tous nos éloges, faut-il le dire? Sèvres reste incomparable.

Voici maintenant une nouveauté : Nous avons vu à Paris depuis plusieurs années des fumivores en mica, pour lampes à huile et lampes à gaz, mais nous n'avons jamais vu de verres de lampe ronds et ellipsoïdes en mica, minéral connu plus particulièrement dans le commerce sous le nom de verre de Moscovie, dont la pesanteur spécifique n'est que 2,65, qui est flexible, élastique et incombustible à la flamme de la lampe; ici plus de casse, une limpidité parfaite, et c'est ce qui nous engage à déclarer que c'est là une heureuse innovation dans les appareils d'éclairage. L'exposant M. Raphaël, de Breslau, présente également des verres de lampe en mica dépoli à l'aide desquels il obtient la lumière diffuse.

Dans la section de l'ébénisterie, au milieu d'excellents produits, nous avons rencontré une merveille d'art : nous voulons parler d'une armoire en bois d'ébène avec sculptures incrustées en bois de poirier. Ce chef-d'œuvre mérite une mention spéciale.

Ce meuble appartient au style de la renaissance, les ornements sont fins, menus et abondants; la composition est telle que l'oubli des oppositions qu'on a souvent reproché au style renaissance ne saurait s'y faire sentir.

Ce meuble peut être étudié à deux points de vue : sous celui de l'art et sous celui de l'ébénisterie.

Comme ébénisterie, il est d'une exécution irréprochable; toutes les parties sont taillées en bois massif d'ébène, l'intérieur est aussi richement ouvré que l'extérieur. Les tiroirs, les secrets, sont travaillés avec un art infini. Le centre intérieur de la par-

---

sa supériorité, sous la grande nef du palais du Champ de Mars, de la façon la plus éclatante. C'est pourquoi nous la prenons comme point culminant de la belle et riche industrie qu'elle représente.

tie supérieure tourne sur un pivot, et ce centre à trois faces offre sur l'une d'elles une place vide pour y graver le chiffre du propriétaire ; sur l'autre sont disposés de charmants petits tiroirs, et sur la troisième, une délicieuse statuette en bois de poirier, représentant Flore répandant sur le sol son riche butin de fleurs, vient donner la vie à l'ensemble.

Les panneaux extérieurs de cette merveille sont, comme nous l'avons dit, en bois de poirier incrusté dans l'ébène, ce qui détruit complétement l'effet par trop magistral du noir de l'ébène dont le grand maître, Auguste Luchet, se plaignait dernièrement avec juste raison. Les quatre panneaux de devant représentent les quatre saisons d'après Watteau ; sur les côtés, quatre autres panneaux représentent les quatre éléments. Le meuble est dominé par un groupe plein de grâce : l'Amour et Psyché, groupe autour duquel on a disposé quatre génies ; au-dessous, au centre du fronton et en relief, on a sculpté la tête du Jupiter de Phidias, accompagnée à droite et à gauche des deux figures symboliques de l'aigle et du paon.

Sur la frise en bas-relief, c'est l'Amour jouant de la lyre et entouré d'Amours dansants.

Enfin, dans les deux niches ménagées de chaque côté de la face du meuble, on a placé deux statuettes représentant : la Vérité et la Poésie.

Si nous nous sommes longuement arrêté sur ce chef-d'œuvre d'art, c'est que, pour nous, rien en ce genre ne saurait lui être comparé dans l'exposition prussienne.

Ce meuble est exposé par M. Türpe, de Dresde.

Ce que nous ne saurions nous expliquer, c'est qu'en présence d'une semblable merveille, la Prusse ait osé exposer sa malheureuse spécialité de meubles en cornes de cerf, qui déjà à Londres, en 1862, faisait un si pauvre effet. Les cornes forment donc un des principaux ornements de l'industrie prussienne ; on en trouve dans toutes les classes, soit comme supports et porte-prospectus, soit comme lustres, soit comme meubles, si bien, qu'on est à se demander si le peuple prussien n'abuse pas de ce genre décoratif.

Oui, certainement, MM. les fabricants prussiens abusent de cet ornement, qui finit par être de mauvais goût.

Ah ! combien nous préférons nous arrêter devant la splendide exposition de la maison C.-H. Stobwasser (de Berlin). Voilà du moins un établissement qui a pris son rôle au sérieux et qui s'est présenté devant le jury de 1867 avec un profond respect. Cette installation de toute beauté ne rencontre pas de rivales... et cependant il ne s'agit ici que d'ustensiles d'éclairage. Mais comme tout cela est harmonieux et de bon goût !

Une très-belle application de l'électrotypie, appartient à M. Bascaven, de Bieberich, près Wiesbaden : ce sont des reproductions galvanoplastiques faites sur nature, et sur types de fougères et de champignons dans divers états de développement, et les spécimens exposés sont si délicatement faits, que tous les caractères des organes ont été conservés avec une rare exactitude. C'est là, suivant nous, une bonne fortune pour l'enseignement.

Nous avons déjà vu en France plusieurs tentatives semblables, mais jamais nous n'avons rencontré un pareil résultat. Qu'on se figure, en fait de fougères saisies pendant le cours de leur évolution fructifiante et enfermées à tout jamais dans une enveloppe métallique : le *gymnogramma sulfurea*, l'*asplenium trichomanes*, le *nathocleana nivea*, l'*onichium japonicum* ; en fait de sélaginées, le *lycopodium denticulatum*, puis des champignons, puis des plantes grasses, etc.

Comme matériel pour l'enseignement des enfants et des adultes, l'exposition prussienne se fait remarquer par ses cartes géographiques, ses plans et mappemondes en relief, et par l'excellente typographie de ses livres d'étude. La Saxe a consacré à cette partie de l'exposition un bâtiment spécial dans le parc, bâtiment dans lequel on a réuni, outre les moyens d'éducation corporelle (gymnastique), les moyens d'instruction religieuse, d'enseignement par les leçons de lecture, par les leçons de géographie, par les leçons d'histoire naturelle et de physique, par les leçons d'arithmétique, par les leçons de calligraphie, et enfin la série des travaux d'examen de quelques établissements d'éducation [1].

Notre dernier mot sur la Prusse sera consacré à ce gracieux jardin du parc, dans lequel un architecte prussien, M. Ch. de Diebitch, a exécuté, sur le modèle de Berlin, un pavillon mauresque d'un délicieux effet. Ce pavillon, au bord d'une petite rivière qui se joue au milieu d'une pelouse émaillée de fleurs, a, en face de lui, un spécimen d'école primaire de village! Oui! c'est bien ainsi que nous entendrions l'instruction chez nous!

Maintenant, avant de quitter la Prusse, nous ne nous dissimulons pas qu'elle vient de nous donner de grands enseignements! Il y a là une puissance qui marche... à toute vapeur. Il ne nous a pas été possible, en fait de statistique générale et économique, de présenter un travail complet, car les chiffres que nous avons obtenus de divers agents de l'administration prussienne, sont tellement vagues, que nous avons cru prudent de les passer sous silence. Ces chiffres, en effet, nous ont été généralement donnés avec cette restriction : *sous toute réserve*. On ne fait pas de bonne statistique avec ces restrictions. Seulement nous mettons en fait, qu'après nous avoir lu, tout lecteur aura une parfaite idée de l'exposition prussienne et connaîtra l'immense mérite de sa fabrication, les innovations qui s'y sont produites depuis quelques années, ainsi que les tendances productives de ce riche pays, et pourra, selon les besoins, en déduire des conséquences d'économie politique et commerciale, selon le genre de rapports établis ou à établir avec ce grand et puissant peuple.

---

[1]. Le nombre des sociétés savantes de la Prusse et des États d'Allemagne qui depuis quelque temps ont été annexés est considérable, et si nous ajoutons à ce premier groupe les nations allemandes qui ont exposé collectivement avec la Prusse, nous aurons un ensemble imposant.

La Prusse proprement dite, en réunissant chaque groupe par province, se divise par sociétés savantes, ainsi qu'il suit :

Province de Brandebourg : Berlin, 23 sociétés savantes y compris l'Académie royale des sciences, fondée en 1700 par Frédéric Ier, et dont Leibnitz fut le premier directeur.

Francfort-sur-l'Oder, 2 sociétés; Neu-Ruppin, 1; Postdam, 4.

Province de Poméranie : Coeslin, 1 société; Eldena, 1; Greifswald, 4; Stettin, 5.

Grand-duché de Posen : Bromberg, 1 société; Posen, 4.

Province de Prusse : Braunsberg, 1 société; Dantzick, 5; Gumbinnen, 1; Kœnigsberg, 10; Morhungen, 1; Thorn, 1.

Province du Rhin : Aix-la-Chapelle, 1 société; Bonn, 4; Coblentz, 1; Cologne, 3; Dusseldorf, 1; Elberfeld, 3; Saarbruck, 1; Trèves, 2; Wetzlar, 1.

Province de Saxe : Aschersleben, 1; Erfurth, 3; Halberstadt, 4; Halle-sur-Saale, 5; Magdebourg, 2; Mersebourg, 1; Mühlhausen, 5; Naumbourg, 1; Salzwedel 1.

Province de Silésie : Breslau, 7 sociétés; Glogau, 1; Gorlitz, 2; Landshut, 1; Schweidnitz, 1.

Province de Westphalie : Arensberg, 1 société; Herfort, 1; Münster, 4; Warburg, 1.

Province de Hohenzollern : Sigmaringen, 1.

Royaume de Hanovre : Aurich, 1 société; Celle, 1; Emden, 2; Gœttingen, 2; Hanovre, 13; Hildesheim, 1; Lunebourg, 1; Osnabrück, 2; Stade, 6.

Hesse-Électorale : Cassel, 5 sociétés; Hanau, 1; Marbourg, 1.

Duché de Nassau : Wiesbaden, 3 sociétés.

Francfort-sur-le-Mein : 10 sociétés savantes.

Duché de Holstein : Kill, 7 sociétés savantes.

Duché de Anhalt : Dessau, 4 sociétés.

Duché de Brunswick Wolfenbüttel : Brunswick, 3 sociétés.

Principauté de Lippe-Detmold : Detmold, 2 sociétés; Lemgo, 1.

Grand-duché de Mecklembourg Schwerin : Rostock, 2 sociétés; Schwerin, 3.

Grand-duché de Mecklembourg-Strelitz : Neubrandebourg, 1 société d'agriculture.

Grand-duché d'Oldenbourg : Oldenbourg, 2 sociétés savantes.

Principauté de Reuss : Hohenleuben, 1 société.

Royaume de Saxe : Dresde, 19 sociétés savantes; Freiberg, 3; Leipzig, 9; Meissen, 1.

Duché de Saxe-Altenbourg : Altenbourg, 5 sociétés; Roda, 1.

Duché de Saxe-Cobourg-Gotha : Cobourg, 1 société; Gotha, 3.

Saxe-Meiningen-Hildbourghausen : Meiningen, 4 sociétés.

Et enfin, duché de Saxe-Weimar-Eisenach : Iena, 6 sociétés savantes; Weimar, 4 sociétés.

XII.

LE GRAND-DUCHÉ DE HESSE.

Un des centres les plus actifs de l'industrie allemande est sans contredit le **grand-duché de Hesse**. L'industrie hessoise ne peut avoir un caractère bien tranché, vu la petite superficie du territoire, **mais** elle existe et elle se manifeste dans des termes qui permettent de pouvoir la comparer à celle de la Suisse.

L'exposition du grand-duché de Hesse vient immédiatement après celle de la Prusse ; elle est disposée avec un ensemble et un ordre qui font le plus grand honneur à la Commission, la même, du reste, que celle qui a présidé à l'organisation des expositions du grand-duché de Bade, du Wurtemberg et de la Bavière.

Les villes les plus considérables sont Darmstadt, Mayence, Giessen, Offenbach et Worms. En 1842, Mayence a eu son exposition spéciale; il est vrai que c'est la ville la plus considérable et la plus industrielle: il s'y fait un grand commerce de vins du Rhin et de blé; on y fabrique spécialement des cuirs vernis et des maroquins, des chaussures, de la carrosserie et des meubles de luxe. Darmstadt est moins peuplée et moins commerçante; Offenbach, quoique ne comptant que 17,500 habitants, est une ville florissante par l'activité de son industrie et de ses fabriques d'étuis, de bourses, de portefeuilles et de porte-monnaies. Giessen est la ville savante par excellence.

Le grand-duché de Hesse compte une population de 855,000 habitants, répandus sur une superficie de 8,196 kilomètres carrés; il est divisé en trois provinces subdivisées en vingt-six districts : ces trois provinces sont celles de Starkenbourg, de la Hesse-Rhénane et de la Haute-Hesse; elles renferment 61 villes, 49 bourgades et 1,060 villages.

L'instruction publique est représentée par une université, une école forestière, un séminaire philosophique, un séminaire épiscopal, deux écoles normales, sept gymnases, quatre écoles professionnelles, une école militaire, une école d'accoucheuses et seize écoles industrielles; de plus, chaque commune possède une école élémentaire.

L'esprit de progrès ne fait pas défaut au grand-duché de Hesse: c'est au moins ce qui résulte des travaux des sociétés savantes qui existent dans ce petit pays. A Darmstadt seulement, sept sociétés fonctionnent : ce sont celles des arts, d'économie rurale, de géographie, de géologie, historique, d'horticulture, et industrielle.

A Giessen, c'est l'éminente société des sciences médicales et naturelles.

A Mayence, ce sont les sociétés pour la recherche de l'histoire et des antiquités, d'horticulture, littéraire et artistique, et rhénane des sciences naturelles.

Enfin à Offenbach on compte, depuis 1859, la société des naturalistes.

Les produits du sol, qui forment la base du commerce actif sont les vins, l'huile et le blé. Le territoire, sous le rapport agricole, est divisé ainsi qu'il suit [1] :

	Hectares.
Terres cultivées	397,409
Bois et forêts	270,352
Prairies	95,344
Pâturages	8,547
Vignobles	9,543
Jardins	943
Maisons, routes et terres incultes	63,536
Total	845,674 [1]

Le grand-duché de Hesse occupe à l'exposition du Champ de Mars un espace de 849

---

[1]. M. Legoyt dans les résultats généraux des cadastres européens, n'arrive qu'au chiffre de 838,580 hectares, répartis de la manière suivante :
Terres labourables 409,116 hectares, prés et pâturages 108,111 hectares, terres incultes, landes et bruyères 21,539 hectares, bois 276,261 hectares, vignes 9,569 hectares, bâtiments, routes, cours d'eau, mines 12,984 hectares, soit une différence en moins sur nos chiffres de 7,094 hectares. Nous croyons, en présence de la superficie territoriale posée ci-dessus, que M. Legoyt est plus dans le vrai que nous.

mètres. En 1851, on comptait à Londres 80 exposants, en 1855, à Paris, 74 exposants, en 1862, à Londres, 124 exposants, et cette année 1867, à Paris, 258 exposants, ainsi répartis :

	Exposants.
1er GROUPE.—Beaux-arts	5
2e GROUPE.—Matériel et application des arts libéraux	19
3e GROUPE.—Meubles et autres objets destinés à l'habitation	20
4e GROUPE.—Vêtements et autres objets portés par la personne	14
5e GROUPE.—Produits des industries extractives	56
6e GROUPE.—Instruments et procédés des arts usuels	14
7e GROUPE.—Aliments à divers degrés de préparation	126
8e GROUPE.—Produits vivants et spécimens d'établissements d'agriculture	»
9e GROUPE.—Produits vivants et spécimens d'établissements d'horticulture	»
10e GROUPE.—Objets exposés en vue d'améliorer la condition physique et morale des populations	6
Total	258

Ainsi donc, c'est le groupe 7 : aliments à divers degrés de préparation, et en particulier la classe 73 : boissons fermentées, qui dominent dans l'exposition hessoise, et qu'on remarque ici que le n° 1 de cette classe 73, représente à lui seul 77 exposants, ce qui porte réellement le chiffre de ceux-ci, non plus à 258, mais bien à 335.

Dans tous les cas, il y a progression évidente dans le nombre des exposants du grand-duché de Hesse depuis 1851. Cette tendance continue vers le progrès est d'un bon augure ; aussi nous plaisons-nous à la constater.

Après le groupe des aliments, celui qui domine est le cinquième : produits bruts et œuvres des industries extractives, et particulièrement les classes 43, produits agricoles non alimentaires, 44, produits chimiques, et 46, cuirs et peaux.

Ainsi donc les produits spontanés du sol forment la base essentielle de l'industrie hessoise.

Nous regrettons de voir le sixième groupe : instruments et procédés des arts usuels, si pauvre, car un pays où les arts mécaniques font défaut est incapable de résoudre les grands problèmes industriels ; nous aimons à croire qu'il y a eu de la part des mécaniciens un peu de négligence, car nous n'ignorons pas qu'on en compte neuf à Darmstadt, cinq à Offenbach, six à Mayence, deux à Bingen, soit, à notre connaissance, vingt-deux mécaniciens, sur lesquels huit seulement se sont présentés.

Le grand-duché de Hesse est traversé par plusieurs chemins de fer, celui qui passe à Darmstadt va du Necker au Mein (Heidelberg à Francfort) et (d'Aschaffenbourg à Mayence) du Mein au Rhin. Celui qui passe à Mayence, va à Wiesbaden, Creuznach, Ems, Hombourg, Bade ; par Francfort à Leipzig, Berlin et Hambourg ; par Darmstadt à Munich, Vienne et Trieste ; par Ludwigshafen à Strasbourg et Bâle, à Metz et Paris ; par Cologne à Rotterdam, Bruxelles et Ostende.

L'exposition hessoise a une annexe dans le parc : cette annexe se compose de matériaux de construction en ciment; M. Lothary, de Mayence, en est l'exposant ; ce sont des pavés, des tuyaux, des bordures de trottoirs, des tables, etc. Les pavés de ciment sont noirs et gris, semblables à ceux adoptés pour le pavage des trottoirs de Mayence. Un mur en briques et béton de ciment est également fort remarquable, ses flancs sont décorés de ressauts, de vases et d'une frise de palmettes; une corniche de style grec surmonte le fronton et une table placée devant ce mur repose sur une base de style pompéien aussi en ciment.

Les livres spécialement destinés à l'éducation figurent honorablement à l'exposition du grand-duché de Hesse ; ce qui, en outre, nous a particulièrement intéressé, c'est le tableau des alphabets de l'imprimerie Guillaume Keller, de Giessen, comprenant les types hébraïques, syriaques, samaritains, sabéens, phéniciens, arabes, éthiopiens, coptes, turcs, birmans, malais, sanscrits, zends, persans, slaves antiques, russes, serbes, polonais, bohémiens, grecs, etc.

Une spécialité hessoise, c'est une collection de reliefs découpés en papier et en cuir imitant le bois sculpté, à l'usage de la fabrication des portefeuilles et des objets de cartonnage.

La Société pour les secours aux soldats malades ou blessés, à Darmstadt, a exposé une série d'équipements, de trousses et de membres artificiels qui méritent de fixer l'attention des hommes du métier.

Il en est de même de la brillante exposition de M. Schroeder, directeur de l'établissement des travaux polytechniques à Darmstadt. On y remarque particulièrement d'excellents modèles de géométrie descriptive, des modèles pour les parties spéciales des constructions de machines, des modèles pour machines motrices, des roues hydrauliques, des constructions en bois et des instruments de dessin depuis la règle simple jusqu'au pantographe.

La Société géologique médiorhénane de Darmstadt, présente une très-belle carte géologique du grand-duché de Hesse et des régions limitrophes, ainsi que plusieurs collections géologiques, paléontologiques et minéralogiques, servant à l'explication de cette carte.

Au point de vue de la perfection de fabrication, M. Bembé, de Mayence, a exposé des spécimens de parqueterie dont l'assemblage et les dessins sont irréprochables et du plus haut goût.

En fait de spécialité hessoise, nous mentionnerons aussi l'exposition de la maison Seebas et Cie d'Offenbach, exposition qui nous rappelle nos articles de Paris. Ce sont : des crucifix, des miroirs, des presse-papiers, des porte-cigares, des dévidoirs, des chandeliers, des bougeoirs, des briquets, des porte-montres, etc... Tous ces objets se vendent à la douzaine et à des prix excessivement réduits.

Les semences forestières, les tabacs, les houblons méritent d'être sérieusement étudiés. En fait de produits chimiques, il faut particulièrement citer les bleus et verts d'outremer « Blaufarbenwerk Marienberg » les silicates de soude de M. Van Baerle de Worms et les sulfates de quinine de M. Koch d'Oppenheim sur le Rhin.

L'exposition des cuirs et peaux du grand-duché de Hesse est des plus remarquable, spécialement les maroquins et les cuirs vernis de MM. Mayer et Cie de Mayence, de M. Melas de Worms, de M. Heyl de la même localité;

disons plus, les dix-sept expositions qui composent cette classe, méritent toutes, sans exception, une mention spéciale.

M. Vallmar, mécanicien à Kempten, près Bingen, expose un appareil pour la filtration du vin, de la bière, de l'huile, de la gélatine et autres liquides, mais ce que nous préférons dans son exposition, c'est une nouvelle machine destinée à broyer les rognures de peaux, pour servir à la fabrication de la colle forte. Un homme aidé de la force d'un demi cheval-vapeur peut broyer de 250 à 300 kilogrammes de peau par heure. Cette machine remplace donc le travail manuel le plus insalubre qui existe.

Deux maisons d'Offenbach exposent de très-belles collections de machines-outils; il en est de même des usines de construction et fonderies de la Société anonyme « Maschinenfabrick und Eisengiesserei » de Darmstadt; mais l'exposition qui nous a le plus flatté est celle de M. Heim d'Offenbach : elle se compose de presses hydrauliques, typographiques, lithographiques, de laminoirs, de machines à rogner, de cisailles mécaniques, de balanciers, de machines à régler et à guillocher pour lithographes, etc.

Les vignobles du grand-duché de Hesse, produisent d'excellents vins; aussi les exposants sont-ils nombreux. L'exportation est considérable, la France cependant est peut-être le pays qui en consomme le moins; le goût français ne se fait que difficilement à l'âpreté des crûs du Rhin, et pour nous ceux-ci ne sauraient entrer en lutte avec nos Bourgognes et nos Bordeaux; quant aux vins mousseux, jamais les vins du Rhin n'auront la délicatesse ni le goût exquis du nectar champenois.

Voici, à ce sujet, ce que disait, en 1862, à Londres, le jury international :

« Sous le rapport de la qualité comme de la quantité des vins, ce duché se rapproche de celui de Nassau. La culture y est très-soigneusement conduite, le commerce intelligent et actif. On y fait surtout des vins mousseux, cet objet incessant des recherches des fabricants qui espèrent, à force de peines et de dépenses, rivaliser avec les vins de Champagne. »

Parmi les cent deux exposants de la classe 73, M. Finck de Nierstein sur le Rhin présente des crûs de 1862 et 1865, provenant des coteaux d'Orbelberg, de Rehbach, du Mont des Oliviers, de Pettenthal, du grand Auflangen et de la Glöcke. Ces différents vignobles sont les plus estimés, non-seulement du territoire de Nierstein, mais encore de tout le rayon du grand-duché de Hesse; ils rivalisent même, dit-on, avantageusement avec les plus fameux coteaux du Rhin.

Le vin de la Glöcke de Nierstein est celui qui jouit de la plus grande réputation, et cette réputation est bien vieille, nous en trouvons la preuve dans la note suivante :

« La plantation primitive de la Glöcke de Nierstein, remonte aux époques les plus reculées. Nous ne nous arrêterons pas à dire, que les nombreuses fouilles archéologiques faites en ces lieux, sont des preuves irrécusables de la longue domination romaine dans cette contrée et que tout porte à croire que ce sont les romains qui y ont planté les premières vignes : ce détail historique est connu, il est d'ailleurs commun à toutes les régions vinicoles du Rhin et n'offre par conséquent aucun intérêt particulier ni extraordinaire. Mais ce qui mérite d'être remarqué, c'est que, en 742 déjà, le terroir de la Glöcke faisait partie d'une donation faite à l'évêché de Wurzbourg par Carloman, fils de Charles Martel, frère de Pepin le Bref et duc de la Franconie orientale. Le document original où sont nommées, comme faisant parties de ladite donation, les terres qui environnent l'antique église de Notre-Dame de Nierstein, est déposé aux archives royales de Munich. Cette circonstance fait voir que le terroir de la Glöcke si renommé dans le monde viticole, offre aussi quelque intérêt aux amateurs de questions scientifiques et archéologiques. »

Tel est l'inventaire exact du grand-duché de Hesse à l'exposition universelle de 1867 ; sa part est donc, relativement, fort belle et on ne saurait trop l'en féliciter.

XIII.

LE GRAND-DUCHÉ DE BADE.

Le grand-duché de Bade est un des plus beaux et des plus fertiles pays de l'Allemagne ; il est arrosé par le Rhin qui le sépare de la Suisse, de la France et de la Bavière Rhénane. Sa superficie territoriale est de 280 milles carrés d'Allemagne, soit 14,960 kilomètres carrés.

Le pays est divisé en quatre cercles ou arrondissements et soixante-dix-huit districts ; ces quatre cercles sont :

Le Lac, le Haut-Rhin, le Rhin-Moyen et le Bas-Rhin.

La population est actuellement de 1,349,884 habitants.

En 1851, le grand-duché avait exposé avec la Prusse : aussi ignorons-nous quel était, à cette époque, le nombre exact des exposants ; en 1855, à Paris, ce nombre était de 88 ; en 1862, à Londres, de 101, et cette année 1867 de 222. Cette progression fait bien augurer de l'avenir.

Les 222 exposants du Champ de Mars occupent une superficie de 622 mètres 34 ; en 1855, les 88 exposants disposaient d'une surface de 295 mètres.

Les mines, l'agriculture et les diverses industries sont dans un excellent état de prospérité.

	Francs.	Cent.
970,146 hectares de terres cultivées sont estimés [1]...........	1,115,165,035	20
Les mines...............	36,008,520	60
Les bâtiments............	455,101,712	»
Les bestiaux.............	64,086,554	70
Les capitaux dans l'industrie.....	307,500,000	»
Les capitaux à l'étranger........	9,840,000	»
Les valeurs à l'étranger.........	9,840,000	»
Total...	1,997,541,822	50

1. D'après M. Legoyt, il y a dans le grand-duché de Bade 598,644 hectares de terres labourables, 243,000 hectares de prés et pâturages, 7,956 hectares de terres incultes, landes et bruyères, 496,800 hectares de bois et forêts, 21,600 hectares de vignes, 157,219 hectares de

Le revenu de cet inventaire est évalué ainsi qu'il suit :

	Francs.	Cent.
La terre rapporte	141,200,064	»
Les mines rapportent	3,600,852	06
Les produits du bétail sont de	30,383,792	10
L'abattage du bétail est de	14,710,519	56
Le bétail vendu hors du pays rapporte	3,936,000	»
L'industrie rapporte	2,952,000	»
Total	196,783,227	72

Les recettes de l'État sont d'environ 66,675,000 francs ; les dépenses d'environ 66,040,000 francs.

Au chiffre du revenu de l'État, il convient d'ajouter l'excédant des recettes sur les dépenses provenant des postes et des chemins de fer.

De Carlsruhe, les chemins de fer conduisent à Manheim, à Heidelberg, à Francfort-sur-le-Mein, à Strasbourg, à Fribourg, à Bâle et à Stuttgart. De Manheim, ils communiquent dans toutes les directions.

L'instruction a pour base les universités de Heidelberg et de Fribourg ; de plus, on compte dans le grand-duché : quatre lycées, six gymnases, six écoles pédagogiques, quatorze écoles latines, huit institutions pour les demoiselles, une école normale protestante, une école normale catholique, une institution des sourds-muets, une école vétérinaire, une école polytechnique, une école industrielle et une école militaire.

Les sept villes du grand-duché de Bade possèdent des sociétés savantes. A Bade même existe, depuis 1843, la société pour la conservation des anciens monuments.

A Carlsruhe, on compte une société agricole, une société de jurisprudence et une société protectrice des animaux.

A Donaueschingen, une société d'histoire et d'archéologie et une société d'histoire naturelle.

A Altlingen, une société d'agriculture.

A Fribourg en Brisgau, une société d'histoire et une société des sciences naturelles.

A Heidelberg, une société d'histoire naturelle et de médecine et une société historique et philosophique.

Enfin à Manhein fonctionnent les sociétés archéologique, des arts, d'histoire naturelle et littéraire ; celle d'histoire existe depuis vingt-neuf ans.

Le recensement de 1861 a donné sur 1,000 habitants 325,4 évangélistes, 654,8 catholiques, 17,6 israélites et 2,2 autres cultes.

Au sujet de l'aliénation mentale, le recensement de 1850 a donné pour toute la population 3,034 aliénés, idiots et crétins, soit un déshérité d'intelligence sur 449 habitants.

La fabrication industrielle repose particulièrement sur le sucre de betterave (1), les rubans de soie, le drap, la bijouterie, le fil et le coton. L'industrie, en général, est représentée à l'Exposition, comme nous l'avons dit précédemment, par 222 exposants, qui se répartissent ainsi qu'il suit dans les dix groupes :

	Exposants.
1er GROUPE.—Beaux-arts	22
2e GROUPE.—Matériel et application des arts libéraux	16
3e GROUPE.—Meubles et autres objets destinés à l'habitation	35
4e GROUPE.—Vêtements et autres objets portés par la personne	9
5e GROUPE.—Produits des industries extractives	44
6e GROUPE.—Instruments et procédés des arts usuels	23
7e GROUPE.—Aliments à divers degrés de préparation	69
8e GROUPE.—Produits vivants et spécimens d'établissements d'agriculture	»
9e GROUPE.—Produits vivants et spécimens d'établissements d'horticulture	»
10e GROUPE.—Objets exposés en vue d'améliorer la condition physique et morale des populations	4
Total	222

Ainsi donc, c'est encore ici la classe des aliments, à divers degrés de préparation, qui domine ; viennent ensuite les produits et œuvres des industries extractives, puis les meubles et autres objets destinés à l'habitation ; les instruments et procédés des

---

bâtiments, routes, cours d'eau, mines, soit en totalité 1,525,219 hectares. Ce chiffre nous paraît trop élevé; s'il y a erreur, elle porte sur les bois et forêts.

1. On a institué dans le grand-duché, une société pour la fabrication du sucre, sous le nom de Société Badoise.

arts usuels n'occupent que le quatrième rang.

Voyons, au milieu de ces différents groupes, les objets qui méritent d'être signalés.

Nous commencerons, avant toute chose, par adresser un reproche aux métallurgistes badois.

En 1855, nous nous souvenons d'avoir admiré les produits des mines de Kinzigthal, ses minerais de plomb, d'argent, de cuivre, ainsi que ses produits en fonte, en cuivre-rosette, en litharge, en argent raffiné, ses fluates de chaux et ses sulfates de barite ; nous nous rappelons également les produits des mines de zinc autrefois célèbres de Wieslach ; aujourd'hui nous ne rencontrons à l'exposition que quelques maigres échantillons de nickel, provenant de Saint-Blazien (forêt Noire).

Le même reproche peut être fait, au sujet des produits des exploitations forestières : en 1855, les bois de sciage étaient nombreux, on y voyait de beaux spécimens des produits de la forêt Noire ; cette année, on nous présente des bondes de tonneaux en bois de sapin et quelques seaux et autres objets usuels en bois ; nous excepterons cependant de nos observations critiques, une belle collection de résines et poix, exposée par M. Müller de Lœcherberg.

Le chanvre, le tabac, le houblon, méritent d'être remarqués : la production du chanvre dépasse, dit-on, quatre millions de kilogram., celle du tabac huit millions.

Les blés, les farines, les maïs, la chicorée, prouvent que l'agriculture dans le duché de Bade est dans une voie excellente.

Au lieu de nous envoyer comme en 1855, des machines agricoles, des engins de paix et de prospérité, la société anonyme pour la fabrication des machines à Carlsruhe « Maschinenbaugesellschaft » — nous écrivons le nom, mais nous n'oserions le prononcer — expose un canon de quatre se chargeant par la culasse, système Broadmell ! Il faut vraiment que les bruits de guerre aient fait tourner la tête aux plus sages.

La même société présente une très-belle locomotive — nous préférons cela — qui nous rappelle celle qu'elle avait exposée, en 1855. Ajoutons que l'établissement de Carlsruhe possède un matériel qui lui permet de livrer quarante à cinquante locomotives par an.

MM. Geschwind et Zimmermann, également de Carlsruhe, exposent une très-remarquable collection de machines-outils servant au travail préparatoire des bois ou des métaux ; c'est une heureuse compensation à l'absence des machines agricoles.

L'horlogerie de la forêt Noire est toujours florissante ; elle produit annuellement plus de sept cent mille pièces. Cette horlogerie toute spéciale est connue du monde entier. Son centre de fabrication est à Furtwangen, ville dans laquelle, en 1850, le gouvernement a institué une école d'horlogerie.

La classe quatorze : meubles de luxe, est représentée par deux exposants ; l'un, M. Hasslinger, de Carlsruhe, a exposé une armoire à bijoux en ébène incrustée d'ivoire, d'un excellent effet et qui n'aura pas échappé sans doute à l'examen de notre ami M. Auguste Luchet.

Une spécialité du grand-duché de Bade, nous dirons mieux de Furtwangen, — le pays aux horloges à coucou et à trompettes, — c'est la construction, non des orgues dits de barbarie, mais des orchestrions, instruments de musique immenses, qui renferment dans leurs flancs une quantité considérable d'instruments de toutes sortes, c'est-à-dire un véritable orchestre. Les Allemands aiment ce genre d'harmonie automatique ; nous autres Français, en fait de poésie, nous préférons l'inspiration.

Nous devons encore citer les cuirs et les étoffes.

Plus de dix mille ouvriers sont occupés au travail du coton, sans parler de ceux qui filent et tissent le lin, le chanvre et la laine et qui fabriquent les tissus de fantaisie.

Nous regrettons que l'industrie des châles et celle de la soie aient fait défaut en 1867, et cela d'autant plus qu'en 1855, l'exposition comptait quelques spécimens intéressants, spécimens qui nous ont paru à cette époque prometteur pour l'avenir ; le même reproche peut être adressé au grand-duché de Bade, au sujet de la fabrication des velours de coton.

Les vins du Rhin et les kirschwassers de la forêt Noire, qui en 1862, à Londres, n'étaient représentés que par quinze personnes, dont les produits, du reste, ont été justement appréciés, le sont cette année par quarante exposants. Signalons particulièrement les vins du Margraviat, de Bade, présentés par M. Blankenhorn, les vins rouges et blancs, ainsi que les kirschs de M. Fischer, d'Offenbourg, et enfin les vins rouges et blancs de M. Sexauer, de Salzbourg... Mais tout cela, de tradition et de confiance..., car nous n'avons pu faire sauter un seul bouchon de toutes ces bouteilles sacrées!

De ce qui précède, et malgré les regrettables lacunes que nous avons constatées, il est permis de conclure que le grand-duché de Bade est dans un état très-florissant. Pour nous, on doit attribuer cette prospérité, autant à la bonne administration de son gouvernement, qu'aux ressources du pays et à l'esprit industrieux de ses habitants.

XIV.

LE WURTEMBERG.

Sans perdre son caractère distinctif, soit en agriculture, soit en industrie, l'exposition du Wurtemberg présente dans son ensemble le type vrai de l'industrie allemande en général. Rien n'y manque, tous les produits s'y trouvent réunis; il semblerait qu'à l'aide d'un pantographe, on ait réduit l'Allemagne aux proportions minuscules du territoire wurtembergeois.

Ce territoire ne comprend, en effet, que 360 milles carrés d'Allemagne, soit environ 19,285 kilomètres carrés et la population ne dépasse pas actuellement 1,783,967 habitants.

Depuis 1851, le Wurtemberg a suivi une marche progressive. A Londres, à cette époque, on comptait 109 exposants; en 1855, à Paris, on en comptait 207; en 1862, à Londres, 195, et en 1867, à Paris, 255, suivant le relevé du catalogue officiel français; 297 suivant le tableau général placé en tête de ce même catalogue; 238 suivant le catalogue spécial du Wurtemberg. Mais à ce chiffre 238, il convient d'ajouter 57 exposants, compris sous un même numéro, ce qui porte réellement le nombre des exposants de ce pays, pour l'année 1867, à 295.

Ils se répartissent ainsi dans les dix groupes :

	Exposants.
1er GROUPE.—OEuvres d'art.....................	14
2e GROUPE.—Matériel et application des arts libéraux........................	47
3e GROUPE.—Meubles et autres objets destinés à l'habitation.................	22
4e GROUPE.—Vêtements et autres objets portés par la personne................	57
5e GROUPE.—Produits des industries extractives.	42
6e GROUPE.—Instruments et procédés des arts usuels.......................	24
7e GROUPE.—Aliments à divers degrés de préparation........................	79
8e GROUPE.—Produits vivants et spécimens d'établissements d'agriculture........	»
9e GROUPE.—Produits vivants et spécimens d'établissements d'horticulture......	»
10e GROUPE.—Objets exposés en vue d'améliorer la condition physique et morale de la population............	10
Total...	295

Ainsi, les aliments à divers degrés de préparation et spécialement les boissons fermentées, occupent le premier rang; les vêtements et autres objets portés par la personne viennent ensuite; puis, par ordre, le matériel et les applications des arts libéraux ; les produits des industries extractives; quant aux instruments et procédés des arts usuels, ils ne viennent qu'au cinquième rang.

Le Wurtemberg a eu son exposition spéciale : elle se tint à Stuttgart en 1820. Une chose seulement nous surprend, c'est l'inertie dont a fait preuve le pays depuis cette époque;

en effet, aucun effort n'a été tenté pour suivre la voie tracée. Cela nous paraît fâcheux ; car les expositions spéciales ou plutôt régionales ont cela de bon qu'elles habituent les industriels à ce genre de lutte, si bien qu'ils sont beaucoup plus forts le jour des grandes batailles.

Le royaume de Wurtemberg est géographiquement divisé en quatre cercles : le cercle du Necker, le cercle de la Forêt-Noire, le cercle du Danube et le cercle du Jaxt. Ces quatre cercles comprennent 132 villes, 1,211 villages paroissiaux et 462 autres villages, 125 hameaux à église et 2,901 hameaux sans église.

Sous le rapport religieux, le recensement a donné en 1858 sur 1,000 habitants, 685 évangélistes, 307 catholiques romains, 7 israélites et 1, autre culte.

En fait d'instruction on compte : une université, cinq gymnases supérieurs, deux lycées, cinquante-neuf écoles latines, un grand séminaire, cinq écoles normales catholiques, cinq écoles normales luthériennes, douze écoles réelles, c'est-à-dire où l'on n'enseigne pas les langues mortes, quatorze cents écoles élémentaires luthériennes, sept cent quarante-sept écoles élémentaires catholiques, un institut agricole, sept écoles d'arts et de dessin, une école vétérinaire, et une institution de sourds et muets.

Le Wurtemberg possède neuf sociétés savantes ; savoir :

A Mergentheim, la société historique de la Franconie.

A Rotteweil, la société pour les antiquités.

A Stuttgart, les sociétés d'agriculture, pour la connaissance de la patrie, médicale, protectrice des animaux et des sciences physiques et morales.

A Tübingen, la société littéraire de Stuttgart.

Et à Ulm, la société des arts et d'archéologie.

1,240,796 hectares 90, c'est-à-dire 64,34 pour cent de tout le territoire wurtembergeois sont cultivés ; 599,802 hectares 07 ou 31,102 pour cent sont utilisés par l'économie forestière [1].

Dans ces 64,34 pour cent, il existe en terres labourées et jardins 44,44 pour cent; en prairies et pâturages 18,36 pour cent; en vignes 1,34 pour cent. Dans la partie consacrée au labour et au jardinage, on comptait en 1852: 56,75 pour cent en céréales ; 3,51 pour cent en plantes légumineuses 0,24 en maïs; 4,44 en pommes de terre; 1,18 en choux; 3,23 en plantes commerciales ; 9,94 en plantes fourragères et 1,80 en racines et tubercules; il restait en jachère 18,91 pour cent.

Le Wurtemberg exporte des céréales. Dans le chiffre de 56,75 pour cent qui en représente la culture, on voit figurer : l'épeautre d'hiver pour 24,07 ; l'avoine pour 15,96 ; l'orge pour 9,24 ; le seigle pour 4,23 ; le froment d'hiver pour 0,23 ; le seigle d'été pour 0,87 ; le froment d'été pour 0,61 ; les graines variées d'été pour 0,42 ; l'orge d'hiver pour 0,32 ; les graines variées d'hiver pour 0,07 l'épeautre d'été pour 0,10 ; le sarrasin et le millet pour 0,03.

La culture de la betterave et celle du colza sont très-développées. On cultive aussi le chanvre, le pavot, le tabac et le houblon; l'exportation de cette dernière plante est considérable.

On compte en Wurtemberg environ dix millions d'arbres fruitiers, principalement dans la vallée du Necker; on exporte une grande partie des fruits.

L'élève du bétail est considérable ; le bétail gras s'exporte ; on compte dans le pays plus d'un million de bêtes à cornes, 95,038 chevaux, 143,524 porcs, 42,064 chèvres et 700,000 moutons.

Enfin on estime la valeur des biens territoriaux à 2,465,412,000 francs.

Nos notes et les renseignements officiels qui nous ont été communiqués nous permettent de suivre par ordre de groupes et de classes, l'exposition wurtembergeoise; conséquemment nous commencerons par le groupe 2:

---

[1]. Voici d'après M. Legoyt, l'état cadastral du Wurtemberg : terres labourables 828,385 hectares ; prés et pâturages 311,990 hectares; terres incultes, landes et Bruyères 26,620 hectares; bois et forêts 604,918 hectares; vignes 26,134 hectares; bâtiments, routes, cours d'eau, mines 41,881 hectares; marais et étangs 12,681 hectares; jardins et châtaigneraies 38,296 hectares; soit en totalité 1,890,905 hectares.

matériel et application des arts libéraux.

L'imprimerie et la librairie occupent une place importante dans l'industrie wurtembergeoise : Stuttgart est pour le sud de l'Allemagne, ce que Leipzig est pour le nord. On comptait dans le Wurtemberg en 1861, cent six imprimeurs et cent vingt-cinq libraires ; le commerce de la librairie est évalué annuellement à 7 millions 420,000 francs : Stuttgart seule a expédié en 1865 à Leipzig 693,300 kilogrammes de livres.

Après Stuttgart viennent les villes d'Ulm, de Tübingen et de Reutlingen.

Outre de magnifiques chefs-d'œuvre typographiques, nous signalerons spécialement dans cette classe, une Bible pour les aveugles en 63 volumes ; les caractères sont en relief ; on en doit la publication à la Société biblique du Wurtemberg. Déjà cinq mille exemplaires ont été jetés dans la circulation, mille sont restés dans le pays, quatre mille sont répandus en Prusse, en Saxe, en Hanovre, en Bavière, en Suisse, en Alsace et en Russie ; un exemplaire complet a même été demandé par la Chine.

La papeterie est intéressante à étudier, car en Souabe l'industrie de la fabrication du papier avec des chiffons est connue depuis le commencement du xive siècle ; on affirme même que la première fabrique allemande fut établie à Revensbourg (Wurtemberg).

On compte actuellement dans le pays, vingt-neuf usines travaillant à la main et vingt travaillant à la mécanique; celles-ci possèdent 28 machines et 237 moulins hollandais. La production totale est de 7,900,000 kilogrammes qui représentent une valeur de 7,285,710 francs. La majeure partie est exportée à l'étranger. C'est à Dettingen, Faurndau, Goeppingen, Heidenheim, Heilbronn et Pfullingen que se trouvent les principaux centres de fabrication.

M. Henri Voelter d'Heidenheim a fondé la première fabrique régulière de papier de bois. Nous reviendrons du reste sur son intéressante machine qui fonctionne quotidiennement dans le parc (annexe du Wurtemberg).

La classe 10, instruments de musique est représentée par dix exposants. En fait de pianos, c'est la maison Schiedmayer de Stuttgart qui est la plus ancienne ; elle date de 1809 ; ses instruments se distinguent par l'ampleur du son qui est clair sans être mince et fort sans être aigu. En 1861, il existait dans le Wurtemberg 46 fabriques de pianos et d'harmoniums ; il sort annuellement de ces quarante-six fabriques, 1,000 harmoniums et 27,000 pianos, le tout pour une valeur d'environ 3,180,000 francs.

Les orgues sont construits dans quatorze établissements dont le plus important est celui de Ledwisburg.

Les instruments de précision et de mathématiques sont spécialement représentés par des balances destinées aux analyses chimiques ; cette fabrication est un monopole qui appartient exclusivement aux habitants d'Ébingen et d'Onstmettingen ; ils y excellent et surpassent en ce genre la fabrication française en général. Nous avons surtout admiré une balance exposée par M. Auguste Sautter : elle pèse jusqu'à cent grammes et est sensible au poids de 1/10e de milligramme.

Nous savons bien que le meuble se fabrique en Wurtemberg dans d'excellentes conditions, mais les spécimens exposés sont loin d'être satisfaisants ; nous leur préférons, en fait d'objets destinés à l'habitation, la parqueterie Wirth de Stuttgart et les baguettes exposées pour panneaux d'appartements ; ce dernier article est du reste une spécialité, puisque à Stuttgart seulement cent vingt ouvriers répartis dans quatre fabriques en travaillent assez pour que ce genre de produit fasse l'objet d'un commerce important, non-seulement en Europe, mais encore aux États-Unis et en Australie.

Un seul exposant représente l'orfévrerie, qui est cependant une des belles industries du Wurtemberg, puisqu'on y compte trente-quatre fabriques principales avec quinze cents ouvriers et trois cent onze maisons spéciales travaillant avec 375 ouvriers.

La forêt Noire wurtembergeoise a, comme le grand-duché de Bade, la spécialité de l'horlogerie en métal et en bois. En 1861 cette industrie était représentée par 350 maîtres horlogers, occupant une population de neuf cents ouvriers.

Depuis 1850, la fabrication des articles en cuir, en cartonnage, en ivoire et en os a pris une grande extension; on ne compte pas moins en ce moment de dix-sept établissements occupant continuellement deux cents ouvriers et ouvrières.

L'industrie des cotons en Wurtemberg est peut-être bien la fabrication la plus considérable : vingt établissements manufacturiers fonctionnent avec 245,000 bobines et occupent 3,550 ouvriers qui produisent annuellement 4,900,000 kilogrammes de fil avec 5,600,000 kilogrammes de matière brute. Les principaux centres de fabrication sont : Mettingen, Wangen, Unterhausen, Kuchen, Heidenheim, Hall, Urach, etc... etc... La tisseranderie compte trois mille métiers mécaniques sans préjudice des métiers à bras, et livre à la consommation 51,500,000 francs de produits par an.

Le fil de lin se fabrique aujourd'hui, moitié à la mécanique, moitié à la main. A Urach quatre établissements possèdent à eux seuls 5,200 bobines, qui occupent 325 ouvriers. Quant à la tisseranderie, outre 27 métiers à la mécanique, il existe en dehors une population de 19,508 tisserands qui travaillent à l'aide de 19,379 métiers à bras. La production totale de la toile fabriquée est évaluée au chiffre de 15,559,300 francs.

L'industrie de la laine peignée est une industrie nationale, mais la matière première est insuffisante ; aussi importe-t-on annuellement 43,000 quintaux de laine de la Silésie, de la Hongrie, de la Russie et de l'Angleterre. Trois établissements seulement possèdent 24,000 bobines et occupent 1,400 ouvriers; les principales filatures sont situées à Dietigheim, à Esslingen et à Salach.

Quant à la laine cardée, il existe dans le Wurtemberg soixante-quinze établissements, possédant ensemble 50,000 broches et occupant 22,000 ouvriers. De plus la tisseranderie comptait en 1861, 527 métiers à la main, 40 métiers mécaniques pour la draperie; et 444 métiers à la main, 46 métiers mécaniques pour les flanelles et étoffes de laine.

Au point de vue géognostique, le Wurtemberg offre au minéralogiste et au métallurgiste un sol très-riche : dans les terrains primitifs de la forêt Noire on rencontre des filons de minerai d'argent, de cuivre, de plomb, de cobalt et autres métaux. Aux environs de Neuenbourg dans la même forêt on trouve de beaux fers oxydés bruns et des hématites employées avec succès pour la fabrication de l'acier. Sur différents points du haut et du bas Necker et dans les environs de Schwabisch-Hall sont des mines de sel qui fournissent à la consommation intérieure et dont les produits s'exportent en Suisse et sur les bords du Rhin. Dans les salines royales de Wilhelmshall, Sulz, Friedrichsall et Clemenshall les eaux salées venant de forages faits à 4 et 500 pieds de profondeur sont amenées sur le sol à l'état de sel de cuisine.

D'immenses couches de minerai de fer sont le plus précieux trésor du pays. On y peut joindre d'excellents matériaux de construction, de la chaux, du gypse, de la terre grasse, de l'argile de bonne qualité, de la terre colorée, du sable et différentes espèces de marnes.

Malgré ce riche inventaire, cette année 1867, le Wurtemberg n'a exposé que des produits ouvrés; nous en excepterons seulement les blocs de sel gemme provenant des mines royales de Friedrichshall. Cette abstention, pour ainsi dire générale, mérite d'être signalée.

La classe 43, produits agricoles non alimentaires ne comprend que cinq expositions, mais cinq expositions collectives représentées par quatre-vingt-onze exposants : le houblon, la laine, le lin, le tabac et la cire sont les quatre produits qui composent cette classe.

La culture du houblon dans le Wurtemberg s'étend sur une superficie de 3,782 hectares.

Il y a à Stuttgart un fabricant renommé que l'on nomme Ludwig, et qui avait adressé de beaux et bons échantillons de ses produits, qui ne sont autres que d'excellentes dragées qui peuvent soutenir la concurrence avec ce que nous faisons de mieux en ce genre.

Nous l'avons dit, le nombre des moutons dans le Wurtemberg est de 700,000 têtes, soit 743 moutons par lieue carrée ; la laine qui en provient, et qui est exposée au Champ de Mars, appartient au mouton ordinaire allemand, à la race électorale et à la race anglaise dite south-down.

Le lin est cultivé sur une superficie de

7,889 hectares. Depuis quelques années, cette culture a pris une extension considérable.

Quant au tabac, on ne le cultive dans le Wurtemberg qu'aux bonnes expositions. Il se consomme dans le pays. On en exporte cependant quelque peu en France et dans les états du Zollverein.

On compte dans le pays 100,000 ruches ; ce chiffre pourrait être aisément doublé.

La fabrication des produits chimiques s'est considérablement améliorée dans ces derniers temps. En 1861, il existait cinquante-sept usines. A Heilbronn on fabrique particulièrement du vitriol, de l'alun, de la soude, du sel de Glauber, de l'acide sulfurique, de la céruse, du tartre et de l'acide tartrique. A Stuttgart la fabrication des couleurs domine ; on y fabrique aussi de l'aniline et tous ses dérivés, des quinines, des iodures de potassium, de la santonine, des éthers, du chloroforme et diverses résines.

Indépendamment de ces produits, dont la préparation est des plus remarquables nous mentionnerons dans cette classe, comme innovation intéressante, le nouvel aliment Liebig pour les nourrissons, aliment préparé par M. Édouard Loeflund, pharmacien à Stuttgart. Ce lait artificiel, suivant le savant chimiste, se substitue avantageusement au lait de femme. M. Loeflund est parvenu à le concentrer en extrait, afin d'en faciliter l'emploi.

Il nous reste à signaler les savons et les colles fortes, et le Wurtemberg produit une grande quantité de ce dernier article, qu'il exporte dans les états du Zollverein, la Suisse et les pays d'outre-mer. Les résidus servent à faire de l'ammoniaque et du phosphore.

N'oublions pas non plus les beaux ciments présentés par M. Leude, d'Ulm. Selon toutes les apparences, ces ciments doivent être de fort bonne qualité.

La tannerie compte dans le Wurtemberg 989 patrons, 974 aides, 304 apprentis et 554 journaliers. Cette population produit annuellement pour une valeur de 22,500,000 francs de cuir de semelle, de cuir de vache, de veau et en œuvre. Les exportations se dirigent particulièrement vers le pays de Bade, la Bavière et la Suisse. Les peaux chamoisées et mégissées occupent 116 patrons et 92 ouvriers ; les cuirs de couleur, chagrinés et les cuirs vernis font également l'objet d'une importante fabrication.

Les engrais artificiels se fabriquent dans vingt-huit usines ; seulement au lieu d'être, comme en France, livrés directement au consommateur et sans contrôle, ils sont tous vérifiés au bureau d'essai de l'Académie d'agriculture d'Hohenheim, de sorte que les agriculteurs ont l'avantage de pouvoir se procurer à coup sûr des engrais déjà éprouvés (1).

Dans la classe des outils, M. Decker, de Stuttgart, a exposé une machine qui nous paraît intéressante. C'est un support pivotant pour tourner toutes les formes voulues à l'aide de cammes très-simples qui agissent sur le porte-outil. Ce support peut s'employer sur un tour cylindrique ou parallèle pour tourner des cônes ou *des surfaces planes*.

L'exposition des outils à bois de M. Steiner, de Laupheim, mérite également d'être étudiée.

Le classe 59, matériel et procédés de la papeterie, a été installée dans l'annexe du parc et se fait remarquer par une machine à pâte de bois pour papier. Cette machine a été inventée par M. Voelter, d'Heidenheim, et a été construite par M. Decker.

Les papiers d'impression, d'écriture, de

---

1. A l'occasion de ce paragraphe, nous croyons devoir donner ici le texte de la nouvelle loi française.

Art. 1er. Seront punis d'un emprisonnement de trois mois à un an et d'une amende de 50 à 2,000 francs :

1° Ceux qui, en vendant ou mettant en vente des engrais ou amendements, auront trompé ou tenté de tromper l'acheteur, soit sur leur nature, leur composition ou le dosage des éléments qu'ils contiennent, soit sur leur provenance, soit en les désignant sous un nom qui d'après l'usage est donné à d'autres substances fertilisantes.

2° Ceux qui, sans avoir prévenu l'acheteur, auront vendu ou tenté de vendre des engrais ou des amendements qu'ils sauront être falsifiés altérés ou avariés.

Le tout sans préjudice de l'application de la loi du 27 mars 1851, en cas de tromperie sur la quantité de la marchandise.

Art. 2. En cas de récidive commise dans les cinq ans qui ont suivi la condamnation, la peine pourra être élevée jusqu'au double du maximum des peines édictées par l'article 1er de la présente loi.

Art. 3. Les tribunaux pourront ordonner que les jugements de condamnation soient, par extrait ou intégralement, aux frais des condamnés, affichés dans les lieux et publiés dans les journaux qu'ils détermineront, etc.

pliage, de tenture, d'affiche, de soie, d'emballage, coloriés en toutes nuances, peuvent, suivant l'inventeur, renfermer 25 à 66 pour cent de bois, comme cela résulte du reste des échantillons exposés, parmi lesquels nous avons remarqué des papiers à lettre demi-fins, renfermant 50 pour cent de pâte de bois.

La machine de M. Voelter se compose d'un défibreur, d'un assortisseur, d'un raffineur et enfin d'un second appareil assortisseur qui trie les fibres à leurs divers degrés de ténuité, et les distribue dans des cases comme pâte de bois achevée. Rien de plus intéressant que de voir des bûches instantanément transformées en pâte à papier.

La fabrique de machines d'Esslingen expose une belle locomotive.

On prépare aussi dans le Wurtemberg d'excellente chaux hydraulique et des ciments pour béton. Une usine de Bietigheim a pour spécialité la fabrication des pierres à aiguiser et des pierres ponces artificielles, qu'elle livre en quantité au Zollverein, à la Suisse, à la France, à la Hollande et à l'Autriche.

Les céréales et les boissons fermentées forment les deux dernières classes que nous avons à examiner.

On comptait en 1861 dans le Wurtemberg 2,084 moulins à blé occupant 3,326 ouvriers. La farine en excès s'exporte dans le grand-duché de Bade, en Suisse et dans quelques autres localités des bords du Rhin. A Ulm particulièrement on fait de l'orge mondé et perlé. L'amidon se fabrique également à Ulm, à Langenau, etc., etc.

Quant aux vins, voici ce qu'en disait en 1862 le jury international de Londres :

« Sa Majesté le roi de Wurtemberg a puissamment contribué au développement de la viticulture par l'introduction de nouveaux cépages et de procédés perfectionnés. Les encouragements venant en aide aux efforts de la population, le Wurtemberg a pu, sous un climat médiocrement favorable, prendre rang parmi les contrées viticoles de l'Allemagne. Un choix judicieux des terrains, des expositions et des cépages, un travail soigné des coteaux, une manière convenable de vendanger, de presser et d'encaver ont procuré des sortes moyennes et supérieures qui promettent des succès non-seulement pour la consommation locale, mais même pour l'exportation. Parmi les vins rouges, les meilleurs s'obtiennent avec les raisins franc-pineau, le bourgogne noir et mansard ; les vins blancs avec le gris rouge, le petit viesling et le franc-pineau blanc. »

Les vins du Wurtemberg sont représentés, à l'exposition de 1867, par les récoltes de 1783, 1811, 1846, 1857, 1858, 1859, 1861 et 1865 ; malheureusement nous n'avons pas pu en goûter une seule bouteille, et nous avons bouche close.

Les brasseries sont au nombre de 2,376, dont seize à vapeur ; la production est d'environ 2,103,184 hectolitres. En 1864-65, l'exportation des bières a dépassé l'importation de 3,046 hectolitres.

Tels sont les éléments sur lesquels repose la prospérité nationale du Wurtemberg ; éléments à l'aide desquels il a été facile à ce pays d'organiser une des plus brillantes expositions parmi celles qui représentent les divers États d'Allemagne.

XV.

LA BAVIÈRE.

La Bavière clôture dignement l'exposition des États secondaires de l'Allemagne ; elle se trouve enclavée, dans le palais du Champ de Mars entre le Wurtemberg et l'Autriche.

Comme les grands-duchés de Hesse et de Bade, comme le Wurtemberg, les produits de l'industrie bavaroise sont exposés avec un ordre parfait et offrent à l'œil le développement d'un panorama sans confusion. Chaque classe est bien à sa place, soit qu'on veuille commencer sa visite par les arts libéraux, soit qu'on veuille débuter par les denrées alimentaires.

Le royaume de Bavière s'étend sur une superficie de 79,123 kilomètres carrés, divisés en huit cercles, savoir : la haute Bavière, 757,989 habitants; la basse Bavière, 567,000 habitants; le Palatinat, 595,129 habitants; Souabe et Neubourg, 570,492 habitants; haut Palatinat et Ratisbonne, 479,341 habitants; Franconie moyenne, 537,492 habitants; haute Franconie, 509,770 habitants; basse Franconie et Aschaffenbourg, 598,534 habitants, soit en totalité 4,615,748 habitants.

Dans ces huit cercles, on compte 218 villes, 404 bourgades et 23,432 villages.

Le territoire se divise en 7,912,300 hectares [1], savoir :

	Hectares.
En terres cultivées et labourables..	4,582,808
En bois et forêts	2,507,305
En prairies	331,875
En terres incultes	202,574
En routes, cours d'eau, mines	196,785
En jardins vignobles et bâtiments..	90,953
Total	7,912,300

La valeur totale du territoire, bâtiments compris est évaluée au chiffre de 8,118,000,000 de francs.

La Bavière possède trois universités : celle de Munich, celle de Wurtzbourg et celle d'Erlangen; puis un lycée, vingt-quatre gymnases et établissements d'instruction, cinq écoles normales, trente-quatre écoles latines, trente et une écoles locales, un institut des sourds-muets, un institut d'aveugles; et enfin une école d'art, complète le système d'instruction publique.

Il existe en Bavière trente et une sociétés savantes, réparties ainsi qu'il suit :

A Augsbourg, 2; à Bamberg, 2; à Bayreuth, 2; à Donauwerth, 1; à Durkheim, 1; à Erlangen, 1; à Frauendorf, 1; à Kaiserslautern, 1; à Landshut, 2; à Munich, 9; à Neustadt, 1; à Nuremberg, 2; à Passau, 1; à Ratisbonne, 3; à Spire, 2; et à Wurzbourg, 1.

---

1. M. Legoyt divise ainsi qu'il suit, le territoire de la Bavière : terres labourables 4,582,808 hectares, terres incultivables 202,574, bois et forets 2,507,305, bâtiments, cours d'eau, routes et mines 287,738, total 7,580,425 hectares, soit une différence en moins de 331,875 hectares. Qu'on remarque seulement ici que M. Legoyt ne tient compte ni des prairies ni des vignobles, et que là sans doute gît la différence.

L'Académie royale des sciences, à Munich, est la société savante la plus considérable du royaume; elle fut fondée en 1759, et ses travaux tiennent une place importante dans les études générales de l'Europe. La société d'Agriculture de Munich occupe également un rang très-honorable; il en est de même de la société polytechnique, fondée en 1812, et à laquelle on doit l'initiative d'un grand nombre d'expositions nationales.

Le dernier recensement de 1852 a donné, sur 1,000 habitants : 710 catholiques, 277 protestants et 13 israélites.

Sauf quelques légères variations le budget de l'État peut s'établir ainsi :

Dépenses...... 79,503,349 fr. 08 c.
Recettes ...... 74,093,500 fr. 05 c.

En 1851, la dette, au premier octobre, était de 136,996,620 florins ou 291,802,800 fr. 60 centimes. Nous donnerons plus tard le chiffre actuel.

Depuis longtemps la Bavière a inauguré l'ère des expositions : la première a eu lieu à Munich en 1818, puis elles se sont succédées en 1819, 1821, 1822, 1823, 1827, 1834, 1835, 1854. Ajoutons qu'en 1840 Nuremberg a eu la sienne.

A Munich, en 1854, 2,500 industriels figuraient à l'Exposition bavaroise. Parmi eux 63 obtinrent la grande médaille, 263 la médaille d'honneur et 531 la mention honorable.

En 1851, à Londres, 999 exposants bavarois se présentèrent au grand concours universel.

En 1855, à Paris, on ne comptait plus que 172 exposants.

En 1862, à Londres, 146.

Et cette année 1867, à Paris, 406.

Voici comment ces 406 exposants se répartissent par groupes :

	Exposants.
1er GROUPE.—OEuvres d'art	150
2e GROUPE.—Matériel et application des arts libéraux	70
3e GROUPE.—Meubles et autres objets destinés à l'habitation	48
4e GROUPE.—Vêtements et autres objets portés par la personne	37
5e GROUPE.—Produits des industries extractives.	58
A reporter	363

	Exposants.
Report.....	303
6ᵉ GROUPE.—Instruments et procédés des arts usuels........................	16
7ᵉ GROUPE.—Aliments à divers degrés de préparation	27
8ᵉ GROUPE.—Produits vivants et spécimens d'établissements d'agriculture......	»
9ᵉ GROUPE.—Produits vivants et spécimens d'établissements d'horticulture....	»
10ᵉ GROUPE.—Objets exposés en vue d'améliorer la condition physique et morale des populations...........	»
Total...	406

Ainsi donc en Bavière, si, pour juger quelles sont les industries prépondérantes, on ne consultait que le nombre des exposants, composant chaque groupe, le 2ᵉ, matériel et application des arts libéraux, l'emporterait ; puis viendraient les produits bruts et œuvres des industries extractives. Or, ici, une chose est intéressante à constater, c'est que la statistique générale est réellement conforme aux tendances de l'Exposition ; c'est, du reste, ce que nous allons démontrer.

Mais avant de passer à l'examen des classes, quelques mots nous paraissent encore essentiels.

En 1855, les 172 exposants bavarois qui figuraient à l'Exposition universelle de Paris occupaient un espace de 697 mètres, tant dans le palais des Champs-Élysées que dans les annexes. Cette année les 406 exposants de la Bavière occupent dans le Champ de Mars une surface de 1205 mètres 31 centimètres.

Au moment où nous écrivons ces lignes, la nouvelle nous arrive par une dépêche de Berlin, que l'envoyé du gouvernement bavarois a signé le protocole par lequel la Bavière adhère au traité préliminaire, pour la reconstitution du Zollverein, détermination qui n'était pas encore prise au moment où nous rédigions notre étude sur la Prusse.

Ce traité pour le Zollverein ouvre aux députés bavarois, le parlement du Nord, en ce qui concerne les affaires douanières et commerciales.

Il nous reste à étudier les différents groupes représentés par la Bavière.

Deux expositions très-remarquables appartiennent à une classe dans laquelle nous n'a-vons encore pas pénétré, nous voulons parler des œuvres se rapportant à l'histoire du travail ; si nous commençons notre étude sur l'exposition bavaroise par ces deux expositions, c'est parce que la première a été placée dans la grande galerie des arts usuels et la deuxième dans la galerie du matériel et application des arts libéraux.

M. Anselm professeur d'agriculture à l'école de Schleissheim, est le premier exposant ; il a envoyé quarante-deux modèles représentant l'histoire de la charrue depuis l'an 700 avant Jésus-Christ jusqu'à nos jours. Cette curieuse collection de charrues réduites à l'échelle de 1/5 a été achetée par M. Della Vos, pour l'Académie de Petrowsky à Moscou. Nous nous permettrons cependant une observation au sujet de la charrue portant le numéro 1 et désignée sous le nom de charrue égyptienne, d'après un dessin, dit l'auteur, trouvé sur une monnaie syracusaine de l'an 700 avant Jésus-Christ, c'est que cette charrue à age coudé n'est pas égyptienne, mais bien grecque, et qu'avec quelques recherches, M. Anselm, en consultant les bas-reliefs pharaoniques, eût pu facilement reproduire la charrue dont on faisait usage du temps de Joseph, c'est-à-dire 1750 ans avant Jésus-Christ. Néanmoins, on ne saurait trop féliciter l'exposant de son heureuse initiative.

La seconde exposition, appartenant aussi à l'histoire du travail, est présentée par MM. Piloty et Lœhle de Munich ; c'est l'histoire illustrée de la lithographie, art inventé par Aloïs Senefelder. Cet album contient des dessins au crayon sur pierre ; les premiers essais de Ferdinand Piloty en 1808 ; copies de ses améliorations dans le dessin sur pierre jusqu'en 1831 ; améliorations progressives de cet art à Munich dans l'établissement de Piloty et Lœhle depuis 1832 jusqu'à 1866.

La librairie et l'imprimerie bavaroises sont dignes d'éloges, il en est de même de la chromotypie à l'huile, particulièrement de celle de M. A. Becker de Munich. Une spécialité qui appartient particulièrement à la Bavière, c'est l'industrie des crayons. Les fabricants sont nombreux et se font une concurrence égale à celle des Jean-Marie Farina de Cologne. Parmi les exposants qui nous semblent mériter nos félicitations, nous nommerons la maison Lothar de Faber-de-Stein près Nuremberg, qui, du reste, a des succursales à Paris, à New-York et à Londres; et si c'est à elle que nous accordons la préférence, c'est que nous savons qu'elle tire directement son graphite des mines Alibet de Sibérie, graphite dont on peut admirer les magnifiques échantillons, non-seulement au palais de l'Exposition, mais aussi au Conservatoire des arts et métiers de Paris.

Une autre spécialité de la Bavière, c'est la fabrication des instruments de musique : M. Théobald Bœhm, flûtiste de la chapelle du roi de Bavière, est un grand artiste, auquel on doit d'avoir résolu le premier le problème de fermer successivement tous les trous des flûtes dans un ordre régulier pour une gamme ascendante et de les ouvrir de la même manière pour une gamme descendante et par là d'éviter les fourches, monstruosité acoustique dont tous les instruments à vent étaient entachés. Ceci se passait en 1832, plus tard, M. Bœhm construisit une nouvelle flûte, à l'aide de laquelle il résolut diverses conditions harmoniques des plus remarquables. Ajoutons que l'exposition de M. Bœhm en 1867 est, comme toujours, une exposition hors ligne.

La Bavière excelle dans les arts et la mécanique de précision : citer les noms des Steinheil, des Ertel, des Merz les successeurs de Fraunhofer, cela suffit pour faire l'éloge de cette partie de l'exposition. Nous ne pouvons cependant passer sous silence, un objectif astronomique de 16 pouces et de 24 pieds de distance focale exposé par M. Sigmund Merz, parce que cette pièce est à elle seule une merveille. Du reste c'est de cette maison que sont sortis les réfracteurs de Pulkowa, de Greenwich, de Munich, de Cincinnati, de Copenhague, de Madrid, de Moscou, de Dorpat, de Kiew, de Kasan, de Berlin, de Rome, de Palerme, de Christiania, ainsi que les héliomètres de Kœnigsberg et de Bonn.

Les glaces, verres et cristaux bavarois sont également très-remarquables. Au premier rang se place M. Steigerwald à Schachtenbach, dont les produits sont nombreux et variés. Deux énormes vases en albâtre et verre bleu, pâte de riz, hauts de neuf pieds, étonnent par leurs grandes dimensions et par les difficultés qu'il a fallu surmonter pour les exécuter. Cette même exposition renferme aussi de nombreux échantillons de verre coloré, de verre dépoli, de verre craquelé etc., etc.; on doit savoir gré à cet exposant de tous ses efforts pour démontrer quelles sont les limites de l'art du verrier.

Les papiers or, argent, unis, façonnés pour la reliure et le cartonnage sont encore une spécialité de l'industrie bavaroise; il en est de même des veilleuses de Nuremberg; l'exposant de ce dernier article, M. Glafey occupe à cette fabrication cinquante ouvriers. Les mèches et les cartons sont découpés à la mécanique et l'établissement livre annuellement à la consommation 800,000 boites soit 92 millions de veilleuses.

L'horlogerie bavaroise jouit d'une excellente réputation.

La tabletterie de Nuremberg s'expédie dans toutes les parties du monde.

La cordonnerie de Pirmasens mérite une mention spéciale : la confection des chaussures est à peu près la seule industrie des huit mille habitants de cette petite ville du Palatinat. On y compte cinquante-deux maîtres cordonniers et 90 machines à coudre et à tailler les semelles. On y fabrique annuellement 125,000 douzaines de chaussures pour la valeur de 3,195,000 francs. Les pantoufles et souliers valent de 9 à 50 francs la douzaine, et les bottines de femmes et d'enfants de 17 à 127 francs la douzaine. L'exportation qui absorbe la moitié de ces produits, se fait principalement par le moyen du commerce de la commission de Paris, dans les ports français, à Hambourg, Brême et Londres. L'article s'expédie principalement aux Indes orientales, pour le centre et le sud de l'Amérique, l'Orient, les Indes occidentales et l'Australie.

C'est à Furth et à Nuremberg que se fabriquent les jouets d'enfants, et spécialement les soldats de plomb; fasse le ciel que les *grands enfants* ne jouent plus jamais qu'avec ceux-là !

Les mines et salines de la Bavière produisent des minerais de fer, de plomb, de zinc, de cuivre, d'antimoine, de cobalt et d'or; elles donnent aussi des houilles et des pétroles.

Faute de renseignements précis sur la production métallurgique actuelle, nous nous contenterons de donner des chiffres exacts de la production pendant l'année 1853. Ces chiffres nous serviront de point de départ pour la suite.

	Nombre des mines et usines.	Ouvriers.	Quintaux[1].	Valeurs.	
Minerais de fer..	445	966	1,074,317	386,379	87
Houille et lignite.	156	2,181	3,331,822	1,521,465	39
Fontes en gueuse.	77	1,923	368,283	2,483,841	90
Ouvrages en fonte	»	767	123,689	1,614,966	»
Fer en barres et laminé.......	28	947	329,992	5,521,366	83
Tôle..........	2	67	22,868	525,630	75
Fil de fer......	10	97	10,120	278,604	»
Sel...........	8	2,913	935,590	8,302,028	58

Les aciers ouvrés, les limes, râpes, forets, les pointes et autres objets de quincaillerie sont tous d'excellente qualité.

La Bavière a eu pendant longtemps le monopole de la fabrication des métaux en poudre et notamment du bronze.

Les couleurs de bronze, l'or faux en feuilles, le métal battu, le clinquant, les lames d'or et d'argent faux, les bouillons, les cannetilles, l'or faux en poudre, l'or à plomber etc... sont tous articles dans lesquels la Bavière occupe le premier rang.

Les pierres lithographiques, particulièrement celles de Salenhoffen, sont les plus renommées du monde. On en exploite depuis 1615; mais alors elles n'étaient utilisées que par l'architecture. Depuis l'invention de la lithographie, on ne les emploie plus qu'à cet usage. Les cinq carrières de Salenhoffen produisent annuellement 70,000 quintaux de pierres et occupent 140 ouvriers.

Parmi les produits chimiques, il faut citer les outremers bleu, vert et jaune; les colles, les huiles spéciales, les extraits de noix de galle, les couleurs et les cuirs vernis.

En fait de grosse mécanique, on remarque dans la grande galerie des arts usuels, les presses typographiques des ateliers de construction de Dingler à Zweibrücken et celles de MM. Kœnig et Bauer, puis la locomotive de MM. Krauss et Cᵉ à Munich, locomotive dont voici les principales dispositions :

---

1. Il est ici question du quintal de 50 kilogrammes.

Diamètre du cylindre 355 millim.; course du piston 560 millim.; diamètre des roues motrices 1 mètre 50; surface de chauffe 75 mètres 80 centimètres; surface de la grille 1 mètre 11 millim; tension de la vapeur 10 atmosphères; écartement des roues 2 mètres 45; poids de la locomotive chargée 18,000 kilogrammes.

Une des plus intéressantes expositions de la Bavière est celle d'un modèle du pont de bateaux, jeté sur le Rhin près de Maximilianau, pont destiné à relier la ligne ferrée de Winden à Carlsruhe : il réunit deux gares, celle de Maximilianau rive gauche à celle de Maxau rive droite. Y comprises les rampes d'admission, ce pont a une longueur de 3,628 mètres. L'administration dit-on, n'a jusqu'à présent qu'à se louer de son bon service. La construction en est due à M. Casimir Basler ingénieur en chef.

Les houblons bavarois sont remarquables de qualité et les bières de Bavière s'en ressentent.

Les vins dits du Palatinat ont une bonne réputation, et occupent une place assez importante dans le commerce vinicole du pays; viennent ensuite les vins de la Franconie; parmi ces derniers, ceux du cellier royal de Wurzbourg, passent pour être supérieurs en qualité.

M. Jordan de Deidesheim expose une belle collection de vins, particulièrement *des grains* de 1852, 1861 et 1865, exclusivement fabriqués avec un raisin que l'on désigne dans le pays sous le nom de Riesling; il mûrit tard, il est vrai, mais les vins qui en proviennent, ont ce fameux bouquet qui distingue les vins du Rhin des autres crûs. Le même exposant présente des vins de Kirchenstück, de Langenmorgen, de Jésuitengarten, de Langenacker, d'Ungeheuer, et de Kisselberg, tous généralement très-estimés.

Bien qu'il ne faille demander à la Bavière, excepté dans les arts de précision, ni la grande variété des objets, ni la supériorité qu'on remarque dans les produits français et anglais, il faut rendre cependant cette justice à ce pays, c'est que sa fabrication est bien entendue et qu'elle mérite, au plus haut point, de fixer l'attention de l'industriel et de l'économiste.

XVI.

L'AUTRICHE.

L'Autriche, par le fait même de son vaste territoire et des diverses nationalités qui constituent sa population, est continuellement en travail de centralisation. C'est justement ce travail qui lui rend peut-être plus difficile qu'à tout autre pays, le développement régulier de ses forces, et lui fait rencontrer dans la voie du progrès, d'incessants obstacles, entravant sa marche vers l'ère nouvelle du travail pacifique et de l'industrie libre.

On chercherait en vain, dans son exposition, un caractère industriel bien prononcé : les tendances du travail manufacturier sont loin d'être identiques dans toutes les parties de ce vaste empire.

L'empire d'Autriche est en effet composé de divers royaumes et contrées ainsi dénommés :

L'Autriche sous l'Enns, l'Autriche au-dessus de l'Enns, Salzbourg, la Styrie, la Carinthie, la Carniole, le Littoral, le Tyrol et le Vorarlberg, la Bohême, la Moravie, la Silésie, la Galicie, la Bucovine, la Dalmatie, la Hongrie, la Croatie et l'Esclavonie, la Transylvanie, et les confins militaires.

La population dont le chiffre s'élève à 37 millions d'habitants, se divise en douze nationalités, savoir :

Les Allemands, les Bohémiens, Moraves et Slovaques, les Polonais, les Russes, les Slovènes, les Croates, les Serbes, les Bulgares, les Magyares, les Italiens, les Roumains d'Orient, et une population flottante appartenant à d'autres races.

D'après le recensement fait en 1857, et (qu'on remarque ici que les chiffres suivants ne comprennent pas le Lombardo-Vénitien), à l'époque où la population ne dépassait pas 33 millions d'habitants, voici comment se répartissaient en Autriche les professions :

Ecclésiastiques..................	57,959
Fonctionnaires..................	165,070
A reporter...	223,029
Report....	223,029
Militaires........................	140,948
Professions libérales.............	74,529
Propriétaires....................	3,714,936
Industriels......................	1,787,689
Marchands......................	127,150
Bateliers et pêcheurs.............	54,628
Ouvriers agricoles................	3,447,741
Employés de commerce...........	96,427
Domestiques....................	892,855
Journaliers.....................	2,270,309
Autres professions...............	1,281,700
Femmes sans profession et enfants..	18,850,680
Total.....	32,962,621

Le même recensement de 1857 a donné sur 1000 habitants, 689,0 catholiques romains, 102,0 catholiques grecs, 84,3 grecs non-unis, 35,2 luthériens, 56,6 calvinistes, 1,4 unitairiens, 0,3 arméniens, 30,2 israélites et 0,4 autres sectes.

Le territoire de l'empire d'Autriche, déduction faite du Lombardo-Vénitien, est actuellement de 11,900 milles carrés d'Allemagne, ce qui équivaut à 637,483 kilomètres carrés. Avant l'abandon de la Vénétie, la superficie de l'empire était de 647,576 kilomètres. M. Legoyt dans le grand et précieux ouvrage de statistique dont nous avons eu l'honneur de rendre compte, et auquel nous nous trouvons très-heureux de pouvoir emprunter, en cette circonstance, des chiffres officiels, porte à 634,345 kilomètres carrés la surface du territoire autrichien. C'est donc entre nous, une différence de 3,138 kilomètres carrés. Nous avons lieu de croire que la vérité est entre ces deux chiffres.

Si l'Autriche ne peut espérer d'être une grande nation commerçante à cause du peu de développement de ses frontières maritimes, elle peut être, elle est déjà, une grande nation industrielle et agricole : plus des deux tiers de sa population sont adonnés à l'agriculture.

La valeur du sol peut ainsi s'établir en moyenne : le joch, soit 57 ares de terre labourable 372 fr., de jardin potager 992 fr., de vignoble 744 fr.; de prairie 372 fr., de pâturage 124 fr., de terre forestière 99 fr. 20 c.

Les forêts comprennent une étendue de 17,014,202 hectares, les bois dominants sont les arbres verts, le hêtre, le chêne, l'orme, le châtaignier et le noyer. Ces différentes espèces donnent annuellement au commerce 23,370,000 mètres cubes ou stères de bois, 500,000 quintaux de glands, 100,000 quintaux de potasse, 250,000 quintaux de résine et quatre millions de quintaux d'écorce à tan.

Les pâturages s'étendent sur une superficie de 14,410,330 hectares. Les terres labourables sur une superficie de 18,283,441 hectares.

La production des céréales donne les chiffres suivants :

Froment....	30,750,000	hectolitres.
Méteil......	9,225,000	—
Seigle......	39,975,000	—
Orge.......	30,750,000	—
Avoine.....	61,500,000	—
Millet......	61,500	—

Depuis la cession de la Vénétie, il ne nous est pas possible d'établir le rendement du maïs et du riz, attendu que ces deux céréales provenaient particulièrement du royaume Lombard-Vénitien.

La paille peut être estimée à 400 millions de quintaux de 56 kilogrammes.

La production des plantes, racines et légumes est d'environ :

73,800,000	hectolitres	de pommes de terre.
3,075,000	—	de légumes divers.
36,900,000	—	de végétaux divers.
12,300,000	—	de betteraves à sucre[1].
18,450,000	—	de betteraves ordinaires.

---

[1]. Statistique de la fabrication du sucre de betterave en Autriche pour l'année 1858.

Nos.	Provinces.	Usines.	Bett. en quintaux d'Autr.
1	Autriche archi-ducale.	3	291,400
2	Bohême.	52	4,428,000
3	Moravie.	26	2,614,000
4	Silésie.	9	773,300
5	Hongrie.	20	1,292,700
6	Croatie.	1	35,000
7	Esclavonie.	1	6,700
8	Transylvanie.	1	13,400
9	Gallicie.	2	155,500
		115	9,610,300

Chiffres approximatifs, d'après des documents du Ministère des Finances.

Dans le nord-ouest on cultive le lin ; dans le sud et l'est le chanvre.

Le houblon est spécial au sol de la Bohême, le safran se cultive dans la basse Autriche ; le colza en Bohême, en Hongrie, en Moravie et en Gallicie, et le tabac en Hongrie, en Transylvanie, dans les confins militaires, en Galicie et en Bucovine.

La production du lin et du chanvre s'élève à 3,000,000 de quintaux.

Celle du houblon à 40,000 quintaux.

Celle du tabac à plus de 1,700,000 quintaux.

Celle des semences de lin et de chanvre à 1,537,500 hectolitres.

Celle du colza à 738,000 hectolitres.

Outre les plantes, racines et légumineuses agricoles, l'Autriche horticole produit environ 16 millions de quintaux de légumes et 14 millions de quintaux de fruits.

La vigne occupe d'une part 589,270 hectares, et, d'autre part, 749,980 hectares de champs et de prés, sont également plantés de ceps de vigne. La production vinicole est estimée à 22,640,000 hectolitres.

Enfin la valeur totale de tous les produits du sol de l'empire est évaluée à 3,968,000,000 de francs.

On compte en Autriche une population de 3,500,000 chevaux, 24,000 mulets, 100,000 ânes, 15 millions de bêtes à cornes, 30 millions de moutons, 1,500,000 chèvres et 8 à 9 millions de porcs.

Tous ces animaux sont estimés 2 milliards 480 millions, ils fournissent annuellement à la consommation 615,000 hectolitres de lait, 20 millions de pièces de jeune bétail et 700,000 quintaux de laine, le tout ayant une valeur de 1,116,000,000 de francs.

On estime le nombre des volailles à 60 millions et leur valeur à 24,800,000 francs ; celui des œufs à 2 milliards 400 millions, représentant un chiffre de 99,200,000 francs.

La production du miel et de la cire est considérable. Nous ignorons celle de la soie, qui n'a plus, comme centre de production, que le Tyrol méridional.

À l'exception du platine, l'Autriche possède tous les métaux industriels. L'or et l'argent se rencontrent en Hongrie, en Transylvanie, dans la Bucovine, le Banat, la Bohême, le duché de Salzbourg et le Tyrol. La production de l'or est d'environ 7,667 marcs, soit 1916 kilogrammes 75, celle de l'argent est de 123,000 marcs ou 30,750 kilogrammes.

Le cuivre provient des mines de la Transylvanie, de la Bucovine, du duché de Salzbourg, du Tyrol, de la Styrie et de la Bohême; la production est évaluée à 53,500 quintaux, le quintal de 56 kilogrammes. Le plomb vient de la Bohême, de la Carniole, du Tyrol et de la Carinthie; on en extrait annuellement environ 160,000 quintaux. Les mines de mercure donnent 5,625 quintaux; celles de zinc 25,000 quintaux; celles de fer 6,300,000 quintaux; celles d'antimoine 8,000 quintaux; celles d'arsenic 1,200 quintaux et celles de manganèse 1,300 quintaux; les mines fournissent aussi du wolfram, de l'urane et du chrome.

La production du soufre est évaluée à 30,000 quintaux, du graphite à 100,000 quintaux, de l'alun à 40,000 quintaux, sans préjudice de 44,000 quintaux d'acide sulfurique, et de 72,000 quintaux de vitriol de fer.

La production du sel gemme, atteint le chiffre de 4 millions de quintaux. On extrait des salines artificielles 2,650,000 quintaux de sel de soude; quant au sel marin on l'estime à 1,300,000 quintaux. Enfin la production du salpêtre est de 40,000 quintaux.

L'exploitation des mines de houille, de lignite et d'anthracite, donne aujourd'hui plus de 72,000,000 de quintaux; soit 4 milliards 32 millions de kilogrammes. On extrait aussi annuellement 15,000 quintaux de pierres d'asphalte, et on exploite sur une grande échelle, le kaolin ou terre à porcelaine, les pierres de taille, la chaux, le plâtre etc... Disons enfin en terminant ce paragraphe des richesses minéralogiques et métallurgiques de l'empire d'Autriche, qu'on estime la valeur de tous les minerais extraits annuellement, non compris le sel, au chiffre très-respectable de 148,800,000 francs.

Nous ne dirons rien ici des progrès industriels réalisés, nous réservant d'en parler lors de l'examen des 95 classes, qui figurent dans l'exposition autrichienne, seulement, avant de rendre compte des produits exposés, il nous faut parler du commerce en général, ainsi que des importations et des exportations.

Nous voudrions également donner quelques chiffres sur la marine marchande autrichienne, car malgré l'amoindrissement de son territoire, nous sommes convaincus que le commerce autrichien ne fléchira pas.

On compte en Autriche 6,497 barques de pêcheurs, jaugeant 23,091 tonneaux, et montées par une population de 16,908 hommes.

2,345 barques petites cabotières, jaugeant 44,304 tonneaux et montées par une population de 7,656 hommes.

349 barques grandes cabotières, jaugeant 34,487 tonneaux et montées par 2,093 hommes.

571 vaisseaux au long cours, jaugeant 218,752 tonneaux et montés par 6,359 hommes.

Enfin 59 bateaux à vapeur, jaugeant 21,338 tonneaux et montés par 1,701 hommes.

Soit, en totalité 9,803 embarcations d'un jaugeage de 341,972 tonneaux et une population de 34,717 marins.

En 1861, les importations en Autriche ont été de 577,176,733 francs 92 c.

Et les exportations de 522,504,380 francs.

En 1860, les sorties ont été plus considérable que les entrées, ainsi:

Les importations en 1860, ont été de 573,442,220 francs 96 c.

Et les exportations de 756,889,782 francs 64 c.

Ces entrées et ces sorties se sont partagées entre les vingt-deux classes qui forment le tarif des douanes, dont les objets les plus importants sont:

Le bois, dont l'importation a été en 1861 de 5,272,400 pieds cubes [1] à brûler, et de 6,088,900 pieds cubes à ouvrer, d'une valeur totale de 8,928,000 francs et l'exportation de 4,813,500 pieds cubes de bois à brûler et 43,079,400 pieds cubes de bois à ouvrer d'une valeur totale de 57,040,000 francs [2].

---

1. Le pied cube autrichien a 1728 pouces cubiques et équivaut à 0,0316 mètres cubes des mesures françaises, — 31 décimètres cubes 585.

2. En 1866, le chiffre d'exportation des bois s'est élevé à 1,899,000 mètres cubes ou stères d'une valeur de 75,090,000 francs.

Le grain dont l'exportation s'est élevée à huit millions de quintaux. La valeur de cette exportation a été, en 1861, de 70,928,000 francs, tandis que l'importation n'a pas dépassé 16,616,000 francs.

On a cette même année exporté du houblon pour un chiffre de 4,960,000 francs.

De la graine de lin, de chanvre et de colza pour 8,432,000 fr.

Mais on a importé :

7,440,000 francs de tabac.

4,960,000 francs d'huile de chanvre, de lin, et de colza.

19,840,000 francs d'huile d'olive.

Cette même année 1861, l'exportation des fruits verts et secs, s'est élevée à 320,724 quintaux, — de 56 kilogrammes le quintal, — soit une valeur de 3,720,000 francs.

L'importation du vin a été de 1,984,000 francs, tandis que le chiffre de l'exportation s'est élevé à 4,960,000 fr.

Résumons maintenant, pour plus de facilité, dans un tableau synoptique, l'importation et l'exportation des produits de l'élevage des bestiaux, et l'importation et l'exportation des produits des mines.

	IMPORTATION. Valeur en francs.	EXPORTATION. Valeur en francs.
Chevaux. — Importation, 7,502 têtes; exportation, 13,045 têtes	1,388,800	2,480,000
Bêtes a cornes. — Bœufs, vaches, taureaux et veaux	17,856,000	11,160,000
Bêtes a laine. — Moutons, brebis, béliers	Équilibre.	Équilibre.
Porcs. — Importation, 549,379 têtes; exportation, 263,223 têtes	»	»
Poissons. — Exportation nulle; importation, 125,934 quintaux	3,076,000	»
Suif. — Exportation nulle; importation, 86,347 quintaux	4,067,000	»
Lard. — Importation nulle; exportation, 65,246 quintaux	»	3,968,000
Beurre. — Importation nulle; exportation, 53,320 quintaux	»	3,968,000
Fromages. — Importation, 29,562 quintaux; exportation, 14,000 quintaux	2,480,000	1,200,000
Cuirs et peaux. — Importation, 187,948 quintaux; exportation, 17,260 quintaux	16,384,000	1,488,000
Laines. — Importation, 220,000 quintaux; exportation, 224,000 quintaux [1]	27,280,000	62,000,000
Plumes. — Importation nulle; exportation, 42,329 quintaux	»	7,440,000
Huile de baleine. — Importation, 48,206 quintaux	1,984,000	»
Métaux précieux. — Exportation nulle; importation, 900 quintaux	13,640,000	»
Fer. — Importation, 223,748 quintaux	1,488,000	»
Cuivre. — Importation, 35,407 quintaux	6,696,000	»
Étain. — Importation, 8,443 quintaux		»
Sel. — Exportation, 1,289,639 quintaux	»	»
Soude. — Importation, 1,000,000 de quintaux	»	»
Salpêtre. — Importation, 59,390 quintaux	»	»
Soufre. — Importation, 114,063 quintaux	»	»
Houille. — Importation, 5,900,000 quintaux; exportation, 5,900,000 quintaux	3,072,000	3,072,000

Au milieu de cet ensemble de transactions, voici quelles sont les substances, objets et denrées que l'Autriche exporte en France, et les substances, objets et denrées que la France importe en Autriche :

L'Autriche fournit à la France : sangsues, boismerrain, froment et méteil, laines, chanvre filé et étoupes, cuivre, bronze, éponges, fer carburé, acier forgé, peaux brutes, vitrifications en grains percés.

La France fournit à l'Autriche : sucre brut et raffiné, garance moulue, vins, eau-de-vie de vin, plomb brut, pierres à feu, objets de l'industrie parisienne, acétate de cuivre, graines de toutes sortes, huile volatile, liège ouvré, linge et habillements, livres, poivre et piment, tissus de toutes sortes, verres et cristaux.

Il n'y a pas eu d'exposition en Autriche depuis 1845 : la première se tint à Trieste en

---

1. Il y a quant à la valeur des laines une grande différence; l'importation repose sur les laines ordinaires, tandis que l'exportation repose sur les laines fines.

1808; puis en 1835 à Vienne avec 594 exposants; en 1838 à Klagenfurth avec 308 exposants; en 1839 à Vienne avec 782 exposants; en 1840 à Trieste; en 1842 encore à Trieste, et enfin en 1845 à Vienne, avec 1865 exposants.

Ajoutons que Trieste, en 1854, a eu sa quatrième exposition du 1er août au 30 novembre; on y comptait alors 492 exposants.

Il y a en Autriche 29,972 écoles primaires, dans lesquelles 2,723,400 élèves reçoivent l'instruction élémentaire : religion, langue maternelle, écriture, arithmétique, dessin, chant, éléments des sciences naturelles, géographie, et pour les filles travaux à la main.

On compte en outre, 164 collèges supérieurs, 73 collèges inférieurs; 7 écoles d'agriculture, 5 écoles pour la culture des prairies, des fruits et des vignobles, 3 écoles inférieures des mines, 32 écoles dans lesquelles on n'enseigne pas les langues mortes, 6 écoles de chirurgie, 4 écoles moyennes d'économie rurale, 3 écoles moyennes forestières, 6 écoles navales, 6 académies de commerce, 2 écoles artistiques, 1 école supérieure d'économie rurale, 1 école supérieure forestière, 1 école supérieure des mines, 8 universités et 7 instituts polytechniques.

Ajoutons à ces larges moyens d'instruction : 26 bibliothèques publiques, réparties dans les grandes villes de l'empire et dans lesquelles se trouvent réunis 1,764,400 volumes.

La statistique morale de l'empire d'Autriche nous donne, outre les centres d'instruction générale dont nous venons de donner l'énumération, 134 sociétés savantes qui se répartissent dans l'empire ainsi qu'il suit :

Basse Autriche. Après l'Académie impériale des sciences à Vienne, il existe l'Académie des langues orientales, la société d'acclimatation, la société centrale d'agriculture, la société alpine de Vienne, des antiquaires, entomologique, forestière, géographique, géologique, d'horticulture, industrielle, des ingénieurs, de jurisprudence, de lecture, de médecine, des médecins homœopathes, des pharmaciens, de photographie, protectrice des animaux, des publications pour l'éducation du peuple, de la conservation des monuments, des sciences naturelles, de sténographie et de zoologie et de botanique.

Haute Autriche. Dans la haute Autriche on compte à Lintz cinq sociétés savantes.

En Bohême, seize sociétés et Académies.
En Croatie, une Académie et trois sociétés.
En Dalmatie, deux sociétés.
En Galicie et Bukowine, sept sociétés.
En Hongrie, une Académie et vingt et une sociétés.
En Illyrie et Carinthie, une Académie et vingt-trois sociétés.
Dans le duché de Salzbourg, trois sociétés.
En Styrie, dix sociétés.
En Transylvanie, dix sociétés.
Dans le Tyrol et le Vorarlberg, six sociétés.

En 1855, à Paris, l'espace consacré aux exposants autrichiens dans le palais et les annexes des Champs-Élysées, était de 5,909 mètres. Cette année, 1867, sans préjudice de l'espace occupé dans le parc, l'Autriche possède dans le palais du Champ de Mars une superficie de 8,362 mètres 58.

En 1851 à Londres, le nombre des exposants était de 731.
En 1855 à Paris, de 1,296.
En 1862 à Londres, de 1,410.
En 1867 à Paris, de 3,127.

Ce dernier chiffre est d'une éloquence magistrale : plus du double d'exposants en 1867 à Paris qu'en 1862 à Londres, et cela juste au moment où 2,640,525 habitants et une superficie de 13,231 kilomètres carrés, viennent d'être distraits du territoire autrichien.

Les 3,127 exposants de l'Autriche se répartissent ainsi dans les dix groupes :

	Exposants.
1er GROUPE.—Œuvres d'art	120
2e GROUPE.—Matériel et application des arts libéraux	311
3e GROUPE.—Meubles et autres objets destinés à l'habitation	330
4e GROUPE.—Vêtements et autres objets portés par la personne	462
5e GROUPE.—Produits des industries extractives	704
6e GROUPE.—Instruments et procédés des arts usuels	419
7e GROUPE.—Aliments à divers degrés de préparation	608
8e GROUPE.—Produits vivants et spécimens	
A reporter	2,954

	Exposants.
Report......	2,954
d'établissements d'agriculture...	13
9ᵉ GROUPE.—Produits vivants et spécimens d'établissements d'horticulture....	13
10ᵉ GROUPE.—Objets exposés en vue d'améliorer la condition physique et morale de la population.............	147
Total...	3,127

Voyons maintenant parmi les expositions autrichiennes, celles qui distinguent chaque classe et qui honorent l'industrie du pays.

L'imprimerie et la librairie occupent une place très-importante dans l'industrie autrichienne. En 1861, on comptait dans l'empire 472 libraires, 400 imprimeurs, 180 lithographes. La typographie et la lithographie occupaient à cette époque 1,800 presses à bras et trois cents presses mécaniques.

Dans cette classe, ce qui frappe d'abord les regards du visiteur, c'est l'exposition de l'imprimerie impériale et royale de Vienne, dans laquelle se trouve un magnifique ouvrage intitulé : *Monumenta graphica*, ou Recueil des anciens diplômes de l'empire d'Allemagne, reproduits par la photographie avec une exactitude scrupuleuse. Nous signalerons aussi les chromolithographies représentant les joyaux de l'empire d'Allemagne. Cet exemplaire est revêtu d'une splendide reliure, dont les plats richement gaufrés et historiés, sont incrustés de pierres dures et de médaillons. A côté, est un livre d'heures, tiré à un seul exemplaire.

Une chose nous a surpris; c'est la perfection des épreuves chromolithographiques, surtout celles des expositions Hoëzel, Neumann et Paterno. En 1862, à Londres, l'Autriche, si nos souvenirs ne nous font pas défaut, ne présentait rien en ce genre. En 1867 à Paris, l'Autriche nous offre des merveilles.

Décidément la chromolithographie est aujourd'hui à la peinture, ce que la photographie est au dessin et la photosculpture à la sculpture.

Il y a dans l'exposition autrichienne, des tableaux chromolithographiques qui peuvent passer pour d'excellentes peintures, et on est émerveillé, quand on songe, que ces chefs-d'œuvre, sont obtenus à l'aide de la presse lithographique. On conçoit alors avec quelle fidélité et quelle justesse de couleurs, les repères doivent être faits, puisqu'il est des dessins qui exigent jusqu'à trente pierres différentes. On conçoit aussi quelle variété de tons peuvent donner ces superpositions successives de nuances, en se modifiant à l'infini les unes par les autres.

Nous devons une mention particulière à une belle collection de crayons, de pastels et tablettes élastiques, adressée par un habitant de la Bohême, M. Hardtmuth, de Budweis.

La fabrication du papier forme une branche importante de l'industrie viennoise. Il existe actuellement en Autriche, 45 fabriques de papier à la mécanique possédant de une à trois machines, puis 202 moulins à papier, ayant chacun de deux à huit cuves. C'est, du reste, au prompt développement qu'a pris la fabrication du papier à la mécanique en Autriche, qu'on doit attribuer le mouvement commercial qui se produit sur cet article. En 1861, l'importation a été de 21,000 quintaux et l'exportation de 95,000.

En ce genre, plusieurs expositions sont très-remarquables, particulièrement celles de : MM. Smith et Meynier à Fiume, de M. Leidesdorf à Vienne et celle de M. Lorenz à Arnau.

Les photographies ne font pas plus défaut en Autriche qu'en France. Sans tenir compte des amateurs, il y a, dit-on, à Vienne plus de cinq cents photographes, légalement établis; et dans les autres villes de l'empire leur nombre est proportionnellement aussi considérable. En 1862 on évaluait à 7,440,000 francs par an, la valeur des photographies qui se fabriquent dans le pays.

Cet historique nous dispense de faire un choix parmi les cinquante-huit photographes autrichiens qui ont envoyé leurs œuvres à Paris.

En fait d'instruments de musique l'Autriche a la spécialité des guimbardes et des harmonicas. C'est particulièrement à Vienne, à Prague et à Königgrätz (Bohême) qu'on fabrique les instruments à cordes et à vent; en ce genre nous mentionnerons l'exposition de M. Cerviny de Königgratz et de M. Kiendl de Vienne. Quant aux pianos, qui tous sont à queue, ils se fabriquent spécialement à Vienne et à Pesth. Nous citerons parmi les exposants de 1867 M. Beregszazy de Pesth, M. Bosendorfer de Vienne et M. Blumel de la même localité.

La fabrication des instruments de musique occupe en Autriche 10,000 ouvriers et est représentée par une valeur annuelle de 12,400,000 francs.

Prague et Vienne ont le monopole des appareils de chirurgie, mais cette fabrication nous paraît très-restreinte, et l'exposition de 1867 est loin d'offrir l'intérêt qu'offrait celle de 1862 à Londres, où les appareils d'autoscopie, de laryngoscopie et de rhinoscopie de M. le docteur Czermak et de M. le docteur Turck attiraient l'attention de tous les visiteurs. Nous avons cependant étudié cette année, avec le plus grand intérêt les belles préparations du sens de l'ouïe de M. le docteur Politzer de Vienne, préparations dignes des plus grands éloges.

Dans la classe des instruments de précision, rien ne nous a particulièrement frappé ; c'est toujours la fabrication usuelle, sans améliorations ; nous ferons cependant une exception en faveur de l'exposition de M. Kravogl d'Inspruck : c'est d'abord une balance pour analyse chimique, pouvant peser jusqu'à 100 grammes, et accusant des variations de pesée de 1/10° de milligramme, permettant à l'expérimentateur de remuer un milligramme sans déranger les plateaux et d'arrêter ceux-ci instantanément lorsqu'ils sont dérangés, pour les remettre au repos.

C'est ensuite, du même exposant, un électromoteur tout nouveau, dont les dispositions nous paraissent très-heureuses. La force de son travail est dit-on sept fois plus grande que celle des meilleurs électromoteurs connus.

Nous nous arrêterons un instant à la classe 23 devant trois pièces d'horlogerie de M. Samuel Kràlik, de Pesth. — C'est d'abord une pendule astronomique destinée à mesurer le temps avec la plus rigoureuse exactitude, et qui représente Saturne. — Puis une autre pendule, également astronomique, qui représente Jupiter. — La troisième, Vénus-Uranie, contient une belle sonnerie à répétition. Elle est destinée à démontrer le mécanisme de la sonnerie à répétition, et doit aussi servir à étudier la construction de la quadrature.

M. Samuel Kràlik dirige depuis 1840 un établissement fondé en 1821. Son respect pour les bonnes traditions, et son initiative personnelle, l'ont amené à faire de l'art plutôt que du métier. Ses ateliers, garnis des meilleurs outils et des meilleures machines, lui permettent d'entreprendre les travaux les plus difficiles. Les trois pièces qu'il expose lui ont valu la médaille d'argent.

Dans la 13º classe, on peut admirer les belles cartes géologiques exposées par l'Institut impérial-royal de Vienne.

Habitués que nous sommes à l'élégance de nos meubles de luxe, il nous est difficile de faire l'éloge de ceux de l'Autriche, au moins quant à la forme, car au point de vue de l'assemblage, rien de plus massif et de plus solide. Avec de semblables matériaux que de chefs-d'œuvre nos ouvriers n'exécuteraient-ils pas ! Ainsi M. Mexner de Gnas (Styrie) présente deux armoires en superbe noyer, dont les panneaux sont ornementés d'incrustations qui sont réellement trop belles, pour parer de semblables cubes de bois ; ces incrustations retracent sur l'une des armoires, l'histoire de l'Ancien Testament, sur l'autre l'histoire du Nouveau.

Nous préférons citer en passant les meubles en bois courbé de M. Thonnet de Vienne, bien que ce genre soit déjà connu en France, et une nouvelle application du fer, c'est-à-dire un meuble de salon : chaises, fauteuils, canapés dont la charpente est en fer poli et les garnitures en tapisserie. Ces meubles nous ont paru plus légers que ceux de bois.

Un fabricant de Pesth, M. Kramer, s'est distingué par quelques meubles de bon goût.

Mais si le meuble autrichien n'offre rien d'artistique, il n'en est pas de même de la tapisserie et surtout de la merveilleuse exposition de la maison Philippe Haas et Söhne de Vienne : nous signalerons particulièrement un tapis, fait d'après les dessins d'un ancien tapis persan ayant appartenu à Pierre le Grand. Ce beau travail a été commandé par l'empereur d'Autriche pour le salon impérial du nouvel Opéra de Vienne ; c'est un véritable gazon, dont les couleurs sont disposées par l'effet de la lumière; ce tapis a 9 mètres 50 sur 5 mètres 80 et il est coté 5,000 francs. Citons aussi pour le même salon, un panneau en soie encadré de sculptures en bois doré sur le fond duquel on a peint de charmants motifs.

La même maison expose des tissus d'ameublement dignes de rivaliser avec ce que produit de mieux la fabrication française.

L'industrie du meuble, de la tapisserie et des papiers peints occupe en Autriche 60,000 ouvriers qui produisent annuellement une valeur de 74,400,000 francs.

La verrerie est largement représentée; on compte en Autriche plus de 200 verreries, avec environ 2,000 fondoirs, qui produisent 650,000,000 de quintaux de verre brut. Plus de 60,000 ouvriers sont employés à cette fabrication et la production est évaluée à 45 millions 570,000 francs.

En 1860, l'exportation de toute espèce de verre s'est élevée à 324,724 quintaux.

Et la même année l'importation a été de 6,520 quintaux.

Parmi les expositions les plus intéressantes nous recommanderons celle de M. Hasmann de Prague, de M. Lobmayr de Vienne, de M. Stobzle de Suchenthal et de M. Zahn de Steinschonau.

La fabrication de la porcelaine se concentre presque exclusivement dans les environs de Carlsbad (Bohême), localité où l'on rencontre une grande quantité de kaolin, de quartz et de houille à très-bas prix. La production totale des articles en porcelaine s'élève annuellement à 30,000 quintaux, d'une valeur de 74,400,000 de francs, elle occupe 60,000 ouvriers.

En 1860 l'importation s'est élevée au chiffre de 1,939,360 francs et l'exportation à 2 millions 373,856 francs.

Nous citerons particulièrement les frères Haidinger, d'Elbogen.

Au milieu des belles expositions de l'Autriche, nous saluerons celle de M. Fischer à Herend (Hongrie).

Nous passons ici sous silence plusieurs classes dont les produits n'offrent que très-peu d'intérêt par rapport à la statistique industrielle.

Un Hongrois, M. L. de Hamar, de Pesth, a exposé une nouvelle batterie galvanique; — un régulateur de laminerie galvano-électrique; — un clavecin électro-magnétique; — un électro-aimant; mais tous ces appareils sont restés muets en notre présence. Nous les croyons cependant irréprochables.

La classe 26 renferme une spécialité qui a une grande importance commerciale, c'est celle de la fabrication des pipes d'écume qu'on exporte dans tous les États du Zollverein, en France, en Belgique, en Italie, en Angleterre et en Amérique.

La pipe d'écume autrichienne est tout à la fois un objet de service et un objet de haute fantaisie. De véritables artistes travaillent, taillent, découpent, sculptent la matière brute et la transforment en de réels chefs-d'œuvre; c'est l'art vulgarisé et vulgarisé par la moins inodore des habitudes; c'est ici le cas de dire que les extrêmes se touchent.

Si nous étions chargé de décerner une récompense au plus digne, nous serions, avouons-le, très-embarrassé; cet embarras nous oblige à signaler tout le groupe des fabricants de pipes d'écume, sans pouvoir en recommander particulièrement un seul.

Une autre spécialité, que nous rencontrons dans cette même classe, c'est la fabrication des articles en cuir « Ledergalanteriewaaren » portefeuilles, porte-monnaies, étuis à cigares, coffrets etc., etc... Ce genre occupe non-seulement plusieurs manufactures, mais encore un grand nombre de petits industriels. On estime à 5,000 le nombre des ouvriers et leur production annuelle à 34,720,000 francs.

Au milieu des différentes expositions qui représentent ce groupe, nous avons particulièrement remarqué les maisons Klein de Vienne, Krebs, Stenzel, Schuppler, Theyer, Rodeck, etc...

On compte actuellement en Autriche plus de 170 filatures de coton, qui possèdent ensemble 1,800,000 broches. L'importation a été en 1860 de 896,651 quintaux de coton et de 112,950 quintaux de fils de coton.

L'exportation des fils de coton et des fils retors s'est élevée cette même année à 8,555 quintaux.

L'industrie nationale couvre non-seulement les besoins de la population, mais en 1860, elle exportait à l'étranger en articles de qualité mi-fine, 34,000 quintaux, soit une valeur de 19,840,000 francs.

La filature, le retordage, le coton brut et la fabrication des tissus occupent en Autriche 350,000 ouvriers. La valeur de la production annuelle est de 297,600,000 francs.

On compte dans cette classe 36 exposants.

En Autriche, l'industrie du lin et du chanvre s'assimile annuellement 2 millions de quintaux de lin brut et 1 million de quintaux de chanvre brut.

Le filage à la main occupe encore un grand nombre d'ouvriers et d'ouvrières. Le nombre des établissements mécaniques dépasse 35, qui comptent ensemble 230,000 rouets. On estime que 4 millions de personnes travaillent à cette industrie. Quant à la valeur de la production annuelle, elle s'élève à la somme ronde de 372,000,000 de francs.

Il y a dans cette classe 34 exposants.

La production de la laine est de 700,000 quintaux. La valeur annuelle, tant en articles de laine et de mélange, qu'en articles travaillés est de 347,000,000 de francs. Plus de 400,000 ouvriers sont occupés à cette industrie. En 1860, l'exportation a été de 57,200 quintaux et l'importation de 8,600.

On compte dans la classe des tissus de laine peignée 19 exposants et dans celle des fils et tissus de laine cardée 81; ajoutons qu'un seul numéro de cette dernière classe, représente l'exposition collective des drapiers de Reichenberg (Bohême) qui comprend à elle seule 62 exposants.

Nos renseignements sur la production de la soie étant antérieurs à la cession de la Vénétie, il ne nous est pas possible de poser des chiffres exacts, aussi préférons-nous nous abstenir. Tout ce que nous pouvons affirmer c'est que 500,000 kilogrammes de soie filée, sont livrés annuellement à l'industrie indigène pour être convertis en étoffes de soie, sans compter les déchets et frisons qui se produisent dans toutes les filatures et qui sont également utilisés.

Il y a dans cette classe 75 exposants.

Les habillements et accessoires du vêtement occupent une large place dans l'industrie autrichienne. Parmi tous les articles qui composent ces deux classes, le gant est celui qui nous paraît être le plus sérieusement traité. Quoi qu'il en soit, on compte en Autriche environ 350,000 ouvriers et ouvrières, qui travaillent à la confection des casquettes, des chapeaux, du linge, des bottes et chaussures, des gants, des parapluies et ombrelles et des habits, et on estime à 173,600,000 francs la valeur de l'ouvrage exécuté.

Dans la classe de la bijouterie, une spécialité domine; c'est celle des grenats montés — escarboucle des anciens — qu'il ne faut cependant pas confondre avec le rubis. Le grenat est un silicate alumineux. — Le grenat-almandine contient 38 parties de silice, 20 d'alumine et 42 de bioxyde de fer, tandis que le rubis est un aluminate de magnésie.

Dans cette même classe, il faut encore signaler les merveilleuses opales exposées par Mme Émilie Goldsmidt, fermière de la mine impériale d'opales de Dubnick (haute Hongrie). Dans cette vitrine, on a réuni les roches porphyriques qui contiennent la pierre précieuse et, à côté, plusieurs échantillons polis jettent aux yeux des visiteurs le jeu de leurs vives et brillantes couleurs; le plus bel échantillon est estimé 75,000 francs; il est à peine gros comme une amande verte. Viennent ensuite d'autres spécimens plus petits du prix de 50,000; 30,000; 8,000 francs. Cette exposition fait réellement honneur à la classe de la bijouterie.

Nous avons précédemment donné, sur les richesses métallurgiques et minéralogiques de l'Autriche, les documents statistiques les plus essentiels; aussi ne nous reste-t-il ici que fort peu de chose à dire, car il nous serait impossible de rendre compte des 192 expositions qui composent cette classe. Une de ces expositions domine cependant, c'est celle de M. Drasché de Vienne; aussi allons-nous en dire quelques mots.

M. Drasché exploite, comme propriétaire, quinze groupes de mines de charbon, qui comprennent ensemble 889 concessions, présentant une superficie de 40,146 hectares.

La production annuelle s'élève à 6,444,000 quintaux viennois, de 56 kilogrammes le quintal, ou, pour être plus juste, de 55 kilogrammes 9, soit en kilogrammes, 360,640,000 de charbon.

Comme on le voit, pour un seul propriétaire, ces chiffres sont très-respectables.

On compte, dans cette immense propriété, répartie dans la basse Autriche, en Moravie, en Styrie et en Hongrie, 35 employés, 41 surveillants, et 2,720 ouvriers ; mais en comprenant la famille de ces derniers, c'est un total de 5,295 personnes qui trouvent leurs moyens d'existence par le fait de ces différentes exploitations.

Deux mots d'éloge, en passant, à une collection d'échantillons des roches et des sols cultivables du pays, collection réunie par les soins de M. Szabo, de Pesth.

La plus belle exposition des produits forestiers, même comparativement aux expositions des autres nations est, sans contredit, celle de l'Autriche. L'administration impériale des forêts de l'État autrichien a envoyé à l'Exposition des échantillons dont en France on ne saurait se faire une idée : chênes cerris, chênes pubescents, chênes pédonculés, chênes rouvres, châtaigniers, pins, sapins, hêtres, ormes, frênes, érables, charmes, ifs, noisetiers, cornouillers, etc..., sont représentés par des échantillons monstrueux et d'un bois filé sans nodosités, crevasses, ni gelivures, par des arbres géants — sapin épicea — de 1 mètre 10 de diamètre, à hauteur d'homme et de 60 et quelques mètres d'élévation.

Certains produits chimiques sont spéciaux à l'Autriche : parmi eux, nous mentionnerons ceux qui sont l'objet d'une fabrication importante et d'un commerce actif, ce sont :

	Quintaux douaniers de 50 kilos.
L'acide sulfurique, dont la production est de	350,000
L'acide chlorhydrique	150,000
L'acide nitrique	30,000
Le salpêtre	25,000
Le tartre raffiné	15,000
L'acide tartrique	12,000
Le carbonate de potasse	100,000
Le carbonate de soude	150,000
Le sulfate de soude	110,000
L'alun	40,000
Le vitriol de fer	75,000
Le blanc de céruse	36,000
Le cinabre	2,000
L'outremer artificiel	1,000

La fabrication des bougies et chandelles suffit à la consommation ; on exporte seulement une certaine quantité de bougies stéariques.

La fabrication des allumettes est une industrie importante : on convertit annuellement en allumettes 15,000 cordes de bois[1] qui produisent 150,000 quintaux d'allumettes, dont la moitié est exportée.

La manipulation et la mise en œuvre de tous ces produits occupent 50,000 ouvriers. On estime leur valeur à 124 millions de francs. Quant aux importations et exportations, voici comment elles s'établissent :

	Importations.	Exportations.
Produits chimiques et substances colorantes	4,512,360 fr.	3,537,968 fr.
Substances auxiliaires de l'industrie chimique	7,433,304	6,759,488
Bougies, chandelles et savons	728,688	2,015,992
Allumettes	»	6,569,520
Total	12,674,352 fr.	18,882,968 fr.

Ouvrons ici une parenthèse en faveur d'une modeste cigarette qui appartient au domaine pharmaceutique. — M. de Torok, de Pesth, vient au secours de tous ceux qui sont sujets aux *rages* de dents. Il combat les douleurs les plus terribles et s'en rend maître en peu d'instants. Pour cela, quelques aspirations de sa précieuse cigarette suffisent. Nous pourrions relater ici une foule de témoignages en faveur de M. de Torok ; nous préférons dire : Nous avons essayé cette cigarette, et elle tient parole.

Les peaux destinées à la tannerie ne suffisent pas à la consommation ; on en importe annuellement de 180,000 à 200,000 quintaux, provenant de l'Amérique méridionale et des pays orientaux voisins de l'Autriche. Quant à l'exportation elle ne dépasse pas 17,000 quintaux.

Les cuirs exposés par l'Autriche sont remarquables de qualité ; en fait de cuirs forts, nous avons admiré des peaux de buffle pour semelle, d'une merveilleuse rigidité ; les cuirs

---

1. La corde en France équivaut à quatre stères ou mètres cubes ; nous ignorons si ce chiffre diffère en Autriche.

pour ganterie sont également très-recommandables.

La fabrication des instruments d'agriculture progresse, non-seulement comme assemblage et excellent choix des matières premières, mais aussi comme formes applicables à la culture rationnelle du sol.

Comme spécialité nationale, nous ne devons pas oublier de mentionner la fabrication des faux, serpes et faucilles, provenant de la Styrie et de la Carinthie. On en fabrique annuellement de six à huit millions de pièces d'une excellente qualité et dont une grande partie est exportée en Russie et dans les principautés Danubiennes.

En fait de machines, on compte en Autriche 112 établissements de construction. Une quarantaine seulement de ces établissements ont des spécialités, particulièrement celles des machines motrices. Les autres font un peu de tout, selon les commandes. On fabrique annuellement en Autriche 400 machines motrices, représentant une force de 8,000 chevaux.

La mécanique générale occupe environ 5,000 ouvriers; la valeur des machines fabriquées ne dépasse pas 24,800,000 francs.

Comme spécimens de fabrication à signaler, l'Autriche présente à l'Exposition une très-belle machine à vapeur de la force de 60 chevaux, exposée par M. Sigl de Vienne. Une locomotive Steyerdorf, système Engerth, construite en 1861, qui, sans détérioration aucune, a fait le service pendant trois ans et deux mois, sur une ligne présentant des courbes de 114 mètres de rayon et des rampes de 20 millimètres par mètre. Une chaudière à vapeur d'un nouveau modèle, présentant l'avantage de pouvoir, avec une même quantité de combustible, vaporiser quarante pour cent d'eau de plus que les chaudières ordinaires; M. Thomas Holt, de Trieste, en est l'inventeur et l'exposant. Un modèle de drague présenté par M. l'ingénieur Mauser, de Trieste : cette drague qui a fait ses preuves sur le littoral autrichien est admirablement combinée; sa force est de 40 chevaux, son effet utile d'excavation est de 150 mètres cubes par heure, son prix est de 240,000 francs. Nous mentionnerons enfin plusieurs plans exposés par M. Moratti de Vienne et représentant un système mécanique destiné à régulariser le cours d'un fleuve, tout en utilisant la force de l'eau et du vent. L'idée nous a paru féconde, malheureusement, malgré nos demandes de renseignements, il nous a été impossible d'en obtenir, aussi ne signalons-nous cette exposition que pour mémoire.

Quant aux machines-outils, nous n'avons rien rencontré de nouveau; nous avons seulement remarqué la collection exposée par l'Arsenal de Vienne et les outils à main en bois, en fer et en acier de plusieurs exposants viennois.

Dans la classe du matériel et des procédés de la télégraphie, la direction impériale-royale des télégraphes à Vienne, a exposé un matériel de télégraphie locomobile adapté au service de guerre, comprenant : voiture, piles, pôteaux, signaux, chariots mécaniques pour la manœuvre des fils électriques, etc., etc. Cette exposition, très-remarquable et très-complète, mérite réellement l'attention des hommes compétents.

Nous devons une mention particulière à un appareil télégraphique Morse, à clavier, présenté par M. L. de Hamar, dont nous avons déjà parlé. — M. de Hamar a aussi exposé une voiture à quatre places, à moteur électromagnétique, pouvant servir sur toutes les routes de construction ordinaire.

Nous avons, dès le début, donné assez de renseignements sur les productions agricoles, pour que, au sujet du septième groupe, nous n'y revenions pas. Il nous suffira, ce nous semble, de dire que la classe des céréales est représentée par 170 exposants, celle de la boulangerie et pâtisserie par 9 exposants, celle des corps gras et laitage par 24, celle des poissons et viandes par 16, celle des légumes et fruits par 41, celle des condiments et sucres par 84, et celle des boissons fermentées par 264 exposants, parmi lesquels nous ne pouvons guère citer qu'un nom qui nous soit connu : celui de M. Schmidt, de Trieste, dont les vins sont très-soignés.

Les groupes 8, 9 et 10 ne présentent réellement rien de nouveau à signaler et, comme pour le groupe 7, nous pensons que les renseignements que nous avons donnés dès le début sont suffisants, pour qu'il soit désormais facile de se faire une juste idée de l'importance des industries autrichiennes et du commerce y relatif.

Mais avant de quitter l'Autriche et de passer à l'exposition suisse, il nous reste à dire quelques mots des objets disséminés dans les constructions élevées par la commission autrichienne dans le parc et en dehors du palais.

La brasserie-restaurant est la construction la plus importante : c'est, nous a-t-on assuré, un type de l'architecture locale, type réduit, mais que nous n'avons pu comparer. C'est l'établissement autrichien le plus visité par le public consommateur. Vient ensuite la boulangerie Uhl, qui débite, du matin au soir, des quantités considérables de pains et gâteaux viennois. Autour de ces débits qui, comme les autres, concourent dans la classe 7, — aliments à divers degrés de préparation, — se trouvent disséminées plusieurs maisons construites dans le style national autrichien, maisons parmi lesquelles nous mentionnerons : l'écurie qui renferme six chevaux étalons, de races arabe, normande et anglo-normande; une construction sur les murs de laquelle une inscription nous apprend, que c'est le spécimen d'une maison consacrée au traitement des aliénés indigents dans les familles d'infirmiers; enfin au point le plus extrême de l'enceinte autrichienne se trouve une autre construction renfermant l'exposition des terres cuites.

Cette exposition appartient entièrement à M. Drasché, l'heureux propriétaire des mines de houille dont nous avons précédemment fait mention.

M. Drasché a créé, dans douze localités différentes, d'immenses établissements pour la fabrication de la brique et autres produits qui s'y rattachent. Ces douze établissements possèdent comme éléments de fabrication 1,248 hectares de terrains argileux à exploiter, mettant en œuvre 64 machines et 1,424 moules, occupant 149 fours, livrant à la consommation générale 187,500,000 briques ordinaires par an et 1,200,000 pièces de produits réfractaires. Le tout fabriqué par un personnel qui, avec les familles, s'élève, nous le répétons, au chiffre imposant de 5,735 personnes.

Quant aux objets en terre cuite exposés par M. Drasché, plusieurs motifs, plusieurs groupes, plusieurs statues méritent à tous égards de justes éloges; nous recommanderons surtout un vase monumental avec têtes de chèvres et guirlandes du meilleur goût, qui peut donner une idée précise, de ce qu'il est possible d'obtenir en ce genre de travail.

Telle est l'Autriche, tels sont ses moyens d'action, son agriculture, son industrie, son commerce. Avec de tels éléments, ne peut-on pas affirmer avec certitude qu'un semblable pays est appelé à jouer un grand rôle parmi les producteurs européens; et n'est-il pas permis, malgré les oiseaux de mauvais augure, de lui prédire un riche et puissant avenir?

XVII.

LA SUISSE.

Comme la Belgique, la Suisse est une nation modèle. La liberté du commerce y a produit des miracles. Ce qui n'empêche pas l'économiste de se demander « comment l'industrie peut prospérer dans un pays placé dans des conditions si peu favorables? » c'est-à-dire à une si grande distance de la mer, sans houille, et sans matières premières.

Elle a pour limites : au nord, le grand-duché de Bade et le royaume de Wurtemberg; au sud, l'Italie; à l'ouest, la France et à l'est, l'Autriche.

La population est de 2,500,000 habitants, répartis sur une superficie de 40,707 kilomètres carrés, divisés en vingt-deux cantons, savoir :

Appenzell, Argovie, Bâle ville et campagne, Berne, Fribourg, Genève, Glaris, Grisons, Lucerne, Neufchâtel, Saint-Gall, Schaffouse, Schwitz, Soleure, Tessin, Thurgovie, Unterwald, Uri, Valais, Vaud, Zug et Zurich.

La Suisse possède des mines, un peu de bois, de beaux pâturages, du bétail et du lait; voilà toutes ses ressources. Aussi a-t-il fallu que ses industrieux habitants se livrassent à des industries spéciales, afin d'échanger les produits fabriqués contre les produits qui font défaut.

Ces industries sont cependant peu nombreuses : elles reposent sur l'horlogerie, les appareils de précision, les bijoux, les cotonnades, les rubans, les soieries, les broderies, les toiles, les dentelles et les cuirs. Les vins figurent aussi très-honorablement dans l'industrie suisse.

Cette position exceptionnelle de la Suisse réagit nécessairement sur ses exportations et sur ses importations. Le commerce d'exportation, par exemple, consiste en bœufs, vaches, veaux, fromages, beurre, suif, kirschwasser, extrait de gentiane, fruits secs, bois de construction, charbon, plantes officinales, soie grège et moulinée, percales, toiles, étoffes et rubans de soie, dentelles, montres, bijoux, ouvrages en bois, peaux tannées, papiers et poudre.

Le commerce d'importation repose sur les blés, le riz, le sel, la morue, le hareng, le vin, l'eau-de-vie, le tabac, la soie, le coton, la garance, l'indigo, les bois de teinture, le sucre raffiné, le savon, le café et autres denrées coloniales, les verres et cristaux, le coton, les tissus de toutes sortes et particulièrement les draps fins, les ustensiles métalliques, les machines, les livres et les meubles de luxe.

Les Allemands, les Français et les Italiens, sont les trois nationalités qui se partagent le pays : la race allemande est la plus nombreuse ; les Français ne dominent que dans les cantons de Vaud, de Genève, du Valais, de Neufchâtel et de Fribourg. Les Italiens habitent particulièrement le canton du Tessin et une partie du Valais.

Sous le rapport des cultes, le recensement de 1860, a donné sur 1,000 habitants : 407,5 catholiques, 588,5 protestants, 1,7 israélites et 2,3 autres sectes.

Dans plusieurs localités les habitants sont affligés d'une enflure glanduleuse, à la gorge, qu'on appelle goître. Cette affection qui semble résulter des eaux calcaires qu'on y boit, réagit sur l'intelligence d'un grand nombre, aussi le recensement de 1860 donne-t-il dans le seul canton d'Argovie un aliéné, idiot ou crétin, sur 195 habitants, ce qui est énorme : il est vrai de dire que dans le canton de Lucerne on ne trouve plus qu'un aliéné, idiot ou crétin, sur 471 habitants, ce qui est une compensation.

On compte en Suisse sept écoles supérieures ou universités, 40 écoles secondaires, gymnases, lycées, et environ 2,000 écoles primaires, rurales et agricoles. C'est à Hofwill, près Berne, que Fellenberg a fondé une école d'agriculture qui a servi de modèle, en Europe, à toutes les institutions du même genre.

On compte en outre soixante-huit sociétés savantes :

Dans le canton d'Appenzell, il existe depuis 1829 la société d'utilité publique de Saint-Gall et d'Appenzell.

Le canton d'Argovie possède deux sociétés.
Le canton de Bâle, quatre.
Le canton de Berne, quinze.
Le canton de Fribourg, trois.
Le canton de Genève, onze.
Le canton des Grisons, deux.
Le canton de Lucerne, une.
Le canton de Neufchâtel, trois.
Le canton de Saint-Gall, trois.
Le canton de Schaffhouse, six.
Le canton de Soleure, trois.
Le canton du Tessin, une.
Le canton de Thurgovie, quatre.
Le canton de Vaud, trois.
Et le canton de Zurich, six.

Il existe encore en Suisse plusieurs sociétés nomades qui n'ont pas de siége fixe et qui tiennent leurs séances dans une ville chaque fois différente, ce sont :

La Société helvétique des sciences naturelles. — La Société entomologique suisse. — La Société générale d'histoire suisse. — Et la Société suisse d'utilité publique.

La première exposition suisse eut lieu à Lausanne en 1837 ; Saint-Gall en eut une en 1843, Berne en 1846, Zurich en 1847 et Berne en 1848 et 1857. Depuis, les expositions universelles, régionales françaises, italiennes et allemandes, ont sans doute influé sur son abstention en ce genre de propagande industrielle.

On peut, au point de vue cadastral et agricole diviser ainsi la superficie du sol de la Suisse :

	Hectares.
Terres labourables	581,400
Prés et pâturages	1,429,410
Terres incultes, landes et bruyères	1,240,230
Bois et forêts	792,000
Vignes	27,720
Total	4,070,760

Quoique pierreux, le sol des vallées est fertile ; on y récolte du froment, de l'orge, de l'avoine, du chanvre, du lin et beaucoup de fruits. En Suisse, la culture de la vigne cesse à 580 mètres au-dessus du niveau de la mer; le hêtre commence à croître à cette hauteur et cesse de végéter à 1,340 mètres ; le sapin succède à la végétation du hêtre, prospère jusqu'à la hauteur de 1,832 mètres, les prairies verdoyent jusqu'à 2,160 mètres au-dessus du niveau de la mer, les neiges occupent la région supérieure et à 2,660 mètres commencent les glaciers et les neiges éternelles.

On élève en Suisse des troupeaux considérables de bêtes à cornes, des chèvres, et on y chasse des bêtes fauves et du gibier de toute espèce.

En minéralogie, on trouve en Suisse : de l'ardoise, des marbres, du porphyre, de l'albâtre, du sel gemme, du salpêtre, du soufre et de la houille. On rencontre aussi dans le sol helvétique, mais en quantité peu considérable, de l'argent, du cuivre, du fer et du plomb.

La Suisse n'a pas de dettes, indice certain de la prospérité publique. En 1855 le budget a été :

Pour les recettes de...... 16,065,000 fr.
— les dépenses de.... 15,475,000 fr.

Dans le chiffre des recettes les douanes entrent pour 5,600,000 francs et les postes pour 7,831,877 francs.

Afin de donner une juste idée de la prospérité financière de ce pays, ajoutons qu'en 1852 l'actif de l'État était de 12,619,470 fr., et le passif 2,962,887 fr. Nous regrettons de ne pas avoir de chiffres plus récents, pour le moment.

Aujourd'hui la Suisse est sillonnée de chemins de fer ; les principales lignes sont : celle d'Italie par la vallée du Rhône et le Simplon, celle de la Suisse occidentale, celle de Bâle à Strasbourg, Mayence et Cologne, celle du Central-Suisse, celle de Bâle à Zurich et celle du Nord-Est-Suisse.

A la grande Exposition universelle de 1855, la Suisse occupait au palais de l'industrie une superficie de 1,628 mètres; aujourd'hui, en 1867, elle occupe 2,854 mètres 12 cent., non compris l'espace qui lui a été réservé dans le parc.

S'il y a progression dans la surface occupée, il y a également progression dans le nombre des exposants; ainsi, en 1851, à Londres, la Suisse était représentée par 263 exposants.

En 1855, à Paris, par 408 exposants.
En 1862, à Londres, par 387 exposants.
En 1867, à Paris, la Suisse est représentée par 987 exposants.

	Exposants.
1ᵉʳ GROUPE.—OEuvres d'art	107
2ᵉ GROUPE.—Matériel et application des arts libéraux	90
3ᵉ GROUPE.—Meubles et autres objets destinés à l'habitation	202
4ᵉ GROUPE.—Vêtements et autres objets portés par la personne	153
5ᵉ GROUPE.—Produits des industries extractives	124
6ᵉ GROUPE.—Instruments et procédés des arts usuels	115
7ᵉ GROUPE.—Aliments à divers degrés de préparation	178
8ᵉ GROUPE.—Produits vivants et spécimens d'établissements d'agriculture	5
9ᵉ GROUPE.—Produits vivants et spécimens d'établissements d'horticulture	2
10ᵉ GROUPE.—Objets exposés en vue d'améliorer la condition physique et morale des populations	11
Total	987

Il résulte du tableau qui précède que le 3ᵉ groupe est le plus considérable, et cela s'explique d'autant mieux que la classe 23, — — horlogerie, comprend à elle seule 163 exposants ; vient le 7ᵉ groupe qui renferme la classe 73, — boissons fermentées, — qui ne compte pas moins de 109 exposants ; enfin le groupe 4 vient au 3ᵉ rang, puisqu'il ne compte que 153 numéros ; mais empressons-nous de dire qu'il devrait au contraire occuper le premier rang, car il renferme quatre expositions collectives qui représentent à elles seules 77 exposants, ce qui porte le chiffre total de ce groupe à 230 exposants. Ces quatre expositions collectives sont celles des filatures de bourre de soie de Bâle, des fabricants de rubans de Bâle, des fabricants de tissus de soie de Zurich, et des fabricants de tissus paille et crins pour chapeaux de femme.

L'exposition suisse est incontestablement une de celles qui ont été le mieux ordonnées, sous le double rapport du goût et des distributions. Nous reprocherons cependant à la Commission de ne pas avoir, à l'exemple des autres nations, rédigé un catalogue spécial avec renseignements statistiques; nous lui reprocherons de ne pas avoir eu le soin de mettre sur les objets exposés les numéros du catalogue officiel, et à défaut de ces numéros, des notions indiquant aux visiteurs la fonction de l'objet ou son genre de fabrication; nous lui reprocherons également d'avoir laissé subsister sur une certaine quantité de produits des explications en allemand, langue qui n'est pas généralement comprise à Paris; enfin nous lui reprocherons d'avoir placé dans l'annexe du parc des gardiens trop sévères qui empêchent le visiteur sérieux de toucher, d'essayer, de s'appuyer, de frôler, de monter, de stationner, etc., etc., etc....., encore un peu, ils vous empêcheraient de regarder. Il faut, nous ne l'ignorons pas, dans une exposition, de l'ordre, des soins, une consigne, mais il y a un point où l'abus commence; il s'agit de ne pas dépasser ce point.

Maintenant, abordons franchement l'exposition, et efforçons-nous d'en faire ressortir les parties les plus intéressantes, et certes celles-ci ne font pas défaut. Seulement, comme la Suisse ne vit que sur certaines spécialités industrielles, il nous est impossible d'étudier son exposition classe par classe, sans nous exposer à tomber dans des redites et des banalités; aussi n'étudierons-nous que les spécialités les plus essentielles.

Nous commencerons par l'examen du 7ᵉ groupe, dans lequel se trouvent classées les boissons fermentées.

Il y a en Suisse 20 cantons qui cultivent la vigne. Les vins les plus estimés sont ceux des cantons de Vaud, de Neufchâtel et du Valais.

Dans le canton de Vaud, les meilleurs crûs sont ceux de Vevey, de Lavaux, d'Yvorne et d'Aigle; ils forment des groupes naturels bien distincts par leur goût; les vins du Clos-du-Rocher sont particulièrement recommandables.

A Vevey et dans le canton du Valais, les vins sont l'objet de certaines préparations, qui les transforment en vins mousseux; ce sont des types connus sous les noms de vins d'Yvorne, de Chatelard, de Lavaux, de la Côte et des façons Malvoisie doux et secs. Dans le canton de Neufchâtel, les vins blancs sont préférables aux vins rouges; on les obtient spécialement à l'aide de raisins rouges mis en grappes sous le pressoir, sans avoir cuvé. Ainsi traités les vins sont légèrement rosés et sont plus estimés que les vins blancs obtenus de raisins blancs.

La production du vin en Suisse est d'environ 45 hectolitres à l'hectare et de 1,377,000 hectolitres pour la totalité du territoire, ce qui donne 55 litres, à peu près, par personne; l'importation est en moyenne de 217,000 hectolitres.

La classe 72, Condiments et stimulants, sucres et produits de confiserie, compte trente-deux exposants, parmi lesquels nous retrouvons M. Suchard, de Neufchâtel.

M. Suchard expose de très-beaux chocolats dont le grain fin, homogène et compacte indique une fabrication soignée et intelligente. Nous nous souvenons encore des chocolats que ce même industriel exposait en 1855, à l'Exposition universelle de Paris. A cette époque nous disions: chocolat fabriqué avec d'excellent cacao, mais qui pèche par un broyage imparfait. A Londres, en 1862, nous fûmes obligés de constater un véritable progrès dans les produits exposés par cette maison. Aujourd'hui nous affirmons que la fabrication de M. Suchard peut rivaliser avec les meilleurs produits français.

Les récompenses accordées à M. Suchard ont toujours été en rapport avec les développements de son industrie: en 1855, à Paris, on lui décernait une mention honorable; à Londres, en 1862, la médaille, et cette année à Paris la médaille d'argent.

M. Suchard a construit dans le parc un ravissant chalet où le monde entier a pu se faire servir son délicieux chocolat.

Dans le même groupe nous rencontrons la classe 69 : — corps gras alimentaires, laitage et œufs. — La Suisse occupe dans cette classe, par ses fromages et spécialement par ses gruyères, un rang très-honorable. Cette exposition est d'autant plus intéressante qu'elle offre les moyens de transporter vers les grands centres de population et sous forme d'approvisionnement, les substances nutritives et azotées contenues dans le lait. La Suisse étant un pays très-riche en pâturages, il est tout naturel que l'industrie fromagère y soit dignement représentée.

Enfin la classe 72 nous offre un produit particulier à la Suisse, nous voulons parler du sucre de lait, dont plusieurs exposants ont présenté de très-beaux échantillons. On prépare le sucre de lait avec le petit-lait provenant de la fabrication du fromage de Gruyère. A cet effet, on évapore le petit-lait jusqu'à un certain point et on en retire par le refroidissement des couches épaisses d'environ 2 centimètres de sucre de lait cristallisé, qu'on purifie par de nouvelles dissolutions et cristallisations, puis il est ensuite livré dans cet état au commerce.

Le groupe 6 : — instruments et procédés des arts usuels, — renferme plusieurs expositions importantes. Constatons d'abord que les versoirs des charrues suisses affectent plutôt la forme des versoirs français que celle des versoirs anglais. C'est le type Dombasle dans toute sa pureté, seulement, à la fonte rugueuse, on a avantageusement subsitué la tôle polie.

Nous parlerons particulièrement de M. Colladon, de Genève, dans la classe 53, au sujet de ses roues hydrauliques flottantes pour moteurs. Dans la classe 65, cet exposant présente des dessins d'appareils et d'épurateurs pour le gaz. Dans cette classe, comme dans la cinquante-troisième, M. Calladon n'a pas été plus heureux; aucune récompense n'est venue encourager ses persévérants efforts.

Dans la classe 53, MM. Escher Wyss et Cie, de Zurich, ont exposé une très-belle machine à vapeur pour bateau, et la maison Sulzer, de Winterthur, canton de Thurgovie, une riche collection de machines à vapeur, à essorer et à ventiler, le tout très-consciencieusement établi.

En fait de machines-outils, nous appellerons l'attention sur un appareil de M. Cauderay, de Lausanne, aiguisant à l'aide de l'électricité les aiguilles et les épingles[1]; sur la machine à satiner le papier de M. Bell, à Kriens, canton de Lucerne ; sur la machine à fabriquer à froid les balles coniques de M. Amsler-Laffon, à Schaffouse; cette machine peut donner jusqu'à 3,000 balles par heure; et enfin la machine à fabriquer les pastilles-gouttes de M. Klaus, confiseur au Locle, canton de Neufchâtel, à l'aide de laquelle on obtient 2,000 pastilles par minute.

Dans la classe 55, une remarquable exposition est celle de M. Rieter, de Winterthur; elle se compose de machines destinées à la filature du coton; signalons également les machines pour le moulinage des soies, de M. Wegmann, à Baden, canton de Thurgovie.

Mais ce qui distingue plus particulièrement le groupe 6, c'est la classe 60, — machines, instruments et procédés usités dans divers travaux, — car c'est dans cette classe qu'on a placé les outils spécialement employés en horlogerie.

Voici d'abord une des plus belles créations de l'esprit humain, nous voulons parler des tours à guillocher. Ces machines sont dans le genre des tours en l'air ordinaires, seulement l'arbre est monté sur deux poupées mobiles, retenues en place par la pression d'un ressort. Une alidade appuyant sur des roues dentées fixées à l'arbre principal du tour, déplace son centre de rotation au passage de chaque dent de ces roues; un burin fixé à la partie solide de l'instrument, décrit sur le fond des montres et sur leurs cuvettes, ces jolis dessins ondulés et circulaires qu'on nomme grains-d'orge et ces jolies ombres et damiers qu'on nomme ligne droite. M. Darier, de Genève, M. Lang, de la même localité, ont exposé des tours à guillocher, parfaits et dignes des plus grands éloges.

M. Lang, de Genève, a un tour à guillocher

---

[1]. Voir les *Bulletins de l'Académie nationale* des mois de janvier et novembre 1865.

qui nous paraît honnête dans son travail. Notre expression a besoin d'une explication : les guillocheurs, en général, restent propriétaires des recoupes qui tombent sous leur burin. Or, le tour de M. Lang, tout en faisant de charmantes décorations sur les boîtiers de montres, ne fait qu'effleurer le métal précieux, et n'affame pas trop le fond des montres qu'on fait aujourd'hui.

Ajoutons qu'il serait très-facile de transformer le tour de M. Lang en un tour ovale, sans déranger l'instrument ; il suffirait de monter sur l'arbre du tour portant les rosettes une coulisse semblable à celle du tour ovale ordinaire.

Bien qu'honoré de la médaille en 1862, M. Lang n'a obtenu cette année qu'une mention honorable ; ce qui prouve une fois de plus que les années se suivent et ne se ressemblent pas.

Une autre merveille, ce sont les limes et burins pour horlogers, variant par grandeur et numéros de taille ; il y a des limes et des burins qui ont des épaisseurs de 2 millimètres sur 27 millimètres de largeur, d'autres qui ont une épaisseur de 0,00032 sur 0,004 de largeur ; ces proportions sont obtenues au moyen du battage par le marteau à main.

En ce genre mentionnons deux exposants émérites : M. Vautier et M. Beaumel.

M. Vautier, à Carouge, fabrique des limes fines et des burins ; cette fabrication se fait au moyen de machines établies et perfectionnées par lui. Nous avons remarqué dans son exposition, depuis le plus gros numéro, jusqu'au numéro douze. Comme M. Beaumel, cet exposant avait eu en 1855 les honneurs de la médaille de 1re classe ; en 1862, à Londres, une mention honorable. Cette année une médaille d'argent est venue récompenser son excellente fabrication.

Les limes de M. Beaumel, loin de déchoir, comme il arrive parfois aux produits d'une ancienne fabrique, se maintiennent au degré de supériorité que leur a assigné un rapport publié dans les annales de l'Académie nationale, il y a bien des années. — Ces limes, particulièrement affectées à l'horlogerie, sont à la fois d'une solidité et d'une finesse parfaites. — Essayées par nos soins, elles sont sorties victorieuses de toutes les épreuves. La marque Beaumel jouit d'une grande faveur.

N'oublions pas les vis et filières de MM. Bourgeaux et Delamur, de Genève, ni les expositions de M. Faure, de Locle, de M. Dalphon, de Boveresse, ni l'exposition collective des fabricants d'outils d'horlogerie réunis de Couvet, canton de Neufchâtel ; ce sont des machines à arrondir, des tours à burin, des tours à pivoter, des tours universels, des machines à fendre, etc., etc...

Enfin, dans le même groupe, la classe 64 se fait remarquer par la belle exposition de l'atelier fédéral des télégraphes à Berne : ce sont d'excellents appareils télégraphiques et particulièrement un météorographe enregistreur très-simple et très-ingénieux.

La classe 53, Machines et appareils de mécanique générale, compte, parmi ses neuf exposants, M. Colladon, dont nous avons parlé déjà.

En 1855, à Paris, M. Colladon présentait à l'état de projet deux roues hydrauliques flottantes pour moteurs, et le jury international lui décernait une mention honorable.

En 1862, à Londres, l'encouragement fut le même ; en 1867, à Paris, le jury aidant à la mauvaise fortune, a mis M. Colladon et son invention dans le sac aux oubliettes.

M. Colladon est cependant bien connu par ses belles recherches scientifiques, et les deux appareils qu'il expose aujourd'hui, prouvent jusqu'à quel point les éloges lui sont mérités. Le premier se compose d'un cylindre en tôle creux, qui flotte immergé transversalement au courant et disposé de manière à suivre toutes les variations de niveau. Des palettes plates garnissent extérieurement le cylindre, reçoivent l'impulsion de l'eau et communiquent le mouvement à un arbre de couche placé sur la rive.

Le second appareil est disposé de manière à être placé dans le sens du courant. Ici le cylindre porte un filet d'hélice à plusieurs révolutions, qui reçoit l'action de l'eau et qui a l'avantage de ne pas obstruer le cours de la rivière.

Le système de M. Colladon nous paraît devoir intéresser particulièrement les riverains des fleuves ; nous croyons surtout qu'il peut devenir d'un puissant secours aux agriculteurs.

La classe 46 : — cuirs et peaux, — est représentée par 19 exposants; les cuirs forts, surtout, nous ont paru bien traités.

MM. Russel et fils, de Genève, déjà honorés d'une médaille d'argent dans la classe 23, pour leur belle et riche horlogerie, ont reçu la même distinction dans la classe 36, — bijouterie; — leurs produits peuvent, en effet, se rattacher à ces deux classes.

Arrivons de suite au groupe 4, où la Suisse occupe un rang des plus distingué.

La classe 27, fils et tissus de coton, a les honneurs d'un compartiment spécial de l'exposition helvétique.

La Suisse reçoit annuellement 15 millions de kilogrammes de coton brut; elle en réexporte, mais elle en conserve pour ses besoins la majeure partie.

	Kilogr.
Les 15 millions de coton brut représentent en tissus environ	14,050,000
Mais comme elle reçoit, en étoffe, de l'étranger	3,000,000
Elle dispose donc de	17,050,000
Elle consomme sur cette masse de tissus	7,500,000
Elle exporte en tissus	8,250,000
Elle exporte en filés	1,300,000
Total égal	17,050,000

L'exposition consiste en tissus teints avant la fabrication, en étoffes que la Suisse reçoit de l'Angleterre et qu'elle ne fait qu'imprimer, et en broderies de coton.

Pour filer 15,000,000 de kilogrammes de coton, la Suisse dispose de 1,500,000 broches, soit 10 kilogrammes par broche au lieu de 14 comme en France, et de 15 comme en Angleterre; ce qui prouve que la Suisse ne s'occupe guère que du filage des numéros fins. Ceci se comprend, car son éloignement des marchés ne lui permet que la fabrication des tissus légers; aussi importe-t-elle généralement tous les tissus communs qui lui sont nécessaires.

Dans tous les cas, aucun pays ne saurait rivaliser avec la Suisse pour le bon marché. Elle arrive à ce résultat, non-seulement à l'aide des nombreuses chutes d'eau qui couvrent le territoire, mais aussi par le bas prix des capitaux et de la main d'œuvre.

Quarante-neuf exposants représentent la classe 27. Parmi eux, nous mentionnerons l'exposition de M. Henri Schmid, de Gattikon (canton de Zurich). Elle se compose de cotons filés fins et de tissus écrus. Les fils de coton, qui sont d'excellente qualité, nous ont paru appartenir à la série comprise entre les numéros 85 et 120.

Que nous fassions erreur sur les numéros, ces fils de coton n'en sont pas moins très-bien préparés et se distinguent surtout par leur grande régularité.

Avouons cependant que nous avons été surpris lorsque nous avons appris que l'exposition de M. Schmid n'avait été l'objet d'aucune récompense, et cela d'autant plus qu'en 1855 le même industriel avait été honoré d'une médaille de 2ᵉ classe, et à Londres, en 1862, de la médaille.

L'industrie des toiles teintes a eu pour berceau la Suisse. De Bâle elle a traversé le Rhin et a été s'implanter en Alsace.

Dans l'industrie des toiles teintes et imprimées, les fabricants suisses ont introduit de notables améliorations. Ils sont arrivés, particulièrement dans la teinture du rouge turc, tant pour la vivacité des couleurs que pour le bon marché, à des résultats très-remarquables. Ajoutons que c'est à la Suisse qu'on est redevable de la diminution du nombre des opérations d'huilage, de la réduction des opérations de garançage en une seule, et enfin de l'emploi de la garance dans les proportions strictement nécessaires.

L'exposition de M. Tschudy, de Schwanden, résume à elle seule ces importantes améliorations; aussi le jury a-t-il décerné à cet industriel la médaille d'or.

Après la révocation de l'édit de Nantes, les émigrés français importèrent en Suisse l'industrie des lainages; Aarau et Berne étaient les deux centres de fabrication; depuis la fin du dernier siècle, l'industrie des laines est réduite à sa plus simple expression.

Il n'en est pas de même de l'industrie de la soie.

La Confédération helvétique a pris ici une forte position.

Les fabriques de soieries et de rubans de la Suisse doivent leur origine et leurs premiers développements aux persécutions religieuses et politiques qui ont désolé l'Italie aux XIIIe et XIVe siècles, et les Pays-Bas, sous la domination espagnole.

Bâle et Zurich se partagent cette fabrication. On compte en Suisse 60,000 métiers. On exporte annuellement pour plus de 100 millions de soieries et de rubans.

Les métiers ne travaillent pas continuellement, car les ouvriers en soie n'abandonnent pas complétement les travaux agricoles. Ajoutez à cela l'esprit d'ordre, les habitudes d'économie et la liberté illimitée des transactions, et l'on aura la cause principale des succès manufacturiers et commerciaux de la soierie en Suisse.

Nous voici devant le plus beau fleuron de la couronne industrielle de l'Helvétie : nous voulons parler de la broderie.

L'industrie de la broderie fut introduite en Suisse vers la fin du siècle dernier; elle s'est d'abord établie dans le canton d'Appenzell, puis elle a gagné le canton de Saint-Gall ; aujourd'hui elle se propage un peu dans tous les cantons et même dans les pays voisins.

Depuis 1810, on fabrique en Suisse des broderies au crochet et à long point, pour rideaux, robes et objets d'ameublement; mais ce n'est que de 1825 à 1830 qu'on s'est occupé de la fabrication des broderies fines au métier, tels que cols, fichus et mouchoirs. Ajoutons que la fabrication des broderies fines au plumetis n'a fait souffrir en aucune manière celle des mousselines brodées au crochet.

Ce sont les ouvrières d'Appenzell qui, les premières, adoptèrent le métier ; elles ont du reste, en ce genre, atteint un haut degré de perfection.

On compte en Suisse plus de 50,000 ouvrières en broderie.

Si la broderie française a été délaissée pour la broderie suisse, c'est que cette dernière est à bien meilleur marché; mais ajoutons que, sans la France, la Suisse eût été impuissante à créer ces merveilleux modèles qui partent tous de Paris, et qui sont journellement expédiés à Saint-Gall, etc., etc.

Vingt-sept exposants représentent la broderie suisse; nous avons particulièrement remarqué les maisons suivantes :

M. Clément Depierre à Lausanne, M. Baenziger à Thal (Appenzell), M. Fisch à Buhler (Appenzell), M. Hirschfeld à Saint-Gall et MM. Schaelpfer, Schlatter et Kursteiner à Saint-Gall.

Dans le groupe IV, classe 14, — Meubles de luxe, — nous mentionnerons la très-belle exposition de la maison Wirth de Brienz (Suisse), dont les produits sont vendus journellement sur la place de Paris, et dans le même genre, les expositions de M. Jaeger de Brienz et de M. Mauchain de Genève.

La classe 23, même groupe, comprend toute l'horlogerie suisse.

Les centres de l'horlogerie suisse sont Genève (canton de Genève), le Locle, les Brenets, le Val travers, la Chaux-de-Fonds (canton de Neufchâtel) et la vallée du lac de Joux (canton de Vaud).

Genève tire de la vallée de Joux des ébauches, dont les pivots et quelquefois même les échappements sont finis; ces ébauches sont repassées et terminées à Genève. C'est encore aujourd'hui le centre le plus renommé pour la belle horlogerie de commerce. Dans aucune localité de la Suisse, on ne termine les pièces avec plus de goût. Paris seul est supérieur à Genève pour l'ornementation.

A Locle on fait tout le travail des pièces à partir du finissage, mais c'est encore de Joux que Locle tire ses ébauches. En général, les montres de Locle sont d'un travail bien entendu.

A la Chaux-de-Fonds, le marché est très-animé et la fabrication des plus actives. C'est, dit-on, le centre d'où l'on exporte le plus de montres.

La vallée du lac de Joux alimente toutes les fabriques de la Suisse, de la France et même de l'Angleterre, pour les calibres à répétition et pour les montres de qualité supérieure. Ajoutons cependant que la vallée de Joux est tributaire de Genève pour les boîtiers et les détails de fabrication qui s'y rattachent.

Il est difficile, sinon impossible, de désigner au milieu de la nombreuse exposition horlogère de la Suisse la maison ou plutôt les maisons les plus dignes; nous signalerons ce pendant quelques expositions les plus remarquables.

En 1862, à Londres, la médaille fut décernée à MM. Rossel et fils, de Genève, *for variety and quality of production*, pour variété et qualité de production. Cette année, si l'on jugeait de la valeur intrinsèque des fabrications par l'importance des récompenses, MM. Rossel et fils auraient démérité, puisqu'ils n'ont obtenu qu'une médaille d'argent.

Nous ne saurions cependant contester cette décision, parce qu'en présence de cent soixante-trois spécimens d'horlogerie qui composent la classe 23, il faut, pour critiquer, non-seulement être un homme du métier, mais encore étudier les objets, *de manu*, avec la plus scrupuleuse attention, étude qu'il ne nous a pas été possible de faire. Quoi qu'il en soit, nous pouvons affirmer qu'il n'y a rien de plus riche et de plus artistique que la belle horlogerie exposée par MM. Rossel et fils.

C'est dans la vitrine collective du Jura bernois que se trouve l'exposition de M. Courvoisier de la Chaux-de-Fonds, canton de Neufchâtel. L'industrie de cet exposant est représentée par douze montres d'un excellent travail, au moins autant que nous avons pu en juger à distance. Mais les antécédents de M. Courvoisier sont pour nous une garantie suffisante de sa bonne fabrication ; c'est ainsi qu'en 1862, à Londres, le jury international lui décernait une mention honorable pour ses chronomètres de poche et ses montres, tandis que cette année une médaille de bronze lui a été accordée. C'est un progrès minime, il est vrai, mais suffisant pour prouver que les montres de M. Courvoisier *ne sont pas des chevaux à l'écurie*.

L'exposition de M. Perrenoud, de Locle, mérite également une mention spéciale. M. Perrenoud a exposé un beau choix de montres destinées à sa clientèle bourgeoise. L'ouvrage est soigné et parait consciencieusement fait, aussi les produits de cet exposant lui ont-ils valu une médaille de bronze.

M. Grandjean, de Locle, « qui a de si grands mérites pour l'introduction et le développement de l'horlogerie de précision en Suisse », exposait en 1855 plusieurs montres de luxe à répétition et à secondes, et deux excellents chronomètres. Cette exposition lui valut alors une médaille de première classe.

En 1862, à Londres, le jury décernait à M. Grandjean la plus haute récompense.

Cette année, M. Grandjean expose trois chronomètres de marine et quatre chronomètres de poche avec bulletin de marche, dont un à quatre cadrans, un remontoir par le pendant, et huit montres de fantaisie en or et argent.

Il résulte d'expériences toutes récentes, dont M. le docteur Ad. Hirsch a rendu compte à la Société des sciences naturelles de Neufchâtel, pendant la période de l'Exposition, que les trois chronomètres de marine et les quatre chronomètres de poche dont nous venons de parler ont été soigneusement observés au Conservatoire de Paris, où M. Grandjean les avait transportés lui-même en les maintenant en marche, pensant avec raison que s'il pouvait obtenir ainsi une détermination de différence de longitude tant soit peu satisfaisante, ce serait la meilleure preuve de la supériorité de ses chronomètres. Une lettre de M. Gilion, chef de calculs à l'Observatoire, constate les résultats importants de cette expérience. Nous reviendrons un jour sur cette question.

Nous l'avons dit, c'est dans la vallée de Joux, située à l'extrémité occidentale du canton de Vaud, que la fabrication horlogère de Suisse, de France et d'Angleterre s'alimente de mouvements d'horlogerie, d'ébauches et de calibres à répétition pour montres de qualité supérieure. Parmi les fabricants qui, dans ce genre, nous paraissent avoir bien mérité de l'industrie, nous mentionnerons M. Baud, à Sentier, canton de Vaud.

Cette opinion n'est certes pas motivée par la récompense que le jury a décernée à M. Baud, puisque M. Baud n'a rien obtenu. Mais qu'il se console de cet oubli regrettable : il a pour lui les justes éloges des hommes du métier, qui, devant nous, ont rendu hommage à son excellente fabrication.

Parmi les spécialités qui se rattachent à l'industrie horlogère, nous mentionnerons celle de M. Mathey-Doret, de Locle.

M. Mathey-Doret fabrique des boîtes de montre, des pendants, des anneaux, des lunettes, des fonds, des charnières, des dessus de carrure, des poussettes à secret, des couronnes de remontoir; le tout en or, en argent ou en plaqué.

Il y a vingt-cinq ans, pour ciseler à la main l'assortiment d'une boîte de montre, il fallait, en moyenne, payer à l'ouvrier la somme de six francs. Aujourd'hui la main-d'œuvre du ciselage est pour ainsi dire nulle; elle se paye à tant le gramme et, chose curieuse, les boîtiers ciselés ne sont pas plus chers que les boîtiers unis. Tout se fait à l'aide de laminoirs, de balanciers. Les machines frappent, étampent, laminent, dégrossissent et finissent les formes les plus variées, les plus riches et les plus artistiques avec une rapidité telle, qu'un personnel fait en un jour ce que le même aurait fait en trois ou six mois il y a vingt-cinq ans.

M. Mathey-Doret fabrique, en moyenne, par jour, 1,000 à 1,500 assortiments de boîtiers; depuis quelques années, cet intelligent industriel a remplacé avantageusement les filières et les bancs à tirer par un système de rouleaux qui allongent la matière sans lui faire subir de frottement, tandis qu'à l'aide de la filière, le frottement de la machine-outil sur la matière affamait l'or, au point que l'ouvrier éprouvait de grandes difficultés au montage, pour ne pas gâter les pièces à travailler.

Les rouleaux lamineurs, les matrices, les poinçons, les étampes, les découpoirs, etc., etc., sont fabriqués dans les ateliers mêmes de M. Mathey-Doret. L'or, l'argent, l'acier, le cuivre, le fer et même la fonte, entrent bruts chez lui; il n'en sort que des objets façonnés.

Afin de donner une idée précise des résultats que l'industrie peut atteindre en fait de bon marché, surtout lorsqu'elle applique des procédés mécaniques, il nous suffira de dire que M. Mathey-Doret fabrique des pendants d'argent qui ne coûtent, la douzaine, que 90 centimes de façon ; que des anneaux d'argent, vides, demi-pleins et pleins, ne reviennent de façon qu'à 40 et 50 centimes la douzaine et qu'il en est proportionnellement de même pour tous les autres articles.

M. Mathey est le seul industriel qui, au moins en France, — car, outre son établissement de Locle, il a une succursale à Besançon, — fabrique ce genre de produits. A Londres, en 1862, le jury, appréciant son genre de fabrication, lui décernait la médaille. Cette année, en 1867, le jury a oublié l'exposition de M. Mathey-Doret. Nous constatons le fait sans commentaires, car la discussion pourrait nous entraîner trop loin.

Nous devons également un article spécial à MM. Lutz frères, de Genève, pour leurs spiraux qui sont irréprochables et supérieurs à tout ce qui se fait en ce genre. Ces spiraux jouissent d'une élasticité parfaite, si parfaite même que, chauffés fortement sur une plaque d'acier, ils ne changent pas de forme et conservent leur élasticité, après une déformation par la tension, malgré le changement que la chaleur a dû apporter dans la trempe.

En 1855, le jury décernait à MM. Lutz une médaille d'honneur; cette année, une médaille d'or est venue de nouveau encourager leur excellente fabrication.

Mentionnons encore comme spécialité helvétique les boîtes, les tabatières et coffrets à musique, dont l'exportation est considérable.

N'oublions pas, en fait d'instruments de musique, l'exposition de MM. Huni et Hubert. Ces deux facteurs ont exposé un piano qui possède deux qualités incontestables : la première, c'est que la caisse est d'une construction irréprochable; la seconde, et la plus essentielle, c'est que cet instrument fixe l'attention de tous les connaisseurs, non par l'intensité du son, mais bien plutôt par sa suavité et sa clarté. Disons aussi que ce piano est construit de manière à conserver longtemps son accord, et l'on sait que cette condition fait, chez la plupart des facteurs, le plus souvent défaut.

Le jury a décerné à MM. Huni et Hubert une médaille d'argent, et c'était justice. En 1855, à Paris, ils ont été honorés d'une médaille de première classe, et, à Londres, en 1862, de la médaille.

Félicitons également les constructeurs d'instruments de précision, particulièrement les fabricants d'instruments de mathématiques.

Au milieu de cette classe, nous retrouvons

les disques et prismes de crown-glass et de flint-glass de M. Daguet, de Fribourg. Les beaux produits industriels de M. Daguet nous remettent en mémoire l'appréciation du jury de 1855, appréciation à laquelle il n'y a rien à changer en 1867.

« Les éléments constitutifs des disques de crown-glass et de flint-glass de M. Daguet sont dans des proportions telles, que deux lentilles de ces deux espèces de verres, taillées avec des courbures convenables, peuvent servir à faire des objectifs achromatiques. Ces verres sont d'une remarquable homogénéité, résistent à l'action de l'air, et le poli de leur surface se conserve sans aucune altération. »

A la médaille d'honneur décernée à M. Daguet, en 1855, a succédé, cette année, la médaille d'or.

Nous pourrions clore ici notre étude sur la Suisse, mais ce serait, suivant nous, commettre une faute que de ne pas dire quelques mots des collections lacustres exposées dans la galerie de l'histoire du travail.

On se souvient de cette mâchoire d'homme fossile trouvée à Moulin-Quignon, près Abbeville, par M. Boucher de Perthes. Suivant M. Prunier-Bey, cet homme a dû appartenir à l'âge de pierre ; on peut suivre, dit le savant paléontologiste, la présence de cette même race à travers divers âges successifs ; elle a du reste laissé des descendants reconnaissables parmi les vivants du haut nord de l'Europe, en suivant la lisière de notre continent jusqu'en Sicile.

D'après M. Quatrefages, cet homme de Moulin-Quignon serait contemporain de l'*elephas primigenius* ou Mammouth.

Or les habitations lacustres qu'on retrouve en Suisse dans certains lacs apportent un nouveau témoignage en faveur d'un rapport entre les peuplades primitives et les sauvages modernes. On a découvert, dit M. Camille Flammarion, d'anciens villages bâtis sur l'eau, à la façon des castors, non-seulement dans le lac de Zurich, mais encore dans tous les lacs suisses ; en somme, plus de deux cents villages[1].

« Mais, continue M. Flammarion, c'est surtout dans les instruments, les outils, les armes ou objets de parure que l'on reconnaît dans les sauvages modernes l'état de nos ancêtres de l'âge de pierre. »

Mais quelle date assigner à l'âge de pierre ? Là est la question, et ce n'est ni le moment ni le lieu de chercher à la résoudre.

Quoi qu'il en soit, M. le docteur Clément a exposé dans la galerie de l'histoire du travail une très-riche collection d'objets trouvés, à l'aide de la drague à main, dans les lacs de la Suisse, au milieu des ruines dont les débris ont été récemment découverts ; ces objets consistent en haches et marteaux en silex, en casse-têtes en silex, en un vase en bois de cerf, en pointes de flèche en silex, en plusieurs fragments de poterie, en haches de porphyre, en peignes de bois de cerf, en pointes de flèche en bois de cerf, en hache de silex emmanchée dans du bois d'if, en hache de silex emmanchée dans du bois de frêne, en poignards en os et en bois de cerf.

A côté de cette première exposition, M. le colonel Schwal, M. Desor de Neufchâtel et M. le docteur Uhlmann ont exposé une quantité d'autres objets qui appartiennent alors à l'âge de bronze.

Mais la clef de tous ces mystères ?...

Cette partie de l'exposition n'est pas la moins intéressante.

Par ce qui précède, on peut dire que la Suisse, parmi les États européens, est un de ceux qui sont le plus favorisés : indépendance, neutralité politique, industrie et commerce prospères, que peut demander de plus une nation qui s'appuie sur de semblables éléments ?

---

1. Profondeur des lacs en Suisse : Genève, 300 mètres ; — Lucerne, 200 mètres ; — Neufchâtel, 134 mètres ; — Zurich, 200 mètres ; — Zug, 200 mètres ; — Thun, 240 mètres ; — Bienne, 66 mètres ; — Walenstadt, 166 mètres ; — Brienz, 166 mètres.

XVIII.

L'ESPAGNE ET SES COLONIES.

Nous nous sommes beaucoup occupé de l'Espagne depuis quelque temps.

A toutes les expositions, nous demandons si le réveil de la nation espagnole est enfin sonné, et les réponses qui nous arrivent des divers points de l'horizon sont loin d'être satisfaisantes. Nous n'entrerons pas sur le terrain politique. Il ne nous appartient pas d'apprécier les avantages ou les imperfections du mécanisme gouvernemental; ce domaine n'est pas le nôtre; — mais nous pouvons dire, par exemple, en remontant un peu loin, que l'apathie intellectuelle de l'Espagnol a bien pu naitre avec la découverte du nouveau monde, dont l'or et les richesses ont eu malheureusement pour première conséquence de déshabituer la population d'un travail actif et fructueux. Il y a certainement du vrai dans cet argument; mais, n'en déplaise aux alarmistes, on ne saurait nier cependant les tendances progressives de la nation espagnole, tendances qui se produisent non par la perfection ou l'augmentation des objets industriels de consommation, mais par le nombre toujours croissant de ceux qui cherchent à se grouper et à venir en aide au mouvement ascensionnel.

Ainsi en 1851, à Londres, l'Espagne comptait 286 exposants; en 1855, à Paris, 568 ; en 1862, à Londres, 1,133, et enfin à Paris, en 1867, 2,069.

Ce dernier chiffre se répartit ainsi :

	Exposants.
1er GROUPE. — OEuvres d'art	51
2e GROUPE. — Matériel et application des arts libéraux	82
3e GROUPE. — Meubles et objets destinés à l'habitation	48
4e GROUPE. — Vêtements et objets portés par la personne	164
5e GROUPE. — Produits des industries extractives	539
6e GROUPE. — Instruments et procédés des arts usuels	107
7e GROUPE. — Aliments à divers degrés de préparation	926
A reporter..	1,917
Report...	1,917
8e GROUPE. — Produits vivants et spécimens d'établissements d'agriculture	4
9e GROUPE. — Produits vivants et spécimens d'établissements d'horticulture	»
10e GROUPE. — Objets exposés en vue d'améliorer la condition physique et morale des populations	148
Total...	2,069

Malgré cette progression, l'Espagne est loin d'occuper une première place parmi les nations les plus avancées; il lui faut de nouveaux contacts, et de nouvelles relations : ces relations, si elles étaient dominées par un esprit un peu plus libéral, ne sauraient tarder à se développer, surtout en présence de ce grand levier civilisateur qu'on nomme la voie ferrée, et nous savons que l'Espagne aujourd'hui compte déjà plusieurs lignes importantes, et surtout que Paris et Madrid sont à quelques heures de distance.

Que manque-t-il encore à l'Espagne pour progresser? Suivant nous, l'abaissement des barrières fiscales, un tarif douanier, par exemple, comme celui qui a été conclu entre la France et l'Angleterre, et alors il suffira de quelques années pour que chacun puisse constater le véritable réveil de la péninsule ibérique.

On nous objectera qu'une réforme douanière deviendrait désastreuse pour le pays, en ce sens que la marchandise étrangère ne tarderait pas à envahir tous les marchés, ce qui permettrait à l'industrie locale de poursuivre son *statu quo*. C'est là une erreur! La réforme douanière ne saurait porter préjudice qu'à la contrebande, qui en Espagne est organisée sur une vaste échelle; elle pourrait peut-être bien gêner un peu le commerce britannique, qui trouve dans le pays un large débouché et une protection qui lui permet de faire à la France une redoutable concurrence; mais la réforme ne saurait porter atteinte à l'industrie espagnole, car la matière première ne lui manque pas, les instruments seuls lui font défaut : elle n'a pas de machines, aussi est-elle obligée d'en emprunter à l'Angleterre et à la France, à des prix si exorbitants, qu'elle est condamnée à un véritable immobilisme. La réforme aurait incontestablement pour effet de vulgariser les engins mécaniques, qui sont aujourd'hui les véritables ouvriers des ateliers européens.

Ajoutons aux documents qui précèdent que l'espace concédé à l'Espagne en 1855 ne dépassait pas 840 mètres de superficie, et qu'en 1867, non compris l'emplacement de l'annexe du parc, il s'élève au chiffre de 1,768 mètres 37.

Voyons maintenant ce qu'est l'Espagne, quelle est son organisation, sa puissance, ses ressources, son actif et son passif.

L'Espagne est tributaire des pays européens pour les œuvres de l'industrie, et si elle veut échapper au tribut, elle nous copie et nous copie mal.

Sa superficie territoriale est de 473,343 kilomètres carrés, y compris les îles Baléares et les Canaries, et sa population est de 17,000,000 d'habitants, non comptées les possessions lointaines, dont le chiffre, d'après les derniers documents officiels, se décompose ainsi :

	Habitants.
Amérique : les îles de Cuba, Porto-Rico et les Vierges espagnoles.	1,498,752
Asie et terres australes : Manille, Bisayas, îles Mariannes, Baschées, Babuyanes et une partie de Magindanao.	3,213,858 [1]
Afrique : les Présides et l'archipel des Canaries.	224,000
Soit en totalité.	4,936,610

L'Espagne, sous le rapport administratif, est divisée en 49 provinces administrées par des intendants du ministère de l'intérieur. Militairement, la division embrasse 12 grandes capitaineries générales, qui sont :

La Nouvelle-Castille, dont Madrid est la plus grande ville.
La Vieille-Castille.
La Galice.
L'Estramadure.
L'Andalousie.
Grenade.
Valence.
La Catalogne.
L'Aragon.
Le royaume de Navarre.
Les provinces basques de la Guipuscoa.
Les îles Baléares.

Si nous en exceptons les îles Baléares, l'Espagne a pour limites, au nord : l'océan Atlantique, les Pyrénées et la république d'Andorre ; au sud : la Méditerranée, Gibraltar et l'océan Atlantique ; à l'ouest : le Portugal et l'océan Atlantique ; et à l'est : la Méditerranée.

Outre ses chemins de fer et ses lignes télégraphiques, l'Espagne possède plusieurs canaux d'une grande importance : le canal impérial commencé sous Charles-Quint, celui de Castille, celui de Huescar, des Alfaques, de Guadarrama, du Manzanarès, etc.

Au point de vue de l'instruction publique, on compte en Espagne 15 universités, 163 séminaires et 19,155 écoles de ville et de village. On trouve en outre à Madrid plusieurs établissements scientifiques et littéraires, la bibliothèque royale, celle de Saint-Isidore, le musée d'histoire naturelle et plusieurs sociétés savantes, parmi lesquelles nous citerons particulièrement l'institut historique et les académies d'économie, de médecine, de beaux-arts et de linguistique.

L'Espagne tient donc une bonne place dans le mouvement scientifique ; elle possède trente et une sociétés savantes, réparties dans les provinces dont les noms suivent :

Province des Asturies, une société économique.

Province de Barcelone, une académie de médecine et un institut agricole.

Province de Cadix, une académie de médecine et de chirurgie.

Province de la Corogne, une académie de médecine.

Province de Grenade, une académie de médecine.

Province de Jaen, une société économique.

Province de Madrid, neuf académies et quatre sociétés savantes.

Province de Saragosse, une académie de médecine et une société d'agriculture.

---

[1]. Dans ce chiffre de 3,213,858 habitants sont compris près de 3,000,000 d'indigènes errant dans les montagnes de l'intérieur des îles Philippines.

Province de Séville, une académie de jurisprudence et une société médicale.

Province de Valence, une académie de médecine et une société agricole.

Province de Valladolid, une académie de médecine.

Enfin on compte à Palma (île Majorque) une académie de médecine et une société économique des Amis du pays.

En fait de finances, nos chiffres n'ont pas toute l'actualité désirable. Les documents nous font défaut; nous ne possédons que ceux de 1864 : A cette époque, la dette montait à 2,744,795,249 francs; les recettes ordinaires étaient de 367,786,973 francs, et les dépenses extraordinaires s'élevaient à 368,550,630 fr.

Depuis le 10 octobre 1852, la suppression des douanes et l'entière liberté du commerce ont été proclamées dans l'archipel des Canaries, mais le commerce général de l'Espagne est encore sous la loi des tarifs douaniers, tels qu'ils ont été revisés en 1849.

Nous voudrions pouvoir donner les chiffres récents des importations et des exportations, malheureusement nous ne possédons que ceux de l'année 1851; nos demandes de renseignements à cet égard sont restées sans réponse. Toutefois les chiffres de 1851, que nous ne mentionnons ici que pour mémoire, donneront une idée approximative du commerce des Espagnes, et nous serviront de point de départ pour des travaux futurs.

Les importations en 1851 se sont élevées à 185,665,000 francs;

Les exportations à 135,944,000 francs.

Les chiffres des importations se décomposaient ainsi :

Importations d'Europe et d'Afrique...	108,940,000 fr.
— d'Amérique............	73,862,000
— d'Asie..............	2,863,000
Total...	185,665,000 fr.

La même division faite avec les exportations donne les chiffres suivants :

Exportations pour l'Europe et l'Afrique.	85,225,000 fr.
— l'Amérique........	49,380,000
— l'Asie	1,339,000
Total...	135,944,000 fr.

Afin de compléter les tableaux qui précèdent, il nous parait essentiel de donner la nomenclature des produits et matières importés et exportés par l'Espagne; chacun pourra alors connaître exactement la nature des objets sur lesquels le commerce général doit compter quant aux transactions nouvelles à établir avec cette nation.

L'Espagne exporte : des vins et eaux-de-vie, des laines, oranges, citrons, raisins secs, figues, amandes et autres fruits; des soies, sel soude, liége brut et bouchons; des sardines en saumure, des mérinos et chevaux d'Andalousie, du soufre brut, mercure, plomb, blé et farines.

Elle exporte pour les colonies : des toiles, des étoffes de laine et de soie, de la quincaillerie, des glaces et autres objets de luxe et de première nécessité.

Mais en même temps l'Espagne importe, indépendamment des denrées coloniales telles que cacao, sucre, café, cannelle, etc., savoir : blé, poissons secs et salés, toiles, dentelles, étoffes de coton et de soie, quincaillerie, bijouterie, articles de mode, lin, chanvre, volaille, viande salée, beurre, fromage, bois de construction, fer, étain, cuivre et ustensiles de ces métaux, ouvrages en bois, articles en verrerie dorés, etc., etc.

Valladolid, Séville, Grenade, Malaga, Barcelone, sont renommées pour leurs fabriques de mégisserie; Torrasa, Ezcaray, Sabadelle et Manresa pour leurs fabriques de draps.

Les colonies ont tour à tour enrichi, puis ruiné l'Espagne; les plus prospères sont les Philippines, Porto-Rico et Cuba.

Cuba mérite une mention spéciale.

Selon le savant M. Ramon de la Sagra, la population cubanaise était, en 1862, de :

729,959 individus des deux sexes appartenant à la race blanche.
743 individus des deux sexes appartenant à la race mexicaine.
34,050 individus des deux sexes appartenant à la race asiatique.
221,417 individus des deux sexes libres de couleur.
4,521 individus des deux sexes libérés et de couleur.
368,550 individus des deux sexes esclaves de couleur.
1,359,240 [1]

---

[1]. Si ce chiffre est vrai, comme la population de Porto-Rico est de 600,000 habitants, ce serait alors un

Ajoutons que Cuba est riche en usines et en établissements agricoles ; on compte dans l'île 949 grandes sucreries et 409 de moindre importance, formant un total de 1,358 usines produisant environ 12 millions de quintaux de sucre.

Le nombre des fermes est de 25,292, des exploitations de tabac de 9,102, plus 5,542 métairies, 1,670 caféières, 69 fermes à cacao, 14 fermes à coton et 1,734 usines rurales comme tuileries, distilleries, tanneries, fours à chaux, etc.

La production du café est seule en décadence, les cultivateurs ont presque tous déserté cette culture pour se livrer à celle de la canne à sucre.

Quant au tabac, l'exportation a été en 1859 de 246,270 quintaux, représentant une valeur de 42,681,800 francs [1].

On comptait, vers cette époque, dans l'île 1,027,313 bœufs et 244,727 chevaux ou mules.

Il existait alors 112 mines, savoir : 86 mines de cuivre, 7 de pétrole, 4 d'argent, le reste de houille ou de fer.

Sans compter le produit des mines, la valeur des productions territoriales paraît être de 323 millions.

Quant aux importations et aux exportations, nous ne possédons que les chiffres de 1850 :

Importations en 1850....... 156,509,000 fr.
Exportations en 1850....... 138,413,000 fr.

Revenons à l'Espagne et à ses productions naturelles.

Suivant M. Legoyt, le chiffre de la situation cadastrale de l'Espagne serait supérieur au nôtre : il l'estime à 50,704,420 hectares, tandis que notre estimation ne s'élève qu'au chiffre de 47,300,000 hectares. Quoi qu'il en soit, voici, suivant le même auteur, la division cadastrale de la propriété territoriale.

Terres labourables, 16,804,513 hectares ; prés et pâtures, 8,248,118 hectares ; terres incultes, landes et bruyères, 1,075,672 hectares; terres incultivables, 3,733,296 hectares; bois et forêts, 10,186,045 hectares ; vignes, 1,492,925 hectares; bâtiments, routes, cours d'eau, mines, 8,305,383 hectares; oliviers, jardins, châtaigneraies, 857,468 hectares : soit en totalité 50,704,420 hectares.

La statistique est muette sur la population des animaux domestiques ; nous possédons cependant un recensement de vingt ans qui nous donne les chiffres suivants :

400,000 chevaux.
3,000,000 bêtes à cornes.
18,000,000 bêtes à laine.

Les mines espagnoles produisent par an (1860) :

Houille, 3,217,731 quintaux; — fonte et fer, 411,318 quintaux, — 824,984 quintaux; — plomb et litharge, 27,047 quintaux; — cuivre, étain, 38 quintaux ; — mercure, 17,000 quintaux ; — argent, 46,577 kilogrammes ; — or, 29 kilogrammes ; — sel, provenant de Cadix seulement, 160,000 tonneaux.

Cadix est, de tous les ports de l'Espagne, celui où l'exportation est la plus considérable. En 1855 l'exportation du sel s'est élevée au chiffre de 1,387,000 francs, et l'on évalue, année commune, l'exportation des vins, par la voie de Cadix, à 32,000,000 de francs environ : soit 170,212 hectolitres, à raison de 188 francs l'hectolitre. C'est l'évaluation donnée, depuis plusieurs années, à l'hectolitre.

Voyons maintenant quels sont les produits présentés par cette nation à l'Exposition de 1867.

Au milieu des œuvres de l'imprimerie et de la librairie espagnoles, trois expositions méritent une recommandation spéciale : c'est d'abord un exemplaire de la publication des monuments architectoniques de l'Espagne, exposé par la commission du ministère de Fomento; c'est ensuite l'édition monumentale de *Don Quijote de la Mancha*, de M. Gorchs y Casadeval, de Barcelone; c'est enfin une belle collection de spécimens typographiques exposés par M. Rivadeneyra, de Madrid, une ancienne connaissance dont nous avons eu occasion de parler dans notre Étude sur l'exposition de Bayonne.

---

total, pour les populations américaines, de 1,959,240 habitants, et non de 1,498,752, comme nous l'avons dit précédemment.

[1]. Des données encore plus récentes font monter ce chiffre à 620,000 quintaux.

La papeterie espagnole se surpasse dans la fabrication du papier à cigarettes : douze exposants se disputent le premier prix, personnellement nous préférons les papiers à la cuve présentés par M. Manterola, de Cloiz (Navarre), et la pâte à papier dite *albardin*, pâte très-fine, très-homogène, et qui nous a paru être dans d'excellentes conditions de fabrication. Mais qu'est-ce que l'albardin? car cette dénomination est complétement inconnue en France. Eh bien, c'est à grand'peine que nous avons appris que la pâte à papier dite albardin était fabriquée avec de vieilles chaussures dites spadrilles, sandales, alpargates, espagnates, sportilles, espargatos ou espadrilla, selon les localités d'où elles proviennent.

La spadrille est un composé de fibres de lin et de chanvre, deux éléments qui, en effet, ne peuvent faire que d'excellent papier.

La patrie des Figaros ne pouvait manquer d'envoyer à l'Exposition une collection de guitares ; nous ignorons la valeur harmonique de ces instruments, dont nous n'avons jamais pincé, mais nous dirons que, quant aux formes et aux ornementations, les guitares espagnoles sont très-jolies.

Dans la classe 2, Appareils et Instruments de chirurgie, nous signalerons les deux expositions internationales des Sociétés de secours aux blessés militaires : l'une est représentée par un tablier de secours, l'autre par un havre-sac.

Nous rappellerons à cette occasion que les Sociétés de secours aux blessés militaires des armées de terre et de mer ont eu pour but de se rapprocher et de s'unir dans une sainte communion, afin d'établir des liens de confraternité sur tous les champs de bataille au profit des malheureux blessés. L'idée est excellente et ne saurait être trop acclamée; mais, suivant nous, le principe sur lequel repose cette idée est vicieux : plus de guerre, plus de victimes, plus de sang... cela vaudra mieux.

Dans la classe 2, M. Jean-Piè Massanès a exposé des appareils en cuir rigide. — A quoi cela peut-il servir? se dit la foule. Elle ignore qu'avec son double procédé de ramollissement puis de rigidité du cuir, l'inventeur vient au secours de l'art chirurgical dans les opérations les plus importantes. — C'est donc à la chirurgie que nous signalons cette innovation, à laquelle nous attachons la plus haute importance.

Le cuir rigide de M. Jean-Piè Massanès rendra d'excellents services dans le traitement des fractures des membres supérieurs et inférieurs.

L'Académie de médecine et de chirurgie et l'Institut médical de Barcelone en ont fait un grand éloge.

En terminant l'examen du deuxième groupe, nous recommanderons particulièrement la belle carte géologique de l'Espagne et surtout celles des provinces de Santander, de Navarre, de la Guipuscoa, de Biscaye et d'Aloa.

Dans la classe 14 — Meubles de luxe — nous trouvons une merveilleuse exposition : c'est celle de Mme Canella, de Barcelone, représentée par un meuble style Louis XV sur lequel nous croyons devoir donner l'opinion de M. Auguste Luchet, qui est exactement la nôtre :

« Mme veuve Canella, de Barcelone, expose un ameublement de chambre à coucher comme je n'en ai jamais vu. Ce trésor se compose de huit pièces de bois de palissandre, solidement et irréprochablement établies, sur lesquelles des mosaïstes incomparables ont à profusion répandu toutes sortes de monuments, de paysages, de chasses, de fleurs, de fruits, de cavalcades, d'attributs et d'armoiries ; et ce travail fin, capillaire, imperceptible de lames de bois debout assemblées, qui fait tant qu'on s'étonne et s'interroge en regardant certaines marqueteries allemandes. Les sceptiques, qui prétendent expliquer toutes choses en les diminuant, vous diront peut-être que ce n'est pas difficile. N'en croyez rien! L'auteur de ces huit pièces, M. Canella, a mis dix-sept ans pour les faire, et il est mort devant son ouvrage. Fallait-il que celui-là aimât passionnément ce qu'il faisait! C'est à vendre par et pour sa veuve. Souhaitons à celle-ci la visite heureuse d'un roi. »

Un mot sur les billards de M. François Amoros, de Barcelone.

L'établissement de M. François Amoros remonte à 1837. Dans l'origine il lui fallut lutter avec quatorze autres fabriques qui furent obligées, successivement, de fermer leurs ateliers, dans l'impossibilité où elles étaient de soutenir la concurrence avec les produits de M. Amoros.

Ces produits sont d'excellents billards.

Depuis que M. Amoros s'est adonné exclusivement à l'exploitation de cette importante branche d'industrie, il a réalisé des progrès fort remarquables. — Ajoutons qu'il fabrique avec une égale perfection tous les accessoires, — et tout cela, grâce à une distribution du travail qui ne laisse rien à désirer.

Le billard exposé au Champ de Mars est en acajou massif, — il est irréprochable de précision et de bonne mine.

Nous ne dirons rien des verreries et cristaux; quant aux porcelaines, faïences et poteries, un seul exposant nous paraît mériter une mention spéciale : c'est la maison Pickmann, de Séville. Nous ne pouvons dire qu'on rencontre dans cette exposition des nouveautés de fabrication, des modèles hors ligne, un genre spécial; mais nous pouvons affirmer que, dans un pays où l'art du potier et du fabricant de porcelaine en est encore à son point de départ, M. Pickmann seul a su élever la fabrication à la hauteur de l'industrie française ; que seul il sait imiter avec une rare perfection, et avec seulement les ressources du pays qu'il habite, nos meilleurs modèles, et cela par l'introduction des meilleurs procédés connus. À ces deux points de vue, l'Espagne doit lui être reconnaissante. Personnellement, nous sommes convaincu que si le jury eût envisagé la question dans ce sens, ce n'est pas une médaille de bronze qui eût été accordée à la maison Pickmann, mais bien une médaille de première classe.

Une grande et magnifique étagère conique élevée dans l'un des nombreux carrefours des grands secteurs, entre l'Espagne et l'Autriche, place d'honneur s'il en fut, se partageait par moitié entre les ravissants chefs-d'œuvre sur bois de la maison Wirth et Pickmann. Ce nom fait honneur à l'Espagne.

En fait de tapisserie, un seul exposant mérite d'être cité : c'est M. Stuyck, de Madrid ; ses moquettes sont solidement fabriquées, les couleurs en sont vives et le bon goût ne fait pas défaut aux dessins.

Nous nous sommes arrêté avec étonnement devant les très-beaux papiers peints de M. Ballesteros, de Madrid, car nous ne nous imaginions pas qu'on fît si bien en Espagne, non-seulement comme goût, mais encore comme mérite de fabrication. Les papiers peints de M. Ballesteros ne sont pas des œuvres d'art comme ceux de M. Zuber de Rixheim, mais ils ne dépareraient aucune exposition courante de nos fabriques parisiennes.

L'orfévrerie espagnole ne s'écarte guère du genre religieux, et c'est trop restreint, car l'Espagnol a de l'imagination, et il est plutôt artiste qu'industriel ; il s'adonne volontiers à un travail qui ne réclame pas l'emploi de toutes ses forces musculaires.

L'orfévrerie religieuse des Espagnes est lourde, monolithique, carrée; la grâce, la pensée vagabonde, qui sait fouiller la pierre et le métal, en est exclue, la ligne droite seule est souveraine. Mais aussitôt que l'orfévrerie pénètre dans le boudoir, elle prend alors d'autres allures, elle s'égare dans de gracieux contours. Ce caractère est surtout appréciable lorsqu'on descend vers le sud, là où les traditions mauresques ne sont pas encore perdues. Quoi qu'il en soit, on ne saurait trop féliciter M. Moratillo, de Madrid, pour son magnifique tabernacle en argent.

Dans la classe 24 une spécialité domine : c'est la fabrication des allumettes-bougies, et ce genre de produit est parfaitement traité, surtout dans le nord de l'Espagne.

La classe 27 — Fils et tissus de coton — compte quatorze exposants dont les produits méritent d'être spécialement signalés. Nous appellerons particulièrement l'attention sur les indiennes imprimées qui composent les expositions de M. Achon, de Barcelone, et de M. Ricart, de la même ville ; elles sont remarquables à plus d'un titre.

Barcelone, qui a su conquérir une place très-importante parmi les villes manufacturières de l'Europe, fait aujourd'hui de très-bonnes indiennes. L'exposition de M. Achon, avec ses nombreux échantillons de dessins divers et de tons différents, en est une preuve très-concluante. Nous ferons cependant un léger reproche à ces indiennes : c'est de manquer généralement de gaieté, — elles nous ont paru très-couvertes, trop sombres, à moins que ce ne soit un effet de grêle, car la grêle, en effet, tombait à tout rompre lorsque nous les avons examinées, le 8 octobre, et le jour baissait. — Quoi qu'il en soit, le jury n'a pas oublié M. Achon et il lui a décerné une médaille de bronze. — Nous applaudissons à cet acte de justice.

Les piqués de coton de MM. Volart, Jener, Bauvier, Mayolas, etc., tous de Barcelone, sont dignes d'un examen sérieux.

L'Espagne compte 1,200,000 à 1,300,000 broches de filature. Elle occupe pour le tissage 1,625 métiers mécaniques et 65,000 métiers à bras. Sa production en tissus de coton peut être évaluée à quatre-vingt-seize millions de mètres, destinés à l'approvisionnement de sa population locale et de sa population coloniale.

Suivant des documents officiels, on nous a affirmé que l'Espagne, dont le climat appelle si énergiquement l'emploi des tissus de coton, ne produirait en ce genre que les trois quarts de sa consommation, et que l'autre quart lui était fourni par l'importation anglaise et française : l'Angleterre, par Gibraltar, en introduisait un huitième, et la France, par les Pyrénées, également un huitième.

Nous l'avons dit et nous le répétons : l'Espagnol ne travaille qu'à la condition de gagner beaucoup d'argent, sinon il préfère se reposer ; il n'y a pas pour lui de demi-mesure. Or deux moyens opposés nous paraissent propres à réveiller l'apathie ou plutôt le désœuvrement espagnol : ce sont les encouragements honorifiques et l'augmentation des salaires, ou bien l'abaissement subit des salaires et l'avénement de la libre concurrence. Ce n'est là qu'une opinion que nous soumettons à l'appréciation des hommes qui connaissent mieux que nous l'esprit des populations de la Péninsule ; mais cependant qu'il nous soit permis d'ajouter que nous inclinons vers le dernier moyen.

Les fils et tissus de lin et de chanvre qui figurent à l'exposition espagnole méritent de justes éloges, surtout les tissus de lin ouvrés et damassés. En ce genre nous recommandons l'exposition de M. Sado, de Barcelone, dont les produits en 1862, à Londres, ont eu les honneurs de la médaille ; nous recommandons également la belle exposition de la Société des tissus de lin de Renteria (Guipuscoa), que nous avons eu l'occasion d'apprécier à l'Exposition de Bayonne. Cette grande fabrique doit beaucoup au bon concours de M. Juan Martinena.

A propos des classes 29 et 30 — Fils et Tissus de laine — nous répéterons à l'Espagne ce que nous lui avons déjà dit : qu'elle confie ses intérêts à la liberté commerciale et non à des lois restrictives, car ce sont ces dernières qui ont ruiné la vieille réputation des laines espagnoles, qui ont contribué à la diminution des troupeaux et, chose encore plus fâcheuse, qui ont abâtardi la matière première.

Depuis quelques années cependant, le chiffre de la production s'est élevé ; on fait de louables efforts pour régénérer les races, on crée des fermes modèles et on croise les mérinos dégénérés avec quelques bonnes races étrangères.

Dans l'un des compartiments du groupe IV nous avons remarqué de fort belles pièces de draps fabriquées à Sabadell. — Parmi les industriels qui tiennent le premier rang dans cette industrie, nous citerons M. Juan Sallarès. — L'exposition de cet honorable fabricant offre des spécimens très-variés comme dessin et comme nuance. — On nous a permis de toucher à ces draps, et nous avons pu, ainsi, nous assurer de leur vigueur et de leur souplesse.

En 1851, à Londres, M. Arlès Dufour disait : « L'ensemble de l'exposition espagnole a révélé un véritable réveil. » Le même langage eût pu être tenu en 1855 et en 1862 ; il peut être tenu une quatrième fois aujourd'hui en 1867, et, comme tout ce qui se confirme augmente en force et en puissance, nous pouvons hardiment ajouter que l'industrie des lainages en Espagne est dans une brillante voie de prospérité.

Nous en trouvons surtout la preuve dans les expositions de MM. Sola, Buxeda, Casanovas y Bosch, Gali et Coma, de Barcelone ; Santas, de Tolosa ; Perez, Jarda, Gonzalès, Canto, d'Alicante ; disons enfin que cette classe se compose de cinquante-cinq exposants qui tous ont bien mérité de l'industrie.

Voici également comment s'exprimait, en 1862, à Londres, M. Arlès Dufour au sujet des soieries espagnoles. Nous répétons ici cette appréciation parce qu'elle n'a rien perdu de son actualité :

« Les soieries d'Espagne, et surtout les ornements d'église, prouvent une grande intelligence de tous les procédés de fabrication. Cette exposition dénote en général un grand progrès accompli depuis 1855. Il est facile de juger que l'Espagne possède tous les éléments nécessaires à un grand développement manufacturier; il n'est arrêté, comme celui de la Russie, que par des droits exagérés qui ne favorisent que la contrebande.

« Parmi les expositions de soieries les plus remarquables, nous mentionnerons celles de MM. Santonja, Escuder, Asbert, tous de Barcelone; de M. Carrère, à Graus (Huesca), et de M. Garin, à Valence.

« Nous arrivons aux dentelles, une des véritables industries nationales de l'Espagne, surtout en ce qui regarde la fabrication des dentelles de soie, connues plus particulièrement sous le nom de blondes.

« Cette industrie, très-ancienne en Espagne, a été importée des Flandres. Le centre de la fabrication est en Catalogne, capitainerie qui compte comme ville principale Barcelone. La fabrication des dentelles, assure-t-on, occupe trente-quatre mille ouvrières, ce qui nous paraît un chiffre exagéré par rapport à la population et à la production dentellières de France et de Belgique. »

Robes, mantilles, voiles, châles, écharpes, rien ne manque, en 1867, à la belle exposition des dentelles et blondes espagnoles. En 1855, nous disions que les dessins des dentelles de la péninsule ibérique différaient tellement des nôtres, qu'ils ne pourraient être acceptés par la consommation française. Nous ne saurions aujourd'hui tenir le même langage; cette fabrication tend réellement à se rapprocher des dentelles de Bayeux et de Chantilly, et plus d'une de nos élégantes se parerait volontiers des objets exposés dans la section espagnole, sans crainte de passer pour ridicule, ce qui indique, comme nous l'avons déjà dit, que si l'Espagne voulait, elle arriverait en peu de temps à faire à nos produits une concurrence redoutable.

Une magnifique pièce de blonde d'une seule pièce faite aux fuseaux, un coussin de satin blanc recouvert d'une blonde de couleur, de 4,000 francs, un volant de 3^m,50 en dentelle de fil, une ravissante fanchon en dentelle de soie noire, quelques splendides mantelets en dentelle de soie noire également, tels sont les chefs-d'œuvre que nous avons trouvés dans la vitrine de M. Fitter, de Barcelone.

Le Jury a voté à cet habile fabricant la médaille d'argent, et la riche et élégante maison Blackborne, de Londres, a fait main basse sur les dentelles noires.

Nous ne voulons pas établir ici de points de comparaison, car ces appréciations comparatives sont quelquefois très-chatouilleuses pour la concurrence, mais nous reconnaissons volontiers aux produits de M. Fitter un cachet de supériorité.

En 1864, à Bayonne, nous avons cherché en vain ces fameuses lames de Tolède, qui ont fait autrefois la réputation de cette ville. Ce genre de lames ayant fait défaut à l'exposition bayonnaise, nous nous sommes vu dans l'obligation d'aller chercher là ce que nous ne trouvions pas ici, et c'est alors que nous avons pu constater *de visu* que l'industrie armurière de Tolède nous paraissait un peu déchue de son ancienne splendeur.

Et cependant, au Champ de Mars, la fabrique royale d'armes blanches de Tolède est très-bien représentée : nous ne pouvons juger la qualité des aciers mis en œuvre, mais nous pensons qu'elle doit être sans reproche. Quant aux formes, à l'agencement des poignées et des lames, aux détails d'ornementation, nos armes blanches n'ont plus rien à leur envier et sont même supérieures.

Le Musée royal d'artillerie de Madrid a exposé une collection de modèles de pièces à feu au cinquième de la grandeur. Cette exposition, appréciée théoriquement, offre un véritable intérêt.

Dans la classe 39, nous avons retrouvé les gants et balles pour joueurs de paume, encore une spécialité des Espagnes; mais passons, car ce n'est pas à l'aide du jeu de paume que l'Espagne avancera l'heure de son émancipation industrielle.

Les mines sont nombreuses en Espagne ; nous avons à ce sujet donné quelques chiffres statistiques au début de cette étude. Ajoutons que les collections, ainsi que les échantillons, sont, cette année encore, plus considérables qu'aux expositions précédentes : en effet, dans cette classe, on ne compte pas moins de 185 exposants. Les productions les plus riches et les plus intéressantes sont représentées par des asphaltes, des cuivres, du fer, de riches hématites, des marbres, de l'argent, du plomb, du zinc, du sel, des sulfates de soude, etc... Comme minéralurgie, nous mentionnerons spécialement des fers fabriqués à la houille, fabrication qui constitue en Espagne une nouvelle industrie.

Quatre-vingt-cinq exposants, parmi lesquels il faut compter un grand nombre de sociétés, ont envoyé des collections très-complètes et très-intéressantes des produits des exploitations et des industries forestières ; c'est, d'abord, une quantité considérable d'échantillons de bois, représentant la flore des végétaux ligneux de l'Espagne et de ses colonies; ce sont, ensuite, des charbons de bois, des charbonnailles, des cendres de bois, des résines, des écorces et des fibres d'un grand nombre de plantes textiles.

Dans la section des bois nous avons surtout admiré un plateau de *nara*[1], sorte d'acajou, et provenant des îles Philippines : ce plateau n'a pas moins de 4 mètres 30 de longueur, 10 centimètres d'épaisseur et 2 mètres de largeur, ce qui suppose un arbre de 6 mètres 28 centimètres de circonférence. Cet échantillon est véritablement un phénomène de végétation.

Voici ensuite les cotons, les lins, les chanvres, les laines, les cocons de vers à soie, les cires, le safran, les fourrages, le tabac et particulièrement de magnifiques garances.

[1]. Il est fâcheux que la commission espagnole n'ait pas ajouté à ce nom de *nara*, désignation toute locale, le nom botanique. A l'inspection du grain, nous pensons que ce bois est une espèce d'acajou; mais nous n'oserions l'affirmer. La commission, interrogée, nous a répondu que le *nara* était du *nara*, et il nous a été impossible d'en savoir davantage.

Jamais nous n'avions vu l'Espagne si riche en produits chimiques et pharmaceutiques, non-seulement par le nombre varié des échantillons, mais encore par la beauté de ceux-ci. Ce sont : des gommes, des teintures, des produits chimiques proprement dits, des sels marins, des plantes médicinales, des amidons, des suifs, des savons, des stéarines, des bougies, des eaux minérales et, dans la classe suivante, treize expositions de cuirs, dont cinq appartiennent à la ville de Barcelone.

Quant au matériel agricole, il n'existe encore en Espagne que des copies d'instruments français, anglais et américains, ou bien des instruments qui viennent de ces différents pays, après toutefois en avoir supprimé les marques de provenance. N'oublions pas cependant dans cette classe trois expositions dignes d'être mentionnées, ce sont celles : du corps des ingénieurs à Madrid, de MM. Pinaquy et Sarvy, de Pampelune, et de M. Fossey, à Lasarte, province de Guipuscoa.

Ce que nous venons de dire au sujet du matériel des exploitations rurales et forestières peut à la rigueur se répéter au sujet des machines et appareils de la mécanique générale. Nous ferons cependant, dans cette classe, encore une exception en faveur de M. Fossey pour sa belle machine à vapeur horizontale de la force de quinze chevaux et sa presse hydraulique, deux appareils qui figuraient à l'Exposition de Bayonne; nous ferons également une exception pour la turbine à moteur interne de MM. Moreno et Villaret, ainsi que pour les belles machines à vapeur de M. Alexander, de Barcelone.

Ce qui nous a particulièrement intéressé dans la classe 54, c'est l'unique machine-outil qui la compose : cette machine, exposée par M. Sébastien Ferrando et M. Morel, est destinée à égaliser les contours du bois pour y faire des moulures et des ornements. Son travail est des plus simples : il suffit que l'ouvrier fasse courir le moule en contact avec l'axe du plateau de l'appareil, pour produire dans le bois les dessins ou formes de ce moule. La disposition spéciale du plateau permet d'obtenir des ornements de toutes sortes, et si l'on éloigne son centre de celui qui porte l'outil, on obtient alors, en faisant tourner par degrés, des fleurons qui s'enchevêtrent les uns dans les autres en produisant les ornements les plus variés qui semblent appliqués sur le bois, bien qu'en faisant partie intégrante.

Cet appareil semblerait destiné à remplacer la *toupie*, dont nous avons eu occasion de parler dans une de nos précédentes études.

La machine pour découper les bougies destinées à la fabrication des allumettes-bougies, de M. Magica, de Saint-Sébastien, est également un appareil qui mérite d'être signalé.

L'Espagne expose sous le nom de M. Rodriguez, Zurdo de Madrid, une vitrine de sellerie, qui est un véritable chef-d'œuvre. Un pays où se rencontrent des ouvriers capables de joindre à un si haut degré de goût une semblable supériorité de fabrication est, sans nul doute, appelé à prendre un rang distingué dans le travail industriel. Aussi le jury, en décernant à M. Rodriguez Zurdo la médaille d'or, n'a-t-il fait que lui rendre bonne justice.

Dans la classe 65, nous signalerons la belle exposition de la direction générale des travaux publics de Madrid, qui comprend des modèles, plans, dessins, photographies, mémoires et tableaux de travaux publics récemment exécutés dans le royaume : entre autres un plan du canal Isabel et du phare del Cabo de Palos.

Dans la même classe, nous ne devons pas oublier les carrelages-mosaïques de MM. Nalla et Sagrera, de Valence.

Les céréales espagnoles sont très-belles, nous en excepterons cependant les seigles et les avoines, qui laissent à désirer. Les légumineuses : haricots, lentilles, fèves, pois et pois chiches, sont également très-remarquables. 207 exposants représentent la classe 67 : Céréales et autres produits farineux.

L'exposition des huiles d'olive est considérable. Ces huiles paraissent excellentes, claires et bien épurées ; mais nous, qui les avons dégustées dans leurs localités de production, nous dirons que généralement elles sont mal travaillées, car toutes ont un goût *sui generis* auquel il faut être habitué. Cela dépend des mauvaises méthodes de récolte, de l'agglomération prolongée d'une grande quantité de fruits avant le pressurage, au lieu de faire en sorte que celui-ci se fasse au fur et à mesure de la cueillette, etc., etc. Néanmoins, les huiles d'olive sont représentées par cent cinq exposants ! Seulement nous serions curieux de savoir comment le jury a procédé pour déguster ces cent cinq produits, et comment il a pu rendre des verdicts de récompense en toute connaissance de cause.

Le chocolat se fabrique bien en Espagne, grâce surtout à M. Méric, de Madrid, qui a su y importer avec intelligence les bonnes méthodes françaises. Quant aux cacaos, nulle part on ne saurait trouver de meilleures qualités, et cela par la raison qu'il arrive chez le fabricant dans toute sa pureté originelle.

Les produits de la Compagnie coloniale de Madrid, placés dans l'une des salles de la construction-annexe bâtie par l'Espagne, mais que nous eussions préféré voir dans le palais même, se présentent au public avec une simplicité de fort bon goût. — Il y avait dans cette vitrine un cachet de supériorité incontestable, et cependant M. Méric n'a obtenu que la médaille d'argent ; il est vrai que cette récompense est la plus élevée dans cette catégorie.

La Compagnie coloniale de Madrid, dont nous avons visité nous-même l'établissement, situé dans une ancienne propriété de la couronne, et que tous les promeneurs du Prado ont vu naître et grandir, vient de faire construire une nouvelle usine dans la banlieue de Madrid, sur le chemin de fer d'Alicante.

Là on fabrique aujourd'hui 4,000 kilogr. par jour. Cet établissement est un véritable bienfait pour le pays où il fonctionne, car la population y trouve une amélioration notable dans son bien-être et un encouragement puissant pour y créer d'autres industries.

La Compagnie coloniale a emporté les premières médailles à Londres, Dublin, Porto, Bordeaux, Toulouse, Bayonne et Paris. — Son directeur, M. Jacques Méric, a été tout récemment décoré par Sa Majesté le roi de Portugal.

Voilà donc un bon exemple pour l'Espagne ; mais tous ceux qui voudront y créer une industrie auront-ils l'intelligence, l'activité, la prévoyance, la probité et les capitaux, et surtout l'habileté de la maison Méric ?

Nous sommes en présence de la classe 73, — Boissons fermentées. Encore ici, notre embarras est extrême. Ajoutons même que, malgré toute notre bonne volonté, il nous est impossible de nous prononcer. Disons plus, c'est que, malgré l'activité et la science du jury, nous croyons que ses appréciations n'ont été que bien superficielles. Comment, en effet, donner un avis de quelque valeur, lorsqu'une commission composée de cinq à six membres est chargée de déguster et d'apprécier en l'espace de quelques jours 316 sortes de vins et surtout de vins d'Espagne? On nous répondra que les bons crus sont connus et qu'on ne déguste que ceux-là. Or, suivant nous, c'est une faute grave, car surtout en Espagne, où l'art de faire le vin est encore dans son enfance, un cru jusqu'à présent mal traité et donnant par conséquent un vin ordinaire peut donner un vin excellent par le fait seul de l'introduction d'un procédé nouveau; nous avons déjà dit, du reste, d'après M. Terrel des Chênes, qu'on ne savait pas encore en Espagne, et même dans quelques parties du midi de la France, développer tous les principes alcooliques du vin, si bien qu'on en vine beaucoup, ce qui n'empêche pas ces vins d'être sucrés et pâteux, tandis que si, au lieu de les viner, on y ajoutait de l'eau, on développerait le ferment, on obtiendrait toute la partie alcoolique du moût, on supprimerait le vinage et on aurait un vin bien supérieur. — Voilà pourquoi nous n'acceptons pas qu'on ne goûte que des xérès, des rota, des port-sainte-marie, des san lucar de borrameda, des chelana, et cela au détriment des rancio, des albillo, des garnacha, des gero-ginedes, des chacoli et autres.

L'Espagne est donc en voie de progrès : de Madrid, ses voies ferrées rayonnent jusqu'aux extrémités de son territoire ; ses communications se multiplient partout, son sol est généralement fertile; que lui manque-t-il donc? « Il lui manque — comme le disaient fort bien MM. Guillaume Petit et Cavaré en 1862 — plus de confiance dans l'énergie de ses habitants, dans la remarquable intelligence de ses manufactures, dans les richesses qui lui ont été prodiguées. Qu'elle ait donc plus de confiance en elle-même et qu'elle se garde de ce régime exclusivement protecteur qui l'embarrasse et la retarde, et qu'elle devra aussi rejeter quelque jour, quoi qu'elle fasse, mais au prix d'efforts d'autant plus violents qu'elle aura plus longtemps attendu. »

Et nous ajouterons à cette opinion, qui est également la nôtre, que seulement alors la France trouvera dans l'Espagne un puissant auxiliaire, comme l'Espagne trouvera dans la France un puissant appui. Un marché mixte consolidera la position industrielle et commerciale, car il y aura, on ne saurait en douter, communion de principes et communion de transactions, tandis qu'aujourd'hui, malgré le rapprochement continental, les deux nations sont, pour ainsi dire, étrangères l'une à l'autre. La France perd à cela une alliée utile ; l'Espagne y perd sa prospérité présente. C'est donc seulement quand l'Espagne aura brisé définitivement *le régime trop protecteur qui l'écrase* qu'il n'y aura réellement plus de Pyrénées ; jusque-là, elle se consumera en vains efforts.

En attendant, le commerce français a pu puiser à pleines mains, dans l'exposition espagnole de 1867, les enseignements les plus utiles. Et il n'est pas besoin d'être grand prophète pour prédire entre la France et l'Espagne un redoublement d'activité dans les transactions internationales. C'est le signe le plus certain auquel on reconnaîtra dans l'avenir le doigt providentiel de l'Exposition universelle de 1867.

XIX.

PORTUGAL.

Un fait acquis à l'histoire de l'industrie européenne, c'est que le Portugal est un grand pays ! Aussi, en entrant dans la section portugaise, nous sommes-nous bien promis de redoubler d'attention en présence des produits multiples qui nous y attendaient. Notre mission, avouons-le, a été ici plus difficile à remplir qu'ailleurs, car les produits exposés sont restés bien longtemps sans catalogue, sans noms, sans numéros. — Cela nous a d'autant plus surpris, qu'en 1851, 1855 et 1862 et dans les Expositions nationales de 1844, 1849 et 1865 l'organisation des expositions portugaises n'avait rien laissé à désirer.

Cette absence momentanée de renseignements a nécessité de notre part des recherches très-pénibles. — Et notre travail s'est fait, s'est achevé sans qu'il nous ait été possible de recourir aux précieux documents que la Commission portugaise vient de publier.

Grâce à l'intervention de l'excellent docteur Barral, de Lisbonne, et à l'obligeance de M. le commissaire portugais Vasconcellos, j'ai pu parcourir une intéressante notice sur le Portugal de M. J.-J. Rodrigues de Freitas, mais trop tard, je le répète, pour en tirer parti.

Ce n'est, en effet, que le 19 octobre que ce précieux travail m'a été remis avec un catalogue spécial de la section portugaise.

Ces documents nous serviront plus tard à rectifier nos erreurs si nous en avons commis, et à compléter nos études sur ce beau pays, pour lequel nous éprouvons de si profondes sympathies.

Ah ! combien nous regrettons de ne pas en connaître la langue !

Cet obstacle nous a privé de puiser par nous-même, dans les ouvrages officiels, tous les renseignements statistiques dont nous aurions eu besoin pour traiter avec de plus grands développements la section portugaise.

Ainsi nous eussions trouvé dans ces volumes, publiés par divers ministères, des chiffres beaucoup plus récents que ceux que nous avons pu donner.

Mais le temps ne nous a pas permis de nous livrer au travail de conversion des calculs qui, naturellement, sont évalués selon les traditions portugaises.

Seulement nous avons pu constater quelle différence existe entre l'administration publique d'aujourd'hui et celle qui a précédé 1832. Cette profonde réforme, qui a corrigé tant d'abus, sauvera le Portugal !

Le Portugal a été pendant longtemps à la tête de tout le mouvement des découvertes maritimes ; et après avoir conquis la plus grande partie du nouveau monde, il l'a perdue, parce qu'à l'encontre des Espagnols, les Portugais ont administré leurs conquêtes avec trop de bonté, avec trop d'humanité, si bien que c'est leur trop grande douceur qui a été la cause de leur perte, comme les trop grandes cruautés des Espagnols ont été la cause de leurs revers.

Écoutons ici la voix de Montesquieu :

« Les Espagnols, désespérant de retenir les nations vaincues dans la fidélité, prirent le parti de les exterminer. Quant aux Portugais, ils prirent une voie tout opposée : ils n'employèrent pas les cruautés ; aussi furent-ils bientôt chassés de tous les pays qu'ils avaient découverts. Les Hollandais favorisèrent la rébellion de ces peuples et en profitèrent. »

Il est avéré aujourd'hui que le traité de Methuen, qui a été décrété au siècle dernier, a ruiné l'industrie nationale portugaise au profit du commerce anglais : aussi à l'activité qui caractérisait la nation portugaise a succédé l'apathie.

Empressons-nous cependant d'ajouter que, depuis l'avènement du roi Louis, l'activité portugaise semble se réveiller ; que le sentiment d'initiative reparait plus vivace que jamais ; que le prince fait passer dans l'esprit de son peuple ses idées toutes de progrès; car le roi Louis de Portugal est un souverain éclairé et particulièrement dévoué à la diffusion des lumières. Nous n'en parlons pas ici par ouï-dire, mais bien parce que, lors de l'Exposition de Bordeaux, nous avons eu l'honneur de nous entretenir avec lui et que l'incognito de sa visite nous a laissé toute latitude pour apprécier la profondeur de ses idées, la spontanéité de son jugement et la justesse de ses appréciations.

Déchu de sa première puissance, le Portugal possède encore, outre son territoire propre : en Europe, l'archipel des Açores, composé de neuf îles, qui ont été divisées en trois districts; en Asie, dans l'Inde Damao, Diu et Goa, et en Chine Macao; en Afrique, le gouvernement de Madère[1], le gouvernement du cap Vert, le gouvernement de San Thomé et Principe, et dans l'Océanie une partie de l'île de Timor et le gouvernement de l'est de l'Afrique, connu plus particulièrement sous le nom de Mozambique.

La superficie du Portugal est, dit-on, de 91,285 kilomètres carrés avec une population de 3,987,861 habitants[2]; celle des possessions coloniales, d'après quelques statisticiens, compterait une population de 2,600,000 habitants, soit en totalité 6,100,000 habitants.

La superficie et la population sont réparties en 21 districts administratifs (y compris les îles adjacentes).

Le Portugal est borné au nord et à l'est par l'Espagne, au sud et à l'ouest par l'océan Atlantique. Le royaume est divisé en six provinces, savoir : l'Estramadure, Beira, Minho, Tras-os-Montes, Alem-Tejo et Algarve. Seulement par une loi des Cortès, en date de 1836, ces six provinces en forment aujourd'hui douze, subdivisées en vingt-six arrondissements dits *comarcas*.

On compte en Portugal 22 villes, 785 bourgs, 4,086 villages à église et 765,000 habitations. Lisbonne renferme 260,000 habitants et Porto 100,000.

---

[1]. Bien que l'île de Madère soit dans la zone africaine, elle est considérée par et pour l'administration comme faisant partie des îles adjacentes entrant dans l'administration de la métropole.

[2]. Chiffre du 31 décembre 1863.

Le nombre des ports de mer s'élève à plus de trente.

Nous ne possédons, en fait de documents relatifs au budget du gouvernement portugais, que les chiffres de 1855; nous croyons néanmoins devoir les donner ici :

Recettes.	84,951,083 fr. 84
Annexe des recettes	9,547,214 88
Total...	94,498,298 fr. 72 c.
Dépenses.	85,034,128 06
Annexe des dépenses	8,859,819 99
Total...	93,893,948 fr. 05 c.

A cette même époque la dette intérieure était de 255,903,323 fr. 27 cent.

Et la dette extérieure de 93,029,046 fr. 67 c.

L'état du commerce extérieur est indiqué par les chiffres suivants :

Importations	97,207,063 fr. 17 c.
Exportations	75,589,845 31
Total...	172,796,908 fr. 48 c.

Voici maintenant comment se répartissait, à cette époque, le commerce extérieur du Portugal, dans les divers pays du monde.

	IMPORTATIONS.	EXPORTATIONS.
	fr. c.	fr. c.
Brésil	13,020,302 89	11,945,090 22
Espagne	1,951,871 46	5,780,856 20
États-Unis	2,574,703 11	4,214,172 48
France	4,242,000 00	219,170 00
Grande-Bretagne	62,071,595 25	28,141,625 96
Hambourg	1,110,491 97	1,376,288 62
Pays-Bas	922,366 84	712,606 51
Possessions portugaises d'Afrique	1,021,848 31	1,359,624 63
Possessions portugaises d'Asie	2,241,621 27	77,762 93
Prusse	664,283 06	38,506 85
Russie	2,963,538 97	1,626,693 88
Sardaigne	575,717 17	365,309 90
Suède et Norvége	2,168,058 87	683,159 96
Dépôts des ports portugais	864,371 13	» »
Totaux...	97,207,063 17	58,175,282 90

Le chiffre des exportations est incomplet; il y manque plusieurs articles, c'est ce qui fait que le total ci-dessus ne se balance pas avec le total précédemment donné.

Les exportations du Portugal se composent de vins, orseille, citrons, oranges, amandes et autres fruits secs, sel, huile, sumac, liége et laine.

Une grande richesse réside dans l'exportation du bétail pour l'Angleterre.

Les importations comprennent les articles suivants : morue sèche, beurre, fromages, blé, maïs, drogues médicinales, teintures, huile de lin, planches, solives, merrains, mâts, fer, acier, plomb, étain, cuivre, laiton, charbon de terre, goudron, poix, lin, chanvre et soie.

Le Portugal reçoit des chevaux de luxe, mais il exporte pour l'Espagne des mulets pour l'artillerie et des chevaux pour la cavalerie.

Parmi les objets importés, une certaine quantité est réexportée dans les possessions d'outre-mer ; ce sont particulièrement : des étoffes légères de laine, des draps fins, des toiles d'Allemagne et d'Irlande, des toiles à voile, des cordages, des étoffes de soie, des bougies, des montres, des pendules, des instruments de physique, de mathématique, de musique, de chirurgie, de la quincaillerie anglaise, des aiguilles, des cristaux, des faïences anglaises et des armes.

Les produits importés particulièrement du Brésil et des colonies consistent en sucre, café, cacao, copahu, rocou, ivoire, thé, tabac, écailles de tortue, etc.

Au point de vue de la statistique morale et administrative, nous ajouterons que l'université de Coïmbre est la plus considérable ; que le Portugal possède en outre dix-sept séminaires, trois cent vingt-deux écoles supérieures, huit cent trente-huit écoles inférieures, et que plus de 40,000 élèves participent aux bienfaits de l'instruction.

On compte en outre une Académie royale de marine, une École royale de construction et d'architecture navales, une Académie de fortification, d'artillerie et de dessin, une École de chimie, de sculpture, de commerce, un collége de musique, des Instituts de dessin et d'architecture civile, une Académie des sciences, des cabinets de physique et d'histoire naturelle, un jardin de botanique et plus de vingt-deux bibliothèques publiques. Voyons maintenant ce que le Portugal a envoyé à l'Exposition universelle de Paris en 1867.

Les sociétés savantes du royaume de Portugal sont peu nombreuses, elles ne dépassent pas le nombre de neuf ; seulement leur fondation remonte généralement au siècle dernier. Dans la province de Beira on trouve l'institut de Coïmbre, dont la plupart des écrivains distingués du Portugal sont membres, et la Société économique, dont la création remonte à l'année 1787.

Dans la province de l'Estramadure, à Lisbonne, il y a l'Académie des sciences, qui fut ouverte en 1780 par la reine Marie-Françoise Isabelle, puis la Société médicale, dont l'organisation eut lieu le 15 mai 1835.

Il y a aussi à Mafra l'Académie royale portugaise ; à Santarem, l'Académie d'histoire archéologique et de la langue ; à Setubal, une société d'archéologie, et à Thomar, une académie des sciences.

Par l'organe de M. le docteur F. Barral, dont les travaux scientifiques nous sont particulièrement connus, l'Académie nationale de Paris, correspond principalement avec les facultés savantes de Lisbonne.

C'est à M. le docteur Barral, que l'Académie nationale a l'avantage de compter parmi ses présidents honoraires, que la bibliothèque de cette société est redevable d'un grand nombre d'ouvrages d'histoire, de statistique, de sciences, qui donnent une haute idée de *l'instruction* dans le royaume de Portugal. Ce savant et généreux docteur, dont la bienveillance est réellement inépuisable, a droit à notre reconnaissance et nous saisissons cette occasion de la lui manifester.

Nous l'avons dit au début, le Portugal compte 1,017 exposants qui se répartissent par groupe de la manière suivante :

	Exposants
1ᵉʳ GROUPE. — OEuvres d'art...................	2
2ᵉ GROUPE. — Matériel et application des arts libéraux......................	2
3ᵉ GROUPE. — Meubles et objets destinés à l'habitation......................	3
4ᵉ GROUPE. — Vêtements et autres objets portés par la personne................	14
5ᵉ GROUPE. — Produits des industries extractives.	10
6ᵉ GROUPE. — Instruments et procédés des arts usuels......................	5
7ᵉ GROUPE. — Aliments à divers degrés de préparation......................	38
A reporter........	83

	Exposants.
Report	835
8ᵉ GROUPE. — Produits vivants et spécimens d'établissements d'agriculture	»
9ᵉ GROUPE. — Produits vivants et spécimens d'établissements d'horticulture	»
10ᵉ GROUPE. — Objets exposés en vue d'améliorer la condition physique et morale des populations	13
Total	848
Plus : Colonies portugaises. — 4ᵉ GROUPE	1
— — 5ᵉ GROUPE	94
— — 7ᵉ GROUPE	74
Total général	1,017

Il résulte de l'examen de ce tableau que les tendances productives du Portugal ont peu changé depuis 1855. A cette date, en effet, l'Exposition portugaise se faisait particulièrement remarquer par les produits des classes 1ʳᵉ, 2ᵉ, 3ᵉ et 11ᵉ, soit : art des mines et métallurgie ; art forestier, chasse, pêche et récoltes de produits obtenus sans culture ; agriculture ; préparation et conservation des substances alimentaires. En 1867, ce sont les groupes VII, aliments frais et conservés à divers degrés de préparation ; V, produits bruts et ouvrés des industries extractives, qui dominent. Mais, chose intéressante à constater, c'est que le chiffre industriel du IVᵉ groupe, vêtements et autres objets portés par la personne, est plus considérable qu'en 1855.

Quoi qu'il en soit, nous sommes forcés de constater qu'en 1867 le nombre des exposants portugais est moins considérable qu'en 1862 à Londres. Nous pensons que l'influence commerciale anglaise entre pour beaucoup dans cette différence ; voici, du reste, la progression suivie depuis 1851 :

En 1851, à Londres,   157 exposants.
En 1855, à Paris,   443 exposants.
En 1862, à Londres, 1,130 exposants.
En 1867, à Paris,   1,017 exposants.

Mais entrons en matière.

La splendide exposition de l'Imprimerie nationale de Lisbonne se compose de poinçons gravés en acier, de gravures sur divers métaux, d'épreuves galvano-plastiques, de matrices, stéréotypie, polytypie, etc., et d'ouvrages imprimés au nombre de cinquante-neuf, sans préjudice des travaux lithographiques.

Dans ce dernier genre, nous mentionnerons de fort belles cartes géologiques du Portugal et une collection de mappemondes, plans et cartes lithographiés, dont la gravure est due à un artiste distingué, M. Cabral Calheiros.

En fait de meubles, l'Exposition portugaise ne compte réellement que deux exposants sérieux : M. Plaffi et son meuble en ébène avec table en marbre blanc, et M. Miguez et son meuble à bijoux, en ébène, avec intérieur en bois odorant, ainsi que son guéridon également en ébène, avec incrustation de buis, véritable tour de force, car ces incrustations, qui représentent un soleil rayonnant, partent du centre du guéridon, imperceptible de finesse, et s'épanouissent à la circonférence, en larges rayons, ce qui fait de ce meuble une spécialité des plus originales. On assure qu'il appartient au roi de Portugal.

Cette armoire, en bois de camphrier avec placage et ornements de palissandre, est aussi bien attrayante ! — L'odeur du bois de camphrier éloigne les insectes de toutes sortes, les vers, etc. — Ce meuble, outre ses excellentes qualités de fabrication, offre donc l'avantage d'assurer la conservation de tous les objets précieux qu'il renferme, tels que : cachemires, lainages, fourrures, etc.

Cette magnificence coûte 4,000 francs.

Le Portugal expose de beaux cristaux et surtout de très-belles faïences. Dans ce dernier genre plusieurs expositions mériteraient d'être citées.

Nous signalerons en passant une spécialité portugaise : ce sont des nattes en jonc, très-légères et en même temps très-élégantes, particulièrement celles exposées par M. Th. José Ferreira de Lisbonne.

Nous l'avons dit, le groupe des vêtements et autres objets portés par la personne est au grand complet : les chanvres, les lins, sont fort beaux ; les toiles à voile sont des plus remarquables et peuvent rivaliser avec ce qui se fait de mieux en ce genre ; nous en dirons autant des coutils. Nous avons également remarqué quelques beaux tissus de coton, quelques belles étoffes de soie, ainsi que de magnifiques échantillons de soie grége et de soie filée.

Les laines portugaises sont aussi très-belles, et le Portugal est un excellent producteur de draps, surtout dans certaines spécialités. En 1855, à Paris, nous nous rappelons avoir vu dans l'exposition portugaise des draps de troupe très-bien établis, cotés à 2 fr. 50 cent. le mètre. A Londres, en 1862, le Portugal exposait des draps fins qui n'étaient pas sans mérite. Mais cette année 1867, disons-le hautement, le Portugal s'est surpassé : il y a dans son exposition des draps qui ne craignent pas la comparaison avec les nôtres.

Nous avons également admiré de très-belles dentelles et particulièrement une spécialité, nous voulons parler de robes noires et blanches, bordées de paille ; c'est très-original et d'un excellent effet.

L'orfévrerie portugaise rappelle le genre filigrané des Arabes ; nous trouvons seulement que la fabrication en est plus soignée et en même temps plus solide.

Les montagnes du Portugal recèlent des mines d'or, d'argent, de cuivre, d'étain, de fer, de marbre et de houille. La houille ressemble plutôt à des anthracites et à des lignites qu'à du charbon de terre ; cependant celle qui provient du cap Mondego nous a paru de bonne qualité ; elle se rencontre dans le passage des terrains oolithiques moyens. Son affleurement est tout près de la mer et le banc suit toutes les inflexions des calcaires et des grès de la formation oolithique; l'affleurement reparaît de nouveau sur le haut de la montagne de Buarcos. On ne connaît guère en Portugal plus de cinq gîtes houillers.

Le Portugal possède des marbres de choix, entre autres le jaune de Sienne, qu'on ne trouve plus nulle part. La province du Alentejo contient des carrières très-importantes de marbres qui appartiennent au terrain silurien inférieur : les plus connues sont celles de Villa-Viçosa, Borda, Estremaz et de la Serra de Vianna ; celles qui sont comprises entre Portel et Pedrogao, près de la rivière Guadiana, renferment des échantillons magnifiques de marbre blanc, semblable à celui de Carrare. Il y a encore les carrières de la Serra de Ficalho et celles du mont Saint-Louis, près de Montemor.

Le fer est fort rare en Portugal. Nous avons cependant rencontré dans les collections de l'Exposition plusieurs échantillons de fer magnétique ; nous ignorons leur provenance, mais nous savons qu'on ne trouve guère de filons de ce minerai qu'aux environs de Porto de Mas, sur les montagnes de Serro-Ventoso et Alqueidao-da-Serra, qui appartiennent à la formation de la période jurassique. On en trouve également sur la montagne de Gerez, du côté de la frontière de Galice.

Les gîtes de cuivre sont tellement abondants en Portugal, qu'on peut dire avec raison que cette région est une des plus riches de l'Europe.

Les grands amas de cuivre de Saint-Domingos, d'Aljustrel, de Grandola et de Portel se trouvent sur la même zone métallifère que les amas de Rio-Tinto, de Tarsis, etc..., de la province d'Huelva, en Espagne.

La partie de la zone correspondante au Portugal n'a pas moins de 110 kilomètres de longueur.

Les gîtes, dont quelques-uns sont très-importants par la richesse des minerais, sont très-communs. Tous les filons sont dénoncés par des affleurements très-bien définis, par des déblais énormes, ou par des amas considérables de scories, qui ne sont là qu'à la suite d'exploitations anciennes.

Toutes ces richesses minérales ont en effet été abandonnées pendant des siècles, mais heureusement on reprend aujourd'hui ces immenses travaux et l'on commence à entrer dans une voie d'activité industrielle qui s'accroîtra au fur et à mesure que les facilités de communication augmenteront.

Un des spécimens les plus intéressants de l'Exposition est un énorme échantillon exposé par M. le baron de Pomarao à Santo-Domingo Mertola (Beja) ; on lui a donné sur l'une de ses faces un poli qui lui prête les apparences d'un bloc d'or ; aussi tous les visiteurs s'arrêtent-ils devant ce bel échantillon, qui rappelle les histoires merveilleuses qui ont précédé les premiers voyages en Californie.

Le gîte de Santo-Domingo est un amas de pyrite de fer cuivreuse dont la longueur est d'environ 500 mètres et la largeur 100 mètres ; le grand axe de gîte, qui rappelle la forme lenticulaire, a une direction nord-ouest et tout autour on retrouve les débris d'immenses travaux romains.

En 1861, le produit de l'exploitation s'était élevé à cinquante mille tonnes, qui ont été exportées en Angleterre; nous ignorons aujourd'hui dans quel sens et dans quelle proportion ce chiffre s'est modifié.

Les échantillons de pyrite de fer cuivreuse de la mine de Grandala exposés par M. Deligny de Lisbonne sont également très-intéressants à étudier. Le gîte de Grandala est immense; la quantité énorme de scories rassemblées sur ce point, et les travaux souterrains que les anciens ont exécutés sur une très-grande échelle, suffisent pour indiquer l'importance de cette séculaire exploitation.

L'étain est représenté à l'Exposition par les compagnies *Espérance* et *Persévérance*; la première a son siége d'extraction sur la partie centrale du grand massif de la Serra-do-Marao, à 8 kilomètres nord-est d'Amarante, et l'on y trouve l'étain à l'état d'oxyde, soit associé avec des roches talqueuses et micacées, soit disséminé dans le quartz; la seconde est à 23 kilomètres de Porto près d'un petit village du nom de Rebordoza. L'étain s'y rencontre également à l'état d'oxyde, soit en grains, soit en cristaux très-réguliers.

La compagnie Espérance à Mertola présente également de beaux échantillons de minerai de plomb argentifère. A l'affleurement de ce gîte la galène manque de pureté; mais à quelques mètres de profondeur, elle est très-pure, granulaire et lamellaire, et donne à l'analyse 1/1000 d'argent.

Le zinc en Portugal se trouve associé à la galène. Quant au manganèse, les gîtes abondent surtout dans la province d'Alentejo, où l'on compte aujourd'hui plus de vingt-huit exploitations. L'amas d'Alentejo est encaissé dans les schistes azoïques talqueux et les quartzites et n'a pas moins de 25 mètres d'épaisseur. Les échantillons de manganèse exposés par M. Gomès sont très-beaux.

Le liége occupe une place importante dans les productions forestières du Portugal, il en est de même des cires et des miels dans la classe 42. Quant aux produits agricoles non alimentaires, tels que le lin, le chanvre, la laine, les produits résineux, les vers à soie, le tabac, etc., ils sont généralement dans d'excellentes conditions de production.

Si des produits agricoles passant aux instruments aratoires nous voulions faire connaître une bonne charrue, nous n'avons qu'à prononcer le nom de M. A. L. Marques Ferreira da Silva, qui s'est inspiré, comme point de départ, de la charrue Dombasle.

Les produits chimiques proprement dits méritent à peine d'être nommés, mais dans cette classe nous trouvons des échantillons de sel qui ont droit à une mention spéciale, et des ocres ou argiles ocreuses, substance qui abonde dans les terrains qui forment les deux rives de la vallée du Léna, dans les environs de Leira.

Les colonies portugaises ont particulièrement exposé de très-beaux produits, dans les classes de l'industrie forestière, de la chasse, de la pêche et des cueillettes et dans celle des produits agricoles de facile conservation. L'Afrique occidentale surtout (îles du cap Vert, Angola, Benguela, Mossamèdes) se fait remarquer par la beauté des échantillons et la diversité des productions.

De la classe 47 à la classe 65, un seul produit mérite réellement d'appeler l'attention : ce sont les câbles, les cordes et cordages exposés par la fabrique nationale de la corderie de Junqueira (Lisbonne) et les câbles, cordes et cordages de la commission de Figueira-da-Foz à Coïmbre.

La classe 65 est riche; on y compte 23 exposants, mais aussi on y a rangé les marbres dont nous avons parlé plus haut, lors de l'examen des matières extractives. Nous y trouvons particulièrement un plan en relief en bois de l'église Sainte-Marie de Belem à Lisbonne, qui mérite de justes éloges; ce plan est un projet d'achèvement et de restauration, exécuté par M. Da Sylva, de cette historique église qui fut élevée en l'honneur de la découverte de l'Inde, en 1500, par le roi don Emmanuel.

Nous l'avons dit, on rencontre dans le groupe VII une phalange compacte d'exposants; les blés durs, les orges, les riz, le maïs, les fruits, les huiles et les vins sont des produits largement et très-bien représentés. La classe la plus importante est celle des boissons fermentées, qui comprend à elle seule 123 exposants. A l'occasion de cette dernière classe, nous trouvons dans les *Annales du commerce extérieur* une note sur les vins et spécialement sur les vins de Porto, que nous croyons intéressant de reproduire ici :

« La culture de la vigne forme, on le sait, la plus importante richesse agricole du Portugal. Les variétés y sont très-nombreuses et les conditions de leur développement se trouvent soumises à des conditions inhérentes, soit à la nature du sol, soit à l'exposition des terrains cultivés en vigne.

« Dans la province de Minho, de l'Estramadure et de la Basse-Beira, on cultive la vigne en *hautains*. Dans le Haut-Douro, elle est soutenue par de petits échalas; on ne la laisse pas monter au delà de 100 à 130 centimètres au-dessus du sol. Lorsque le raisin mûrit, on attache les rameaux des ceps à l'échalas, de manière à ce que le fruit soit à une distance de 10 à 12 centimètres du sol.

« Dans l'intérieur de la province de Tras-los-Montes, la vigne est rampante ou courante, et on laisse entre les ceps un espace suffisant pour le passage d'une charrue. Enfin dans presque tout le pays on trouve des vignes plantées en treillis, en berceau ou en tonnelle. La marcottes ou les boutures sont les procédés employés pour obtenir ou multiplier les cépages.

« Dans le Haut-Douro, les hommes employés à la culture de la vigne reçoivent un salaire qui varie de 160 à 200 reis par jour — 1 franc 14 centimes à 1 franc 42 centimes, — les femmes ne gagnent que la moitié de cette somme. Les uns et les autres sont nourris, mais ils sont obligés d'acheter leur pain. Les jours de fête on ne leur donne que la nourriture. Les dépenses annuelles pour la culture peuvent être évaluées de 20 à 75 francs par pipe (4 hectolitres 23 litres), selon la nature du terrain.

« Tous les vins rouges du Portugal sont généralement très-riches en alcool et d'une couleur foncée. Les variétés en sont tellement nombreuses, qu'il faut se contenter de mentionner les qualités les plus estimées.

« Dans les provinces situées entre celles de Douro et de Minho, on doit citer en première ligne les vins de Lima et de Monçao, fortement colorés, mais qui ont un goût excellent. Ce sont ceux qui se rapprochent le plus de nos vins de Bourgogne ; mais leur exportation, florissante autrefois, a aujourd'hui peu d'importance, soit par suite de la négligence apportée à la culture des vignes, soit parce que le goût des consommateurs étrangers a changé.

« Le district privilégié qui produit les vins connus sous le nom général de vin de Porto est situé dans les provinces de Tras-los-Montes et de la Haute-Beira. On le divise en Haut-Corgo et Bas-Corgo. Les vignes du Bas-Corgo proviennent ordinairement de la Bourgogne; le vin qu'elles fournissent est plus léger que ceux du Haut-Corgo; les qualités supérieures sont l'Alvarilhâo et le Bastardo. Dans le Corgo supérieur, les vins ont du rapport avec nos vins de l'Ermitage, mais ils sont plus forts et plus chargés en couleur; il y entre beaucoup d'eau-de-vie. Les plus renommés sont : Tourriga, Uinta-Francisca, Tinta-Câo, Tinta-Lameira. »

Le 19 octobre, en compagnie de MM. Auguste Luchet, Detouche et Tuyssuzian, commissaire-juré de l'empire ottoman, j'ai pu, grâce à l'excessive complaisance de M. le chevalier Vasconcellos, déguster les grands vins de Portugal.

Nous avons goûté des portos de 1834 et des madères plus vieux encore. Quelle différence entre ce porto et celui qu'on boit à Londres! quelle différence entre ce madère et celui qu'on boit chez nous!

Cette section de l'exposition portugaise a été très-soignée; mais quelle bonne fortune aussi d'entendre M. Vasconcellos! Il nous a fait là un véritable cours d'œnologie portugaise dont nous ne saurions oublier les leçons.

Les colonies portugaises sont également bien représentées dans le groupe VII; on y remarque surtout des riz, des farines de manioc, des tapiocas, des sorghos, des légumineuses magnifiques, des cafés, des cacaos et des cannelles.

Enfin dans le groupe X, classe 92, la commission portugaise a réuni une collection de statuettes, dont l'habillement représente les différents costumes du pays.

Qu'il est donc fâcheux que la commission portugaise n'ait pas obtenu un emplacement plus considérable dans la galerie de l'histoire du travail! Nous avons vu, dans le peu d'espace qui lui a été accordé, des choses ravissantes, merveilleuses, et parmi lesquelles il est impossible de faire un choix. — Cet examen nous a laissé la plus haute idée de l'art portugais. — Voyez donc seulement cet ostensoir fait avec le premier or rapporté par Vasco de Gama à son second retour des Indes! Cet or, d'une excessive pureté, était un tribut payé par le souverain de Quiloa au roi D. Manuel. Cet ostensoir d'un si éblouissant travail a été terminé en 1506. — Qui pourrait en déterminer le prix?

Mais nous voici bien loin de l'agriculture et de l'industrie. Et cependant nous aurions tant de choses à dire encore!

Rappelons du moins, en terminant, un paragraphe de la lettre de M. Pedro de Brito Arnaha à Victor Hugo au sujet de l'abolition de la peine de mort, puisque ce grand acte s'est accompli pendant l'Exposition universelle.

« Le Portugal est une contrée petite, sans doute, mais l'arbre de la liberté s'y est déjà vigoureusement épanoui; le Portugal est une contrée petite, sans doute, mais on n'y rencontre plus un seul esclave; le Portugal est une contrée petite, c'est vrai, mais c'est une grande nation. »

Et répétons avec Victor Hugo : « Vous n'avez pas cessé d'être, vous Portugais, des navigateurs intrépides. Vous allez en avant, autrefois dans l'Océan, aujourd'hui dans la vérité. Proclamer des principes, c'est plus beau que de découvrir des mondes! »

La visite de S. M. le roi de Portugal à l'Exposition universelle a déjà porté ses fruits : depuis son retour dans son royaume, une nouvelle impulsion a été donnée à tous les travaux d'utilité publique.

Des innovations considérables s'élaborent dans l'ordre économique, et le gouvernement s'avance d'un pas rapide dans cette voie de progrès matériel et industriel, où le traité de commerce conclu avec la France marque une première étape, et qui doit assurer au Portugal un avenir digne de son passé et de ses traditions historiques. Trois mesures importantes donnant satisfaction à des intérêts considérables viennent d'être prises par le roi dom Luis :

La première, c'est l'introduction en Portugal du système métrique décimal ;

La seconde, c'est la construction de nouvelles et nombreuses voies de communication, dont le besoin se fait si impérieusement sentir dans l'intérieur du pays et dont l'insuffisance a été jusqu'à ce jour un regrettable obstacle au développement de la prospérité publique ;

La troisième, c'est le bienfait de l'approvisionnement des eaux potables, acquis désormais à la ville de Lisbonne, au moyen d'une grande combinaison financière dont le succès est assuré.

Le traité de commerce, à lui seul, serait déjà un pas immense dans la voie du progrès [1].

Ce traité, décrété le 11 juillet 1866 et promulgué le 30 août 1867, porte en substance qu'il y a pleine et entière liberté de commerce et de navigation entre la France et le Portugal si bien que les objets d'origine ou de manufacture portugaise énumérés dans un tableau A, annexé, seront admis en France aux droits fixés par ledit tableau, tous droits additionnels compris. De même, les objets d'origine et de manufacture française énumérés dans un tableau B, annexé, seront admis en Portugal aux droits fixés par ledit tarif.

Les deux nations profiteront mutuellement de tous les priviléges et abaissements qui résulteraient d'un traité avec une tierce puissance.

Le Portugal, seul, se réserve une petite exception au sujet du Brésil.

Seulement les surtaxes de pavillon établies sur les produits d'un pays tiers, importés par navires français en Portugal et par navires portugais en France, sont maintenues jusqu'au 1ᵉʳ juillet 1869.

Seulement encore, la navigation du cabotage ou côtière n'est pas comprise dans le présent traité.

---

[1]. Voir le *Moniteur* du 31 août 1867.

Les colonies des deux pays jouissent enfin des mêmes avantages et priviléges sans distinction.

Ainsi, aujourd'hui, le Portugal est placé vis-à-vis de la France dans les mêmes conditions que l'Angleterre, la Belgique, le Zollverein, l'Italie, la Suisse, la Suède, la Norvége et les Pays-Bas.

Ce n'est pas tout : une convention consulaire a été ratifiée en même temps par le cabinet de Lisbonne et le gouvernement français : l'objet de cet acte est de déterminer les droits, priviléges et immunités réciproques des consuls et agents consulaires des deux nations. Cette convention, conçue dans le même esprit que le traité et qui donne aux agents diplomatiques la plus grande liberté pour l'exercice de leurs fonctions, ne peut que contribuer à assurer la situation des nationaux à l'étranger et prévenir toute confusion dans les attributions dévolues aux consuls et aux autorités locales.

Enfin il faut aussi signaler la convention littéraire signée et sanctionnée entre la France et le Portugal. L'idée de la propriété des œuvres d'esprit et d'art fait chaque jour de nouveaux progrès, et tous les peuples se montrent animés du désir de protéger le droit de ceux qui les illustrent par leurs productions. On a compris enfin que la contrefaçon et la fraude, quel que soit leur objet, devaient être également poursuivies et que les gouvernements ne pouvaient manquer de garantir à leurs nationaux dans les divers pays les avantages dont ces derniers jouissent dans leur propre patrie. De là ce grand nombre de conventions littéraires qui sont pour les artistes et les gens de lettres un véritable bienfait. Celle que le Portugal et la France viennent de conclure doit satisfaire tous les intérêts. Il existe en Portugal un mouvement littéraire de quelque importance et on y suit avec attention les travaux de littérature étrangère. Aussi avait-on senti le besoin de protéger la propriété littéraire dans le pays même ; une loi du 8 juillet 1851 l'a reconnue et en a assuré la jouissance à l'auteur et à ses héritiers pendant un espace de trente années. En même temps une convention littéraire avait été conclue avec la France. Celle qui vient d'être ratifiée confirme la première et la développe. Les auteurs de livres ou de compositions de toute nature jouiront désormais des mêmes avantages dans les deux États : ils seront en possession du même recours légal contre toute atteinte portée à leurs droits pendant le temps où dure l'existence de ces droits dans le pays où a été faite la publication originale, pourvu toutefois que l'ouvrage ait été enregistré en même temps à Paris et à Lisbonne.

Telles sont les principales stipulations de ces trois traités, dont on ne saurait méconnaître la sérieuse importance. Les rapports si fréquents établis depuis longtemps entre le Portugal et la France, et que la facilité des communications a développés encore, trouveront à la fois dans ces conventions commerciale, consulaire et littéraire un encouragement et une garantie.

L'esprit coopératif pénètre donc partout, aussi bien dans les hautes régions gouvernementales que dans les classes les plus humbles de la société.

On ne saurait entraver le progrès ; il marche et grandit chaque jour ; il tend continuellement à conduire l'humanité dans des voies meilleures, à la faire sortir des limbes obscurs de l'isolement et à la mettre sous la sauvegarde de l'association.

Gloire et honneur au Portugal et que la Providence féconde les nobles efforts de son souverain !

XX.

LA GRÈCE.

Si la voix du gouvernement hellénique avait été mieux écoutée, les exposants grecs eussent été plus nombreux ; leur industrie aussi se fût présentée d'une façon plus imposante ; mais, malgré les encouragements de l'État, la plupart de ceux qui pouvaient prendre honorablement part à la lutte se sont abstenus.

Sans doute cette regrettable abstention est due, jusqu'à un certain point, aux événements politiques dont la Grèce vient d'être le théâtre. — Les arts de la paix font triste mine pendant la guerre.

Quoi qu'il en soit, cet état de choses nous a fortement attristé et nous avons vu avec peine la plus grande partie des visiteurs de l'Exposition se faire une idée complétement fausse des forces productives de la Grèce.

C'est pour combattre cette impression fâcheuse que nous allons nous efforcer de montrer ce pays sous son véritable jour.

La Grèce est située entre le 39e et le 36e degré de latitude, elle forme la partie la plus méridionale de l'Europe et marque le passage de la zone juxtatropicale à la zone tempérée chaude, dans laquelle elle est comprise.

Elle est limitée, au nord par la Turquie d'Europe, à l'ouest et au sud par la mer Ionienne et à l'est par l'Archipel.

Le royaume se compose de trois parties distinctes : la partie septentrionale, appelée Livadie, la partie méridionale ou presqu'île de Morée, Péloponèse, et la partie orientale ou Archipel.

Depuis 1864, on a annexé à la Grèce les îles Ioniennes, ce qui a augmenté le chiffre de la population hellénique de 232,426 habitants, et le territoire de 2,838 kilomètres carrés.

D'après M. Edmond About, l'étendue du pays est de 7,618,469 hectares, soit 76,184 kilomètres carrés. Les montagnes et les rochers couvrent 2,500,000 hectares, les forêts 1,120,000 hectares, les terres arables 3,000,000 d'hectares dont 800,000 appartiennent à l'État.

La population, non compris les îles Ioniennes, était, d'après le recensement de 1861, de 1,096,810 habitants; à cette époque il y avait en Grèce plus de femmes que d'hommes, dans la proportion de 51.40 à 48.60.

Puisque nous venons de prononcer le nom de M. Edmond About, complétons notre citation par un passage de son livre sur la Grèce, passage qui résume en quelques mots l'état agricole du pays qui nous occupe :

« Les marais et les lacs entretiennent, dans la Grèce septentrionale, quelques pâturages. Si la terre venait à manquer aux bras qui la cultivent, ce qui n'arrivera pas avant cent ans, on n'aurait qu'à dessécher le lac Copaïs pour donner à l'agriculture 30,000 hectares de terres arables.

« L'eau courante est rare en Morée, très-rare dans certaines îles, mais l'eau ne manque jamais absolument, et les paysans grecs sont très-habiles à tirer parti du moindre ruisseau pour arroser leurs plantations.

« Le sol de la Grèce est raisonnablement approprié à la culture des céréales, de la vigne, du mûrier et des arbres à fruit.

« Le blé, le seigle, l'orge et le maïs sont assez beaux dans les cantons pierreux, où la terre végétale n'a que quelques centimètres d'épaisseur. L'avoine réussit médiocrement, et la pomme de terre tout à fait mal. Les pois, les haricots et les fèves viennent bien et rendent beaucoup. Le riz se cultivait avec succès dans les terrains humides.

« Le coton herbacé réussit partout où on le plante. Il prospère surtout dans la plaine d'Argos et dans les îles. La Grèce peut en récolter assez pour sa consommation et en exporter à l'étranger. C'est dans les îles de l'Archipel grec que le gouvernement français a fait chercher des graines de coton pour nos colonies d'Afrique. La garance réussit dans les provinces du Nord aussi parfaitement que le coton dans le Midi. Les premières plantations qu'on en a faites ont rapidement accru de 100,000 drachmes[1] le revenu de la nation. Les économistes pensaient qu'au bout de quelques années elles rapporteraient jusqu'à 1 million. Si ces espérances n'ont pas été tout à fait justifiées, c'est parce que les cultivateurs manquaient d'argent, et non parce que la terre manquait de fécondité.

« Le tabac grec est d'une bonne qualité et d'un parfum délicieux. Il se récolte dans l'Argolide et dans la province de Livadie. Les tabacs d'Argos sont plus noirs et moins fins que ceux du Nord. Ils sont néanmoins très-

---

1. La drachme vaut 90 centimes.

estimés et très-estimables. La culture du tabac est si peu coûteuse, que les paysans peuvent le livrer au commerce au prix d'une drachme l'ocque, 90 centimes les 1,250 grammes. Il y a huit ans, le gouvernement français a fait, à ce prix, une commande s'élevant à 800,000 fr.

« Le sol du pays est couvert d'oliviers sauvages qui n'attendent que la greffe pour donner d'excellents fruits. Les oliviers greffés sont innombrables. Le peuple se nourrit toute l'année d'olives, marinées tant bien que mal dans de la saumure ; on fait une grande consommation d'huile, car la chandelle de suif est inconnue dans le pays, la bougie n'est employée que dans quelques maisons d'Athènes ; on n'a jamais songé à fabriquer des chandelles de résine, et toutes les lampes du royaume brûlent exclusivement de l'huile d'olive [1]. Et cependant, malgré l'usage et l'abus qu'on en fait à l'intérieur, on peut encore en exporter une quantité considérable.

« La vigne a été jusqu'à ce jour la principale richesse de l'agriculture. Il faut distinguer deux sortes de vignes : celles qui fournissent du vin et celles dont le raisin se conserve en nature sous le nom de raisin de Corinthe.

« Les premières suffisent abondamment à la consommation d'un pays sobre. Toutes les espèces de raisin, sans exception, réussissent sur le sol de la Grèce. On en compte seulement dans l'île de Santorin plus de soixante variétés, toutes excellentes au dire des vignerons. »

Nous compléterons ces documents par les notes suivantes :

La vallonée (*quercus ægilpos*) croît spontanément sur les collines. Ce chêne, si précieux par son tannin, préfère les sols argileux un peu gras, mais il n'exige pas de très-bons terrains. Il est de moyenne taille ; son bois est d'un faible produit. On en compte deux espèces : l'une dont le gland est volumineux, l'autre dont le gland est plus petit ; cette dernière est la plus estimée.

La récolte du gland se fait depuis le mois d'août jusqu'en octobre. On exporte les cupules en Turquie, à Trieste, en Sardaigne, en Angleterre et quelque peu en France. L'exportation s'élève à 140,000 quintaux, chaque quintal vaut de 6 fr. 30 à 13 fr. 50. La vallonée se récolte particulièrement dans la Phthiotide, l'Étolie, Patras, la Laconie, Zéa, qui fournit la meilleure qualité. En second ordre vient la Laconie.

Le *glycyrrhiza glabra*, de la racine duquel on tire le suc connu sous le nom de suc de réglisse, réussit en Grèce. Deux fabriques existent à Patras.

Le pays produit aussi du lin, du riz, de la gomme adragante, des noix de galle, etc., etc.

La Morée donne naissance à quelques caroubiers, dont les produits sont du reste peu considérables.

Les collines du continent et des îles sont couvertes de grenadiers, d'arbousiers et de lentisques ; on retire des graines du lentisque une huile bonne à brûler et dont les pauvres gens se nourrissent quelquefois. Cette huile est claire et d'une belle couleur d'or, elle se fige au froid le plus léger comme la meilleure huile d'olive. Conservée pendant deux ou trois ans, elle devient un excellent topique contre les douleurs rhumatismales.

La Grèce produit des fruits en abondance ; la partie du bazar d'Athènes où ils se vendent offre un admirable coup d'œil ; on y voit des accumulations d'oranges, de citrons, de limons, de grenades, de raisins, de figues, de melons, de pastèques ; ces fruits caractérisent la zone horticulturale de la Grèce.

Les figues de Calamata sont l'objet d'un grand commerce ; elles se vendent enfilées de manière à représenter des dessins divers ; elles sont loin d'avoir la saveur des figues de Smyrne ; elles sont presque aussi grosses, mais beaucoup plus sèches.

Les collines et les vallons donnent naissance à une végétation spontanée qui compose une excellente pâture pour les troupeaux. Les moutons de la Livadie et de l'Arcadie sont les plus beaux du royaume. Ils ont été croisés avec des races d'Afrique et rappellent les moutons barbaresques. Leur laine manque de blancheur, mais elle est soyeuse et longue.

Les chèvres forment de nombreux troupeaux.

---

[1]. Il en était de même dans notre colonie d'Afrique en 1852.

On assure que les bœufs, les chevaux, les mulets et les ânes ont dégénéré.

La volaille et le gibier sont abondants; le bazar d'Athènes présente une remarquable variété d'oiseaux sauvages; les peaux de lièvre sont un important produit.

Les fleurs des collines fournissent aux abeilles un miel aromatique, celui de l'Hymette est le plus renommé; il n'est point blanc, il est jaunâtre ou roussâtre; il n'est ni congelé ni grainé, mais semi-liquide et si homogène dans ses parties, qu'il coule facilement.

La cire de l'Attique est loin de valoir le miel.

L'*ilex coccifera* du Parnasse et des montagnes de l'Hellade est couvert de kermès; le kermès est un insecte comme la cochenille; on l'exporte sous le nom de vermillon de Livadie.

Le mûrier occupe une large place dans l'agriculture hellénique. La variété connue sous le nom de mûrier de Brousse est généralement celle qui est préférée. Dans le Péloponèse, cependant, on donne la préférence au mûrier blanc greffé; dans l'Archipel, au contraire, on fait exclusivement usage du mûrier noir.

On compte en Grèce 700,000 mûriers. C'est en Laconie et dans les environs de Sparte que les plantations occupent la plus grande surface.

Les races de vers à soie sont nombreuses; voici les principales, divisées par localité :

Dans les îles : variétés d'Andros, de Tinos et de Charisto;

Dans la Hellade : variété de Lamia (Phthiotide);

Dans le Péloponèse : variétés de Sparte (Laconie), de Nisi (Messénie), d'Acrata (Achaïe), de Zacoli (Corinthie), de Tricala (Corinthie), de Tripolitza (Arcadie), de Vortini, près Mantinée (Arcadie), et d'Astros (Cynurie).

On récolte dans les vallées de la Messénie et de la Laconie 150,000 kilogrammes de cocons, qui sont généralement petits et de qualité médiocre. Les cocons de Lacédémone valent à Marseille 16 francs le kilogramme.

D'après la statistique faite en 1852 par l'ordre du ministre de l'intérieur, la production annuelle de la Grèce serait de 87,500 kilogrammes de soie grége; sur cette quantité, la consommation locale en prélèverait 25,000 kilogrammes, et l'exportation spéculerait sur 72,500 kilogrammes.

La soie filée vaut en Grèce de 22 francs 50 à 27 francs l'ocque; la soie filée selon les perfectionnements modernes vaut de 45 francs à 54 francs l'ocque, poids équivalant à 1 kilogramme 250 grammes.

En 1850, il a été importé de Grèce en France 13,037 kilogrammes de cocons et 15,020 kilogrammes de soie grége.

En 1851, il a été importé de Grèce en France 17,234 kilogrammes de cocons et 7,116 kilogrammes de soie grége.

En 1852, il a été importé de Grèce en France 31,556 kilogrammes de cocons et 16,868 kilogrammes de soie grége.

En 1853, il a été importé de Grèce en France 206,616 kilogrammes de cocons et 10,798 kilogrammes de soie grége.

En résumé, d'après les estimations officielles, la production générale agricole a été, en 1855 :

Pour les céréales, 2,891,875 hectolitres, cultivées sur une superficie de 364,987 hectares, ce qui représente un rendement moyen de 7,9 hectolitres par hectare;

Pour l'huile d'olive, la production a été de 2,446,400 kilogrammes;

Pour le vin, la production a été de 24,769,800 litres;

Pour la soie, la production a été de 107,030 kilogrammes [1];

Pour la laine, la production a été de 2,293,500 kilogrammes;

Enfin celle du raisin de Corinthe se serait élevée à 60,000,000 de litres de Venise.

En 1860, le mouvement du commerce extérieur a été :

Pour les importations, de 54,400,000 francs;
Pour les exportations, de 24,200,000 francs.

En 1850, voici comment se décomposait le chiffre des produits de l'agriculture grecque :

---

[1] Ce chiffre ne s'explique guère et ne saurait concorder avec les précédents.

Blé	9,900,000 fr.
Orge	2,700,000
Blé et orge mêlés	2,419,200
Avoine	203,400
Seigle	270,000
Blé de mars	52,650
Blé de Turquie	7,430,436
Anis	11,700
Cumin	27
Fèves	100,800
Pois chiches	46,800
Pois sucrés	1,800
Haricots	88,800
Riz	16,200
Vignes	6,120,000
Raisins de Corinthe	4,500,000
Vallonée	1,530,000
Soie	1,080,000
Figues	1,620,000
Vermillon	117,000
Citrons et oranges	135,000
Garance	90,000
Jardins et vergers	1,080,000
Oliviers	3,600,000
Tabac	540,000
Coton	270,000
Lentilles et oignons, etc.	1,260,000
Total	45,183,813 fr.

Sur ces produits, la Grèce fournit à la France des céréales, des fruits de table, des huiles d'olive, des soies grèges, des laines, des peaux brutes, des éponges, des cornes de bétail, du suif et du cuivre allié d'étain.

La France fournit en échange à la Grèce : du café, du sucre raffiné, des tissus, des verres et des cristaux.

Nous ne connaissons l'état des finances que pour l'année 1856. A cette époque :

Les recettes étaient de	17,814,572 fr. 30 c.
Les dépenses de	17,506,385 10
Excédant des recettes.	308,187 fr. 20 c.

Ajoutons qu'en 1861 l'armée se composait de 10,911 hommes et la flotte de 1,235, ensemble 12,146 hommes, soit un soldat ou matelot pour 90 habitants. Il existait également à cette époque 5,052 bateaux et navires de toutes grandeurs jaugeant 234,443 tonneaux. Ces derniers chiffres, qui nous sont donnés comme officiels, nous paraissent exagérés.

Au point de vue de la statistique morale et administrative, les documents nous font défaut. Disons cependant que la première université a été ouverte vers la fin de l'année 1837; elle portait alors le nom de l'université d'Othon ; vingt-trois professeurs y enseignaient le droit, la théologie, la philosophie et la médecine.

La première société savante date en Grèce du 28 avril 1835 : c'est la Société d'histoire naturelle, dont le siége est à Athènes. La même année, une société médicale fut fondée dans la même ville afin d'aider à l'étude et au développement des connaissances médicales en Grèce. Enfin, en 1847, quelques hommes de progrès constituèrent la Société archéologique, dont le but est de faciliter la découverte, la conservation et la restauration des antiquités de la Grèce, leur examen et la publication d'articles archéologiques spéciaux.

En relevant exactement le nombre des exposants inscrits nominativement au catalogue français, nous arrivons au chiffre de 723 ; tandis que si nous nous en référons au tableau du nombre des exposants, placé à la page 35 de ce même catalogue, nous y trouvons le chiffre de 892. Nous nous expliquons jusqu'à un certain point cette différence, parce qu'une grande quantité d'exposants ont fait des expositions collectives qui ont été réunies sous un seul numéro, que la commission française a sans doute décomposé ; mais ce que nous ne nous expliquons pas aussi facilement, c'est le chiffre du catalogue grec, qui ne dépasse pas 305.

Quoi qu'il en soit, nous ne sortirons pas de notre méthode ; nous prendrons les noms inscrits au catalogue français et nous dirons qu'en 1851, à Londres, la Grèce était représentée par 36 exposants ; en 1855, à Paris, par 131 ; en 1862, à Londres, par 282 ; et les îles Ioniennes, par 177 ; en 1867, à Paris, la Grèce est représentée par 723.

Ajoutons qu'en 1855, à Paris, l'espace attribué à la Grèce ne dépassait pas 182 mètres tandis que cette année la Grèce occupe dans le palais 707 mètres 37.

Les 723 exposants inscrits au catalogue français se répartissent par groupe de la manière suivante :

		Exposants.
1er GROUPE.	— Œuvres d'art	22
2e GROUPE.	— Matériel et application des arts libéraux	25
3e GROUPE.	— Meubles et autres objets destinés à l'habitation	32
4e GROUPE.	— Vêtements et autres objets portés par la personne	87
5e GROUPE.	— Produits des industries extractives.	226
6e GROUPE.	— Instruments et procédés des arts usuels	24
7e GROUPE.	— Aliments à divers degrés de préparation	297
8e GROUPE.	— Produits vivants et spécimens d'établissements d'agriculture	»
9e GROUPE.	— Produits vivants et spécimens d'établissements d'horticulture	»
10e GROUPE.	— Objets exposés en vue d'améliorer la condition physique et morale des populations	10
	Total...	723

Dans le deuxième groupe, nous recommanderons, non point comme perfection typographique, mais seulement au point de vue utilitaire, quatre publications : 1° la collection de tous les journaux et ouvrages périodiques, publiés en Grèce pendant l'année 1866. Le nombre de ces recueils s'élève à quatre-vingt-dix; 2° la statistique sur le mouvement de la population hellénique en 1860, 1861 et 1864; 3° la statistique de l'agriculture de la Grèce en 1863; et 4° les tableaux généraux du commerce extérieur en 1858, 1859, 1860, 1862 et 1863, le tout publié par les ministres de l'intérieur et des finances[1].

Dans la classe 10 — Instruments de musique — nous trouvons un luth; le luth, à ce qu'il paraît, est encore en usage en Grèce. Nous ignorons la valeur harmonique de celui qui est exposé par M. Marcopoulos; mais, *de visu*, l'instrument est remarquable.

Après ce que nous avons dit des matières destinées à la fabrication des fils et tissus, il nous paraît superflu d'examiner en détail les objets exposés; ces objets sont sans doute intéressants à étudier comme provenance, mais ils ne présentent aucun intérêt comme fabrication générale. Nous ferons cependant une exception en faveur des barèges de soie, car ce genre d'étoffe est une spécialité de la fabrication grecque. Rien, en effet, de plus léger, de plus transparent, de plus aérien, et nous hésitons à donner la préférence aux pièces exposées par le couvent des femmes de Calamata, ou bien à celles de M. Phrangoulis de Carystu. Dans tous les cas, si la comparaison n'est pas par trop classique, nous dirons que les barèges blancs rayés de bleu, de couleur rayés de blanc, qui sont exposés par la Grèce, sont comparables à l'écharpe d'Iris.

Nous nous arrêterons à cette dernière appréciation, parce que notre esprit répugne à matérialiser nos souvenirs; ceux-ci évoquent à tous moments les héros d'Homère et les interposent entre l'histoire des faits et les bonnets de coton de M. Congas, d'Argos, les sacs de laine d'Épidaure, les bas de Lacédémone et les savates d'Ithaque. C'est de l'enfantillage, nous dira-t-on; c'est possible! Mais il nous semble que la Grèce devait rester un peu le pays des Apelles, des Phidias, des Zeuxis, des Sapho, des Homère. La machine, esclave de l'esprit humain, a seule, suivant nous, le droit d'intervenir sur ce sol sacré.

Cependant arrêtons-nous au groupe V — Produits de l'exploitation des mines et de la métallurgie — parce que là il y a de la science et que la science pure sait idéaliser la matière.

Le sol de la Grèce est formé de talcites, de calcaires cristallins et saccharoïdes superposés aux talcites de roches ferrugineuses, de serpentines, d'euphotides et d'ophytes[1].

Les calcaires compactes présentent un immense développement; il est très-difficile encore de pouvoir déterminer leur âge précis. Une partie d'entre eux appartient aux terrains crétacés (Livadie), comme le prouvent les hippurites qu'ils renferment[2].

Les marnes blanches, si développées dans tout le Levant, apparaissent sur plusieurs points (île d'Eubée, etc.); de même les calcaires grossiers, abondants sur toutes les côtes

---

[1]. Nous espérons trouver plus tard dans ces diverses publications officielles des chiffres, sur les transactions commerciales de la Grèce, plus récents que ceux que nous pouvons donner aujourd'hui.

---

[1]. L'euphotide est un silicate non alumineux double; l'ophyte est un porphyre vert amphibolique (vert antique).

[2]. Coquilles univalves.

du Levant, se retrouvent sur le littoral de la Grèce.

Signalons parmi les roches exposées la collection de marbres présentée par la commission centrale d'Athènes ;

Les lignites envoyés par la commission de Carystie, par M. Zaphirapoulo d'Olympie, par M. Paparrigapoulo d'Athènes et par M. Valasopoulo de Sparte ;

Les pierres lithographiques du conseil d'arrondissement de Sainte-Maure (îles Ioniennes);

Et les émeris de Naxos, qu'on trouve en amas considérables sur la surface des montagnes Amalia, Korkes, Perzouleo, etc...

La classe 67 — Céréales et autres produits farineux comestibles avec leurs dérivés — renferme vingt-cinq échantillons de blé, très-beaux.

Nous avons remarqué ici une belle série de cotons, de laines, de tabacs, de cocons et de divers produits agricoles provenant de l'École royale d'agriculture de Tyrinthe, que dirige avec une haute intelligence M. Apostolopoulo, un ancien élève de notre école impériale de Grignon.

La classe 69 — Corps gras alimentaires — deux échantillons de beurre de Chalcis et d'Argos, douze échantillons d'huile de Milo, d'Ithaque et de Lacédémone et quatre échantillons de fromage. La classe 71 — Légumes et fruits — douze spécimens de raisin de Corinthe, des olives vertes, des noix, des amandes, des figues, des oignons, des pois, des lentilles, des haricots, des graines légumineuses, des pommes de terre, des miels et de la confiserie. Enfin on compte dans la classe 73 — Boissons fermentées — cinquante-huit crus de vins, rouge et blanc, parmi lesquels brille au premier rang le fameux santorin, un échantillon de bière et neuf échantillons d'alcool.

Une mention des plus honorables est due à un ouvrage qu'on nous a signalé : c'est un traité d'hygiène de M. J. Pyrlas. — Lorsque nous posséderons ce livre dans lequel l'auteur a fait preuve d'une profonde érudition, nous ne manquerons pas de l'étudier avec le plus grand soin.

Avant de passer à une autre étude, nous croyons devoir donner sur les îles Ioniennes, nouvellement annexées à la Grèce, quelques documents statistiques qui trouvent ici naturellement leur place.

L'Ionie se compose de sept îles : Cérigo Corfou, Sainte-Maure, Céphalonie, Ithaque Paxos et Zante.

Sauf Cérigo, l'ancienne Cythère, elles sont situées entre le 37° et le 40° degré de latitude — îles Baléares et Valence en Espagne.

Les champs de blé, d'orge et de maïs ont une faible étendue, mais sont très-productifs. Le froment de Sainte-Maure et de Corfou est de première qualité. Les céréales ne suffisent pas à la consommation. La plus grande partie des grains se tire de la Roumélie et du Péloponèse.

On élève peu de bestiaux, la pénurie de fumier est même la principale cause de la stérilité. Céphalonie élève quelques bœufs.

Le menu bétail est cependant abondant Les femmes filent la laine des brebis. Le poils de chèvre sont utilisés pour la confection des sacs et tapis, qui sont assez estimés On fait du beurre et des fromages.

La vigne est une des principales richesses l'exportation des raisins secs est considérable Les vignobles de Passaline (raisin de Corinthe) sont localisés dans quatre îles : Céphalonie Zante, Cérigo et Sainte-Maure.

Avec les vignes, les olives forment la principale richesse des îles Ioniennes.

Depuis Homère l'horticulture est la même on peut dire encore aujourd'hui avec le poëte, lorsqu'il décrit les jardins d'Alcinoüs de l'île des Phéaciens, aujourd'hui Corfou :

« Dans ce jardin, il y a un verger planté d'arbres fruitiers en plein vent, toujours chargés de fruits ; on y voit des poiriers, des grenadiers, des orangers dont le fruit est le charme des yeux ; des figuiers d'une rare espèce et des oliviers toujours verts ; jamais ces arbres ne sont sans fruits, ni l'hiver ni l'été. La poire prête à cueillir en fait voir une qui naît; la grenade et l'orange déjà mûres en montrent de nouvelles qui vont mûrir ; l'olive est poussée par une autre olive, et la figue ridée fait place à une autre qui la suit (*Odyssée*, liv. VII).»

Voici, d'après M. le consul de France à Corfou, les chiffres des productions moyennes des îles Ioniennes :

Blé................	40,000 hectol.
Maïs...............	120,000 —
Orge et avoine......	35,000 —
Menu bétail........	10,000 têtes.
Chevaux et mulets...	100 —
Fromages...........	450,000 kilos.
Beurre.............	50,000 —
Laine..............	20,000 —
Lin et chanvre......	30,000 —
Soie écrue..........	1,000 —
Coton brut.........	15,000 —
Bois de chauffage...	20,000 stères.
Huile d'olive.......	50,000 hectol.
Raisin de Corinthe..	6,500,000 kilos.
Tabac..............	500,000 —
Vins...............	200,000 hectol.

Nous terminerons ici cette esquisse sur la Grèce qui peut, à juste titre, être appelée le berceau de la civilisation moderne, civilisation qui a pénétré dans toute l'Europe par Rome, comme la civilisation égyptienne et mosaïque a pénétré en Europe par le peuple juif. La Grèce est aujourd'hui à la veille d'une régénération; les temps sont proches, l'heure a même sonné. Mais quelle est la voie qu'elle suivra? S'alliera-t-elle aux peuples de l'extrême Nord? ou bien tendra-t-elle la main à l'Occident?

Nous aimons à croire qu'elle préférera ce dernier parti; cependant n'affirmons rien, ne préjugeons rien, car les nations sont un peu comme la plus belle moitié du genre humain..., *bien fol est qui s'y fie.*

En attendant que la balance penche à droite ou à gauche, le jeune souverain qui règne sur cette terre antique a les sympathies de l'Europe entière! C'est une force considérable, c'est un puissant levier. — Il en profitera, nous en avons la conviction, pour guérir les blessures encore saignantes de la Grèce et rendre à ce beau pays, si grand par ses souvenirs, la richesse et la prospérité de ses beaux jours.

XXI.

DANEMARK.

Le Danemark est à peine remis du lourd tribut qu'il vient de payer aux appétits conquérants de la Prusse... Encore si ce sacrifice ne lui avait pas aussi coûté le sang le plus généreux de ses enfants!

Il était donc permis de se demander s'il pourrait répondre à l'appel de la France, et de concevoir quelques appréhensions sur le rôle qu'il était appelé à jouer au Champ de Mars au milieu des diverses nations du monde.

Eh bien, hâtons-nous de le constater, le généreux peuple danois a fait taire ses blessures et, lorsque l'heure a sonné de montrer ce qu'il sait faire, il était prêt!

Le *Moniteur universel* du 17 mars 1867 renfermait le paragraphe suivant:

« La population de la monarchie danoise, qui d'après le recensement de 1860 était de 2,605,000 âmes, ne s'élève plus depuis la perte des duchés qu'à 1,700,000 habitants. Mais, comme compensation à cet amoindrissement territorial, le pays a pris un caractère plus compacte et plus homogène. A une organisation multiple et complexe, troublée par des éléments disparates et par les ingérences continuelles de l'Allemagne, a succédé un état de choses normal et une administration unitaire.

« Le nouveau parlement fonctionne dans de bonnes conditions, et les anciens partis, au lieu de se livrer à des récriminations qui seraient pour le moins stériles, paraissent tous animés du désir de cicatriser les blessures de la dernière guerre. Les intérêts matériels ne sont pas négligés. On espère pouvoir prochainement étendre le réseau des chemins de fer et développer les communications postales et télégraphiques. Plusieurs grandes sociétés de commerce et d'industrie se sont constituées depuis quelques mois, et la marine marchande veut porter le pavillon danois, jusque dans les mers les plus reculées. Les populations, loin de se laisser abattre par le malheur, y ont puisé une nouvelle force morale, et le gouvernement, qui travaille avec conscience à réparer les désastres du pays, trouve dans toutes les classes de la société un précieux et loyal concours. »

Il n'est guère possible à un médecin de mieux parler...

Mais, si le *Moniteur* voit une source inépuisable de prospérité pour le Danemark dans son amoindrissement et dans l'accaparement du Schleswig et du Holstein par la Prusse, nous y voyons, nous personnellement, un grand embarras pour notre histoire. Comment allons-nous procéder pour retrouver les éléments statistiques qui constituent la prospérité du Danemark proprement dit?

Nous savons déjà par la note du *Moniteur* que la population danoise est de 1,700,000 habitants. Nous savons également qu'avec les duchés la surface territoriale était de 56,923 kilomètres carrés; mais ignorant la superficie afférente au Schleswig et au Holstein, il nous est impossible de dire ce qui reste.

Avant la séparation des duchés, voici quelle était la situation cadastrale du pays :

Terres labourables : 3,622,890 hectares; prés et pâtures, 71,360 hectares; terres incultes, landes et bruyères, 801,430 hectares; bois et forêts, 252,500 hectares; bâtiments, routes, cours d'eau, mines, 724,580 hectares; marais et étangs, 219,570 hectares; soit en totalité 56,923 kilomètres carrés; 30 ou 5,692,330 hectares. Nous croyons que ce chiffre, par rapport aux duchés, doit être réduit approximativement d'un tiers.

Aujourd'hui le Danemark se compose du Danemark proprement dit, du Jutland et des îles Bornholm, Faalster, Fyen et Laaland dans la Baltique; quant aux possessions d'outre-mer, le Danemark possède en Europe l'archipel de Fœroé et l'Islande, et en Amérique Sainte-Croix, Saint-Thomas, Saint-Jean et le Groënland. La population de ces contrées d'outre-mer est estimée à 114,837 habitants.

D'après le recensement de 1855, on comptait en Danemark, sur 1,000 habitants : 992,70 luthériens; 1,02 réformés; 0,11 anglicans; 0,001 presbytériens; 1,19 catholiques romains; 0,01 catholiques grecs; 0,67 anabaptistes; 3,25 israélites; 0,80 mormons; 0,08 mennonites; 0,16 frères moraves. Soit au total 1,000. Malgré l'absorption des duchés, ce chiffre relatif a dû peu changer.

Voici maintenant la statistique des professions en Danemark. Nous ne donnons ici que le rapport relatif pour 1,000 habitants, ne pouvant établir le rapport absolu, faute de documents :

Professions libérales et rentiers.	86.6
Armée et marine	38.7
Agriculture	386.3
Industrie	220.8
Commerce	48.0
Journaliers	189.5
Professions inconnues	30.1
Total...	1,000.0

En Danemark il est rare de rencontrer même un homme du peuple qui ne sache pas lire. On compte du reste à Copenhague une université, des gymnases, une école normale supérieure, plusieurs sociétés économiques, industrielles, agricoles, des bibliothèques, des collèges et partout des écoles primaires.

Les sociétés savantes du royaume de Danemark ont su par leurs travaux se faire une réputation internationale; nous dirons plus, elles donnent par leur organisation et les hommes éminents qui les dirigent une haute idée de cette nation. En effet, pour peu qu'on se livre à l'étude superficielle des sciences, on connaît les travaux de l'Académie royale de Copenhague. La Société d'histoire naturelle, la Société d'horticulture, la Société royale danoise d'agriculture ont rendu au pays les plus grands services. Il y a également à Copenhague la Société royale danoise pour l'histoire et la langue nationale, la Société littéraire de Classen, la Société royale de médecine, la Société pour la diffusion des connaissances physiques et naturelles, et enfin la Société royale des antiquaires du Nord.

Cette dernière, fondée en 1825, a déjà rendu d'immenses services; ses annales et mémoires sont des chefs-d'œuvre d'érudition et de savoir qui jettent un jour éclatant sur les questions les plus intéressantes de l'ethnographie scandinave. La Société du Nord a en effet pour objet l'interprétation des ouvrages irlandais et de l'ancienne littérature du Nord.

Les renseignements nous font défaut en ce qui regarde la marine et les finances; nous possédons cependant, pour le Danemark, les chiffres du budget de 1854 :

Recettes......... 38,903,304 fr. 36 c.
Dépenses......... 37,138,711   92

Cette même année — toujours en négligeant les duchés — les importations ont été de 66,116,000 francs et les exportations de 48,504,000 francs.

La France, encore aujourd'hui, fournit au Danemark des vins, des eaux-de-vie de vin, du sel de marais, des fruits de table, de la garance, des huiles volatiles, du linge ouvré, de la parfumerie, des plaqués, etc., etc.

Et le Danemark fournit à la France des graines oléagineuses, des peaux brutes, du froment et du millet.

Nous venons de dire que la France importait en Danemark des eaux-de-vie de vin; cela n'empêche pas les Danois de fabriquer des eaux-de-vie de grains ou autres en quantité considérable. Afin de donner une idée de cette fabrication, voici un document que nous empruntons aux *Annales du commerce extérieur* et qui ne regarde que le commerce proprement dit :

La production des eaux-de-vie danoises a été en 1853 de 30,523,000 litres, ayant donné lieu à un versement de fabrication de 3 millions 633,000 francs.

Quant à présent, les lignes ferrées sont restreintes à la communication entre Copenhague et Korsoer. Les lignes télégraphiques sont plus étendues. De Copenhague le télégraphe électrique correspond avec Hambourg, Elseneur, Stockholm et avec les places les plus importantes du royaume.

Enfin, comme dernier renseignement statistique, nous dirons qu'en 1864 le mouvement de la navigation du Sund (navires qui ont franchi le détroit danois en acquittant le péage) a été de 21,512, soit 10,772 navires entrants et 18,850 sortants. Sur ces 21,512 navires, 3,346 seulement sur lest.

Le Danemark n'est ni un pays de tradition ni un pays de corporation; c'est une nation honnête et respectable qui, malheureusement pour elle, n'a pas été respectée comme elle devait l'être. Ce n'est pas un pays essentiellement manufacturier, mais il l'est assez pour pouvoir satisfaire à ses besoins et à ses exigences industrielles, commerciales et agricoles. Ses colonies, particulièrement celle de Saint-Thomas, sont très-florissantes.

Étudions maintenant le Danemark sous le rapport de ses expositions :

En 1851, à Londres, le Danemark était représenté par 39 exposants; — en 1855, à Paris, par 90; — en 1862, à Londres, par 299; — en 1867, à Paris, par 288.

Comme on le voit, la différence entre 1862 et 1867 est presque insignifiante, et cependant le duché de Lauenbourg compte 35,000 habitants, le duché de Holstein 544,510, et le duché de Schleswig 406,486, soit en totalité 985,996 âmes; ce chiffre diffère de 80,996 avec celui du *Moniteur universel* du 17 mars 1867. Mais ces 80,996 habitants représentent le flot allemand qui s'est précipité sur les duchés à la suite de l'annexion. Or, si nous acceptons les chiffres du *Moniteur*, nous pouvons conclure que la suppression de 905,000 habitants n'a produit parmi les industriels qu'une défection de 11 exposants, ce qui nous autorise à dire que, malgré tout, le royaume de Danemark s'agite dans une voie éminemment progressive.

Le Danemark a, du reste, toujours cherché le progrès. C'est ainsi que nous le voyons en 1810 ouvrir à Copenhague une première exposition qui comptait alors 66 exposants. En 1852, l'exposition danoise en comptait 757, savoir 450 de Copenhague, 200 des provinces danoises et 100 des duchés; ces derniers chiffres portent avec eux leur enseignement.

Les 288 exposants qui figurent cette année au Champ de Mars se répartissent, par groupe, ainsi qu'il suit :

	Exposants.
1ᵉʳ GROUPE. — Œuvres d'art..................	30
2ᵉ GROUPE. — Matériel et application des arts libéraux......................	47
3ᵉ GROUPE. — Meubles et autres objets destinés à l'habitation...................	43
4ᵉ GROUPE. — Vêtements et autres objets portés par la personne................	45
5ᵉ GROUPE. — Produits des industries extractives.	40
6ᵉ GROUPE. — Instruments et procédés des arts usuels......................	38
7ᵉ GROUPE. — Aliments à divers degrés de préparation.......................	31
A reporter....	274

	Exposants.
Report......	274
8ᵉ GROUPE.—Produits vivants et spécimens d'établissements d'agriculture......	»
9ᵉ GROUPE.—Produits vivants et spécimens d'établissements d'horticulture....	»
10ᵉ GROUPE.—Objets exposés en vue d'améliorer la condition physique et morale des populations...............	14
Total....	288

Les chiffres de ce tableau indiquent suffisamment que la nature danoise n'a réellement pas de spécialités, qu'il y a homogénéité dans les efforts des producteurs, que les objets manufacturés ne l'emportent pas sur les productions naturelles, que celles-ci ne sont pas, quant au nombre, supérieures aux premiers et que le pays est dans une juste mesure à la hauteur de ses besoins.

Signalons, dès notre début, dans la classe de l'Imprimerie et de la Librairie, les journaux des vétérinaires, maritimes, d'histoire naturelle, d'économie rurale, de la Société royale d'économie rurale, illustré, militaire, d'agriculture, de physique, de chimie, de pharmacie, et les travaux de l'institution technique pour les jeunes artisans, et disons qu'avec de semblables ressources intellectuelles il est permis de bien augurer d'un peuple.

Félicitons M. Drewsen, de Silkeborg (Jutland) pour ses papiers sans fin, et M. Culmsée, de Havreholm (Seeland) pour ses cartons de paille.

La fabrication du papier a fait en Danemark de remarquables progrès, grâce aux efforts éclairés de MM. Drewsen père et fils. — Les échantillons envoyés à l'Exposition sont nombreux et variés de nuances, — le grain en est généralement fort beau. — M. Drewsen, en fabricant intelligent, a constamment les yeux ouverts sur les perfectionnements introduits dans cette grande industrie par les pays voisins, et il applique en Danemark les procédés qui lui paraissent les plus avantageux pour le pays. — C'est bien ainsi que nous comprenons le progrès.

Les magnifiques papiers de M. Drewsen sont satinés et filigranés au rouleau par une machine brevetée, dont il est l'inventeur.

Je regrette de n'avoir pu constater la longueur et le développement des rouleaux.

Sur l'un d'eux on peut facilement parcourir la légende qui se déroule : « Partant pour la Syrie, etc., etc. » Mais ces papiers, tout beaux qu'ils apparaissent, sont à peu près muets pour le public.

Il faut savoir ce que nous savons : que l'établissement de M. Drewsen est une fabrique de premier ordre, et que le travail y est admirablement organisé.

Le Jury connaissait sans doute tout le mérite des travaux de M. Drewsen, puisqu'il lui a décerné une médaille d'argent. Nous aurions voulu, pour M. Drewsen, la médaille d'or.

L'exposition des meubles de luxe est un triomphe pour le Danemark : ce sont d'abord les meubles de la Société pour l'application des arts à l'industrie, qui nous remettent en mémoire notre Société de l'union des arts industriels, dont M. Guichard est le président. La Société danoise, qui a son siége à Copenhague, expose un meuble style du règne de Christian IV — 1596 — et un portail pour l'oratoire du château de Frederikbourg, deux merveilles! M. Jansen, également de Copenhague, présente une bibliothèque et particulièrement un guéridon dignes des plus grands éloges; M. Lund, une crédence en ébène plaquée d'écailles à filets d'argent, et M. Ottensen, un bureau et une armoire de salon, avec portes gravées sur écaille.

Nous l'avouons, le Danemark n'a pas de spécialité industrielle, aussi sommes-nous forcé de glaner un peu partout. C'est ainsi que nous recommanderons dans la classe 17 les porcelaines de la fabrique royale et les poteries du comité de l'exposition, et dans la classe 18 les toiles cirées de M. Meyer de Copenhague.

La Société pour l'application des arts à l'industrie reparaît dans la classe 24, Orfévrerie. Il y a dans cette exposition des objets parfaitement traités, comme, par exemple, un candélabre, une aiguière, une théière, etc. Ce qui frappe surtout, c'est la sobriété des détails, qui n'exclut en aucune manière le cachet artistique des pièces.

M. Schwartz, de Copenhague, expose un vase qui mérite une mention, c'est un bocal à vin, en ivoire sculpté, doublé d'argent; les bas-reliefs représentent les scènes de Saga, de

Frithioff, par le poëte suédois Fegner. Ce bel objet d'art appartient au prince Oscar, duc d'Ostrogothie. Nous citerons aussi du même exposant un éventail en ivoire représentant les Quatre Saisons d'après Thowaldsen, c'est tout simplement magnifique.

En fait de tissus, le Danemark expose de beaux draps militaires; mais ce qui nous a le plus intéressé, ce sont les laines-renaissance, c'est-à-dire les laines obtenues de vieux chiffons à l'aide de l'effilochage.

L'effilochage est une opération qui a pour but de détisser, d'ouvrir et de carder tous les tissus neufs ou vieux, en leur conservant leur ténacité et leur élasticité, ou à peu près. Eh bien, dans ce genre de travail on ne saurait trop féliciter M. Albeck, de Copenhague; M. Bech, de Aachus, et surtout M. Deichmann, aussi de Copenhague.

Le Danemark est peu riche en produits résultant de l'exploitation des mines et de la métallurgie, et cependant ses mines fournissent du bon fer et de la tourbe.

M. Johnskup, directeur du Musée de l'Université, présente néanmoins une intéressante collection minéralogique du Danemark et des provinces arctiques.

A propos des provinces arctiques, la Société pour l'exploitation des mines de cryolithe du Groënland expose de remarquables échantillons de cette roche. La cryolithe ne se rencontre guère qu'en masses laminaires ou fibreuses et est encore très-rare. Elle a été rapportée pour la première fois par M. Giezecke, du Groënland, où elle est enclavée dans un gneiss à filons métalliques.

Les arbres les plus communs sont le frêne, l'aulne, le chêne et surtout le bouleau, et cependant le Danemark n'a envoyé à l'Exposition aucun spécimen intéressant l'industrie forestière.

La pêche est abondante : les plies, les huîtres, les homards, les marsouins, les chiens de mer, les harengs et les saumons sont les poissons les plus communs et, malgré cela, aucun d'eux ne figure dans l'exposition danoise.

Mais parmi les produits de la chasse et de la pêche, l'exposition la plus intéressante est celle de la direction royale du commerce du Groënland : elle se compose principalement de peaux et autres produits groënlandais.

La classe des cuirs est représentée par onze exposants.

La végétation en Danemark est favorisée par une humidité constante, mais les tempêtes y sont fréquentes. Les blés, l'orge, le seigle, l'avoine, le lin et le chanvre sont cultivés avec soin, et l'exposition royale d'économie rurale de Copenhague le prouve surabondamment.

Parmi les animaux, qui sont nombreux, le Danemark possède deux races de chevaux : l'une petite et vigoureuse, l'autre grande et remarquable par ses formes gracieuses. Les moutons sont fort beaux, les bêtes à cornes très-estimées, et, pour en finir avec les races domestiques, rappelons que la race canine danoise est une des plus précieuses, comme du reste on a pu s'en convaincre lors de l'exposition de chiens à Billancourt.

Telle est à vol d'oiseau, pour ainsi dire, l'exposition du royaume de Danemark.

Si maintenant on nous demandait quel rôle doit remplir à un moment donné cette nation dans l'équilibre industriel et commercial de l'Europe, nous répondrions simplement :

Les questions de territoire ne sont jamais absolues : — aujourd'hui on perd deux provinces et demain on en retrouve quatre. — Donc, malgré les mutilations territoriales que vient de subir le Danemark, le peuple danois n'en est pas moins un peuple fort, généreux et plein de vitalité.

L'esprit de sagesse qui règne dans les conseils de son gouvernement saura bien, croyez-le fermement, réparer les brèches du passé et consolider l'avenir.

XXII.

LA SUÈDE.

Si l'on mesure la force et la puissance d'un pays à la quantité de fer qu'il peut produire, la Suède est l'une des plus grandes nations du monde; car c'est le fer, et surtout un excellent fer qui domine chez elle et qui constitue sa principale richesse. Quelques autres productions d'une grande importance commerciale et industrielle, venant s'ajouter à celle-là, forment un ensemble solide sur lequel repose la prospérité publique.

La Suède est située entre 55° et 69° de latitude nord et entre 8° et 24° de longitude est. Elle est bornée au nord par l'océan Arctique, au midi par la Baltique et le Skager-Back, à l'ouest par la mer de Scandinavie, la mer du Nord, le Skager-Back, le Cattegat et le Sund, et à l'est par la Laponie, la Bothnie, le golfe de Bothnie et la Baltique.

La surface de la Suède a une étendue de 441,595 kilomètres carrés, 441,152, suivant M. Legoyt. Les lacs seuls couvrent une superficie de 42,622 kilomètres. On compte en Suède, d'après le recensement de 1865, 4,114,141 individus. Les provinces du Sud sont les plus peuplées; aussi dans la province de Malmœhus, il existe 6,590 habitants sur 100 kilomètres carrés, et dans la province de Norrbotten 74 seulement.

Le royaume se compose de la Suède proprement dite, de la Gothie et du Nordland, avec les îles qui en dépendent. La Suède possède en outre, hors l'Europe, l'île de Saint-Barthélemy dans l'archipel des Antilles en Amérique, qui compte une population d'environ 16,000 habitants.

Les trois provinces sont partagées administrativement en 90 villes, 13 bourgades et des milliers de villages.

La répartition numérique des cultes ne nous est connue que d'après le recensement de 1850 ; à cette époque sur 1,000 personnes on comptait 999 luthériens.

On compte en Suède douze sociétés savantes : c'est d'abord à Gottenbourg, la Société royale des sciences et belles-lettres fondée en 1772; à Lund, la Société physiographique, organisée également en 1772; à Stockholm, la Société d'agriculture, l'Académie des antiquités et des belles-lettres, l'Académie des sciences, l'Académie suédoise, les Sociétés d'horticulture, industrielle, de médecine, des naturalistes scandinaves et la Société pour la publication des monuments relatifs à l'histoire de la Scandinavie. Enfin à Upsal existe la célèbre Société royale des sciences, qui fut fondée en 1710 et dont les premiers travaux ont été publiés en 1716 par le célèbre et mystique Suedenborg.

L'éducation primaire en Suède est obligatoire en général; aussi trouvons-nous, dans le diocèse de Carlsrad, par exemple, que sur cent trente-neuf communes, cent vingt-deux ont des bibliothèques communales.

Il y a en Suède deux universités : à Stockholm et à Lund, une institution de sourds-muets, des séminaires, des gymnases, des colléges, des écoles de bourgeois, de nombreuses écoles pour les enfants des classes du peuple; sans préjudice des musées, des écoles de navigation et de marine, de l'institut technologique et des jardins botaniques.

Le développement moral et intellectuel de la nation suédoise a bien certainement réagi sur son initiative : c'est ainsi qu'en 1823, une première exposition nationale avait lieu à Stockholm et réunissait 62 exposants, représentés par 436 objets, appartenant à vingt-cinq industries différentes. Puis successivement suivirent, en 1834, une deuxième exposition, réunissant 290 exposants et 2,002 objets; en 1840, 200 exposants et 1,075 objets; en 1844, 210 exposants et 1,336 objets ; en 1847, 243 exposants et 2,007 objets; enfin, en 1866, 4,175 exposants représentant dans leur ensemble l'industrie de la Suède, de la Norvége, du Danemark et de la Finlande.

Les chemins de fer et les canaux sont l'objet d'un grand mouvement. En quelques années, le nombre des voyageurs sur voies ferrées s'est élevé de 300,000 à 1,500,000.

Les finances sont en bon état, la dette insignifiante; la circulation des billets ne dépasse pas le capital des banques; le crédit foncier se développe dans les campagnes et le budget peut s'établir de la manière suivante :

Recettes.................	70,206,325 fr. 20 c.
Dépenses.................	70,206,325 20
Crédit extraordinaire fourni sur les recettes diverses.........	19,513,465 40

Voici quel est le chiffre du commerce extérieur de la Suède :

Importations........	129,046,810 fr.
Exportations.........	137,963,150

Les exportations vont toujours en augmentant. La France seule a demandé, en 1865, à la Suède 216,000 quintaux de fer, 14,000,000 de douzaines de planches, merrains et autres bois.

Le commerce de la Suède avec la Grande-Bretagne est considérable : importations et exportations réunies, il peut être évalué au chiffre de 30,831,160 francs.

L'activité maritime prend tous les jours un plus grand développement. En 1850, la flotte marchande de la Suède comptait 2,744 grands navires jaugeant ensemble 282,457 tonneaux; elle possédait en outre 49 navires à vapeur d'une force totale de 2,500 chevaux. Depuis cette époque, ces chiffres se sont considérablement accrus; seulement nous ignorons au juste dans quelle proportion.

Le sol de la Suède est sablonneux; on y récolte de l'orge, du seigle, de l'avoine, des pommes de terre, des légumes, du houblon, du lin, du chanvre et du tabac. Le cadastre suédois peut du reste s'établir ainsi :

Terres labourables, 905,571 hectares; prés et pâtures, 1,927,558 hectares; bois et forêts, 35,662,137 hectares; marais et étangs, 5,657,315 hectares.

Les animaux propres au pays sont le renne de Laponie, le cheval de petite taille de l'île OEland et une très-petite race de bêtes bovines. Quant aux moutons, ils produisent une bonne laine et d'autant plus précieuse que, depuis quelques années, on fait d'intelligents croisements avec les moutons de Saxe, d'Angleterre et de France.

D'après les statistiques officielles, on porte le chiffre des bestiaux à une tête de bétail par habitant; quelques économistes affirment que cette estimation est au-dessous de la vérité.

Les forêts de la Suède forment le huitième et un tiers de la totalité de celles de l'Europe, ou environ 94 centièmes du territoire. Les essences qui dominent sont le pin, le sapin, le bouleau, le chêne, le hêtre et le charme. Plus on s'avance vers le nord, plus les arbres perdent de force et de hauteur.

Nous donnerons quelques notes sur la filature des laines, sur les peaux et fourrures et particulièrement sur les mines, en examinant chacune des classes qui composent l'exposition de la Suède en 1867.

En 1851, à Londres, la Suède et la Norvége réunies étaient représentées par 117 exposants; — en 1855, à Paris, la Suède seule était représentée par 417; — en 1862, à Londres, la Suède seule était représentée par 509; — en 1867, à Paris, la Suède seule est représentée par environ 600 exposants.

Voici comment se répartissent en 1867 ces six cents exposants :

	Exposants.
1er GROUPE. — OEuvres d'art...................	36
2e GROUPE. — Matériel et application des arts libéraux......................	67
3e GROUPE. — Meubles et autres objets destinés à l'habitation...................	48
4e GROUPE. — Vêtements et autres objets portés par la personne................	70
5e GROUPE. — Produits des industries extractives.	179
6e GROUPE. — Instruments et procédés des arts usuels......................	122
7e GROUPE. — Aliments à divers degrés de préparation.......................	59
8e GROUPE. — Produits vivants et spécimens d'établissements d'agriculture......	»
9e GROUPE. — Produits vivants et spécimens d'établissements d'horticulture....	»
10e GROUPE. — Objets exposés en vue d'améliorer la condition physique et morale des populations................	19
Total...	600

Comme on le voit, l'industrie métallurgique l'emporte, et ce sont les instruments et procédés des arts usuels qui viennent ensuite ; mais n'oublions pas que nous avons à examiner l'ensemble, en prenant chaque groupe suivant l'ordre dans lequel il a été disposé.

La typographie suédoise est très-bien traitée : plusieurs éditions et spécimens d'imprimerie nous ont paru irréprochables. Quelques ouvrages sont rehaussés par des épreuves chromolithographiques, ce qui prouve suffisamment que la Suède ne reste étrangère à aucun progrès.

Les papiers exposés par la Suède sont très-beaux ; nous avons même rencontré dans la section suédoise plusieurs tentatives heureuses de fabrication de pâtes de bois destinées à la production du papier. Mais une spécialité particulière à la Suède, et dans laquelle elle excelle, ce sont les papiers de couleur ; nous en trouvons la preuve dans l'exposition de la Société lithographique de Norrkœping.

La 13e classe — Cartes et Appareils de géographie et de cosmographie — renferme d'excellents travaux sur la topographie de la Suède et de ses provinces, travaux ayant rapport à la géologie du pays, à la position maritime des côtes et surtout à l'étude du tracé des chemins de fer de la Suède. Sur cette dernière belle carte on voit que de Malmo, la voie de fer remonte directement sur Upsal en passant par Stockolm, avec embranchement sur Ystad, Landskrona, Helsinborg, Christianstad, Wexjo, Boras, Gateborg, Udevallia, Eidsvold, Nora, Utterberg, sans préjudice de la jonction avec le chemin de fer norvégien conduisant à Christiania et d'un tronçon partant de Gefle et allant à Falun.

En fait d'ébénisterie nous mentionnerons pour mémoire l'exposition de M. Edberg, de Stockolm, composée d'un lit de chêne à demi-baldaquin, et celle de M. Dalin, également de Stockolm, composée d'une armoire style flamand.

Nous avons été agréablement surpris par l'exposition des porcelaines, faïences et poteries de luxe de la Suède, parce que nous ignorions qu'il existât une telle perfection et un tel luxe dans le pays du fer. Nous signalerons d'abord comme produits vraiment artistiques deux vases avec peintures remarquables ; il y a peut-être, cependant, quelques négligences dans les détails ; ces peintures représentent Svea (symbole de la Suède) distribuant des récompenses à l'industrie et aux travaux suédois. En second lieu, nous mentionnerons une spécialité suédoise : ce sont des porcelaines, genre biscuit filigrané, ou plutôt, pour nous faire mieux comprendre, c'est de la vannerie en porcelaine, vannerie magistrale et coquette tout à la fois. Avec le même biscuit l'exposant a exécuté de très-jolis bouquets de fleurs remarquables par le fini, la délicatesse et la vérité des imitations.

Nous venons de dire : l'exposant, parce que nous ignorons d'où proviennent ces beaux produits, puisqu'ils ne portent ni noms ni numéros et que les jeunes gens qui représentent à l'exposition la Commission suédoise parlent très-peu français et ne peuvent fournir aucun renseignement. Mais comme il n'y a que trois expositions de porcelaines, faïences et poteries, et que toutes méritent de justes éloges, pour l'acquit de notre conscience nous nommerons : la fabrique de Gustafsberg, la fabrique de Roerstrand et l'usine de Hoeganaes.

Dans la classe 24 — Appareils de chauffage et d'éclairage — nous trouvons les allumettes de la fabrique de Jonkoping : les tiges de ces allumettes sont fortes et résistantes, elles ont une très-grande réputation ; aussi l'usine de Jonkoping, fondée en 1845, occupe plus de quatre cents ouvriers ; la majeure partie du travail y est faite à l'aide de machines, et la fabrication quotidienne s'élève au chiffre de huit millions d'allumettes, destinées d'abord à la consommation nationale suédoise et norvégienne et à l'exportation anglaise et coloniale.

En fait de tissus, ceux de lin et de chanvre sont particulièrement recommandables, les toileries de Gothenbourg ont du reste depuis longtemps une réputation méritée ; mais ce qu'il y a de plus remarquable, ce sont les lainages, non-seulement comme tissus mais encore comme draps.

Malheureusement, ici encore les documents statistiques nous font défaut, et, malgré nos instances auprès de la Commission, il nous a été impossible d'en obtenir.

Nous avons néanmoins sous les yeux une statistique de 1843 sur l'industrie des draps en Suède; faute de mieux, nous donnerons ce document, en faisant toutefois observer que, depuis cette époque, ces chiffres n'ont pas dû rester stationnaires.

Or en 1843 on a tissé en Suède 11,097,564 fr. de tissus de laine : draps et autres étoffes dont 528,139 mètres de drap, 39,659 mètres d'autres tissus pure laine ou mélangés.

Cette fabrication occupait alors 4,600 ouvriers dans 132 fabriques.

Mais ce ne sont ni les laines, ni les arts libéraux, ni les objets destinés à l'habitation et à la personne, qui doivent particulièrement nous occuper : c'est le fer.

Et afin de rendre cette partie de notre travail aussi complète que possible, nous donnerons tous les chiffres officiels que nous possédons.

Voici premièrement, pour l'année 1865, quelle était la situation des mines en Suède, la quantité de minerai extrait et le nombre d'ouvriers occupés à cette extraction :

Provinces.	Mines.	Tonnes de minerai de fer.	Ouvriers.
Norrbotten	6	1,211	13
Jemtland	3	138	5
Gefleborg	31	13,659	262
Upsala	32	27,795	569
Stockholm	38	22,576	405
Stora Kopparberg	114	136,888	1,004
Westeras	45	62,981	306
Orebro	147	100,289	1,208
Carlstad	55	93,203	807
Nykoping	20	12,587	255
Ostergotland	6	5,270	44
Calmar	4	1,135	112
Jonkoping	22	5,533	57
Kronaberg	1	119	»
Totaux	524	492,474	5,060

Il faut ajouter à ces chiffres 20,298 tonnes, de 1,000 kilogrammes, de minerai de marais.

Au personnel ci-dessus il convient d'adjoindre l'emploi de 41 machines à vapeur.

En général, la force motrice pour un haut fourneau est d'environ 15 chevaux, y comprise la mise en action de la machine soufflante et de la machine à cylindres cannelées pour casser le minerai grillé.

La force motrice d'une forge est en moyenne de 8 chevaux, pour l'étirage du fer en barres, et de 5 chevaux pour la machine soufflante.

Chaque forge ainsi montée produit annuellement environ 185 tonnes.

Le chauffage se fait au bois; on estime en Suède que pour 100 kilogrammes de fonte il faut en moyenne 90 kilogrammes de charbon de bois, et que pour 100 kilogrammes de fer en barres il en faut 120 kilogrammes.

Les laminoirs sont au nombre de 20 pour tout le pays; ils produisent annuellement chacun de 1,200 à 2,000 tonnes de 1,000 kilogrammes.

Les exigences typographiques (c'est-à-dire le tableau de la page suivante qui devait se trouver ici et que nous n'avons pas voulu scinder) vont nous faire anticiper de quelques lignes sur le sujet que nous traitons.

Cette digression sera consacrée à la belle exposition de l'usine de Fagersta, dont M. Christian Aspelin est le chef, et que le jury a honorée d'une médaille d'or. Il s'agit ici de l'acier Bessemer.

Toutes les phases de l'aciération sont indiquées par des échantillons. Voici toute une série d'aciers corroyés dans un four à gaz, martelés, puis trempés de 1 à 50 fois pour faire voir comment se maintient la nature aciéreuse après les incandescences répétées.

Nous parcourons ensuite une série d'analyses faites par M. Otto Kollberg, chimiste de la Société de Yernkontoret. Ces analyses pratiques, parfaitement réussies, sont du plus haut intérêt.

A côté de tous ces échantillons de formes variées se trouvent aussi des canons de fusil forés, soudés, laminés sans soudure, accompagnés de certificats authentiques qui constatent qu'ils ont été fabriqués à l'usine de Fagersta, en acier Bessemer.

Cet acier se fait remarquer par sa force et sa pureté exceptionnelles.

Nous avons donné plus haut la situation des mines de fer de la Suède et le chiffre du personnel occupé; voici maintenant, pour la même année 1865, la situation des hauts fourneaux et des forges d'affinage :

PROVINCES.	HAUTS FOURNEAUX.			FORGES.		
	Nombre de fourneaux.	Quantités en tonnes.	Ouvriers.	Nombre de feux.	Quantités en barres et étirés.	Ouvriers.
Norbotten............	2	332	26	6	250	24
Westerbotten.........	3	1,882	63	12	1,301	62
Wester Norrland......	4	3,110	75	36	3,545	173
Jemtland............	1	109	4	2	105	7
Gefleborg............	24	26,507	476	123	17,344	611
Upsala..............	7	7,020	139	32	4,709	221
Stockholm...........	1	973	20	17	2,265	122
Stora Kopparberg.....	42	50,609	764	132	24,176	795
Westeras............	16	16,474	370	81	14,918	452
Orebro..............	54	63,786	780	104	19,792	741
Skaraborg...........	1	1,020	18	16	2,333	75
Carlstad............	23	34,238	391	171	34,004	1,066
Elfsborg............	1	938	20	24	4,318	168
Nykoping............	5	3,260	102	21	2,000	112
Ostergotland.........	3	5,192	58	61	10,136	480
Calmar..............	10	4,437	147	21	3,027	109
Jonkoping...........	10	4,590	189	29	2,521	116
Kronoberg...........	6	2,184	41	18	1,398	66
Totaux...	213	226,676	3,583	906	148,292	5,400

Il existe en outre, dans toutes les provinces, des fonderies souvent combinées avec des usines ou des ateliers de machines, pour l'élaboration des pièces moulées ou des fers.

La fabrication de l'acier, des tôles, des clous, des outils forgés et autres fers ouvrés, s'est élevée pour l'année 1865 à 27,190 tonnes pour tout le pays, y compris les aciers Bessemer.

Les tôles se font à Motala, Nyby, Surahammar, Kloster, Hallstahammar, Skebo et Nykoping.

Les clous se fabriquent dans les provinces de Corlstad, d'Ostergotland, de Kopparberg, de Calmar et de Blekinge. La production totale annuelle est de 5,950 tonnes.

La quincaillerie, la taillanderie, la tréfilerie, sont produites par les usines de Yader; les bêches et les pelles, par les usines de Bofors et de Wedevag; les chaînes, par les usines de Gunnebo, Furudal et Lesjosors.

Enfin les limes, les outils de charpentier et de menuisier et la coutellerie se fabriquent principalement dans la ville de Carl-Gustaf.

Outre le fer, la Suède expose également des cuivres, du nickel, du zinc et des plombs argentifères.

On n'a encore rencontré de combustible minéral qu'à Mahomus. C'est un lignite qui, si l'on en juge par les échantillons exposés par les soins des usines de Hœganaes à Helsingborg, paraît être dans de bonnes conditions économiques d'emploi. En 1865, la production s'est élevée au chiffre de 42,068 tonnes.

Parmi les produits appartenant au groupe des matières extractives et qui méritent à plus d'un titre d'être signalés, nous mentionnerons les porphyres des carrières d'Elfdalen, les feldspaths destinés à la fabrication de la porcelaine, provenant des carrières de Skarpol et de Hufvudholmen, ainsi que de l'exploitation de M. Wikstroem, de Stockolm.

Pour se faire une juste idée de la nature du sol de la Suède, il suffit d'étudier la carte géographique dont nous avons parlé plus haut et les échantillons de roches suédoises, relatifs à cette carte et réunis par les soins de M. Erdmann.

Ces échantillons représentent les granits, les syénites, les porphyrites, les hypérites, les phonolytes, les marbres, les calcaires, les conglomérats et les grès qui constituent le massif, la vraie charpente du sol suédois.

La classe 40 ne compte pas moins de 97 exposants, qui tous mériteraient d'être nommés; mais nous ferons comme la Commission suédoise, qui a élevé avec les produits métallurgiques, de magnifiques trophées collectifs, qui représentent dignement l'industrie nationale, nous dirons que tous les exposants suédois ont bien mérité de cette dernière, et que l'exposition des fers de la Suède est des plus remarquable.

Un hommage, en passant, aux magnifiques et excellents produits de M. d'Hamilton, à qui l'industrie suédoise doit des progrès considérables.

Nous avons dit que le sol de la Suède était couvert de 35,662,137 hectares de bois et forêts. Ce chiffre énorme n'est dépassé en Europe que par la Russie. Ajoutons qu'en Suède la reproduction du bois est très-lente à cause de la rigueur du climat; en outre, la nature rocailleuse du sol ne permet pas à la végétation un vigoureux développement : ainsi on a calculé que pour avoir les 90 kilogrammes de charbon nécessaires à la fabrication de 100 kilogr. de fonte, il fallait en moyenne 5,000 mètres carrés ou un hectare.

Les produits de la chasse sont nombreux en Suède, et sont particulièrement représentés par de splendides fourrures. L'exposition de M. Forssell est très-belle, mais celle de M. Bergstrœm nous plaît davantage : ce sont des tapis royaux, composés des fourrures les plus rares, c'est une couverture en peau d'Eider (*anas mollesima*), espèce de canard qui fournit ce duvet si recherché sous le nom d'édredon ; ce sont des peaux de renards blancs, de renards bleus, d'ours blancs, de lynx, de loutres, d'hermines, de martres, de daims, de chevreuils, de phoques, etc... Dans cette même classe, Sa Majesté le roi de Suède et de Norwége a exposé un magnifique bois d'élan qui fait honneur aux ramures des hôtes des forêts suédoises.

Dans la classe des produits agricoles non alimentaires, nous avons regretté de ne trouver qu'un seul échantillon de laine ; la Suède pouvait mieux, à en juger par ses beaux draps.

Un homonyme de l'exposant de fourrures, M. Bergstroem, expose dans la classe 47 une machine à forer les trous de mine.

Cette machine fonctionne à l'aide de l'air comprimé, donne 300 à 350 coups par minute et n'exige, pendant sa marche, que le service d'un seul homme. On comprend de quel avantage ce nouvel engin peut être dans les mines de la Suède, quand on sait que dans les roches siliceuses un mineur ne peut, dans une journée de travail, forer qu'un trou de 20 à 25 millimètres de diamètre sur une longueur de 1 mètre 5, et que dans les roches contenant des épidotes et du grenat, comme à Persberg, résidence de l'inventeur, un mineur ne peut, en un jour, forer que 30 centimètres.

Nous ne saurions trop recommander la belle exposition de l'institution des pêches de la Suède : ce sont des modèles de bateaux et de barques usités dans toutes les provinces maritimes du pays, soit pour la pêche dans les lacs intérieurs, soit pour la pêche à la mer ; ce sont des filets de lin et de coton pour la pêche dans les fleuves et dans la mer ; ce sont enfin des fils de lin et de chanvre pour filets, des lignes et hameçons, des appâts mécaniques, des ustensiles de toutes sortes et un modèle très-ingénieux d'un établissement de pisciculture.

Depuis vingt ans seulement, la Suède a conquis sur la nature sauvage de son sol septentrional 320,000 hectares de terres. C'est dire que son agriculture s'améliore de jour en jour et que ses moyens de défrichement et de culture sont en progrès. Nous avons compté, dans la classe 67 — Céréales et autres produits — seize expositions d'instituts et d'écoles d'agriculture, dont les produits sont très-remarquables. Un seul de ces produits nous a surpris, c'est un pain exposé par M. Widgren, de Raneau, auquel l'inventeur donne le nom de pain de disette. D'après une note explicative, ce pain est fait avec de la farine et de l'écorce de sapin !... Nous sommes encore à nous demander comment il est possible, même en temps de disette, de nourrir des hommes avec un semblable mélange?

Notons en passant des fromages qui font

fuir les plus intrépides, faute d'avoir été renouvelés sans doute; des poissons salés qui ne sentent pas bon, pour le même motif, des eaux-de-vie qu'il nous a suffi de respirer pour ne pas avoir envie d'y goûter, et des bières dont nous ignorons la qualité.

Les costumes de la Suède sont sans contredit une des choses les plus intéressantes de l'exposition ; aussi la foule s'y est-elle portée en masse ; ils sont au nombre de trente, appliqués sur des mannequins, et forment treize groupes ; le tout fait et disposé par les soins de M. Soederman. Comme ceux de la Norwége ne sont que la suite de ceux-ci et que les deux collections se complètent l'une par l'autre, nous y reviendrons en parlant de la Norwége.

Le complément de l'exposition suédoise a été installé dans le parc, dans une maison dalécarlienne, qu'on désigne sous le nom de maison de Gustave Wasa. La construction et la disposition intérieures de ce bâtiment sont la copie exacte d'une maison construite en Dalécarlie, et dans laquelle, vers 1520, le libérateur de la Suède trouva un refuge contre ses ennemis. Les toits sont couverts de mousse, l'extérieur est revêtu de plaques de bois en forme d'écailles de poisson, et les parois intérieures sont formées d'écorce de bouleau.

La maison de Gustave Wasa est le spécimen d'une salle d'école primaire de la Suède, avec meubles et matériel, livres, tableaux, cartes géographiques, instruments et appareils de gymnastique.

Nous disons, en terminant, avec M. C.-E. Ljungberg, qui a écrit un excellent livre sur la Suède :

« La Suède travaille à faire valoir les riches produits de son sol et de ses montagnes, et à élever le niveau moral du peuple ; elle s'attache à répandre le bien-être matériel et intellectuel jusque dans les moindres chaumières. Elle croit ainsi avoir trouvé le vrai but de son activité, bien persuadée qu'en le poursuivant elle se prépare un avenir de prospérité qui ne sera pas sans gloire. »

Son exposition, au Champ de Mars aura fourni une preuve évidente de ses progrès industriels « sous le règne libéral et éclairé du petit-fils de Bernadotte, à qui la Suède doit déjà sa nouvelle représentation nationale et bien d'autres institutions conformes à l'esprit de notre temps. »

XXIII.

NORWÉGE.

La Norwége a son génie tout particulier. Bien que n'occupant qu'un rang secondaire parmi les nations industrielles de l'Europe, son esprit, essentiellement artistique, lui permet d'imprimer à ses produits un cachet de véritable originalité.

La Norwége est un pays indépendant et néanmoins elle est unie à la Suède par des principes communs d'égalité. La Suède et la Norwége ont le même roi et le même corps diplomatique et consulaire.

Ce pays est situé entre le 58ᵉ et le 71ᵉ degré de latitude septentrionale et entre le 22ᵉ et le 49ᵉ degré de longitude à l'est du méridien de l'île de Fer.

Sa superficie est de 316,673 kilomètres carrés.

Sa population, d'après le recensement de 1865, est de 1,701,561 habitants : 267,739 habitent les villes et 1,433,626 peuplent les districts ruraux.

La Norwége est divisée en trois provinces : le Sondenfield, le Nordenfields et le Nordlandens. Les villes principales sont : Christiania, Bergen, Throndhjem, Stavanger, Drammen et et Christiansand.

On compte, en Norwége, 16,958 individus appartenant à la race lapone, 7,511 à la race finnoise et le reste appartient à la race norwégienne proprement dite.

Le pays est divisé en 20 préfectures, 84 sous-préfectures, 57 communes urbaines et 434 communes rurales.

Sauf 2 à 3,000 dissidents, dont 300 catholiques romains, tous les habitants appartiennent à la religion luthérienne (confession d'Ausbourg). Cependant toutes les églises, même israélites, jouissent de la liberté du culte.

L'instruction est gratuite et obligatoire! Chaque paroisse a son école primaire; enfin, pour l'enseignement supérieur, il y a l'université de Christiania et des colléges dans toutes les villes principales.

Indépendamment des éléments universitaires qui concourent à l'instruction de la nation norwégienne, il y a dans le pays neuf sociétés savantes dont l'influence vient s'ajouter aux chiffres de la statistique morale et intellectuelle. A Christiania, nous citerons d'abord la Société pour la conservation des antiquités de la Norwége, la Société d'horticulture, de la propagation des sciences parmi les classes inférieures, de jurisprudence, médicale, pour le progrès et la prospérité de la Norwége, pour la publication des anciens sagas de Norwége et enfin la Société des sciences de Christiania, de fondation récente, et la Société royale des sciences de Norwége, instituée en 1760 par l'évêque Gunnerus, auquel Linnée a dédié le genre *Gunera*.

Le service militaire est de sept ans; l'armée se compose de 18,000 hommes de ligne, 16,000 hommes de réserve, 13,500 hommes de la landwehr et de 7,800 hommes du train et non combattants, en totalité 55,300 hommes.

La marine compte 3 frégates, 5 corvettes, 4 schoners, 4 bombardes, 1 monitor, 103 chaloupes canonnières et 5 remorqueurs, soit 125 navires, dont 16 à vapeur armés de 400 canons.

Les recettes et les dépenses de l'État s'élèvent à 28,000,000 de francs, celles des budgets locaux à 12,000,000.

En 1865 on comptait 241 kilomètres de chemins de fer; en outre, 90 kilomètres étaient en voie de construction; le matériel, à cette même époque, se composait de 25 locomotives et de 600 wagons.

Nous trouvons au sujet des chemins de fer norwégiens, dans l'ouvrage de M. Phil,—1867, — la note suivante :

« Pour réaliser le besoin des chemins de fer dans un pays aussi peu habité, malgré son étendue, on a adopté, pour les lignes en dehors de celles de Christiania-lac de Mjosen (68 kilomètres) et Christiania frontière de Suède (115 kilomètres), un système à petite voie (1^m 067 millimètres), qui ne coûte que 65 0/0 des frais exigés pour donner aux chemins la largeur ordinaire.

En 1860, la longueur des routes de terre était de 18,000 kilomètres.

La longueur des lignes télégraphiques, en 1864, s'élevait au chiffre de 3,000 kilomètres.

Voici maintenant l'estimation annuelle des produits bruts de la Norwége :

Agriculture............	120,000,000	de francs.
Forêts................	55,000,000	—
Pêches................	50,000,000	—
Règne minéral.........	4,500,000	—
Revenu de la navigation..	75,000,000	—

On estime la valeur des terres à 774 millions de francs et les propriétés urbaines sont assurées pour la somme de 240 millions.

M. Legoyt établit ainsi le cadastre norwégien : Terres labourables, 179,236 hectares; prés et pâtures, 472,856 hectares; terres incultes, landes, bruyères, 10,882,479 hectares; bois et forêts, 21,521,079 hectares, soit en totalité 33,055,650 hectares, chiffre supérieur de 15,556 kilomètres au chiffre officiel de 315,000 kilomètres posé plus haut.

La liberté du commerce et de l'industrie existe en Norwége, il n'y a pas d'octroi; seules, les ventes en gros et en détail des spiritueux et de la bière sont soumises à de fortes contributions.

La valeur totale des importations est de 120 millions de francs, celle des exportations de 80 millions de francs.

Les importations reposent sur les matières suivantes : grains, seigle, denrées coloniales, vins, eaux-de-vie, matières à tisser, tissus, métaux, huiles, viandes et beurre; et les exportations, sur les bois, le poisson, le fer, le cuivre, le cobalt, le nickel, le sel de chrôme, l'argent, l'huile de phoque et de morue, des rogues, du guano de poisson et de la glace à rafraîchir.

En 1865, la marine marchande comptait 5,407 bâtiments jaugeant 776,500 tonneaux et occupant 38,066 hommes d'équipage. Tous les ans il se construit 150 navires, soit 35,000 tonneaux, sans préjudice d'une centaine d'embarcations jaugeant 4,500 tonneaux qu'on importe annuellement.

Voici le nombre des entrées et des sorties des navires pendant l'année 1865 :

			Tonnage.
Pavillons norwégiens :	Entrés.....	7,353 —	1,088,610
— —	Sortis.....	7,127 —	1,020,426
Pavillons étrangers :	Entrés.....	5,098 —	395,613
— —	Sortis.....	5,144 —	396,350

Tels sont les documents statistiques que nous avons pu réunir sur le royaume de Norwége. Voyons maintenant quelle est l'importance des produits exposés et d'abord leur distribution par groupe :

En 1851, à Londres, la Suède et la Norwége réunies étaient représentées par 117 exposants. — En 1854, à Christiania, la Norwége faisait sa première exposition régionale. — En 1855, à Paris, la Norwége seule comptait 121 exposants. — En 1862, à Londres, 219. — En 1867, à Paris, la Norwége compte 389 exposants.

La progression est constante, nul doute à cet égard; ajoutons qu'en 1855 l'espace attribué à la Norwége était de 432 mètres, et que cette année il dépasse 643 mètres.

Les 389 exposants se répartissent ainsi dans les dix groupes :

	Exposants.
1er GROUPE. — OEuvres d'art..................	27
2e GROUPE. — Matériel et application des arts libéraux.....................	39
3e GROUPE. — Meubles et objets destinés à l'habitation...................	37
4e GROUPE. — Vêtements et autres objets portés par la personne.............	28
5e GROUPE. — Produits des industries extractives.	81
6e GROUPE. — Instruments et procédés des arts usuels.....................	115
7e GROUPE. — Aliments à divers degrés de préparation.....................	61
8e GROUPE. — Produits vivants et spécimens d'établissements d'agriculture.....	»
9e GROUPE. — Produits vivants et spécimens d'établissements d'horticulture....	»
10e GROUPE. — Objets exposés en vue d'améliorer la condition physique et morale des populations.............	1
Total....	389

En parcourant successivement les 95 classes nous ne nous arrêterons qu'aux industries dominantes, dont l'importance réagit d'une manière sensible sur la prospérité du pays.

Il existe en Norwége trois grandes et quatre petites papeteries occupant plus de 200 ouvriers, qui produisent annuellement 250,000 kilogrammes de papier. La fabrique Bentse, de Christiania, nous en offre, à l'Exposition de 1867, de très-beaux spécimens.

On fabrique également en Norwége des pianos; on compte huit ateliers de fabrication, qui livrent annuellement à la consommation cent cinquante pianos. Quatre facteurs de Christiania sont représentés à l'Exposition.

Mais ce qui nous a plus particulièrement intéressé, c'est l'exhibition du bureau géologique royal de Christiania et spécialement une carte géologique de la Norwége méridionale, indiquant les dépôts superficiels, les roches éruptives et les roches stratifiées.

En fait de meubles, nous ne pouvons citer que ceux en vannerie, qui nous paraissent être une spécialité norwégienne.

Les filatures et fabriques de tissus occupent, en Norwége, 2,500 ouvriers. Il existe seize filatures qui préparent annuellement près de 2 millions de kilogrammes de coton, sans préjudice de onze manufactures de tissus de coton, trois de toiles à voiles et trois de draps; ces dernières travaillent annuellement 200,000 kilogrammes de laine.

Les ouvrages d'argent filigrané et les perles norwégiennes exposés par M. Tostrup, de Christiania, méritent une mention spéciale. Ces ouvrages ont un cachet national qui vous charme et vous entraîne malgré vous.

Nous voici, en quelques mots, arrivé au groupe v, Produits des industries extractives, groupe qui renferme la classe 40. — Produits de l'exploitation des mines et de la métallurgie. — A l'égard de cette classe, qui résume toute la géologie norwégienne, nous croyons devoir transcrire ici une note émanant de la Commission et qui complétera parfaitement les documents qui vont suivre :

« La géologie de Norwége est caractérisée par la prédominance des plus anciennes formations, schistes cristallins et azoïtiques, dans lesquels se trouvent toutes les richesses métalliques du pays. Les minerais de fer se trouvent surtout dans des filons, soit comme fer magnétique, soit comme fer spéculaire.

» Les minerais de cuivre gisent presque toujours en couches irrégulières sous forme pyrito-cuivreuse. Ces minerais, ainsi que les minerais d'argent, font l'objet principal de l'exploitation des mines en Norwége. En fait de minerais moins importants, on peut citer la galène, le fer chromé, le fer titané, le nickel, etc... Ces anciennes formations sont souvent (comme c'est le cas surtout dans le sud du pays) couvertes par des formations géologiques plus jeunes (schistes siluriens et devoniens). Jusqu'à présent on n'a pas trouvé de traces du groupe carbonifère. Ce manque total de combustible minéral a eu naturellement une grande influence sur l'industrie du pays, qui s'est trouvée très-restreinte et s'est vue dans la nécessité de se porter vers d'autres directions. »

Ajoutons à ces renseignements d'ensemble que l'exploitation des mines occupe, en Norwége, 2,500 ouvriers qui produisent annuellement, comme nous l'avons dit plus haut, une valeur brute de 4,560,000 francs. Voici comment ce chiffre important se subdivise :

Fer en barres, 4,800,000 kilogrammes; valeur, 1,710,000 francs. Exportation : aux États-Unis et en Angleterre.

Cuivre de rosette, 480,000 kilogrammes; valeur, 1,140,000 francs. Exportation : en Hollande et à Hambourg.

Pyrite, 11,200,000 kilogrammes; valeur, 228,000 francs. Exportation : en Angleterre.

Cobalt, 30,000 kilogrammes; valeur, 228 mille francs. Exportation : en Angleterre.

Arsenic, 15,000 kilogrammes; valeur, 228 mille francs. Exportation : en Angleterre.

Nickel, 125,000 kilogrammes; valeur, 228 mille francs. Exportation : en Angleterre.

Chrome (sels de), 160,000 kilogrammes; valeur, 228,000 francs. Exportation : à Hambourg et en Hollande.

Ajoutons qu'on fabrique annuellement en Norwége 800,000 kilogrammes de clous.

Parmi les pierres dures, il convient de mentionner les splendides échantillons de roches feldspathiques exposés par le musée minéralogique de l'université royale de Christiania; ce sont : des serpentines, des granits, des syénites, des diorites et autres roches feldspathiques taillées et polies, le tout du plus merveilleux effet.

La classe 40 ne compte pas moins de vingt exposants.

La classe 41. — Produits des exploitations forestières — est également très-remarquable, et ceci doit être, car les forêts en Norwége représentent une valeur de 115 à 170 millions de francs. En 1865, il a été exporté 26,800,000 stères de bois d'une valeur de 45 millions.

Les essences dominantes sont le pin et le sapin ; à peine si le chêne et le hêtre suffisent aux besoins de la consommation.

L'exportation se compose principalement de bois scié en planches et de madriers: les principaux débouchés sont la France et l'Angleterre. Les bois non dégrossis sont expédiés en Hollande et en Angleterre.

Les scieries occupent 3,300 scies et 8,000 ouvriers.

Les forges n'emploient que du bois carbonisé. Depuis quelques années, des essais couronnés de succès permettent la fabrication du charbon dans des appareils spéciaux à l'aide desquels on obtient, outre le charbon, des goudrons, des huiles de bois, des térébenthines, des acides pyroligneux, etc., etc. L'exposition est très-riche en ces différents produits.

La classe 41 est représentée par dix-huit exposants.

Les produits de la pêche occupent dans l'exposition norwégienne une place importante, et ceci se conçoit d'autant mieux que dans la saison la pêche occupe 100,000 individus qui fournissent annuellement à la consommation 40 millions de francs de poisson, savoir :

Harengs d'hiver, 600,000 tonnes d'une valeur de 10,800,000 francs. Exportation : Suède, Russie et Prusse.

Harengs d'été, 200,000 tonnes d'une valeur de 4,000,000 de francs. Exportation : Prusse.

Morue salée, 22,000 kilogrammes, d'une valeur de 8,800 francs. Exportation : Espagne, Indes occidentales.

Morue séchée, 12,000,000 de kilogrammes, d'une valeur de 4,200,000 francs. Exportation: Italie et Hollande.

Autres poissons salés, 60,000 tonnes, d'une valeur de 5,400,000 francs. Exportation : la Hollande et Hambourg.

Homards et poissons frais pour une valeur

annuelle de 2,000,000 de francs. Exportation : Angleterre.

Huile de foie de poisson, 60,000 barils, d'une valeur de 5,400,000 francs. Exportation : la Hollande et Hambourg.

Rogue de poisson, 35,000 tonnes, d'une valeur de 1,400,000 francs. Exportation : France et Espagne.

Etc., etc.

Parmi les poissons qui figurent à l'Exposition comme spécimen des pêches norwégiennes, nous citerons la collection exposée par le comte de Bergen; ce sont : des harengs, de la morue, des homards, des scrombres, des chimères, des anguilles, des muges ou mulets, des plies et plusieurs autres pleuronectes, des brosmes, des dauphins à bec, des moules, des crevettes, des crabes, des fletans, des sébastes, des esprots, des lingues, etc.

Il y a en Norwége soixante-dix-huit manufactures de tabac qui emploient journellement huit cents ouvriers. L'exportation cependant ne dépasse pas 2,400 kilogrammes.

Les tanneries préparent annuellement environ 1,500,000 kilogrammes de cuirs. Il existe en outre trois fabriques d'allumettes chimiques, six verreries avec un personnel de trois cents ouvriers et six fabriques pour la distillation du bois.

On compte en Norwége vingt-cinq ateliers de construction pour les machines, dans lesquels travaillent 1,250 ouvriers. Nous le dirons à regret, avec de semblables éléments, la Norwége devait exposer des spécimens plus sérieux que ceux qui figurent au Champ de Mars.

Mais si la classe des Machines laisse à désirer, il n'en est pas de même de la classe des Engins et Instruments de pêche. Ici l'arsenal est au grand complet; soixante-dix-huit exposants ont pris part à cette exhibition.

Il n'est possible de décrire tous ces engins que dans un travail spécial; nous ne pouvons réellement affirmer qu'une chose, c'est qu'en ce genre la Norwége possède la plus belle exposition du monde.

La classe 65, Matériel des travaux publics, ne compte que trois exposants; l'une de ces trois expositions, celle de M. de Stavanger, nous offre l'occasion de rappeler qu'il existe en Norwége 328 tuileries, donnant du travail à 2,080 ouvriers, livrant chaque année quarante millions de tuiles et de briques.

Nous ignorons quelle est en Norwége la production en grains; nous savons seulement que, chaque année, cinq millions de kilogrammes de grains sont transformés en malt ou drèche pour la fabrication de la bière; nous savons en outre que les distilleries d'eau-de-vie produisent annuellement 7,500,000 litres, production qui nécessite l'emploi de 800 ouvriers; enfin, que quatre-vingt-dix-huit brasseries fournissent d'abord à la consommation nationale et livrent ensuite à l'exportation l'excédant qui ne dépasse pas cent hectolitres, qui sont cependant expédiés en Suède, en Danemark et à Hambourg.

Nous allions omettre une importante particularité de l'exposition norwégienne :

On s'arrêtait dans le parc devant des boîtes carrées qui ne disaient pas grand'chose à l'œil et qui cependant peuvent devenir fort utiles aux masses : je veux parler de la cuisine automatique norwégienne que des millions de visiteurs ont vu fonctionner. — Nous y reviendrons, quelque jour, lorsque nous l'aurons expérimentée nous-mêmes. — La parfaite conservation du calorique joue ici le principal rôle. — Le résultat est si économique, c'est à n'y pas croire : on met dans la marmite les aliments destinés à la cuisson; on place la marmite sur le feu et on l'y laisse jusqu'à ce que son contenu entre en ébullition. — Cinq minutes après on enlève du feu la marmite dont on a bien fermé le couvercle; on la place immédiatement dans la boîte isolatrice... et... l'on va se promener. En rentrant chez soi quelques heures après, on trouve son dîner cuit !

La classe 92, Spécimens des costumes populaires des diverses contrées, est une des pages les plus attrayantes de l'exposition norwégienne, celle qui attire à juste titre le plus de visiteurs. Cette splendide exhibition, qui a si légitimement conquis la médaille d'or, est due à l'initiative de la Commission royale de Norwége et forme avec les costumes de la Suède un magnifique Musée.

Ici la nature est prise sur le fait; ces mannequins ne sont plus des mannequins, ce sont des êtres auxquels il ne manque que la vie; ils sont admirables de vérité et d'expression. Voici, du reste, comment s'exprime M. Hippolyte Gauthier dans sa revue de l'exposition à l'égard des costumes nationaux de la Norwége et de la Suède.

« Une Lapone s'en va fumant sa pipe et portant sa fille derrière son dos; tandis que deux habitants du même pays traversent en traîneau ces solitudes glacées, l'un traîné par un renne qui fuit plus rapide que le vent, l'autre s'aidant d'une rame et naviguant sur la glace comme il ferait sur l'eau. Dans ces lieux où la nature est si inclémente, le vêtement existe, mais non le costume; on s'habille pour se garantir du froid et nullement pour se montrer. En redescendant vers des régions moins rigoureuses, la coquetterie, l'amour du luxe, commencent à reprendre leurs droits. Voyez cette fiancée norwégienne, comme elle est pimpante sous sa couronne et ses bijoux de pacotille! Voyez l'accordée de village qui pourrait faire pendant au délicieux tableau de Greuse, puis la Suédoise effeuillant une marguerite en laissant tomber pudiquement sa main dans celle de son fiancé. A voir le costume dont les couleurs s'éclaircissent, dont le poids diminue, on sent qu'on s'éloigne du pôle, et la faneuse en jupons courts et les pieds nus témoigne bien que nous ne sommes plus dans le voisinage des glaces. Regardez ce bon bourgeois allant à la promenade avec sa fille coquettement attifée, on retrouve bien là cette rude race dalécarlienne qui se souleva avec Gustave Vasa et rendit à la Suède son autonomie et sa liberté. »

En résumé l'exposition norwégienne est sagement et dignement représentée; elle nous prouve que les produits de la Norwége peuvent être fructueusement échangeables avec les produits français; qu'il y a dans ce pays, pour notre commerce et notre industrie, d'excellents éléments de transactions, réclamant surtout l'attention de notre marine marchande, qui trouvera en Norwége, quand elle le voudra, une source féconde à exploiter.

XXIV.

RUSSIE.

Nous arrivons à ce gigantesque empire dont les racines ne connaissent plus de limites. Au sein de la civilisation européenne, la Russie est un pays moderne. Nous en ferons une étude approfondie.

Ne nous sommes-nous pas donné pour mission d'aider, par ce travail et dans la sphère de nos forces, à l'organisation pacifique des peuples? Il est donc essentiel de rechercher minutieusement et de mettre en lumière tous les éléments qui peuvent nous faire toucher le but.

Jusqu'à Pierre le Grand la Russie a été considérée comme la frontière orientale de l'Europe; depuis Pierre le Grand seulement la Russie a sa place au grand banquet des nations civilisées.

Ce n'est ni Jean Vasilievitch ni Alexis Mikhaïlevitch qui ont créé la Russie européenne, c'est le czar Pierre et les guerres napoléoniennes du premier Empire.

La guerre est donc un mal nécessaire, nous dira-t-on.

Peut-être!... quand elle surgit entre la civilisation et la barbarie.

Soyons assurés que la guerre anglaise avec Théodore, l'empereur abyssinien, est la première étape de la civilisation dans l'Afrique orientale.

Mais arrêtons-nous sur ce terrain...; laissons à chacun le soin de compléter notre pensée et renfermons-nous dans nos études statistiques, car la politique n'a rien à faire dans notre livre.

L'empire de Russie occupe une superficie de 20,400,000 kilomètres carrés; il s'étend du

35ᵉ degré au 208ᵉ de longitude, et du 38ᵉ degré au 78ᵉ de latitude septentrionale. Sa plus grande longueur de l'est à l'ouest est de 15,450 kilomètres, sa plus grande largeur du nord au midi de 5,228 kilomètres.

L'empire russe se divise en cinq grandes sections :

	Kilom. carrés.
Russie d'Europe	4,973,855
Grand-duché de Finlande	381,813
Royaume de Pologne	127,632
Vice-royauté du Caucase	437,938
Sibérie	14,481,369
Total	20,402,369

On compte en Russie d'Europe 48 gouvernements, une province en quatre territoires; en Finlande, 8 gouvernements; en Pologne, 10; dans le Caucase, 5 gouvernements et trois territoires; en Sibérie, 4 gouvernements et 7 provinces.

Le périmètre total de toute la Russie est de 52,549 kilomètres.

On estime à 30,337 kilomètres les cours d'eau navigables de la Russie d'Europe et au double la longueur des rivières flottables; en Pologne, l'ensemble des rivières navigables et flottables est de 2,064 kilomètres; en Finlande, dans le Caucase et en Sibérie, les renseignements font défaut.

Les canaux appartiennent à trois catégories et présentent un développement de 1,381 kilomètres.

L'empire russe possède fort peu de routes; le sol granitique de la Finlande seule en a une quantité suffisante; en Pologne, on comptait en 1860 2,300 kilomètres de chaussées entretenues par le gouvernement et 1,450 kilomètres de chemins vicinaux entretenus aux frais des communes; dans la Russie d'Europe il n'existe que 93,876 kilomètres de routes postales et 6,316 kilomètres de chaussées; dans le Caucase il n'y a que deux routes pour entretenir la communication du revers septentrional avec la Transcaucasie; enfin en Sibérie il existe une grande route postale partant de Yekatherinbourg à Irkoutsk et 16,004 kilomètres de routes frayées.

Au mois de janvier 1867, voici comment se répartissait en Russie le réseau des voies ferrées :

	Kilomètres
Chemin de fer de Moscou à Saint-Pétersbourg.	644
Moscou-Nijni Novgorod	437
Moscou-Saint-Serge de la Trinité	71
Moscou-Riazan et Riazan-Kozloff	406
Saint-Pétersbourg-Tzarskoé-Selo	26
Saint-Pétersbourg-Péterhoff-Oranienbaum	53
Saint-Pétersbourg-Varsovie	1,119
Embranchement de Vilna-Eydtkunen	190
Embranchement de Dunabourg-Riga	218
Embranchement de Dunabourg-Vitepsk	259
Varsovie-Graniza (Varsovie, Vienne)	316
Varsovie-Bromberg	227
Varsovie-Terespol	89
Odessa-Balta	207
Chemin de fer du Don (Grouchefka)	70
Volga au Don	77
Tavastehus-Helsingfors	107
Total	4,512

A ces 4,512 kilomètres 7, il convient d'en ajouter 1,649 en voie de construction; ce sont les lignes du :

	Kilomètres
Chemin de fer du Sud (Moscou-Koursk	51
Balka-Kieff (avec embranchement de Berditscheff)	48
Rjashsk-Morchansk	12
Vitepsk-Orël	52
Total	1,64

A la fin de l'année 1864 on comptait, en Russie, 308 stations télégraphiques et 34,039 kilomètres de lignes télégraphiques, représentant une longueur de 60,168 kilomètres de fils. En 1866, ces chiffres avaient augmenté, particulièrement du côté de la Perse et de la Chine, car à Pékin il y a une agence télégraphique russe.

D'après les derniers recensements, la population serait de 77,008,453 habitants, savoir :

	Habitants.
Russie d'Europe	61,325,923
Grand-duché de Finlande	1,798,969
Royaume de Pologne	5,100,090
Vice-royauté du Caucase	4,157,922
Sibérie	4,625,699
Total	77,008,453

Comme on le voit, la répartition de la population dans l'empire est très-inégale; il résulte en effet des chiffres ci-dessus que dans la Russie il y a 12,3 habitants par kilomètre carré; dans la Finlande, 4,7 habitants par kilomètre carré; dans la Pologne, 38,9 habitants par kilomètre carré; dans le Caucase, 9,5 habitants par kilomètre carré, et enfin en Sibérie, 0,32 habitants par kilomètre carré.

On compte en Russie d'Europe 599 villes, 47 gros bourgs avec une population de 6 millions 087,070 habitants; en Finlande, 34 villes, avec 98,000 habitants; en Pologne, 452 villes avec 1,276,285 habitants; au Caucase, 38 villes avec 349,912 habitants et en Sibérie 56 villes avec 252,514 habitants, soit 1,245 villes avec 7,740,000 habitants, ce qui donne proportionnellement à la population totale un rapport de 10 à 100.

Ethnographiquement parlant, les Russes descendent des Sarmates, des Scythes et des Thyssagètes, représentés plus tard par les Slaves, les Turcs et les Finnois. Au XIII° siècle seulement l'élément monghol apparaît et s'établit sur les bords du Volga en absorbant la race turque. Les Monghols sont aujourd'hui ce peuple connu sous le nom de Tatares.

La race slave forme actuellement 76 0/0 de la population. Voici du reste comment se répartissent les nationalités sur toute la surface du territoire:

Slaves............	58,400,000	habitants.
Finnois..........	4,630,000	—
Tatares (Turcs)..	4,780,000	—
Lithuaniens......	2,420,000	—
Roumains........	780,000	—
Géorgiens	800,000	—
Arméniens.......	540,000	—
Tcherkesses......	800,000	—
Monghols........	500,000	—
Américains	50,000	—
Allemands.......	830,000	—
Suédois	150,000	—
Juifs.............	2,200,000	—
Grecs...........	50,000	—
Total...	77,020,000	habitants.

Les peuples de race slave qui n'appartiennent pas à la nationalité russe sont les Polonais, les Bulgares, au nombre de 41,000, les Serbes 30,000.

Sous le rapport des cultes, le tableau suivant est complet:

Cultes.	Russie d'Europe.	Pologne.	Finlande.	Caucase.	Sibérie.
Arméniens..........	35,000	»	»	500,000	»
Catholiques........	2,840,000	3,915,000	»	14,000	11,000
Protestants	2,080,000	285,000	1,757,000	6,000	4,000
Israélites..........	1,631,000	645,000	1,000	13,000	8,000
Mahométans.......	2,090,000	2,000	»	1,970,000	1,000,000
Idolâtres..........	200,000	»	»	1,000	280,000
Gréco-russes.......	52,485,000	250,000	41,000	1,653,000	2,732,000

On compte en Russie 974,092 nobles des deux sexes; 611,054 individus des deux sexes, appartenant au clergé; 465,996 marchands et marchandes; 260,346 artisans des deux sexes; 16,000,000 paysans et paysannes propriétaires; 22,000,000, paysans et paysannes dits de l'État, 11,500,000 paysans et paysannes encore attachés à la terre; 4,200,000 soldats, dont 840,000 appartenant à l'armée active, le reste à la réserve; et ces chiffres ne se rapportent qu'à la Russie d'Europe!...

Dans cette même partie de l'empire on compte un mariage sur cent habitants, une naissance sur vingt et un habitants, un décès sur vingt-six habitants. Ces chiffres sont afférents à l'année 1863.

En prenant comme moyenne une période de onze années, la différence des naissances sur les décès serait, en Russie, de 736,499 individus par an. Cet accroissement de la population nous paraît considérable.

Voyons maintenant quelle est la statistique du cadastre russe et comment les cultures se répartissent sur toute la superficie du territoire.

---

1. Différence insignifiante avec le total énoncé plus haut. — Ici, tout est énoncé en chiffres ronds.

Suivant M. Legoyt, qui est toujours pour nous la principale autorité officielle, la position cadastrale de la Russie d'Europe peut s'établir de la manière suivante :

Terres labourables, 94,214,535 hectares; prés et pâtures, 57,060,546 hectares; terres incultes, landes et bruyères, 158,463,092 hectares; bois et forêts, 176,709,292 hectares. Total, 483,447,465 hectares.

D'après les documents émanant du gouvernement russe, on compte dans la Russie d'Europe 482,131,592 hectares, desquels il convient de retrancher 137,520,332 hectares occupés par les lacs, rivières, routes, constructions rurales, marais, pâtis et landes, de sorte qu'il resterait 344,611,300 hectares de sol productif, soit environ 71 pour cent. Ces 344,611,300 hectares se répartissent ainsi :

	Hectares.
Terres cultivées et arables	97,682,200
Prairies	57,285,800
Bois et forêts	189,643,300
Total...	344,611,300

En fait d'instruction publique, la Russie est divisée en huit cercles universitaires, dont Saint-Pétersbourg, Moscou, Dorpat, Kharkow, Kazan, Kiiow, Odessa, Witebsk, sont les points principaux.

Toutes ces villes possèdent des facultés universitaires, sans compter les lycées, les gymnases et les écoles secondaires.

Outre ces éléments d'éducation et ces centres de diffusion de lumières, la Russie possède 67 académies, instituts et sociétés savantes; en voici le dénombrement par gouvernement :

Le gouvernement d'Arkhangel, 2 ; d'Astrakhan, 2 ; de Courlande, 2 ; d'Esthonie, 1 ; du grand-duché de Finlande, 6 ; de Géorgie, 1 ; de Kazan, 1 ; de Kalouga, 2 ; de Kherson, 2 ; de Kiew, 3 ; de Koursk, 2 ; de Livonie, 11 ; de Moscou, 9 ; d'Odessa, 3 ; de Podolie, 1 ; de Pologne, 3 ; de Saint-Pétersbourg, 12 ; de Vilna, 3 ; de Vladimir, 1.

L'Académie impériale des sciences de Saint-Pétersbourg fut fondée en 1724, sous le règne de Pierre le Grand. La Société impériale libre économique, créée par le prince Orloff, commença à fonctionner le 31 octobre 1765. Ce sont les deux institutions savantes les plus anciennes de l'empire.

Les documents financiers nous font défaut; voici cependant ce que nous lisons, dans un journal russe, à propos du dernier emprunt :

« Une dette publique de six milliards quatre cent soixante millions seulement, tandis que celle de la France est de dix milliards et celle de l'Angleterre de vingt milliards.

« Un budget de recettes annuelles de un milliard quatre cent quarante-trois millions, suivant une progression constamment ascendante.

« Les domaines de la couronne et les possessions territoriales de l'État, d'une étendue et d'une richesse qui ne peuvent être comparées à celles d'aucune nation européenne, voilà la position financière de la Russie. »

La forme et l'esprit du gouvernement de la Russie sont absolus. L'empereur se fait appeler autocrate; de lui seul découlent tous les pouvoirs de l'État : il est à la fois chef de l'Église, législateur et administrateur suprême.

Avant de pénétrer dans l'exposition russe, résumons, en quelques mots, les documents statistiques qui intéressent spécialement le commerce extérieur et le commerce intérieur.

Le commerce extérieur se fait particulièrement par mer, ce commerce se répartit sur dix points différents; voici, pour l'année 1865, les chiffres officiels d'exportation et d'importation :

	EXPORTATIONS.	IMPORTATIONS.
	fr.	fr.
Mer Blanche et Arkhangel..	24,699,084	2,022,828
Frontière de la Finlande...	27,582,088	9,346,016
Ports de la Baltique	321,331,872	329,163,124
Frontière de l'Ouest	131,782,280	161,788,956
Ports de la mer Noire et de la mer d'Azoff	250,898,552	60,683,440
Frontière de la Transcaucasie	23,405,376	30,397,553
Port d'Astrakhan	3,032,020	5,494,424
Frontière d'Orenbourg	17,099,924	25,770,168
Frontières de l'Asie centrale et de la Sibérie occidentale	8,159,316	10,741,668
Frontière de la Transbaïcalie (Kiakhta)	20,000,596	20,872,664
Totaux...	836,991,108	657,220,040

Le commerce maritime de la Russie comprend les deux tiers de tout le mouvement commercial ; ce mouvement se concentre dans les neuf ports suivants :

Saint-Pétersbourg, Riga, Arkhangel, Odessa, Taganrog, Rostoff sur le Don, Nicolayeff, Berdiansk et Marioupol.

Cette même année, 1865, il a été exporté de Russie pour la France 62,352,028 francs de produits, et il a été importé par la France en Russie pour 39,057,272 francs de marchandises diverses.

Le commerce avec l'Angleterre est beaucoup plus considérable, l'exportation russe pour la Grande-Bretagne a été, dans la même période, de 392,636,404 francs, et l'importation anglaise en Russie de 194,976,076 fr.

L'exportation de la Russie se compose des principaux articles suivants :

	1865
Grains et farines	264,784,000 fr.
Lin et étoupes de lin	111,840,000 —
Chanvre	44,500,000 —
Graines oléagineuses	64,288,000 —
Laine	69,000,000 —
Suif, chandelles, stéarine, oléine, etc.	52,112,000 —
Cuirs	10,756,000 —
Soie	14,012,000 —
Crins, poils, soies de porc, etc.	15,156,000 —
Bois	38,220,000 —
Potasse, goudron, etc.	7,244,000 —
Fer	3,736,000 —
Autres métaux	3,488,000 —
Toiles	7,548,000 —
Câbles et cordages	5,304,000 —
Fourrures et peaux	7,540,000 —
Cotonnades	17,408,000 —
Draps	12,980,000 —
Tissus en laine	1,592,000 —

Indépendamment de ces dix-neuf articles, la Russie exporte aussi du bétail, du poisson, du beurre, de l'huile, de la filasse de chanvre, de la colle, de la cire, du tabac, des drogueries et divers produits de ses manufactures.

L'importation étrangère en Russie comprend les articles suivants :

	1865
Chevaux, bétail	13,828,000 fr.
Poissons	16,968,000 —
Vins et liqueurs	24,108,000 —
Couleurs, produits chimiques et drogueries	44,112,000 fr.
Fruits	20,288,000 —
Thé	64,252,000 —
Sucre	7,152,000 —
Café	14,784,000 —
Tabacs	12,636,000 —
Laines	20,788,000 —
Soie	10,976,000 —
Coton brut et filé	98,644,000 —
Tissus de laine	14,176,000 —
Soieries	14,976,000 —
Cotonnades	24,588,000 —
Toiles et tissus de lin	9,452,000 —
Fourrures	6,988,000 —
Métaux	27,152,000 —
Sel	8,012,000 —
Houille	6,840,000 —
Machines	25,040,000 —
Métaux ouvrés	33,000,000 —

Les bâtiments russes destinés à la navigation maritime étaient, en 1865, au nombre de 2,132, dont 607 navires au long cours et 1,525 bâtiments côtiers. Le nombre des vapeurs était de 84, dont 50 à aubes et 34 à hélice. La capacité totale était évaluée alors à 45,000 tonneaux.

Cette même année, la répartition du nombre des bâtiments entrés et sortis, d'après les nationalités, peut s'établir ainsi :

	Nombre des entrées.	Nombre des sorties.
Autrichiens	411	407
Américains	11	10
Anglais	2,288	2,322
Belges	35	20
Brésiliens	1	1
Brémois	18	8
Hambourgeois	21	22
Hanovriens	345	338
Hollandais	689	700
Holsteinois	68	68
Grecs	381	384
Danois	255	258
Italiens	950	952
Lubecquois	115	109
Mecklembourgeois	378	382
Oldenbourgeois	123	123
Portugais	7	7
Prussiens	520	509
Romains	2	2
Russes	1,321	1,365
Turcs	489	478
Français	280	281
Suédois	670	668

Nous compléterons ces documents statistiques par l'étude de la production agricole et industrielle en parcourant les galeries de la section russe.

En 1851, à Londres, la Russie comptait un nombre insignifiant d'exposants, confondus avec ceux de la Chine et de la Perse. Les trois nations formaient un groupe de 305 individus.

En 1855, à Paris, la Russie s'est abstenue, et cependant l'empereur des Français avait désiré que, malgré la guerre, la Russie envoyât à Paris les pacifiques productions de son industrie. Le czar ne répondit pas alors à cet appel courtois.

En 1862, à Londres, la Russie prit sérieusement part à cette troisième exposition universelle; elle y comptait 659 exposants.

En 1867, à Paris, la Russie est représentée par 1,382 exposants.

	Exposants.
1er GROUPE. — Œuvres d'art.	66
2e GROUPE. — Matériel et application des arts libéraux.	84
3e GROUPE. — Meubles et autres objets destinés à l'habitation.	101
4e GROUPE. — Vêtements et autres objets portés par la personne.	244
5e GROUPE. — Produits des industries extractives.	477
6e GROUPE. — Instruments et procédés des arts usuels.	110
7e GROUPE. — Aliments à divers degrés de préparation.	233
8e GROUPE. — Produits vivants, spécimens d'établissements d'agriculture.	25
9e GROUPE. — Produits vivants, spécimens d'établissements d'horticulture.	1
10e GROUPE. — Objets en vue d'améliorer la condition physique et morale de la population.	27
Plus, galeries de l'histoire du travail.	16
Total	1,384

La Russie a eu, comme tant d'autres nations, ses expositions nationales. La première eut lieu à Saint-Pétersbourg du 15 mai au 6 juin de l'année 1829. 324 établissements y prirent part, dont 15 de la couronne.

En 1831, une deuxième exposition s'ouvrit à Moscou; d'autres suivirent : en 1833 à Saint-Pétersbourg, en 1835 à Moscou, en 1839 à Saint-Pétersbourg, en 1845 à Kazan, en 1847 à Saint-Pétersbourg, en 1850 à Tiflis, en 1852 à Kazan, en 1853 à Moscou, en 1860 à Saint-Pétersbourg et en 1866 à Moscou.

En fait d'imprimerie et de librairie une seule exposition nous a intéressé : c'est celle de la Société d'utilité publique de Saint-Pétersbourg; elle est représentée par d'assez belles épreuves typographiques.

Mais si la classe de la librairie laisse à désirer, il n'en est pas de même de l'industrie papetière; celle-ci occupe une place importante en Russie. En 1864, on comptait dans l'empire 144 fabriques occupant une population de 13,000 ouvriers et produisant environ 20 millions de francs de papier. A la tête de cette industrie marche le gouvernement, qui possède à lui seul 23 fabriques et une production de 8,200,000 francs.

Parmi les expositions de papiers à écrire et d'impression, nous citerons celles de M. Vorgounine, de Saint-Pétersbourg, de la compagnie des papeteries Troitsko-Kondrovsk, gouvernement de Galouga, de M. Franckell à Taumerfors (Finlande), de M. Epstein à Soczewka (Varsovie) et enfin de M. Pouslowski près Vilna; ce dernier avait envoyé aussi de beaux spécimens de ses papiers de lin, de coton, d'étoupes, de tille, de paille et de bois.

Nous signalerons en passant dans le groupe II, comme un signe incontestable de progrès, les travaux de l'école Stroganoff de dessin technique à Moscou. Cette institution nous paraît appelée à généraliser en Russie l'application des arts à l'industrie.

Puisque nous trouvons dans la classe 9 quelques portraits qui eussent été beaucoup mieux placés dans la classe 2, disons-en quelques mots :

Dans la classe 9 : nous avons donc remarqué de fort belles épreuves photographiques qui prouvent que tous les artistes de la partie ne sont pas absolument concentrés chez nous.

Une de ces épreuves surtout, un portrait de femme, nous a particulièrement intéressé. Ce portrait est celui d'une cantatrice dont le talent s'est fait jour dans toutes les capitales de l'Europe. — La jeune et charmante artiste est enveloppée de fourrures et doublée d'hermine. — Ce doit être aux bords de la Neva que cette jolie tête a été conquise sur le soleil.

Cette belle épreuve m'a fait songer à ce ravissant salon de Gagny dans lequel M. et Mme Bettini viennent quelquefois se faire entendre au milieu d'un cercle d'amis.

Mlle Trebelli, devenue Mme Bettini, n'aura pas à se plaindre du photographe russe. — C'est bien là son regard de feu, sa physionomie franche et distinguée! Il ne manque qu'une chose à ce délicieux portrait... c'est la voix que nous aimons à entendre.

Nous avons été agréablement surpris de voir jusqu'à quelle perfection était arrivée en Russie la fabrication des instruments de chirurgie. La fabrique du ministère de la guerre a, en ce genre, une magnifique exposition. Ce grand établissement, fondé en 1730, fabrique annuellement pour 220 millions de francs d'instruments de chirurgie et occupe quotidiennement, outre ses moteurs, cent ouvriers.

L'exposition de M. Varypaeff à Pavlovo, gouvernement de Novgorod, mérite également d'être signalée.

Le groupe des objets destinés à l'habitation est magnifique; la classe 14, Meubles, et la classe 15, Ouvrages du tapissier et du décorateur, renferment de véritables merveilles.

Nous mentionnerons d'abord un splendide échantillon de parquet exposé par M. Mansbach, de Saint-Pétersbourg. Nous ne saurions mieux faire en France; nous dirons plus, jusqu'à preuve du contraire, nous croyons qu'il n'y a que des ouvriers français capables de produire un travail aussi élégant et aussi solidement établi. Quant aux meubles, nous nous en tiendrons à l'appréciation qu'en fait M. Auguste Luchet.

« Nous ne reviendrons pas sur cette menuiserie enviable et sans pareille, ouvrage attribué à M. Charles Briggen, de Saint-Pétersbourg, qui n'a guère un nom à le faire croire du pays. A plus forte raison le buffet en noyer bien sculpté et mieux construit qui figure dans le salon principal de l'exposition russe ne saurait être considéré comme russe puisque son auteur, M. Léon Petit, est absolument notre compatriote. Une toilette Louis XVI, du même, fait aussi un de leurs ornements. Les cuivres de cette toilette sont assez mauvais; il se peut bien que nous les ayons fournis.

« Nous n'en pouvons dire autant de deux armoires en lapis-lazuli avec mosaïques et ornements en pierres dures de Florence, exposées par la fabrique impériale de Peterhof. Il y a bien là-dedans de l'italien et du français, mais la traduction russe l'emporte. Elle se fait voir également dans l'entre-deux Louis XIII qui les accompagne et serait, selon les jaloux, l'exacte copie d'un objet du même style, fabriqué jadis par Mazaroz. Quant au choix, à la magnificence et au maniement des substances employées à enrichir ces meubles, notre luxe n'a là-dessus que des données ridicules. Ces plagiaires prennent des tas de diamants pour couvrir leurs larcins! C'est, après tout, faire honneur à ceux qu'ils dévalisent. »

Dans cette même classe 15, nous retrouvons les belles mosaïques que nous avons déjà admirées à Londres en 1862. C'est le genre romain tout aussi bien travaillé, mais auquel il manque l'inspiration artistique des mosaïques exposées dans la section italienne par M. Salviati, de Venise.

L'atelier des mosaïques russes a été fondé à Rome en 1846 et a été transporté à Saint-Pétersbourg en 1856. Actuellement cet atelier est annexé à l'Académie des beaux-arts; il compte quatorze artistes et huit ouvriers; seulement les émaux sont préparés à la verrerie impériale de Saint-Pétersbourg.

Le travail des pierres dures a atteint en Russie la dernière limite de la perfection. Que peut-on voir, par exemple, de plus admirable que les deux lampadaires en malachite qui ornent le grand salon de la section russe? On nous dira peut-être qu'ils valent 18,000 roubles ou 72,000 francs. C'est cher, il est vrai... mais c'est si beau!

Que peut-on voir de plus charmant que ce beau vase avec piédestal, en jaspe de Kaïkhansk, orné de pampres de vigne? Qu'y a-t-il de plus gracieux que ces coupes, ces bijoux en onyx du Caucase, onyx à reflets opaliformes, en obsidienne à reflets chatoyants? ou bien encore ces œuvres d'art en lapis-lazuli, en marbre pouding et en pourpurine artificielle?

Nous allions oublier une merveille, c'est un dessus de table incrusté de nacre, par M. Lonau, de Saint-Pétersbourg; le dessin en est merveilleux et l'artiste a fait preuve d'un remarquable talent.

Une spécialité russe, ce sont les images en marqueterie, c'est-à-dire en mosaïque de bois. En ce genre il faut citer M. Volossatikoff de Moscou et M. Sapanoff de Paleg.

Un des principaux organes de la presse française, l'*Étendard*, faisait, à l'occasion de l'exposition russe, la remarque qu'elle révèle un fait inconnu jusqu'ici dans l'occident de l'Europe, c'est que l'art le plus parfait auquel l'époque de la Renaissance n'a rien à envier, a présidé à diverses fabrications artistiques telles que celles de l'Académie de Saint-Pétersbourg : de gigantesques mosaïques d'un fini admirable, des meubles en pierres dures, telles que l'art florentin n'en a pas produit de plus parfaits, des objets d'orfévreries très-bien travaillés et d'un bon marché relatif, etc., etc.

La fabrication des verres, cristaux et glaces est en Russie en voie de progrès. On compte actuellement 227 fabriques avec 11,000 ouvriers produisant annuellement pour une valeur de 28 millions de francs. D'après les rapports officiels, c'est à la difficulté des transports qu'il faut attribuer l'élévation de la valeur relative des produits russes, comparés aux produits étrangers.

Trois exposants représentent l'industrie verrière en Russie, ce sont : M. Hordliczka, de Trombki (Pologne); la manufacture impériale de Saint-Pétersbourg et M. Kostereff de Vlassovsk, qui ne s'occupe que de la fabrication des bouteilles.

La matière première pour la fabrication des poteries, des faïences et des porcelaines provient principalement des gouvernements de Moscou et de Tchernigoff; le quartz et le spath sont tirés de Finlande. En 1864, on comptait en Russie 246 poteries avec 1,250 ouvriers; dix-neuf fabriques de faïence et vingt-quatre fabriques de porcelaine avec 3,000 ouvriers; la valeur moyenne de la fabrication générale peut être évaluée à 12 millions de francs.

A l'exposition, la céramique populaire est représentée par le Caucase et les Tatares de la Crimée, la faïence par M. Gordner de Verbilki près Moscou, et les porcelaines par la manufacture impériale de Saint-Pétersbourg.

Les papiers peints exposés par la compagnie Camuzet de Saint-Pétersbourg méritent une mention spéciale; seulement il est facile de reconnaître, même par l'examen le plus superficiel, que des ouvriers occidentaux ont mis main à la pâte.

C'est particulièrement dans les gouvernements de Nijni-Novgorod et de Riasan que se fabrique la coutellerie russe. La valeur du fer mis en œuvre dans ces deux localités est estimée annuellement à 100 millions de francs; ce bloc de fer transformé en objets fabriqués représente 212 millions de francs, soit plus du double du prix primitif.

Nous lisons dans le rapport de M. Buschen sur la Russie et au sujet des industries de l'orfévrerie et de la joaillerie, les lignes suivantes :

« La fabrication des produits en métaux précieux et l'orfévrerie sont assez répandues, surtout dans le Nord, dans le gouvernement de Valogda (Oustioug et Tatma). Les ornements d'église jouent le premier rôle. Au Caucase on fabrique des armes de luxe, à Saint-Pétersbourg et à Moscou des ouvrages en argent ciselé. Les produits en argent plaqué et en maillechort argenté se fabriquent en assez grande quantité à Varsovie, Saint-Pétersbourg et Moscou. Valeur totale de la fabrication des métaux précieux 28 à 32 millions de francs, dont 12 millions pour la façon et le travail. Le nombre des ouvriers est de 4 à 5,000. »

En général l'orfévrerie russe est plus riche que gracieuse, plus *ostensible* qu'artistique parfois cependant elle affecte des formes originales. Comme ornementation, ce sont les damasquinures qui dominent. M. Ortchinnikoff, M. Semenoff, tous deux de Moscou, M. Zazikoff de Saint-Pétersbourg et M. Frage de Varsovie ont de très-belles expositions.

Un souvenir, ici, à la belle collection de pièces précieuses de S. M. l'empereur de Russie.

En fait de parfumerie, la Russie expose de nombreux échantillons de savons ordinaires et de toilette. On compte dans le pays 812 fabriques avec 1,140 travailleurs. Les principales fabriques sont groupées aux environs de Saint-Pétersbourg, Moscou, Kazan, Nijni-Novgorod, Koursk, Voronége Orël, Pensa, Staratoff et

Kharkoff. La production annuelle est évaluée à 24 millions de francs.

C'est vers 1820 que l'industrie cotonnière fut introduite en Russie ; avant cette époque l'Angleterre fournissait à la consommation des classes aisées, et le peuple préférait les étoffes de lin national aux cotonnades étrangères. En 1830 l'importation du coton en Russie fut de 2,457,000 kilogrammes ; en 1861, cette importation s'était élevée au chiffre de 45,864,000 kilogrammes. Dans le même laps de temps la quantité de coton filé et ouvré importée de l'étranger a diminué proportionnellement, et aujourd'hui la population ne consomme que des produits russes. Avant la guerre américaine, le coton brut provenant des possessions d'Amérique, mais aussitôt que le coton américain fit défaut, la Russie se rejeta sur les cotons de la Perse et de l'Asie centrale, qui ne peuvent cependant fournir à la demande. De là une diminution notable dans la fabrication. C'est ainsi qu'en 1865 les importations par mer et d'Asie ne dépassèrent pas le chiffre de 26,027,820 kilogrammes.

On compte en Russie, dans les gouvernements de Saint-Pétersbourg, Vladimir et Moscou, 35 filatures occupant 24,597 ouvriers. Le nombre de broches en activité est évalué à 1,600,000. On estime en outre à 360 le nombre des établissements qui s'occupent du tissage des cotonnades. Cette industrie spéciale occupe 33,000 ouvriers. Quant aux ouvriers externes, c'est-à-dire qui travaillent chez eux, pour le compte de certains fabricants, ils sont, dit-on, 350,000. Enfin le blanchissage, la teinture et l'impression s'exercent dans 371 établissements spéciaux avec 22,000 ouvriers. En somme, les produits de l'industrie cotonnière en Russie sont estimés de 320 à 360 millions de francs. Avant la crise américaine ce chiffre était de 400 millions.

Vingt exposants figurent dans la classe 27 : l'exposition la plus intéressante est celle de la manufacture de Reoutovo, gouvernement de Moscou ; elle se compose de fils de coton d'Astrakhan, de Bakou, de Koutaïss, de Kisliar, de Boukharie, de Perse, d'Égypte et d'Amérique.

Comme tissus, la fabrication la plus importante est en Russie celle des étoffes de lin. La crise cotonnière américaine lui a même donné une impulsion remarquable. En 1864, le nombre des grandes fabriques mécaniques s'élevait au chiffre de 73 occupant 13,000 ouvriers et produisant une valeur approximative de 18 millions de francs. On évaluait alors le nombre des ouvrières fileuses travaillant en dehors des fabriques à trois millions et le nombre des tisserands dans les mêmes conditions à 500,000.

En additionnant la valeur totale de la production, on obtient le chiffre de 460 millions de francs, sur lesquels on exporte trois millions d'étoupes, de fil et de tissus de lin.

L'industrie des fils et tissus de chanvre occupe 176 établissements et 5,000 ouvriers produisant en toiles, câbles et cordages une valeur de 17,200,000 francs. De plus, une population de 500,000 âmes travaille le chanvre à la main. La production totale est évaluée de 144 à 160 millions de francs.

La classe 28, — Fils et tissus de lin et de chanvre, — est représentée par 19 exposants.

La fabrication des lainages comprend en Russie les draps et tissus foulés, les tissus en laine peignée, les tapis, les couvertures, les bas, etc., etc.

On comptait en 1864 397 fabriques de draps et 80,000 travailleurs produisant annuellement 8,500,000 mètres au prix de 4 fr. 50 c. le mètre ; 7,100,000 mètres au prix de 11 fr. le mètre ; et 355,500 mètres au prix de 22 fr. le mètre. On évalue, du reste, cette production à 136 millions de francs.

Quant à la fabrication de la laine peignée, elle compte 22 fabriques et 2,190 travailleurs. Celle des tissus de laine peignée est représentée par 117 fabriques et 12,600 travailleurs, sans compter les ouvriers employés à la tâche en dehors des manufactures. On estime à 40 millions de francs la valeur des tissus en laine peignée fabriqués en Russie.

Enfin la fabrication des tapis, couvertures, chapeaux, bas, etc., occupe 97 fabriques et 1,600 ouvriers, produisant annuellement six millions de francs de marchandises diverses.

Nous mentionnerons parmi les élégantes vitrines de l'exposition russe celle de MM. Bruno frères, de Saint-Pétersbourg, successeurs de leur père, à qui l'industrie chapelière doit de notables perfectionnements. Ces messieurs ont porté en Russie notre élégance et notre bon goût; ils rivalisent avec nos premières maisons de chapellerie; seulement, entre les prix de Paris et ceux de Saint-Pétersbourg, il y a une énorme différence.

Cinquante-huit exposants représentent l'industrie des lainages.

On doit à Pierre le Grand l'introduction de l'industrie séricicole en Russie; mais ce n'est que depuis l'annexion de la Transcaucasie que l'éducation du ver à soie est réellement devenue une industrie nationale. Nous donnons les chiffres officiels de la fabrication russe :

Soie indigène à 25 fr. et plus le kilogr.	8,800,000 fr.
Soie d'importation étrangère à 100 fr. le kilogr.............	8,800,000
Soie asiatique à 15 fr. le kilogr.......	1,320,000
Total...	18,920,000 fr.

La fabrication des tissus de soie occupe actuellement 300 établissements et 7,500 ouvriers, sans compter les petits ateliers qui se trouvent disséminés dans les villages. On évalue à 60 millions de francs la valeur totale des tissus de soie fabriqués en Russie.

Cette classe est représentée dans la section russe par cinquante-cinq exposants.

Nous arrivons à la partie la plus considérable de l'exposition russe : les produits bruts et ouvrés des industries extractives.

On rencontre en Russie des mines d'or, de platine, d'argent, de cuivre, de fer, de houille et de sel.

En 1863 on comptait dans les différents districts aurifères 745 lavages occupant 57,957 ouvriers et produisant 23,920 kilogram. d'or, soit pour une valeur de 77,228,448 francs.

Le platine se rencontre dans les mines de l'Oural. La production en 1862 a été de 2,325 kilogrammes 960 grammes.

Les mines de plomb argentifère sont situées dans les districts de Nertschinsk, de l'Altaï et du Caucase. En 1863, la production a été de 11,952 quintaux de plomb et de 17,678 kilogr. d'argent. Le plomb représente une valeur de 580,000 francs et l'argent une valeur de trois millions 409,640 francs.

Les mines de cuivre sont les plus nombreuses et la production dépasse bien au delà les besoins de la consommation. C'est surtout dans l'Oural qu'on rencontre les gîtes les plus abondants. En 1863 le nombre des mines de cuivre était de 136; elles occupaient 11,000 ouvriers et produisaient environ 47,666 quintaux, soit à 216 francs le quintal une valeur totale de 2,100,000 francs.

Le zinc ne s'exploite qu'en Pologne; la production moyenne est de 35,000 quintaux évalués 60 francs le quintal, soit une valeur totale de 2,100,000 francs.

Les principales mines de fer se trouvent dans les gouvernements de Perm de Viatka, d'Orenbourg, d'Olonetz et de Vologda. En 1863, la production s'est élevée à 2,833,000 quintaux, au prix de 17 francs le quintal, soit 47,500,000 francs; ce chiffre, paraît-il, est au-dessous de la vérité et doit être porté à 60 millions. Quoi qu'il en soit, cette production est insuffisante pour fournir aux besoins de la population.

Il y a à peine vingt-cinq ans que l'industrie houillère a donné en Russie quelques résultats. La houille russe est un anthracite d'assez bonne qualité. On l'exploite dans les bassins de Moscou, de Donetz, de l'Oural, de l'Altaï, de Kouban, dans les steppes de Kirghez et sur le littoral de la Silésie orientale. En 1863 la production a été de 1,600,000 quintaux, soit une valeur de 2 millions de francs.

Cette pénurie de combustible minéral fait que la plus grande partie du fer russe est travaillée au bois.

On trouve en Russie le sel gemme, le sel des lacs salants et le sel d'usine. La production est considérable et pourrait alimenter une population double de celle qui existe. Aujourd'hui on peut estimer à 4,666,000 quintaux la production, soit à 3 fr. 50 c. le quintal une valeur totale de 16 millions 800,000 francs.

En récapitulant la production minière de l'empire russe, on arrive au chiffre imposant de 171,280,000 francs.

La fabrication des gros objets, tels que enclumes, ancres, gros clous, etc., s'exécute généralement aux mines. Néanmoins on compte 125 usines qui s'occupent exclusivement de ces différents objets. Ces 125 établissements produisent annuellement une valeur de 18 millions de francs.

Pour la fabrication des objets forgés, il existe 181 usines occupant 4,500 ouvriers et produisant pour une valeur de 8 millions 488,000 francs.

On compte en outre 108 fabriques de machines agricoles avec 17,000 ouvriers et une production de 66 millions de francs; il existe aussi des fabriques de faux et de faucilles, de fer-blanc, d'aiguilles, de serrurerie, etc., si bien qu'en réunissant tous ces chiffres de production et d'éléments de production, on arrive à un total de 512 établissements, à un personnel de 42,000 ouvriers et à une valeur de 112 millions de fers ouvrés.

L'exportation russe nous montre une multitude d'ustensiles de ménage, en cuivre et en bronze, tels que chandeliers, lampes, bouilloires, cafetières, cuvettes, etc. En 1864 on comptait 161 usines se livrant exclusivement à cette fabrication, occupant 6,000 ouvriers et produisant une valeur de 10 millions 556,000 francs.

Au milieu des richesses métallurgiques et minéralogiques exposées par la Russie, nous mentionnerons spécialement les graphites et le beau bloc de néphrite exposés par M. Alibert d'Irkoutsk (Sibérie), ainsi qu'un bloc de malachite pesant 2,130 kilogrammes et exposé par M. Paul Demidoff.

En Russie, les forêts de la région septentrionale ne contiennent que des pins, des sapins et des bouleaux; vers l'est on rencontre le mélèze et le cèdre; dans la portion méridionale on trouve le tremble, l'aulne, le tilleul et le chêne; enfin, dans l'ouest, les essences dominantes sont, outre le pin, le chêne, l'orme, le tilleul, le frêne et l'érable. Les administrations forestières du gouvernement russe ont envoyé à l'Exposition de belles séries d'échantillons qui, suivant les localités, indiquent parfaitement la faune particulière à chacune d'elles.

La pêche est en Russie une industrie très-importante; l'esturgeon et ses nombreuses variétés, le hareng, la baleine et les morses en forment la base. On estime le produit total de la grande et de la petite pêche à 80 millions de francs et ce chiffre, malgré son importance, ne suffit pas aux besoins de la consommation; chaque année on importe de Norwége 6 millions de francs de harengs et 20 à 24 millions de francs de morue.

Le caviar ou œufs d'esturgeon préparés et salés est un mets national dont la consommation s'élève annuellement à 30,000 quintaux, représentant une valeur de 10 millions de francs.

Dans le nord-est de la Russie, la chasse est également une industrie importante; on y rencontre l'ours, le loup, le blaireau, le renard, l'écureuil, le lynx, l'isatis et le glouton. La Sibérie fournit des peaux de zibelines, d'hermines, de martres, de petits-gris, de renards bleus et blancs, de rats musqués, de loutres et de castors de mer. On estime la valeur totale de la chasse en Russie à 4 millions de francs.

Les expositions de la chasse et de la pêche offrent dans la section russe des spécimens intéressants et remarquables à plus d'un titre.

La fabrication de la colle qui nous permet, en passant, de citer très-honorablement le nom de M. Tammancheff, la préparation des crins, des os, des soies de porc, occupaient, en 1864, 140 établissements et 1,200 ouvriers produisant environ 6 millions de marchandises.

Nous voici à la classe 43 : Produits agricoles non alimentaires.

La production du tabac est d'environ 50 millions de kilogrammes d'une valeur de 12 millions de francs. Mise en œuvre par 304 fabriques; la récolte de 1864 a donné 9 millions 729,720 kilogrammes de tabac à fumer, 1,130,220 kilogrammes de tabac à priser et 630 millions de cigares et cigarettes, le tout pour une valeur de 58 millions de francs.

Le dépouillement des bêtes ovines en Russie produit annuellement 58,804,200 kilogrammes de laine, soit une valeur de 96 millions de francs.

La production brute de la fibre du lin est de 2 millions de quintaux métriques, celle de la graine de 3,800,000 quintaux métriques. La production brute de la fibre du chanvre est de 1,250,000 quintaux métriques et celle de la graine (chènevis) de 1,300,000 quintaux métriques.

La valeur totale du produit des abeilles est de 15,600,000 francs, soit 100,000 quintaux de miel à 48 francs, et 34,000 quintaux de cire à 300 francs.

760 fabriques peuplées de 3,400 ouvriers produisent annuellement pour 45 millions d'huile.

La fabrication des produits chimiques occupe en Russie 311 établissements et 5,000 ouvriers, qui livrent annuellement à la consommation pour environ 32 millions de francs de marchandises diverses. On compte, en outre, en Russie, 188 fabriques de potasse avec un produit annuel de 10 millions de francs ; 75 fabriques de poix et résine avec un produit de 1,200,000 francs ; 39 fabriques de térébenthine avec un produit de 480,000 francs, et 371 fabriques de goudron avec un produit de 520,000 francs.

L'industrie des peaux et cuirs est considérable : on prépare annuellement 19 millions de peaux brutes représentant un poids de 517,000 quintaux d'une valeur de 138 millions 600,000 francs.

Le tannage occupe 130,000 ouvriers, répartis dans 2,473 établissements. Les maroquins, les peaux chamoisées, les cuirs vernis, se préparent dans 114 usines ; enfin la préparation des peaux de mouton en poils est également une spécialité considérable. Ajoutons que les statistiques officielles s'accordent à estimer le produit total des cuirs travaillés à 224 millions de francs[1].

L'exposition russe n'offre rien de bien intéressant en mécanique. Ce sont en général, jusqu'à ce jour, de très-pâles copies des machines et outils français et anglais ; mais patience !

On avait cependant disposé dans la section russe du parc un petit modèle de chemin de fer qui nous a beaucoup intrigué ; et malheureusement nous n'avons jamais pu nous rencontrer avec l'inventeur ; nous croyons cependant lui devoir une mention.

M. Schouberszky, ingénieur du corps des voies de communication de Russie, a donné à son nouveau moteur pour chemins de fer le nom de *mahovos*.

« Cet appareil accumule dans ses grandes roues la force vive que développe un train en descendant une pente de chemin de fer et utilise cette force pour monter les trains sur une rampe. Il agit ainsi avec une force gratuite, qui, sans lui, est perdue par l'action des freins.

« Les applications du Mahovos sont très-diverses :

« 1° Il remplace les freins qui sont une cause de détérioration pour les roues et pour les rails ;

« 2° Il peut être employé sur les chemins de fer existants à aider la locomotive à remonter les rampes avec un plus grand nombre de wagons ;

« 3° Pour les chemins de fer à construire, il permet de faire des rampes plus fortes et de diminuer, par cela, les frais de construction sans surcharger les frais d'exploitation ;

« 4° Pour les chemins de fer des houillères et des mines, il peut, à lui seul, descendre les wagons chargés et les remonter à vide. Le modèle exposé représente, juste, ce cas d'exploitation : l'eau dont on charge les wagons remplace la houille. Ce modèle, après la descente d'une pente de 40 millimètres, retourné sur une plaque tournante et de nouveau attelé au train, le tire facilement jusqu'en haut de la même rampe et gardant beaucoup de vitesse dans les volants, même si on fait monter un homme sur les wagons.

« Cette dernière expérience prouve qu'on pourrait même transporter des voyageurs et des marchandises avec le Mahovos sans locomotive, si on dispose d'une certaine quantité d'eau sur le point élevé d'un chemin de fer incliné.

« Le Mahovos est aussi muni d'un frein très-énergique d'une construction nouvelle. »

Nous ne perdrons pas de vue l'invention de M. Schouberszky.

Nous trouvons dans la classe de la corderie d'excellents produits quant à la matière première.

Il en est de même de la carrosserie russe, qui ne compte pas moins, à Moscou et Saint-

---

[1]. La Commission russe a publié, pour l'Exposition, deux volumes du plus haut intérêt : l'un renfermant des documents statistiques auxquels nous avons fait de larges emprunts ; l'autre, un Catalogue spécial. — Par M. de Buschen, membre du Comité central de statistique de Saint-Pétersbourg.

Pétersbourg, de 44 établissements produisant annuellement 10 millions d'équipages, carrosses, traîneaux et droschkys. Ce dernier véhicule est remarquable par sa simplicité et sa légèreté. Depuis l'ouverture de l'Exposition on peut en voir circuler dans les allées du bois de Boulogne, au grand ébahissement des promeneurs.

Au sujet de la classe 65 : Matériaux de construction, nous dirons qu'en 1864 on comptait, en Russie, 1,584 briqueteries-tuileries occupant 13,300 ouvriers et produisant pour une valeur de 11,200,000 francs de marchandises. La fabrication de la chaux a lieu dans 102 établissements avec 950 ouvriers et une production annuelle de 2 millions de francs.

On cultive, en Russie, le froment, le seigle, l'orge, l'avoine, le millet, et dans les provinces méridionales extrêmes, le maïs. La production annuelle de ces céréales est évaluée à 4,160 millions de francs, et la pomme de terre seule, en dehors des céréales, est estimée à 21 millions de francs.

Voici comment se distribue, en Russie, la production céréalifère :

Semailles	126,750,000	hectol.
Consommation de la population	243,750,000	—
Consommation par les bestiaux	115,335,000	—
Exportation à l'étranger	17,550,000	—
Réserve	8,388,000	—
Fabrication de la bière et de l'eau-de-vie	13,650,000	—
Total	525,423,000	hectol.

En 1864, on comptait en Russie 1,000 établissements de meunerie occupant 6,400 ouvriers. Non-seulement depuis cette époque ce chiffre a dû considérablement augmenter, mais nous croyons aussi qu'il est bien au-dessous de la vérité.

La culture de la betterave à sucre couvre 109,000 hectares, rendant, année moyenne, 10,793,000 quintaux, représentant une valeur brute de 22 millions de francs. Le sucre fabriqué est de 733,000 quintaux. C'est au moins le chiffre officiel de 1865. Le nombre des fabriques est de 273, le nombre des ouvriers de 61,672 et la valeur commerciale de 88 millions de francs.

C'est dans l'extrême partie méridionale de la Russie qu'on cultive la vigne; le meilleur vin est celui de Kakhetie dans la Transcaucasie. La récolte annuelle des vignobles russes est de 2,134,000 hectolitres, représentant une valeur de 46,460,000 francs.

Le total de la production alcoolique, en 1864, a été de 3,125,237 hectolitres. En 1865, cette production est descendue à 2,800,696 hectolitres; mais, comme cette quantité d'alcool, pour être convertie en eau-de-vie, est coupée par 35 à 50 0/0 d'eau, c'est donc alors une consommation d'environ 7,500,000 hectolitres d'eau-de-vie à 20 francs le vedro ou 12 litres 290, représentant la somme énorme de 1 milliard 200 millions !

Quant à la bière, le total de la fabrication a été, en 1865, de 1,137,500 hectolitres, sans compter la bière de ménage, qui ne se vend pas et dont la production est de 2,500,000 hectolitres, soit pour la première 54 millions de francs et pour la seconde 60 millions.

La classe 75 : Chevaux, ânes, mulets, va nous donner l'occasion de rappeler ici les chiffres concernant le dénombrement des bestiaux russes, tel qu'il a été fait en 1864.

A cette époque on comptait, en Russie, non compris la Finlande et la Pologne :

Chevaux	18,723,167	têtes.
Bêtes à cornes	27,475,335	—
Bêtes ovines ordinaires et mérinos	54,416,314	—
Race porcine	10,230,777	—
Race caprine	1,700,000	—
Chameaux	60,000	—
Rennes	1,000,000	—

Nous terminerons cette longue étude par quelques remarques sur la partie pittoresque de l'exposition russe : nous voulons parler du costume et des constructions qui ont été élevées dans le parc.

Les costumes de tous les gouvernements de l'empire forment, à eux seuls, une collection très-intéressante; ils ne produisent pas un effet aussi saisissant que les mannequins de la Suède et de la Norwége, car ils ne sont représentés que par de petites figurines, à l'exception cependant de quelques types de l'extrême Nord.

On trouve dans cette collection tous les types des soixante-cinq races qui composent la population du grand empire; parmi les plus intéressants nous citerons les costumes tatares, lapons, tchouktchys, goldes, cassemens, khersours, touschines, orotchênes, du kouhan, cosaques, Jakoutes, aleoutes, ostiaks, kirghizes, georgiens, ossetiens, bouriates, toungoux, baschlyks, etc., etc.

Dans le parc et faisant partie du quartier allemand, se trouvent le pavillon du commissariat russe, les écuries russes, dont on a beaucoup admiré les magnifiques chevaux, les isbahs ou cabanes de paysans russes et la tente ainsi que la hutte des Kirghis nomades. Laissons au sujet de l'isbah et des tentes kirghis la parole à M. Hippolyte Gautier :

« A gauche de l'entrée de l'avenue de Suffren s'élèvent les deux isbahs qu'ont fait construire M. Gronoff et l'administration des domaines. Elles ont été fabriquées à Saint-Pétersbourg et ont été envoyées à Paris dans 2,500 caisses, sous la garde d'une escouade d'ouvriers moujicks qui les ont montées avec une rapidité surprenante. Le bois et l'étoupe sont les seuls matériaux de construction employés.

« L'essuie-main, les malles, le poële, les gravures qui tapissent la chambre ont un cachet tout particulier. Parmi elles il faut surtout remarquer l'image sainte qui se trouve dans toutes les habitations russes et qu'on rencontre également dans le restaurant. C'est un palladium dont tous les sujets du czar aiment à se couvrir. Cet amour pour les vives couleurs qui se trouvent dans presque tous les objets exposés fait souvenir que la nation est à moitié orientale. Les tapis disposés dans cette cabane ont déjà tous été achetés par les visiteurs : si les paysans russes en ont de semblables, il faut croire qu'ils ne sont pas trop à plaindre.

« Tout auprès de l'isbah se dressent deux tentes non moins dignes d'être remarquées : l'une, faite avec de riches tapis bariolés de toutes sortes de couleurs, est à l'usage des Kirghis nomades; l'autre, plus curieuse encore, est faite d'écorce d'arbre. C'est la demeure primitive de l'homme et, en portant les yeux sur les merveilles accumulées dans le Champ-de-Mars, on peut se rendre comp des progrès accomplis par la science et l'i dustrie. »

De ces tentes au fameux restaurant russ il n'y a qu'un pas. Pourquoi ne dirions-no pas ici que si nous avions une récompense décerner aux restaurants de l'Exposition, c'e au restaurant russe que nous la décernerions Celui-là seul est resté dans son rôle. Le prix étaient fort élevés, c'est vrai, mais on trouvait, du moins, une cuisine originale, u confortable et surtout une distinction de ser vice exquis. Honneur au restaurant russe !

Résumons-nous : L'installation russe aur été splendide; la galerie principale, admira blement belle. Ici, ce ne sont pas des ara besques légères comme la scierie mécaniqu sait en produire, mais bien des ornement taillés en pleins madriers. Cette décoration exécutée par des ouvriers russes venus à Pari exprès, est du plus puissant effet.

La Russie a donc fait des frais, de grand frais pour se montrer au Champ-de-Mars, e nous lui en savons gré.

Elle a su donner une physionomie impo sante, une couleur caractéristique à son ex position et a fourni franchement un immens sujet d'étude à l'économiste, au fabricant e au commerçant.

Cet effort généreux ne sera perdu ni pou elle ni pour l'Europe, qui a les yeux fixés su ses destinées.

Quel rôle, maintenant, est-elle appelée jouer dans l'équilibre européen? Nous n saurions encore le dire. Parler de son actio envahissante serait soulever une polémiqu dangereuse, étrangère d'ailleurs à notre pro gramme.

Contentons-nous de dire que la Russie telle qu'elle vient de se révéler à nous, marche à grands pas vers le progrès.

A ce colosse il ne manque qu'une chose c'est de se jeter carrément dans les bras d la liberté.

La Russie alors aura trouvé son véritable point d'appui..., et de là à se dire la plu grande nation du globe il n'y aura vraimen qu'un pas!

XXIV.

ITALIE.

Comme la Prusse, l'Italie est aujourd'hui un pays nouveau. L'Italie est *une*, des Alpes à l'Adriatique, et cette unification est si près de nous que la statistique n'a pas eu encore le temps de coordonner les documents nécessaires à l'établissement de l'inventaire officiel de la nation [1].

L'Italie est maintenant formée du royaume de Sardaigne, du Milanais, du royaume des Deux-Siciles, de la Vénétie, d'une partie des États pontificaux, des duchés de Parme, de Modène, de Lucques et du grand-duché de Toscane.

Quelle est la superficie exacte de son territoire? Nous ne la connaissons pas au juste, car la statistique n'en a pas encore nettement déterminé le chiffre officiel. C'est un calcul que nous ne manquerons pas de faire.

Ce qu'on sait le mieux, c'est le nombre d'habitants qui peuplent l'Italie nouvelle, et qu'on estime à 24,417,478, avec cette répartition :

	Habitants.
Toscane	2,018,155
Province de Turin	941,992
— d'Alexandrie	645,607
— de Bergame	347,235
— de Brescia	486,383
— de Cagliari	372,097
— de Come	457,434
— de Coni	597,279
— de Crémone	339,041
— de Gênes	650,143
— de Milan	948,320
— de Novare	579,385
— de Pavie	419,785
— de Port-Maurice	121,330
— de Sossari	215,967
— de l'Émilie	2,146,567
— des Marches	883,073
— napolitaine	6,787,220
— sicilienne	2,391,202
— de Lipari et îles	489,340
— de la Vénétie	2,640,525
Total	24,417,478

[1]. Vers la fin de l'Exposition, un livre d'une haute importance a paru sur la section italienne, sous le titre de : *L'Italie économique*. La Commission italienne a

Nous sommes également très-ignorant sur l'état financier du royaume; nous savons seulement que les finances sont loin d'être prospères, et cela ne saurait étonner personne, quand on songe à la crise terrible que l'Italie vient de traverser; mais l'Italie ne peut tarder, à l'aide des moyens énergiques qu'elle met en œuvre, à se relever de l'état précaire dans lequel elle se trouve.

Le mouvement progressif ne date pas d'hier, il a commencé à se faire sentir dès les premiers pas que l'Italie a faits dans son unification. Nous en trouvons la preuve dans un document officiel publié par le *Moniteur universel*, au mois de mars 1866 :

« Le mouvement des navires était pour Naples en 1860 de 3,842 entrées et de 3,867 sorties, il s'est élevé en 1862 à 4,972 entrées et 4,583 sorties.

« Pour Palerme, il était en 1860 de 1,892 entrées et de 1,885 sorties, il est monté en 1862 à 3,328 entrées et 2,234 sorties. »

Ajoutons que le commerce extérieur prend tous les jours une extension considérable. Les principaux articles d'exportation, comprenant les soies grèges et moulinées, les bourres en masse, l'huile d'olive, les bois de construction, de teinture, les feuillards, la droguerie, le fromage, le riz, le thon mariné, les cornes, les os, les oranges, les citrons, les mules, les mulets, les peaux brutes, les laines, le corail, le chanvre teillé et peigné, les étoupes, les chapeaux de paille, le chocolat, les bonbons, le Rossolio, etc. Quant aux principaux articles d'importation, ce sont : le café, le sucre, les vins, les eaux-de-vie, le sel de marais, le

réuni, dans cet ouvrage qui précède son catalogue, des documents du plus vif intérêt. Malheureusement nous n'avons pu consulter ce travail, que nous avons connu trop tard. Il nous eût permis de rectifier quelques chiffres et de compléter nos appréciations. Ce retard dans la publication du catalogue italien s'est produit fatalement aussi pour la plupart des autres expositions étrangères.

coton et les toiles de coton, la bijouterie, la cire jaune ouvrée, les tissus de lin, de coton, de laine, la garance, tous les articles de l'industrie parisienne, l'or battu fin, laminé et tiré, les peaux préparées, etc.

Mais, nous le répétons, nous sommes tellement pauvre en documents statistiques, que nous sommes forcé de glisser légèrement sur toutes les généralités qui forment le cadre de nos précédentes études; il ne nous sera possible de combler ces lacunes que lorsque nous étudierons les classes industrielles et agricoles qui figurent à l'Exposition.

Néanmoins nous trouvons dans le *Moniteur* déjà cité un document précieux à propos de la statistique morale :

« On adresse de Florence au *Moniteur* une correspondance qui permet d'établir une comparaison entre le passé et le présent des provinces italiennes méridionales. Les chiffres ont une telle puissance, que les partisans les plus opiniâtres de l'ancien régime ne sauraient les méconnaître.

« Il existait en 1861, dans le pays napolitain, 3,078 écoles fréquentées par 65,411 élèves; en 1863, il y en avait 5,665 fréquentées par 148,525 élèves.

« En 1861, dans toute la Sicile, 571 écoles étaient fréquentées par 15,968 élèves; en 1863, il y en avait 1,177 fréquentées par 32,588 élèves. »

Ainsi en deux ans, de 1861 à 1863, le nombre des écoles avait presque doublé et celui des élèves plus que doublé. Le rapprochement serait plus significatif encore si l'on prenait pour terme de comparaison les années antérieures à 1859; mais jusqu'à cette date il est impossible de se procurer même les éléments d'une statistique approximative.

Si les documents statistiques nous font défaut sur un grand nombre de points, nous possédons en revanche et au grand complet ceux qui regardent les sociétés savantes et nous prenons cette occasion pour constater ici que la péninsule italique tient en Europe le cinquième rang; elle possède en effet 110 sociétés savantes qui se répartissent ainsi :

Province de Bergame : à Bergame, 2. — Province de Brescia : à Brescia, 1; à Salo, 1. — Province de Cagliari : à Cagliari, 1. — Province de Côme : à Côme, 1. — Province d l'Émilie : à Boulogne, 6; à Ferrare, 2; à Massa Carrara, 1; à Modène, 4; à Parme, 3. — Province de Gênes : à Chiavari, 1; à Gênes, 4; Savone, 1. — Province des Marches : à Ancône, 1; à Cerbino, 1. — Province de Milan à Milan, 11. — Province napolitaine : à Aversa 1; à Catanzaro, 1; à Naples, 4. — Province de Novare : à Brella, 1. — Province de l'Ombrie à Cita di Castello, 1; à Pérouse, 2; à Rieti, 1 — Province sicilienne : à Acireale, 2; à Catane, 2; à Messine, 2; à Palerme, 6. — Toscane : à Arezzo, 1; à Florence, 9; à Empoli, 1 à Grossetto, 1; à Livourne, 2; à Lucques, 4 à Pistoie, 1; à Sienne, 4. — Province de Turin : à Aoste, 1; à Turin, 8. — Vénétie : à Bassano, 1; à Castel-Franco, 1; à Padoue, 2; à Rovigo, 1; à Trévise, 1; à Udine, 1; à Venise, 4; à Vérone, 1; et à Vicence, 1.

Afin de compléter la statistique morale de l'Italie, voici la liste des expositions qui ont eu lieu depuis 1829 :

Turin, 1829. — Turin, 1838. — Florence, 1844. — Lucques, 1844. — Gênes, 1846. — Gênes, 1848. — Turin, 1850. — Milan, 1853. — Turin, 1854. — Florence, 1855. — Turin, 1858. — Florence, 1861.

En 1851, à Londres, l'Italie réunie comptait 194 exposants; les États romains possédaient alors une partie de l'Ombrie et les Deux-Siciles, et la Vénétie était comprise dans l'empire d'Autriche.

En 1851, à Londres :

	Exposants.
États sardes	95
Toscane	99
États romains	»
Vénétie	»
Total	194

En 1855, à Paris :

	Exposants.
États sardes	198
Toscane	197
États romains	»
Vénétie	»
Total	395

En 1862, à Londres, l'Italie unie comptait 1,968 exposants.

Cette année, l'Italie unie et la Vénétie comptaient 4,000 exposants qui se répartissent ainsi dans les dix groupes :

	Exposants.
1er GROUPE. — Œuvres d'art	112
2e GROUPE. — Matériel et application des arts libéraux	383
3e GROUPE. — Meubles et autres objets destinés à l'habitation	327
4e GROUPE. — Vêtements et autres objets portés par la personne	522
5e GROUPE. — Produits des industries extractives	905
6e GROUPE. — Instruments et procédés des arts usuels	382
7e GROUPE. — Aliments à divers degrés de préparation	1,208
8e GROUPE. — Produits vivants et spécimens d'établissements d'agriculture	31
9e GROUPE. — Produits vivants et spécimens d'établissements d'horticulture	20
10e GROUPE. — Objets exposés en vue d'améliorer la condition physique et morale de la population	110
Total	4,000

Entrons maintenant dans les classes de la section italienne, visitons les beaux produits qui la composent, et saisissons, autant qu'il nous sera possible, l'occasion des expositions les plus remarquables pour en déduire des conséquences de statistique générale.

Turin, Florence, Milan et Naples ont le monopole de la typographie italienne, et celle-ci peut entrer aujourd'hui en lice avec la typographie des autres nations européennes. En 1862, à Londres, l'imprimerie et la librairie n'étaient représentées que par un petit nombre d'exposants. Aujourd'hui, en 1867, cinquante-trois exposants ont pris part au concours. Parmi eux il faut surtout citer les ouvrages exposés par M. Gaspard Barbera, de Florence; M. Cellini, également de Florence; M. Pomba, de Turin; M. Richter, de Naples; M. Lemonnier, de Florence, et M. Nobile, de Naples.

En 1862, à Londres, M. Nobile obtenait la médaille pour ses illustrations chromolithographiques. — *For chromolithographie illustrations*, — et c'était justice. Cette année, M. Nobile, qui présente des spécimens mieux réussis, plus savamment et plus artistement exécutés qu'en 1862, n'a obtenu qu'une médaille de bronze. Étrange contradiction! M. le commandeur Nobile est le Nestor des typographes italiens. — Sa longue et honorable carrière a été consacrée tout entière au progrès de l'art typographique, pour lequel il a fait les sacrifices les plus onéreux. — Il y a là évidemment une déplorable erreur qui, malheureusement, se produit trop souvent à l'égard de nos illustrations industrielles.

La fabrication du papier en Italie est importante, malgré l'exportation annuelle de chiffons, qui s'élève à plusieurs millions de kilogrammes et qu'on dirige vers les États-Unis d'Amérique et l'Angleterre. Ce qui prouve que l'Italie ramasse plus de chiffons qu'elle ne peut en consommer.

Les principales fabriques de papier se répartissent ainsi sur le territoire :

	Machines.	Cuves.	Production totale.
Piémont	16	35	3,725,000 kil.
Ligurie	4	74	1,800,000
Lombardie	8	200	4,500,000
Parme et Modène	1	40	700,000
Légations et Marches	»	40	600,000
Toscane	3	120	2,300,000
Naples	20	137	6,055,000
Totaux	52	646	19,680,000 kil. [1]

On assure que la Vénétie, le Tyrol italien et le Patrimoine de Saint-Pierre fournissent annuellement trois millions de kilogrammes de papier à la consommation, ce qui porterait le chiffre de production ci-dessus à 23 millions environ.

La plus grande partie du papier fabriqué est consommée dans le pays; le reste est exporté en Amérique, en Orient et en Grèce. Ce dernier pays consomme tous les ans 800,000 kilogrammes de papier très-mince, destiné à envelopper les oranges.

Parmi les expositions qui méritent d'être particulièrement signalées nous citerons celles de M. Magna-Pigna, de Milan; de M. Ghigliotti, de Pegli près Gênes; de M. Valpini, de Florence; de M. Poli, de Lucques, et de M. Binda, de Milan.

Les instruments de musique fabriqués en Italie n'ont plus cette réputation que leur

---

1. Dans cette statistique comme dans les suivantes, nous omettrons souvent la Vénétie, ne possédant pas encore sur cette partie de l'Italie des documents bien exacts.

avaient donnée les Stradivarius, les Guarnieri et les Amati. L'Italie n'a conservé qu'une spécialité, c'est la fabrication napolitaine des cordes de boyau. Hors de là, les constructeurs d'instruments sont obligés de borner leur travail à l'agencement plus ou moins parfait des différentes pièces qu'ils tirent de l'étranger.

Nous avons cependant remarqué les violons exposés par M. Ceruti, de Crémone, et M. Gagliano, de Naples, ainsi que le piano à queue et à double échappement de M. Meglio, de Naples. Mais l'exposition qui tient sans contredit le premier rang est celle de M. Pelitti, de Milan.

Cette exposition est un véritable musée; elle se compose d'instruments à vent, en cuivre et laiton : ce sont des bombardons en *fa* et *mi* bémol, des barytons en *do* et *si* bémol, des bombardines à trois et quatre pistons, des clavicornes en *si* et en *mi* bémol, des cornets, des duplons, des flicornes, des pellitons, des sopranos, des trombonnes en *si* bémol à trois pistons, des trompettes à piston, etc.

Dans les musiques militaires italiennes on a adopté la contre-basse en *si* bémol de M. Pelitti et d'autres instruments duplex, c'est-à-dire à pavillon double.

M. Pelitti est le Sax de l'Italie, aussi, en 1862, à Londres, lui a-t-on décerné la médaille. M. Pelitti n'a pas mieux été traité à Milan que M. Nobile à Naples : il n'a obtenu cette année qu'une médaille de bronze.

De père en fils la fabrique d'instruments de cuivre qui porte le nom de Pelitti n'en est pas moins un établissement hors ligne. — Elle mérite donc d'occuper le premier rang. On lui doit d'importantes innovations qui ont donné matière à une lutte assez vive avec la fabrique française.

Si nous en exceptons MM. Lollini de Bologne et l'association médicale italienne de Florence, la classe des instruments de l'art médical n'offre rien de bien remarquable. Nous mentionnerons cependant, comme d'intérêt général, les voitures d'ambulance pour les blessés, les cacolets et civières, les tentes militaires, les caisses à médicaments, le tablier porte-malades, etc., exposés par M. Locati, de Turin, M. Predeval de Carrero, également de Turin, le comité de secours aux blessés en campagne, de Milan, et le comité de secours aux blessés, de Florence.

La collection anatomique de M. le docteur Brunetti est au-dessus de tout éloge. — On a dû voiler certaines parties qui piquaient trop vivement l'attention de la foule..., entre autres ce fameux *tronc de Vénus* si admirablement conservé, avec sa couleur aussi *naturelle* que ses *attributs* divers.

Cette magnifique collection, où la science joue un si grand rôle, a été honorée d'un grand prix.

La classe 12 : Instruments de précision et matériel de l'enseignement est représentée dans la section italienne par 91 exposants. Cela ne nous étonne pas : une nation qui compte parmi ses enfants des hommes tels que Volta, Amici, Nobili, Melloni, Gonella et tant d'autres, doit avoir en réserve une vaillante phalange de savants travailleurs. Mais comment énumérer cette multitude d'instruments? microscope, télescope, spectroscope, hélioscope, réostat, psychromètre, anémométographe, sphéromètre, etc... Comment énumérer ces nombreuses collections géologiques, ces coupes géognostiques, ces dessins, ces échantillons botaniques, minéralogiques, conchiologiques, paléontologiques? et enfin ces savantes et artistiques préparations anatomiques en cire?

Ces dernières captivent particulièrement la curiosité de tous les visiteurs; les dames reculent épouvantées devant ces cadavres artificiels; les hommes tiennent bon et se surprennent à admirer le réalisme de certaines formes.

Parmi les exposants de la classe 12, nous devons citer surtout M. Louis Bossi, professeur de tissage en soie à la Société d'Encouragement d'arts et métiers de Milan.

M. Bossi a exposé une nouvelle balance pour peser les éprouvettes de soie et présentant d'ingénieuses combinaisons comparatives; un tableau synoptique dit : Promptuaire, avec virgules mobiles pour faciliter le calcul de la disposition des soies à la teinture, basé sur une éprouvette de la longueur de 500 mètres, etc., etc. — A l'appui de son exposition, M. le professeur Bossi a joint un mémoire explicatif. Nous aimerions connaître sur ces innovations l'opinion de M. Alcan, notre principale autorité en cette matière.

Nous recommandons dans la classe 13 une belle carte géologique de l'Italie supérieure et centrale; elle a été dressée par les soins du Ministre de l'Agriculture et du Commerce; nous recommanderons également une série de cartes exposées par l'institut technique de Florence, représentant dix-neuf forages de puits artésiens, avec la description exacte de toutes les couches géologiques traversées.

Les classes 14 et 15 : Meubles de luxe et ouvrages de décorateur, sont à elles seules un monde.

Sienne, au XIVe siècle, représentait spécialement l'art de la sculpture sur bois et ivoire. La décadence est venue aux XVIIe et XVIIIe siècles, et il n'y a que peu d'années que, par les soins d'artistes distingués, cette localité a repris, avec une grande perfection, ses admirables travaux. Aux œuvres des anciens maîtres Francesco, Tonghi, Thésée de Bartalino, Benedetto Giovanni da Montepulciano, d'Antonio Barili, ont succédé les œuvres modernes d'Antoine Manetti, d'Ange Barbetti, d'Antoine Rossi, de Pierre Giusti, de Louis Marchetti, d'Ange Lombardi, de Pascal Leoncini et d'Achille Lavagnini.

La même restauration s'est produite à l'égard de la marqueterie : Florence, Brescia, Pérouse, Turin et Savone marchent au premier rang. Si les dessins ne sont pas aussi purs que ceux des marqueteries anciennes, avouons au moins que, depuis 1855, ils ont énormément gagné.

Volterre, en Toscane, a le monopole des objets et meubles en albâtre et en serpentine. Depuis quelques années surtout, cette industrie a pris un développement considérable.

Quant aux ouvrages mosaïques en pierre dure, la Toscane, Florence et la Sicile enfantent tous les jours des chefs-d'œuvre, que les visiteurs de toutes les nations ne se lassent pas d'admirer.

Encore ici notre embarras est grand, car la classe 14 ne compte pas moins de soixante-six exposants, et la classe 15 cent six.

En présence de cette multiplicité de produits, nous demandons à M. Auguste Luchet de nous venir en aide, et nous lui empruntons quelques-unes de ses appréciations :

« Ce qui distingue les meubles italiens exposés nous paraît être une adoration profonde et générale des types et des formes de la Renaissance... L'art de cette époque se prête surtout à la parure, c'est le péché mignon de ce monde péninsulaire, qui, dès qu'il eut le grec, lui mit de la toilette et des colliers... Ainsi, M. André Picchi et M. François Poli, de Florence, ont apporté des bahuts du XVIe siècle, qui ressemblent à des châsses; l'ébène n'en est, pour ainsi dire, que pour la construction... L'un des meubles aux grands ivoires s'appelle un écritoire, — nous dirions peut-être un bureau, — et appartient comme œuvre au Milanais Gaetano Scotti; le panneau du corps supérieur représente le Parnasse français... Un autre meuble, où l'ivoire gravé se combine seul avec l'ébène, porte le nom de Sexte Olivero, aussi de Milan. Celui-ci paraît réunir plus de suffrages, il est mieux dans les données tranquilles du meuble français... Un autre tellement beau, que devant lui la critique n'ose, est celui de Louis Antoni et Jean Brambilla : ordonnance, dessin, arrangement, pensée, tout y empoigne son homme; c'est imposant, c'est grand, c'est digne de la ville du Dôme... Citons encore un excellent buffet en noyer, sculpté par les frères Levera, de Turin, et un prie-Dieu en même bois, de Barbetti et fils, de Florence... Nous reprocherons au dressoir immense de M. Bartolozzi la lourdeur capitale des panneaux du bas et la cambrure disgracieuse des deux figures de la tablette. Laissons les pesanteurs aux Anglais, ils s'en tirent convenablement.

« Reste la marqueterie en bois. Tous nos éloges d'abord à une porte douce et superbe, exécutée par Vincenzo Corsi, de Sienne. Un tableau, par Jean Fortunati de la Chioggia, ne vaut quasi pas moins. De même, le touchant travail envoyé de Venise, par l'institution populaire Manin, est un coffre de « magique fantaisie, » comme le dit l'étiquette, ouvrage d'un marqueteur de Sorrente, M. Almerico Gargiulo. »

A la liste de M. Auguste Luchet nous ajouterons différents noms que nous trouvons disséminés dans ces deux splendides classes.

Voici, à côté de l'*écritoire* de M. Scotti, le délicieux secrétaire en bois de noyer et de tilleul de M. Coco, de Palerme ; le meuble est mignon, et les sculptures de la frise et des panneaux sont adorables de légèreté et d'animation. Dans le grand salon, en face du meuble de MM. Brambilla, se trouve placé le merveilleux guéridon octogonal de M. Descalzi de Chiavari ; l'ébène, l'oranger, la nacre, composent une marqueterie du plus magnifique effet, le cuivre seul est de trop, car il donne à ce meuble, déjà énorme, une lourdeur peu en harmonie avec la finesse et la délicatesse artistique des dessins. A côté on peut admirer une petite table incrustée, exposée par la chambre de commerce de Lucques ; mentionnons également le secrétaire si bien sculpté et marqueté de M. Mengozzi, de Faënza, le meuble d'ébène marqueté de pierres dures avec ornements d'argent doré et de bronze, de M. Annoni, de Milan, les meubles marquetés de M. Devoto de Chiavari.

Dans un autre ordre d'idées et dans les deux mêmes classes, nous signalerons la belle exposition de M. Bigaglia, de Venise ; elle se compose d'aventurine grise travaillée et d'obsidienne grise. Ces deux minéraux sont les matières premières que M. Bigaglia emploie à l'incrustation de ses splendides tables de marbre noir et de ses petits meubles en pierres dures. Mais ce n'est ni la rareté de ces deux substances ni les difficultés du travail que nous admirons dans les œuvres de cet exposant, mais plutôt et surtout l'admirable agencement artistique des dessins et des couleurs, agencement qui eût dû lui valoir une des premières récompenses, car c'est à M. Bigaglia que l'on doit les perfectionnements de la fabrication des verres aventurinés qui lui servent pour la bijouterie fine, pour la fabrication des vaisselles de luxe, avec montures en or et en argent, pour les décorations monumentales et les mosaïques.

M. Franceschi, de Florence, a une exposition qui a également un mérite artistique incontestable : ce sont des cadres en bois sculpté où le fouillé des détails, la finesse des découpures, la pureté des lignes, ne le cèdent en rien à tout ce qui se fait de mieux en ce genre de travail. M. Franceschi est un digne élève des grands maîtres.

Dans un style plus simple, une application plus modeste, l'exposition de M. Guala, de Turin, est aussi très-recommandable : armoire, table de noyer et d'acajou, écran, tels sont les meubles exposés par M. Guala ; ils rentrent surtout dans les données tranquilles du meuble français, soit par la forme, soit par la bonne entente du travail. C'est là un mérite qui en vaut bien un autre.

Citons de M. Branchini, de Florence, un dessus de table en mosaïque, avec pied en bois sculpté et doré, par MM. Ange Barbetti et fils, les heureux exposants du prie-Dieu dont nous avons parlé plus haut.

Il nous reste à examiner dans cette classe 15 trois dernières expositions fort remarquables : nous voulons parler des magnifiques mosaïques en tous genres et de tous styles, ainsi que des émaux provenant de la manufacture de M. Salviati, de Venise, qui s'occupe spécialement de la rénovation des anciens arts vénitiens ; et ensuite de deux beaux vases d'albâtre, sculptés par Pierre Bolognesi, de Volterre, et exposés par M. Becucci ; puis enfin de deux magnifiques aiguières en marbre serpentin, de M. Vichi, de Florence.

Oui, un des plus grands et des plus légitimes succès obtenus à l'Exposition universelle, affirmerons-nous avec M. J. Vilbort, « est sans contredit celui de cet art et de cette industrie où la Venise d'autrefois acquit tant de renommée, et où la Venise d'aujourd'hui nous apparaît dans sa renaissance. Le docteur Salviati, dont les efforts persévérants sont parvenus à relever d'une complète décadence la mosaïque et la verrerie de Venise, a bien mérité de son pays ; et tous ceux qui ont le goût des belles choses s'uniront à nous pour l'applaudir, en admirant les merveilleux produits dans lesquels la république des doges ressuscite tout à coup sous un de ses aspects les plus charmants et les plus originaux.

« C'est à Venise que de tout temps la mosaïque d'émail a particulièrement brillé. L'art chassé de Byzance y trouva un abri ; et tandis que les Turcs recouvraient de plâtre les belles mosaïques de Sainte-Sophie, Théophane, de

Constantinople, enseignait à Venise le dessin, la fabrication des émaux et la manière de les employer à la décoration monumentale. La merveilleuse basilique de Saint-Marc offre des spécimens de tous les genres de mosaïque, depuis le moyen âge jusqu'à nos jours. Là, cet art, devenu essentiellement vénitien, resplendit dans son inaltérable beauté. Durant plus de dix siècles, Venise enrichit toute l'Italie des chefs-d'œuvre de sa mosaïque. Quand elle ne lui envoyait point ses émaux incomparables, elle lui prêtait ses meilleurs artistes. Au XVe siècle, le mosaïste Angelo Beroviero, de Murano, était appelé tour à tour à Ferrare, à Milan, à Florence, à Naples et même à Constantinople. Au XVIIe siècle, la république des doges accorda comme une grande faveur au duc Côme de Toscane, que Yacopo et Alvese Luna, mosaïstes vénitiens, allassent décorer les monuments de Florence. Le secret de composer et de colorer les émaux, l'instinct de la couleur, les traditions de l'école où l'art de la mosaïque était perfectionné de siècle en siècle, tout cela fit que Venise ne rencontra aucune rivale digne d'elle sur ce terrain-là pendant le moyen-âge et la renaissance. Mais la décadence politique et commerciale commença aussi le déclin de la mosaïque. Il y a quelques années, elle était pour ainsi dire tombée à néant. Nous la revoyons aujourd'hui à l'Exposition universelle dans tout l'éclat des grands jours de Venise.

« Le portrait de Victor-Emmanuel, celui de Napoléon III, la grande figure sur champ d'or représentant l'évêque anglais Wickcham, celle d'Ézéchiel, d'après les cartons du Titien, et tant d'autres œuvres remarquables exposées par le docteur Salviati, soutiennent la comparaison avec les plus belles productions d'autrefois. C'est là véritablement un art ressuscité par ce savant doublé d'un artiste.

« Je voulus, nous dit-il à Venise, en octobre 1866, faire revivre ici même et par les mains de mes compatriotes cet art presque indigène de la mosaïque. Je dirigeai tous mes efforts vers ce but unique : développer la fabrication des émaux de Venise, des émaux d'or et des émaux colorés, si fameux jadis. Je m'assurai pour cela le concours d'un homme éminemment habile, Laurent Radi, de Murano, dont les beaux émaux sont le résultat de quarante années d'études profondes et de laborieuses expériences, et qui avait réussi pleinement à retrouver et à améliorer l'ancienne méthode de fabrication. Ainsi nous sommes parvenus ensemble à faire revivre cet art perdu, et à l'enrichir même par la découverte de nouveaux émaux, notamment celui qui imite l'agate calcédoine.

« Telle est l'origine de la fabrique de mosaïque d'émail établie sur le Grand-Canal à Venise, par le docteur Salviati, et dont les merveilleux produits couronnés à l'Exposition universelle de Londres n'ont pas obtenu un moins brillant succès à celle de Paris.

« Mais le docteur Salviati ne s'est point contenté de remplir une tâche si noble, si digne d'un enfant de Venise. « Les arts des verres « soufflés et des verres colorés pour vitraux « ont, dit-il, avec la mosaïque, les liens de « parenté les plus intimes. Nés tous trois dans « le même berceau, ils ont grandi et pros- « péré côte à côte... J'ai donc été amené par « la force des choses à diriger mes efforts « vers la renaissance de ces arts jumeaux « également tombés dans l'oubli après une « carrière si éclatante. » Et voilà comment nous avons revu ces coupes incomparables, ces verres prodigieux, où la noblesse, l'élégance, l'originalité des formes, luttent avec la magie des couleurs pour l'enchantement des yeux. Le vieux venise, précieusement conservé au fond des bahuts de famille, nous est rendu comme si la reine de l'Adriatique avait étalé tout à coup devant nous des trésors accumulés pendant des siècles. »

Les lustres, les glaces et les verreries de Venise sont exposés par le Musée communal de Murano. Venise produit encore aujourd'hui 2,500,000 kilogrammes de différentes verreries et emploie 3,000 ouvriers ; mais, selon nous, si les produits vénitiens flattent toujours aussi agréablement la vue, ils ont très-sérieusement à compter, actuellement, avec les verreries étrangères.

La céramique occupe en Italie une place importante, nous en trouvons la preuve dans le tableau suivant :

	Fabriques.	Ouvriers.	Production.
Vases ordinaires simples et vernis	200	12,000	5,000,000 fr.
Faïence ordinaire	30	1,800	1,200,000
Terre commune	24	2,400	2,400,000
Terre fine à l'anglaise	3	350	450,000
Porcelaine	3	250	400,000
Carreaux et tuiles	2,000	80,000	40,000,000

Nous signalerons dans cette classe l'exposition de la fabrique de M. Richard, de Milan, ses porcelaines et sa belle collection de porcelaines biscuits et l'exposition de M. le marquis Laurent Ginori Lisci, de Florence, ses porcelaines de table, ses statuettes, ses poteries, imitation chinoise et ses faïences genre d'Urbin de Pesaro aux xive et xve siècles et genre Luca de la Robia.

L'importance de l'industrie cotonnière en Italie se traduit par les chiffres suivants :

Capital immobilisé, constructions, machines, outils	400 millions.
Achat de 20 millions de kilogr. de matières premières	32
Salaire de 200,000 ouvriers	90
Total	522 millions.

En 1860, on comptait en Italie 500,000 fuseaux répartis dans toutes les filatures.

Actuellement, outre les tissus ordinaires, on fabrique des rasés, des basins, des perpignans, des molletons, des calicots, des madapolams, des doublets, des coutils, des piqués, des damas et des tapis.

Le nombre des métiers dépasse 100,000 en y comprenant les métiers mécaniques.

Quarante-sept exposants représentent à l'Exposition l'industrie cotonnière italienne.

Nous devrions en citer beaucoup parmi eux, mais la place nous manque. — Nous dirons quelques mots cependant de M. Costanzo Cantoni, de Milan; ce sera du moins une faible compensation pour cet estimable industriel, dont les produits hors ligne sont restés enfouis pendant cinq mois dans les caves du palais! C'est, du reste, sur les ruines de l'Exposition que nous avons vu pour la première fois sa vitrine et que nous avons compulsé l'album de son vaste établissement.

M. Cantoni occupe de 2,500 à 3,000 ouvriers! Il embrasse à la fois toutes les phases de la fabrication cotonnière. Nous avons parcouru avec beaucoup d'intérêt l'album de ses machines et son album de teinturerie par le système mécanique continu. La production à laquelle arrive M. Cantoni est énorme.

Nous avons lu une lettre particulière de M. Roy, président de la section du jury international. M. Roy regrettait beaucoup l'accident dont les produits de M. Cantoni ont été victimes. Ces produits, selon l'honorable président, eussent valu à M. Cantoni une des premières récompenses.

M. Cantoni a surtout voulu prouver, par les échantillons variés qu'il avait adressés, que les cotons qu'il emploie pouvaient avantageusement lutter avec les cotons américains.

En un mot, son exposition si maltraitée était certainement l'une des plus remarquables du palais.

Le produit du chanvre brut est évalué à 40 millions de kilogrammes. Sur cette quantité, on exporte en Suisse, en Allemagne, en France, en Angleterre, en Espagne et en Portugal 13 millions de kilogrammes de chanvre brut, 3 millions de chanvre peigné et 1 million de cordage, soit en totalité 17 millions. Les 24 millions de kilogrammes restants suffisent à la consommation intérieure, Rome et la Vénétie comprises.

Parmi les beaux chanvres bruts exposés nous mentionnerons ceux de M. Bianchini de Rovigo et nous rappellerons en même temps ceux de M. le comte Aventi, que cet exposant cultive dans les terrains marécageux des environs du canal de Brianco, terrain particulièrement tourbeux dont M. le comte Aventi expose des échantillons, afin de montrer quelle est la nature du sol qui convient le mieux à cette plante textile et le parti avantageux qu'on pourrait retirer de terrains similaires.

Le produit du lin brut est évalué à 21 millions de kilogrammes.

La fabrication des fils et tissus de lin se fait plutôt à domicile que dans les fabriques. Dans ces dernières on compte 20,300 fuseaux.

La manipulation du lin occupe, assure-t-on, en Lombardie seulement, plus de 300,000 femmes. Malgré cette activité de fabrication, les fils et tissus de lin italiens ne sauraient soutenir la concurrence avec ceux de la Hollande, de la Silésie, de la France et de l'Irlande.

Cinquante exposants représentent l'industrie du lin et du chanvre en Italie.

L'Italie produit environ 10 millions de kilogrammes de laine de toutes qualités. On en exporte une quantité importante, mais en échange on en importe du Cap, de l'Australie, de France, d'Amérique, de Russie et d'Allemagne.

Sous le nom de laine artificielle, on obtient, à l'aide de l'effiloche des vieux chiffons, une laine avec laquelle on fabrique des draps inférieurs ; le prix de la laine artificielle oscille entre 1 et 3 francs le kilogramme. L'effilochage se pratique particulièrement en Piémont, en Lombardie et dans l'Italie méridionale.

D'après certaines notes statistiques que nous avons sous les yeux, on évalue la fabrication des draps en Italie à 10 millions de mètres représentant une valeur de 60 millions de francs.

Vingt-huit exposants représentent l'industrie des lainages dans la section italienne.

Parmi les expositions les plus remarquables, nous mentionnerons dans la classe 29, — Fils et Tissus de laine peignée, — celle de M. Crocco, de Gênes; elle comprend des tricots de laine blanche et de couleur indigène, et d'Australie, le tout fabriqué à l'aide de métiers rectilignes et circulaires; la beauté de ces différents produits a valu à l'exposant une médaille d'argent. M. Crocco est un homme de progrès qui sacrifie plus à l'art de bien faire qu'à celui de s'enrichir trop vite.

Nous mentionnerons également les fils de laine peignée pour tricots bleus, noirs et de couleur, souples et retors, ainsi que les fils pour tissage et pour broderies de la maison Antongini et Sciomacheri, de Milan.

Dans la classe 30, — Fils et Tissus de laine cardée, — nous recommanderons l'exposition de M. Sella à Biella, près Turin, et ses draps noirs satinés, cachemires et nouveautés, et celle de M. Rossi à Schio. La première fabrique occupe 400 ouvriers qui produisent annuellement environ 5,000 à 5,500 pièces de drap ; la deuxième occupe 800 ouvriers sans préjudice d'une force motrice de 150 chevaux.

La classe 31, — Fils et Tissus de soie, — est une des merveilles de l'exposition italienne, non pas tant pour les étoffes que pour la matière première, c'est-à-dire les soies grèges.

On récolte annuellement en Italie 50 à 60 millions de kilogrammes de cocons, représentant une valeur moyenne de 200 à 240 millions de francs. Transformés en soie grège, ces cocons valent alors de 240 à 300 millions.

Voici comment se répartit, par provinces, le rendement de la soie grège :

Tyrol italien...............	148,800 kilogr.
Vénétie...................	703,360
Lombardie................	1,408,320
Piémont..................	916,669
Toscane..................	140,671
Ombrie...................	458,333
Provinces du Midi.........	422,016
Istrie et Dalmatie..........	42,000
Total...	4,523,482 kilogr.

soit une valeur de 274,500,000 francs.

Les cinq sixièmes de cette quantité sont transformés en organsins et en trames, ce qui augmente encore la valeur ci-dessus et la porte au chiffre de 286 à 333 millions.

Les sept huitièmes de la production sont vendus à l'étranger. Actuellement les exportations sont de trois cinquièmes pour la Prusse, d'un cinquième pour la Suisse et d'un cinquième pour la France, l'Angleterre et autres pays.

La classe 31, — Fils et Tissus de soie, — est représentée par 144 exposants dont une exposition collective, celle de la chambre de commerce de Côme.

Nous ne pouvons citer que quelques noms, et cependant, sauf de rares exceptions, tous les exposants méritent des éloges. Parmi les magnifiques soies grèges que nous avons examinées, nous avons particulièrement remarqué celles de MM. Filippi, de Clavesana ; Bozotti, de Milan ; Steiner, de Bergame ; Berizzi, de Bergame ; Gavazzi, de Milan ; Keller, de Milan ; Ronchetti, de Milan ; Franchi, de Brescia ; Abalti, de Parme ; Lardinelli, d'Osimo ; Siccardi, de Cuneo ; Denegri, de Novi ; Delprino, d'Alexandrie. En ne signalant que ceux-ci, non-seulement nous en omettons qui marchent sur le même rang, mais encore nous nous rendons coupable d'une véritable injustice.

De cette foule d'hommes de mérite nous en détacherons quatre qui représentent quatre fabrications différentes.

C'est d'abord M. Siccardi, de Cuneo, qui expose des soies gréges à divers titres et couleurs, ainsi que des organsins de divers apprêts et couleurs; le tout méthodiquement disposé de manière qu'en étudiant avec soin cette série d'échantillons, chaque visiteur peut sans efforts faire son éducation.

C'est ensuite M. Denegri, de Novi, qui expose de merveilleuses soies gréges, blanches, jaunes et vertes, ainsi que des cocons et des bourres. La filature de M. Denegri existe depuis 1847, elle possède un moteur de la force de six chevaux vapeur, sans préjudice de cent soixante travailleurs.

Dans un travail de six mois, M. Denegri traite 40 à 50,000 kilogrammes de cocons, soit une valeur de 270,000 à 300,000 francs. Il obtient de ces cocons 2,700 à 4,000 kilogrammes de soie à différents titres, représentant une valeur de 310,000 à 340,000 francs. Dans tous ces chiffres les bourres ne sont pas comprises; elles représentent à elles seules un poids de 20,000 kilogrammes.

Si nous mentionnons particulièrement M. Denegri, c'est que les belles soies exposées par lui sont le résultat d'une grande fabrication courante.

Ces magnifiques soies sont vendues depuis plusieurs années aux premières fabriques de Paris et de Nottingham, aux prix les plus élevés des gréges de premier ordre.

Vient ensuite M. Delprino, d'Alexandrie; nous l'avons choisi non-seulement pour ses soies gréges qui sont irréprochables à tous égards, mais plus particulièrement pour son système d'éducation.

L'exposition de M. Delprino est un peu partout: dans le groupe 4, Vêtements, Tissus et autres objets portés par la personne; dans le groupe 6, Instruments et Procédés des arts usuels. Son exposition enfin se trouve répartie dans le palais, dans l'annexe du parc et à Billancourt.

Voici premièrement l'appareil cellulaire isolateur hygiénique pour l'éducation du ver à soie, appareil à l'aide duquel M. Delprino substitue l'enramage cellulaire à l'enramage ordinaire. L'enramage cellulaire isolateur a l'avantage de donner un plus grand rendement et en même temps une économie de temps et de travail.

L'appareil cellulaire, construit en planchettes très-légères, ressemble à une véritable ruche où chaque cocon devient propriétaire d'une alvéole. Quelques outils essentiels à la conduite du rucher font partie intégrante du système, ce sont de petits instruments pour aider à l'ouverture des cocons, à l'isolement des papillons, à la séparation de la semence, etc., etc.

Voici ensuite une autre collection d'outils destinés à la fabrication et à l'érection de la coconnière: c'est une scie à bion mécanique, une scie-morceau, une scie-mètre, une scie ouvrière, une machine à listeaux, un instrument à plancher et un tablettier.

M. Delprino expose également un nouveau système de ventilation, afin que, pendant le filage, la soie puisse s'enrouler, sèche, sur les dévidoirs. L'exposant donne à son procédé le nom de système central ventilateur.

Enfin, nous le répétons, M. Delprino expose de très-belles soies gréges récoltées dans les conditions de sa méthode, qui a réuni, de toutes parts, les plus honorables suffrages.

Puisque nous avons fait entrer dans cette classe le matériel destiné aux éducations et au filage, nous reviendrons, en quelques mots, sur le promptuaire de M. Bossi, de Milan, dont nous avons déjà parlé dans les premières pages de ce chapitre.

Le promptuaire est un instrument destiné à calculer la quantité de soie nécessaire à la fabrication d'un tissu. Cet instrument est accompagné de tables synoptiques *ad hoc*.

En 1862, à Londres, M. Bossi avait exposé un ourdissoir à hélice, que nous regrettons de ne pas avoir rencontré cette année dans son exposition.

Parmi les machines consacrées à la sériciculture, les connaisseurs paraissaient faire grand cas d'un appareil disposé pour couper la feuille du mûrier et d'un autre appareil à vapeur pour la filature de la soie, deux inventions de M. Battaglia, de Varèse.

Deux spécialités italiennes font partie de la classe 35 : Habillement des deux sexes. Nous voulons parler des chapeaux de paille et de l'industrie des cheveux.

L'Italie, en Europe, a presque le monopole de la fabrication des chapeaux de paille. De 1851 à 1855, l'exportation des chapeaux de paille d'Italie s'est élevée au chiffre de 62,903,634 fr., soit en moyenne 10 à 12 millions par an. Suivant nous, cette année, l'exposition la plus remarquable en ce genre est celle de M. Del Panta, de Sesto, près Florence.

Quant à l'industrie des cheveux, elle est nouvelle, si on la place au point de vue de M. Raison, de Naples. M. Raison fabrique des nattes de faux cheveux avec des cheveux de chute, c'est-à-dire avec ceux qui sont arrachés par le démêloir. Ces cheveux, qu'on jette d'ordinaire avec le plus grand soin, sont ramassés par M. Raison, qui leur fait subir une préparation à l'aide de laquelle il parvient à les démêler, à les classer par grosseur et par nuance et à en fabriquer des postiches les plus ébouriffants. — Avis aux dames qui font, de nos jours, une si prodigieuse consommation de cheveux étrangers à leurs jolies têtes!

Puisque nous en sommes aux cheveux, il y avait, dans l'immense galerie des machines, une petite exposition vitrée bien capable de les faire dresser sur les plus fortes têtes.

Sous le nom de M. Landi, je crois, se trouvaient réunis plusieurs engins de guerre d'un effet terrible.

Le génie de la destruction ne saurait mieux faire.

Imaginez une bombe grosse comme un biscaïen, qui va vous faire sauter un vaisseau de haut bord.

La foule se signait avec terreur devant ces redoutables messagers de mort, devant lesquels la fameuse bombe Orsini n'est plus qu'un jeu d'enfant.

Les métaux les plus importants de l'Italie sont le fer, le cuivre, le plomb, le zinc, l'antimoine, le manganèse, le mercure, l'or, le cobalt et le nickel; l'argent se trouve confondu avec tous les minerais de plomb.

Les combustibles fossiles sont représentés par des lignites, des anthracites et des tourbes.

Le soufre se rencontre en abondance.

Les matériaux lithoïdes sont nombreux; ce sont des calcaires de toutes structures : pierres de taille, pierres à chaux grasses, maigres ou hydrauliques, des marbres de toutes couleurs.

Les gypses abondent surtout à l'état d'albâtre. Les albâtres de Volterre sont les plus estimés.

Parmi les quartz, on trouve en Italie des silex ordinaires, le quartz hyalin, des calcédoines, des jaspes, des agates, des corindons et même des opales.

Les roches éruptives fournissent des laves, des granits et des serpentines.

Les argiles contiennent des terres ocracées, telles que la terre jaune de Sienne et la terre d'Ombre.

En Toscane, il s'échappe du sol des vapeurs brûlantes imprégnées d'acide borique, d'hydrogène sulfuré, d'ammoniaque, etc.; dépouillées des matières solubles dont elles sont chargées, ces vapeurs donnent à l'industrie l'acide borique, dont la production s'élève à plusieurs millions de francs.

On rencontre également à Montioni et Volterre l'alun de roche. Le sel gemme et le sel sont aussi très-abondants; il en est de même des eaux minérales chaudes, froides, sulfureuses, salines, ferrugineuses et iodiques.

L'industrie minérale et métallurgique en Italie représente, à l'état brut et sur les lieux de production, une valeur de 50 à 60 millions, et le soufre entre presque pour moitié dans ce chiffre.

Ajoutons à ce qui précède que l'industrie du fer dans la Péninsule livre annuellement à la consommation générale les chiffres suivants :

Minerais vendus à l'étranger.........	22,000 tonnes.
Fonte............................	3,500
Barres de première et deuxième fusion.	3,500
Fer produit......................	25,000
Acier fabriqué...................	500

La production totale du cuivre est de onze cent tonnes par an.

La production du plomb est de :

Galène : 70 kilogr. plomb et 25 grammes argent par 100 kilogr........	10,000 tonnes.
Plomb...........................	5,000
Argent..........................	3

La production de l'or est de 110 kilogrammes.

On extrait en outre annuellement : 100 tonnes de sulfure d'antimoine, 3 tonnes et demie de mercure, 300,000 tonnes de soufre, 1000 tonnes d'anthracite, 60,000 tonnes de lignite, 15,000 tonnes de lignite tourbeux et 50,000 tonnes de tourbe.

A propos de combustibles minéraux, il convient de mentionner ici les lignites de M. Cojoli, de Livourne, lignites provenant de la mine Podernuovo. Ce gîte renferme deux couches de 1 mètre 20 d'épaisseur, séparées par une couche de marne argileuse de trois décimètres. L'affleurement s'étend sur plusieurs milles, l'extraction est facile, de plus la mine de Padernuovo est à 17 milles de la mer et à 9 milles du chemin de fer de Marennes.

Citons aussi dans cette classe les excellentes tourbes exposées par M. Rossi, de Milan.

L'exploitation des marbres est une des grandes industries de l'Italie, et cela d'autant mieux que toutes les variétés s'y rencontrent. Voici du reste la classification qui a été adoptée par le musée de Florence :

Marbres blancs. — Statuaire, blanc, veiné, céroïde.

Marbres colorés. — Noir, bardiglio, rouge, jaune, bariolé.

Brèches. —

Au milieu des nombreux échantillons de marbres, exposés par l'Italie, nous avons remarqué celui de M. Santini, de Pietra Santa. L'industrie du pays doit beaucoup à M. Santini; ses carrières donnent d'excellents produits en marbre statuaire de première qualité et offrent une grande ressource au commerce.

Nous ne mentionnons que pour mémoire un petit aigle sculpté et un passereau posé sur des fruits.

Ici, c'est le marbre qu'il faut voir et non le sujet; — malheureusement, aux yeux d'un jury quelconque, la forme fait quelquefois oublier le fond. M. Santini fera bien de se rappeler cet avis.

La classe 40 : — Produits de l'exploitation des mines — compte 262 exposants.

Le bouleau, le pin, le sapin, le mélèze, le noyer, le châtaignier, le hêtre, quinze à dix-huit espèces de chênes, etc., fournissent en abondance des bois à brûler, des bois de construction, du charbon et des écorces. On évalue en Italie la production forestière à 20 millions de mètres cubes.

En fait de bois ouvrés, une des belles expositions est celle de M. Avellino : elle se compose de bois de menuiserie provenant de la province de Naples, ainsi que de charbon de bois et d'écorces tannantes.

Comme produits de la pêche, le corail tient la place la plus importante.

On pêche dans les mers de Naples et de Sicile des coraux rouges, roses et noirs, qui sont travaillés par les Napolitains; on en fait un commerce assez important; l'exportation annuelle est d'environ 600 à 650,000 francs.

Les produits agricoles non alimentaires sont nombreux et abondent en Italie; la preuve en est dans le nombre des exposants (284) qui figurent dans cette classe. Parmi les produits les plus usuels nous mentionnerons le coton, le chanvre, le lin, la manne, le safran, la garance, le pastel, la gaude, la réglisse, la térébenthine, la colophane, les laines, les cocons, les suifs, la stéarine, la cire, les colles, les huiles de noix, de navette, de sésame, de noisette, de lin, de lentisque, de faîne, de laurier, de pépin de raisin, etc., etc.

La classe des produits chimiques est également considérable, les substances qui y dominent sont : le sulfate de quinine de Gênes, Livourne et Milan, les bougies stéariques, l'acide borique des Maremmes toscans, le sel, la crème de tartre, l'acide tartrique, les essences de bergamotte, de citron et d'orange.

Parmi les 199 exposants, qui figurent dans la classe des produits chimiques italiens, nous mentionnerons particulièrement les expositions d'acide borique de M. Larderel, de Livourne; de crème de tartre de M. Rizzi, de Bergame; d'acide stéarique et bougies de M. Lanza, de Turin, et les sulfates de quinine de M. Scerno, de Gênes.

N'oublions pas les beaux échantillons de sel exposés par M. le baron Jérôme Adragna, échantillons provenant des salines de Trapani, desquelles on extrait annuellement 200,000 quintaux de sel; ni les belles préparations chimico-pharmaceutiques, ainsi que la parfumerie de M. d'Emilio, de Naples, — ni les cires blanchies et les bougies de cire de M. Reali, de Venise, — ni enfin les belles céruses de M. Leoni, de Livourne.

On fabrique également en Italie, sur une grande échelle, l'acide sulfurique, les savons et la soude artificielle.

Nous avons examiné avec un curieux intérêt l'ensemble de l'exposition de M. Sébastien de Luca. Il y avait là du fer réduit par l'hydrogène et un dessin de l'appareil avec lequel on l'obtient ; du protoiodure de fer, du carbonate de protoxyde de fer, du citrate de protoxyde de fer, et tous les produits secondaires de la fabrication industrielle du fer réduit par l'hydrogène. Le tout accompagné de dessins des appareils. Cette collection aura dû servir d'enseignement à tous ceux qui s'occupent de réactifs chimiques. Elle reste pour nous une preuve des hautes connaissances de M. de Luca.

Le travail des peaux et cuirs constitue une des grandes industries italiennes. On compte en effet dans la Péninsule 1,700 tanneries, occupant 15,500 ouvriers, qui mettent annuellement en œuvre 9,317,000 peaux, lesquelles, une fois travaillées, représentent 30 millions de kilogrammes de cuir d'une valeur de 135 millions de francs.

Dans le groupe des instruments et procédés des arts usuels, nous avons à signaler un beau modèle d'une machine à vapeur de la force de 30 chevaux ; elle est à haute pression, à détente variable et particulièrement applicable aux moulins. Exposée par M. Guppy, de Naples, cette machine a obtenu une médaille d'honneur.

M. Ansaldi, de Livourne, expose aussi une machine à vapeur à deux cylindres concentriques, qu'il désigne sous le nom de machine à vapeur sans point mort. Pour donner notre avis, il nous eût fallu démonter le cylindre, ce qui ne nous a pas été accordé, et c'est justement pourquoi nous mentionnons l'exposition de M. Ansaldi sans commentaires.

Nous appellerons aussi l'attention sur un petit modèle de four portatif, à mouvement continu, exposé par M. Masserano, de Biella, près Turin. Ce four nous paraît susceptible de rendre de grands services, car nous pensons qu'il doit présenter les avantages d'une cuisson régulière et en même temps économique.

Enfin nous signalerons en passant les belles pièces de forge exposées par la fabrique Ansaldo, de Gênes. Ce sont : un arbre en fer pour machine marine de 900 chevaux, une bielle en fer pour machine de 600 chevaux, des plaques pour blindage de 12 à 20 centimètres d'épaisseur, etc., etc.

La classe 63 — Matériel des chemins de fer — nous donne l'occasion de transcrire ici une note que nous avons sous les yeux ; seulement elle porte la date de 1862, et se trouve antérieure de cinq ans au percement du mont Cenis.

RÉSUMÉ DES CHEMINS DE FER ITALIENS EN EXPLOITATION ET EN CONSTRUCTION EN 1862.

Réseau septentrional................	1,523 kilom.
— de la vallée du Pô............	1,839
— central thyrrhénien...........	1,076
— central romain................	965
— méridional napolitain.........	1,116
— calabro-sicilien...............	937
— de la Sardaigne...............	407
Total....	7,413 kilom.
Soit, en exploitation en 1862.........	2,944 kilom.
— en construction................	1,912
— en étude......................	1,026
— à étudier.....................	1,531
Total....	7,413 kilom.

Les aliments à divers degrés de préparation tiennent la place la plus importante dans la section italienne. Nous ne donnerons ici que les documents statistiques qui peuvent intéresser l'agriculture, le commerce et l'industrie, sans nous préoccuper de la personnalité des 1208 exposants qui composent ce groupe.

On évalue à 36,400,000 hectolitres la récolte totale du froment en Italie, celle du seigle à 3,436,000 hectolitres, celle de l'orge à 2,340,000 hectolitres, celle de l'avoine à 750,000 hectolitres, celle du maïs à 21 millions d'hectolitres et celle du riz à 1,812,000 hectolitres [1].

On estime à 3,400,000 hectolitres la pro-

---

[1]. Nous rappellerons que dans tous ces chiffres la production vénitienne n'est pas comprise.

duction des légumes farineux : haricots, fèves, lentilles, pois, pois chiches, vesces et lupins ; à 70,000,000 de quintaux la production totale des fourrages ; à 6,000,000 d'hectolitres les fruits secs : pruneaux, cerises, raisins, noisettes, pistaches, pignons, caroubes, etc.

Les pâtes d'Italie sont l'objet d'un commerce important. En 1862, les seuls fabricants de Gênes ont consommé 450 à 500,000 quintaux de froment qui ont été convertis en vermicelle, macaroni et autres pâtes diverses.

La récolte du miel en Italie s'élève à 1,703,880 kilogrammes d'une valeur de 1,550,000 francs.

L'Italie produit annuellement 28,340,000 hectolitres de vin. En évaluant le prix moyen à vingt francs l'hectolitre, le vin représente donc dans la Péninsule une valeur de 566 millions de francs ! Il y a là tout ce qu'il faut pour échauffer les têtes et entretenir le feu sacré des vieux souvenirs.

Il ne faut jamais désespérer d'un pays qui produit de bon vin.

Les vins de muscat blanc de M. Dominique Trotta, de Caserte ; les vins rouges et blancs de M. Guarnaschelli, fabriqués avec l'appareil Frisett, perfectionné par M. Gervais ; les vins de luxe de 1850, 1862 et 1864 de M. Louis de Rubertis ; les vins de 1865 de M. Nigrotto Cambiaso ; les vins rouges de M. Michel Delprino ; les vins de Piémont de M. Cinzano, et bien d'autres encore, nous ont été signalés comme de qualité réellement excellente. Nous regrettons de n'avoir pu les goûter.

Voilà quelques coups de crayon sur l'Italie telle que nous la trouvons en 1867 [1].

Que sera-t-elle à la première exposition universelle ? L'avenir répondra. Mais telle qu'elle est, elle occupe déjà une place importante parmi les grandes nations du globe ; elle concourt à équilibrer la production européenne par ses produits, qui tiennent tout à la fois à la zone tempérée boréale et à la zone torride.

L'Italie est éminemment artiste ; elle est agricole ; il ne lui manque plus que de se faire industrielle et commerciale, et alors elle n'aura rien à envier aux autres peuples.

Un éminent poëte italien, Menzoni, a dit quelque part qu'on ne peut quitter la France sans que, au souvenir de l'avoir habitée, il ne se mêle quelque chose de triste qui ressemble aux impressions de l'exil.

Eh bien, nous en dirons autant de l'Italie !

Voir Naples, et mourir ! n'est pas un vain mot !

Si maintenant l'Italie ne s'est pas révélée au Champ-de-Mars dans toutes les splendeurs de son admirable climat ; si ses principaux artistes ont quelque peu sommeillé, si enfin cette terre classique de la civilisation n'a pas obtenu une première place à ce banquet de l'industrie universelle, il faut, nous ne saurions trop le répéter, faire ici surtout la part des circonstances.

L'Italie renaît à peine à la vie nationale; laissons-la s'agiter quelque temps encore dans son œuvre régénératrice, et ses enfants sauront bien prouver au monde qu'ils n'ont pas dégénéré.

XXV.

ÉTATS PONTIFICAUX.

Si le repos était permis ici-bas, Rome, assurément, aurait le droit de se reposer.

Des hauteurs de son Capitole elle plane sur l'histoire entière. Païenne, elle a tenu dans ses mains les destinées du monde ; chrétienne, elle a, durant des siècles, possédé le foyer de

---

[1]. Un fait des plus regrettables s'est produit dans l'exposition italienne. Des caisses pleines de produits sont restées pendant plusieurs mois au milieu des caisses vides. Plusieurs grands industriels d'Italie ont été oubliés par le jury, par suite de cette négligence. Irréparable erreur. Si M. le docteur Scala eût été nommé commissaire dès l'origine, sans doute ces fâcheux accidents n'eussent pas eu lieu. Il y a eu, avant lui, nous ne craignons pas de le dire, une fâcheuse incurie dans la section italienne.

la vie universelle. Elle a été deux fois la mère des arts, sous Auguste et sous Léon X, et son passé rayonne de toutes les gloires.

Mais le repos, pour un peuple, c'est la mort, et Rome ne saurait vivre uniquement de ses grands souvenirs. L'industrie seule aujourd'hui fait vivre les peuples. Aucun n'a le droit de se soustraire à l'immense mouvement qui entraîne les autres, et, s'appelât-on Rome, il faut suivre.

On a beaucoup reproché à la ville éternelle d'avoir méconnu cette loi moderne. Il est certain que l'intelligence humaine a fait sans elle ses dernières conquêtes, et que même elle a longtemps paru peu s'en soucier : était-ce dédain ? Il est facile, mais souvent injuste, d'accuser de faiblesse ceux qui se retirent de la lutte.

Les motifs de l'abstention de Rome, chacun est libre de les approuver ou de les blâmer. Nous n'avons pas à discuter ici ce qui a pu l'éloigner de l'arène industrielle; mais ce que nous devons dire, c'est que ce sommeil, volontaire ou forcé, semble près de finir, et que cette Rome, que beaucoup croyaient usée et morte, vient d'affirmer son existence et de se mêler au mouvement général en se ralliant franchement autour du *labarum* des travailleurs.

L'exposition romaine, hâtons-nous de le dire, nous a surpris et charmé; elle nous a surpris, car, à force d'entendre parler de la décadence de Rome, nous avions fini par y croire.

Il y a une trinité qui domine le siècle : l'art, l'industrie et la science.

On nous assurait qu'à Rome l'art n'existait plus, que l'industrie n'existerait jamais, et que la science portait nous ne savons quelles entraves qui empêchaient son développement. C'étaient là trois calomnies.

Rome, il est vrai, a traversé de longues années stériles; elle a dormi, rêvant au passé, mais la voilà qui s'agite !

Ce n'est pas de la politique que nous entendons faire ici, puisque ce terrain n'est pas le nôtre; il n'est question pour nous que du progrès scientifique et industriel.

Oui, Rome comprend aujourd'hui les aspirations de notre siècle ! oui, elle croit au progrès comme nous, et c'est au souverain pontife actuel qu'elle doit de l'avoir un jour poussée en avant.

Il y eut alors un élan général. — Plus tard, un ralentissement s'est produit et beaucoup se sont écriés : Voyez ! le progrès s'arrête, le progrès fait peur !

Le progrès ne s'arrêtait pas, mais la première heure passée, on mettait en pratique ce sage proverbe italien qui ne saurait convenir aux impatients :

Chi va piano va sano.

et que nous traduisons chez nous par cette vérité éternelle :

Le temps se joue de tout ce qu'on fait sans lui.

On prétend que Pie IX a regretté les premiers pas faits, qu'il a essayé de rendre à Rome cette majestueuse indolence et ce mépris de l'industrie dont il avait commencé à la guérir; nous ne rappelons ici ces insinuations que pour protester contre elles. Cette idée, que la culture de l'industrie ferait déchoir la ville éternelle, aurait-elle donc pu entrer dans un esprit aussi élevé que celui de Pie IX? Est-ce lui qui aurait défendu à la science de s'établir à l'abri de l'autel et qui l'aurait chassée du temple? Un seul mot de réponse : c'est sous les yeux du saint-père que se sont accomplis les magnifiques travaux scientifiques du Révérend Père Secchi et ceux du professeur Ponzi et de M. Devossi.

Rome est donc descendue dans l'immense arène de notre Champ-de-Mars, et elle y a cueilli quelques-unes des plus nobles palmes.

— Elle était entre l'Italie et la Roumanie.

Nous n'accuserons personne du mauvais emplacement accordé aux États pontificaux, mais il ne nous est pas défendu de déplorer les dispositions de cet emplacement qui ne se distingue de celui des principautés danubiennes par aucune limite, si bien qu'il faut aux visiteurs une attention extrême pour ne pas confondre les deux exhibitions. Les États romains n'occupent qu'un seul côté de la travée qui leur est consacrée ; cette disposition, outre sa mesquinerie, ne permet pas d'embrasser d'un coup d'œil les produits exposés. Cet inconvénient, ajouté aux circonstances qui n'ont pas permis au gouvernement d'accepter les conditions qui lui étaient demandées par un grand nombre de producteurs: c'est-à-dire que les frais de transport de tous genres fussent à la charge de l'État, qui devait aussi garantir les exposants contre toute perte ou avarie, est cause que l'exposition romaine n'est pas aussi brillante qu'elle pouvait l'être. — Les ressources du gouvernement pontifical ne pouvaient admettre cette exigence.

Ces difficultés, du reste, ont fait ressortir le patriotisme de ceux des exposants romains qui ne se sont pas arrêtés devant cette impossibilité et qui n'ont pas reculé devant quelques sacrifices pour faire honneur à leur pays.

D'autres encore ont pu être retenus à Rome par le centenaire du prince des apôtres.

Toutes ces causes réunies doivent être sérieusement pesées par ceux qui auront à porter un jugement sur l'industrie romaine.

Dans le parc, les États pontificaux ont fait élever un spécimen intéressant des catacombes romaines, où sont représentés les sépulcres et tombeaux qu'on retrouve sous le sol de la ville éternelle.

Explique qui voudra l'attrait du mot *Catacombes* pour la foule qui ne cesse pas de se porter devant le spécimen offert par les États pontificaux. A droite et à gauche des étroites parois du souterrain se trouvent les *Loculi* où se déposaient les dépouilles des martyrs ; et d'intervalle en intervalle des cellules semi-circulaires dans lesquelles les premiers chrétiens célébraient leurs offices. Quelques peintures rappellent les originaux trouvés dans le cimetière de Saint-Callixte.

Le séjour que peut faire la foule dans ce fragment des catacombes de Rome n'est pas assez long pour assombrir les idées.

Une minute suffit pour entrer, voir et sortir.

La superficie occupée par les États romains est, non compris l'espace qui lui a été accordé dans le parc, de 641 mètres 41 cent., tandis qu'en 1855 elle n'était que de 428 mètres. On y compte 140 exposants, dont 57 appartiennent aux beaux-arts (peinture et sculpture) et 83 à l'industrie.

En 1851, à Londres, les États pontificaux étaient représentés par 92 exposants; en 1855, à Paris, par 71 exposants; en 1862, à Londres, par 53 exposants. Il y a donc une incontestable progression ; d'autant plus qu'en 1855, la population était de 3,006,771 habitants, non compris 10,000 israélites, et qu'aujourd'hui elle n'arrive plus à un million : en effet, Bologne, Ferrare, Ravenne, Forli, Urbino, Pesaro, Ancône, Perouse, Spoleto, etc., ont été détachées du saint-siége. Les principales villes restées au saint-père sont : Rome, Albano, Bracciano, Civita-Vecchia, Corneto, Monte-Fiascone, Ronciglione, Subiaco, Terracine, Tivoli, Velletri et Viterbe.

Voici les principales industries des États pontificaux :

Rome a des manufactures de soieries, des fabriques de draps, indiennes, fleurs artificielles, cordes pour instruments de musique, de tabac, de chapellerie, chapelets, médailles, reliquaires, mosaïques, camées, etc., etc.

A Civita-Vecchia on trouve des chantiers militaires, un arsenal et des entrepôts de marchandises ;

Albano et Velletri produisent les vins les plus estimés de l'Italie méridionale après le lacryma-christi ;

Bracciano possède des mines de soufre ;

Ronciglione, Subiaco et Tivoli des papeteries et des usines à fer.

Viterbe a des manufactures de verroterie et un commerce important de blé, de vins et de raisins secs.

Malgré la diminution considérable du territoire et du nombre des habitants, il y a, comme nous le disions plus haut, progrès dans le chiffre des exposants : par conséquent il y a progrès dans les tendances industrielles de la population.

Nous devons ajouter d'ailleurs que les industries où excellent les Romains sont celles qui ont pour base la culture de l'art. Ils se souviennent de leurs ancêtres du XVIe siècle, ils ont sans cesse sous les yeux les chefs d'œuvre de la statuaire et de la peinture, ils n'ont pas perdu les grandes traditions, et leurs productions préférées sont des objets de parure ou d'ornement qui portent tous un magnifique cachet artistique. Nous aurons à faire ressortir ce caractère de l'industrie romaine quand nous parlerons des mosaïques et des camées.

Les mosaïques, les camées, les bijoux artisiques, sont en effet, personne ne l'ignore, les principaux articles d'exportation des États pontificaux. Cependant leur commerce ne s'arrête pas là, car ils exportent aussi, d'abord des chevaux, puis les matières suivantes :

Laine, soie, pouzzolane, alun, kaolin, asphalte, bois merrain, grain, foin, avelines, huile d'olives, potasse, papiers, écharpes de soie, chapeaux de paille, feuille de séné, suif brut, peaux brutes, tabac, noix de galle, plumes de parure, poils pour chapeliers, potasse, etc.

Mais ces exportations ne dépassent guère le littoral de la Méditerranée, à l'exception toutefois des camées et des mosaïques; elles n'ont donc que peu d'importance sur l'équilibre commercial de l'Europe.

Quant aux importations, elles portent sur les articles dont les noms suivent : boissons, sels marins, verrerie et cristaux, objets de l'industrie parisienne, orfèvrerie, bijouterie, livres, mercerie, peaux préparées, perles fines, porcelaines, savons, sucres et tissus.

Ces quelques mots dits sur la situation industrielle et commerciale des États pontificaux, revenons à leur exposition; elle se décompose ainsi :

	EXPOSANTS.
1ᵉʳ GROUPE. — Beaux-arts	57
2ᵉ GROUPE. — Matériel et application des arts libéraux	13
3ᵉ GROUPE. — Meubles et autres objets destinés à l'habitation	16
4ᵉ GROUPE. — Vêtements et autres objets portés par la personne	12
5ᵉ GROUPE. — Produits bruts, œuvres des industries extractives	20
6ᵉ GROUPE. — Instruments et procédés des arts usuels	1
7ᵉ GROUPE. — Aliments à divers degrés de préparation	12
8ᵉ GROUPE. — Produits vivants et spécimens d'établissements d'agriculture	»
9ᵉ GROUPE. — Produits vivants et spécimens d'établissements d'horticulture	»
10ᵉ GROUPE. — Objets en vue d'améliorer la condition physique et morale de la population	»
Total	140

Donc la mécanique industrielle, les produits de l'agriculture et de l'horticulture, les objets destinés à l'amélioration de l'état des populations (groupes VIII, IX et X), font complétement défaut, bien que l'agriculture soit aujourd'hui développée partout autant que le permettent les circonstances, conditions hygiéniques du pays. Cette lacune tient sans doute à l'idée fausse qu'on s'était faite à Rome de l'exposition actuelle, que l'on croyait exclusivement consacrée aux objets de luxe et aux beaux-arts; ainsi, ses arts usuels (groupe VI) ne sont représentés que par un seul exposant, qui a envoyé deux voitures. En revanche, la science (groupe II) occupe une place très-honorable; l'art (groupes I, III et IV) remplit un espace relativement considérable, et les produits spontanés du sol (groupes V et VII) offrent une belle collection.

Les beaux-arts, proprement dits, ne rentrent pas dans notre cadre; ils ont à Rome cependant une importance exceptionnelle, puisqu'ils sont les générateurs des principales industries du pays, celle des camées et celle des mosaïques. Nous croyons donc devoir leur consacrer quelques lignes.

La statuaire emploie dans les États romains un très-grand nombre de travailleurs, et beaucoup vivent de l'art, qui ne sont point artistes. D'abord il y a le transport des blocs de marbre, dont il se fait à Rome une énorme consommation; puis ces blocs informes doivent être dégrossis, et ils appartiennent aux praticiens avant d'arriver aux statuaires. Les metteurs au point, les mouleurs, les ouvriers de toute sorte, emplissent les *studii*, au nombre quelquefois de plus de deux cents. De sorte que l'art procure du pain à une notable partie de la population. Il serait à souhaiter qu'on pût, en face de leurs œuvres, oublier quels ont été leurs ancêtres; la gloire de ceux-ci les écrase, et peut-être nous dispose-t-elle trop à la sévérité. Mais le ciseau de Michel-Ange paraît vraiment bien lourd à la plupart des mains qui s'efforcent de le porter.

Nous avons visité avec soin les marbres que les États pontificaux ont envoyés au Champ-de-Mars. Ils sont loin d'être mauvais; ils satisfont le regard, mais ne saisissent pas l'âme; c'est un art tranquille, marchant honnêtement dans la voie tracée par les maîtres; nous avons constaté une habileté de faire prodigieuse, une possession complète des procédés : un peu moins d'expérience et un peu plus d'inspiration nous eussent plu davantage, et nous aurions aimé à rencontrer quelques-uns de ces défauts saillants qui souvent contiennent le germe d'une originalité.

Le morceau capital de cette exhibition est l'*Épisode du Déluge*, de M. Luccardi; ce groupe est bien agencé et les nus sont traités fort consciencieusement. Les *Deux Enfants qui se disputent une tourterelle*, par le même auteur, méritent aussi des éloges.

Une chose qui nous a frappé, c'est le goût des sculpteurs romains pour les scènes enfantines. Ce genre est représenté par plusieurs morceaux remarquables, où l'on chercherait en vain la grandeur, mais où l'on est charmé quelquefois par une grâce ravissante. A défaut du beau, le joli offre encore dans l'art une mine féconde à exploiter, et nous applaudissons à cette tendance qui a, entre autres mérites, celui d'éloigner du postiche, écueil ordinaire des successeurs des maîtres.

Quant à la peinture, elle est à Rome à peu près dans la même situation que la statuaire. Les principaux tableaux que nous avons remarqués sont : une *Prédication de saint Paul à Athènes*, par M. Catalanj; une tête d'étude intitulée l'*Automne*, par M. Bompiani; un *Enfant avec une chèvre*, de M. Muller; et une composition pleine de mouvement, mais d'une couleur peu heureuse, représentant le poète Goldoni sur une barque avec une société d'acteurs comiques, par M. de Rossi.

Il est à regretter que plusieurs des bons peintres de Rome se soient abstenus : MM. Fracassini et Gagliardi n'ont rien envoyé; M. Podesti a au Champ-de-Mars une *Amphitrite* qui n'est pas assurément un de ses meilleurs tableaux.

Ce qui manque un peu aux artistes romains de nos jours, c'est le feu sacré, le souffle créateur; ils exécutent mieux qu'ils ne conçoivent; leurs œuvres originales sont généralement faibles, mais leurs reproductions sont excellentes.

Chez les peuples jeunes, l'inspiration surabonde aux artistes, et ils voudraient se donner tout entiers d'un seul coup; dans les vieilles civilisations, au contraire, quand on est en état de rendre ses rêves, quand on es maître de l'instrument, la pensée est souven épuisée; la Rome moderne en est là. Rome dû subir, dans certaines proportions, cette lo fatale; mais ne craignons rien pour elle, ca dans ses larges flancs elle porte un foye vivace qui, s'il pâlit parfois, n'en est pa moins destiné à ne jamais s'éteindre.

De nos jours ses artistes s'appuient su leurs devanciers, comme des enfants sur leu mère. Ils n'ont pas encore des audaces personnelles, ils sont préoccupés de l'admiratior d'un passé flamboyant; ils voient derrière eux des soleils et aspirent à en être les satellites. Après tout, un pareil servage n'est poin à dédaigner.

Ils possèdent à un rare degré l'intelligence des maîtres et savent les traduire sans les trahir; là est leur triomphe.

Les graveurs et les mosaïstes sont donc de beaucoup supérieurs aux statuaires et au peintres. Nous recommandons instammen aux amateurs les gravures romaines de l'Exposition; les planches de la *calcografia camerale* ont une réputation méritée; celles de MM. Thevenin, Mancion et Ceroni ne sont pas moins dignes d'être admirées.

Avec la gravure, et plus encore avec la mosaïque, dont nous allons nous occuper maintenant, nous sommes toujours dans l'art, e nous sommes déjà dans l'industrie.

On connaît deux genres de mosaïque : la florentine et la romaine. La première es composée de pierres dures et polies qu'or réunit ensemble de manière à profiter le plus avantageusement possible de leurs teintes naturelles; la seconde est formée tantôt de pierres dures, tantôt d'émaux colorés artificiellement. C'est la vraie mosaïqu ancienne. Ces émaux sont fabriqués à Rome et le nombre des nuances que fournissent les manufactures est de 1700 environ.

Le mot *mosaïque* vient de *musia* ou *musiva* parce que les plus beaux spécimens de cet ar ont été découverts dans les endroits dédié aux Muses.

Ce genre de peinture, dont on ignore l'origine, paraît remonter à une époque très-reculée : en effet, le pavé des plus vieux temple de la Grèce, de la Sicile et de l'Ionie est e mosaïque. Plus tard, l'Italie a emprunté à la Grèce ce moyen de décoration, et on le trouve appliqué dans l'atrium de toutes les maisons d'Herculanum et de Pompéi.

Une des mosaïques les plus remarquables que nous ait laissées l'antiquité est celle d'Otricoli, aujourd'hui au musée Clémentin; elle représente la tête de Méduse, autour de laquelle sont disposés des centaures, des tritons et des néréides. Le musée capitolin possède aussi une mosaïque célèbre; elle provient de la villa Adriana et a été décrite par Pline.

Les mosaïques modernes qui sont réputées les plus belles sont celles des autels de Saint-Pierre de Rome, faites par les ordres du pape Clément VIII, qui a voulu que tous les tableaux des autels, même ceux de Raphaël, fussent remplacés par des copies en mosaïques : on dirait des fresques peintes d'hier; mais ces fresques-là vivront à jamais. Ce sont des œuvres pieuses, indestructibles, qui immortalisent les œuvres des maîtres, rongées par le temps.

Au commencement du XVIIIe siècle, Christophoris fonda à Rome une école de mosaïstes. Parmi les maîtres que cette école a formés, et dont les mosaïstes de la Rome du XIXe siècle sont les descendants, il faut nommer Angetelli, Barberi, Rinaldi et Belloni. Ce dernier fut appelé à Paris, en 1799, par Napoléon. C'est l'école qu'il dirigeait sous l'Empire qui a produit la mosaïque de la salle de Melpomène, au Louvre.

Le gouvernement pontifical protége avec raison cet art national, et Rome compte maintenant trente-deux ateliers de mosaïstes.

Parmi les belles mosaïques que la *fabbrica dei mosaici al Vaticano* a envoyées à l'Exposition, nous citerons une magnifique copie de la *Vierge à la chaise,* une tête de saint Pierre pleurant, d'après Guido Reni, une Madonna di Sassoferrato, une tête de Bacchus et enfin des fleurs et des paysages. Nous devons mentionner encore une page intéressante, intitulée *Vingt-quatre heures dans Rome.* Ce tableau offrait de grandes difficultés; il représente avec une excessive finesse la place Saint-Pierre et celle du Peuple, le Colisée, le Forum, la voie Appienne, la voie Tiburtine, le tombeau de Néron, etc.

Telles sont les mosaïques en émail qui nous ont paru les plus remarquables. Celles en marbre méritent également notre admiration : il y a notamment dans ce dernier genre plusieurs tables d'un goût exquis.

Rome excelle encore dans l'art des camées, qui sont, chacun le sait, des pierres dures gravées en relief; rappelons que camée vient, comme camaïeu, de *camaa,* mot arabe qui signifie bas-relief.

La plupart des camées sont sur sardoine, sur agate, sur onyx et autres pierres à plusieurs couches de couleurs variées. L'artiste doit tirer parti des différentes couleurs de la pierre et les adapter à propos aux divers objets qu'il veut représenter, afin, comme on l'a dit avant nous, qu'on soit incertain si c'est le graveur qui a su profiter du jeu de la nature ou si c'est la nature seule qui a fait l'opération.

Dans les pierres à deux couches, les figures sont ordinairement taillées dans la partie blanche; celle colorée en brun sert de fond au sujet. Dans les camées à trois teintes, la couleur blanche est réservée pour les chairs, l'une des deux autres est appliquée aux ornements, et la troisième fait le fond; l'*Apothéose d'Auguste,* sur sardoine, à la bibliothèque de Paris, présente cette disposition; les beaux camées exposés au Champ-de-Mars par le chevalier Saulini, par mesdames Hélène et Marie-Élise Pestrucci et par M. Dominique Pascoli sont exécutés d'après le même système.

Cultivée par les anciens, la glyptique ou gravure en creux et en relief ne survécut pas à l'empire romain; elle reparut sous la renaissance. Les Médicis contribuèrent beaucoup à sa résurrection, et en peu de temps les œuvres de cette époque atteignirent une perfection telle, qu'on en vint à les confondre avec celles de l'antiquité. Les maîtres dans l'art des camées furent alors Dominique, de Milan dit de Camei, et Mathieu de Marsaro, que François Ier appela en France.

Bientôt les sardoines et autres pierres fines devinrent rares, et la gravure sur coquilles augmenta. Aujourd'hui il se pratique une fraude qui consiste à découper la partie gravée des camées antiques sur coquilles; on la colle ensuite sur un fond uni d'agate, et l'on obtient ainsi des camées qui ont l'apparence de l'onyx. Le commerce livre de la sorte à la consommation des camées faux, faits avec une composition d'émail fondu qui imite les pierres dures.

Rome compte trente sculpteurs qui produisent annuellement de soixante à cent mille francs de vrais camées, et quatre-vingts sculpteurs qui en fabriquent sur coquilles pour cent à cent vingt mille francs. Paris possède seulement une dizaine de maisons où le camée est travaillé artistiquement; ses autres ateliers font des camées sur coquilles ou en faux, dont une partie se vend en France; le reste est exporté à Londres et à New-York.

Les camées sur pierres dures valent de 5 francs à 1,000 francs; les camées sur coquilles, de 50 centimes à 200 francs; les camées en faux, de 50 centimes à 10 francs.

L'exposition des camées romains est, ce que nous espérions, incomparable. Le grand camée de Saulini en onyx, représentant Achille, a trois couches et vaut 20,000 francs, la tête de Jupiter, 10,000 francs. Ce sont des pièces uniques et d'un travail exquis et délicat. Les trois bijoux envoyés par M. Pascali, *une Bacchante, le Printemps, l'Automne,* sont de vrais chefs-d'œuvre et défient toute comparaison; ces figurines, admirablement dessinées, sont pleines de vie, on croit voir palpiter les seins et circuler le sang sous l'épiderme. Mesdames Pestrucci et M. Girometti ont droit aux mêmes éloges.

M. Antonio Lanzi a sculpté, dans le cristal de roche, un superbe médaillon qui représente *la Sainte Famille;* outre le mérite de la difficulté vaincue, ce travail, qui appartient à S. Em. le cardinal Antonelli, a encore une très-grande valeur artistique.

A côté des camées sont des bijoux d'un goût parfait. — En fait de bijoux, le bon goût n'est pas une chose assez commune pour qu'il soit permis de n'en point tenir compte, et, à cet égard, l'exposition romaine est singulièrement remarquable. Nous nous contenterons de citer une parure de perles montées en or avec garniture d'émeraudes et de roses de Hollande, par M. Dorelli.

Mais pourquoi ces ravissants objets, bijoux et camées, habitent-ils de profondes vitrines où l'œil a toutes les peines du monde d'abord à en découvrir, ensuite à en saisir les délicatesses? De pareils produits ne redoutent pas le grand jour; ils gagnent à être vus de près, à être examinés sous tous leurs aspects. Leur disposition au Champ-de-Mars est tout à fait malheureuse, et la plupart d'entre eux sont plutôt cachés qu'exposés.

Un emplacement plus favorable est échu aux meubles.

C'est avec joie que nous avons retrouvé à l'Exposition de cette année la merveilleuse ébénisterie de M. le chevalier Jean-Baptiste Gatti, que nous avions déjà pu admirer en 1855. Les deux meubles de M. Gatti sont dessinés avec toute la pureté du meilleur style de la renaissance; malgré la quantité d'arabesques et d'incrustations qui les couvre, rien n'est trop chargé; le *Char du soleil, Psyché reçue par les dieux, Apollon et les Muses, Bacchus enfant,* etc., tous les sujets ressortent vivants du milieu de ce délicieux fouillis d'ornementation d'ivoire sur ébène. Nos artistes en meubles, si savamment appréciés par M. Auguste Luchet, c'est-à-dire par un maître dont la parole fait autorité, doivent être jaloux des chefs-d'œuvre de M. Gatti.

Une autre branche importante de l'industrie des Romains est celle des cierges.

Les cierges envoyés à Paris sont de pure cire d'abeilles; quelques-uns ont 2 mètres 50 centimètres de hauteur sur 8 centimètres de diamètre et pèsent jusqu'à 14 kilogrammes. La partie supérieure destinée à brûler est mobile et peut être remplacée quand elle est consumée.

Ces beaux cierges sont des œuvres d'art. Ceux de M. Rigacci portent, à leur centre, l'image peinte de la Vierge, à laquelle ils sont dédiés; au-dessus sont représentés les six prophètes qui ont prédit sa venue et sa mission, et plus bas les armoiries du souverain pontife. Toutes ces peintures sont d'une excellente exécution et révèlent une fois de plus le goût exquis des Romains dans l'art décoratif.

Plusieurs autres envois de cierges et des collections de chandelles de cire méritent aussi d'être mentionnés.

Nous l'avons dit et nous le répétons encore,

l'industrie, à Rome, touche toujours à l'art par quelque côté.

Ainsi les principaux tissus que produit la ville éternelle, ce sont des soieries et des tapisseries, et la fabrique d'Avazzi de M. Sentili nous a envoyé dans ce dernier genre un beau morceau qui pourrait supporter, sans trop pâlir, le voisinage d'un tableau des Gobelins.

Ainsi encore, la librairie romaine n'est représentée au Champ-de-Mars que par des ouvrages de luxe et de riches reliures. Voici, en effet, un magnifique atlas consacré aux illustrations de la ville et des faubourgs; puis des livres-albums sur l'Étrurie maritime, exposés avec les œuvres inédites de Barthélemy Pinelli, par monseigneur Ferrari; enfin une série de publications intéressantes sur les musées romains et surtout une toute récente et classique illustration de l'un d'eux avec un volume de gravures excellentes.

Tout près de là est une collection de photographies d'après les tableaux des grands maîtres.

Les cordes pour instruments de musique (toujours l'art) constituent une branche remarquable de la production romaine. Un Napolitain, Nicolas Savarese, est le créateur de ce commerce; il vint s'établir à Lyon, en 1766, mais il avait préalablement livré son secret à l'Italie; et Rome, dans la personne de M. Berti, a gardé la réputation du Savarese, pour les cordes harmoniques à trois et à quatre fils.

L'exposition musicale des États pontificaux compte plusieurs instruments merveilleusement décorés, entre autres, un spécimen charmant du *mandolino* chéri des Transtévérins.

Parmi les industries particulières à la ville des Césars et des papes, il y a encore celle de la reproduction des monuments anciens, qui emploie un nombre considérable d'ouvriers, voire d'artistes, et qui produit parfois des chefs-d'œuvre : c'est par exemple un vrai chef-d'œuvre de patience et de luxe, que le *fac-simile* de la colonne Trajane, sculpté sur une pierre de Palombina, par M. Nelli.

En fait de travaux en fer ou en acier, il nous est venu un fusil de chasse et des instruments de chirurgie.

Mais l'envoi des produits manufacturés est loin d'être complet; il ne donne qu'une idée imparfaite de l'industrie romaine. Nous en avons entendu accuser ceux qui ont présidé, à Rome, au choix des objets. Il conviendrait peut-être d'attribuer le fait aux producteurs eux-mêmes et aux marchands qui auront craint, cette année, de dégarnir leurs magasins; car, pendant que nous avons ici l'Exposition universelle, la capitale du monde chrétien a le centenaire de Saint-Pierre; elle est visitée par le monde des évêques, par des étrangers nombreux : le commerce a dû compter sur des acheteurs, et il n'a pas voulu se dessaisir de ce qu'il espérait vendre [1].

Il résulte de cet état de choses, nous le répétons, qu'une foule de produits, et des plus remarquables, ceux particulièrement qui se rapportent à l'art religieux, n'ont pas pu nous être envoyés.

Naturellement les médailles de la monnaie romaine n'étaient point dans ce cas; aussi en avons-nous plus de 80 spécimens. La médaille de M. Bianchi, représentant le saint-père et la basilique de Saint-Paul, est d'une valeur exceptionnelle. — C'est ici le lieu de signaler une machine destinée à copier les coins, imaginée par M. Guidi et exécutée par M. Brassart; elle est simple et paraît d'un maniement facile; nous ne la croyons pas cependant destinée à détrôner les machines existantes, et qui sont construites d'après des principes différents.

Quelques mots des productions minéralogiques :

Le territoire actuellement très-restreint des États pontificaux ne possède pas de grandes richesses minérales, et nous ne nous attendions pas à une exposition bien remarquable : elle est meilleure que nous ne l'espérions.

Elle se compose d'une collection de spécimens minéralogiques provenant du cabinet de l'Université, puis de kaolins, de sulfures métalliques, de ciments hydrauliques, de mine-

---

1. En effet, les fêtes terminées, M. d'Estrada a envoyé une riche collection de bijoux, et un autre exposant, un très-beau modèle en bronze du Colisée, et une foule d'imitations de monuments de Rome.

rais de fer du territoire de la Tolfa, de produits des mines de soufre de Canale, de brèches des carrières de Cavei, et enfin de deux blocs d'alun de roche, présentés par S. Exc. le ministre des finances; — alun semblable à celui que, jusqu'au xv° siècle, l'Europe a demandé à la ville d'Édesse, en Syrie. Ces deux blocs n'ont guère qu'un intérêt de curiosité, car la chimie fabrique aujourd'hui l'alun avec toutes les argiles.

Nous venons de nommer la chimie. Elle a pour représentant, dans l'exposition romaine, M. Pagliari, inventeur d'un procédé pour la conservation des viandes et des matières animales putrescibles et de l'eau hémostatique[1] si utile dans la guerre. Le gouvernement pontifical a récompensé par une pension l'auteur de cette utile découverte.

Nous avons examiné les industries et les arts de la Rome moderne; nous avons dit que ses artistes, et ajoutons ses savants, se penchent volontiers vers le passé, et qu'ils aiment à vivre avec le souvenir de leurs grands ancêtres.

Ce culte pour les choses anciennes nous a valu le spécimen des catacombes construit dans le jardin du Champ-de-Mars, et les cartes archéologiques et géologiques des catacombes des faubourgs de Rome, par M. Michel-Étienne de Rossi. M. de Rossi a exposé aussi l'appareil iconographique, à l'aide duquel il a levé le plan des catacombes. Cet appareil mesure et détermine la longueur des lignes et les angles, automatiquement et proportionnellement, sur le papier, de sorte que le plan s'inscrit de lui-même au fur et à mesure de l'opération.

Tout près de cet instrument se trouvait un petit appareil destiné à prendre, déplacer et retourner les objets microscopiques, et baptisé par son inventeur, M. le comte de Castracane, du nom de *micropreensore*.

Les cartes géographiques de l'Italie centrale méritent aussi d'être signalées; elles tiennent une place importante dans le matériel de l'enseignement.

Il ne nous reste plus à parler que de la section scientifique. C'est la partie culminante de l'exposition romaine, et nous l'avons réservée avec intention pour la fin de notre étude.

Peu de nations peuvent sur ce point entrer en lutte avec les États pontificaux, et cela s'explique aisément, puisque le premier exposant de cette classe est le savant directeur de l'observatoire du Collège romain.

Le R. P. Secchi occupe depuis longtemps une des hautes places parmi les hommes de savoir, et, si modeste qu'il soit, il faut qu'il se résigne à porter le poids de sa célébrité si bien acquise.

Personne ne peut passer sans s'arrêter auprès de son magnifique appareil météorographique; ceux qui savent voir admirent; les autres s'étonnent, ne comprennent pas les causes, mais constatent les résultats et admirent aussi.

Cet instrument est destiné à enregistrer les principaux phénomènes météorologiques : la pression atmosphérique, la vitesse et la direction du vent, l'humidité, la température, etc. Des crayons tracent à cet effet des courbes sur des feuilles de papier; le mouvement leur est imprimé, aux uns par un thermomètre à mercure, aux autres par la dilatation d'un fil métallique.

Le météorographe, dont nous nous bornons ici à indiquer le but, est un des plus intelligents appareils que nous connaissions; il fonctionne comme un être vivant, il est le serviteur docile, le remplaçant toujours attentif de l'observateur paresseux ou distrait par d'autres travaux. Ni trêve, ni repos, ni sommeil. Les éléments déchaînés peuvent varier, les bouleversements instantanés peuvent se produire et se succéder sans relâche, les accidents célestes, immenses ou inappréciables, peuvent tromper nos sens et se dissimuler à notre vue : le météorographe est là, et rien ne lui échappe; non-seulement rien ne lui échappe, mais, jour et nuit, il inscrit automatiquement tout ce qui se passe dans l'atmosphère; minute par minute, il fait son rapport avec une fidélité qui ne se dément jamais, et l'observateur n'a plus qu'à lire le bulletin tracé par la merveilleuse machine.

Nos éloges à l'inventeur du météorographe seraient insignifiants, eu égard au sentiment d'admiration que nous ressentons pour sa haute science. Qu'il nous suffise donc de répéter ce que nous disions, en 1866, dans les *Annales de l'Académie nationale*, au sujet des travaux astronomiques de M. Angelo Secchi :

« Avec de tels hommes la science ne saurait manquer de progresser et de répandre sa bienheureuse influence sur l'humanité...! »

Quelques accessoires du météorographe du R. P. Secchi sortent des ateliers de M. Detouche, de Paris, et nous en signalons en passant la perfection. Le nom de Detouche jouit d'une juste popularité en horlogerie. — De nombreuses médailles d'or à toutes les expositions universelles et départementales, la croix de la Légion d'honneur, celles de commandeur et de chevalier de plusieurs ordres étrangers, ont donné à sa maison un relief incontestable. — Dans la grande horloge du Conservatoire des Arts et Métiers de Paris comme dans l'horloge monumentale de l'Exposition universelle, M. Detouche a fait une brillante application des meilleurs principes de l'art moderne.

On nous assure que l'horloge de la porte d'Iéna, qui a reçu les hommages de plusieurs millions de visiteurs, est arrivée après l'heure du jury. C'est pour cela sans doute que nous ne la trouvons pas parmi les premières récompenses?

Ce malheur, du reste, est arrivé à bon nombre d'expositions de premier ordre.

Fière et résignée, au milieu d'un monceau de ruines, cette horloge capitale se dressait encore le 20 novembre, comme un reproche, devant les fantômes de ses juges! Elle aura sonné la dernière heure de l'Exposition! et elle n'aura quitté le champ de bataille que quand le palais n'a plus été qu'un abîme!

Revenons au météorographe.

Il est à désirer que ce précieux instrument du R. P. Secchi, ne quitte le palais du Champ-de-Mars que pour entrer au Conservatoire des arts et métiers de Paris.

Je n'ai pas dit l'*Observatoire*, parce qu'il est question de séparer définitivement la météorologie de l'astronomie.

Donc, en attendant que la météorologie ait aussi son temple, fasse le Conservatoire que le météorographe ne sorte pas de Paris!

Il y a longtemps que la science ne s'était manifestée sous une forme aussi splendide!

Un grand prix et la croix d'officier de la Légion d'honneur doivent prouver au célèbre Père Secchi que la France se connaît en savants utiles.

Il y avait encore dans la section italienne du parc, tout près de ce petit chemin de fer aérien qui apportait des *glaces napolitaines* aux amateurs, et au-dessus d'une borne-fontaine, une certaine horloge hydraulique du père Embriaco, attaché à l'observatoire de la Minerve, à Rome.

Cette horloge venue un peu tard doit, dit-on, être appliquée aux fontaines publiques des marchés de Paris.

« L'appareil en est tellement simple et en même temps si invariable, que ce sera un véritable régulateur pour le quartier. Dans cette horloge, l'*eau* fait l'office de moteur.

« Introduite dans un petit réservoir ou cuvette, où elle est maintenue à un niveau constant, elle se déverse par une ouverture de quelques millimètres, et tombe d'une faible hauteur sur son batelet divisé en deux compartiments égaux et soudés à angle droit sur l'axe de la tige qui pousse le pendule.

« Quand ce pendule a perdu la position verticale et commence à osciller, le batelet porte successivement ses deux compartiments sous l'orifice du réservoir, de sorte que, pendant que l'un s'abaisse par la charge de l'eau, l'autre s'élève.

« Cette alternative engendre le mouvement, qui perpétue l'oscillation du pendule, et le pendule, à son tour, règle la vitesse du mouvement. En même temps l'eau qui se déverse à chaque oscillation du pendule tombe sur un second batelet et le fait osciller isochroniquement avec le pendule.

« Ce second batelet, au moyen d'un levier soudé sur son axe, transmet le mouvement à la première roue, qui indique les secondes; de cette roue le mouvement est transmis à une autre roue qui donne les minutes, et enfin à celle qui indique les heures.

« Le transport du mouvement se fait sans engrenage et au moyen de simples leviers, dit le *Journal des Débats*.

« Pas une fontaine coulante qui ne puisse avoir cette horloge si simple et si peu coûteuse; pas une source dans les montagnes qui n'ait bientôt son cadran hydraulique. »

Résumons-nous : l'art est pour Rome la véritable industrie du pays et l'on doit au génie du peuple romain d'avoir su transformer ce qui, ailleurs, n'est qu'un ornement inutile, en un revenu d'utilité publique.

L'industrie romaine ne tire point parti, il est vrai, des mines de fer et de charbon dont le territoire ne présente que des traces insignifiantes; elle ne se soucie pas même assez du sol fertile qui l'environne, mais elle exploite cette mine inépuisable du génie des arts, ce goût du beau qui lui est traditionnel; et, je le répète, elle s'est affirmée de la manière la plus remarquable au palais du Champ-de-Mars.

Si maintenant nous avons réussi, en étudiant les États pontificaux dans leur exposition, à comprendre et à dégager les tendances de l'esprit romain, il est positif que, pour ce pays privilégié de l'art, une nouvelle renaissance se prépare.

Oui, Rome est profondément artiste; Rome a conservé une pureté de goût qui donne à ses moindres productions comme un reflet des anciens chefs-d'œuvre ; mais son industrie aura toujours un caractère particulier : la recherche de l'utile ne lui fera pas oublier le culte du beau.

Nous ne devons pas oublier que la belle façade de l'exposition italienne a été exécutée à Rome par des artistes romains.

Maintenant, que l'on compare ce que Rome nous a adressé en 1855 et ce qu'elle nous a envoyé en 1867, et on verra qu'elle a fait un grand pas dans le chemin des autres peuples. Reculera-t-elle à présent? Non, elle n'y songe pas. Lorsque l'engrenage du progrès tient une nation, il faut qu'elle avance. Rome avancera.

Il n'est donc déjà plus permis de dire que Rome sommeille.

Longtemps la ville éternelle, après une vie trop grande, trop remplie, s'est sentie fatiguée et s'est reposée dans sa fière lassitude; mais l'heure a sonné où l'illustre cité, animée des vastes pensées du siècle, tient à honneur de marcher avec lui.

Puisse la paix la plus profonde succéder aux jours de trouble que nous avons vus! puisse l'avenir tenir compte au souverain pontife des douloureuses épreuves qu'il a traversées! puissent enfin les rois et les peuples se souvenir des grandes choses qu'a accomplies la papauté, et des luttes formidables qu'elle a soutenues, au moyen âge, dans l'intérêt de la civilisation !

Que Rome, ouvrant ses portes au progrès industriel, ne cesse pas cependant d'être la patrie des arts, l'arche sainte du christianisme, une capitale cosmopolite, en un mot, qui, par sa grandeur et sa liberté étonne l'avenir, comme son héroïque histoire a étonné le passé !

XXVI.

ROUMANIE.

Voici du fruit nouveau, et vivement coloré surtout. C'est pour la première fois que la Roumanie rompt ses lisières ; la grande fille a voulu marcher toute seule, et nous l'en félicitons.

Nous l'en félicitons d'autant plus que les Valaques sont de notre race. Nous en trouvons la preuve sur leurs monuments, dans l'histoire et jusque dans leur nom de Valaque ou Gallaque, Gallois ou Gaulois. — La Roumanie est donc une sœur égarée pour les nations latines de l'Occident.

Pourquoi, maintenant, la Roumanie n'aurait-elle pas l'initiative de ses actes? Est-ce que cette nation n'a pas été grande parmi les grandes? est-ce qu'elle ne représente pas encore l'ancienne Dacie? Ouvrons l'histoire et nous y lirons les lignes suivantes :

« Dans l'ancienne géographie la terre Roumaine, ou Zara Romanesca, se composait de la

Moldo-Valachie, de la Transylvanie, du Bannat, de la Bukovine, de la Bessarabie, des cercles au delà de la Theiss, c'est-à-dire du pays limité par ce dernier fleuve, le Danube, la mer Noire et le Dniester. L'ensemble de la population de cette zone, y comprise celle de la Mœsie et de la grande Balkie, est de 11,300,000 habitants de même origine.

« Dans les cercles au delà de la Theiss, dans la Mœsie et dans la grande Balkie, les populations latines ou roumaines sont disséminées par groupes au milieu d'autres races, mais non mélangées.

« Dans les autres contrées elles sont à peu près homogènes, excepté dans la Transylvanie où sont, au contraire, des Magyares (Hongrois et Szeklers) et des Saxons qui vivent par groupes au milieu d'elles. »

Toutes nos sympathies sont acquises à l'avance au pays que nous allons étudier :

Il y a douze ans à peine, personne ne prononçait le nom de Roumanie ; on ne connaissait ce plantureux pays que sous le nom de Valachie et de Moldavie ; les voyageurs, témoins MM. Thouvenel et Blanqui, n'en faisaient qu'une triste peinture. — Mais, dirons-nous avec M. Léon Plée, qui a écrit de fort belles pages sur ce pays, la liberté est venue ! « La nationalité roumaine a été reconnue. — Les invasions des étrangers se sont arrêtées, et la Roumanie tient aujourd'hui à l'Exposition universelle une place que tout le monde remarque. Sa partie agricole, notamment, est hors ligne ; elle justifie l'idée ingénieuse du colonel Alecsandri, qui l'a organisée et symbolisée dans deux charmantes fontaines versant perpétuellement le grain. Là, en effet, est la grande richesse de la Roumanie : du grain, toujours du grain. Aussi combien ces belles provinces n'ont-elles pas été convoitées, circonvenues, attaquées ? On ferait des volumes à raconter les guerres qui les ont périodiquement meurtries. Aujourd'hui elles respirent sous un gouvernement national, et prouvent ce que peuvent leurs laborieuses populations. » La nature a été prodigue pour elles.

Les principautés roumaines sont bornées au nord et à l'ouest par l'Autriche, à l'est en partie par la Russie et en partie par la Turquie et au sud par la Turquie.

L'étendue totale du sol est de 12,120,425 hectares, soit 121,204 kilomètres carrés.

La Roumanie est divisée en 33 districts et 163 arrondissements, et possède 3,080 communes, dont 62 communes urbaines et 3,018 communes rurales. Ces communes rurales sont formées par la réunion de 7,402 villages et hameaux.

En 1860, d'après le recensement fait à cette époque, on comptait en Roumanie 4,424,961 habitants, sur lesquels il convient de déduire 51,427 étrangers, savoir :

Autrichiens 28,136 ; — Grecs 9,545 ; — Prussiens 3,658 ; — Anglais 2,833 ; — Russes 2,706 ; — Turcs 2,631 ; — Français 1,142 ; — Italiens 167 ; — autres nationalités 569.

La position financière du pays peut s'établir ainsi :

Recettes....................	59,677,470 fr. 55 c.	
Dont il faut retrancher...........	12,000,669 55	Somme fictive.
Somme réelle................	47,677,801 fr.	
Dépenses....................	57,757,443 72 c.	
Auxquelles il faut ajouter........	12,038,695 80	Crédits supplémentaires.
	69,796,139 fr. 52 c.	
D'où résulte un déficit de.........	22,118,338 52	
Sans compter la dette flottante de..	33,684,528 68	
Total...	55,802,867 fr. 20 c.	

Le gouvernement roumain fait construire actuellement, sur une étendue de 72 kilomètres, un chemin de fer de Bucharest à Giurgevo ; d'autres lignes sont en voie d'étude.

Quant au télégraphe électrique, il relie toutes les villes de la Roumanie ; les lignes de Traunt correspondent avec Czernawitz, Cronstadt, Orsawa, sur la frontière autrichienne, avec la

Turquie par un câble qui traverse le Danube entre Giurgevo et Roustchouk et avec la Russie à Scouleni.

L'instruction publique est obligatoire en Roumanie pour les enfants des deux sexes; sur 3,018 communes rurales on compte actuellement 1,867 écoles fréquentées par 49,545 élèves ; on compte en outre, en fait d'écoles primaires urbaines, 76 écoles de garçons et 65 écoles de filles, fréquentées par 12,778 garçons et 5,436 filles. De plus, il existe 38 institutions privées, 22 établissements religieux, 7 colléges ou gymnases, les universités de Bucharest et de Jassy, les écoles spéciales et professionnelles, 1 école militaire, 1 école préparatoire de médecine et de pharmacie, 1 école d'agriculture, 1 école technique ou des arts et métiers, 1 école de commerce, des écoles des beaux-arts, et 1 conservatoire de musique.

La statistique nous apprend que :

Sur 100 familles urbaines il y a 14.6 élèves.

Sur 100 familles rurales il y a 8.8 élèves.

Nous avons dit plus haut que la superficie du territoire roumain était de 12,120,435 hectares, cette superficie se divise ainsi :

	Hectares.	Ares.
Terres arables	6,332,209	27
Forêts	2,019,406	44
Terres non cultivées	3,795,514	80 [1]

Voici maintenant comment se subdivisent les 6,332,209 hectares de terres arables :

	Hectares.	Ares.
Terres labourées	2,226,349	21
Jardins potagers et fruitiers	154,577	82
Prés	926,421	15
Pâturages	2,928,997	14
Vignobles	95,763	93

On cultive sur les 2,226,349 hectares 21 ares de terres labourables : du froment, du seigle, du maïs, de l'orge, de l'avoine, du millet et différentes plantes diverses.

Nous ne pouvons guère donner ici la valeur du rendement exact, car les chiffres que nous avons sous les yeux sont exprimés en *kiles* et en *ocas*. Or ces deux mesures diffèrent dans les deux provinces moldave et valaque. Le kile moldave équivaut à 4 hectolitres 30,000, le kile valaque à 6 hectolitres 79,268. L'oca moldave vaut 0 hectolitre 0,1520, l'oca valaque 0 hectolitre 0,1288. Néanmoins voici comment la statistique locale établit le rendement agricole :

Blé	2,217,343 kiles.
Seigle	363,436
Maïs	2,984,059
Orge	1,169,243
Avoine	258,640
Millet	368,816
Haricots et lentilles	12,806,502 ocas.
Chanvre	1,628,361
Lin	633,754
Tabac	1,480,660
Pommes de terre	9,247,943

On compte en Roumanie :

Taureaux	200,000
Bœufs	1,078,970
Vaches	863,216
Génisses et veaux	517,303
Buffles	91,079
Chevaux	506,104
Anes et mulets	7,635
Moutons	4,824,900
Chèvres	423,077
Porcs	1,088,737
Ruches	301,615
Volailles	13,683,360

En Roumanie les principales industries se répartissent de la manière suivante :

1 arsenal de l'armée; — 4 mines de sel; — 6771 moulins ; — 621 fabriques de poterie ; — 417 moulins à foulons pour draps et feutres ; — 608 scieries ; — 1687 distilleries d'eau-de-vie ; — 378 boulangeries; — 58 fabriques d'huiles d'éclairage et de gazogène ; — 233 tanneries ; — 463 fours à chaux ; — 145 fabriques de bougies, de chandelles et de savon ; — 226 fabriques de briques ; — 220 fabriques de fromages ; — 23 carrières ; — 4 fabriques de drap ; — 24 imprimeries et établissements lithographiques; — 27 librairies ; — 72 brasseries ; — 212 pâtisseries ; — 100 fabriques de braga ; — 70 abattoirs; — 53 fabriques de cristaux, de faïence, de stéarine, de pâtes alimentaires, d'amidon, de poudre à canon, de nattes, de

---

[1]. Il y a ici une petite différence qui se produit par le fait des fractions de la mesure roumaine; la terre se compte par pogone, un pogone vaut 0 h. 50,11,79.

sacs et tissus en poils de chèvre, de chapeaux, de cordes et autres industries. Soit en totalité 12,894 établissements industriels.

On évalue le produit brut employé par ces 12,894 établissements industriels à 63,673,522 francs, et la valeur des articles fabriqués avec les produits bruts ci-dessus à 91,649,566 francs.

On porte en outre la population ouvrière occupée à ces différentes industries à 28,252 personnes, soit : 25,736 hommes, 1,318 femmes et 1,198 enfants.

En 1864, les exportations se sont élevées au chiffre de 150,778,183 francs.

La même année les importations ont été de 79,979,548 francs.

Les exportations consistent :

En animaux, produits des animaux, produits des animaux fabriqués, céréales, produits végétaux alimentaires et industriels, produits végétaux fabriqués, légumes, fruits, produits fabriqués avec des fruits, bois, bois ouvrés, minéraux bruts, minéraux fabriqués.

Les importations reposent sur les articles suivants :

Animaux, fruits, aromates, semences, tabac, médicaments, boissons, peaux, plantes, cotons, minéraux, métaux, couleurs, cuirs, toiles, papiers, meubles, voitures, verrerie, instruments, machines, objets en fer, bijoux et objets divers.

Le commerce d'exportation et d'importation de la Roumanie se fait avec l'Autriche, la Russie, la Turquie, l'Italie, la France et l'Angleterre.

Tels sont les renseignements généraux que nous possédons sur la Roumanie. Il ne nous reste plus maintenant qu'à pénétrer dans la section roumaine et à énumérer tout ce qui nous a paru digne de fixer l'attention.

Nous commencerons par déclarer que nous ignorons complètement le nombre des exposants roumains, comment ils se répartissent par classe. Le catalogue de la Commission impériale, dans un tableau indiquant les espaces attribués à chaque nation, nous apprend cependant que les principautés roumaines occupent 560 mètres carrés, sans préjudice de la construction qui a été élevée dans le parc.

Si vous parcourez sérieusement et à petits pas l'exposition roumaine, ce qui frappe le plus le visiteur, lorsque celui-ci commence son excursion par le groupe du matériel et des applications des arts libéraux, ce sont les expositions suivantes :

Des broderies or sur velours et des tapisseries ravissantes exécutées dans les écoles des filles de Bucharest, sous la direction de Mme Bruzyncha.

Le chef-d'œuvre dans ce genre, c'est une mise dans le sépulcre, signée Naco Mincovia, de Bucharest.

C'est ensuite une magnifique carte de la Roumanie méridionale, dont malheureusement quelques parties sont encore inachevées. Cette carte colossale a été publiée par les ordres d'Alexandre Jean Ier, plus connu sous le nom de prince Alexandre Couza.

M. Stohr, ébéniste à Bucharest, a exposé une table et deux chaises en bois sculpté, qui indiquent de bonnes aspirations artistiques ; les figurines laissent cependant à désirer ; quant à la forme du meuble il n'en faut pas parler, la critique aurait trop à dire.

Les draps exposés par M. Michel Kogalnitchau, de Niamtzo, sont d'une très-bonne fabrication et donnent une excellente idée non-seulement des procédés de mise en œuvre, mais aussi des laines employées.

La Roumanie a exposé une brillante collection de costumes : c'est un postillon du district d'Ardcèche, un costume de pêcheur du Danube, des costumes de paysanne, de pâtre, de chasseur, de religieuse, de moine et de mariée, le tout monté sur mannequins. Les vêtements d'hommes sont en laine soutachée, ceux des femmes sont riches et tiennent le milieu entre les costumes grecs et autrichiens.

Une merveille de finesse et de goût, ce sont les broderies exécutées par les jeunes filles des écoles primaires. Il y a des devants de chemise, des cols, des mouchoirs, qui sont réellement dignes des plus grands éloges.

Les crépins, ou soies de porc, sont en Roumanie l'objet d'un grand commerce ; on en exporte même une quantité assez considérable. Cette spécialité est représentée à l'exposition par d'excellents échantillons.

Les esturgeons, les sterlets, les carasses et

autres poissons du Danube et de ses affluents nous montrent encore une des industries importantes du pays, celle de la pêche.

Une exposition à laquelle tous les visiteurs rendent hommage, c'est celle qui comprend l'histoire naturelle du pays. Cette exposition est représentée par une collection ornithologique, des herbiers, des coquilles; mais ce qui nous a surtout intéressé, c'est la partie géologique, car celle-ci se rattache trop intimement à la richesse d'un pays, pour qu'elle ne soit pas la première à fixer l'attention de l'économiste.

Nous y avons remarqué des calcaires à nummulites, à madrepores et pisolitiques, des marbres, des gypses, des grès, des serpentines, des trapps, des gneiss, des pegmatites, des micachistes, des poudingues, des sels gemmes, des meulières et, par-dessus tout, des anthracites et des lignites.

On constate également en Roumanie l'existence de l'or, de l'argent, du cuivre, du mercure natif, du fer oligiste rouge, compacte, terreux, du sulfate de fer, du plomb natif, du sulfate de plomb, du cobalt, de l'arsenic, etc.; et comme résultat des exploitations métallurgiques, nous mentionnerons les nombreux ustensiles de cuivre exposés par M. Christesco, de Bucharest.

Nous parlerons aussi de la belle exposition de M. Foucault; voici ce que nous lisons à ce sujet dans le *Moniteur de l'Agriculture* :

« Déjà la Roumanie compte un grand nombre d'exploitations de pétrole et ses ports font d'énormes expéditions dans tout l'Orient et alimentent une forte partie du commerce de Marseille.

« Lorsque l'administration locale sera mieux éclairée sur ses propres intérêts, elle fera disparaître les droits de douane à l'exportation, et par tous les moyens elle facilitera aux étrangers l'accès de ces exploitations. La Roumanie, à elle seule, pourrait alors suffire aux besoins de l'Europe.

« M. Foucault ne s'est pas borné à exposer des échantillons de pétrole de toutes les provenances et de toutes les qualités; il a de plus réuni des échantillons des terrains pétrolifères, choisis au point de vue des indices révélateurs des gisements de pétrole; les diverses eaux minérales qui accompagnent toujours ce produit; la matière première qui le fournit par ses diverses transformations naturelles; les produits dérivés tels que les bitumes, la poix minérale, l'ozochéryte, l'ambre, etc., les sables perméables des filons; les roches indicatrices des gisements et les roches qui indiquent la cessation des couches favorables à l'exploitation.

« Après les pétroles de M. Foucault, voici les sels gemmes, représentés par les deux énormes bustes de l'empereur Napoléon III et du roi Charles Ier de Roumanie; bustes qui, indépendamment de l'élément dont ils sont composés, ne laissent pas d'avoir un certain cachet artistique.

« Mais d'où vient ce sel gemme? Nous lisons bien sur l'étiquette : *exposé par l'État*, mais cela ne nous apprend rien. Ce que nous désirons savoir, c'est s'il provient de la Valachie et de la mine de Rimnik, qui, dit-on, fournit annuellement 150,000 quintaux de sel, ou s'il provient de la Moldavie et des salines d'Okna, qui en produisent, assure-t-on, 1,750,000 quintaux par an?

« A côté de ces deux bustes, on admire un charmant traîneau doré, garni intérieurement d'un coquet capitonnage bleu. A notre sens, ce traîneau est d'un excellent goût et ne dépareraît pas les magasins de nos premiers faiseurs.

« Une des belles expositions des principautés roumaines, c'est la collection de bois réunie par le gouvernement : il y a là de très-remarquables échantillons. Ce chêne, est-ce le *quercus robur*, le *quercus pedunculata*, le *quercus cerris*, le *quercus sessiliflora*, ou le *quercus ægylops*? Si notre humble bagage de botanique nous permet de distinguer les genres à l'inspection des bois, nous ne saurions reconnaître les espèces, et celles-ci ont leur valeur spéciale. Nous recommanderons cependant un échantillon de frêne à veines ondulées. Si ce bois est commun en Roumanie et que sa grosseur soit suffisante pour permettre d'en tirer de forts morceaux, nous ne doutons pas un seul instant que nos fabricants ne puissent lui trouver un bel et solide emploi.

« Signalons aussi les produits de l'école

d'agriculture de Panteleimon : céréales, tabacs, chanvres, lins, légumes farineux, cotons surtout et de très-bonnes copies de nos charrues françaises.

« Puis : dans les produits alimentaires des farines et biscuits pour la marine de MM. Borghetti et Cerbolini, de Braïla ; et des pâtes fabriquées par M. V. Georgesco, de Bucharest. Il y a certes une énorme différence entre ces pâtes aux pâles couleurs et les magnifiques et excellents produits de la maison Magnin, de Clermont-Ferrand, mais enfin M. Georgesco a droit à une mention honorable.

« Le public s'est arrêté souvent devant l'exposition de l'établissement d'artillerie de Bucharest et devant un modèle d'habitation de paysan roumain.

« Le paysan roumain, doué de beaucoup d'adresse inventive et de persévérance, est à la fois agriculteur et ouvrier, il bâtit sa maison et fabrique la plupart de ses instruments de travail; sa femme tisse tous ses vêtements de laine ou de chanvre et les confectionne, elle élève de plus des vers à soie et fait une toile fine que tout le monde a admirée. »

Ah ! cent fois aveugles ceux qui n'auront pas voulu voir sous les voûtes ondulées de la galerie des machines les véritables destinées de l'homme ! Cent fois à plaindre ceux qui auront négligé cette sublime occasion de s'instruire !

L'histoire de l'humanité était écrite tout entière sous ces immenses voûtes qui ressemblaient à des vagues allant se perdre dans un horizon sans fin.

A côté de cette modeste habitation roumaine qui va subir aussi des transformations progressives, on remarquait plusieurs échantillons de la belle tonnellerie de M. J. Dobre, quelques pompes de MM. Waller et Hartmann, de Bucharest, et un soufflet de forge fabriqué à l'école technique de Jassy.

Nous appellerons encore l'attention sur une machine-outil très-ingénieuse, destinée à donner les inclinaisons voulues aux oreilles de charrue. Nous ignorons si cette machine est d'origine roumaine ; ce qu'il y a de certain, c'est que nous ne la connaissions pas et que nous croyons devoir la signaler à tous nos constructeurs de matériel agricole.

Tels sont les objets qui, dans la section roumaine, nous ont le plus particulièrement intéressé. Il nous reste maintenant à pénétrer dans le parc et à nous diriger vers le pavillon roumain.

Le style de cette construction est byzantin, mais d'un byzantin lourd et hongré. Le monument, par le fait de ses minuscules proportions, n'impose pas, il est carré et surmonté de trois petites tours inégales percées d'ouvertures obliques. Le portique est supporté par quatre piliers dont la peinture imite des colonnes torses ; à l'intérieur quatre autres piliers soutiennent la coupole, les fenêtres sont enjolivées de bois découpé, et la frise des murs est ornée de peintures et de dorures. Des divans, un lustre, un guéridon, composent l'ameublement de ce pavillon, qui, dit-on, est une copie réduite du pavillon de repos du roi Charles Ier.

Avant de faire nos adieux à la Roumanie et de souhaiter à cette terre historique, si rudement éprouvée, une tranquillité profonde et tous les loisirs de la paix qui font fleurir l'agriculture et les arts, nous pénétrerons un instant dans la galerie du travail et nous nous arrêterons devant une superbe vitrine, placée sur un splendide socle en acier, à côté du modèle en relief de l'église épiscopale d'Ardèche, bâtie en 1520 par le prince Negoye Bassarabe.

On admirait dans cette vitrine le trésor de Pétrossa, découvert en 1837 dans la montagne d'Istritza, district de Bouzeo, — bijoux, vases, coupes, plateaux, tous les objets enfin qui constituent cette riche trouvaille portent les caractères de l'art des Byzantins et celui des Goths primitifs de la Dacie, — c'est de l'orfévrerie du IVe siècle.

L'Exposition universelle, dirons-nous avec la Commission princière qui a organisé la section roumaine, a été pour la Roumanie une occasion de faire connaître ses ressources aussi bien que l'état de son développement économique, et de prendre part au mouvement industriel et commercial de toutes les nations du globe. Les Roumains ont tous senti l'importance de la participation de leur pays à l'Exposition de 1867, et ce n'est pas un des moindres titres de la France à leur reconnaissance. Le gouvernement de l'Empereur a été le premier qui ait invité la Roumanie à prendre part à une solennité de ce genre ; elle a répondu à cette noble invitation dans les limites de ses moyens et autant que les circonstances politiques qu'elle traversait le lui ont permis ; elle s'est fait connaître aux autres pays telle qu'elle est, avec son industrie et son agriculture. Puisse cette participation ouvrir la voie à de nouvelles améliorations dans le pays et augmenter l'intérêt que les grandes puissances de l'Europe, et en particulier la France, ont porté jusqu'à ce jour à la Roumanie!

Telle est donc la première tentative de la Roumanie, en fait d'exposition homogène ; c'est d'un heureux augure. Ajoutons que la Roumanie moderne est d'hier, que son autonomie est trop récente pour qu'elle ait pu profiter des bienfaits qu'elle doit en attendre, mais que, guidée par le prince sage qui la gouverne et avec sa noble devise : *Nihil sine Deo !* elle ne peut manquer de secouer promptement son lourd passé, pour marcher franchement avec les idées du siècle.

XXVII.

EMPIRE OTTOMAN.

La Turquie a des horizons que nous ne pouvons pas interroger ici. — Un grand travail de régénération s'accomplit dans son sein, on ne saurait le méconnaître, mais c'est tout ce que nous pouvons dire. Les vieux et les jeunes éléments sont en fusion.

La jeune Turquie, au grand déplaisir de la vieille, qui n'entend pas qu'on porte la main sur les institutions du Prophète, semble comprendre que les temps sont venus et elle aspire à pleins poumons les bouffées de progrès qui lui arrivent de l'Occident.

La jeune Turquie entraînée par son souverain actuel qui a donné déjà de si éclatantes garanties de sa haute intelligence, de sa ferme volonté de faire cause commune avec la civilisation européenne, de son esprit de tolérance et qui n'a pas craint de fouler aux pieds tous les antiques préjugés de sa race en venant, de sa personne, assister, en plein Champ-de-Mars, aux grandes assises de l'industrie universelle, la jeune Turquie, dis-je, tend à s'unifier avec les nations occidentales et veut vivre de leur vie.

Là, en effet, est le salut de l'empire ottoman que des alarmistes, fort ignorants sur les éléments de vitalité qu'il renferme, s'acharnent à représenter comme bien malade... médecins intéressés, sans doute, dont il fera bien de se garder!...

La Turquie possède, cela est certain, tous les éléments pour sortir de son apathie séculaire, et Constantinople, si admirablement située sur le Bosphore, est toujours, à l'heure qu'il est, le premier entrepôt du Levant, vers lequel le commerce des Échelles tend sans cesse à se concentrer davantage. A cheval comme la Russie, sur l'Europe et l'Asie, la Turquie est un trait d'union entre ces deux parties du monde ; ces deux nations doivent, à un moment donné, céder à la fusion sociale des peuples d'Orient et d'Occident.

Voici, maintenant, quelles sont l'étendue, les ressources et les richesses de la Turquie, telle que nous les révèle l'Exposition universelle de 1867 :

On évalue à 2,468,000 kilomètres carrés, la superficie de l'empire ottoman.

Sa population en Europe est, dit-on, de 15,500,000 habitants; en Asie et en Afrique, de 19,850,000 habitants, soit en totalité : 35,350,000, ainsi répartis :

	En Europe.	En Asie.	En Afrique.	Totaux.
Ottomans	4,492,000	10,700,000	»	15,192,000
Slaves	6,200,000	»	»	6,200,000
Roumains	4,000,000	»	»	4,000,000
Arnautes	1,500,000	»	»	1,500,000
Grecs	1,000,000	1,000,000	»	2,000,000
Arméniens	400,000	2,000,000	»	2,400,000
Juifs	70,000	80,000	»	150,000
Tartares	16,000	20,000	»	36,000
Arabes, Maures, etc.	»	900,000	5,050,000	5,950,000
Syriens et Chaldéens	»	235,000	»	235,000
Druses	»	30,000	»	30,000
Kurdes	»	1,000,000	»	1,000,000
Turcomans	»	85,000	»	90,000
	18,487,000	16,403,000	5,050,000	40,000,000

Sous le rapport des cultes, il nous paraît intéressant de récapituler les chiffres de cette population : la différence entre les chrétiens et les musulmans d'Europe est surtout frappante : c'est la minorité qui domine !

	En Europe.	En Asie.	En Afrique.	Totaux.
Musulmans	6,103,000	13,233,000	5,050,000	24,386,000
Chrétiens	12,400,000	3,160,000	»	15,260,000
Juifs	70,000	80,000	»	150,000
	18,487,000	16,403,000	5,050,000	40,000,000

Le territoire de l'empire ottoman s'étend, en Europe, sur une superficie qui embrasse les divisions suivantes :

Roumélie : — Constantinople, capitale de l'empire ottoman et de la province de Roumélie. — Macédoine : — Salonique, capitale de la province. — Thessalie : — Larisse, capitale de la province. — Bulgarie : — Sophia, capitale de la province. — Albanie : — Basse-Albanie : Janina, capitale. — Haute-Albanie : — Scutari, capitale. — Bosnie : Bosna-Seraï, capitale de la province. — Ile de Candie : — Candie, capitale de la province. — Servie : — Bellegrade, capitale de la Servie. (Pays libre mais tributaire de la Turquie.)

Et en Asie, les divisions ci-après :
Asie Mineure. — Arménie. — Kurdistan ottoman. — Mésopotamie — et Syrie.

Nous regrettons bien que le défaut d'espace nous empêche de donner ici un document de la plus haute importance, soit : la nouvelle division administrative de l'empire ottoman. Du reste, cette nomenclature des villes les plus importantes se trouve dans l'annuaire administratif impérial pour 1283—1866 à 1867.

Le sol de la Turquie est en général très-fertile ; il produit en abondance du blé, du maïs, du vin, du tabac, des fruits de toutes sortes. Ces produits forment avec le bétail les principaux articles d'exportation auxquels il convient d'ajouter les peaux tannées et brutes, des maroquins, des laines, du coton, de la soie crue et filée, du miel, de la cire, de la garance, du cuivre etc., etc.

Constantinople a bien peu d'importance encore comme industrie ; c'est plutôt un entrepôt et une grande ville de commerce.

A Andrinople qui appartient comme Constantinople à la province de Roumélie, on fabrique beaucoup d'étoffes de soie, de laine et de coton, des tapis et des maroquins. Cette ville possède des tanneries, des teintureries et des distilleries d'essence de roses. C'est aux environs de cette ville que se trouvent les belles cultures en grand des roses de Kezanlek et de Carlova, qui donnent les meilleures essences de roses. Ses environs sont très-fertiles et la culture des plantes oléagineuses, du sésame notamment, y joue un assez grand rôle.

C'est à Gallipoli qu'on fabrique les maroquins et autres peaux à grains et chagrinées, des soieries et des cotonnades.

A Philipoli la fabrication des étoffes de soie est également très-développée ; mais cette ville se fait plutôt remarquer par ses étoffes de laine rouge frisée pour ameublement (Ehram), il y existe même une manufacture de draps militaires. La fabrication des savons, la culture du tabac, font aussi partie des industries de Gallipoli, bien que ce soit plutôt à Kavala que le tabac se cultive sur une grande échelle.

Selimino est aussi une localité renommée pour ses étoffes de laine à bon marché, ses canons de fusil et ses carabines, ainsi que pour ses essences de roses; Demotica pour sa belle poterie ; Arta pour son bétail et ses cuirs, et Capoudagh pour ses marbres.

Salonique en Macédoine est après Constantinople et Smyrne, le port le plus important de la Turquie ; les principales industries sont la tannerie, la corroierie et les soies. On y compte plus de quatre-vingts tanneries, produisant annuellement 58,500 pièces de cuir d'une valeur de 343,000 francs. Le nombre des magnaneries est en moyenne de trente-cinq, dont la production est évaluée de 38,000 à 45,000 kilogrammes.

Serès est le centre du commerce et de la culture du coton, et Drama le centre manufacturier de l'industrie cotonnière. Nous citerons encore Yénidjé-Karasou, Sari-Chaban, Drama pour son tabac ; Karatova pour ses mines de cuivre argentifère et ses fabriques de chaudrons et d'ustensiles de cuisine.

Larissa en Thessalie est célèbre pour sa fabrication d'étoffes de soie et de coton et particulièrement pour ses teintureries.

Samakowe en Bulgarie possède une mine de fer importante, aussi voit-on dans cette ville plusieurs forges, des fonderies importantes, des fabriques de fusils, de boulets, etc. A Dupindja on travaille aussi le fer et Choumla est en grande réputation pour sa chaudronnerie et sa ferblanterie.

On expédie de Bulgarie des peaux brutes, salées et prêtes pour le tannage, ainsi que des laines ; on y fabrique des étoffes tissées à la main, des feutres, des draps foulés dont on fait des couvertures imperméables. Les beaux tapis turcs, d'un tissu solide, riches par leurs couleurs et l'originalité des dessins, ne se fabriquent en Europe qu'à Jarkoï en Bulgarie.

L'Albanie possède peu de manufactures et la culture y est peu prospère ; cependant le sol est fertile, on y trouve d'excellents pâturages et le pays fournit des laines fines et soyeuses.

Scutari est une ville commerçante ; les envois de l'étranger à Scutari, en 1861, sont évalués à 3,390,000 francs, et ses exportations à 3,171,000 francs ; les principaux articles d'importation sont les draps, les cotons filés, les soies grèges, le sucre, etc., et les principaux articles d'exportation sont les soies, les laines, les peaux et les bois de construction.

Janina est célèbre par ses soies grèges, qui sont très-recherchées, à Corfou et à Trieste, par les tailleurs qui travaillent avec une perfection remarquable l'or et la soie. Il existe à Janina une fabrique de savon, deux fabriques de bougies et soixante-quatre tanneries.

La production du tabac est considérable en Épire. Il est généralement d'une qualité supérieure, particulièrement pour la fabrication des tabacs à priser. L'Épire renferme aussi des richesses en fer, en cuivre et en plomb. A Avlona, on trouve des mines de soufre et des houillères.

La Bosnie se recommande par ses mines et ses bois. Le fer de la Bosnie est très-bon, il se rapproche des meilleures qualités de la Suède. On en rencontre des mines à Kreshovo, à Ossoji, à Babgaravan, à Foinitza, à Bussovatz, à Varesh, à Slari, à Maidan et à Borrovitzo. On trouve de riches mines de cuivre à Kreshovo et à Foinitza, des mines de plomb à Olovo, Kladem, Shedri, Kreshovo ; sur ce dernier point on trouve aussi du mercure, et à Ivitza de l'arsenic.

On comptait en 1864, dans l'île de Candie, 3,000 moulins à huile, 50 fabriques de savon, 100 tanneries et 3 filatures de soie. Que reste-t-il de tout cela aujourd'hui ? En 1862 l'exportation du savon en Crète s'est élevée à 13,625,000 kilogrammes, soit une valeur de 100,691,000 francs ; 12,657,000 kilogrammes ont été vendus en Turquie, 788,000 kilogrammes ont été envoyés à Syra et 180,000 kilogrammes à Trieste.

L'île de Candie produit annuellement huit millions de kilogrammes de blé dur et tendre; on y cultive aussi le caroubier, le mûrier, le chêne à Vallonée, la vigne, l'oranger, et la récolte du miel est évaluée à 150,000 kilogrammes par an.

Telle est à peu près la Turquie d'Europe; voici maintenant quelques renseignements sur la Turquie d'Asie.

Les soies, les laines, les cotons, les tabacs, la garance, l'opium, les plantes médicinales, forment la base de l'industrie et du commerce de l'Asie Mineure et de la Syrie. Pour les étoffes de soie, il faut citer Damas, Alep, Merdin, Bagdad, Diarbékir et Brousse. Avant les événements de 1860 on comptait à Damas plus de 3,000 métiers; aujourd'hui que les ouvriers se sont réfugiés à Alep, le nombre des métiers s'est élevé dans cette dernière ville à 4,000. Le tissage et la teinture se pratiquent également à Saïda, à Beyrouth, à Deir-el-Kamar. Les étoffes pour meubles sont supérieures à celles qu'on trouve à Alep; les filatures de soie sont nombreuses à Smyrne, et les tissus de soie et de coton de Brousse sont très-recherchés. Les filatures les plus perfectionnées sont à Brousse.

On fabrique aussi à Damas des toiles blanches de coton, supérieures, dit on, à celles d'Europe.

Pendant les événements d'Amérique, la production du coton s'est considérablement développée en Syrie. En 1863 et 1864, on en a exporté de très-grandes quantités qui provenaient des provinces d'Alep, et des districts d'Orsa, de Diarbekir et de Karpout.

La fabrication des étoffes de laine pour les châles et les tapis a son centre à Alep, à Damas, à Angora, à Brousse, à Kara-Hissar et à Pergame.

La garance se cultive encore dans la Turquie d'Europe, mais le beau rouge d'Andrinople se fabrique aujourd'hui plus particulièrement en Hollande qu'à Andrinople. Au nombre des matières tinctoriales produites par la Turquie, il faut citer la noix de galle, le nerprun, le djehri ou graine jaune[1], le corthame et le roucou.

L'opium est également un des produits les plus importants de la Turquie et particulièrement de l'Asie Mineure. De Smyrne l'opium va aux États-Unis, en Angleterre et en Hollande.

Les tabacs les plus renommés de l'Asie Mineure sont ceux de Magnésie, de Pergame et Samsoun; dans la Palestine inférieure ce sont ceux de Gubal et de Batoun; les tabacs si réputés de Lataquié sont légers; ils s'exportent à Constantinople et arrivent jusqu'en France. Nous trouvons dans un rapport de M. Villaret de Joyeuse, publié en 1854, une description de la préparation de ce tabac : « On réunit les feuilles en paquets d'un ou deux kilogrammes, que l'on suspend au plafond d'une chambre bien fermée, dans laquelle on fait brûler une espèce particulière de bois blanc très-humide, dont la fumée âcre pénètre dans le tabac et lui donne l'odeur particulière qui le fait reconnaître. »

Mentionnons aussi les maroquins de Komels, d'Orfa, de Diarbekir, de Kaïsarich, de Kouskin, les selles de Aïntab, la faïence de Tchanak-Kalesi et les ustensiles de cuivre de Tokat et d'Erzeroum.

Les documents qui précèdent résument assez complètement la situation industrielle, commerciale et agricole de l'empire ottoman. Ajoutons, d'après les *Annales du Commerce extérieur,* que les principales exportations des États turcs consistent en céréales, graines oléagineuses, bétail, peaux tannées et brutes, laines, vins, tabacs, coton, raisin de Corinthe, amandes, figues sèches, dattes et autres fruits, huile d'olive, cire, miel, cocons, soie écrue et filée, tapis, maroquin, noix de galle, garance, gomme adragante, éponge, cuivre, alun, terre sigillée, etc., et que les principaux articles d'importation sont le charbon de terre, des toiles, des étoffes de soie, des draps, des bonnets, des fourrures, des miroirs, des objets de cristal et de verre, des montres et pendules, des porcelaines, des aiguilles, des objets en métal et bois, du sucre, du café et

---

[1]. Baie de plusieurs arbrisseaux de la famille des Rhamnées, tels que le *Rhamnus infectorius,* le *Rhamnus amygdalinus,* le *Rhamnus oleoides,* le *Rhamnus saxatilis,* qui tous sont compris sous la dénomination de nerprun des teinturiers.

autres denrées coloniales, ainsi que des sommes assez considérables d'argent monnayé.

Voilà pour le commerce en général ; voici maintenant pour le commerce particulier de la France.

La France importe en Turquie : café, sucre, tissus de laine, de coton et de lin, des vins, des articles de mode, de la verrerie, des armes, de la cochenille, de l'indigo, du girofle, du poivre, des meubles, des peaux préparées et des cuirs.

La France exporte de la Turquie : de la laine, de la soie, du coton, des céréales, des graines oléagineuses, du cuivre, de l'avelanède, fruit d'une espèce de chêne propre au tannage et à la teinture, de l'huile d'olive ordinaire, de la cire, des cornes de buffle, de bœuf et de mouton, du poil de chameau, du fil de poil de chèvre, de la garance, des peaux de lièvre, des tapis de laine, de l'opium, de l'encens, des gommes et de l'essence de roses.

Comme instruction, la Turquie est en progrès. Le Koran est généralement le seul livre connu, c'est le code de l'empire et l'évangile de la croyance. Le Koran ordonne cinq prières par jour : la charité pour les pauvres, la propreté du corps, la circoncision, l'abstinence du vin et de la viande de porc, et une visite à la Mecque, ville sainte et patrie de Mahomet, à la suite de laquelle on a le droit d'ajouter à son nom la qualification d'*hadji*.

Il y a cependant à Constantinople des écoles universitaires, une école de médecine et des écoles militaires et navales. On compte aussi : une société littéraire grecque, fondée en avril 1861 ; une société impériale de médecine, fondée en 1856 ; une société médicale grecque, fondée en 1861, et la Société scientifique ottomane. En Servie, à Belgrade existe une société savante serbe, qui a été fondée en 1841 par le prince Michel Obrenovich.

Les finances de l'empire, d'après un des derniers budgets connus, se répartissent par dépenses et recettes, ainsi qu'il suit :

Dépenses :

	Piastres.
Liste civile du sultan	75,000,000
Liste civile de la sultane mère et des sœurs mariées du sultan	8,400,000
A reporter..	83,400,000

	Piastres.
Report...	83,400,000
Armée	300,000,00
Marine	37,500,00
Matériel de guerre : artillerie, génie, forteresses	30,000,00
Traitement des employés	195,000,00
Subvention à l'administration des wakoufs	12,500,00
Service de l'arrérage des rentes viagères	6,000,00
Intérêts des bons du trésor	9,000,00
Rentes diverses	40,000,00
Affaires étrangères	10,000,00
Dépenses d'utilité publique	10,000,00
Total...	733,400,00

La piastre valant 22 centimes 6, le total de dépenses est donc de 165,748,400 francs.

Recettes :

	Piastres.
Dîmes	220,000,00
Salian (income tax)	200,000,00
Impôt personnel sur les sujets non musulmans	40,000,00
Douanes	80,000,00
Tribut de l'Égypte	30,000,00
Tribut de la Valachie	2,000,00
Tribut de la Moldavie	1,000,00
Tribut de la Servie	2,000,00
Impôts indirects	150,000,00
Total...	731,000,000

La piastre valant 22 centimes 6, le total des recettes est donc de 165,186,000 francs.

Tels sont les documents statistiques qu'il nous a été possible de réunir sur l'empire ottoman ; il nous reste maintenant à étudier la Turquie aux Expositions passées et à l'Exposition actuelle.

En 1851, à Londres, la Turquie occupait un espace de 642 mètres, le gouvernement seul exposait.

En 1855, à Paris, la Turquie exposait près de 2,000 objets appartenant à 34 classes. — Le jury a accordé 27 médailles et 20 mentions honorables.

En 1862, à Londres, 787 exposants ont figuré dans 25 classes et ont obtenu 83 médailles et 44 mentions honorables réparties dans 11 classes. — La commission anglaise n'inscrivit cependant pas la Turquie au catalogue, par la raison que : *The Turkish and Egyptian catalogues. will appear in a subsequente edition, the Mss. not having arrived in time for the present issue.* — Or, comme l'édition subséquente n'a jamais paru, la Turquie et l'Égypte sont restées dans les oubliettes... Ce qui prouve qu'aux expositions comme ailleurs, il faut toujours arriver à temps.

En 1863, à Constantinople, s'ouvrit, le 27 février, la première exposition nationale, sur la place dite *At Meidan* (sultan Ahmed), elle eut un grand succès et dura trois mois.

Cette année, l'exposition de l'empire ottoman, qui s'étend sur une surface de 1,525 mètres, sans compter l'espace occupé dans le parc, est représentée par 4,508 exposants ainsi répartis dans les 10 groupes :

	Exposants.
1er GROUPE.—Œuvres d'art	18
2e GROUPE.—Matériel et application des arts libéraux	143
3e GROUPE.—Meubles et objets destinés à l'habitation	592
4e GROUPE.—Vêtements et autres objets portés par la personne	1,633
5e GROUPE.—Produits des industries extractives	1,092
6e GROUPE.—Instruments et procédés des arts usuels	288
7e GROUPE.—Aliments à divers degrés de préparation	794
8e GROUPE.—Produits vivants et spécimens d'établissements d'agriculture	6
9e GROUPE.—Produits vivants et spécimens d'établissements d'horticulture	1
10e GROUPE.—Objets exposés en vue d'améliorer les conditions physiques et morales des populations	31
Total	4,508

Nous n'avons nullement la prétention de rendre compte des expositions de ces 4,508 exposants, ni même d'étudier l'importance des 95 classes de l'industrie ottomane ; nous signalerons seulement les objets qui offrent un certain intérêt d'étude, de statistique, d'histoire, d'invention ou même de curiosité.

Deuxième groupe. — Comme étude, citons d'abord les instruments de précision : cadrans solaires, graphomètres, balances et pèse-or. Comme étude encore, mentionnons les instruments de musique : c'est là de l'histoire ancienne, mais de l'histoire ancienne toujours intéressante. Voici les *santours* et les *zournas* ou tambourins doubles ; les *bulgari* ou mandolines, les *canouns*, les hautbois, les chalumeaux, les cors, les tambours de basque et les *zil de keu-check* ou castagnettes. Voilà enfin les cymbales, une spécialité de la fabrication musicale de la Turquie, fabrication qui fournit annuellement à toutes les musiques militaires et civiles de l'Europe pour 60,000 francs d'harmonie! Si cela pouvait contribuer à faire taire les gros et les petits canons!!!

Troisième groupe. — En fait de meubles, la Turquie n'a pas la prétention de lutter avec l'Europe ; elle possède cependant de jolis meubles de fantaisie avec incrustation de nacre et écaille, devant lesquels les visiteurs s'extasient comme devant une bibliothèque nacre et écaille de M. Stefan, de Constantinople.

La céramique nous offre les poteries de Djeddah et de Bagdad ; les vases d'argile de Tchanack-Kalé ; des tuiles de Kutaiah ; des *lulé* ou fourneaux de pipes en terre rouge de Constantinople et en terre noire incrustée d'argent de Roustchouk.

L'industrie des tapis, tapisseries et autres tissus pour l'ameublement ne compte pas moins de 258 exposants. Ce sont des velours pluchaux, gaufrés et brodés d'or de Scutari, des étoffes veloutées pour tenture de Constantinople, des damas de Bagdad, de Mossoul, de Beyrouth et de Damas ; un tapis de Brousse très-remarquable, dont les dessins représentent les diverses transformations du ver à soie ; des *sofrali* ou tapis qui ont une rosace à leur point central ; des *sirali* ou tapis rayés de blanc, de violet, de noir, de vert, de rouge et de jaune ; des *deuchemés* ou tapis à laine rase, fabriqués par les tribus nomades de l'Asie et dans lesquels domine le poil de chèvre ; enfin des *sedjadés,* imitation des vieux tapis de Perse, qui servent habituellement de descente de lit, dont le fond est blanc ou bleu, avec un entourage de rinceaux chargés d'or, de fleurs et de fruits. Smyrne et ses environs Ouchak, Koniah et le Vilayet entier du Danube sont les trois principaux centres de la fabrication des tapis et tapisseries turcs.

L'orfèvrerie et la bijouterie ressemblent en tous points à l'orfèvrerie et à la bijouterie arabes ; c'est le genre filigrané qui domine, et dans quelques objets de parure une accumulation considérable de piécettes or et argent de différentes valeurs. C'est à Monastir, à Trébizonde et à Andrinople qu'on travaille plus particulièrement les objets d'or et d'argent, tels que candélabres, brûle-parfums, porte-cigarettes, broches, bracelets, colliers, boucles, coffrets, tabatières, boîtes, coupes appelées en Turquie *zarfs*, tasses microscopiques à café, pot à eau, cuillères, verres, vases à confitures, etc., etc.

Dans la classe de la parfumerie nous trouvons les essences de roses ; on sait que l'essence de roses est un produit spécial à l'Orient.

Dans la classe 26 : Objets de maroquinerie, de tabletterie et de vannerie, les produits sont nombreux : ce sont d'abord des *naleun* ou patins de bains, des ouvrages en bois, des ouvrages en acier, de magnifiques narghilés ou pipes persannes en argent massif, avec ornementations plus ou moins artistiques ; viennent ensuite des tuyaux de pipe en bois de jasmin, de citronnier et de cerisier ; ils sont simples, ou décorés de ciselures, ou emmaillottés de soie retenue à l'aide de glands d'or. Ce sont des gobelets, des vases, des fioles de toutes sortes et de toutes formes, des encriers, des porte-cigarettes en ambre gris ou jaune, des bouquins d'ambre noir, des éventails, des chasse-mouches en plumes de paon et des corbeilles de roseau.

Quatrième groupe. — Vouloir énumérer les quantités considérables d'étoffes qui représentent les classes 26, coton ; 28, lin et chanvre ; 29 et 30, laine ; 31, soie, est chose impossible, puis, nous ne voudrions pas faire comme tout le monde, c'est-à-dire admirer, quand même, des produits qui ne peuvent supporter la comparaison avec les nôtres. Mettez en présence les tissus de soie de la ville de Lyon et ceux de la ville de Brousse, non-seulement la comparaison sera impossible sous le rapport du dessin et de l'art, mais encore comme qualité du tissage. Malheureusement nous en sommes tous là ; nous sommes éternellement à la recherche de l'inconnu, sauf à être moins bien servis. Cependant il est impossible de méconnaître ici de réels progrès.

Les Orientaux adorent les vives couleurs, tout ce qui brille, tout ce qui reluit : aussi leurs étoffes sont-elles presque toutes tissées de fils d'or et d'argent. Ce clinquant, qui est de mise là-bas, serait ici de mauvais goût, jusqu'à nouvel ordre du moins, ce qui nous fait croire que les tissus turcs ne seront pas de longtemps une marchandise d'échange entre l'Orient et l'Occident.

Néanmoins nous mentionnerons dans l'exposition ottomane les étoffes de soie pour manteaux de femme (machelah), du *sandjack* de Diarbekir, les capelines de velours d'or, les burnous de gaze, les velours lamés d'or de Hadji Ahmed Effendi, les étoffes de soie d'or et d'argent de la maison Donat d'Alep, les étoffes d'ameublement soie et or de Seid-Mehmed, les linges pour le bain — *pechedimal, havlou,* — les gazes lamées d'or et d'argent, les soieries pour chemises, les fez brodés, etc., etc.

C'est également dans le quatrième groupe que se trouvent réunis tous les objets servant à l'habillement des deux sexes, ainsi que tous les articles de la bonneterie et de la lingerie : 643 exposants ont pris part à cette exhibition.

Nous trouvons dans ce même groupe la classe des armes portatives. En examinant les collections et surtout la grande panoplie, on peut se convaincre d'une chose, c'est que chaque armurier turc est un orfèvre distingué et que chaque arme est un bijou.

La panoplie d'armes est un vaste soleil, composé d'armes blanches et d'armes à feu, fusil rayé et yatagan, sabre à lame courbe dit *kilidj* et lame droite ou *kama*, pistolets, armes modernes très-simples, armes anciennes niellées, incrustées, ciselées, et au milieu de tout cela un fusil revolver à mèche fabriqué il y a déjà plusieurs siècles. Tel est l'inventaire de l'armurerie turque à l'Exposition.

Cinquième groupe. — Les richesses minéralogiques et métallurgiques de l'empire ottoman sont au grand complet : on y trouve une collection d'échantillons de plomb [1]

---

[1]. Le gouvernement ottoman, animé du désir de développer les richesses minérales que renferme le sol de la Turquie, avait chargé, il y a deux ans, un ingénieur au corps impérial des mines de France, M. Béral, de visiter les mines de plomb qui existent sur le revers septentrional de la chaîne principale du Taurus cilicien, non loin du défilé, si fameux dans l'antiquité,

d'argent, d'or, de cuivre, de fer, de mercure, d'arsenic, de zinc et des sels provenant des marais de la Thessalie, de la Thrace et du bas Danube.

On rencontre en outre au milieu des produits de l'exploitation des mines : des schistes, du tripoli, du goudron, du plâtre, de la pierre à chaux, du soufre, de l'alun naturel, du porphyre, des marbres de Panderma, qui peuvent rivaliser avec les plus beaux marbres de l'Italie, et un bloc d'améthistes Nevrekop (province de Salonique), pesant trente kilogrammes et reposant sur une base de roches de lithophytes et de coquillages.

Enfin ce qui nous a le plus intéressé, ce sont des échantillons de houille, dont M. Dufrenoy, dans son rapport de 1851, disait déjà :

« Il y avait à Londres des échantillons de houille provenant de Vivan, dans la mer de Marmara et de Scala-Nova, dans l'Archipel, à 40 milles de Smyrne. Il est bien difficile de penser que ces échantillons appartiennent au prolongement du bassin houiller d'Erekli ; il serait alors le plus étendu de tous les bassins houillers connus. Il est plus probable que ces échantillons ont été recueillis dans des dépôts de houille destinés pour le chargement. »

Voilà qui est inquiétant pour ces échantillons!... Nous sommes très-curieux de savoir si les échantillons de 1867 seront traités comme ceux de 1851.

Pour nous, cependant, la présence de la houille en Turquie nous paraît un fait certain. Voici, du reste, les provenances des cinq échantillons exposés :

Mehmed Ali, eyalet de Kastamoni, village Emsari. — Houille.

Gouvernement, eyalet de Smyrne, Caza Nazilli. — Houille.

Gouvernement, eyalet des Iles, Saudjack et ville de Ténédos. — Houille.

Gouvernement, eyalet de Salonique, Caza Yenidjé Karadja Abad. — Charbon de terre.

Clarke, eyalet et ville de Smyrne. — Houille.

C'est un vrai procès à instruire.

A côté des matières premières ont été exposés les articles de quincaillerie, de ferronnerie, de serrurerie, des mortiers de bronze, des services de cuivre, des moulins à café, des fers à cheval, des haches, des outils de maréchal-ferrant, des théières et bon nombre d'ustensiles de ménage en cuivre.

Le produit des exploitations forestières paraît considérable ; la végétation appartient tout à la fois à l'Europe, à l'Asie et à l'Afrique : ce sont des chênes, des hêtres, des charmes, des sapins, des platanes, des tilleuls, des châtaigniers, des cornouillers, des saules, des genévriers, des peupliers, etc., puis des cèdres, des palmiers, des caroubiers, des dattiers, des lentisques, des oliviers, etc.

La classe des produits de la chasse, de la pêche et des cueillettes n'est pas la moins intéressante ; l'énumération de quelques objets parmi ceux qui sont exposés suffira pour donner une juste idée de l'importance des produits de la classe 42 dans l'empire ottoman.

C'est d'abord une magnifique collection de peaux de renard, de martre, de cerf, de chacal, de fouine, de loup, de toisons de chèvre, de mouton et agneau d'Astrakan, de tigre, de lion et de léopard. Ce sont ensuite des défenses d'éléphant, des cornes de rhinocéros, des peaux et plumes d'autruche.

Dans un autre ordre, voici le miel, la cire, la colle forte, le corail, la cochenille de Saïda, les bezoards, les nids de sauterelle et les éponges.

Viennent enfin des huiles d'olive, de ricin, d'œillette, de sésame, de pavot, de noix et de morue ; puis des gommes, des résines, des encens, des bitumes, des goudrons, des mastics, etc., etc.

Les produits agricoles non alimentaires sont particulièrement représentés par le tabac, le lin, le chanvre, le coton, la laine, les cocons de vers à soie et l'opium. 433 exposants composent cette classe.

Les tabacs occupent surtout une place importante ; les plus recommandables sont ceux d'Yenidjé, de Salonique, de Janina, d'Andri-

---

des portes Ciliciennes, connu aujourd'hui sous le nom de Kulek-Boghaz.

M. Béral a rendu compte de sa mission dans un rapport officiel, dont le ministre du commerce et des travaux publics du sultan l'a autorisé à publier une grande partie. Cet intéressant travail a paru récemment à Constantinople, sous le titre de *Notes sur les mines de plomb argentifère et non argentifère de Bulgar-Dag-Mahden, Kulik-Mahden et Bereketly*.

nople, de Trébizonde, d'Alep et de Saïda.

Les lins et les chanvres sont également très-remarquables.

Les cotons de Damas, d'Alep, de Salonique, de Smyrne et de Kianghiri peuvent rivaliser avec les plus beaux cotons égyptiens.

Les meilleurs produits des magnaneries proviennent de Brousse et de Panderma, comme les plus belles laines viennent de Smyrne, localité qui annuellement en exporte, sa consommation prélevée, quatre millions de kilogrammes.

Les opiums exposés sont très-purs et parfaitement préparés.

Nous recommanderons également les collections d'histoire naturelle, du docteur Abdullah-Bey, ainsi que les produits pharmaceutiques de la pharmacie impériale dirigée par Fayk-Bey et surtout une très-nombreuse collection d'eaux minérales.

Les produits de l'industrie des cuirs proviennent de Constantinople, d'Alep, de Damas et de Smyrne, de Tirnova et de Sophia. Les maroquins sont généralement bien traités, les gros cuirs laissent à désirer, sinon comme préparation au moins comme peaux brutes, car celles-ci sont petites et le plus ordinairement peu corsées ; ces cuirs sont utilisés à la fabrication des babouches, des harnais, des cartouchières, etc.

Les harnais exposés sont anciens et modernes : très-commodes pour le cavalier, ils doivent être très-incommodes pour le cheval. Ils se font surtout remarquer par les ornements qui les recouvrent et par la richesse de ces ornements qui, trop souvent, sont disposés sans art et sans goût.

Sixième groupe. — Sous le nom d'Abd-ul-Hadji est exposée une charrue provenant, d'après l'étiquette, de Tripoli de Barbarie, ce qui la rapprocherait de l'exposition égyptienne ou plutôt de l'exposition du royaume de Tunis. Quoi qu'il en soit, cette charrue se trouve placée dans la section ottomane ; elle est toute en bois, elle n'a qu'un seul mancheron et c'est l'exacte copie d'une charrue égyptienne dont on a retrouvé le dessin sur un bas-relief dont la date nous reporte au temps de Joseph, c'est-à-dire 1715 ans avant la naissance de Jésus-Christ.

Nous voici à la classe 65 : Procédés du génie civil, des travaux publics et de l'architecture ; classe dans laquelle viennent naturellement se ranger la mosquée, le kiosque et le bain public, trois édifices qui ont été élevés dans le parc par les soins de la Commission impériale, et qui ont été exécutés par M. Léon Parvillée, d'après les plans de M. Barborini. Ces trois constructions, dont nous allons donner une description rapide, dénotent un goût éclairé et une connaissance approfondie de l'art oriental.

La mosquée — *Djami* — est une copie réduite de l'*Yechildjami* ou mosquée verte, construite à Brousse par Mohammed 1er, en l'an 1412 de l'ère chrétienne.

Quatre pièces la divisent à l'intérieur. D'abord le vestibule où les fidèles déposent leurs chaussures ; — on pénètre ensuite dans la salle principale, au fond de laquelle on remarque le *Mihrab* en briques émaillées, point qui indique la direction de la Mecque ; à gauche du Mihrab est placé le *Mimber* ou chaire d'où l'iman fait à haute voix la lecture du Koran.

Deux petites salles sont situées aux deux côtés du vestibule : l'une contient la fontaine — *Zebil* — et l'autre les horloges qui marquent l'heure légale des cinq prières quotidiennes.

Le kiosque est la reproduction d'un ancien pavillon de plaisance comme il en existe un grand nombre sur les rives du Bosphore. Des sofas recouverts d'étoffes turques sont étendus autour de la salle, un petit bassin avec jet d'eau occupe le centre, et des vitraux de couleur tamisent doucement la lumière.

En face du kiosque se trouve le bain, qui renferme trois salles surmontées de coupoles. Dans la première le baigneur quitte ses habits ; dans la pièce voisine il commence à éprouver une température déjà élevée, il s'y repose en fumant et en prenant le café, puis il pénètre dans la troisième salle, véritable étuve dont la chaleur est portée au plus haut degré, chaleur sèche qui pénètre à travers les murs à l'aide de nombreux petits tuyaux qui communiquent à un vaste foyer [1].

---

1. Notes extraites d'une petite brochure intitulée : *Coup d'œil sur l'Exposition ottomane.*

La classe suivante, — Matériel de la navigation, — comprend les deux caïques, embarcations qui par leur forme originale attirent l'attention des promeneurs sur la berge de la Seine, près le pont d'Iéna.

Septième groupe. — Les diverses provinces de l'empire ottoman ont envoyé de nombreux échantillons de céréales. Les froments sont tous très-beaux, les maïs jaune, rouge, blanc et noir, sont également remarquables; il en est de même des orges, du millet, du sorgho, du seigle, dont la culture est pour ainsi dire générale, et du riz, dont les échantillons sont magnifiques.

Signalons aussi dans le septième groupe les vins de Chypre, de Samos, de Candie et de Chio, non pour les avoir dégustés, mais seulement en l'honneur de leur vieille réputation.

Dixième groupe. — La classe 92, — Spécimens des costumes populaires des diverses contrées, — n'est pas la moins intéressante. On y voit un riche albanais, un tapissier de Constantinople, un jardinier albanais, un candiote, une femme turque de Kastamboli, un artisan de Salonique, un artisan turc de l'Asie Mineure, un habitant d'Alep, un cuisinier de Constantinople, un riche syrien de Trébizonde, un montagnard de Smyrne, une circassienne, etc., etc.

En général, dans ces costumes l'étoffe disparaît sous les broderies d'or et de soie, aussi le costume du montagnard des environs de Smyrne est-il coté 800 francs; or nous connaissons beaucoup de montagnards français qui, à ce prix, seraient très-embarrassés de payer leur tailleur. Voici, à côté, un artisan de l'Asie Mineure, dont le costume est en drap bleu fin soutaché d'or; sa ceinture ondoyante est en soie, un fez et un turban en soie lui servent de coiffure. Rien de plus riche, c'est à donner envie de passer en Asie Mineure et de s'y faire artisan, car ceux-ci sont mieux habillés, plus richement vêtus que les princes de notre beau pays de France. Si ces costumes, pensions-nous, ne sont pas une mystification, il nous semble que les Orientaux ont bien tort de les abandonner pour notre pauvre costume européen.

Avant de sortir de l'empire nous devons de sincères éloges à Son Excellence Salaheddin-Bey, commissaire impérial et auteur d'un excellent livre sur la Turquie; l'organisation de l'exposition ottomane lui fait le plus grand honneur. N'oublions pas non plus un membre de la Commission ottomane que nous avons trouvé d'une complaisance exquise : nous voulons parler de M. Ohannès-Effendi-Tuyssuzian, qui appartenait aussi au jury international. Ohannès-Effendi est un ancien élève de l'École supérieure du commerce et de l'École impériale de Grignon; il a fait partie de l'Institut de Versailles, de défunte mémoire; il est membre de plusieurs sociétés françaises; or les hommes d'un véritable talent ne sont pas déjà si communs. Nous apprendrions avec plaisir que le gouvernement ottoman utilisât ses connaissances spéciales, comme directeur d'agriculture d'une des provinces de la Turquie, ainsi qu'il y en a déjà dans les provinces du Danube et d'Erzeroum. La riche province de la Syrie surtout aurait à profiter d'une pareille direction agricole. Et nous sommes convaincu que l'homme de mérite que nous signalons rendrait de grands services à l'agriculture ottomane.

Que faut-il à ce vaste empire pour développer ses immenses richesses? De l'énergie, de l'intelligence et de la probité? Eh bien, partout où ces trois puissances se présentent, il faut s'empresser de les accueillir.

Au risque de nous répéter, voici à nos yeux les noms des exposants qui se seront fait le plus remarquer à l'Exposition universelle de 1867 :

MM. FAYCK-BEY, pharmacien en chef, professeur à l'École de médecine, etc.; — docteur ABDULLAH-BEY, médecin des hôpitaux militaires, naturaliste très-distingué; — ALI-EFFENDI HELVADJI-ZADÉ, le plus grand fabricant de tapis de Smyrne (Ouchak); — HIDAYET-EFFENDI, le plus grand fabricant de broderies de Constantinople; — OHANNÈS-MANUÉLIAN, grand fabricant de broderies; — UTUGIAN, le plus grand fabricant de tapis brodés mosaïques; — OTTELET, l'agriculteur le plus intelligent; — KOBASSANGIAN (Kévork), cultivateur de coton (Smyrne); — ABDULLAH frères, photographes du Sultan; — KÉROPÉ-ZILDJI, fabricant de cymbales.

Somme toute, l'exposition ottomane « aura montré les liens scientifiques et intellectuels qui rattachent les intérêts du monde européen à ceux du monde oriental. La Turquie s'est révélée sous son véritable jour; peu de territoires sont mieux dotés que le sien; elle sait mettre en œuvre les éléments premiers, que la nature lui a donnés; son industrie ne s'est pas dépouillée de tout caractère national, et, au point de vue du goût, il est à souhaiter qu'elle ne s'en dépouille jamais complétement. Elle a marché dans la voie progressive où est engagée l'industrie des peuples occidentaux; les inventions modernes lui sont familières; ses produits en tous genres sont dignes d'être remarqués et quelques-uns d'entre eux, surtout dans la fabrication des tissus, ont une supériorité incontestable. »

Cet inventaire est rassurant; on n'est pas aussi malade, par là, qu'on voudrait le faire croire.

Et ce croquis à vol d'oiseau de la Turquie, au Champ-de-Mars, suffit pour affirmer que ce grand pays n'a jamais été, dans aucune exposition, aussi splendidement représenté. Cette splendeur, solidement appuyée sur le nombre, est pour nous un excellent signe; elle nous prouve, une fois de plus, que la sainte alliance des peuples est en bonne voie; que toutes les nations y marchent dans la mesure de leurs forces et que la Turquie ne sera pas la dernière à atteindre le but, surtout si elle s'appuie avec confiance sur l'esprit d'initiation des peuples occidentaux, et si elle a le bonheur de conserver longtemps encore le Souverain qui règle aujourd'hui ses destinées.

XXVIII.

L'ÉGYPTE.

L'Égypte, ce berceau du genre humain, est restée jusqu'au commencement du siècle la terre des Pharaons; elle n'avait alors ni reculé ni avancé. Mais vers l'an 1800, un homme de génie, Mahommed-Ali, entreprit de la régénérer et, s'entourant d'Européens intelligents, il la fit entrer définitivement dans la voie du progrès.

Ajoutons, pour rendre à César ce qui appartient à César, que c'est à l'expédition du général Bonaparte, autant qu'à Mahommed-Ali, qu'est due la résurrection de l'Égypte. Bonaparte a laissé sur le sol égyptien des germes que Mahommed-Ali a su cultiver et dont il a recueilli les fruits.

Depuis cette époque, de lentes mais notables transformations se sont accomplies, et le couronnement de l'œuvre émancipatrice repose sur les nombreux canaux nouvellement construits, sur les chemins de fer qui sillonnent le sol et surtout sur le percement de l'isthme de Suez.

L'Égypte à l'Exposition universelle de 1851 était représentée par son gouvernement et occupait une place insignifiante; en 1855, à Paris, elle s'étendait sur une surface de 460 mètres carrés; en 1862, à Londres, l'exposition égyptienne n'ayant pas été portée au catalogue général, la statistique est muette; mais cette année, à Paris, l'Égypte couvre dans le Palais du Champ-de-Mars une superficie de 415 mètres carrés, et dans le parc un espace de 4,800 mètres.

L'Égypte est limitée au nord par le 31e degré de longitude et au sud par le tropique du Cancer; sa superficie est de 500,000 kilomètres carrés, dont 41,500 pour la vallée du Nil et du Delta.

Sa population est de quatre à cinq millions d'habitants qui se décomposent en Égyptiens moosleins, en Égyptiens chrétiens, en Osmanlis ou Turcs, en Syriens, en Grecs, en Arméniens, en Juifs, et le reste en Arabes, Nubiens, Cophtes, etc.

L'Égypte possède un réseau important de chemins de fer : d'Alexandrie une ligne se dirige vers le Caire et va gagner Suez. C'est par cette voie qu'actuellement la malle de l'Inde fait son service, que les marchandises d'Europe à cette dernière destination s'écoulent, à l'aide du service de bateaux à vapeur de la compagnie anglaise péninsulaire orientale, qui deux fois par mois part à jour fixe pour Bombay, Calcutta, la Chine et l'Australie. La ligne des Messageries impériales à la Chine passe par cette voie. Une ligne égyptienne fait le service entre l'Égypte et Constantinople.

Le chemin de fer d'Alexandrie à Suez a même été un élément de réussite pour la compagnie du canal maritime de l'isthme.

Au point de vue de la navigation intérieure, disons que le Mahmoudieh relie Alexandrie au Nil; sur la rive droite du fleuve on voit les canaux de Belleeis et d'Ibrahim; un large ruisseau arrose la province de Garbieh. De nombreuses coupures ont été faites pour le passage des eaux; des digues, des écluses, des ponts ont été construits. Sur les points où les eaux du Nil ne pouvaient être amenées par les canaux, on a creusé des puits; l'eau est montée par un bœuf faisant le manége, elle se répand dans la campagne environnante et vient féconder le riz, le sésame et le coton. Depuis quelques années on a remplacé un grand nombre de manéges par des machines à vapeur; malheureusement l'Égypte est pauvre en combustibles, elle chauffe ses machines avec des cannes de doura, du bois de cotonnier, ou bien elle tire son combustible de l'Angleterre, ce qui donne à cette dernière non-seulement l'écoulement de ses houilles, mais encore le placement de ses machines à vapeur.

Le commerce intérieur a son importance : outre la consommation nationale, l'Égypte entretient de nombreuses relations avec l'Afrique centrale et notamment avec le Darfour. Il résulte d'une correspondance adressée au *Moniteur* par un négociant cophte que la capitale du Darfour, Facher, où réside le roi, a des relations directes, par le moyen de caravanes, avec Raubich, grande ville de l'intérieur; Chouba, Koutem, Chalhra, Fera, Darsaïd, entrepôt de gomme, dents d'éléphant et tamarin; Karsis, où l'on élève beaucoup de chameaux; Barkich, Saïah, entrepôt de plumes d'autruches et de cire, et enfin avec Mellig.

Les importations de l'Égypte dans ces contrées sont évaluées à un million de francs.

Les tissus de coton constituent le principal article de commerce : ce sont surtout les fabriques du Caire qui fournissent ce genre d'étoffe qu'on teint à Siout et avec laquelle on confectionne des vêtements d'hommes et de femmes, vêtements qui consistent en une longue chemise à grandes manches.

Les madapolams, les indiennes, le calicot, la mousseline, l'épicerie, la quincaillerie, les châles et écharpes sont de provenances française et anglaise, les soieries exclusivement de provenance française.

La verroterie est fournie par Venise.

L'industrie égyptienne, outre ses tissus de coton, livre au Darfour des tissus de laine, des tapis et des couvertures.

Afin de donner une idée exacte du commerce extérieur, nous donnerons ci-après la liste des *produits agricoles* exportés du port d'Alexandrie en 1852, sans préjudice de Damiette, Suez et autres ports, et la liste des *produits agricoles* importés à Alexandrie dans le cours de la même année, seulement nous nous contenterons de donner la somme générale des objets désignés dans ces deux longues nomenclatures, sans nous préoccuper des quantités ni de leur valeur particulière.

Produits agricoles exportés du port d'Alexandrie : blés, cotons, cires, cornes de buffle, dents d'éléphant, dattes, drogues diverses, encens, écailles de tortue, fèves, gommes diverses, galle du Levant, henné, lin, laine, lentilles, lupins, maïs, orge, opium, pois chiches, poivre, peaux salées, petits pois, plumes d'autruche, riz, séné, sésame, safranum, sucre brut, semences de lin, semences de coton, semailles diverses, tamarin, toumbac, soie brute. La valeur totale de tous ces produits est estimée à la somme de 79,356,018 francs, en admettant que la piastre égyptienne de 40 paras n'excède pas 24 centimes 25. Dans ce chiffre le coton entre pour la somme de 33,757,207 francs, soit 32,339,475 kilogrammes, et le blé pour la somme de 13,914,956 francs, soit 1,488,816 hectolitres.

Produits agricoles importés à Alexandrie : bois de construction, bois à brûler, café, cochenille et vermillon, clous de girofle, drogues assorties, térébenthine, farine, fruits secs, goudron et poix, huile d'olive, indigo, mastic, poivre, pommes de terre, salsepareille, sucre, soie brute, légumes et salaisons, tabac et cigares, vins et liqueurs. La valeur totale de tous ces produits est estimée à la somme de 92,000,555 francs.

Il est incontestable que les immenses travaux entrepris depuis cette époque, 1852, ont dû considérablement augmenter le chiffre des transactions commerciales.

Nous ignorons l'état exact de la situation financière en Égypte, et ici les documents nous font défaut ; nous savons seulement que les revenus reposent sur le myri ou contribution foncière en argent ou en nature, sur le khazneh ou trésor, c'est-à-dire le bénéfice sur diverses denrées telles que le lin, la cire, le miel, les grains, etc., sur les douanes diverses, sur les asphaltes, sel et séné, sur le riz et les dattiers, sur les étoffes et divers produits industriels et sur les droits de succession, de bazars et de navigation.

On assure même qu'il y a annuellement un excédant de revenus, ce qui placerait le trésor égyptien dans un excellent état de prospérité.

Pour l'instruction publique, on trouve en Égypte une école centrale, une école des arts, une école militaire, une école de médecine, de chirurgie et de pharmacie, et des écoles universitaires. On compte en outre à Alexandrie deux sociétés savantes : l'institut égyptien fondé d'abord au Caire en 1798, sous la présidence de Monge et la vice-présidence de Bonaparte ; puis l'association historique et littéraire de l'Égypte fondée le 15 février 1842. Il existe en outre au Caire la société égyptienne fondée en 1836 et une société littéraire ; sans préjudice de la bibliothèque d'Alexandrie et du musée des curiosités égyptiennes.

Toute l'industrie égyptienne est entre les mains du gouvernement, et c'est du vice-roi et de quelques-uns des principaux dignitaires de l'État que nous voyons les noms figurer au catalogue des exposants. Cette année 1867, ces dignitaires sont au nombre de 70 répartis dans les dix groupes.

Cette disposition s'oppose à ce que nous donnions, comme nous l'avons fait précédemment pour les autres nations, le titre des groupes et le chiffre des exposants qui y figurent.

L'Égypte nous a envoyé un assez grand nombre de spécimens typographiques, ceux provenant de l'imprimerie du gouvernement à Boulac (Caire) sont justement recommandables.

La classe des instruments de musique est intéressante à étudier, c'est l'enfance de l'art ; on y voit des lyres et des tambourins nubo-soudaniques, des lyres à cinq cordes, des *rabesab*, espèce d'instrument à cordes ; des *mousmar*, espèce de clarinette ; des *canouns*, des flûtes de roseau, des porte-voix, des cornets, des tambourins et le violon en usage chez les Niams-Niams et les Tinkaouis.

Nous recommanderons particulièrement une collection paléontologique exposée par M. le docteur Reil, du Caire, et les cartes géographiques et géologiques de l'Égypte et de la péninsule de l'Arabie Pétrée de Figari-Bey.

Voici ensuite, parmi les étoffes de soie et les tissus lamés d'argent, un magnifique tapis en velours violet avec broderies d'or, dont les dessins sont vraiment remarquables. Ce tapis, destiné à la prière, est sans contredit une des merveilles de l'exposition égyptienne.

Dans la classe de la céramique, c'est encore l'enfance de l'art ; l'industrie céramique égyptienne est représentée à l'Exposition par des narghilés, des *zarfs* ou supports pour tasses à café, des chandeliers, des veilleuses, des brûloirs à encens, des carafes, des écritoires, etc., etc.

Nous préférons l'orfèvrerie, elle est plus savante : ce sont des services à café, des bracelets, des boucles d'oreilles en filigrane d'or et d'argent, ainsi que des bijoux en corail, émeraude et turquoise fabriqués au Caire. On est surpris de rencontrer dans cette classe de véritables aspirations artistiques et dans les autres une naïveté réellement primitive.

La classe de la parfumerie renferme des poudres de galène de plomb avec lesquelles les femmes se teignent les cils et les sourcils, des poudres de henné, des graisses d'autruche en usage au Soudan et des vessies de musc de crocodile.

Les classes des tissus de coton, de lin, de chanvre, de laine et de soie sont tellement encombrées d'objets, et ceux-ci sont tellement pêle-mêle, qu'il est réellement impossible d'en parler avec conscience. Nous ferons une exception cependant pour les belles étoffes de soie brodées d'or et fabriquées à Mansourah, et pour certaines étoffes fabriquées au Caire.

Les armes égyptiennes sont, comme les armes turques, de véritables bijoux.

Au point de vue géologique, la basse Égypte est très-différente de la haute. La première est en partie établie sur des calcaires nummulitiques et des calcaires blancs crayeux, formant la continuation des terrains qui constituent la Palestine. Les grandes pyramides sont construites avec du calcaire à nummulite. A Alexandrie on voit reparaître le cordon de calcaire grossier qui se montre en Syrie et en Chypre. A l'est de la ville du Caire on rencontre des sables, des grès, des couches salées semblables à celles des environs de la mer Morte. Dans la haute Égypte, la composition géologique est différente : des granits, des syénites, d'autres roches du même groupe et le grand plateau du grès siliceux forment la base géologique du sol, non comprises les alluvions limoneuses du Nil, qui forment le sol cultivé de l'Égypte proprement dit.

La collection des roches exposées est présentée par Figari-Bey déjà cité, ce sont :

Des granits, des porphyres, des basaltes, des serpentines, des euphotides, des poudingues, des jaspes, des quartz et émeraudes, des péridotes verts, des marbres, des pierres calcaires, des pierres à chaux et des calcaires siliceux, marneux et bitumeux.

On trouve encore dans cette collection de la baryte, du sel marin, du sel gemme, du natron, du bitume liquide, du soufre, du plomb, du fer, du cuivre, du fer pisolithique, de la poudre d'or du Soudan et des lignites provenant des déserts près le Sinaï.

Les essences forestières les plus fréquentes, si l'on en juge par celles qui sont exposées, sont les acacias, les sycomores et les palmiers. Bien que le climat chaud et sec de la vallée nilotique se prête assez à l'acclimatation des arbres du littoral du bassin de la Méditerranée, si nous avions un conseil à donner ici, nous dirions aux autorités égyptiennes : Créez des forêts artificielles sur la lisière du désert, sur les bords des fleuves, des canaux, des digues et des chemins de fer ; boisez toutes les parties de votre sol impropres à la culture ; cela vous donnera le combustible qui vous manque.

Dans la classe des produits agricoles non alimentaires nous trouvons de beaux échantillons de coton et les variétés dites Jumel, coton d'Égypte longue soie, coton courte soie d'Alexandrie. Le coton est un produit précieux pour l'Égypte, il prospère surtout sur les bords du Nil.

Nous avons également remarqué des lins de la haute, de la moyenne et de la basse Égypte, des poils de chèvre et de chameau, de l'indigo, de très-beaux échantillons de tabac, des graines oléagineuses et une belle collection de plantes fourragères.

Parmi les eaux minérales exposées nous citerons celles provenant des sources de Karoum, de Fayoum, de Helouan, de l'iman Hilchaffi, Birkeh el Sirah.

L'Égypte a exposé une quantité considérable de harnais et de selles, quelques-unes de ces dernières sont en velours et complétement soutachées d'or. Celles de la haute Égypte sont couvertes de *cauris*, petit coquillage qui remplace chez les peuples de l'intérieur notre argent monnayé. En général, ces selles sont lourdes, massives et sans grâce.

Nous voici arrivés à la classe la plus intéressante : Matériel et Procédés du génie civil, des travaux publics et de l'architecture.

Dans cette classe sont compris les bâtiments élevés dans le parc, au nombre de quatre : le temple, le palais, l'okel et les écuries.

Le temple a 18 mètres de façade et 40 mètres de profondeur, il reproduit assez exactement le temple de l'ouest de Philoé, d'autres disent le temple d'Edfou ; nous ne croyons pas à cette dernière opinion, puisque le temple d'Edfou mesure 144 mètres de profondeur.

Le *secos* ou salle intérieure est de l'ancien empire, c'est-à-dire d'une époque antérieure à l'existence d'Abraham ; les peintures des murs du secos appartiennent au moyen empire qui fut contemporain de Joseph et la colonnade rappelle le temps des Ptolémées.

La porte d'entrée de ce monument a 8 mètres de hauteur, 5 mètres 60 de largeur et

3 mètres de profondeur ; pour y arriver on suit l'allée des Sphinx, qui a 2 mètres 60 de largeur.

Le temple du parc égyptien est dédié à une triade composée d'Hathor, d'Horus et d'Horsam-to. C'est une véritable chambre sépulcrale, un caveau funéraire, qui fut découvert à Sagharah par M. Mariette-Bey dans un étonnant état de conservation. Seulement ici se produit un anachronisme architectural, c'est que la lumière qui pénètre par les baies vitrées du plafond est de trop ; le temple devrait être dans une complète obscurité, condition qui n'a pu être observée, puisqu'il fallait que le public vît clair dans ce tombeau pour en admirer les détails et les objets qui y sont renfermés.

Ce monument sépulcral a donc été une occasion de rappeler trois époques, de représenter les dispositions d'une chambre funèbre et de loger en même temps dans son intérieur les monuments retrouvés épars et qui se rattachent à l'histoire de l'Égypte ancienne.

Nous n'étudierons ni les plafonds ni les stèles de l'intérieur du temple, quoique ces derniers intéressent particulièrement l'Exposition universelle de 1867, puisqu'ils représentent alternativement : la fabrication du vin, la chasse, la chasse de l'oie au filet, la pêche, la joute des marins sur l'eau, la gymnastique, l'industrie céramique, le transport des lourds fardeaux, les sculpteurs, les constructeurs de navires, les menuisiers, les fabricants de colliers, la navigation, la chasse à l'hippopotame et au crocodile, la préparation du poisson, la pêche à la senne, les gardeurs de bestiaux, les agriculteurs en travail, la basse-cour et plusieurs scènes de la vie agricole.

Il y a sur les murs du temple égyptien l'histoire du monde.

L'intérieur rappelle encore plus de souvenirs : c'est la statue en bois de Chephren, une des plus anciens monuments connus, puis l'art antique, l'art industriel des peuplades primitives est là tout entier ; mais l'espace nous fait défaut pour passer en revue toutes ces merveilles historiques, qui ont eu, du reste, les honneurs bien mérités d'ouvrages spéciaux, auxquels nous renvoyons nos lecteurs.

Afin de nous faire pardonner en cette circonstance notre laconisme, nous ferons observer que le monument qui nous occupe ne contient pas moins de 142 expositions différentes.

Le palais est bâti dans un style arabe. Il offre, dit très-judicieusement M. Hippolyte Gautier, « un modèle de cette nouvelle architecture aux nombreux pavillons irréguliers, aux portes creusées en niche, aux murs zébrés de bleu et de rouge, aux gracieuses coupoles d'azur et d'or. Deux rotondes en bois sculpté, ornées de vitraux, se détachent sur les faces latérales du palais ; l'effet qu'elles produisent n'est pas des plus heureux, mais l'ensemble de l'édifice est plein de grâce et de légèreté. La porte d'entrée est en bois ouvragé, garni d'appliques de métal faits par des ouvriers du Caire. »

L'intérieur du palais contient le plan en relief de la basse et moyenne Égypte, le plan en relief d'Alexandrie, les cartes géognostiques de l'Égypte, la collection des roches employées par les anciens Égyptiens, les cartes hydrographiques de l'Égypte, la carte de l'Etbaye, pays habité par les Arabes Bicharis, un projet de palais arabe, les dessins, cartes et plans exécutés par les élèves des écoles militaires d'Alexandrie, une collection de deux cent cinquante-quatre volumes, en langues arabe et turque, publiés par l'imprimerie du gouvernement, et diverses vues photographiques de l'Égypte.

L'okel du Champ-de-Mars, plus généralement connu sous le nom de caravansérail et qui ressemble assez aux bazars de l'Algérie, a été construit sur les plans des okels : *Cheikh abd el mansour* et *sidi-abd-Allah*.

Ici le bazar est tout entier dans la cour couverte. C'est l'Égypte moderne instantanément photographiée. Des deux côtés ont été installées des boutiques, dont l'intérieur sert tout à fait de magasin et d'atelier ; ici les affaires de client à marchand se traitent sur la voie publique.

Les ouvriers fabricants qui travaillent dans l'okel de l'exposition sont : des bijoutiers du Caire, des bijoutiers du Soudan, des fabricants de nattes, des passementiers, des brodeurs, des selliers et des fabricants de tuyaux pour chibouques. Enfin un barbier est adjoint à tout ce personnel.

Dans un des bas-côtés du bâtiment on a installé un café arabe dans lequel on ne pénètre qu'en s'adressant au commissaire général de l'exposition égyptienne.

Au premier étage de l'okel se trouve une salle d'anthropologie dans laquelle on a réuni cinq cents têtes de momies qui ont été classées avec le plus grand soin, par dynastie et par localité.

Nous avons vu là un spectacle horrible : des momies à moitié dégagées de leurs bandelettes, des cadavres d'hommes et de femmes noircis par les siècles, mais conservant encore leurs traits, leurs dents, leur barbe et leurs cheveux. Une momie de femme surtout porte une splendide chevelure qui ferait envie à plus d'une de nos contemporaines. Ces squelettes, recouverts de parchemin et auxquels *rien ne manque*, sont hideux à voir.

Il y en a même qui ont conservé leur chair !... pouah ! vite un flacon de vinaigre !

Quant aux écuries également de construction arabe, on y entretient un dromadaire de la race des Bicharis, un dromadaire de la race d'Haïdi, un âne blanc et un âne noir.

Les ânes servent en Égypte de montures habituelles, et les chevaux ne sont considérés que comme un objet de luxe. Au Caire et à Alexandrie on prend un âne, comme à Paris on prend une voiture de place. L'âne égyptien est courageux, il a beaucoup de légèreté dans ses allures ; de bonne heure on l'habitue à porter la tête droite, ce qui le fait ressembler à un petit cheval, abstraction des oreilles !

Les dromadaires servent de montures, ils ont une allure moins fatigante que les chameaux, et sont plus rapides à la course. En général le chameau est exclusivement destiné au transport des marchandises ; sa marche est lente. Ce sont les chameaux qui constituent l'élément essentiel des immenses caravanes qui font le commerce de l'intérieur.

On élève également en Égypte des buffles, des bœufs, des chèvres et des moutons.

Bien que le bâtiment de l'isthme de Suez ait été élevé par les soins de la France, il n'en fait pas moins partie de l'Égypte ; aussi ne l'en séparerons-nous pas.

L'architecture de cette construction appartient au style d'un temple égyptien de la décadence : c'est un rectangle terminé par une grande rotonde.

Extérieurement, entre les colonnes de la façade, on remarque un énorme bloc de sel, qui a été taillé dans la couche saline qui recouvre le fond des grands lacs amers.

Intérieurement sont exposés les plans en relief de l'isthme, les détails des travaux, la situation de l'entreprise, les divers modes de travail et le mécanisme des principales machines employées.

Les vitrines de cette même salle renferment des collections, géologiques, conchyologiques, entomologiques, ichthyologiques, ornithologiques, botaniques et archéologiques, ainsi que des échantillons de tous les matériaux appartenant au pays et qui ont été utilisés dans les travaux du canal.

Si maintenant on pénètre dans la rotonde, on est en présence d'un panorama magnifique, panorama qui représente le vaste désert de l'isthme et les gigantesques ateliers du canal maritime. D'un côté, c'est la Méditerranée et la ville de Port-Saïd ; de l'autre, c'est la mer Rouge, la ville de Suez et son port immense, au centre c'est le lac de Timsah. Sur ce parcours de 160 kilomètres, on aperçoit de nombreux ouvriers au travail, les machines creusent le sol, draguent les fonds humides, transportent les remblais et les déblais, les bateaux et de petits navires à vapeur sillonnent le canal d'eau douce et les parties du grand canal déjà alimenté. Dans son ensemble le tableau est saisissant ; c'est un des plus beaux spectacles de l'Exposition.

C'est M. Rubé, le décorateur de l'Opéra, qui a peint cette toile gigantesque, et c'est M. Merruau, secrétaire général de la Compagnie de Suez, qui a dirigé les préparatifs de cette exposition.

Le groupe 7, — Aliments frais ou conservés à divers degrés de préparation, — contient une quantité considérable de produits.

Voici d'abord des blés dont les épis sont bien fournis ; le chaume est en général peu élevé, mais il est très-fort. On sait du reste que les blés du Delta sont très-estimés.

L'orge et le sorgho forment, en Égypte,

d'importantes cultures. La graine de sorgho est employée à la fabrication d'un certain gâteau et sert particulièrement à la nourriture de la volaille.

Le riz prospère en Égypte ; les semailles se font en août et la récolte en novembre, il est régulièrement arrosé tous les trois jours. Le riz égyptien est savoureux, mais en général il est cassé et mal nettoyé. Il serait à désirer que le gouvernement adoptât l'excellent décortiqueur Ganneron qui figure dans l'exposition des colonies françaises.

Les maïs sont très-beaux ; on les sème en juillet au moment où le Nil commence à déborder, on les arrose fréquemment et on récolte en octobre. On fait en Égypte beaucoup de pain de maïs ; la graine se mange aussi grillée.

La canne à sucre est un des produits de l'agriculture égyptienne ; les échantillons exposés prouvent qu'elle croit vigoureusement. A côté des cannes à sucre nous avons été satisfait de rencontrer des sucres blonds, raffinés et candis fabriqués à Minich et dans d'excellentes conditions.

En fait de sucre, mentionnons des confitures de très-belle apparence et des dragées au haschisch, une spécialité nationale.

Quant aux vins, nous n'en avons rencontré qu'un seul échantillon, fabriqué avec des raisins indigènes ; cela ne nous a pas étonné, car nous savons que la vigne ne réussit pas en Égypte. Seulement, dans les jardins on obtient de beaux raisins, des grenades, des limons, des citrons, des oranges, des bananes magnifiques ; disons plus, c'est que ce sont ces différents fruits qui ont fait la réputation des vergers de Rosette.

La classe 92 de la section égyptienne, qui comprend les costumes populaires des diverses contrées, offre des spécimens excessivement intéressants par leur originalité locale d'abord, puis par la perfection des mannequins qui les portent. Ce n'est peut-être pas aussi saisissant que les mannequins de la Suède et de la Norvége, mais après ceux-là ce sont ceux-ci qui nous ont le plus frappé.

Nous ne dirons rien d'un fellah ni d'un nègre de la haute Égypte, dont la profession est d'escorter les envois d'ivoire qui arrivent au Caire, deux types qui ont été placés dans la grande galerie des machines ; mais nous donnerons toutes nos louanges à une négresse servant le café, à une Abyssinienne apportant le chibouque et à une almée dansant. Rien de plus vrai et de mieux rendu. Les costumes sont en outre d'un luxe tout oriental et rappellent, involontairement, à ceux qui ont voyagé en Afrique, les magnifiques types féminins qui peuplent cette partie du monde.

Bien que l'industrie égyptienne ne s'élève guère au-dessus du niveau de celle de tous les peuples orientaux, sa position lui permet d'espérer le plus brillant avenir. Il ne faut à l'Égypte que des hommes et elle en a ; il lui faut une population plus nombreuse, et elle en aura une quand elle le voudra ; il lui faut redoubler d'efforts pour impatroniser sur son sol l'industrie, l'agriculture et le commerce, et, pour atteindre ce but, il lui suffit de protéger les étrangers, d'appeler à elle le trop plein des nations européennes, de faire dévier le cours des immigrations, et alors l'Égypte deviendra grande et reprendra avec tous les nouveaux éléments de la civilisation moderne son ancienne splendeur.

Les circonstances, la force des choses, mettent l'Égypte en demeure de réaliser au plus vite ce programme. Avec le percement de l'isthme de Suez, l'Égypte va forcément devenir l'escale obligée de toutes les nations du monde et va être le véritable trait d'union entre les deux pôles. Sa position géographique en fera l'élément le plus direct de l'alliance des peuples. Après avoir été le berceau de la civilisation de l'ancien monde, elle doit, dans un avenir prochain, être le rendez-vous de la civilisation universelle.

XXIX.

LA CHINE ET LIOU-KIOU.

Le Céleste Empire a refusé officiellement de prendre part à l'Exposition universelle. — Le Chinois est naturellement farouche et méfiant, — c'est là son caractère distinctif. — Et cependant il y a eu une exposition chinoise.

C'est que, malgré l'abstention du Fils du Ciel, la Commission impériale, selon le Droit, a concédé à M. le marquis d'Hervey de Saint-Denys et à MM. Penon frères le privilége d'organiser et d'installer dans les jardins du Champ-de-Mars une exposition de produits chinois.

Figurez-vous un coin de l'empire du Milieu transporté bon gré mal gré à Paris, des jonques et des *loches* ou bateaux de la ville flottante de Canton, des brouettes à voile, des palanquins, des meubles de laque, des costumes de mandarins, des porcelaines, des éventails d'ivoire, des parasols à tige de bambou, des lanternes de nacre, des étoffes de soie brochée, du nankin, des crêpes aux mille couleurs, des tam-tam, des boucliers d'osier, des gongs, une cangue ou *tcha*, les cormorans pêcheurs ou *leu-tzès*, des spécimens de pagode, des échantillons de tous les thés connus, depuis le Schulan jusqu'au Peko ; l'*angrec*, araignée-plante singulière qui doit son nom à la propriété de végéter sans le secours de la terre et de l'eau ; le *gu-law*, espèce de magnolier dont les fleurs paraissent avant que les feuilles sortent des bourgeons, et le cytise des Indes, qui fournit le fameux lait de fève que le Fils du Ciel offre aux ambassadeurs étrangers dans les audiences solennelles ; puis un restaurant ; et enfin, chose plus curieuse, un théâtre à l'instar de ceux de Pékin.

Mais n'anticipons pas et procédons d'abord géographiquement.

Ce vaste empire comprend la Chine proprement dite, le pays des Mandchoux, la Mogolie, Tian-chan-pe-Lou, Thian-chan-nan-Lou, le pays des Mongols du Khoukhou-Noor, le Thibet, le pays du Deb-Radja, le royaume de Corée et le royaume de Liou-Kiou.

Pékin est la capitale ; les villes où le commerce européen est le plus florissant sont : Canton, Shang-haï, Fou-chov-foo, Macao, Nan-king, Ning-po et Tien-tsin.

D'après le dernier recensement inséré dans l'*Asiatic journal* qui se publie à Londres, la Chine compterait 359,195,729 habitants ; nous donnons ce chiffre sous toute réserve, et cela d'autant plus que Balbi, qui a dû s'entourer de renseignements sérieux, ne porte la population de la Chine qu'à 170,000,000 d'habitants ; nous ne nous chargeons de vérifier sur place ni l'un ni l'autre.

La même incertitude règne au sujet de la superficie territoriale : généralement on l'estime à 284,908 milles carrés. Si c'est du mille géographique dont on veut parler ici, il équivaut à 55 kilomètres carrés. La Chine aurait donc 15,669,940 kilomètres carrés, soit un pays vingt-huit fois plus grand que la France.

La Chine est limitée au nord par la Sibérie et la mer d'Okhotsk, au sud par la mer qui porte son nom, l'empire d'Anam, le royaume de Siam, l'empire des Birmans, l'empire anglo-indien et le Nepaul ; à l'ouest par la Confédération des Sheiks et le Turkestan, à l'est par la mer du Japon, la mer Jaune et la mer de Corée.

Les principaux articles exportés sont : le thé, les soies grèges et ouvrées, les laines, la porcelaine, la rhubarbe, le musc, le gingembre, la badiane, le mercure, les tissus de soie, les chales de crêpe, les nankins. Le thé et la soie sont les articles qui dépassent de beaucoup tous les autres.

Les principaux articles importés sont : le coton brut, filé et tissé, les draps et lainages, les fourrures de la Sibérie et de l'Amérique du Nord, les fils d'or et d'argent, les cannetilles et paillettes, les glaces et la verrerie, le plomb, le corail, la cochenille, le bleu de

Prusse, le cobalt, les ouvrages d'horlogerie, l'ébène, le poivre, le bois de santal, l'ivoire, l'étain, le cuivre, le riz, les ailerons de requin, les holothuries, les nids de salangane, l'écaille, le benjoin, etc.

L'opium constitue la plus grande branche d'importation.

La Chine excelle dans quelques arts, elle copie parfaitement, mais n'invente rien. La Chine d'aujourd'hui est la Chine des XVIIe et XVIIIe siècles. On l'a dit avant nous, elle est l'immobilisme fait homme, et cela est si vrai qu'elle n'a même pas su retrouver les anciens procédés artistiques de ses premiers enfants.

Mais l'univers tend tous les jours à s'organiser en société, et soyons certains que la Chine jouera un rôle important dans cette organisation; déjà les vieilles mœurs sont changées et les vieilles lois sont impuissantes à arrêter le mouvement : les Chinois émigrent, ils vont porter à tous les peuples le contingent de leur travail. Les ports s'ouvrent, grâce un peu, il est vrai, aux armes européennes, à toutes les nations, et le jour n'est pas loin ou le Céleste Empire sera accessible à tous.

Une école d'ingénieurs a été décrétée, ou au moins l'ordonnance a été signée par l'empereur Tchoung-tchi. Il existe en outre à Hongkong une Société savante asiatique fondée en 1817 par sir John Davis; depuis 1829 fonctionne à Macao la Société pour la formation d'un musée d'histoire naturelle et de curiosités; enfin, depuis les derniers événements, il a été fondé à Shang-haï la Société savante asiatique et une société littéraire et scientifique.

Maintenant que nous avons dit ce que nous connaissons sur la Chine à l'égard de la statistique générale, il ne nous reste plus qu'à parler de son exposition.

La Chine, la vraie Chine, nous le répétons, n'a pas de représentation à l'Exposition du Champ-de-Mars. Il y a bien des marchands de Paris qui s'intitulent importateurs d'objets chinois, objets qui ont plus ou moins d'authenticité, mais rien ne présente un caractère de spontanéité nationale. Ces marchands-exposants ont saisi une occasion de débiter leurs marchandises, et ils vendent force foulards chinois fabriqués à Lyon et force porcelaines de Chine fabriquées à Paris chez M. Lebourg, le grand imitateur des porcelaines de Chine et du Japon. Tout cela constitue une suite de véritables *boutiques à treize* introduites subrepticement dans le temple de l'industrie.

Nous devons faire toutefois une exception en faveur de M. Chanton, dont la fort belle exposition, fermée par une gracieuse balustrade de laque rouge et dorée, attirait des milliers d'amateurs.

Grâce donc à M. le marquis d'Hervey-Saint-Denis et à M. Chanton, grâce aussi aux organisateurs de la salle des Missions évangéliques où l'on avait réuni une collection de divinités chinoises, l'empire du Milieu n'a pas fait absolument défaut à l'Exposition.

« La céramique de la patrie du Milieu est en possession d'une célébrité universelle ; elle a montré ses chefs-d'œuvre dans la collection de M. Chanton et, dit M. Walter, on a pu y étudier son histoire dans les plus minces détails, depuis les poteries de Houan-ti, l'empereur jaune, qui inventa, 2,700 ans avant Jésus-Christ, l'art de fabriquer la brique et ouvrit le chemin des découvertes, ou, si l'on ne veut pas remonter si haut dans les temps, depuis les magnifiques ouvrages exécutés par l'ordre de Tsin-te, qui fonda, il y a 800 ans, la grande fabrique de Tsin-te-tchin, sur le rivage oriental du lac Po-yan, jusqu'aux imitations d'antiquités, aussi parfaites que les modèles fabriqués dans la grande ville de Sou-tcheou. »

Nous nous sommes arrêté assez longtemps dans la classe des produits de l'imprimerie et de la librairie devant un livre : c'est le Y-king en Kouwen. Ce livre reproduit l'écriture primitive des Chinois 1,500 ans avant notre ère. Ce sont ensuite des traités de philosophie, des poésies, des dictionnaires encyclopédiques et d'antiquités, l'histoire des peuples, le catalogue des bibliothèques chinoises, le printemps et l'automne de Confucius, les fastes universels de la Chine, le dictionnaire des lois, les hommes illustres de la Chine, etc., etc. Cette belle série d'ouvrages chinois nous prouve que le Céleste Empire compte encore de nombreux lettrés.

Comme cristaux et porcelaines authentiques nous citerons l'exposition de Sa Majesté Matsdaira-shirino-daibou-minamoto-no-modjihisa de Liou-Kiou. Ces cristaux et porcelaines proviennent de la manufacture impériale de Kagosima.

La classe 40, — Produits de l'exploitation des mines de la Chine et de Liou-Kiou, — devait être pour nous la partie la plus intéressante de cette exposition ; il est fâcheux seulement que les échantillons exposés par M. le baron de Meritens à Fou-tcheou ne portent que des étiquettes chinoises. Or on sait qu'il est réellement impossible de déterminer *de visu* la nature d'une roche ; de là notre silence au sujet des richesses métallurgiques et minéralogiques de la Chine.

Le palais du Champ-de-Mars resplendissait de soieries de toutes les couleurs. Écoutez cette charmante tradition chinoise :

« C'est l'impératrice, épouse du grand législateur Koang-ti, l'ancêtre de Confucius, qui, la première, a élevé le ver à soie, qui a approprié ses fils à des tissus et qui a exécuté des trames d'une finesse, d'un éclat et d'une élégance qui n'ont jamais été surpassés.

« Ainsi cette invention de la soie remonte à plus de six cents ans avant l'ère chrétienne, et jamais la fabrication des tissus n'a été supérieure à celle des premiers jours!

« Le peuple chinois n'a pas perdu, du reste, le souvenir de celle à laquelle il doit son plus beau produit.

« Sur les bords d'un grand lac situé dans un immense parc de Pékin, que décorent de magnifiques ponts en marbre, au milieu des plus doux ombrages, s'élève un temple qui séduit l'imagination : c'est le temple consacré à l'impératrice, inventeur de la soie! Autour du temple sont des édifices élégants réservés pour l'éducation des vers sacrés, et des plantations de mûriers servent à la fois pour l'aliment et pour l'ombrage.

« Chaque année, quand arrive le premier jour du mois qui termine le printemps, l'impératrice régnante, entourée de sa cour, vient présider aux cérémonies par lesquelles est exprimée la gratitude nationale pour son illustre devancière, la grande bienfaitrice du Céleste Empire. »

Donc :

Les Chinois ne sont pas ce qu'un vain peuple pense...
Ils pratiquent la soie... et la reconnaissance!

La patience est au génie du Chinois ce qu'est l'inspiration au génie de l'Indien ; elle en constitue le fond ; et nous ne saurions prétendre nous forger de ce fait une arme de critique, après avoir vu, à côté des fantaisies étranges ou simplement originales qui nous arrivent de l'empire du Milieu, d'admirables produits pour la plupart desquels, la conception première fournie par la France, la Chine n'a eu qu'à appliquer son entente merveilleuse de l'art industriel.

Ce pays fournissait naguère à l'Europe ses châles de crêpe tant renommés et dont la vogue fut grande à juste titre ; cette consommation s'est restreinte et, à part ses tapis brodés, la Chine ne nous envoyait plus guère de tissus qui méritassent d'être mentionnés.

Ce que nous venons de voir constitue donc une véritable résurrection.

La pensée d'une collaboration d'idée et d'exécution entre deux pays distants de 3,000 lieues, et dont l'un semble fatalement voué à une exclusion absolue du courant idéologique du reste de l'univers, paraît au premier chef paradoxale. Mais voici qu'un de nos industriels les plus intelligents, M. Maurice Dalsème jeune, dont l'honorable maison est depuis trente années au premier rang, est parvenu à faire exécuter par les Chinois, sur ses propres dessins, des chefs-d'œuvre de fabrication artistique !

Il est là telle étoffe d'ameublement dont l'éclat et la richesse sont faits pour éblouir l'œil le plus prévenu. La soie, les perles fines, l'or et l'argent s'y marient dans des tons chatoyants et harmonieux qui font rêver de féeriques palais des Mille et une Nuits.

Or ce que nous avons surtout admiré, c'est cette merveilleuse compréhension des moindres détails du coloris sur le simple vu des dessins esquissés au trait noir, envoyés par l'initiateur de cette idée féconde.

Il est regrettable que le jury n'ait pu examiner ces produits, arrivés malheureusement presque à la veille de la fermeture de l'Exposition.

Lorsque nous en serons à l'Inde, nous aurons une nouvelle occasion de constater le goût remarquable de la maison Maurice Dalsème jeune; atteindre au résultat que nous avons admiré dans sa vitrine de la section chinoise, c'est se montrer à la hauteur de tous les éloges.

Quittons maintenant le palais et allons rendre une visite à la maison chinoise.

Encore une déception! car cette maison a été construite et aménagée par des mains parisiennes. Seulement on s'est inspiré des dessins et plans du fameux palais d'été, dessins et plans contenus dans l'album du colonel Dupin, déposé aujourd'hui à la Bibliothèque impériale. Le plus curieux de ce pavillon, c'étaient les trois Chinoises qui en faisaient l'ornement.

Voici le charmant portrait qu'en a tracé dans le *Moniteur* un maître en l'art d'écrire, M. Théophile Gautier :

« Elles ont l'air modeste, triste et doux, et supportent avec beaucoup de convenance les regards curieux et souvent indiscrets de la foule, qui les examine plutôt comme des bêtes rares que comme des créatures humaines. Celle qui est ordinairement assise entre ses deux compagnes, au milieu de l'estrade, la plus jeune des trois, est très-jolie dans les idées européennes. Ses yeux ne remontent que très-légèrement vers les tempes ; ses traits mignons et délicats sont ceux d'une enfant, quoiqu'elle ait l'âge d'une jeune fille. Elle nous a rappelé Yo-men-li du roman des *Deux Cousines*, et en la contemplant, cette poésie du *Livre de Jade* nous revenait en mémoire.

« J'ai cueilli une fleur de pêcher et je l'ai apportée à la jeune femme qui a les lèvres plus roses que les petites fleurs.

« J'ai pris une hirondelle noire et je l'ai donnée à la jeune femme dont les sourcils ressemblent à deux ailes d'hirondelle noire.

« Le lendemain, la fleur était fanée et l'oiseau s'était échappé par la fenêtre du côté de la Montagne-Bleue, où habite le génie des fleurs de pêcher.

« Mais les lèvres de la jeune femme étaient toujours aussi roses et les ailes noires de ses yeux ne s'étaient pas envolées. »

Ainsi s'exprime le poëte Tse-tié. A beauté chinoise, madrigal chinois.

Nous avons donc examiné avec beaucoup d'intérêt la collection de M. Chanton, nous nous sommes promené avec plaisir dans le palais d'été en songeant amèrement à ce qu'on avait fait de l'original, nous avons vu de plus près les gentilles Chinoises, qui nous ont vendu de fort bon thé; nous avons cru manger des nids d'hirondelle; nous avons essuyé la musique chinoise, à laquelle il me semble qu'on a emprunté pas mal de *motifs nouveaux*; enfin nous avons vu les acrobates du Céleste Empire, le Chinois qui avalait et rendait *tels quels* des œufs frais et des sabres; nous avons vu les petits bonshommes qui faisaient si bien illusion à distance, que trois hommes intelligents, dont un : physicien de S. M. l'empereur de toutes les Russies, se sont demandé pendant longtemps, sans rire, s'ils étaient en chair ou en bois... Mais qu'est-ce que cela prouve? Que l'exposition de la Chine a été une parade, et voilà tout.

— On pouvait mieux faire.

XXX.

JAPON ET SIAM.

Nous revenions toujours à ce merveilleux pavillon de la galerie des machines. — Un attrait irrésistible nous enchaînait devant ces précieuses vitrines où brillaient tant de chefs-d'œuvre de l'art japonais.

Que les incrédules, que les sceptiques élèvent des doutes sur l'authenticité de la marque de fabrique, — peu m'importe! Qu'on me laisse ma foi. Je vous passe Sèvres, passez-moi le Japon!

Et je suis aussi crédule à l'endroit de Siam, car presque tous les objets qui figuraient dans les coquettes vitrines de la section siamoise, même le portrait de Sa Majesté le roi de

Siam, un vénérable noir, coiffé d'un casque à la prussienne, et dont le front plissé ne semble pas exempt des soucis qui s'attachent à la royauté, tous ces objets, dis-je, appartiennent à M. le comte de Grehan, consul de Siam, à qui sont dues les seules notes sérieuses que nous avons pu nous procurer sur ce mystérieux pays.

Mais commençons par le Japon.

Séparé de la Chine par la mer du Japon, ce grand pays est divisé, dit-on, entre plusieurs princes et rois indépendants, relevant tous, assure-t-on, du pouvoir spirituel d'un empereur résidant à Miako, et d'un représentant temporel, dont la résidence est à Yedo, tous deux improprement désignés en langue diplomatique sous le nom de Taï-Koune.

Mais ici je n'affirmerai rien. — Tout ce que je sais, c'est qu'on a beaucoup parlé de Taï-Koun, et que dans un livre grave, écrit par un homme de haut mérite et d'honorabilité parfaite, qui rapporte ce qu'il a vu : « Le mot Taï-Koune n'existe pas au Japon, à plus forte raison n'y a-t-il jamais eu de Taï-Koune du Japon. »

Donc, donner le nom de Taï-Koune à un empereur quelconque du Japon serait, selon M. Stanislas Champein, une véritable taï-kounade[1] !

Donc, au gouvernement près, l'empire japonais compte 30 millions d'habitants et une superficie de 12,569 milles carrés, soit 691,295 kilomètres carrés. — Il se partage en 68 provinces, formant sept grandes divisions : Saïkaïdo en comprend 11 ; Si-Kokou, 8 ; San-Yodo, 8 ; San-Ymdo, 8 ; Gokinaï, 5 ; Tokaïdo, 12 ; Kanto, 16. Ces 68 provinces sont divisées en 604 districts.

Le climat du Japon est tempéré ; la végétation y est luxuriante ; les métaux précieux y abondent. Les mines d'or les plus riches sont dans l'île de Sado. L'argent, l'étain, le plomb, le fer, et surtout le cuivre, sont communs. Les mines de houille s'exploitent à ciel ouvert ; il y a également des mines de sel ; on y trouve aussi du jaspe, de l'agathe, du naphte,

---

[1]. Le mot Taï-Koune, ou Séishiogoune, ou Shiogoune, est d'étymologie chinoise et signifie : *général chargé de refouler les étrangers.*

de l'ambre gris, et on y pêche des perles. On cultive le froment, le riz, l'avoine, le figuier, l'oranger, le pêcher, l'abricotier, le châtaignier, le poirier, etc. On récolte annuellement 1.500,000 kilogrammes de soies grèges, du thé, de l'huile, du suif, des bois de construction, des cires végétales, de la laque, du camphre, etc.

Afin de nous aider dans l'étude de l'exposition japonaise, nous nous sommes empressé d'ouvrir le catalogue de la Commission impériale, mais encore là nous avons rencontré une déception : les rédacteurs dudit catalogue ont oublié le Japon, comme ils ont oublié la Roumanie.

Nous voilà donc encore une fois réduit à nos propres forces.

L'exportation japonaise est une véritable fantasmagorie, une mosaïque éblouissante, composée de petits meubles en bois de santal, de camphrier, etc., ciselés, fouillés avec une finesse inimaginable et ornementés de tigres, de serpents, d'oiseaux, de vampires, de dragons et de monstruosités dont on ne retrouve d'équivalent que dans l'Apocalypse.

Ce sont ensuite des étagères, des nécessaires, des boîtes, des pagodes, des idoles en écaille, en bois, en nacre, en jaspe, en jade, le tout brossé, frotté, verni, laqué, doré ou bien tout or, tout argent, ou toutes pierreries ; c'est réellement merveilleux de richesse et ébouriffant d'originalité.

Les peintures abondent, surtout les peintures sur soierie, il y a aussi des tableaux dont les dessins en relief viennent aider à la perspective.

Les porcelaines sont très-remarquables, non pas seulement comme pâte, mais aussi comme dessin ; ces dessins sont en général d'une grande pureté de lignes et bien supérieurs à ce que l'on nous a montré au nom de la Chine, comme porcelaines authentiques.

Les bibelots, les éventails, foisonnent ; l'ivoire est une des bases de ces deux fabrications, et les Japonais, en fait de travail sur ivoire, excellent.

Voici du reste à ce sujet une appréciation très-juste que nous empruntons à M. Gastineau :

« Aucune nation ne saurait disputer aux

Japonais la palme de l'incrustation ; on comprend que, récoltant une gomme exceptionnelle, ils vernissent supérieurement la laque de leurs ustensiles ; mais leur incrustation comme leur peinture sur porcelaine est une habileté de main ; or la main asiatique, du moins celle de la Chine et du Japon, surpasse en adresse la main européenne ; elle seule, grâce à la patience de l'ouvrier qui la guide, peut produire ces merveilles de sculpture sur bois, cette ciselure en dentelle de la nacre de perle, de l'ivoire des métaux, ces brillantes incrustations qui font de leurs meubles, de leurs ustensiles de ménage autant d'admirables mosaïques.

« L'ouvrier européen, calculant le temps et le profit, ne saurait s'astreindre à ce supplice de la perfection dans les détails, à ce brio, à ce fini, à ce léché qu'un Chinois ou un Japonais accroupis pendant des semaines atteignent facilement ; aussi nos produits paraissent-ils ternes et comme décolorés lorsqu'on vient de voir ceux de l'extrême Orient, qui semblent avoir été faits d'or, de diamants et de rayons par d'industrieux génies, par d'habiles fées.

« Les étoffes japonaises sont très-belles ; rien de plus riche ; la soie, l'or et l'argent y sont prodigués, mais elles ont l'immense supériorité sur les étoffes de la Turquie et de l'Asie Mineure d'être ornementées de dessins réellement artistiques, de dessins que nos manufacturiers seront bien aise de reproduire et que nos dames seront enchantées de porter. Nous avons constaté, en examinant les étoffes japonaises, que nous avions emprunté aux sujets du Taïcoun la mode de soutacher les vêtements de dames avec des perles de verre noires, blanches ou de couleur. Ne soyons donc pas si fiers de nous-mêmes, et ne traitons pas de barbares des peuples auxquels nous empruntons sans en rien dire l'enjolivement de nos costumes féminins.

« Les armes blanches du Japon sont fort belles et d'un acier très-fin. Cette fabrication doit être dans ce pays une grosse industrie, si nous en jugeons toutefois par le soldat *qui s'en va-t-en guerre* exposé dans la grande galerie des machines. Ce costume appartient, dit-on, au gouverneur des îles Liou-Kiou et ne vaut pas moins de cent mille francs ! Indépendamment des armes défensives, masque d'ébène, casque, plastron, ce soldat est armé de quatre sabres en sautoir, de plusieurs arcs, d'une quantité considérable de flèches, de poignards de criss et de trois fusils, c'est-à-dire la charge de trois hommes et de quoi en armer dix. Tout cela lui laisse-t-il la faculté d'être brave ?... C'est ce que nous ne saurions dire.

« Les instruments de musique sont nombreux, malheureusement nous ne possédons aucun renseignement sur leurs noms et leur emploi.

« Mais ce que nous recommandons particulièrement dans l'exposition japonaise, c'est d'abord une très-belle collection d'histoire naturelle, c'est ensuite de nombreux échantillons des productions agricoles alimentaires, c'est enfin de très-beaux spécimens des produits minéralogiques dans lesquels le quartz hyalin, le cuivre et surtout la houille occupent le premier rang.

« Comme la Chine, le Japon a voulu aussi avoir dans le parc son exposition ; le bâtiment japonais contient une série de costumes dont on a affublé quelques mannequins plus ou moins laids ; mais ce que nous avons trouvé de plus intéressant dans ce pavillon, ce sont de vraies Japonaises, qui, comme les Égyptiens de l'Okel, se livraient à différents travaux. Ces femmes sont peut-être bien dans leur pays des types de beauté ? Personnellement, sauf à être taxé de mauvais goût, nous ne sommes nullement disposé à leur accorder la pomme de Pâris. Seulement nous reconnaîtrons que l'intelligence brille dans leurs yeux en coulisse, et qu'elles n'ont pas cet air d'indolence qui caractérise les Chinoises et la plupart des femmes de l'extrême Orient.

« L'exposition japonaise nous fera rêver longtemps ! Elle est de nature à réduire sérieusement nos prétentions artistiques. »

Oui, le Japon a bien des secrets à nous apprendre !

Le royaume de Siam est borné au nord par les principautés de Lao, tributaires d'Ava ou de Chine, à l'est par le royaume d'Annam, au sud par le golfe de Siam, la mer de Chine et les petits États malais d'Ahang et Penak, à l'ouest par le détroit de Malacca, les possessions anglaises et le royaume d'Ava.

Sa superficie est d'environ 22,810 kilomètres carrés, sa population, y compris les états tributaires, est évaluée à six millions d'âmes qui se décomposent ainsi : Siamois 1,900,000, Chinois 1,500,000, Malais 1,000,000, Laotiens 1,000,000, Cambodgiens 500,000, Peguans 50,000, Karings-Xongs et Lavas 50,000.

Le royaume de Siam comprend 41 provinces.

Bangkok est la capitale et le siége politique du gouvernement.

Les richesses minérales de Siam consistent en mines d'or, de cuivre, d'étain, de plomb, d'antimoine, de zinc et de fer; on y rencontre aussi des topazes, des émeraudes, des saphirs et des rubis.

Les productions végétales sont le riz, le maïs et des légumes variés. On cultive également le palmier, le figuier, le bananier, l'oranger, le citronnier, l'olivier, le caféier, le cotonnier, l'amandier, l'indigotier, le tabac, et le bois de teck.

Les exportations reposent sur les articles suivants :

Ailerons de requins, aloès, antimoine, arachide, basilic, benjoin, bois d'aigle, bois de teinture jaune, bois de rose, bois de sapan, bois de teck, café, cardamome, chanvre, cire, cornes de rhinocéros, cornes de cerfs, cornes de buffles, coton, crevettes, ébène, écailles de tortues, écorce de palétuviers, holothuries, huile de noix de coco, huile de bois, huile de poisson, indigo, ivoire, kapi, laque, maïs, moules desséchées, nerfs de cerfs, nids d'oiseaux, noix vomique et d'areck, oignons, or en poudre, os d'éléphants, os et peaux de tigres, peaux de buffles et de vaches, étain, fer, gingembre, graines de cukraban, gommegutte, gutta-percha, peaux d'éléphants, peaux de raies, peaux de pangolins, peaux de rhinocéros, pierres précieuses brutes, plomb, plumes d'oiseaux, poissons secs, poivre, poivre long, résine, riz, rotins, rubis, sagou, gsuessan de mer, saphirs, sel, sésame, sucre, sucre de palmier, tabac, teinture rouge, topazes, torches et tortues.

Les importations consistent en :

Acier en barres, ail confit de Chine, alun, baïonnettes, bière, bijouterie, bleu de Prusse, boîtes du Japon, brandy, camphre, cannelle, canons, carreaux de Chine, casimir rouge et vert, clous de girofle, couleurs, coutellerie, cuivre blanc et jaune de Chine, draps rouges et verts, eau de Cologne et articles de parfumerie, encens, encre de Chine, faïences, farine de froment, fer-blanc, feuilles de cuivre, fil de coton, fils d'or et d'argent, fusils, gin, grenaille, images, indiennes, horloges de Chine, huiles de Chine, langoutes ou vêtement siamois, lunettes, minium, miroirs, objets de curiosité, opium, outils d'Europe, papier, papier-amadou, parapluies, parasols, paravents, photographies, porcelaines, poudre, quincaillerie européenne, rhum, savon, serrures, soieries de Chine, tabac chinois, thé, toile de coton, toile à voiles, vases d'or et d'argent de Chine, velours, vermillon, verreries, vitres, vins, zinc.

Parmi les objets dont l'introduction mériterait d'être favorisée en France, nous mentionnerons particulièrement le riz, le bois de teck, le coton, l'indigo, les bois de teinture, l'ivoire et l'ébène.

Le gouvernement siamois a conclu avec les États-Unis, l'Angleterre et la France des traités de commerce; celui de la France a été négocié par M. de Montigny en 1856; c'est celui qui repose sur les bases les plus larges.

Dans le premier groupe : matériel et application des arts libéraux. Le roi de Siam, Somdetch-Phra-Paramendr-Maha-Mongkut, a exposé une série de monnaies siamoises.

Le groupe 3 : meubles et autres objets destinés à l'habitation ne comprend pas moins de trente-neuf produits différents : Dans la classe 20, ce sont des couteaux malais, des couteaux yatagans, des couteaux de cornac, de vannier et de charcutier; dans la classe 21 orfévrerie : ce sont des coffres, des gargoulettes, des coupes, des théières, des vases, des plateaux, un service à thé et des chandeliers en argent, en argent doré et mêlé; et dans la classe 26 : tabletterie, c'est une collection de vases en bois, en verre, en nacre et des boîtes vernies et dorées. Dans le groupe 4 : vêtements et objets portés par la personne, nous avons particulièrement remarqué la bijouterie : bracelets, corbeilles, épingles, pendants d'oreilles, le tout en or, et une belle collection d'armes.

Enfin dans le groupe 7 : Aliments à divers degrés de préparation, outre des nids d'hirondelles, nous mentionnerons les produits suivants, qui ont valu du reste au royaume de Siam la médaille d'or : arachide, basilic, café, cardamome, sésame, coton, écorce médicinale, haricots, riz noir, riz blanc, et riz gluant, tabac, poivre, maïs, sagou, gomme laque, bois de teinture, de charpente, d'ébénisterie et de menuiserie.

L'Exposition du royaume de Siam porte avec elle un enseignement qui ne doit pas être dédaigné par le commerce français.

Comme installation, les plus grands éloges sont dus à ses ordonnateurs.

XXXI.

LA PERSE.

L'exposition persane est due à l'initiative et à la persévérance de M. de Blocqueville, qui, désireux de voir la Perse participer à la grande manifestation industrielle de 1867, n'a pas craint, pendant six mois, de parcourir ce pays dans lequel il est difficile et souvent dangereux de voyager. M. de Blocqueville, au prix de grands sacrifices et de beaucoup de fatigues, est donc parvenu à réunir tous les objets qui figurent à l'Exposition. Rendons hommage en même temps à M. le comte Aubergier qui, de son côté, a fait tous ses efforts pour donner à l'exposition de la Perse le cachet grandiose qui la caractérise, malgré le petit nombre de produits rassemblés dans les 156 mètres carrés attribués à ce pays.

La Perse avoisine au nord les possessions russes, ce qui pourrait bien être un jour une tentation irrésistible pour le colosse, la mer Caspienne et la grande Boukharie, au sud le golfe Persique, à l'ouest la Turquie, à l'est l'Afghanistan et le Belouchistan.

Le pays se divise en trois régions ; l'Yran, l'Afghanistan et le Belouchistan ; il occupe, suivant Balbi, 41,410 milles carrés, ce qui nous paraît un chiffre exagéré.

Sa population, d'après le même géographe, serait de 20,730,000 habitants, suivant d'autres de 9 millions, et suivant une note que nous avons sous les yeux et que nous avons tout lieu de croire sérieuse, elle ne s'élèverait qu'au chiffre de 5 à 6 millions d'individus. Comment, du reste, produire un chiffre exact de la population dans un pays où l'état civil est inconnu et dans lequel on n'a jamais essayé le moindre recensement?

Les rapports commerciaux nous apprennent que les articles d'exportation sont généralement : perles, soie, chevaux, chameaux, poils de chèvres et de chameaux, peaux d'agneaux, ammoniaque, naphte, ambre, turquoises, cuivre, soufre, riz, garance, noix de galle, safran, raisins secs, dattes, pistaches, opium, noix, amandes, gomme adragante, salep, coton, châles, draps grossiers, tapis, feutres, maroquin et autres peaux préparées, eau de rose, assa-fœtida, henneh, ouvrages en cuivre et en acier, tuyaux de pipes, etc., etc., et que les articles d'importation consistent en indigo, cochenille, café, sucre, rhubarbe, drogues, fourrures, étain, plomb, fer, porcelaine et thé de la Chine, diamants, rubis et autres pierres précieuses, ivoire, draps fins et toutes espèces de marchandises d'Europe.

La Perse n'a de spécialité capitale comme fabrication que celle des tapis ; ceux-ci sont le plus souvent faits par les femmes des harems ; elle a aussi la spécialité des armes damassées, qu'on fabrique plus particulièrement à Casbinn et à Ispahan. Malgré la prépondérance de ces deux industries, on assure qu'il est le plus souvent impossible d'obtenir des livraisons régulières, et que la paresse proverbiale des Orientaux, et des Persans en particulier, rend les transactions de haut commerce à peu près nulles.

A Téheran cependant, on fabrique des tapis et des ouvrages en fer ; à Cachan, des ustensiles en cuivre, des châles-cachemires, des tissus de soie et de coton, unis et brochés en or et en argent; à Chouster, des étoffes de soie et de laine; à Hérat, des tissus, de l'eau de rose et des armes; à Iezd, des soies et des draps; à Ispahan, des étoffes de coton, de soie, des velours, des draps, des verres colorés, de la teinturerie, du sucre, du cuir, de la poterie, des fusils et des pistolets, et à Tauris des étoffes de soie et de coton.

Dans les villes que nous venons de nommer, ainsi qu'à Abouchehr, à Basfrouch, à Chiraz, à Kirmanchah et à Mechhed, le commerce est très-florissant.

Nesser-Eddin-Schah, le roi de Perse actuel, est un homme avancé, dont la bonne volonté est venue malheureusement s'user contre l'inertie et l'incapacité de ses agents et contre la puissance occulte des Mollahs ou prêtres, qui représentent la loi, — le Koran, — mais qui ne craignent pas de la dénaturer à leur profit. Tous les efforts des souverains sont restés impuissants à régénérer ce peuple, que la tradition et le fanatisme religieux semblent vouloir river à un *statu quo* éternel.

Rien, en effet, n'est plus curieux que l'organisation administrative, civile et militaire du gouvernement persan : tous les emplois secondaires sont livrés à des mains presque toujours incapables et avides au delà de toute expression, c'est un véritable pillage, et celui qui, en Perse, entreprendrait d'écrire la vérité sur cette question s'exposerait à... ne pas coucher dans son lit.

Il serait difficile, en France, de croire à une telle manière d'agir des gens en place ; pour en donner une idée exacte, nous pourrions bien traduire ici une note officielle que nous avons sous les yeux, mais on ne nous croirait pas.

Le Schah, toujours animé des meilleures intentions, prit l'initiative d'établir à Teheran plusieurs fabriques sur le modèle européen : une verrerie, une papeterie, une fabrique de bougies, une filature.

Pour monter la filature, on envoya en Russie certain agent persan, avec mission d'acheter au meilleur compte les métiers nécessaires, ainsi que les machines à vapeur. Après un an de séjour, ce fonctionnaire, accompagné de son personnel, revint à Teheran avec un matériel de rebut qui coûta au souverain la somme ronde de 1,200,000 francs.

A la tête de ces fabriques l'on avait placé quelques Européens, avec injonction expresse de se dispenser de travailler. Une subvention annuelle avait été accordée à chaque exploitation, en sus des appointements attribués à chaque employé. Ces sommes étaient encore augmentées de subsides extraordinaires... Le souverain persan devait donc croire que ses fabriques étaient en pleine activité... Il était indignement trompé ! Je pourrais, je le répète, citer des faits incroyables ; mais je m'arrête ici.

Ces faits, que je conserve soigneusement dans mes archives, ne sont pas inventés à plaisir... ils sont vrais. Ils démontrent combien le souverain de Perse a rencontré, rencontre et rencontrera d'obstacles à lancer son peuple dans la voie du progrès. Pour que ces déplorables abus aient un terme, il faut que la vérité arrive jusqu'à lui ; mais, pour cela, quel chemin prendra-t-elle ?

C'est avec les meilleures intentions que nous appelons l'attention du monde sur les révoltantes turpitudes des gens qui déshonorent l'administration persane !

La Perse, dans toute son étendue, est le pays le plus riche du monde minéralogique : la houille y abonde, le cuivre, le soufre, le fer, l'étain, le plomb, l'émeraude, la turquoise, l'or et l'argent, en un mot, tout le règne minéral y est en quantité énorme et y reste le plus souvent inexploité. Le Schah vient récemment de s'attacher un homme d'une grande science, d'une grande et énergique volonté, d'une probité qui est de notoriété publique : M. Félix Vauvillier, élève remarquable de l'École des mines de Saint-Étienne. Nous aimons à croire qu'à un moment donné M. Vauvillier fera partager au roi de Perse ses convictions et ses idées progressives, et alors l'Europe pourra s'occuper sérieusement, au point de vue industriel, de ce pays encore trop peu connu.

Le Guilan et le Mazanderau sont les parties fertiles du royaume d'Yran : l'on y cultive le riz et l'on y élève le ver à soie ; malheureusement, depuis quatre ans cette dernière industrie est presque nulle par le fait de la maladie qui s'est déclarée dans le Guilan.

Ces deux provinces sont à peu près les seules qui soient boisées; les autres parties de la Perse sont d'une très-grande aridité.

Mais pénétrons dans l'exposition persane, et voyons ce qu'elle nous offre de plus remarquable.

Pourquoi faut-il qu'ici, comme pour la Roumanie et le Japon, les rédacteurs du catalogue officiel aient complétement gardé le silence?

Il nous faut donc voyager sans aucun guide, dans les galeries persanes; commençons par le point capital : les tapis. Il en est un surtout qui emporte tous les suffrages; il est velouté, ses dimensions sont si vastes que nous regrettons de n'avoir pu le mesurer. Il est joli de style, le dessin est d'une excessive distinction, les nuances sont d'une grande fraîcheur, et le ton général est très-harmonieux. C'est enfin un bon et beau travail dont le tissu est épais et très-solide.

Ce caractère de bonne fabrication se retrouve dans tous les produits similaires de la Perse, aussi la médaille d'or qui lui a été décernée est-elle à nos yeux un grand acte de justice.

Après les tapis viennent quelques produits secondaires qui ajoutent peu d'intérêt à l'exposition persane. Nous regrettons qu'une collection des articles d'exportation renfermés dans de petits bocaux ait été placée dans l'ombre et de manière que le public ne pouvait ni les étudier, ni les apprécier.

L'Angleterre et la Russie se sont presque exclusivement emparées du commerce de la Perse; la France vient au troisième rang, et il est à craindre que notre pays n'intervienne que lorsque les deux premières puissances se seront partagé l'Asie centrale. Jusqu'ici, il faut l'avouer, nous n'avons rien fait pour assurer notre prépondérance dans ce pays.

M. de Bellouet, actuellement en Chine, avait arboré haut le drapeau français, et M. de Bonnières, qui vient d'être accrédité près la cour de Teheran, le tiendra, nous l'espérons, d'une main également ferme. Il est temps! car l'Angleterre et la Russie ont obtenu tout ce qu'elles désiraient; aussi traitent-elles déjà la Perse presque en pays conquis, qu'elles doivent se partager à un moment donné. C'est ainsi par exemple que l'Angleterre résout à l'heure qu'il est toutes les questions diplomatiques, et cela d'accord avec la Russie, quelle y possède presque toutes les lignes télégraphiques, qu'elle y protége la liberté des cultes. De son côté la Russie y fait du zèle, elle s'impose aussi télégraphiquement en attendant que ses soldats rendent la communication facile de Teheran à Boukhara.

La presque totalité du commerce d'importation est entre les mains des Arméniens — les Schilocks de la Perse. — Ceux-ci mettent des entraves à tout progrès, à tout commerce, à toute industrie; ils ont pour réussir la richesse du pays et leur richesse propre, et ils savent en tirer un grand parti au profit de leurs intérêts seuls.

Les transactions au comptant sont même assujetties à des fraudes, car la monnaie y est rognée ou fausse, ce qui lui donne réellement une valeur fictive ou de convention : Le toman (or) vaut 11 francs 60, le crau 1 franc 16, le panabas 58 centimes et le chaï 5 centimes.

Il résulte de ce qui précède, que les commerçants qui voudraient tenter des opérations en Perse devront être très-circonspects, car il n'est pas une seule entreprise, si petite qu'elle soit, qui puisse être traitée honnêtement sans l'intervention d'un Européen connaissant le pays, l'habitant depuis de longues années et ayant personnellement des rapports directs avec le commerce persan.

Vers la fin de l'Exposition nous avons vu surgir un catalogue de la section persane. Ce catalogue de 15 pages ne porte aucune signature, ne donne aucun nom, ne renferme aucun document statistique. C'est une nomenclature aride des objets attribués à la Perse.

Qui l'a publié? On n'en sait rien.

Il n'a pu apporter aucune lumière dans les notes diffuses sur lesquelles nous avons écrit ce chapitre.

Donc ce coup d'œil rapide sur l'industrie persane n'apprendra pas grand'chose à nos commerçants; mais s'il suffisait seulement à donner l'éveil à ceux qui peuvent jeter un poids utile dans la balance, s'il ouvrait les yeux de ceux qui n'ont pas encore voulu voir, eh bien! nous aurions rendu un bon service à beaucoup de monde... car il ne faut pas se le dissimuler :

A l'heure qu'il est, la Perse est une proie...

Deux vautours la magnétisent du regard. Échappera-t-elle à ce double danger ? Il est temps qu'un aigle se montre !

XXXII.

LA TUNISIE.

Nous avons publié en 1865 une première statistique de la Tunisie. — C'est avec les plus grandes difficultés que nous sommes parvenus à réunir les chiffres que nous avons donnés, car notre travail était sans précédent. Nous avons eu la satisfaction, alors, de voir ces chiffres officiellement acceptés par l'administration tunisienne, à laquelle nous avions soumis notre étude.

Nous pouvions donc, à la rigueur, nous dispenser ici de tous les détails qui tiennent à la statistique; mais comme notre revue de l'Exposition est une histoire d'ensemble, nous avons pensé que nous ne devions pas reculer devant quelques répétitions obligées.

L'Europe s'est très-sérieusement, et à plusieurs reprises, préoccupée de la Tunisie et des vastes territoires qui la composent. — Son histoire se lie étroitement à celles de plusieurs nations occidentales, et parmi les noms des hommes politiques qui, dans un laps de six siècles consécutifs, ont eu les yeux fixés sur elle, on pourrait citer saint Louis (Louis IX), qui alla mourir à côté des ruines de Carthage, puis, plus tard, Charles-Quint, Soliman le Magnifique, l'allié de François Ier, le redoutable Barberousse, qui tint en échec toutes les flottes d'Espagne ; le financier Jean Daens, qui avait prêté plusieurs millions à Charles-Quint pour attaquer Tunis, et qui brûla ses titres de créance le jour où il eut l'honneur de recevoir à sa table Charles-Quint victorieux.

Mais l'histoire de ce pays, qui s'appela longtemps la *Régence* et qui aujourd'hui a le droit de se nommer la souveraineté ou le royaume de Tunis, nous entraînerait bien loin de notre programme.

Peut-être un jour reprendrons-nous ce sujet. — Nous essayerons alors de retracer les luttes dramatiques qui se sont accomplies sur cette terre africaine qui tend aujourd'hui, franchement les mains à la civilisation européenne.

La Tunisie présente une superficie de 197,490 kilomètres carrés environ et une population de trois millions d'habitants ; elle est bornée au nord par la Méditerranée sur une étendue de 600 kilomètres, au midi et à l'est par la Tripolitaine et au couchant par la province de Constantine et les montagnes de Djebel-Nemenchach.

L'agriculture tunisienne fournit à la consommation d'excellents blés, de l'orge, du riz, du maïs, du coton, du chanvre, du lin, de l'indigo, de la cochenille, de la canne à sucre, des olives, du raisin et quantité d'autres fruits.

La métallurgie y est bornée à quelques mines d'argent, de mercure, de cuivre et de plomb.

Le bétail y est représenté par des chevaux, des mulets, des moutons et des chameaux; ces derniers animaux occupent même la place la plus importante dans la production animale.

L'industrie repose spécialement sur la préparation des maroquins et sur la fabrication des châles, qui sont recherchés avec empressement par toutes les populations de l'Afrique centrale.

Tunis possède des fabriques de bonnets de laine renommés dans tout l'Orient, où le débit en est considérable; de taffetas, de turbans, de tapis, de toiles de lin et de châles.

Les produits naturels du sol et de la petite industrie sont assez variés ; parmi les plus importants nous mentionnerons les bougies de cire, la parfumerie, les eaux minérales, la poterie, la joaillerie, l'orfévrerie, les armes, les tissus de laine et de crin, les ouvrages en cuir, les crêpes, les taffetas, les gazes, les rubans, les mouchoirs, les tapis, les toiles, les broderies et quelques objets de passementeries.

Le commerce du royaume de Tunis avec tous les pays s'élevait déjà, il y a une vingtaine d'années :

Pour l'importation à la somme de.....	10,556,000 fr.
Pour l'exportation à la somme de......	11,883,000
Soit un total d'échange de...........	22,439,000

En ce qui concerne la France, voici le chiffre des transactions :

Importations.........................	2,155,000 fr.
Exportations.........................	3,853,700
Total des échanges...	6,008,700 fr.

A une époque plus récente, le mouvement commercial s'est trouvé moins considérable :

Importations générales...............	7,921,000 fr.
Exportations générales...............	3,450,000
Soit pour la totalité des échanges......	11,371,000

Dans ce chiffre de 11,371,000 francs, la France est entrée pour 2,142,000 francs à l'importation, et pour 921,000 francs à l'exportation, soit en totalité 3,060,000 francs.

Dans les importations, la France participe pour les articles suivants : soie grége, sucre, eau-de-vie, vermillon, bois, drap, laine, épicerie et droguerie, soierie, vins, mercerie, quincaillerie, café, fer en barre, cochenille, dorures et armes.

Ces généralités étant posées, voyons quelle est l'exposition tunisienne en 1867, et comment Tunis a répondu à l'appel de la Commission impériale.

Il est évident que ce pays barbaresque, fier de son voisinage avec nos provinces d'Algérie, dirons-nous avec M. Léon Michel, heureux des relations fréquentes et intimes dès longtemps établies entre lui et nous, a voulu nous montrer, par une éclatante manifestation, qu'il était digne de nos sympathies. Ainsi c'en est fait des vieux préjugés : l'Orient, qui, jusqu'à ce jour, avait persisté dans sa séculaire indifférence à l'endroit du progrès, est tout à coup sorti de l'ornière profonde où le retenaient ses traditions, pour entrer enfin en lice avec les nations jadis méprisées de l'Occident.

Dans la classe 10 : Instruments de musique, nous avons particulièrement remarqué, surtout au point de vue historique, des guitares, des violons, des cymbales, des tambourins, des flageolets, des flûtes, des tambours et des castagnettes ; le tout ayant une couleur locale très-intéressante à étudier sans doute, mais qui ne donne pas une haute idée des aspirations harmoniques de la population, surtout le violon à deux cordes des noirs Africains.

Le meuble tunisien n'existe pas : sofa ou tapis seulement, ou bien quelques coffrets, quelques tables boiteuses ornementées de marqueteries peintes, sans aucun principe ni mathématique ni artistique. La ligne droite et la ligne courbe font place à la ligne brisée ou plutôt à la ligne tremblotée.

En fait de tapisserie, on retrouve dans l'exposition tunisienne les coussins brodés, or, argent et soie de la Turquie, des tapis de mur dits *haili*, des rideaux dits *chebkats*, des tapis de pied haute laine et enfin des tapis de cachemire, doublés de soie, qui méritent à eux seuls une mention spéciale.

Les poteries de Nebel et de Tunis, poteries vernies et non vernies, ont une certaine originalité, nous leur préférons cependant celles du Maroc.

La classe de la parfumerie orientale est au grand complet ; ce sont : des essences de rose, de cassia, de behar, de giroflée, d'amarante, de jasmin, d'aloès, d'ambre ; ce sont : des pommades de toutes sortes, des savons parfumés et des eaux de senteur.

La classe de la tabletterie est représentée par une foule d'objets dont quelques-uns appartiennent à l'industrie parisienne, et ceci se comprend quand on voit la foule de marchands qui recrutent les chalands en plein palais de l'Industrie, comme cela se pratique à la foire à Saint-Cloud ou ailleurs. Certes nous n'en voulons pas à ces braves gens qui cherchent à gagner leur vie, mais on ne saurait trop regretter que la Commission ait permis un semblable scandale, ou bien alors c'est qu'il était écrit que l'Exposition tournerait au bazar !

Le groupe 4 : Vêtements, tissus et autres objets portés par la personne, est le plus nombreux et est également représenté par les juifs commerçants dont il vient d'être question. Ce sont des essuie-mains de coton, des étoffes de chanvre, des tissus de feuilles de palmier, des ceintures de laine et particulièrement d'excellents draps provenant de la fabrique de Thourba, près Tunis.

Les étoffes de soie méritent d'être signalées particulièrement. Ce sont, en général, des gazes de Tunis, de gazes mourali, des fichus en tissus de soie et or et des châles de soie.

Viennent ensuite les produits du groupe V : Produits bruts et œuvrés des industries extractives : le plomb de l'Hamman-Lif, le fer, le cuivre, le tripoli, le soufre, de l'argent aussi, un peu de cet or qu'on trouve dans les sables métalliques de la Goulette, et l'antimoine si précieux pour les femmes de Tunis.

En fait de produits agricoles, les plus intéressants de la Goulette sont les cotons en capsule et égrenés de la récolte de 1865-1866 et une belle collection de tabacs en feuilles, à priser et à fumer.

Voici encore de fort beaux cocons de soie de diverses couleurs envoyés par S. Exc. le général Kair-Eddin.

Le général Kair-Eddin s'occupe beaucoup d'agriculture et emploie ses loisirs à des essais de toutes sortes. On lui doit de précieuses innovations culturales. Les produits agricoles qu'il a envoyés pour l'Exposition ont été fort remarqués.

N'oublions pas près des produits minéraux ces magnifiques disques enlevés au tronc des cèdres dix fois séculaires, des chênes antiques, des frênes mémorables, des platanes, des trembles et des ormes, et ces échantillons de saules, de lentisques, de pins, de tamarins, de cyprès, de myrtes et de thuyas.

L'exposition dominante par son originalité est, suivant nous, le trophée archéologique exposé dans la grande galerie et représentant le matériel agricole des exploitations rurales : on y voit la charrue dont on faisait usage sous Caton, Pline, Columelle, Varron, Palladius et autres grands agronomes de l'antiquité ; on y voit surtout une machine à battre dont on fait encore usage non-seulement en Tunisie, mais aussi en Espagne, et que dans ce dernier pays on désigne sous le nom de *trillo* : c'est une table en bois, garnie en dessous de pierres à fusil qui y sont incrustées. Les planches qui forment cette table sont retenues par des traverses à l'une desquelles est fixé un crochet, auquel on attache les traits des chevaux. L'instrument est relevé en avant afin de glisser plus facilement sur les gerbes, il a une longueur de un mètre soixante-dix centimètres environ.

La sellerie tunisienne est très-riche et ressemble à s'y méprendre à la sellerie turque ; ce sont des velours et des cuirs brodés d'or, d'argent et de soie.

La collection des céréales est nombreuse, surtout en blé, haricots, pois, fèves, riz, millet, maïs et en figues, raisins secs et dattes.

Enfin mentionnons les différents costumes des diverses contrées tunisiennes et appartenant aux classes des cadis, des religieux, des simples particuliers, des hommes, des femmes, des Arabes et des Bousadears.

Mais la merveille de cette exposition est incontestablement la reproduction réduite du palais du bey, qui occupe dans le pays un emplacement considérable.

Ce monument, c'est le Bardo. M. Gauthier en donne la description suivante que nous lui empruntons afin d'éviter les redites.

La façade se compose d'un corps principal et de deux pavillons carrés surmontés de coupoles élancées qui portent l'étendard tunisien. Le corps du milieu en contre-bas est précédé d'un péristyle couvert en tuiles vertes et soutenu par de fines colonnettes, aux rinceaux découpés à jour. Un grand escalier conduit à ce péristyle, dont le mur intérieur, revêtu d'*azulejos*, ou carreaux de faïence aux teintes douces, fait admirablement ressortir les nuances éclatantes de la balustrade. Le premier étage des pavillons est garni de *moucharabiehs*, sortes de cages extérieures en bois découpé aux couleurs vives. Les fenêtres du haut sont étroites, ornées de colonnettes, cintrées à la mauresque et pourvues de vitraux à double rosace. La forme de l'édifice est rectangulaire ; les décorations et peintures des à-côtés sont en parfaite harmonie avec celles de la façade, et une troisième coupole couronne l'extrémité opposée du bâtiment dont le toit forme une vaste terrasse.

On pénètre dans le *Bardo* par un vestibule en forme de couloir qui donne sur le *patio* cour centrale analogue à l'*atrium* des maisons romaines.

Le *patio* est une salle carrée à ciel ouvert avec deux retraits coupés par des divans. Au milieu se dresse une fontaine en marbre à double vasque entourée d'une colonnade de marbre aux cintres découpés comme une dentelle et protégés par un petit toit incliné en tuiles vertes. Les murs de cette salle sont, comme le péristyle, revêtus de ces mosaïques en faïence, si précieuses dans les pays chauds.

A la droite du vestibule s'ouvre la chambre de justice, éclairée par deux moucharabiehs et par de larges baies en plâtre ouvragé, dont les gracieux entrelacements sont fouillés au ciseau sans dessin préalable ; la coupole décorée d'arabesques d'or sur fond rouge avec une élégance et une sobriété remarquables est d'un ravissant effet.

En face est la salle des gardes, tapissée de panoplies, de selles et d'étendards ; c'est là qu'aboutit l'escalier en spirale qui conduit aux terrasses et au salon d'été situé sous la coupole de gauche ; la salle des gardes donne aussi dans la chambre d'audience du premier ministre, décorée avec une simplicité relative.

Trois appartements occupent le fond du *patio* : c'est d'abord la salle à manger, galerie rectangulaire tendue d'étoffes bizarres à fond rouge et bleu, rayé de jaune. Le plafond et les vitrages sont d'un luxe inouï ; les coussins des divans sont en toile d'or et on remarque de petits tabourets dorés qui servent de table aux Orientaux.

Le salon d'apparat, contigu à la salle à manger, est éblouissant ; les tentures sont d'une richesse merveilleuse et le travail du moucharaby, qui sert au bey de trône et de *retiro*, défie par sa finesse l'aiguille et le pinceau. Au milieu du tapis, sous la coupole bleue et or, une lampe en or de haut modèle attire l'attention par sa forme bizarre qui ressemble à un porte-voix.

Enfin dans la chambre du bey on remarque des coffres curieux, un fauteuil étrange, une belle glace incrustée de nacre et un petit meuble du même style placé sur une commode tunisienne. A droite un rideau cache l'escalier qui mène au harem et que le maître seul a droit de gravir.

En résumé, si l'extérieur du palais séduit à première vue, l'intérieur nous laisse sous le charme ; on ne saurait trop admirer ces peintures où les mêmes nuances se marient dans une variété infinie de motifs, ces inimitables ciselures et ces arabesques aux caprices si harmonieux. Nous devons aussi recommander aux amateurs les faïences murales apportées de Tunis pour la décoration du patio et du péristyle.

Si nous quittons cette ravissante miniature du Bardo pour regagner le palais de fer, nous trouvons que l'exposition tunisienne y a été organisée de la façon la plus avantageuse.

Tous les produits naturels, manufacturés et artistiques de la Tunisie se développaient avec un relief parfait dans des vitrines mauresques du plus charmant effet.

La foule ne se lassait pas d'admirer une collection d'animaux réellement remarquable, depuis le terrible lion du Kef jusqu'à la poule de Carthage, et elle revenait sans cesse vers les deux magnifiques pavillons dressés dans l'immense galerie des machines à côté de l'Égypte, de Siam et du Japon.

On s'occupe à Tunis, beaucoup plus qu'on ne le croit, de l'histoire du sol ; on se souvient de Carthage et de l'occupation romaine. — Le prince Mohammed, fils du premier ministre, Sidi-Mustapha-Khasnadar, qui possède l'immense étendue de terrain sur lequel fut bâtie la fameuse cité des Carthaginois, recueille avec le plus grand soin les monuments épars qui peuvent jeter un jour nouveau sur les événements accomplis aux bords de la mer intérieure.

« Malheureusement, dit encore M. Léon Michel, qui connaît parfaitement le pays et qui lui a consacré déjà de très-intéressantes études, il reste peu de chose de la cité successivement punique et romaine. Pendant de longs siècles de barbarie, Arabes et chrétiens ont pu, sans être inquiétés, puiser à cette *carrière* la pierre qui fait entièrement défaut aujourd'hui ; — il n'y avait pas eu jusqu'alors de ministre ami des arts qui pût protéger les débris des civilisations disparues. Mais si rares que soient à Carthage et dans quelques autres lieux de la Tunisie les monuments des anciens âges, ils n'en sont pas moins précieux à conserver. — C'est donc au fils du Khasnadar lui-même, nous le répétons, le prince Mohammed, qu'on doit ce musée, où il a rassemblé les débris qui pouvaient être enlevés. Quant aux monuments immeubles, il les a photographiés. — Tout cet ensemble était à l'Exposition.

On y lit de précieuses inscriptions romaines, hébraïques, arabes, etc. — On y trouve des têtes de statues, des mosaïques, des colliers à grains inégaux, des pierres précieuses de diverses couleurs ; on y remarque de la serrurerie arabe et des poteries mauresques, des argiles romaines formant lampes à une ou plusieurs mèches ; des manuscrits arabes d'une écriture nette et fine, des médailles puniques, romaines, barbaresques, en or, en argent et en bronze, et des pierres gravées, et surtout un grain de blé portant sur son ovale si menu les microscopiques caractères d'une longue inscription hébraïque.

Les photographies exécutées par le prince Mohammed représentent un tombeau romain à Haydra, le cirque d'El Djem, les anciens ports de Carthage, etc., etc.

Pendant la période de l'exposition, le prince Sidi-Mohammed-Ben-Mustapha a eu la gracieuseté de me faire remettre directement, par les soins de M. le commandeur de Vandoni, plusieurs dessins fort bien exécutés et dont les sujets étaient empruntés aux derniers débris des monuments de Carthage. Ces inscriptions nouvelles, reconnues très-importantes à différents titres, ont été communiquées à l'Académie des Inscriptions et Belles-Lettres et accueillies avec l'intérêt et la sympathie que méritent les efforts du prince qui a puisé en France le goût élevé des sciences et des lettres et qui, par ses travaux actuels, se crée des droits sérieux à la reconnaissance de l'histoire.

Quelques mots encore : l'activité qui a été déployée à l'Exposition universelle soit dans l'intérieur du Bardo, soit dans les galeries du palais, soit dans le parc par les indigènes tunisiens, était vraiment extraordinaire : — on les trouvait partout.

Ce peuple est prédestiné pour le commerce. Nous pourrions ajouter, sans aucune arrière-pensée, que ce sont aussi les Tunisiens qui ont fait le plus de tapage.

On parlera longtemps de leur musique ! Je ne connais pas de machine à vapeur, si bien constituée qu'elle soit, qui puisse lutter avec cet instrument monotone sur lequel leurs poings et leurs doigts se promenaient sans désemparer pendant des heures entières.

Il se passera bien du temps encore avant que le *rebeb*, le *tabalet-el-bacha*, le *derbouka*, soient admis dans nos orchestres.

Mais ce que nous ne comprenons ni ne goûtons ici, peut-être le comprendrions-nous à Tunis. — « Ces chants du pays de la somnolence ont quelque chose de vague que le recueillement seul peut rendre intelligible. » Mais Dieu sait si l'on était recueilli au Champ-de-Mars !

L'exposition de Tunis, l'exposition réellement sérieuse était donc représentée surtout par S. M. le Bey, par S. A. le prince Mohammed et par S. Exc. le général Kaïr-Eddin ; — maintenant ajoutons à ces nobles noms celui de M. de Lesseps.

La Tunisie, cette contrée à laquelle se rattachent tant d'intérêts français, nous est donc désormais connue.

Trois années de disette, dévastation des récoltes par les sauterelles, épidémie du choléra, deux insurrections successives, tous ces fléaux n'ont pas empêché Sidi-Mohammed-el-Sadok de répondre généreusement à l'appel de la France. Félicitons donc hautement Sa Majesté tunisienne de la brillante part qu'elle a bien voulu prendre à l'Exposition universelle de 1867.

XXXIII.

LE MAROC.

Ce n'est pas la première fois que je parle du Maroc. — En 1844, c'est-à-dire à l'époque du bombardement de Tanger [1], j'ai publié une statistique assez complète de cet État barbaresque auquel l'idée n'était jamais venue jusqu'alors d'entrer en ligne dans une exposition quelconque avec les puissances de l'Occident. — Il est vrai que les expositions universelles n'avaient encore fait, à cette époque, que germer dans le cerveau de ce pauvre Amédée Couder, à qui l'on n'a pas dédaigné de faire quelques emprunts sérieux en 1867, c'est-à-dire cinq ans après sa mort... et sans citer l'auteur !

Mais n'est-ce pas la règle commune ?

Le Maroc, tel qu'il vient de se révéler à Paris, commande l'attention du commerce français ; et si nos investigations n'ont pas à se porter sur des milliers d'objets, elles doivent se fixer sur quelques points importants.

L'empire du Maroc (Magh'-Rib-il-Area : les Extrémités de l'Occident) est limité au nord par le détroit de Gibraltar, à l'ouest par l'océan Atlantique, à l'est par l'Algérie, et au sud il s'étend du côté du grand désert de Sahara, sans qu'on puisse fixer les véritables limites du côté de la terre.

Le Maroc est divisé en cinq États qui relèvent du même prince :

Fez-Maroc, Tafilet et Sedschelmesa, Suz, Arah. Ces cinq États s'étendent sur une superficie de 796,581 kilomètres carrés, habités par 8,700,888 âmes :

	Habitants.
Maures et Arabes	3,550,000
Amazirgs, Berbers et Touaregs	2,300,000
Amazirgs-Schellechs	1,450,000
Bedouins ou Arabes de race pure	740,000
Israélites, rabbinistes et karaïtes	539,000
Nègres	120,500
Chrétiens	300
Renégats	200
Total	8,700,000 [2]

Chacune de ces races a ses mœurs particulières.

Les recettes de l'État reposent sur la dîme, la taxe directe, le djazin et autres impôts sur les Juifs, l'impôt réuni, la taxe sur les monnaies, la douane, le takhuit ou le monopole, l'impôt sur les maisons, le deiat ou droits fiscaux, et les dons volontaires des sujets. Ces recettes cumulées donnaient, il y a une vingtaine d'années, un total de 13,780,000 francs.

Les dépenses ont pour objet : la maison impériale, harems, apanages, salaires ; les réparations et embellissements des résidences de l'empereur, les jardins et forteresses, les munificences impériales et les présents, les émoluments des gouverneurs, généraux et caïds ; la solde, l'équipement et l'approvisionnement des troupes, l'entretien des forces navales, les honoraires des consuls résidant en Europe, dans les régences de Barbarie et dans le Levant ; enfin les courriers, estafettes et messages, soit en totalité environ 5 millions 247,000 francs.

L'excédant de recettes va tous les ans grossir le trésor enfoui à Méquinez, que l'on appelle Meitul-Mel, la maison des richesses. C'est plutôt la propriété particulière du chef de l'État qu'un trésor public.

La ville de Maroc est la capitale ; il y existe une immense fabrique de maroquin et de vastes magasins de blé. A Fez, qui ne compte pas moins de 80,000 habitants, il y a une bibliothèque et le commerce y est florissant ; on y fabrique des couvertures de laine, des

---

2. Annales de la Société de statistique universelle. — Collection de 1844, p. 65 à 88.

1. Nous sommes obligés de constater ici qu'il existe de grandes divergences dans les données de la population marocaine. — Ainsi, d'après M. Graberg de Hemso, cette population serait de 8,500,000 âmes ; d'après Balbi, de 4,500,000 ; d'après Houste, de 6,000,000 ; d'après le capitaine Washington, de 5,500,000 ; d'après M. Rey, de 8,000,000 ; et enfin d'après Jackson, de 14,000,000. La différence de ces chiffres doit être attribuée aux rapports si peu fréquents et si incomplets que les Européens avaient entretenus jusqu'alors avec ces contrées. Nous nous rangeons, à 200,000 âmes près, au chiffre de M. Graberg de Hemso.

armes, du maroquin, de la poudre et des babouches. Mogador est le grand port du Maroc. On exporte principalement de Mogador : des peaux de chèvres, de la sandaraque, des amandes, de la laine, de l'huile, de la cire, des cuirs, de la gomme, des dattes et des plumes d'autruche; à Rabat et à Casablanca on fabrique des tissus de laine et de coton et on fait un grand commerce de laine et de céréales; à Tanger, le commerce est également très-actif; enfin à Tetuan, on importe des tissus de coton, de laine, de soie, du soufre, de la cochenille, des peaux préparées et ouvrées, des ouvrages en fer et en cuivre, de la mercerie commune, du tabac en feuilles, du fer, de l'acier, des cristaux, des porcelaines, du papier, des cordages et filets, de la droguerie, du café, du sucre, du thé, etc., etc., et on exporte de Tetuan des laines, des sangsues, des savons, des peaux brutes, de la cire brute, de l'écorce de chêne, des amandes, du miel, des oranges, des ceintures de laine blanche et rouge.

L'exposition marocaine est représentée dans vingt classes différentes. Le premier exposant est l'Empereur, et, par son ordre, douze amins, dont les noms sont tellement allongés de consonnes juxtaposées, que nous n'avons pas la force de les transcrire.

Parmi les produits qui méritent d'être mentionnés, nous citerons des rideaux soie et or d'un excellent travail, et particulièrement des tentures ou garnitures de murs en velours et or, très-admirablement exécutées.

Quelques échantillons minéralogiques, du tan et du tannin, quelques essences forestières, du henné, du coel pour noircir les yeux, des laines, des suifs, de la cire et une belle collection de peaux jaunes, vertes, rouges, oranges et bleues, composent le groupe V de l'exposition marocaine.

Les tissus sont représentés par quelques étoffes bourrues et des pièces de soie rayées, appelées dans le pays *foutahs*.

L'ameublement pour un intérieur de salon, fermé par une galerie en arcades, est orné de portières blanches. Les divans se composent d'un simple matelas recouvert d'étoffes marocaines, les murs peints en tons vifs sont surchargés d'étagères, de glaces et de trophées.

Cet immense salon, peuplé de quelques mannequins représentant de hauts personnages magnifiquement habillés, était à la fois riche et gracieux. Et si nous connaissions le nom de l'artiste qui l'a dessiné et organisé, nous ne manquerions pas de le citer et de lui adresser nos félicitations.

Tous les détails en étaient soignés avec un goût extrême. Aussi le public s'y portait-il en foule.

La sellerie du Maroc ne diffère en rien de la section tunisienne.

Les blés, maïs, riz, orge, seigle et autres produits alimentaires nous ont paru dans de bonnes conditions de production.

Mentionnons aussi une belle collection d'oiseaux et de coléoptères et une série de costumes populaires d'une *great attraction* pour le public visiteur.

Dans le parc on a pu, jusqu'au mois de septembre, visiter la tente de voyage de l'émir Al-Mumeynin; mais cette tente, malgré son apparente solidité, n'a pu résister aux pluies et trombes d'octobre; aussi, à l'heure où nous écrivons ces lignes, n'est-elle plus qu'un monceau de chiffons. Cette tente était divisée en deux parties : l'une représentait l'habitation de jour, l'autre la chambre à coucher et le salon de repos. C'était, en somme, un beau spécimen des habitations nomades des populations de l'Afrique centrale.

Le Maroc enfin, tel qu'il vient de se révéler au monde, est entré dans une excellente voie en venant prendre sa place à cet immense banquet des puissances civilisées.

Sans doute, dans un pays où les traités se font difficilement respecter, où les transactions commerciales n'ont pas une suffisante sécurité, où les moyens de transport à l'intérieur manquent sur tous les points, il est bien difficile au commerce de contracter des relations régulières.

Cependant cet état de choses s'est sensiblement amélioré, depuis quelques années, par le contact plus facile des peuples.

Et le Maroc, qui avait résisté à l'invasion des idées européennes et à leurs influences, devra bientôt, à l'Exposition universelle de 1867, une splendide régénération.

XXXIV.

LE BRÉSIL.

Un homme généreux, un patriote sincère, voulut un jour provoquer sur son pays de sérieuses études et il fonda un prix de 1,000 fr. pour l'auteur qui aurait le mieux rempli son programme. Cet homme, ce fut le commandeur Mouttinho, de Lima; ce pays, ce fut le Brésil; le lauréat fut M. Oscar Mac-Carthy, et la Société qui décerna le prix fut la Société française de statistique universelle.

Plus de trente années se sont passées depuis. En 1834, la Société de statistique avait aussi publié un travail sur le Brésil de M. Jean-Marie Darmet.

C'est donc pénétré des renseignements puisés dans ces deux ouvrages que nous avons étudié l'exposition brésilienne, qu'un splendide décor de forêt vierge signalait à l'attention du public.

Si cet empire, affligé en ce moment d'une guerre ruineuse, n'est pas le premier par son industrie, c'est assurément l'un des plus riches en matières premières.

Là se trouvent en effet les plus abondantes ressources, les éléments les plus précieux pour le travail; il ne faut que la volonté et des bras pour en tirer parti.

Pour que le Brésil, a dit le commissaire de l'exposition brésilienne, devienne une des grandes nations du monde, il ne lui manque que la population, et pour attirer celle-ci, il suffit de faire connaître le pays.

Venons en aide à ce légitime désir.

Le Brésil est situé dans la partie orientale de l'Amérique du Sud.

Sa surface est de 2,311,974 milles carrés.

Cette superficie est divisée en vingt provinces; seulement, le municipe de Saint-Sébastien de Rio-de-Janeiro, capitale de l'empire, a une organisation administrative spéciale.

La population actuelle de l'empire est de 11,780,000 âmes, en y comprenant 500,000 indigènes et 1,400,000 esclaves.

La religion catholique est la religion officielle, mais les autres cultes sont autorisés.

Le revenu général de l'empire, 1865, est de 162,946,809 fr.

Les importations se sont élevées en 1865, à 360,567,990 fr., et les exportations à 386,527,607 fr.

L'Angleterre figure dans l'importation pour 49,29 p. 100 et pour l'exportation 13,35 p. 100. — La France, pour 23,29 p. 100 et pour 42,18 p. 100. — République de la Plata, pour 8,89 p. 100 et pour 3.89 p. 100. — Les États-Unis, pour 4,81 p. 100 et pour 12,14 p. 100. — Portugal, pour 4,78 p. 100 et pour 5,26 p. 100. — Villes Hanséatiques, pour 3,74 pour 100. — Autres États, 6,20 p. 100 et pour 22,18 p. 100.

La France importe à Rio les marchandises suivantes : tissus, objets de mode, draps, chapeaux, papier, meubles, soieries, vins, huile, parfumerie, lingerie, etc... et elle exporte : du café, du sucre, du coton, des cuirs, des bois d'ébénisterie, des vins, du tapioca, du tabac, du cacao, de la salsepareille, du copahu, de l'or en poudre, de l'ipécacuanha, du caoutchouc, des diamants et des pierres précieuses.

L'exemption de la surtaxe de navigation est accordée en France aux produits naturels et manufacturés du Brésil importés directement par navires brésiliens.

Il existe au Brésil 601 kilomètres de chemin de fer, savoir :

	Kilom.
Chemin de fer de don Pédro	147.3
— de Saint-Paul	139.»
— de Bahia	123.5
— de Fernambouc	124.9
— de Cantagallo	49.1
— de Maua	17.5

La route macadamisée de Pétropolis à Juiz de Fora a 146 kilomètres. Il existe aussi une belle route entre le port Antonina et Coritiba.

Outre ces deux grandes artères, il y en a d'autres plus ou moins importantes, dans les différentes provinces de l'empire, et spécialement utilisées par le roulage.

La télégraphie électrique couvre une grande partie du territoire.

Les écoles primaires ou secondaires sont nombreuses, et sont également réparties dans les vingt provinces. On y compte actuellement 79,264 élèves du sexe masculin et 28,219 élèves du sexe féminin, soit en totalité 107,483 élèves.

Indépendamment des écoles primaires et secondaires, il existe deux facultés de médecine, l'une à Rio, l'autre dans la province de Bahia ; deux facultés de droit, l'une à Saint-Paul, l'autre au Recife, capitale de la province de Pernambouc ; des écoles régimentaires, des écoles préparatoires, une école militaire, une école centrale, une école de marine, une école pratique d'artillerie de marine, l'institut commercial de Rio, l'institut impérial des jeunes aveugles, une académie des beaux-arts, un conservatoire de musique et plusieurs bibliothèques.

Il y a plusieurs sociétés savantes, savoir : L'académie impériale de médecine ; l'institut historique, géographique et ethnographique ; l'institut de l'ordre des avocats brésiliens ; l'institut polytechnique ; l'institut pharmaceutique de Rio-de-Janeiro ; l'institut des bacheliers ès lettres ; l'athénée littéraire ; les essais littéraires ; la bibliothèque fluminense ; la société auxiliatrice de l'industrie nationale et le lycée des arts et métiers.

La première exposition nationale brésilienne eut lieu à Rio le 2 décembre 1861 ; on y comptait 1,136 exposants et 9,862 objets divers.

La deuxième a eu lieu en 1866, le 19 octobre ; on y comptait 2,374 exposants et 20,128 produits différents.

En 1851, à Londres, le Brésil n'était pas représenté ; en 1855, à Paris, on constatait la présence de 4 exposants brésiliens ; en 1862, à Londres il y en avait 230, et cette année Paris comptait 1,085 inscrits et 1,523 expositions diverses.

Ces 1,085 exposants se trouvent ainsi disséminés dans les dix groupes.

	Exposants.
1er GROUPE. — OEuvres d'art..................	9
2e GROUPE. — Matériel et application des arts libéraux..................	28
3e GROUPE. — Meubles et objets destinés à l'habitation..................	15
4e GROUPE. — Vêtements et objets portés par la personne..................	56
5e GROUPE. — Produits des industries extractives..................	550
6e GROUPE. — Instruments et procédés des arts usuels..................	56
7e GROUPE. — Aliments à divers degrés de préparation..................	376
8e GROUPE. — Produits vivants et spécimens d'établissements d'agriculture....	»
9e GROUPE. — Produits vivants et spécimens d'établissements d'horticulture...	»
10e GROUPE. — Objets exposés en vue d'améliorer la condition physique et morale des populations.......	1
Total...	1,085

Comme on le voit, les produits des mines et les produits du sol dominent, tandis que l'industrie proprement dite apparaît à peine.

Nous ne pouvons guère nous arrêter qu'aux produits spéciaux, à ceux qui peuvent non-seulement intéresser, mais encore avoir une certaine influence sur le commerce en général.

Dans les arts de précision, nous signalerons une très-remarquable exposition d'instruments d'optique de M. José-Maria das Reis, de Rio, et une carte géographique du fleuve des Amazones de MM. Fleiuss Imaos et Linde, également de Rio.

Deux expositions de tissus de coton sont particulièrement remarquables ; ce sont celles de M. Antonio Pedroso, d'Albuquerque de la province de Bahia, et celle de M. José-Antonio de Aranjo Filgueiras, de Rio-de-Janeiro.

Les produits bruts des industries extractives offrent un immense intérêt.

Dans la province de Minas on trouve des diamants, des émeraudes, des saphirs, des aigues marines, du zircon ordinaire, des grenats et des améthistes.

Dans tout l'empire en rencontre des quartz hyalins, des calcédoines et des agates.

Il existe de l'or à peu près partout ; les mines les plus considérables sont dans la province de Minas-Geraes.

L'or en filons est accompagné de platine, d'iridium, de tellurium et de palladium.

Au Mato-Grosso, l'exploitation se borne à la recherche des paillettes.

A Saint-Vincent, dans le voisinage de Mariana, on trouve du bismuth et des pyrites arsenicales.

L'argent accompagne presque toujours le sulfure de plomb.

Le cuivre se rencontre à l'état natif et à l'état d'oxyde; c'est dans la province de Mato-Grosso et dans celle de San Pedro de Rio Grande du Sud que les gîtes sont les plus riches.

L'étain a été découvert dans les sables du fleuve Paraopeba. Le plomb abonde dans différentes provinces à l'état de sulfure; généralement le minerai est composé de 86 p. 100 de plomb, de 13 1/2 p. 100 de soufre et de 1 à 7 parties d'argent sur 10,000 de minerai. Le chromate de plomb est commun à Congonhas. Le fer est partout et sous toutes les formes : dans la province de Minas-Geraes c'est du fer magnétique, dans la province de San Paul il est à l'état d'oxyde et a passé en partie à l'état de martite; il se présente aussi à l'état oligiste, à l'état de fer micacé, et forme parfois des couches de limonite dont l'étendue est de plusieurs lieues. Le magnétite contient 72 1/2 p. 100 de fer, l'oligiste, le martite et la plupart des fers micacés 70 p. 100. En résumé, le fer est un des grands éléments de richesse du Brésil.

On y trouve aussi des granits, des gneiss, des quartz compactes, des porphyres, des calcaires, des marnes, des gypses, des marbres, des argiles, des graphites, du soufre, des sels et différentes eaux minérales.

La houille et les lignites se rencontrent dans la province de San Pedro du Sud, dans celle de Sainte-Catherine, à Saint-Paul et à Ceara.

Toutes ces richesses minéralogiques sont représentées à l'Exposition par une collection considérable d'échantillons appartenant à 39 exposants, dont les noms n'ajouteraient rien à l'importance intrinsèque de ces différents produits.

Voici maintenant les essences forestières. Mais ici une difficulté se présente, c'est que tous ces végétaux ligneux sont désignés par des dénominations locales, au lieu de l'être par des dénominations botaniques, ce qui nous rend impossible un grand nombre d'appréciations; puis cette classe, s'il fallait étudier les 63 expositions qui la composent, exigerait une foule de détails, très-intéressants sans doute, mais qui nous demanderaient plus de vingt pages.

Viennent ensuite les gommes et résines : copahu, benjoin, caoutchouc, copal et suif végétal; les écorces, les végétaux médicinaux, les lianes, les fruits et les fibres du châtaignier, les cires jaunes indigènes, les huiles de différents végétaux, le coton, les filaments de différentes plantes textiles, le tabac, les houblons, les laines de races anglaises, de la vanille, des teintures de toute sorte, des graisses de toutes provenances, du sel commun, des miels et jusqu'à des graisses de serpent à sonnettes envoyées à l'Exposition par la commission provinciale de Rio Grande du Nord. Il est fâcheux que l'étiquette ne nous apprenne pas quelles sont les propriétés de la graisse de crotale et son emploi dans le pays. Quant à nous, jusqu'à plus ample informé, nous nous proposons bien d'en interdire l'usage à notre cuisinière.

Nous recommanderons aussi dans l'exposition brésilienne de belles collections de produits chimiques et pharmaceutiques, particulièrement celles de M. Aleixo Gary, de Rio, de M. Félix Farait, de M. Joao-Domingues Vieira, tous deux également de Rio, de M. Peckolt, de Cantagallo, et enfin les eaux minérales, ferrugineuses, gazeuses, salines, thermales, thermales alcalines, thermales sulfureuses et sulfureuses froides exposées par M. Antonio Caetano, de Oliveira.

Le groupe des aliments, frais ou conservés, à divers degrés de préparation, est également considérable; ce sont des farines de racines de manioc, excessivement belles, des maïs, du riz, du tapioca, des poissons desséchés, des viandes conservées, des confitures, des liqueurs, des haricots, des bananes, des fèves, des cacaos, des chocolats, des sucres et du café.

L'exportation du sucre au Brésil dépasse 160 millions de kilogrammes. Le reste, c'est-à-dire l'excédant, se consomme dans le pays. La culture de la canne est générale, et jusqu'à ces derniers temps l'exportation ne portait que sur les sucres bruts; de plus, la fabrication du sucre cristallisé était dans le pays une exception.

Cet état de choses a changé : les raffineries se sont établies et d'assez grandes quantités de sucre sont vendues maintenant en pains, sur les marchés brésiliens, sans avoir besoin comme autrefois d'être envoyées en Europe à l'état brut pour en revenir, après avoir été raffinées, figurer sur les tables délicates. Cette pratique empêche de consacrer autant de mélasse à la confection du caxaça (tafia), boisson que son bas prix met si facilement à la disposition des populations noires, trop disposées à en abuser.

Quant au café, sa production est telle que l'exportation s'élève annuellement au chiffre de 168 millions de kilogrammes, et cela par le seul port de Rio-de-Janeiro, car par suite de l'amélioration dans les procédés de culture, et surtout de récolte et de séchage, ce produit tropical a beaucoup et justement gagné en réputation. Le café consommé dans le pays monte à un cinquième de la production totale.

Le tabac croît admirablement au Brésil, surtout dans les provinces de Bahia, de Borba, de l'Amazone et du Mato-Grosso. Dans l'année 1862-63 il en a été exporté pour une valeur de 16,993,507 fr.

Le cacao croît spontanément dans la province du Para et on le cultive sur une grande échelle dans la province de Bahia; en 1865, l'exportation a été de 3,704,841 fr.

La gomme élastique, au Brésil, provient de la sève du *seringueira*, qui croît abondamment dans les provinces du nord, particulièrement dans celles de Para et de l'Amazone. La valeur de l'exportation a été en 1865 de 10,105,265 francs.

Quant aux vins de raisin on ne connaît que celui qui est importé, à moins qu'on veuille donner le nom de vin à celui qu'on fabrique au Brésil avec du jus de fruits, du sucre et de l'eau-de-vie de canne, qu'on nomme dans le pays, après sa fermentation, vin de Caju.

Cette longue liste de produits divers est ce nous semble suffisante pour donner une parfaite idée de ce que peut être l'exposition brésilienne et des difficultés qu'on rencontrerait s'il fallait faire le compte rendu exact et nominatif de chaque exposant. Nous croyons que l'énumération qui précède est suffisante pour bien faire comprendre quelle est l'importance des ressources qu'on peut trouver dans cet immense pays [1], auquel il ne manque que des bras, et particulièrement, comme auxiliaire indispensable, les puissantes machines enfantées par le génie européen.

Toutes les richesses de l'empire du Brésil se présentaient au public dans l'ordre le plus parfait. — Une imagination poétique, une main intelligente avaient présidé à leur installation, qui offrait le coup d'œil le plus pittoresque.

Les essences forestières étaient groupées sous une véritable décoration d'opéra qui transportait la pensée dans les profondeurs des immenses et impénétrables forêts dont le Brésil est couvert.

Les produits alimentaires, soigneusement enfermés dans d'élégants bocaux, portaient sur des étiquettes très-explicites les noms de leurs expéditeurs, presque toujours les plus grands propriétaires du pays. — Tout enfin dans cette exposition était admirablement réglé.

Et à la vue de tous ces trésors de la terre accumulés dans cette partie privilégiée du monde, dont les vastes solitudes appellent des millions d'hommes, nous pensions à ce grand problème : le paupérisme!

Est-ce que les régions inhabitées du Brésil et les inépuisables richesses qu'il renferme ne pourraient pas aider l'Europe à résoudre cette effrayante question?

---

1. Nous disons : immense, parce qu'en effet le Brésil comprend 1/15 de la surface terrestre du globe, 1/5 de celle du nouveau monde et 3/7 de l'Amérique méridionale.

XXXV.

HAWAII.

Grâce à l'intelligence, au bon goût, au savoir-faire d'un architecte parisien qui joint à beaucoup d'imagination un grand respect pour le culte de l'art parfait, l'exposition des Iles Hawaii, qui serait perdue sans cela dans l'immensité du Palais, offre à celui qui veut la trouver un ravissant ensemble.

Nous avons vu peu d'installations aussi complètes, aussi harmonieuses.

Ces vitrines, d'une grande simplicité, mais originales, gaies mêmes, sont réellement créées pour les produits qu'elles renferment.

Il y a là tout ce qui peut arrêter et séduire le visiteur, aussi nous sommes-nous arrêté.

Après cet hommage rendu à M. Brouty, ce que nous avons de mieux à faire, comme statistique, est d'emprunter nos documents à la notice qu'a publiée la Commission chargée de l'Exposition d'Hawaii; ah! si tous les archi-civilisés s'étaient donné la peine d'imiter ces demi-sauvages, comme notre tâche eût été facile!

Suivez-moi donc, ami lecteur, chez ce peuple à l'aurore de la civilisation et regrettez avec moi qu'on ait coupé son exposition en deux parties assez difficiles à trouver.

« L'archipel hawaïen se compose de douze îles situées dans l'océan Pacifique entre l'Amérique du Nord et la Chine, par 157° à 164° de longitude occidentale, et 19° à 22° de latitude septentrionale. Ces îles sont, en allant du S.-E. au N.-O. : Hawaii, capitale Hilo, superficie 187 milles carrés géographiques; Maui, cap. Lahaina, sup. 28,49; Molokini, îlot; Kahoolawe, sup, 2,82; Lanai, sup. 4,71, Molokai, sup. 8; Oahu, cap. Honolulu (cap. du royaume, environ 13,000 habitants), sup. 24,69; Kauai, cap. Hanalei, sup. 24,89; Lehua, îlot; Niihau, sup. 3,29; Kaula, îlot; Nihoa, îlot; superficie totale, environ 285 m. c. géogr.

« Le sol est éminemment volcanique, mais très-fertile. L'île de Hawaii possède deux énormes volcans en activité : le Mauna Loa (altitude = 4,195 mètres, circonférence du cratère = 30 kilomètres, profondeur = 238 mètres), et le Kilauea (circonf. du cratère = 24 kilom., prof. = 330 m.).

« Les principales montagnes sont : le Mauna Kea (la montagne blanche, à cause de sa calotte de neige éternelle), altitude, 4,250 m., le Mauna Loa, 4,195 m., le Hualalai, 3,080 m., toutes les trois dans l'île de Hawaii; et le Haleakala, 3,070 m., dans l'île de Maui, présentant un cratère, actuellement éteint, de 50 kilomètres de circonférence, et de plus de 600 m. de profondeur. L'archipel possède de nombreux cours d'eau dont quelques-uns sont navigables pour des barques, de magnifiques cascades et des sources thermales.

« Le climat est remarquablement salubre et tempéré. A Honolulu, la température, à l'ombre, varie entre + 12° et + 32° centigr., la moyenne est de + 21°. Le vent dominant est l'alizé du N.-E. qui souffle environ trois jours sur quatre. En hiver, le vent de S.-O. remplace celui de N.-E. et amène de grandes pluies. Il n'existe pas de marécages.

« La population indigène, de même race et de même langue que celles qui peuplent toute la Polynésie, est grande, forte et bien faite. Elle a la peau légèrement basanée, les yeux grands, le front beau, le nez un peu large à la base, les lèvres épaisses, les cheveux lisses, ordinairement noirs, mais quelquefois roux ou même blonds. Elle est gaie, brave et intelligente, et présente une aptitude remarquable pour les sciences exactes. »

FINANCES. — La dette publique de cet état, régi par une monarchie constitutionnelle héréditaire, était, au 31 mars 1866, 182,974 dollars. — Budget des dépenses pour l'exercice de 1866-67 : liste civile, 40,000 dollars; Dotations, 20,000 d.; intérieur (comprenant les travaux publics), 398,223 d.; Affaires étrangères, 22,600 d.; Finances, 140,995 d.;

Guerre, 66,026 d.; Justice, 83,800 d.; Instruction publique, 41,924 d.; divers, 42,329 d.; total, 858,897 dollars.

Instruction. — L'enseignement est libre, et de nombreux établissements répandent largement l'instruction. Ils reçoivent tous des subsides de l'État, sous la surveillance et par les soins du Bureau d'éducation et de l'Inspecteur général des écoles. Les deux établissements principaux sont le collège catholique de Ahuimanu et celui de la Mission protestante américaine à Lahainaluna.

La Société royale d'Agriculture publie de temps à autre des comptes rendus de ses travaux.

Assistance. — S. M. la reine Emma a fondé, près de Honolulu, un hôpital pour les marins américains, une léproserie, un grand nombre de sociétés de charité et un conseil de santé présidé par le ministre de l'intérieur.

Production, industrie et commerce. — Le sol donne tous les produits des pays tropicaux et des pays tempérés, dont beaucoup sont d'importation récente. La base de l'alimentation des indigènes est la racine du kalo (*arum esculentum*). Presque tous les animaux utiles ont été introduits par les Européens. Les moutons, les chèvres, les bœufs et les chevaux se sont multipliés rapidement, et ils sont maintenant très-nombreux. Les pâturages sont excellents.

Honolulu possède une grande raffinerie de sucre, une fonderie avec constructions de machines, une usine à gaz, des moulins, etc., et des usines à sucre fonctionnent sur la plupart des îles.

Les produits sur lesquels porte surtout l'exportation sont : le sucre (exportation en 1866 pour le seul port de Honolulu, 17,729,161 livres; mélasses, 851,795 gallons); la farine, le riz (438,567 livres); le café (93,682 l. contre 263,785 l. en 1865), le sel (738 tonneaux), le coton (22,289 l.); les peaux de chèvres (76,115 balles); les cuirs 282,305 l.); les suifs (159,734 l. contre 179,545 en 1855); le pulu, duvet végétal provenant d'une fougère (212,026 l.); la laine (73,131 l. contre 144,085 en 1865); l'huile de baleine (91,182 gallons); les fanons de baleine (56,840 l.), etc. D'autres produits, tels que la soie, le tabac, les nattes et les bois d'ébénisterie pourraient aussi fournir des articles pour l'exportation.

En 1865, les importations ont été de 1 million 944,265 dollars, et les exportations de 1,808,257 dollars, dans lesquels les produits indigènes entrent pour 1,430,211 dollars. Depuis 1861 surtout, le commerce hawaïen a pris un essor rapide et continu, et les ressources des îles peuvent encore se développer dans une très-grande proportion.

Les principaux articles d'importation sont : les cotonnades, les lainages, les objets d'habillement, les houilles, les fontes et fers, les outils et machines, les approvisionnements de navires, les conserves alimentaires d'Europe et les spiritueux des États-Unis.

Navigation. — Les îles possèdent des rades et ports excellents dont le principal est Honolulu, et qui sont un point de relâche important, surtout pour les baleiniers. En 1865, 180 de ces navires sont venus dans les différents ports, et le commerce d'importation et d'exportation a été fait par 151 navires marchands jaugeant ensemble 67,068 tonneaux. Il y a aussi un cabotage assez actif entre les différentes îles. Enfin, la ligne régulière des steamers de San-Francisco en Chine doit toucher à Honolulu.

Environ la moitié du commerce total se fait avec les États-Unis, et un sixième avec Brême. Il existe, entre ce port et Honolulu, une ligne régulière desservie par des navires hawaïens.

Poids et mesures. — Les poids et mesures sont les mêmes qu'aux États-Unis et en Angleterre, mais on se prépare à adopter le système métrique français. Les monnaies sont celles des États-Unis.

Voilà, ce me semble, des renseignements précis pour le commerce français. — Il y a pour lui, aux îles Hawaii, quelque chose à faire.

Si cela continue même, ces ex-barbares nous donneront bientôt des leçons de plus d'un genre.

En attendant, cette ravissante exposition, à laquelle M. Brouty laissera son nom, nous offre des particularités remarquables.

Notre attention s'est portée d'abord sur les produits naturels.

Nous avons remarqué des cassonades de

bonne apparence, des cafés d'un grain bien nourri, des riz d'une belle venue, et des tabacs d'une mine satisfaisante, mais auxquels il ne nous a pas été donné de pouvoir toucher. C'est donc sur leur physionomie que nous devons juger ces différents produits.

Maintenant l'empressement du commerce à les rechercher prouve en faveur de leurs qualités.

Nous en dirons autant, d'échantillons de laines en suin ou lavées, de coton bien blanc et paraissant bien nerveux, et d'un certain duvet végétal provenant d'une fougère connue dans le pays sous le nom de *pulu*.

Nous aurions bien voulu nous procurer un peu d'une certaine racine d'awa, dont les indigènes retirent une boisson alcoolique, mais les clefs n'étaient pas aux vitrines.

Nous devons mentionner quelques bois d'ébénisterie tenant le milieu entre l'acajou et le bois de rose, d'autres bois exotiques dont nous n'avons pas pu apprécier les effets, quelques nattes assez bien travaillées, des éventails en feuilles tressées, des ustensiles pour les différents usages culinaires, des gourdes et des calebasses, coquettement enguirlandées, de curieux spécimens de vaisselle ancienne en bois de fer et en bois de kou, une collection très-variée de produits volcaniques, des échantillons de minerais divers, et surtout des coquillages lilliputiens avec lesquels un artiste local a composé deux cadres sur lesquels on lit cette inscription en langue hawaïenne : *Vive l'Empereur des Français*.

Nous sommes ici, bien entendu, dans l'enfance de l'art et nous appuyons à dessein sur cet état de choses pour mieux faire ressortir les généreux efforts du gouvernement hawaïen et de la génération actuelle.

S. M. la reine Emma a envoyé plusieurs pièces de kapa, espèce d'étoffe d'écorce battue, qui ne nous paraît pas très-moelleuse, et quelques pèlerines en plumes provenant d'un oiseau assez rare, qui est entièrement noir excepté une plume jaune sous chaque aile et que l'on appelle l'Oo (Drepanis pacifica). Ce vêtement bizarre, — rouge et jaune, mais où le jaune domine, est un ancien insigne de haut rang, — quelle hécatombe d'oiseaux noirs pour réunir toutes ces plumes !

A côté de cette impayable pèlerine se trouvent deux colliers en cheveux, ancienne parure de guerre des chefs hawaïens, adressés aussi par la reine Emma.

Et comme couronnement... des plumets ! Oh ! mais, des plumets !... Oh ! les beaux plumets ! Jamais tambour-major européen n'en a porté de pareils ! Mais ces plumets, appelés *kahilis*, ne sont pas des attributs ordinaires. — Ce sont des insignes portés devant les personnes de qualité dans les grandes cérémonies... Alors à qui le plus long ? Sa Majesté la reine Emma en a envoyé de toutes les couleurs et longueurs.

Le nom de lady Franklin se trouve inscrit sur une pièce de kapa.

Plusieurs compartiments des vitrines sont consacrés à la librairie hawaïenne : on voit là tous les journaux qui s'impriment à Honolulu, des cartes géographiques un peu naïves et des livres, religieux surtout, édités par M. Whitney et autres, et catalogués par M. William Martin, qui aura rendu un grand service au royaume d'Hawaï en contribuant à le faire connaître sous son véritable jour. Il y a là enfin tout ce qu'il faut pour marcher résolûment vers la terre promise de la civilisation.

Mais ce qui frappe le plus la curiosité du visiteur, c'est assurément deux tableaux à l'huile et plusieurs lithographies et photographies représentant, sous différents aspects, la capitale du royaume et les lacs de feu qui existent sur la grande île de Hawaï.

Maintenant entrons nous reposer, en imagination, dans ce modèle de hutte des indigènes, en feuilles de pandanus, et je vais vous répéter ce qu'écrivait tout récemment un voyageur sur le volcan de Kilauea [1].

« Les douze îles qui composent l'archipel des Sandwich sont formées de matières volcaniques. Le sol est le résidu d'anciennes laves que l'humidité a décomposées, et qui se sont amalgamées ensuite avec des détritus végétaux. Quant aux formations madréporiques, elles ne font que se superposer aux bas-fonds et s'ajouter en parasites au sol primitif d'éruption. Les vieilles laves, que les actions chimiques n'ont pas encore complétement

---

1. *Moniteur universel* du 19 août 1867.

modifiées, ont pris une couleur grisâtre, sur laquelle tranchent vivement les coulées plus récentes, qui se montrent d'un noir brillant.

« La plupart des volcans qui hérissaient autrefois l'archipel sont aujourd'hui éteints. L'île Hawaii seule, la plus considérable du groupe, en possède encore deux en pleine activité.

« L'un est situé presque au sommet de la montagne du Maunaloa, élevée de 4,194 mètres au-dessus du niveau de l'Océan, et il en prend le nom.

« L'autre, appelé le Kilauea, se trouve au pied de la même montagne, à une altitude d'environ 1,200 mètres. Ce sont les deux foyers d'éruption les plus considérables et les plus actifs que l'on connaisse. Le cratère actuel du Maunaloa a une circonférence qui n'est pas moindre de 30 kilomètres; la circonférence du cratère du Kilauea mesure environ 20 kilomètres. Je croirais volontiers, au reste, qu'ils servent tous deux d'exutoire à un même foyer central, car l'activité de l'un semble décroître à mesure qu'augmente celle de l'autre.

« En 1859, quand M. le professeur Haskell le visita, le Maunaloa était en pleine éruption. Il existait, à cette époque, deux cratères contigus percés de plusieurs trous en entonnoirs, d'où s'échappaient des gaz sulfureux, des vapeurs et des scories brûlantes. M. Haskell vit même, au sommet de la montagne, et au-dessus des deux autres, un troisième cratère encore plus large, mais qui semblait complétement éteint. M. Haskell descendit dans le cratère en activité, et s'approcha fort près des bouches d'éruption. La chaleur était si forte, et les émanations sulfureuses si intenses, qu'il lui fut impossible d'y demeurer plus de quelques minutes. Il vit toutefois qu'au lieu de sortir du cratère la lave s'échappait d'une fissure ouverte au flanc de la montagne à plus d'un mille au-dessous, et descendait avec une vitesse prodigieuse, en large nappe, jusqu'à la mer, où elle s'engloutissait en vaporisant d'énormes quantités d'eau. De cette rivière enflammée et rapide s'élevaient par moments de minces gerbes de laves qui s'élançaient en l'air, parfois à une hauteur de 100 à 150 pieds, et retombaient refroidies, pour se liquéfier de nouveau dans ces ondes de feu. L'éruption du Maunaloa, qui ne s'est jamais complétement arrêtée, se montrait à cette époque dans toute sa force. En revanche le Kilauea restait assez calme.

« Cependant certains symptômes annonçaient déjà que cette tranquillité relative ne serait pas de longue durée, et en effet, à mesure que l'activité du Maunaloa a diminué, le Kilauea est devenu plus menaçant : cette année surtout, il est, paraît-il, en pleine période de travail. Le bassin du cratère s'élargit sensiblement, et l'éruption des laves est permanente.

« Hilo, d'où nous sommes partis pour notre excursion, et qui est le chef-lieu administratif de Havaii, car Honolulu, la capitale politique de l'archipel, se trouve située dans une autre île qui n'est pas très-éloignée du Kilauea. En 1856, cette petite ville faillit subir le sort de Pompéi et d'Herculanum; on put craindre de la voir ensevelie sous la lave et les scories. Cependant les tremblements de terre ne sont pas aussi fréquents à Hawaii qu'on pourrait le croire, et de nos jours il ne semble pas qu'ils aient causé de grands désastres.

« La route de Hilo, qui monte au volcan par une pente presque insensible, traverse d'épaisses forêts nées sur un sol de laves décomposées. Ces forêts contiennent un grand nombre d'essences différentes, mais principalement le pandanus, arbre spécial aux îles océaniennes. Tout à coup la forêt s'arrête, et l'on se trouve sur un terrain dénudé, où ne poussent plus que de maigres fougères. De nombreuses crevasses exhalent des vapeurs bouillantes et des émanations fortement sulfureuses. En marchant, on émiette sous les pieds des cristaux de soufre extrêmement friables, et des filaments blanchâtres, formés par la condensation des vapeurs sorties du volcan, que le vent transporte au loin. A quelque distance du cratère s'élève une auberge tenue par un Américain. Le propriétaire a utilisé le volcan, en construisant au-dessus d'une des fissures du sol une cabane où se concentrent les émanations chaudes et sulfureuses, et qui forme ainsi une sorte de bain russe naturel. — L'Américain ne doute de rien.

« Après une assez courte marche, on arrive sur le sommet d'une petite chaîne de collines ou de mamelons peu élevés, d'où l'œil plonge sur l'ensemble du Kilauea. On a devant soi un vaste bassin circulaire, de plus d'une lieue de diamètre, où l'on voit, à quelque distance l'un de l'autre, huit petits lacs ou fossés remplis d'une matière liquide et enflammée.

« Le centre du bassin est complètement éteint et même refroidi, les déjections laviques y ont formé un petit monticule hérissé de rochers lisses et grisâtres ; il y pousse déjà quelques chétifs arbrisseaux. La matière qui remplit les huit bouches d'éruption ouvertes dans le cratère est luisante et ressemble à du métal en fusion. C'est d'ailleurs le même aspect que présente la lave dans les bouches du Stromboli, qui offre avec le Kilauea, l'étendue à part, plusieurs points de ressemblance. Cette masse, plus liquide dans les lacs situés au sud, est sans cesse agitée. Elle monte et descend constamment d'un bord à l'autre avec des oscillations presque régulières. On entend en même temps sous le sol un bruit semblable à celui du ressac de la mer frappant les rochers. Par intervalles une gerbe enflammée s'élève et retombe en pluie de feu et en étincelles pareilles à la fusée d'un feu d'artifice.

« J'attribue le mouvement vibratoire de la masse liquide, aussi bien que les jets de matière qui s'en élancent, aux efforts que les vapeurs d'eau et les gaz comprimés font pour s'échapper. Quand un ballon de vapeurs agglomérées est devenu assez considérable pour que l'élasticité rompe la couverture de lave qui le comprime, il s'échappe et entraîne en l'air avec lui une plus ou moins grande quantité de lave et de scories. C'est le même phénomène que présentent les petites bulles d'air qui montent du fond d'un vase où l'on a mis de l'eau à bouillir. Par moments, de l'un ou de l'autre des lacs déborde une coulée de lave qui s'étale en large nappe couverte d'une croûte de couleur grisâtre. Cette croûte, se déchirant çà et là, laisse voir des bandes d'un rouge plus ou moins vif.

« Parfois un nouvel orifice se dresse dans le cratère sous forme de cône, et se met à dégager à son tour de la lave et des vapeurs. J'ai été témoin, pendant ma visite, d'une formation de cette nature. Parfois aussi une des bouches se referme. Mais il en reste toujours, sur les huit que j'ai comptées, deux ou trois en activité.

« Quelque imposant que soit déjà ce spectacle durant le jour, c'est la nuit surtout que la scène prend tout un aspect de terrible splendeur. Les laves en fusion sont alors teintées de rouge sombre, chacune des bouches a l'aspect d'une immense chaudière où bouillonne un océan de feu.

« Les gerbes de flammes qui s'élèvent illuminent au loin l'horizon, et les vapeurs s'échappant de chaque crevasse éclairent d'une couleur sanglante, le paysage morne et désolé d'alentour. Les bruits souterrains que l'on entend résonner, devenus plus lugubres dans les ténèbres, semblent les lamentations ou les soupirs de quelque géant enseveli.

« Mes compagnons et moi avons eu la curiosité de descendre dans le cratère et de pénétrer jusqu'au centre, en traversant l'espace resté libre entre les foyers d'éruption. La descente des collines où nous nous étions tenus d'abord présentait plus de difficultés que je ne l'avais cru. Les scories, les pierres poreuses, les morceaux de lave durcie, roulaient sous nos pieds et glissaient en rebondissant le long des talus. A mesure que nous approchions, le sol devenait plus chaud et les vapeurs sulfureuses plus abondantes. A chaque pas, de petites crevasses s'ouvraient devant nous. Cependant nous avons pu gagner le monticule central, qui est refroidi, comme je l'ai dit ; mais nous n'y sommes pas restés longtemps, bien que les émanations sulfureuses s'y fissent peu sentir.

« Chaque fois qu'une des bouches qui nous environnaient bavait une nouvelle coulée de lave, nous sentions la terre trembler sous nos pieds, émue par la puissante exhalation du volcan. J'ai pu constater que l'orifice le plus au sud était celui qui montrait le plus d'activité et de puissance, et qui vomissait la lave en plus grande abondance. A côté de lui un petit cône lançait en gerbes des flammes et des matières liquides ; d'autres monticules ne laissaient échapper que des gaz et des vapeurs. Il nous fut impossible d'approcher jusqu'au bord des bouches d'éruption. La chaleur était suffocante. Nous avons repris, pour sortir du gouffre, le même chemin qui nous y avait amenés, et nous avons regagné l'auberge voisine, non sans trouver sur notre passage de nouvelles coulées de lave chaude qui s'étaient étalées durant notre visite au cratère.

« Ce spectacle imposant du volcan constamment sous leurs yeux, la vue des désastres qu'il a dû causer, ont fortement frappé l'imagination des populations indigènes. Aussi les Kanaques ont-ils personnifié les puissances volcaniques, le feu, la flamme, dans une divinité, la déesse Pelé, qu'aujourd'hui encore ils redoutent et vénèrent, tout ralliés qu'ils soient au christianisme. Mille légendes circulent sur la redoutable divinité. Les longs filaments blancs que forment les cristallisations sulfureuses et que le vent attache aux branches des arbres ou étend sur les prairies, le peuple les prend pour les cheveux de la déesse. On lui offrit autrefois, dans les forêts voisines des volcans, des sacrifices humains pour apaiser ses colères. On voit encore quelques-unes des pierres où coula le sang des victimes expiatoires. Aujourd'hui, si Pelé se passe de ces horribles hécatombes, il n'est pas sûr que ses anciens adorateurs aient cessé de se recueillir dans les forêts pour la prier en commun... »

Après ce tableau aussi exact que satisfaisant des îles Hawaii, les voyageurs qui aiment les émotions, qui craignent la monotonie du paysage et recherchent les contrées primitives, pourront prendre cette direction, avec la certitude de ne pas être trompés dans leur attente.

Mais la conclusion la plus sérieuse de notre étude sur Hawaii est celle-ci : — Il y a là un peuple des plus intéressants qui tend les bras à la civilisation; ouvrons-lui entièrement les nôtres! Que le commerce français marche honnêtement à lui! le temps et les idées compléteront l'œuvre!

XXXVI.

TRISTAN D'ACUNHA.

Il n'est pas probable que je rencontre des contradicteurs quand je dirai que personne n'a mieux connu l'Exposition universelle que moi.

Pendant des mois entiers, et lors même que le palais fut livré aux démolisseurs, j'y ai passé huit ou dix heures par jour, et souvent quinze!

Je l'ai vue même en ballon!

J'ai donc pu y trouver des choses que le public n'a jamais vues, et, bien que je n'eusse aucun caractère officiel, peut-être ai-je contribué à mettre en lumière certains produits complétement dissimulés sous des tables ou derrière des tentures.

Je me rappellerai toute ma vie cette ravissante hutte de castor vers laquelle je suis si souvent revenu et devant laquelle la foule ne s'arrêta jamais.

Un jour, mon attention se porta sur quelques morceaux de bois qui me parurent d'une essence rare, mais qui avaient été oubliés dans la distribution des numéros! Je ne parle pas ici de ces quatre poutres qui se trouvaient dans l'exposition italienne du parc sous la rubrique de république d'Haïti; cela ne ressemblait en rien à ma trouvaille; ce n'étaient cependant pas de simples bûches venues là toutes seules; — mais qui donc les avait apportées? Enfin ces trois ou quatre billes de bois serré et bien nourri commençaient à m'empêcher de dormir. — Je pris donc la résolution héroïque de savoir d'où elles venaient. — Je perdis de longues heures à cette recherche.

Enfin je rencontrai près de l'exposition d'Hawaii un vénérable Anglais à cheveux blancs qui, voulant bien comprendre mon embarras, me fit entendre que ces échantillons *avaient bien pu être envoyés* par le chef de la colonie de Tristan d'Acunha.

Alors, qu'est-ce que Tristan d'Acunha?

Je consultai à mon retour tous les éléments

géographiques que j'avais sous la main... rien !

Le lendemain, je revis encore, dans les mêmes parages, l'Anglais en question.

— Qu'est-ce donc que Tristan d'Acunha? lui demandai-je.

— Oh! pas grand'chose, me répondit-il; une petite île perdue entre le Cap et les Indes.

Je ne pus en obtenir davantage.

Et j'aurais renoncé à parler de ces échantillons muets, si je n'avais pas eu la bonne fortune de lire, plus tard, un petit article fort original sur Tristan d'Acunha.

Donc, que les bois en question soient ou ne soient pas un envoi direct de cette île étrange, voici, en attendant que la question s'éclaircisse, l'intéressante esquisse de M. Fulbert Dumonteilh :

« Le vaisseau la *Galathée*, commandé par le duc d'Édimbourg, parti le 23 juillet de Rio-Janeiro, a touché à Tristan d'Acunha, le 4 août dernier.

Cette île offre le plus curieux intérêt comme résidence d'une communauté bizarre, séparée du reste du monde par son caractère et son isolement. C'est comme une Thébaïde au milieu du vaste Océan. — Les vaisseaux qui se rendent soit au Cap, soit aux Indes, s'y arrêtent seuls et de loin en loin.

Tristan est une montagne qui s'élève à 8,354 pieds au-dessus de la mer. Sa longueur est de sept lieues au plus. Son sommet, effilé comme une flèche, est éternellement couvert de neige.

Mais les versants de la montagne sont sillonnés de vallées fécondes et charmantes, semés de rivières, couverts d'arbres et de fleurs, peuplés d'oiseaux rares, au plumage éblouissant. Les champs abondent en fruits exquis, en gibier de toute espèce.

L'établissement de la communauté est situé de la façon la plus pittoresque au sud-est de l'île, sur les bords de la mer. La population de l'île s'élève à... CINQUANTE-TROIS individus!

L'histoire de cette colonie est aussi curieuse que singulière.

C'est à l'époque de la captivité de Napoléon à Sainte-Hélène que les Anglais occupèrent cette île jusqu'alors inhabitée. Une garnison d'artillerie expédiée du Cap s'y installa au nom du gouvernement britannique. Mais le détachement n'y séjourna que quelques mois.

Après l'évacuation de l'île, le caporal John Glaas, épris des beautés de *Tristan d'Acunha*, songea à y établir une colonie. Il y revint bientôt avec quelques familles du Cap qui finirent un beau jour par l'élire roi de l'île...

La colonie fut visitée par des bâtiments en 1841 et en 1852. La première fois elle comptait 70 habitants; la seconde, 85. C'était encore l'ancien caporal, le vieux Glaas, qui régnait sur *ces neuf douzaines* de sujets...

Vaillant chasseur et monarque débonnaire, ses fonctions consistaient à entretenir *son peuple* de lièvres et de perdreaux.

Depuis cette époque, on n'avait pas eu de nouvelles de Tristan d'Acunha. Le 5 août dernier, le duc d'Édimbourg a visité, avec son état-major, cet empire excentrique. Mais le vieux Glaas était mort sur son trône de bambou, et le gouvernement avait changé.

Les colons, sans barricades et sans coups de canon, avaient proclamé la république en revenant de la pêche.

Le président actuel, qui est aussi le personnage le plus âgé de l'île, se nomme Péters Green. Il fit naufrage dans Tristan d'Acunha il y a trente ans.

Tout en fabriquant de la poterie, il dirige les affaires de la communauté et traite avec les navires de passage. Ses fonctions les plus importantes consistent à arborer un vieux drapeau sur sa cabane lorsqu'un vaisseau se montre à l'horizon.

Cet étendard, qui se trouve ordinairement dans les jardins du président-potier, sert à défendre ses fruits et ses légumes en épouvantant les oiseaux.

Cette île de *Tristan d'Acunha* est un paradis terrestre, un véritable Eldorado. Les maisons de la colonie sont confortables et d'un aspect charmant. Le pays manque seulement d'un peu d'animation et de gaieté. Aussi quelques familles, fatiguées de cette retraite non moins monotone que délicieuse, ont-elles émigré, en 1863, pour les États-Unis.

Le climat de l'île est d'une salubrité exceptionnelle. Les *cinquante-trois* habitants qui composent la colonie n'ont jamais été malades. Seule, une vieille femme était un peu enrhumée.

Son Excellence le duc d'Édimbourg a visité toutes les familles de l'île, ce qui, du reste, n'a pas dû lui prendre beaucoup de temps, et le chapelain de la *Galathée* a baptisé seize enfants nés depuis 1857. En quittant *Tristan d'Acunha*, le duc d'Édimbourg a laissé à cette intéressante et sympathique colonie de précieuses provisions et de nombreux cadeaux. Le chapelain y a ajouté quelques bibles, et le docteur une bouteille de sirop, qui constitue toute la pharmacie de la communauté... »

Il demeure bien entendu maintenant que je n'ai pas eu la prétention de faire : que Tristan d'Acunha ait pris part à l'Exposition universelle de 1867, malgré le catalogue et à l'insu de la Commission impériale, — peut-être ai-je été induit en erreur; mais dans tous les cas, j'espère que cette erreur ne deviendra pas un *casus belli* pour la naissante république, — dont, pour ma part, je n'avais jamais soupçonné l'existence.

Et si ce chapitre parvient aux oreilles de Peters Green, le successeur du vieux Glaas, j'aime à croire qu'il ne m'en gardera pas rancune.

Tout cela ne dit pas quels étaient ces bois?

Mystère!... Résignons-nous!

XXXVII.

LE ROYAUME DE HONGRIE.

En écrivant le chapitre de l'Autriche, nous avons parlé de la Hongrie absolument comme s'il s'agissait d'une simple province de cet Empire.

Un catalogue spécial du *Royaume de Hongrie*, publié vers la fin de l'Exposition, est venu nous apprendre que la section hongroise avait son organisation particulière, avec une commission centrale dont S. Exc. M. le comte George Festetich était président, et M. Ladislas Korizmich vice-président.

Les précieux renseignements que nous a donnés, avec la plus parfaite complaisance, l'un des commissaires, M. le chevalier Paul de Térey, ont achevé de nous convaincre que la Hongrie méritait une plus large place dans notre compte rendu, et nous nous sommes décidé à consacrer un chapitre à cette héroïque nation.

Le Royaume de Hongrie, en y comprenant les parties annexes (Esclavonie, Croatie et littoral hongrois) et la grande principauté de Transylvanie, s'étend sur une superficie de 5,872 lieues géographiques, et compte une population de 15,200,000 âmes, ce qui fait presque la moitié de la population totale de l'empire d'Autriche. Au reste, les 15,200,000 habitants du royaume ne sont pas tous de sang hongrois; il y a parmi eux des Allemands et des Slaves, et ce mélange explique la pluralité des langues en usage dans le pays. Enfants adoptifs de l'Europe, les Hongrois proprement dits, ou Madgyars, appartiennent originairement aux races ouraliennes. C'est au IXe siècle qu'ils sont venus de l'Orient, poussés par les Petchénègues, et ils se sont d'abord arrêtés non loin de Kiew, dans le bassin du Dnieper; bientôt ils ont franchi ce fleuve, et sont allés s'établir sur le Danube et la Theiss, dans l'ancienne Pannonie, au milieu des tribus slaves. Ils s'appelaient à cette époque *Ougres*, mot dont on a fait Hongrois, et n'étaient encore que des étrangers chez nous; mais ils n'ont pas tardé à conquérir glorieusement leurs lettres de naturalisation, en protégeant, de concert avec la Pologne, l'Europe contre la grande invasion tartare du XIIe siècle. Depuis lors ils font partie de la famille européenne, et on sait quelle belle place ils y tiennent.

Ce qui distingue principalement notre race de celle dont les Hongrois sont sortis, c'est l'amour de la vie agricole; or, ils sont aujourd'hui un peuple éminemment cultivateur.

Les terres livrées à la culture, dans le royaume de Hongrie, sont évaluées, à

28,309,367 hectares, qui représentent 53 pour 100 de la surface cultivée de l'empire d'Autriche, et se décomposent ainsi :

Terres arables.....	9,960,631	hectares.
Prairies..........	4,112,440	—
Pâturages........	4,976,533	—
Bois.............	8,816,859	—
Vignobles........	442,904	—
Total...	28,309,367	hectares.

La culture rurale produit annuellement :

Froment........	17,500,000	hectolitres.
Froment-seigle..	10,100,000	—
Seigle..........	17,500,000	—
Maïs............	23,400,000	—
Orge............	12,300,000	—
Avoine..........	22,200,000	—
Graine de colza..	620,000	—
Légumes secs...	1,230,000	—

A ces produits il faut ajouter :

63,000,000	de kilogr.	de graine de lin et de chanvre.
74,000,000	—	de tabac.
44,728,000	—	de lin.
45,080,000	—	de chanvre.
16,800,000	—	de laine.
13,500,000	hectol.	de vin.

Une portion considérable de ces richesses entre chaque année dans le commerce européen. Ainsi, en 1861, la Hongrie a exporté :

Froment..................	3,400,000 hectolitres.
Seigle-froment et seigle pur...	676,000 —
Maïs.....................	800,000 —
Orge	400,000 —
Avoine...................	615,000 —
Farine de blé (en 1863)......	44,800,000 kilogr.
Laine.....................	14,000,000 —
Tabac....................	4,500,000 —
Vin......................	73,000 hectolitres.
Bois de construction........	2,300,000 stères.

Les blés hongrois, et principalement ceux du Banat, des comtés de Bacs et de Feher et des plaines voisines du Tibisque, jouissent d'une réputation méritée. Leur poids moyen est de 48 à 50 kil. l'hectolitre. Nous dirons en passant que la Hongrie est, de tous les pays de l'Europe, celui qui possède le plus grand nombre de batteuses, et, en général, de machines agricoles mues par la vapeur, proportionnellement à la superficie des terres cultivées en blé.

Des 22,134 moulins à vapeur, à eau, etc., qui fonctionnent dans le royaume, il sort chaque année 2,500,000,000 kilogr. de farine, et ce chiffre, déjà fort respectable, tend de plus en plus à s'accroître.

Une autre production considérable de la Hongrie est celle du tabac. Là, comme en France, la fabrication et le débit de cet excellent poison est un monopole de l'État; mais on peut obtenir l'autorisation de cultiver la plante et même d'exporter les feuilles. La production totale atteint annuellement 74,000,000 de kilogr. — Et tout cela se consomme, et personne n'en meurt.

Mais le tabac n'est pas encore le plus beau triomphe de la culture hongroise : le vin, le vin de Tokay surtout, voilà son chef-d'œuvre.

Et pourtant les vignerons de la Hongrie sont restés, comme tant de poëtes qui ne les valent pas, longtemps incompris. Leurs produits, excepté le Tokay déjà nommé, étaient peu demandés hors du pays, nous les connaissions à peine, quoique la viticulture hongroise soit la première du monde, — après la française bien entendu.

Dans le royaume seulement, et sans parler de la Transylvanie, de la Croatie, de l'Esclavonie et des frontières militaires, 340,029 hectares sont plantés en vignes. Il est vrai que les produits de beaucoup de ces vignes sont peu dignes d'être frères du Tokay. La liste des vins supérieurs ne contient pas plus de 22 noms. Ces derniers vins sont récoltés dans 272 clos différents, qui fournissent par année 1,720,000 hectolitres. Au premier rang sont les vins de liqueur et de dessert (Tokay-Hegyalja, Ménes-Magyarat, Kuszt, Sopron, etc.); quant aux vins de table rouges (Eger, Visonta, Szegzard, Bude, etc.), et aux vins blancs (Magyarat, Somlo, Badakson, etc.), le commerce étranger a le tort de les négliger, et ils se vendent dans le pays à des prix insignifiants.

Nous avons cité les bois comme objet d'exportation. Les forêts couvrent près d'un quart du territoire hongrois; les principales essences qui les peuplent sont le pin, le chêne commun et de Turquie, et le hêtre; on y trouve aussi, mais plus rarement, l'érable, l'orme, l'aune, le frêne et le tilleul. L'exploitation de ces forêts fournit surtout du bois de construction, des traverses de chemins de fer et des douves; ce dernier article est exporté jusqu'à Marseille, Cette et Bordeaux, et ces trois villes achètent à la Hongrie pour 40 à 45 millions de douves par an.

Pour être en règle avec l'industrie agricole du royaume, nous devons encore mentionner les laines, dont la production annuelle monte à environ 16,300,000 kilogrammes ; plus de la moitié se classe parmi les laines fines et est employée à la fabrication des draps. Pesth, où des foires ont lieu quatre fois par an, est le principal entrepôt de ce commerce. La majeure partie des laines fines est obtenue chez les grands propriétaires, à la tête desquels il faut placer M. le baron Simon Sina.

Nous avons parlé, dans le chapitre de l'Autriche, des objets manufacturés de la Hongrie, ainsi que des produits naturels du sol : nous ne répéterons pas ce que nous en avons dit.

Nous ferons seulement remarquer ceci : des noms d'exposants hongrois se sont fréquemment rencontrés sous notre plume, lorsque nous avons écrit ce précédent chapitre. C'est que la Hongrie représente à elle seule la moitié de l'empire, et que, jeune et forte, elle marche dans la voie du progrès d'un pas aussi ferme que les autres nations de l'Europe.

Pesth et Vienne se sont serré la main. Nous avons alors étudié à la fois les deux peuples. Cependant les éléments ne sont pas les mêmes, et les forces productives des deux pays peuvent se comparer, mais elles ne se confondent pas : voilà pourquoi nous devions à la Hongrie un chapitre spécial.

Combien nous regrettons de ne pouvoir en consacrer un, également, à l'infortunée Pologne ! On lisait en effet sur plusieurs expositions de la section russe : *Royaume de Pologne*. Cette affirmation de la nationalité polonaise devant l'univers entier ne pouvait être une ironie. Nous l'avons prise pour une espérance.

Le cas n'est pas complétement le même sans doute.

Mais avec quelle reconnaissance l'Europe eût sa'ué un décret de S. M. l'Empereur de Russie organisant une exposition libre du royaume de Pologne, comme S. M. l'Empereur d'Autriche en a décidé à l'égard du royaume de Hongrie, le plus noble, le plus riche joyau de sa couronne.

Il faut si peu de chose pour contenter les peuples !

XXXVIII.
ÉTATS-UNIS D'AMÉRIQUE.

Bien que l'exposition des États-Unis n'ait pas manqué d'une certaine splendeur, il serait souverainement injuste de croire qu'ils n'auraient pu mieux faire ; il ne faut donc pas porter de jugement téméraire. La grande république américaine a énormément souffert de la lutte intestine qui a déchiré ses flancs, et les arts, l'industrie et l'agriculture ont eu à peine le temps de reprendre leur équilibre. Eh bien, malgré les déplorables effets de cette guerre fratricide, qui a cependant amené l'abolition de l'esclavage, les États-Unis ont répondu, aussi largement que le leur permettaient les circonstances, à l'appel du pays qui a signé de son sang généreux le grand acte de leur indépendance.

Oui, en dépit des événements et des complications diplomatiques, ce grand peuple aime la France et c'est fête pour lui quand il s'agit de se rapprocher d'elle !

L'exposition américaine a donc réussi ; les organisateurs se sont acquittés de leur mission avec zèle, et nous n'avons pas eu à constater chez nous l'immense lacune qui existait à Londres.

L'économiste, le fabricant, le commerçant, auront pu trouver dans l'ensemble des objets exposés par les États-Unis tous les enseignements que l'on est en droit de demander à un concours universel.

Depuis les produits du sol jusqu'aux plus puissantes machines, depuis l'œuvre des arts jusqu'aux travaux de l'industrie, tout était représenté soit dans le palais, soit dans le parc, soit dans la grande annexe qui longeait l'avenue de Suffren.

Les États-Unis sont bornés au nord par le fleuve Saint-Laurent, les lacs Érié, Huron et Supérieur et par une ligne qui rejoint le golfe de Puges dans l'océan Pacifique ; au sud par le golfe du Mexique et la république mexicaine, à l'est par l'océan Atlantique, à l'ouest par l'océan Pacifique.

La superficie totale de ce vaste territoire est de 841,713,600 hectares; les côtes, tant sur les lacs que sur les mers, présentent un développement de 27,111 kilomètres.

La république américaine comprend 36 états, 10 territoires et un district métropolitain ou fédéral, savoir :

Maine, — New-Hampshire, — Vermont, — Massachussetts, — Rhode-Island, — Connecticut, — New-York, — Pensylvanie, — New-Jersey, — Delaware, — Maryland, — Ohio, — Indiana, — Michigan, — Illinois, — Wisconsin, — Minnesata, — Jowa, — Missouri, — Kentucky, — Kansas, — Virginie, — Virginie de l'Ouest, — Caroline du Nord, — Caroline du Sud, — Georgie, — Floride, — Alabama, — Louisiane, — Texas, — Mississipi, — Arkansas, — Tennessée, — Californie, — Oregon, — Nevada.

Nebraska, — Dakata, — Montana, — Idaho, — Washington, — Utah, — Colorado, — New-Mexico, — Arizona, — Indiana.

District Colombia.

Les personnes et les capitaux employés dans les manufactures des villes et communes des États-Unis, dont la population est d'au moins 10,000 âmes, se répartissent d'après le recensement de 1860, ainsi qu'il suit :

Dans 102 villes et communes, comprenant une population totale de 4,763,717 personnes : 2,156,558,139 francs sont engagés dans les manufactures. Le personnel de ces dernières est de 410,920 hommes et 147,000 femmes, soit 557,920 travailleurs. La valeur totale des produits obtenus annuellement est évaluée à 4,523,413,055 francs [1].

En 1860 la population des États-Unis, en y comprenant les tribus indiennes, s'établissait ainsi :

[1]. La plus grande partie des chiffres sur lesquels repose cette statistique provient des données du ministre de l'intérieur des États-Unis, par suite de la demande de la Commission impériale, etc.

	Habitants.
Population totale des États et territoires..	31,445,08
Population noire libre du territoire indien au delà de l'Arkansas................	40
Population noire esclave......	7,30
Population indienne....................	294,45
Population blanche....................	1,988
Total...	31,749,28

En 1865 cette même population avait atteint le chiffre de 35,500,000 âmes.

« En progressant dans la proportion que les États-Unis ont suivie jusqu'à présent, cette population atteindrait, en 1870, 42 millions 250 mille, et en 1900, 107 millions.

« L'étendue de la grande république lui permet, sans être proportionnellement plus peuplée que l'Angleterre et la province de Galles, d'arriver à un chiffre de population égal au chiffre total actuel de la population du globe. »

Les exportations et les importations sont considérables aux États-Unis :

	Francs.
En 1860, l'exportation des marchandises originaires du pays s'est élevée au chiffre de.....................	1,929,390,140
Les exportations des marchandises originaires d'autres pays au chiffre de...	139,243,720
Soit un total de...	2,068,633,860
Quant au chiffre des importations il a été de.....................	1,872,387,570
Soit un mouvement commercial extérieur de.....................	3,941,021,430

Les exportations indiquées consistent en produits de la mer, des forêts, de l'agriculture, en tabac, coton, produits des manufactures, produits bruts, espèces monnayées et lingots.

Afin de démontrer d'un seul coup la prospérité toujours croissante des États-Unis d'Amérique, nous allons mettre en regard les exportations et les importations des années 1860 et 1866 :

	1860.	1866.
Exportations......	2,068,633,860	2,111,287,784
Importations......	1,872,387,570	2,262,593,454
Mouvement total...	3,941,021,430	4,373,881,238

En 1860 l'étendue des canaux et les canalisations était de 8,357 kilomètres, ayant entraîné une dépense de 752,617,605 francs.

A la même époque on comptait 49,545

kilomètres de chemins de fer terminés, ayant entraîné une dépense de 5,883,569,485 francs.

Ces chemins de fer transportent annuellement 26 millions de tonnes de marchandises, évaluées à la somme de 20,163,000,000 francs.

A ces 49,545 kilomètres de voies ferrées, il convient d'ajouter comme voies de transport 80,500 kilomètres de navigation fluviale et lacustre.

La longueur totale du réseau télégraphique en 1865 était de 88,495 kilomètres.

Au point de vue de la navigation, nous dirons qu'en 1860 la statistique du mouvement maritime a donné les résultats suivants :

Tonnage des navires sortants :

Américains	6,165,924 tonnes.
Étrangers	2,624,005
Total du tonnage de sortie	8,780,929 tonnes.

Tonnage des navires entrés :

Américains	5,931,285 tonnes.
Étrangers	2,353,911
Total du tonnage d'entrée	8,285,196 tonnes.
Total du commerce maritime	17,075,125 tonnes.

La même année, année de recensement, la valeur taxée des propriétés a été, pour les propriétés mobilières, de 36,050,958,273 fr.
Et pour les propriétés immobilières, de 26,426,733,962
Soit une valeur imposable de 62,477,692,235 fr.

Jetons un coup d'œil maintenant sur la nature des productions du sol américain :

Le rendement annuel de l'or est de 517 millions de francs.

Les mines d'argent se rencontrent sur les territoires de l'Arizona du Mexique, de Nevada. Cette dernière localité produit tous les ans 82,203,000 francs d'argent.

Le mercure se trouve en abondance aux États-Unis ; la Californie seulement en verse annuellement 1,850,000 kilogrammes dans le commerce.

Les mines de fer des États-Unis ont produit en 1860 2,514,282 tonnes, qui ont donné en fonte crue, en fer laminé et en barres, en machines et en fonte, une valeur de 606,967,273 francs.

La production de la houille a été, cette même année 1860 de 5,775,077, tonnes de houille bitumineuse, d'une valeur de... 38,729,457 fr.
9,398,332 tonnes d'anthracite, d'une valeur de... 61,391,547
Soit un total de... 100,121,004 fr.

De plus on a extrait 2,348 tonnes de nickel d'une valeur de 145,669 francs ; — 11,800 tonnes de zinc d'une valeur de 375,342 francs ; — 11,000 tonnes de plomb d'une valeur de 5,052,532 francs ; — 14,432 tonnes de cuivre d'une valeur de 17,146,387 francs ;—4,294,872 hectolitres de sel d'une valeur de 11,711,611 francs.

On rencontre aussi aux États-Unis du cobalt, de l'antimoine, de l'arsenic, du manganèse, du chrome, du platine, des diamants, des opales, du porphyre, de l'albâtre, du sel gemme, du soufre, du marbre, de la pierre à bâtir, du kaolin, etc., etc.

Voici quelques chiffres qui regardent particulièrement l'industrie :

La valeur des livres et journaux imprimés en 1860 a été de	205,135,482 fr.
Celle des machines à coudre	28,979,635
Celle des confections pour habillement	330,755,380
Celle des scieries	495,866,518
Celle des moulins à farine	1,153,662,388
Celle des marchandises en coton et laine, y compris les tissus mélangés, cardés et foulés (coton)	595,263,077
(laine)	356,037,028
Celle des cuirs	322,179,182
— chaussures	462,972,983
— articles en caoutchouc	29,623,583
— meubles	117,365,740
— instruments de musique	29,943,642
— bijouterie et orfèvrerie	101,097,178
— gaz	58,030,044
— savon, chandelles, bougies	87,686,002
— bois	496,320,000
— machines à vapeur	242,990,000
— raffineries de sucre	196,460,000
— spiritueux	129,250,000
— bières	93,860,000
— instruments agricoles	92,026,000
— papier	87,800,000

Soit un total général de 10 milliards 500 millions.

Passons à l'agriculture :

En 1860 l'étendue des terres cultivées était de 66,799,095 hectares :

Celle des terres non cultivées, de 99,755,224 hectares.

On estimait alors la valeur des fermes à 34,385,010,861 francs.

Et la valeur des machines et instruments agricoles à 1,277,132,154 francs.

Le dénombrement des animaux domestiques a donné le résultat suivant :

Chevaux, 6,249,174; — ânes et mulets, 1,151,148; — vaches laitières, 8,581,735; — bœufs de labour, 2,254,911; — autre gros bétail, 14,779,894; — moutons, 22,471,275; — porcs, 33,512,367.

Les produits agricoles pour la même année ont donné :

Blé	60,984,864 hectolitres.
Seigle	7,334,010 hectolitres.
Maïs	205,506,682 hectolitres.
Avoine	61,822,194 hectolitres.
Riz	90,583,516 kilogrammes.
Tabac	217,104,830 kilogrammes.
Coton nettoyé	5,387,052 balles de 200 kil.
Laines	30,132,451 kilogrammes.
Pois, haricots	5,377,828 hectolitres.
Pommes de terre	39,157,745 hectolitres.
Patates	14,830,077 hectolitres.
Orge	4,574,473 hectolitres.
Sarrasin	6,190,551 hectolitres.
Valeurs des produits des vergers	103,358,045 francs.
Vins	71,598 hectolitres.
Produits des jardins maraîchers	83,544,604 francs.
Beurre	229,840,686 kilogrammes.
Fromage	51,731,963 kilogrammes.
Foin	19,083,896 les 100 kilogr.
Graines de trèfle	336,865 hectolitres.
Graines d'herbage	317,084 hectolitres.
Houblon	5,495,998 kilogrammes.
Chanvre roui à l'air	52,281 les 100 kilogr.
Chanvre roui à l'eau	3,918 les 100 kilogr.
Chanvre roui par d'autres procédés	13,234 les 100 kilogr.
Lin	2,360,072 kilogrammes.
Graines de lin	199,707 hectolitres.
Soie en cocons	5,972 livres.
Sucre de mélèze	20,060,102 livres.
Canne à sucre	230,982 les 500 kilogr.
Mélasse de canne	658,415 hectolitres.
Mélasse de mélèze	70,293 hectolitres.
Mélasse de sorgho	296,961 hectolitres.
Cire	661,393 kilogrammes.
Miel	11,683,178 kilogrammes.
Produits domestiques	126,907,318 francs.
Valeur des animaux abattus pour la boucherie	1,104,408,637 francs.

Tel est à vol d'oiseaux l'inventaire industriel, agricole et commercial des États-Unis d'Amérique [1].

En Amérique l'instruction est générale, et pour arriver à cette généralité, la loi attribue un trente-sixième des terres nationales aux besoins des écoles publiques et gratuites.

On ne compte pas moins de 97 sociétés savantes aux États-Unis, elles se répartissent ainsi sur le territoire :

État de la Californie : San-Francisco, 3. — État de la Californie du Sud : Charlestown, 3. — District de Colombie : Washington, 5. — État du Connecticut : Hartford, 3; New-Hawen, 6. — État de Delaware : Wilmington, 1. — État de Géorgie : Savannah, 1. — État de l'Illinois : Chicago, 2; Springfield, 1; Vaudalia, 1. — État d'Indiana : Indianapolis, 2. — État de l'Iowa : Borlington, 1. — État de Kentucky : Frantcfort, 1; Louisville, 1. — État de Minnesaka : Saint-Paul, 1. — État de la Louisiane : New-Orléans, 2. — État du Maine : Brunswick, 1. — État du Maryland : Baltimore, 2. — État de Massachussetts : Boston, 10; Cambridge, 2; Lynn, 1; Salem, 1; Worcester, 1. — État du Michigan : Detroit, 2. — État de Missouri : Jefferson, 1; Saint-Louis, 3. — État de New-Hampshire : Concord, 1. — État de New-Jersey : Newark, 1. — État de New-York : Albany, 3; Hudson, 1; New-York, 7; Troy, 1; Utica, 2; West-Point, 1. — État de l'Ohio : Cincinnati, 2; Columbus, 1. — État de Pensylvanie : Carlisle, 1; Philadelphie, 12. — État de Rhode-Islande : Newport, 1. — État de Vermont : Montpellier, 1. — État de Virginie : Richmond, 1. — État de Wisconsin : Madison, 2.

Nous connaissons surtout les travaux de l'institut *Smithsonien*, de Washington, avec lequel nous entretenons des rapports suivis.

Cette grande Société est une des gloires scientifiques des États-Unis.

En 1851, à Londres, les États-Unis étaient représentés par 499 exposants;

En 1855, à Paris, par 130;

En 1862, à Londres, par 66;

Et cette année 1867, à Paris, par 651,

Qui se répartissent dans les dix groupes de la manière suivante :

---

[1]. Tous ces chiffres, nous le répétons, sont dus M. le ministre de l'intérieur des États-Unis.

	Exposants.
1er GROUPE. — OEuvres d'art	52
2e GROUPE. — Matériel et application des arts libéraux	86
3e GROUPE. — Meubles et objets destinés à l'habitation	40
4e GROUPE. — Vêtements et autres objets portés par la personne	49
5e GROUPE. — Produits bruts et œuvres des industries extractives	142
6e GROUPE. — Instruments et procédés des arts usuels	210
7e GROUPE. — Aliments à divers degrés de préparation	68
8e GROUPE. — Produits vivants et spécimens d'établissements d'agriculture	»
9e GROUPE. — Produits vivants et spécimens d'établissements d'horticulture	»
10e GROUPE. — Objets exposés en vue d'améliorer la condition physique et morale des populations	4
Total	651

Les États-Unis ont eu aussi leurs expositions nationales : la première eut lieu à New-York en 1828, 63 médailles y furent décernées ; la seconde eut lieu à Washington en 1846 ; la troisième s'ouvrit à New-York en 1853, on y comptait 4,834 exposants ; la quatrième eut lieu également à New-York en 1858, et enfin la cinquième eut lieu à Philadelphie en 1864.

Pénétrons maintenant dans le palais, et voyons quels sont les produits et par conséquent les exposants qui méritent particulièrement d'être remarqués.

Voici d'abord les livres exposés par la Société biblique, société qui depuis son origine a reçu en dons et en ventes plus de 54 millions de francs; qui a distribué plus de 22 millions d'exemplaires des saintes Écritures, en cinquante langues et dialectes différents; qui possède 17 presses de première classe, un personnel de 400 personnes, qui enfin à 5,000 sociétés auxiliaires et 25,000 membres à vie.

Nous sommes ensuite forcés de franchir les classes suivantes et de ne nous arrêter qu'à la dixième : nous voulons parler des instruments de musique.

Trois concurrents méritent d'être cités, ce sont : M. Steinway, de New-York ; M. Chickering, également de New-York, tous les deux exposants de pianos, et M. Gemunder, exposant d'instruments à cordes.

Nous avons jugé *de visu* cette dernière exposition, mais nous avons pu juger *de auditu* les deux autres. Or nous dirons que, personnellement, il nous est impossible de donner la préférence à M. Chickering sur M. Steinway, et *vice versa*. Les pianos de ces deux facteurs, ont une égalité parfaite dans toute l'étendue du clavier, et une puissance de sonorité qui étonne, surtout lorsqu'on est habitué aux sons moelleux des pianos Erard, Hertz, Pleyel-Wolf, etc.

Dans la classe suivante, Instruments de chirurgie, nous recommandons l'exposition de M. Barnes : Plans d'hôpitaux de campagne, instruments de chirurgie et matériel des hôpitaux de l'armée des États-Unis, tout cela dans le palais ; et dans le parc, une ambulance, un wagon dispensaire et une tente d'hôpital meublée. Il y a réellement de l'humanité à exposer de semblables objets.

Dans la classe des Instruments de précision et matériel de l'enseignement des sciences, nous avons remarqué un planétaire très-intelligemment construit, et à l'aide duquel il est possible de placer instantanément sous les yeux des élèves, et cela d'une manière tangible, la position relative, ainsi que les mouvements de la lune et des planètes inférieures. L'instrument démontre les différents phénomènes des conjonctions et du passage des éclipses, et le moment de leur arrivée, avec une précision mathématique, aussi bien pour le passé que pour le présent et le futur ; il indique également les nœuds et les phases de la lune, de Vénus et Mercure, ainsi que les inclinaisons et les excentricités de leurs orbites.

De plus, comme la sphère terrestre est recouverte d'une carte des deux continents et est entourée d'un méridien et d'une ligne d'éclairage, le professeur peut expliquer à ses élèves les saisons, la durée des jours et des nuits, et les différentes latitudes dans les diverses saisons.

Ce planétaire est exposé par l'inventeur M. Barlow, de Lexington (Kentucky).

Les papiers de tenture américains méritent une mention, non pour le luxe des dessins, non pas même pour la qualité du papier, mais pour leur fabuleux bon marché, dont nous n'avons pas d'exemple en Europe.

Des papiers de tentures, nous sommes encore forcé de traverser un grand nombre de classes sans nous y arrêter, car les expositions qui y sont contenues n'offrent réellement rien d'intéressant à signaler. Chose curieuse même, c'est que les Américains n'ont pas envoyé de tissus; le monde sait ce qu'ils savent faire en ce genre, et cela semble leur suffire.

Nous nous arrêterons à la classe 37, Armes portatives, pour signaler le fusil système Ball, de la manufacture Windsor (Vermont). C'est un fusil révolver d'un nouveau genre; seulement le système ne *révolve* pas, les cartouches sont rangées bout à bout dans une coulisse placée au-dessous du canon, dix cartouches y sont contenues; quand l'une a été chassée, la suivante quitte le coulisseau inférieur et vient prendre sa place. Ce système mérite d'être étudié, car à coup sûr il est plus solide et moins susceptible de se déranger que celui du fusil révolver ordinaire; seulement, sans vouloir résoudre la question, nous craignons la pesanteur de l'arme et le changement continuel de son centre de gravité.

Quant aux armes à feu se chargeant par la culasse, il y a autant de systèmes que d'exposants : systèmes Remington, Spencer, Jenks, Berdan, Roberts et Peabody. Il nous est impossible de formuler une opinion sur des armes que nous n'avons pu essayer[1].

En fait d'armes à feu, nous ne devons pas oublier le canon Feriss, se chargeant par la culasse et envoyant des projectiles de *3 livres* à 16 kilomètres de distance. Ceci est pour nous une curiosité et rien de plus, encore ne faisons-nous qu'indiquer le fait sans en garantir la *portée*.

Mentionnons également le mitrailleur-Gatlind : 6 canons de fusil de rempart, réunis sur une culasse commune, et envoyant d'un seul coup six biscaïens. — Avis aux amateurs!

La classe 40, Produits de l'exploitation des mines, compte 55 exposants, présentant environ 14 à 1,500 numéros. Cette profusion de produits nous décourage et nous oblige à renvoyer nos lecteurs aux notes statistiques, que nous avons données à ce sujet au commencement de cette étude.

La même observation est applicable aux productions forestières, qui ne nous demanderaient pas moins de cent colonnes, si nous voulions étudier consciencieusement la riche flore des végétaux ligneux américains.

Nous signalerons cependant dans cette classe un produit désigné sous le nom de *mousse noire* à l'usage des tapissiers; cette mousse croît spontanément, s'il faut en croire les gravures exposées, sur tous les arbres de la Louisiane; c'est un véritable crin végétal, et elle a toute l'apparence du crin animal, ainsi que son élasticité et sa couleur; seulement, ce qui la distingue, ce sont de petites écailles rudimentaires qui se trouvent disposées de distance en distance. Nous avons interrogé le gardien de cette exposition, qui n'a pu nous renseigner; nous nous sommes même adressé plus haut, et il nous été invariablement répondu : « C'est de la mousse » Or cette plante ressemble à une mousse, comme un artichaut à une asperge; ce végétal appartient bien à la classe des cryptogames, mais il est incontestablement de la famille des fougères; seulement encore, au lieu de se développer comme nos fougères indigènes sur le sol, celle-ci est parasite et se développe sur les rameaux des arbres forestiers de la Louisiane.

Les filaments exposés en balle n'ayant conservé aucun caractère botanique, sinon les folioles squammeuses alternes, nous ne pouvons affirmer qu'un fait, c'est que la plante appartient à un genre très-rapproché des *asplenium*.

Le tabac et le coton dominent dans la classe des produits agricoles non alimentaires; nous mentionnerons aussi les cuirs et peaux tannées et préparées de la classe 46.

Nous avons parcouru avec le plus grand soin la section du matériel agricole, croyant y trouver quelque chose de nouveau. Avouons que notre espoir a été déçu. Constatons seulement la présence d'une quantité considérable de faucheuses et moissonneuses, sans

---

[1]. Dans la vitrine de MM. Remington et Sons, de New-York, se trouvaient un fusil adopté par le gouvernement suédois et un autre adopté par le gouvernement danois. — A côté, dans la vitrine de M. Spencer on remarquait des *Rifles* et carabines à sept coups !

modifications ni améliorations, et appartenant aux systèmes bien connus de Marc-Cormick, Clepper mover and Reaper, Wood, Perry, Seymour Morgan et Allen. Pour l'acquit de notre conscience, nous citerons aussi la herse rotative de M. Munroé, de Rokland, pour son excellente construction.

Dans la classe 47 nous avons remarqué une machine destinée à couper et à extraire la pierre des carrières et mines; elle est de M. Wardwell, de New-York. Cet appareil ne peut fonctionner qu'à ciel ouvert, il fait l'ouvrage de vingt hommes, trace deux sillons à la fois et divise la pierre en bandes ou en blocs, sans l'emploi de la poudre. Enfin il trace dans le sol pierreux des sillons de 1 mètre 60 à 3 mètres de profondeur. Nous croyons cette machine très-fructueusement applicable dans les exploitations, où la matière est destinée à être mise en œuvre, tels que marbres, granits, porphyres, serpentines, etc.

Parmi les machines motrices qui figurent dans la section américaine, nous recommanderons particulièrement celle inscrite sous le nom de M. Geo Dwight, celle à cylindre oscillant de M. Andrews, celle de M. Corliss, celle rotative de M. Dart, et enfin celles à air chaud de M. Erickson, de M. Roper et de M. Shaw.

La machine rotative de M. Dart, système Behreus, est de la force 12 chevaux, elle est accompagnée d'une pompe basée tout à fait sur le même principe. Les pistons sont montés sur deux arbres parallèles qui portent des engrenages en contact l'un avec l'autre, destinés à les faire tourner en sens inverse et à une égale vitesse; les pistons ont la forme d'une portion de couronne concentrique à l'arbre, leur face extérieure et convexe lèche la face intérieure d'un cylindre qui les renferme tous deux en leur permettant de tourner librement, et leur face intérieure et concave se meut autour d'une douille fixe, disposée sur l'arbre. Ce système est très-ingénieux, seulement il nous paraît susceptible d'une grande dépense de vapeur et d'une rapide usure.

Les machines à air chaud, système Erickson, fonctionnent au moyen d'un cylindre horizontal dans lequel se meuvent deux pistons; selon leurs mouvements relatifs, ces pistons attirent entre eux un certain volume d'air extérieur; ils le compriment ensuite et le mettent en contact avec les parois chaudes du foyer qui en lui communiquant un excès de volume et de pression lui font produire le travail moteur.

Les machines à air chaud des autres systèmes sont à deux cylindres verticaux et sont basées sur les mêmes propriétés physiques de l'air.

Parmi les magnifiques machines-outils qui meublent la galerie des machines de l'Exposition américaine, nous citerons les puissantes raboteuses de M. William Sellers, de Philadelphie; les machines à tarauder, à percer et à filtrer de MM. Brement et Dougherty, ainsi que le tour perfectionné de M. Harris.

En général, nous aimons peu les machines américaines destinées à éplucher le coton, parce qu'elles reposent généralement sur le principe *du loup* et qu'elles doivent nécessairement déchirer la fibre, au lieu de l'arracher de dessus la graine.

Nous préférons l'admirable, la merveilleuse machine à faire les cordes, de M. Prouty, de Worcester, qui, à l'aide d'un enfant de huit à dix ans, peut fabriquer 15 mètres de corde irréprochable dans une journée de dix heures. Comme perfection automatique, nous ne saurions comparer cette machine qu'à celle de MM. Évrard et Boyer, de Paris, machine propre à la fabrication des charnières et qui vient, dit-on, d'être cédée aux États-Unis pour la somme de 300,000 francs.

Nous voici aux machines à coudre, à tricoter et à broder. C'est un véritable déluge; nous avons compté jusqu'à 16 *systèmes* différents sur lesquels le *savoir-faire* américain brille dans toute sa splendeur; c'est un steeplechase presque ridicule, et cette concurrence de mauvais goût s'étend malheureusement à des œuvres méritoires, telle, par exemple, que la couseuse Elias Howe, qui a été honorée cette année de la croix de la Légion d'honneur et de la médaille.

Les machines à travailler le bois, de la maison Rogers, nous ont paru être celles qui méritaient les plus justes éloges.

Voici maintenant une industrie essentiellement américaine : nous voulons parler de la machine à faire des faux-cols et des manchettes de MM. Galloupe, Nicholson et Woodbury, de Boston. Ces industriels livrent, dit-on, aux États-Unis seulement, trois millions de faux-cols par jour, dont le prix équivaut juste à un blanchissage. Le papier de ces faux-cols et de ces manchettes est d'une telle solidité, d'un grain si serré, que jamais les boutonnières ne se rompent.

La carrosserie américaine brille particulièrement par sa délicatesse, son excessive légèreté et l'excellence de ses bois.

La locomotive exposée par la compagnie Grant's locomotive Works est dorée sur tranches; c'est un joyau, mais ajoutons que cet excès d'ornementation ne nuit en rien à la valeur incontestable de cette excellente machine sur laquelle M. Eug. Delessert a écrit dans la *Liberté* une grande colonne, qu'on nous saura gré de reproduire :

« Nous ne pouvons nous dispenser de rendre un juste tribut d'admiration à cette fameuse locomotive américaine.

« C'est avec plaisir que nous cherchons à attirer l'attention du public sur ce modèle d'élégance, de force, et sur le fini du travail si soigné que de prime abord il semble être tout en or, argent et acier poli.

« Nous ne comprenons réellement pas pourquoi M. Beckwith, le commissaire américain, a relégué à l'écart, c'est-à-dire dans l'annexe, près la galerie du chemin de fer d'Auteuil, entourée de produits de toutes natures, cette locomotive, ce magnifique spécimen de l'industrie du nouveau monde, qui peut rivaliser aujourd'hui avec tous les produits des usines européennes ; sa place était marquée dans la grande galerie des machines, où elle se serait fait par elle-même une véritable place d'honneur, fière d'être née dans cette jeune Amérique, ce pays de l'avenir industriel.

« En l'examinant minutieusement, on est frappé de la persévérance avec laquelle M. Grant, le constructeur, a cherché à supprimer tous poids inutiles, puisqu'elle ne pèse que vingt-sept tonnes, visant premièrement à la légèreté, tout en conservant une énorme puissance.

« Cette machine, remarquable à tous les points de vue du mécanisme, présente, en outre de la parfaite exécution de ses détails, plusieurs particularités absolument propres aux États-Unis. D'abord il faut remarquer l'apparence dégagée que donne à la machine la suppression du châssis, et son avant-train à quatre roues basses et à pivots, qui permet d'aborder les courbes comme on en rencontre seulement au États-Unis, où l'on préfère, à cause du peu de valeur des terrains et de la cherté de la main-d'œuvre, faire un long circuit pour éviter les terrassements ou tunnels, toujours si coûteux ; en outre, le mode de suspension qui relie le foyer aux deux paires de roues motrices couplées doit servir aussi de modèle et d'étude à tout constructeur qui aura besoin d'un mode de suspension efficace, léger et élastique ; le contre-poids du levier de changement de marche est remplacé par un double ressort renfermé dans une boîte en cuivre et fixé d'un côté à la chaudière.

« Le cow-catcher, ou chasse-vache, inconnu dans nos contrées, est de première nécessité, comme la grosse cloche, dans ces pays où il est impossible de clore les voies ferrées, qui s'étendent à des distances énormes, à travers des régions absolument vierges, et où les bestiaux se couchent souvent sur les rails. L'énorme lanterne ou phare qui domine son avant-train est d'une puissance peu usitée en Europe et est digne de remarque.

« La chambre des mécaniciens est aussi parfaitement emménagée ; ils y sont à l'abri de l'intempérie des climats ainsi que de la poussière qui aveugle ; nous avons remarqué un magnifique chronomètre et un timbre qui est relié au train par une corde qui va jusqu'au dernier wagon. Le mécanicien est par là immédiatement prévenu de tous accidents qui peuvent arriver en route, et il n'y a pas d'exemple, m'assure-t-on, que parmi ce peuple essentiellement pratique un mauvais plaisant, comme il s'en trouverait chez nous, se soit jamais amusé à donner une fausse alerte dans le but de faire une farce. Quant à nous Français, nous serons probablement encore longtemps à nous habituer à la réserve et au souverain respect que professe tout Américain pour tout ce qui a rapport au service et à la sécurité publique.

« On doit remarquer la longueur de la chaudière, qui donne une grande surface de chauffe et utilise plus complétement le calorique. Le tender n'est pas moins curieux. Posé sur ses deux trains à quatre roues mobiles, il peut tourner dans les courbes les plus ardues. Tout est bien entendu pour la bonne économie du matériel et pour unir la force à la légèreté. Il semble que la liberté d'allures des institutions américaines se traduit dans la construction de leurs machines et de leurs bateaux à vapeur, qui sont aussi excessivement curieux et remarquables de construction par leur emménagement confortable, comme pour la vitesse et la force de leurs machines.

« M. Grant, de Paterson-Works (New-Jersey), est un des plus habiles ingénieurs-constructeurs des États-Unis, et sa locomotive, pour laquelle le jury lui a décerné une grande médaille d'or, est une des plus belles choses à voir à l'Exposition universelle ; et ceux qui ont pu l'admirer et l'étudier en garderont longtemps le souvenir. »

Recommandons aussi l'appareil de MM. Brown et Level, à l'aide duquel un homme suffit pour détacher instantanément un canot chargé pendant que le navire est en marche, quelle que soit sa vitesse, et rappelons au souvenir de tous le *Red White and Blue* ou rouge, blanc, bleu, ce petit navire de deux tonneaux qui a fait la traversée de l'Atlantique en 38 jours.

Parmi les expositions remarquables, il faut citer celles des céréales, des biscuits, des conserves de viandes et de poissons, des sucres, des cacaos, des chocolats, et enfin celle des vins, sur lesquels nous ne pouvons nous prononcer, puisque nous n'avons pas été appelé à les déguster.

Tous les objets, machines, substances, dont il vient d'être question, se trouvent dans le palais, mais dans le quart anglais du parc existent plusieurs expositions spéciales : c'est une maison portative de la Louisiane, une boulangerie, une maison de fermier telle qu'on en rencontre dans les campagnes des États de l'ouest, c'est enfin un bâtiment d'école exposé par M. Lyman-Bridges, de Chicago, Illinois.

La maison de la Louisiane avec son élégant fronton et ses colonnes de temple, est tout en bois de cèdre dont la durée surpasse de beaucoup celle du meilleur chêne. — « Toutes ses parties se montent et se démontent en moins de deux heures. Ce genre de construction est en faveur dans l'Amérique du Sud parce qu'il permet aux émigrants qui quittent un pays pour un autre, de pouvoir emporter leurs maisons avec eux. Les habitants de la Louisiane, surtout, affectionnent ces sortes d'habitations qui s'élèvent en grand nombre dans les savanes traversées par de nombreuses rivières où s'établissent ordinairement les colons. »

La maison de la Louisiane était mise à prix à 4,500 francs.

Le bâtiment de l'école américaine nous ramène à l'instruction.

Afin de donner une idée exacte de ce que peut être l'instruction publique en Amérique, voici quelques chiffres exacts sur l'un de ses États. Nous prenons l'Illinois, en 1864 :

Nombre des habitants de l'État........	2,250,000
Nombre des personnes âgées de cinq à vingt et un ans..................	1,049,354
Nombre des écoles primaires.........	10,211
Nombre des écoles primaires ouvertes plus de six mois par an............	9,022
Nombre des maîtres.................	6,533
Nombre des maîtresses..............	9,593
Nombre d'établissements d'instruction privée........................	688
Nombre d'élèves dans ces institutions particulières.....................	29,317
Sommes dépensées pour payer les professeurs......................	8,055,015 fr.
Sommes dépensées pour les frais des écoles.........................	12,302,550
Nombre d'enfants d'âge à aller à l'école.	700,458
Nombre d'enfants allant à l'école......	573,976

Il serait à désirer que la France fût dans les mêmes conditions.

Si l'Amérique n'a pas obtenu les grands prix d'honneur pour ses envois d'objets d'art, pour ses sculptures et ses peintures, etc., etc., toujours est-il, dirons-nous encore avec M. E. Delessert, qu'elle est au premier rang pour tout ce qui a rapport à l'industrie, au mécanisme et aux choses pratiques dont elle s'empare et qu'elle protége toujours.

Maintenant, quand après une longue excursion dans le palais on sentait les atteintes de la soif, on venait visiter l'établissement de sodas glacés qui faisait suite au restaurant américain, sous l'immense promenoir extérieur, et en face d'un café tunisien. — Là, de vrais Américains, dans des appareils et des ustensiles vraiment américains, vous servaient une boisson délicieuse pour 50 cent. — Il y en avait pour tous les goûts. — MM. Dows, Guild, Clark et van Winkle ont droit à notre reconnaissance.

Ne m'accusez pas trop de gourmandise si j'exprime hautement le désir que cette innovation s'implante à Paris, — ce serait une heureuse diversion aux rafraîchissements par trop monotones qui nous ont été servis jusqu'à ce jour.

Rien n'égale notre respect pour les institutions américaines, si ce n'est notre admiration pour les grandes choses qui nous viennent de là-bas.

Les Américains sont entreprenants, audacieux. — Ce grand peuple s'est élancé vers le progrès avec une verdeur que les vieilles nations ne savent pas toujours conserver.

Leur génie inventif, leur puissance d'initiative, leur énergique persévérance peuvent les conduire loin !

Audaces fortuna juvat.

Il est du plus haut intérêt pour nous que les relations de la France et de l'Amérique reposent à jamais sur cette base indestructible : Fraternité !

XXXIX.

RÉPUBLIQUES DE L'AMÉRIQUE CENTRALE ET MÉRIDIONALE.

En quittant les États-Unis on se trouvait immédiatement au milieu de l'empire du Brésil et des républiques de l'Amérique centrale et méridionale.

Le Brésil, nous l'avons dit, présentait un coup d'œil des plus pittoresques. Les républiques installées sur la même ligne étaient plus modestes et plus sévères. — Elles avaient placé à l'une de leurs extrémités un groupe sur lequel on lisait : *Defensor de la Patria!* Un homme, une femme, un enfant, — l'enfant dans les bras de sa mère! la femme protégée par l'époux, mais cherchant à le retenir, et l'homme, superbe de force et de dignité, faisant taire l'amour qu'il porte à sa femme et à son enfant pour aller défendre la patrie menacée ! Honneur à l'artiste qui, je crois, se nomme Suarez!

On trouvait donc dans plusieurs salons successifs et dans des vitrines uniformes, latérales et médiales, les produits de la confédération Argentine, de Venezuela, de l'État oriental de l'Uruguay, du Paraguay, du Pérou, de Nicaragua, de Costa-Rica, du Chili, de Bolivie, de l'Équateur, de San Salvador et de Haïti.

Hawaï, divisée en deux parties, avait un salon dans cette section collective.

Le Mexique exposait au rez-de-chaussée de son temple de Xochicalco. Les vitrines des républiques se succédant sans ordre apparent, il était bien difficile de ne pas les confondre.

Nous ferons tous nos efforts pour donner une idée de cet ensemble ; mais pour ne pas trop nous répéter nous passerons rapidement sur celles des républiques qui n'offriront que des produits similaires.

Nous débuterons par le Chili.

Le Chili est borné au nord par la Bolivie, à l'ouest par l'océan Pacifique, au sud par l'océan Austral et à l'est par la confédération de Rio de la Plata.

La population d'après le recensement de 1865 était de 1,819,223 habitants. Elle a augmenté de 10 pour 100, ce qui la porte aujourd'hui à 2,001,145 âmes.

La république du Chili est une et indivisible ; elle se compose de quinze provinces, divisées en cinquante départements.

On compte au Chili 366 routes publiques, mesurant un ensemble de 4,031 kilomètres ;

Il existe en outre 1,466 kilomètres de voies de communication fluviale, sans préjudice de 600 kilomètres de chemins de fer, dont 400 kilomètres appartenant au gouvernement et 200 kilomètres à des compagnies particulières.

Le réseau télégraphique mesure 1,500 kilomètres, et cependant la superficie totale de la république chilienne ne dépasse pas 343,458 kilomètres carrés.

L'instruction publique est représentée par l'université de Santiago; il existe en outre 15 lycées, 4 séminaires, 1,100 écoles primaires gratuites, fréquentées par 45,000 élèves et 63 colléges particuliers.

Le Chili possède aussi un observatoire astronomique, des écoles de musique, d'architecture, de peinture et de sculpture, 2 écoles des arts industriels, 2 écoles de sourds-muets, une école de médecine, une école d'accouchement, une école de pharmacie, une école des mines, une école normale et une école d'agriculture; enfin 43 bibliothèques sont ouvertes au public.

Le sol est très-fertile et généralement arrosé par des canaux dérivés des rivières et des ruisseaux. Un hectolitre de blé produit dans un grand nombre de localités 100 hectolitres à la récolte. Les principales productions sont: le froment, l'orge, le maïs, les légumes secs, la vigne, le chanvre, le lin, les graines oléagineuses, les arbres fruitiers, l'olivier, l'amandier, le châtaignier et la vigne.

Au nombre des productions agricoles ajoutons les cuirs de bœufs et de moutons et les laines.

La soie, le miel, la canne à sucre, le coton, le café, l'indigo, sont également des productions chiliennes. Les races bovine, chevaline, ovine, porcine et caprine sont répandues à profusion dans le pays. Enfin en 1863 les vignes donnèrent 559,499 hectolitres de moût qui furent transformés en 28,633 hectolitres d'eau-de-vie, 25,157 hectolitres de vin, 101,219 hectolitres de *chicha* ou vin fermenté et 208,123 hectolitres de *chacoli* ou vin plus fermenté que le précédent.

Le Chili est riche en mines de cuivre, de cuivre argentifère, d'argent, d'or, de plomb, de plomb argentifère, de cobalt, de fer, de houille, de sulfate de soude, de sulfate de chaux, de lapis-lazuli et en carrières de marbres de toutes couleurs. On compte actuellement 1,668 mines de cuivre, 268 mines d'argent, 668 mines de houille, le tout occupant un personnel de 23,743 mineurs.

Il y a au Chili 347 hauts fourneaux pour la fusion du minerai de cuivre.

Le pays est plutôt agricole qu'industriel; il existe cependant une fabrique de cotonnade, 2 corderies, une fabrique de poterie, une fabrique de bouteilles et une fonderie de canons.

La moyenne des importations est de 29,097,905 francs, et la moyenne des exportations de 33,384,735 francs.

Tels sont les documents qui se rapportent à la statistique générale du Chili; voyons maintenant en quoi consiste l'exposition de ce pays.

31 exposants répartis dans 23 classes représentent la république du Chili.

C'est d'abord un médailler des monnaies en usage: Or de 10 et 5 piastres ou 50 et 25 fr.; argent d'une piastre ou 5 francs, argent de 40, 20, 10 centaros, soit 2 francs, 1 franc et 50 centimes; cuivre de 2 et 1 centaros, soit 10 et 5 centimes.

Dans la classe 33, mentionnons des dentelles tissées dans le département de Limache et dans le canton de Naucagua, province de Santiago.

Mais l'exposition la plus remarquable est celle des produits de l'exploitation des mines dont nous avons déjà parlé. On y trouve des cuivres de toutes provenances, de l'argent, des aérolithes, de l'or, du mercure, du nickel, du cobalt, du plomb, du marbre, du lapis-lazuli, du kaolin, des pierres à filtrer, de la houille, des malachites, de l'antimoine, des arseniures, des sables titanifères, du tungstate de chaux, du sulfure de molybdène, etc.; rien ne manque à cette riche collection.

Nous signalerons également les nombreux échantillons de bois, provenant des immenses forêts vierges que possède encore le Chili, et nous n'oublierons pas les cuirs de bœufs secs et salés ainsi que les cuirs et peaux des tanneries de Valdivia, de la Mochita et de Coquimbo.

Les céréales, les miels, les viandes conservées, les légumes secs, les fruits et les vins forment aussi un ensemble de produits intéressant à étudier.

La république de l'Équateur, située dans l'Amérique méridionale, est bornée au nord par la Nouvelle-Grenade, à l'ouest par l'océan Pacifique, au sud par la république du Pérou et à l'est par le Brésil. Sa superficie est de 15,799 kilomètres carrés ; mais la province de Mainas, dont la nationalité est contestée, couvre 315,984 kilomètres carrés.

L'Équateur a pour capitale Quito ; d'après le dernier recensement de 1863, on compte dans la république 900,000 habitants, non compris les Indiens de l'Orient.

Le pays se divise en 12 provinces, 41 cantons et 315 paroisses.

La population se compose de blancs descendant d'européens ; d'individus descendant des indigènes conquis ; de nègres et de races mêlées de blancs, noirs et indiens.

Le catholicisme est la religion de l'État.

La République, outre les écoles de marine, de musique et de dessin, possède une université, 6 colléges nationaux, un collége mixte, 2 colléges dirigés par les frères des écoles chrétiennes, 2 colléges de jeunes filles, dirigés par les sœurs de Picpus, 3 séminaires et 300 écoles primaires fréquentées par plus de 15,000 élèves.

Le budget pour l'année 1863 a été pour les recettes de 7,006,500 francs et pour les dépenses de 6,998,360 francs.

La production de l'Équateur appartient particulièrement aux industries extractives et agricoles : mines, forêts, chasse, pêche et agriculture.

Les rivières charrient de l'or ; on rencontre dans le sol : l'argent, le mercure, le fer, le plomb, le zinc, le cuivre, et on trouve des carrières de marbre, d'albâtre, de cristal de roche, de grenats, d'émeraudes. Le soufre, l'asphalte, le pétrole, y sont aussi très-abondants.

La flore forestière est riche, car ici le printemps est éternel ; aussi le bois est-il une des principales richesses du pays.

Parmi les essences les plus intéressantes nous citerons : le quinquina et le cannellier ; après viennent de nombreux bois de construction et d'ébénisterie, l'acajou, etc., etc.

Le coton y croît en abondance, ainsi que la salsepareille, l'ipécacuhana, la casse, la vanille, le cacao, l'orseille, le campêche, l'indigo, le tabac, le caoutchouc, le nopal à cochenille, le blé, le riz, le maïs, la pomme de terre, l'orge, l'avoine, la canne à sucre, le café, l'ananas, l'orange, des légumineuses et quantité d'autres végétaux, dont la nomenclature est considérable.

L'Équateur nourrit aussi le cheval, le bœuf, le mouton, le lama, l'âne, le mulet, des poissons de toutes sortes, des tortues ; on y trouve de la nacre et des perles.

L'industrie se concentre sur la fabrication des tissus de fil, de laine, de coton et particulièrement sur celle des chapeaux de paille.

En 1866 l'exportation par Guayaquil s'est élevée à 25,484,835 francs.

Elle comprend 52 articles qui sont : le cacao, le café, le quinquina, le caoutchouc, la salsepareille, l'orseille, le coton, la feuille appelée paille, qui sert à fabriquer des chapeaux ; le tabac, le corozo, la pita, le tamarin, le goudron, la graisse, le fromage, le piment, les haricots, le sucre, le beurre de cacao, la laine, le matico, le chocolat, le riz, l'achate, les lentilles, les pommes de terre, le maïs, les confitures, les chapeaux, la garcela, les cuillers de bois, les tabias, les cuirs tannés, les alfajias ou bois de construction, les mangles, autre bois de construction, les hamacs, les cuirs bruts, les pellones ou garnitures de selle, les couvertures de laine, la bayeta ou étoffe de laine, le sulfate de quinine, les cigares, les chaussures, les tableaux à l'huile, les fruits, la canne à sucre, les cocos, les ananas, les oranges, les bananes et les œufs.

Dans la somme de 25,484,835 francs montant des exportations de Guayaquil, le cacao seul entre pour 19,775,448 francs, les chapeaux de paille pour 1,851,255 francs, le coton pour 1,231,113 francs et le caoutchouc pour 565,801 francs.

Les importations de l'Équateur se composent principalement d'articles anglais, comme les tissus de coton, la quincaillerie, la faïence et les cristaux communs. Viennent ensuite les articles français, surtout les tissus de soie et de laine, la bijouterie, les meubles riches, les articles de Paris, la chaussure, la porcelaine, les cristaux fins, les vins et liqueurs, etc. Après les articles français il faut citer quelques articles d'Allemagne, des États-Unis et d'Espagne, mais en quantité peu considérable.

Cent dix-sept exposants représentent la république de l'Équateur, savoir :

Beaux-arts	4
Histoire du travail	61
Industrie et agriculture	52
Total	117

Il nous est impossible d'apprécier ici ces différents produits auxquels il était sévèrement interdit de toucher. Nous donnerons quelques notes cependant sur l'industrie des chapeaux de paille de la province de Guayaquil, industrie particulièrement représentée par l'exposant Rosalès.

Les chapeaux de Guayaquil, connus en Europe sous le nom de chapeaux de panama, parce qu'ils passent par Panama pour venir en Europe, sont un peu chers peut-être, mais durent longtemps, au moyen d'un nettoyage peu dispendieux. Ils servent en Amérique à toutes les classes de la société, même aux esclaves, là où il y a encore des esclaves. Leur prix varie depuis 2 jusqu'à 600 francs. En Europe ils coûtent naturellement encore plus.

Ces chapeaux sont fabriqués avec la feuille d'une plante des Cyclanthées, vulgairement appelée *Bombonaxa*, *chidra*, et connue des botanistes sous le nom de *Carludovica palmata*.

L'Équateur exporte non-seulement des chapeaux, mais encore des feuilles qui servent à les fabriquer et qui sont connues dans le commerce sous le nom de pailles ou joncs de Panama. Voici quel est le chiffre des exportations en 1865 et 1866 :

1865 — 25,539 douzaines de chapeaux, — 182 hamacs, — 259 quintaux feuilles.

1866 — 13,900 douzaines de chapeaux, — 133 hamacs, — 165 quintaux feuilles.

La RÉPUBLIQUE ARGENTINE, vaste contrée de l'Amérique méridionale, est limitée au nord par la Bolivie, à l'est par le Paraguay, le Brésil, l'Uruguay et l'Atlantique, au sud par l'Atlantique et la Patagonie, à l'ouest par le Chili et la Bolivie.

La superficie du territoire argentin est de 675,000 milles géographiques carrés ; cette superficie est divisée en quatorze provinces et trois territoires. — La Patagonie est exclusivement habitée par les Indiens. — Ces quatorze provinces comptent une population de 1,465,000 habitants.

Le revenu de la République, pour l'année 1865, s'est élevé à 42 millions de francs, — les dépenses à 34,655,938 francs. La dette intérieure et extérieure était, au commencement d'octobre 1866, de 163,800,000 francs.

La valeur totale officielle des marchandises introduites dans le port de Buenos-Ayres a atteint en 1865 le chiffre de 136,599,321 francs ; et le chiffre des marchandises exportées a été de 110,863,746 francs.

Pour avoir le total des importations et des exportations par les autres voies que celle de Buenos-Ayres, il convient d'ajouter 30 pour 100 aux deux nombres ci-dessus.

La confédération Argentine exporte deux millions de cuirs secs et salés, de la viande salée, de la graisse, des os, des ongles de bœufs et de chevaux, des laines, du suif de mouton, des maroquins, des pelleteries, des plumes d'autruche, du guano de Patagonie, du guano artificiel, des cendres d'os, du cuivre, de l'or et de l'argent en barres. Et elle reçoit :

De l'Angleterre : étoffes communes de laine et de coton, grosse quincaillerie et coutellerie, fer en barres, machines et charbon de terre. — De la France : Étoffes fines, soieries, calicots, draps, vêtements confectionnés, articles de Paris, mercerie, modes, gravures, lithographies, livres, instruments de science, orfévrerie, horlogerie, bijouterie, porcelaine et cristaux, vins, liqueurs, conserves fines ; enfin tout ce qui tient à l'art et au luxe. — De l'Amérique du Nord : tissus de coton, toile à voiles, planches de sapin, instruments aratoires, machines, chaises, fauteuils, sucres raffinés, bougies de spermaceti, tabac, etc. — Du Brésil : sucre, café, tafia, fruits des tropiques, lard salé et tabac. — D'Espagne : vins, alcools, huiles, fruits secs, soieries de Malaga et fer de Biscaye. — De Cuba : sucre, tafia, tabac et café. — D'Italie : vins, liqueurs, huiles, pâtes, fruits secs, soufre et marbres. — D'Allemagne : étoffes de laine et de coton, quincaillerie, coutellerie, armes, articles imités des industries française et anglaise. — De Belgique : armes de guerre et de luxe, mercerie, dentelles. — De Hollande : fromages et genièvre. — Et de Suisse : tissus de soie et de coton, montres.

En 1865 le chiffre total des importations et exportations françaises s'est élevé à 119 millions 163,446 francs, le commerce seul de la laine importée en France a été dans cette même année de 10,792,927 kilogrammes, soit une valeur de 35,077,013 francs.

On compte actuellement dans la république Argentine 310 kilomètres de chemin de fer terminés, et 204 kilomètres en construction; d'autres grandes lignes sont à l'étude, le réseau télégraphique va aujourd'hui de Buenos-Ayres à Montevideo en traversant le fleuve de la Plata.

Il existe à Buenos-Ayres une université, une école de médecine, des lycées nationaux, des séminaires et écoles ecclésiastiques, des fermes-modèles, une école d'arts et métiers et des écoles communales dans chaque centre de population. Il y a également deux sociétés savantes, savoir : l'Association des amis de l'histoire naturelle de la Plata et l'Institut historique et géographique de Rio de la Plata.

La végétation spontanée est exubérante : le coton, le tabac, tous les arbres fruitiers d'Europe, croissent à l'état sauvage; il en est de même des bananiers, des palmiers, de la canne à sucre et du café.

On cultive sur le territoire argentin : le froment, le maïs, l'avoine, les fourrages artificiels, les arbres fruitiers, les légumes, du coton, du tabac, de l'arachide, de la garance, du lin, de la canne à sucre, du café, etc., etc.

Enfin le sol nourrit des quantités considérables de lamas, de chevaux, de chèvres, de moutons et de bœufs.

On évalue le gros bétail à 15 millions de têtes, les chevaux à 4 millions et les bêtes ovines à 60 millions.

La richesse minière de la république Argentine est considérable : on rencontre de l'or, de l'argent, du cuivre, du fer, du nickel, du plomb argentifère, de la houille et du pétrole.

L'exposition Argentine est très-intelligemment classée; nous avons compté, en y comprenant le groupe des beaux-arts, 125 exposants; parmi ceux-ci nous mentionnerons :

M. Seguin et sa belle collection d'ossements fossiles, recueillis dans la province de Buenos-Ayres et sur le bord de Rio-Parana; particulièrement des ossements humains et des dents humaines provenant des terrains où ont été trouvés les ossements des grands quadrupèdes; — M. le docteur Martin de Moussy et vingt-cinq cartes de son atlas de la confédération Argentine; — M. Léon Roque : ses échantillons de minerais d'argent, ainsi que ses minerais de plomb; — M. Ferreira et ses échantillons de marbre; — la Commission provinciale de Mendoza et sa belle collection de minerais, ainsi que les collections de M. le major Rickart, de M. Klappenbach et de M. Martin de Moussy; — les Commissions provinciales de Tucuman et de Juguy et leurs nombreux échantillons de bois et d'essences forestières; — et enfin les laines, les cotons, les laines d'alpaca, les cuirs, les céréales, les viandes de bœuf salées, séchées, injectées à l'aide de différents procédés, et les vins rouges et blancs, le tout appartenant à un grand nombre d'exposants.

La république Argentine a en outre exposé, conjointement avec la république de l'Uruguay et quelques autres États, plusieurs spécimens de costumes fort pittoresques : ici c'est un paysan à cheval en habit de travail, et armé du terrible lasso; plus loin un fermier à cheval avec sa femme en croupe; puis un cavalier prenant le maté qui lui est offert par une jeune Indienne. — Ces costumes sont fort beaux et même très-riches, l'argent y est prodigué. — Les harnachements des chevaux sont aussi très-soignés.

La République orientale de l'Uruguay est bornée à l'ouest par le fleuve l'Uruguay qui la sépare de la confédération Argentine, à l'est par l'océan Atlantique, au nord par le Brésil et au sud par l'Atlantique et le Rio de la Plata.

La superficie du territoire est de 217,327 kilomètres carrés, divisés en treize départements. On y compte, d'après le recensement officiel de 1865, 346,000 habitants.

L'industrie pastorale constitue la principale ressource de la république de l'Uruguay.

On possède dans les treize départements : 5,218,760 bœufs et vaches; 741,857 chevaux et juments; 8,301 mules et ânes; 2,594,833 bêtes à laine; 11,268 chèvres et porcs : le tout représentant une valeur de 167,188,808 francs.

Voici le chiffre des importations et des exportations pendant l'année 1862 :

Importations	45,283,262 fr.
Exportations	48,908,677
Total général	94,191,939 fr.
Dans ce chiffre l'Angleterre a importé pour	10,169,214 fr.
Et a exporté pour	9,180,575
Total	19,349,789 fr.
Et la France a importé pour	9,359,557
Et a exporté pour	8,271,088
Total	17,630,645 fr.

Les exportations consistent en huiles de pied de bœuf, cornes, orge, cendres d'or, crins, os longs, os courts, cuirs de bœufs secs, cuirs de bœufs salés, cuirs de chevaux secs, cuirs de chevaux salés, cuirs de loups marins, cuirs de veaux, cuirs de veaux morts-nés, peaux de moutons, rognures de cuirs, graisses et suifs, laines, maïs, mules, fourrages, onglons, agates et pierres fines, blé, viandes sèches et boucanées, farines et langues sèches.

Quant aux importations, elles comprennent les articles suivants : Farines, boissons, tissus de toutes sortes, verroterie et cristaux, articles de Paris, chapellerie, habillements confectionnés, livres et fournitures de bureau, comestibles, mercerie, parfumerie, peaux préparées et ouvrées, tabletterie, plaqué, soie teinte, sel, fer, acier, fer-blanc, charbon de terre, bois du nord de l'Europe, des États-Unis et du Brésil, tabac de la Havane, du Brésil et des États-Unis, brai, goudron et cordages.

Sous peu la république de l'Uruguay aura plusieurs chemins de fer; celui partant de Montevideo pour aboutir à Durazno sera livré à la circulation. Quant au réseau télégraphique, il s'étend actuellement de Montevideo à Buenos-Ayres, et de Montevideo à Durazno.

La valeur de la propriété foncière de la république est estimée à 622,000,000 de francs; les revenus sont annuellement de 50 à 55 millions.

L'instruction publique compte comme éléments principaux : l'université, à Montevideo, et un grand nombre d'établissements d'instruction secondaire qui desservent tous les centres de population des treize départements. Il existe à Montevideo deux sociétés savantes : l'institut historique et la société de médecine.

45 exposants représentent au Champ-de-Mars la république de l'Uruguay.

Au milieu de ces 45 expositions nous avons particulièrement distingué la collection d'ossements fossiles des grands mammifères du terrain pampéen, les nombreux échantillons minéralogiques exposés par la commission provinciale de Salto, comprenant : des améthystes, des calcédoines, des cornalines, des agates, des onyx et des sardoines.

Dans un autre ordre, nous signalerons à l'attention générale de nombreux échantillons de laine, représentant les types principaux de la production lainière du pays, puis les viandes conservées, ainsi que les extraits de viande, surtout celui préparé d'après la formule du chimiste Liebig.

Cet extrait est composé de toutes les parties solubles de la viande, si bien qu'une livre d'extrait contient les matières solubles de 30 livres de viande sans graisse ou de 45 livres de viande de boucherie. Avec cette quantité d'une livre d'extrait, on peut préparer 128 potages, d'un goût excellent et essentiellement nutritifs.

Mentionnons aussi les viandes préparées par compression sous la presse hydraulique, par M. Juan-José Manioz; c'est là, suivant nous, une industrie d'avenir qui est appelée à aider à la solution du grand problème européen : la vie à bon marché pour les classes nécessiteuses.

La République du Paraguay a pour limites au

nord le Brésil, à l'ouest et au sud la confédération de Rio de la Plata, et à l'est cette même confédération et le Brésil. On estime la superficie de son territoire à 198,000 kilomètres carrés; la population est, dit-on, de 1,500.000 âmes.

Assomption est la capitale du Paraguay; on y compte 250,000 habitants; il y a une académie, un collége et une école normale.

Les productions du sol consistent en cannes à sucre, riz, maïs, patates, tabac, coton, plantes médicinales et thé dit du Paraguay, désigné dans le pays sous le nom de *maté*.

Depuis quelques années, des traités de commerce ont été conclus entre la république Paraguàyenne et la France, l'Angleterre et les principaux États européens.

En 1855, le Paraguay prit part à l'Exposition universelle, et y envoya du coton, du tabac, des plantes médicinales et divers végétaux utiles. Cette année nous ne comptons que neuf expositions, se répartissant dans neuf classes différentes; expositions dont voici la nomenclature :

Tapis de plumes, tissus de fibres végétales, chemises et serviettes brodées à l'aiguille, arcs et flèches des Indiens du sud, hamacs, un guéridon composé d'une collection de marbres du pays, des échantillons de bois d'œuvre, de chauffage et de construction, une collection de tabacs et cotons, du maté et quelques plantes médicinales.

Si nous avions les coudées plus franches dans la publication de cette histoire, ou plutôt si nous pouvions nous étendre au delà des limites que nous avons bien été forcé de nous imposer, nous aurions fait une excursion plus approfondie sur le territoire du Paraguay, car ici nous avions un guide bien précieux, je veux parler du livre intitulé : *Le Paraguay moderne et l'intérêt général du commerce*, par M. Benjamin Poucel, fondateur des bergeries mérinos-naz du Pichinango (république de l'Uraguay).

Cet ouvrage, parfaitement écrit, est de la plus haute utilité pour le commerce en général et il jette une vive lumière non-seulement sur le Paraguay, mais encore sur les républiques voisines, sur lesquelles on a débité tant de fables ridicules.

La République du Pérou est limitée au nord par le Brésil, la république de l'Équateur et le golfe de Guayaquil, à l'ouest par l'océan Pacifique, au sud par la république de Bolivie, et à l'est par la même république et le Brésil.

On y compte 11 départements divisés en 63 provinces, et deux provinces littorales : le tout représentant une superficie de 247,500 kilomètres carrés, avec une population de 2,661,123 habitants.

Il y a une université à Lima et un collége à Arequipa, plus deux sociétés savantes : l'Académie des sciences naturelles fondée en 1810 par M. Unôme, et une société économique.

Les exportations s'élèvent au chiffre de 16,715,672 francs;

Les importations, à 15,319,222 francs.

Les articles d'exportation consistent en : Or en poudre et monnayé, argent et minerai d'argent, cuivre, salpêtre, borax, laine d'alpaca, coton, cuirs, café, sucre, eau-de-vie, tabac et guano. Quant aux importations, ce sont pour la plupart des articles manufacturés et confectionnés, des fils, laine, coton et soie, de la mercerie, des comestibles et des liqueurs.

Il existe des lignes de chemin de fer de Lima à Callao, de Lima à Chorrillas, de Tarna à Arica, ainsi qu'un important réseau télégraphique.

Le Pérou a commencé à prendre part aux expositions universelles en 1862, à Londres. Nous avons compté à cette époque six exposants, qui présentèrent 38 produits différents; cette année, nous avons le regret de n'en trouver que sept, dont un appartient aux beaux-arts.

Parmi les objets qui figurent au Champ-de-Mars nous signalerons une collection d'oiseaux, des savons, des feuilles de coco, du borax, du nitrate natif, des cafés, des vins de Maniagua et des vins de Lima.

Ce n'est réellement point assez. Le Pérou pouvait mieux faire, surtout au point de vue de ses produits métallurgiques et de ses productions agricoles et forestières. Donc l'exposition du Pérou au Champ-de-Mars n'était pas le Pérou.

La République de Costa-Rica, située au nord de l'isthme de Panama, est bornée à l'est par l'Escudo de Veragua et le côté sud de l'embouchure du Saint-Jean, à l'ouest par le port de Salinas et le cap Boruca, au sud par la Nouvelle-Grenade, et au nord par l'État de Nicaragua et la rivière Saint-Jean.

La superficie du sol de la république de Costa-Rica est de 95,800 kilomètres carrés, la population est de 215,000 habitants.

L'État, dit-on, n'a pas de dettes : Heureux État! son revenu s'élève à 450,000 piastres; si la piastre de Costa-Rica vaut comme celle des autres républiques 5 fr. 40, c'est un revenu de 2,430,000 francs.

Les importations s'élèvent annuellement à la somme de 1,250,000 piastres environ, et les exportations qui reposent particulièrement sur le café à 1,350,000 piastres.

Les exportations ont pour objet les articles suivants : café 100,000 tonnes, cuirs, bois de construction et de charpente, salsepareille, perles, écailles de tortue et poudre d'or. Et les importations : articles anglais, français et allemands.

En 1855, Costa-Rica exposait des minerais, des bois de teinture, des nacres, des perles, du caoutchouc, divers bois et plantes, du riz, du maïs, des cafés, des cacaos, de l'huile de cacao et des échantillons de sucre.

En 1862, à Londres, la petite république, par l'organe de son gouvernement, figurait dans 10 classes sur 36.

En 1867 Costa-Rica expose des minerais de cuivre, d'argent, d'or et de marbre.

Des bois de teinture, d'ébénisterie et de construction. — Des huîtres perlières, des perles, du caoutchouc en bloc et en feuilles.

Des fils, filasses, résines et huiles essentielles. — Des salsepareilles. — Du riz et du maïs. — Des huiles de cocos, des noix de cocos sèches et des arachides. — Des haricots et autres légumes secs. — Des cafés, des cacaos, des sucres bruts et de la cassonnade.

La République de Venezuela est bornée au nord par la mer des Antilles, à l'ouest par les États-Unis de Colombie, au sud par le Brésil et à l'est par la Guyane anglaise.

Nous n'avons pas sous la main le chiffre de la superficie du territoire; nous savons seulement qu'il est divisé en 20 États indépendants et habité par 1,100,000 habitants, sans préjudice des deux territoires connus sous les noms de las Amazonas et la Goagira.

Le pays est fertile; il y croît en abondance du cacao, du café, du tabac, de l'indigo, du coton et de la salsepareille. On y fait un grand commerce de peaux et on y importe des sucres, des vins, de la parfumerie, de la chapellerie et tous les articles de mode française.

A Caracas, capitale de la république, il existe une université, une école militaire, des colléges, et la Société savante économique des Amis du pays.

La République d'Haïti s'étend sur la partie occidentale de cette grande île des Antilles qui porte le même nom. La partie orientale est occupée par la république de Saint-Domingue.

Cet État, dont l'étendue est d'environ 10,081 milles carrés, c'est-à-dire les deux cinquièmes de tout le territoire comprenant Saint-Domingue, compte 1,000,000 d'habitants presque exclusivement d'origine africaine. Ce chiffre émane des meilleures autorités, mais il n'a pas été fait de recensement depuis bien des années.

L'exportation consiste en café, coton, cacao, bois d'ébénisterie et de teinture, cuivre, écailles de tortue; et les importations en armes, comestibles, tissus manufacturés, vins, eau-de-vie, chapeaux feutrés, passementeries, huile d'olives, ouvrages en acier, librairie, parfumerie, papier, peaux préparées, savons et verrerie.

Le sol de la république haïtienne est divisé en 4 provinces : celle de l'ouest avec Port-au-Prince comme capitale, celle du sud, celle du nord et celle de l'Artibonite.

Ce pays est parsemé de plaines et vallées fertiles bien arrosées où croissent naturellement de nombreux produits de valeur, des bois de teinture de différentes sortes et des plantes médicinales. La principale culture est le café, le coton, le tabac, et sur une petite échelle le sucre, le cacao et l'indigo.

La végétation tropicale n'est nulle part plus luxuriante.

La culture du coton augmente d'année en année, tandis que celle du sucre a assez diminué pour qu'il cesse d'être là un article d'importation, car sa production ne va guère au delà de la consommation intérieure.

Les ressources minérales d'Haïti, qui ne figurent pas encore dans les exportations, sont cependant aussi variées que riches : or, platine, argent, mercure, cuivre, fer, étain, soufre, manganèse, antimoine, sel, gomme!

La République du Salvador, dont le territoire ne dépasse pas 16,940 kilomètres carrés, compte une population de 900,000 âmes. Les productions naturelles consistent en indigo, baume dit du Pérou, sucre, tabac, maïs et en mines d'argent, de fer et de cuivre.

San-Salvador capitale compte 50,000 habitants.

La République du Nicaragua ne possède pas plus de 350,000 habitants. Les produits principaux sont l'indigo, le café, le sucre, le bois de construction et les élèves des races chevaline et mulassière.

Si la république de Nicaragua possède moins d'étendue que ses voisines, cela ne l'empêchera pas de jouer un bien grand rôle dans le monde si certain projet se réalise.

Nous sommes en présence d'une immense carte, dans la galerie des machines : c'est la carte générale du tracé pour l'exécution du canal de Nicaragua, devant unir l'océan Pacifique et l'océan Atlantique, par l'isthme de Rivas et la vallée du Rio-San-Juan, à travers les États de Nicaragua et de Costa-Rica. — Voie nautique à grand tirant d'eau ouverte sur un système de lacs à niveau constant par la submersion des vallées.

Ce projet nouveau, établi par M. Thomé de Gamond, ingénieur civil, coûterait 200,000,000 de francs. — Le canal se diviserait en trois grandes sections dites : le canal de Rivas, la traversée du lac de Nicaragua et la vallée du San-Juan.

Ils sont nombreux les noms des hommes dont les travaux ont préparé l'œuvre de la canalisation interocéanique par le Nicaragua, depuis Christophe Colomb en 1502 jusqu'à Félix Belly en 1858. — Il est juste de citer parmi eux, en Angleterre, *John Bailly* (1838), en France, Ham, 1842 à 1846 : *Louis-Napoléon Bonaparte*, depuis *Napoléon III* ; aux États-Unis, New-York, 1852 : *Orville-William Childs*, ingénieur américain, etc.

La République de Bolivie, enveloppée au nord par le Brésil et le Pérou, à l'ouest par le Pérou et le Grand-Océan, au sud par le Chili, Rio de la Plata et le Paraguay, et à l'est par le Paraguay, Rio de la Plata et le Brésil, est d'une étendue d'environ 82,500 kilomètres carrés, divisée en 7 départements et 2 provinces ; on y compte 1,700,000 habitants.

Les produits minéraux de la Bolivie consistent en or, argent, cuivre et étain ; les produits agricoles, en quinquina, café, cacao, riz, blé, tabac, coton, vanille, canne à sucre, laine et guano. Le mouvement commercial d'importation et d'exportation est d'environ 25 à 30 millions de francs.

Plusieurs gymnases, une université, des collèges et des séminaires répandent particulièrement l'instruction dans le pays.

Le Mexique a-t-il exposé officiellement ? Non. — Les événements dont ce pays a été récemment le théâtre expliquent son abstention. Il s'est trouvé cependant un généreux savant, M. Mehedin, qui a essayé de combler cette fâcheuse lacune. C'est à lui que l'on doit la reproduction du temple mexicain de Xochicalco, dans lequel se faisaient les sacrifices humains.

Il n'y avait là de réellement mexicain que le couteau recourbé, en obsidienne, employé par les sacrificateurs pour arracher le cœur des victimes humaines que ce peuple étrange offrait en holocauste à ses divinités, sur un monolithe exclusivement réservé à ces affreux sacrifices.

On remarquait encore quelques photographies et des ustensiles d'économie domestique.

Les colonnes du temple étaient ornées de têtes de morts, ainsi que le fronton [1].

Tout cela était passablement hideux.

Maintenant les hiéroglyphes qui tapissaient les parois du monument étaient égyptiens; ce qui pouvait induire en erreur la plupart des visiteurs qui s'imaginaient voir là une preuve des relations que l'Égypte aurait eues, à une époque reculée, avec le Mexique, soit par l'Atlantide, soit par la séparation des continents américains et africains.

M. Mehedin avait tout simplement rapporté d'Égypte les antiquités égyptiennes qui décoraient le temple mexicain.

Extérieurement on remarquait un immense zodiaque et la statue d'une femme indienne couchée auprès de son enfant qui reposait dans un berceau aérien.

On avait pratiqué sous le temple, au rez-de-chaussée, une vaste salle dans laquelle se trouvaient réunis tous les *trésors scientifiques* que M. Mehedin a rapportés de ses voyages.

Objets naturels, dessins, gravures, ustensiles, cristaux, bijoux, formaient une collection des plus curieuses.

On voyait bien aussi se promener à la porte du temple quelques gardiens indigènes; nous n'avons pas de raisons pour croire qu'ils n'étaient pas mexicains; à coup sûr le costume avait la couleur locale.

Mais le Mexique, le vrai Mexique n'était pas au Champ-de-Mars en 1867.

Nous nous rappelions en gravissant les marches de ce temple postiche le grand travail de M. l'abbé de l'Hoste, publié dans les Annales de la Société de statistique universelle, et surtout un plus récent ouvrage d'un excellent ami que nous avons perdu, de Francis Lavallée.

---

[1]. Toutes ces têtes étaient en plâtre, bien entendu.

Ah! si cet ouvrage, fruit d'une longue expérience des hommes et des choses et d'un long séjour au Mexique, eût été mieux connu! Si l'on se fût arrêté aux accents prophétiques de cette voix qui proclamait si énergiquement la vérité, que de déceptions évitées!

Mais, hélas! tel est le sort des publicistes, telle est la destinée des apôtres! A moins qu'ils ne portent un grand nom qui commande l'attention aux masses, leur voix se perd longtemps dans le désert de l'indifférence publique! et il vient un jour où l'on ne se souvient d'eux que pour mesurer l'abîme dans lequel ils nous eussent empêché de tomber.

Francis Lavallée, ancien agent consulaire à Cuba, à la Havane et à Vera-Cruz, a écrit sur le Mexique quelques centaines de pages du plus puissant intérêt; il n'y a pas encore dix ans de cela.

C'est à ce livre profondément médité que nous renverrons tous ceux de nos lecteurs qui voudront connaître à fond le pays qu'il n'a pas été possible d'étudier au Champ-de-Mars.

Revenons maintenant faire nos adieux aux républiques, auxquelles nous avons consacré ce long chapitre; remercions-les de s'être ainsi groupées pour cueillir quelques glorieuses palmes du Jury. — Les organisateurs de cette exposition collective ont certainement déployé beaucoup d'intelligence et d'habileté pour en faire ressortir les détails.

Aveugles ceux qui ne connaissent pas aujourd'hui les puissantes ressources et les vastes débouchés que le commerce français peut aller puiser dans ces parages!

Mais surtout que le pavillon qui couvre nos marchandises ne puisse être soupçonné! De la bonne foi, toujours de la bonne foi!

XL.

LA GRANDE-BRETAGNE.

Que tous ceux de nos lecteurs qui ont visité l'Exposition universelle veuillent bien se mettre un instant à notre place : à la vue de l'exposition française, à la vue de l'exposition anglaise, se font-ils une idée du courage qu'il nous a fallu pour aborder un si redoutable travail !

Eh bien, ce qui nous désespère, c'est qu'après avoir consacré nos jours et nos nuits à cette œuvre, nous ne laisserons qu'une idée bien imparfaite encore de ce splendide spectacle qui aura donné au monde entier les plus sublimes enseignements.

La Grande-Bretagne aurait pu nous envoyer quelques milliers d'exposants de plus, mais elle a pensé que la qualité pouvait remplacer avantageusement la quantité.

Et elle s'est parée de toutes ses perfections, de toutes ses magnificences industrielles, et surtout elle a été prête la première, le jour où a sonné l'heure de l'ouverture officielle.

A elle le prix de l'exactitude !

Mais avant de nous engager dans la description des classes, avant de toucher aux produits exposés, il nous a paru nécessaire, pour l'instruction de tous, d'esquisser à grands traits le profil de cette formidable puissance que l'on nomme la Grande-Bretagne.

Les commerçants et les industriels français trouveront dans nos chiffres des instructions précieuses; ces chiffres rectifieront beaucoup d'erreurs ou de préventions. Enfin nous aurons réussi peut-être à démontrer qu'entre l'Angleterre et la France un rapprochement plus intime est possible... je dirai plus : indispensable et forcé.

Les nuages qui s'amoncèlent à l'horizon ne seront plus à craindre du jour où la France et l'Angleterre voudront les disperser d'un même souffle.

Élisabeth et Cromwell aux XVIe et XVIIe siècles jetèrent les premières bases de la prospérité commerciale de l'Angleterre. C'est surtout au Protecteur que le pays est redevable du rétablissement des finances et du triomphe de la marine anglaise sur celle des Hollandais.

Mais ce ne fut guère qu'à l'époque de la révolution de 1688, au moment de l'établissement définitif de la monarchie constitutionnelle, que l'Angleterre accrut spontanément son industrie et son commerce, et que ses colonies se multiplièrent.

La puissance coloniale anglaise nous paraît être un élément qui, dans l'avenir, aura son utilité, surtout lorsque le globe, organisant la civilisation universelle, ne formera plus qu'une grande famille et aura rapproché ses intérêts matériels à l'aide d'une confédération unitaire. Tous les esprits sérieux prévoient dans un avenir plus ou moins rapproché ce dénoûment de nos crises sociales.

Si l'acte de navigation en date de l'année 1651 a préparé la grandeur commerciale et industrielle de l'Angleterre, ajoutons qu'au XIXe siècle (1843) Robert Peel, en faisant décréter le *Free trade*, c'est-à-dire la liberté du commerce, a déterminé un nouveau et immense progrès qui a eu pour résultat :

La suppression des droits sur les matières premières et sur les articles de première nécessité ;

L'abolition des droits différentiels qui mettaient des entraves au commerce, haussaient les prix et limitaient la consommation ;

La réduction des droits divers dont la diminution devait avoir pour effet d'étendre le commerce, de faire bénéficier le consommateur sans diminuer le revenu de l'État ;

L'entière abolition des droits imposés sur quelques articles spéciaux qui produisaient un revenu insignifiant et à peine au niveau des frais de perception ;

Et enfin la suppression des immunités qui étaient devenues une source de fraudes.

Le *Free trade* a eu pour conséquence de donner la preuve d'un fait qui, dans le principe, paraissait être une utopie, savoir : que la réduction des droits de douane imprime à l'industrie et au commerce un mouvement qui ne dérange pas les finances de l'État.

Voici, en effet, comment s'exprimait à cet égard lord John Russell en 1852 :

« Ça été pour nous une satisfaction bien sincère, en résignant nos fonctions, de laisser le peuple dans la jouissance d'un bien-être plus grand que par le passé, le crédit public toujours ferme, *les taxes réduites dans des proportions très-considérables, presque sans perte pour le revenu*, la paix du monde conservée et le nom de l'Angleterre respecté partout. »

A ces réformes radicales est venu s'ajouter le traité du 23 janvier 1860, qui a si complétement modifié les relations commerciales de l'Angleterre et de la France, traité qui a été complété pour son exécution par les deux conventions signées le 12 octobre et le 16 novembre de la même année.

Il est nécessaire d'ajouter que le développement du commerce anglais tient aussi à la création des importants marchés que la découverte de l'or a fait ouvrir en Californie et surtout en Australie.

En Angleterre, sauf quelques exceptions insignifiantes, le commerce est entièrement libre ; chacun peut entreprendre où bon lui semble le genre d'affaires qui lui convient, pourvu toutefois qu'il observe les lois ordinaires du pays. Et cette liberté commerciale s'étend aussi bien au producteur manufacturier, qu'aux intermédiaires commissionnaires et aux négociants en gros et en détail.

Les intérêts commerciaux sont confiés à des chambres de commerce qui ont été créées dans toutes les villes et dans tous les centres manufacturiers. Chaque année a lieu à Londres une assemblée générale de ces chambres réunies.

Le commerce extérieur est considérable ; il y a seulement dix ans, les importations n'étaient que de 4,300,000,000, aujourd'hui elles s'élèvent à 6,775,000,000 de francs. Quant aux exportations, elles étaient, il y a dix ans, de 3,475,000,000, aujourd'hui elles atteignent le chiffre de 5,450,000,000 de francs. Voici du reste les échanges commerciaux qui ont eu lieu entre le Royaume-Uni et les États les plus importants du globe pendant la période de 1861 à 1865 :

IMPORTATIONS.

PAYS.	EN 1861.	EN 1865.
Russie	320,550,000 fr.	434,575,000 fr.
Prusse	161,000,000	153,150,000
Villes Hanséatiques	151,350,000	220,925,000
Hollande	192,300,000	310,325,000
Belgique	95,425,000	183,850,000
France	445,650,000	790,625,000
Espagne	111,450,000	119,225,000
Italie	61,950,000	62,150,000
Turquie	90,800,000	135,125,000
Égypte	209,950,000	544,325,000
Chine	215,200,000	262,475,000
États-Unis	1,234,725,000	540,600,000
Pérou	79,225,000	100,050,000
Chili	60,400,000	94,950,000
Brésil	65,775,000	109,925,000
Possessions britanniques	1,316,900,000	1,821,000,000

Ainsi donc diminution avec l'Amérique par le fait de la dernière guerre ; augmentation remarquable avec la France, par le fait de l'accroissement continuel des échanges depuis le traité de commerce de 1860.

EXPORTATIONS.

PAYS.	EN 1861.	EN 1865.
Russie	144,125,000 fr.	154,500,000 fr.
Prusse	101,425,000	100,250,000
Villes Hanséatiques	326,150,000	574,600,000
Hollande	274,725,000	374,000,000
Belgique	122,850,000	172,400,000
France	435,675,000	633,875,000
Espagne	84,650,000	75,375,000
Turquie	77,600,000	140,175,000
Égypte	59,950,000	154,200,000
Chine	79,025,000	92,200,000
États-Unis	275,625,000	629,250,000
— en 1860	572,675,000	
Brésil	117,250,000	144,275,000
Colonies britanniques	1,128,475,000	1,288,650,000

Les articles exportés du Royaume-Uni sont exempts de tous droits.

L'importation consiste particulièrement en articles alimentaires et en matières premières employées dans les manufactures. L'exportation consiste en articles fabriqués, en minéraux et en métaux ; ces articles sont spécialement expédiés par les ports de Liverpool, Londres, Hull, Grimsby, Southampton, Newcastle, Hartlepool, Dublin, Folkestone et Cardiff pour l'Angleterre, l'Irlande et le pays de Galles : et par Glasgow et Leith pour l'Écosse.

Le commerce intérieur ne peut s'évaluer que par le mouvement des marchandises transportées par voies ferrées et par le petit cabotage. Le mouvement des voies ferrées en 1864 et en 1865 a été :

En 1864. Marchandises générales : 34,914,913 tonnes (1) ; charbons, cokes et autres minéraux, 75,445,781 tonnes ; gros bétail, 2,993,357 têtes ; moutons, 8,455,681 têtes ; porcs, 2,224,748 têtes.

En 1865. Marchandises générales : 36,787,638 tonnes ; charbons, cokes et autres minéraux, 77,805,786 tonnes ; gros bétail, 2,769,830 têtes ; moutons, 9,336,411 têtes ; porcs, 2,424,696 têtes.

Quant au petit cabotage, il a été dans la période comprise entre 1861 et 1865, tant pour navires britanniques que pour navires étrangers, de : 17,355,235 tonnes, en 1861 ; de

---

1. La tonne anglaise pèse 1,016,048 kilogrammes.

17,470,360 tonnes, en 1862 ; de 17,547,532 tonnes, en 1863 ; de 17,416,680 tonnes, en 1864 ; et de 18,228,354 tonnes, en 1865.

Le commerce extérieur, par la navigation, est représenté : en 1865, pour l'entrée, par 9,623,432 tonnes britanniques et 4,694,454 tonnes étrangères, soit un total de 14,317,886 tonnes ; et à la sortie, par 9,735,523 tonnes britanniques et 4,843,683 tonnes étrangères, soit un total de 14,579,206 tonnes, ou plutôt un ensemble de 28,897,092 tonnes, en réunissant l'entrée et la sortie.

Afin de compléter les chiffres ci-dessus, nous dirons qu'en 1865, au 31 décembre, le recensement a donné pour le tonnage total des navires du Royaume-Uni 4,936,776 tonneaux pour bâtiments et 823,533 tonneaux pour navires à vapeur. Le tout représenté par 26,069 navires à voiles et 2,718 bâtiments à vapeur.

On peut établir ainsi le chapitre des finances :

Revenus en 1865 : 1,757,835,925 francs. Dépenses en 1865 : 1,661,555,175 francs.

Revenus en 1866 : 1,695,307,300 francs. Dépenses en 1866 : 1,647,858,925 francs.

Les revenus reposent sur les droits de douanes, sur l'accise, sur le timbre, sur l'*assesed taxes*, sur les impôts des revenus et fonciers, sur les postes, sur les terres de la couronne, etc., etc.

Les dépenses reposent sur le payement de la dette consolidée et non consolidée, sur la liste civile et les charges de toutes sortes, sur

l'armée de terre et de mer, et enfin sur les frais de perception.

Il y a dans le Royaume-Uni 42 banques, 557 banques particulières et 1652 *Joint-stock Bank's* ou banques par actions.

L'enseignement est libre. On compte en Angleterre 24,563 écoles publiques et 34,412 écoles particulières, soit en totalité 58,975 institutions, sans préjudice de 33,872 écoles du dimanche. Le nombre total des écoliers en Angleterre et dans le pays de Galles est de 3 150,048 élèves; en Écosse de 467,056, et en Irlande de 648,377, ce qui donne un chiffre général de 4,265,481 écoliers. Ne sont pas comprises dans ce nombre les universités d'Oxford, de Cambridge, de Saint-Andrews, de Glasgow, d'Aberdeen, d'Édimbourg, de Dublin et de Londres.

Les sociétés savantes sont nombreuses. Nous citerons : les sociétés royales et les instituts des sciences de Londres, d'Edimbourg et de Dublin, la société royale des antiquaires, les académies royales des arts et de peinture, la société Linnéenne, les sociétés phrénologique, géologique, zoologique et entomologique; celles de minéralogie, des pharmaciens, d'horticulture, de statistique, de géographie, celles pour l'encouragement des arts, des fabriques et du commerce, la société royale asiatique la société biblique, plus de deux cent cinquante sociétés savantes et cinq à six mille institutions d'utilité publique (1).

Les sociétés d'assurance contre l'incendie couvrent dans les trois royaumes une valeur qu'on estimait, en 1864, à 31,297,000,000 de francs.

Au 20 novembre 1865, le chiffre général des dépôts des caisses d'épargne, intérêts compris, s'élevait à la somme de 961,100,135 francs.

A la même époque on comptait en Angleterre 417 sociétés coopératives, comprenant un total de 148,586 membres.

Voyons maintenant quelle superficie occupe le territoire du Royaume-Uni, quels sont les moyens de communication et les chiffres de la population des nationalités, des religions, de l'émigration, etc., etc., puis nous jetterons un coup-d'œil d'ensemble sur les productions spontanées du sol et sur les productions manufacturées. Enfin, avant de passer à l'étude des objets exposés, nous donnerons une statistique générale des colonies anglaises, ce qui nous permettra, en dernier lieu, de faire un résumé rétrospectif sur les expositions qui ont précédé celle de 1867.

Le Royaume-Uni se compose de l'Angleterre, du pays de Galles, de l'Écosse, de l'Irlande, de l'île de Man et des îles de la Manche. Il est borné au nord et à l'ouest par l'Océan atlantique, au sud par la Manche et à l'est par la mer du Nord.

La superficie totale du territoire est de 77,513,000 acres, soit 313,695 kilomètres carrés en chiffres ronds, ou 31,369,511 hectares 10 ares qui se répartissent ainsi qu'il suit :

	Hectares.
Angleterre	13,189,173. »
Pays de Galles	1,916,254.50
Écosse	7,947,903.30
Irlande	8,224,313.40
Iles britanniques	91,866.90
Total	31,369,511.10

---

1. On compte dans la Grande-Bretagne 162 académies, instituts, clubs, associations et sociétés savantes, savoir : 100 en Angleterre, 38 en Écosse et 24 en Irlande. Ces 162 sociétés savantes se répartissent dans les principales villes du royaume, ainsi qu'il suit :

ANGLETERRE. *Comté de Cambridge :* Cambridge, 3. — *Comté de Cornwall :* Falmouth, 1; Penzance, 2. — *Comté de Devon :* Plymouth, 1. — *Comté de Kent :* Canterbury, 2; Greenwich, 1. — *Comté de Lancaster :* Liverpool, 4 ; Manchester, 6. — *Comté de Middlesex :* Londres, 61.—*Comté de Northampton :* Northampton, 1; Peterborough, 1. — *Comté de Northumberland :* Newcastle-sur-la-Tyne, 3. — *Comté d'Oxford :* Oxford, 2. — *Comté de Shropshire :* Shrewsbury,1.—*Comté de Somerset :* Bath, 1 ; Bristol, 1.—*Comté de Sussex :* Sussex, 1. — *Comté de Worcester :* Worcester, 1. — *Comté de York :* Hull, 2 ; Leeds, 1; Scarborough, 1; Sheffield, 1; Whitby, 1 ; York, 1.

Écosse. *Comté d'Aberdeen :* Aberdeen, 2. — *Comté d'Édimbourg :* Édimbourg, 16. — *Comté de Berwick :* Berwick-sur-Tweed, 1; Abbotsford, 1. — *Iles occidentales Hébrides :* Iona, 1. — *Comté de Lanark :* Glascow, 11. — *Comté d'Orkney :* Kirkwall, 2. — *Comté de Peebles :* Kelso, 1. — *Comté de Perth :* Perth, 2. — *Comté de Roxburgh :* Roxburgh, 1.

IRLANDE. *Comté d'Antrim :* Belfast, 2. — *Comté de Cork :* Cork, 2. — *Comté de Dublin :* Dublin, 16. — *Comté de Kilkenny :* Kilkenny, 1. — *Comté de Londonderry :* Londonderry, 3.

Sur cette superficie, 17,956,134 hectares seulement sont couverts par des récoltes.

Les fleuves et rivières navigables représentent une longueur de 4,023 kilomètres. On compte en Angleterre et dans le pays de Galles 4,506 kilomètres de canaux, 38,623 kilomètres de routes et 160,931 kilomètres de chemins vicinaux. En Écosse, on estime à 5,954 kilomètres la longueur des routes. Enfin il y a en Irlande 337 kilomètres de rivières et 482 kilomètres de canaux.

Le système des voies ferrées est considérable : on estime en Angleterre, tant en lignes doubles qu'en lignes simples, que le réseau n'a pas moins de 21,384 kilomètres, savoir :

	Kilomètres.
En Angleterre et le pays de Galles..	14,887
En Écosse	3,540
En Irlande	2,954
Total	21,381

Enfin les lignes télégraphiques présentent un développement de 25,855 kilomètres avec une longueur de fil de 124,624 kilomètres, non compris les télégraphes sous-marins.

La population totale du Royaume-Uni — recensement de 1861 — est de 29,070,000 âmes, non compris les soldats et marins qui se trouvaient à cette époque hors du royaume. Cette population se divise ainsi :

	Ames.
En Angleterre	18,954,000
Dans le pays de Galles	1,112,000
En Écosse	3,062,000
En Irlande	5,799,000
Dans les îles de la Manche	143,000
Total	29,070,000

Mais on estime aujourd'hui que ce chiffre devait être en 1866 de 30,329,207, en y comprenant les militaires et les marins en service hors du pays.

D'où il résulte que la moyenne de la population par mille carré, soit 1,600 mètres 31 ou un peu plus d'un kilomètre et demi carré, serait de 240 habitants.

Il n'existe pas en Angleterre de relevé statistique sur le nombre des personnes appartenant à chacune des communions de la Grande-Bretagne. D'après M. Legoyt, le recensement de 1861 aurait donné pour l'Irlande, sur 1,000 habitants, 777 catholiques, 221 protestants et deux autres cultes.

La moyenne proportionnelle de la population attachée aux travaux agricoles, aux occupations commerciales et aux autres emplois peut s'établir de la manière suivante :

	Agriculture.	Commerce.	Autres emplois.
En 1851	12	21	67
En 1861	10	27	63

De 1855 à 1865, 1,607,745 personnes ont émigré du Royaume-Uni ; 139,802 se sont dirigées vers les colonies de l'Amérique du Nord, 1,500,844 aux États-Unis, 397,302 en Australie et 64,797 dans d'autres pays.

En 1861, lors du dernier recensement, on comptait, en Angleterre, 29,248 aveugles, 20,311 sourds-muets, et M. Legoyt, s'appuyant sur le même document, porte le nombre des aliénés, idiots et crétins, au chiffre de 24,845 — dans les asiles seulement, — ce qui ne ferait que 1 idiot sur 807 habitants. Cette approximation nous paraît bien au-dessous de la réalité.

Enfin la statistique nous apprend que le nombre total des indigents assistés dans les asiles et à domicile était, au 1er janvier 1866 :

En Angleterre et le pays de Galles, de	920,344
En Écosse	121,394
En Irlande	65,057
Total	1,106,795

Nous n'attachons aucune importance à ces derniers chiffres, en ce sens que, connaissant l'Angleterre et les misères qui y fourmillent, nous sommes convaincu que le nombre des indigents non secourus doit dépasser trois ou quatre fois ce total de 1,106,795.

Voyons maintenant quelle est la production du sol et quelles sont les ressources que le pays peut trouver en lui-même :

La superficie des terres cultivées en 1866 a été de 6,697,253 hectares, soit 4,651,486 hectares de céréales et 2,045,766 hectares de plantes fourragères et potagères. Or comme la superficie totale est de 31,369,544 hectares, que 17,956,134 sont cultivables, il résulte qu'en 1866, 11,258,881 hectares étaient en friche et jachères, et que 13,413,377 hectares se trouvent occupés par les bois et forêts, le sol bâti, les chemins de fer, les routes, les cours d'eau, les mines et les terres incultivables.

Afin de compléter ces renseignements, nous croyons devoir reproduire ici, d'après M. Legoyt, la division agricole qu'il donne du sol du Royaume-Uni ; nos chiffres se rapprochent des siens.

Royaume-Uni.	Hectares.
Terres labourables	7,743,762
Prés et pâtures	11,082,689
Terres incultes, landes, bruyères	6,070,050
Terres incultivables	6,422,704
Total	31,319,205

Le froment, dont on ne cultive pas plus de 1,496,432 hectares, rend en moyenne 25 hectolitres à l'hectare, soit pour la superficie cultivée 37,410,800 hectolitres. Cette production ne peut suffire aux besoins de la consommation, aussi en importe-t-on de grandes quantités.

L'orge, l'avoine, le seigle, les fèves et les pois occupaient, en 1866, 3,155,054 hectares, ce qui fait bien, en y ajoutant 1,496,432 hectares de froment, une superficie de 4,651,486 hectares. Quant aux plantes potagères et fourragères qui occupaient une surface de 2,045,766 hectares, elles se répartissent ainsi :

	Hectares.	Ares.
Pommes de terre	629,554	96
Navets, etc	999,027	85
Mangel-Worzel	113,310	73
Carottes	8,928	08
Choux et colza	87,662	06
Vesces et luzernes	207,282	88
Total	2,045,766	56

La production de la laine du Royaume-Uni est estimée à 69,008,000 kilogrammes. En 1866, l'étendue totale affectée à la culture du lin a été de 106,702 hectares et la récolte s'est élevée à 53,390,800 kilogrammes.

On compte dans le royaume 8,566,468 têtes de gros bétail, 26,375,993 têtes de moutons, 3,993,506 têtes de porcs et 1,500,000 chevaux.

Quant aux bois et forêts, les documents font défaut ; on sait seulement que la production annuelle est d'environ 50 millions de francs.

Nous ne dirons rien quant à présent des produits minéralogiques et des produits manufacturés, nous réservant d'en parler lors de l'examen des objets qui figurent dans chacune des 95 classes. Seulement, après avoir fait l'inventaire des éléments sur lesquels repose la prospérité du Royaume-Uni, il nous paraît essentiel d'étudier les colonies britanniques qui font partie intégrante de la Grande-Bretagne ; ce sera le complément de cette première section de notre travail [1].

Dans ce tableau ne se trouve pas comprise la colonie de Lagos. Voici sur ce nouveau territoire britannique des documents officiels tout récents :

La colonie anglaise de Lagos, située sur la côte occidentale d'Afrique, et gouvernée par un administrateur placé sous les ordres du gouvernement en chef de Sierra-Leone, se trouve sur le golfe de Guinée, entre le pays du Dahomey dans l'ouest, les rivières du Bénin et les embouchures du Niger à l'est. La ville naissante de Lagos est construite sur une petite île placée elle-même près de l'embouchure du Lagos, au milieu d'un lac qui vient communiquer par de grands cours d'eau avec tous les pays d'alentour.

La latitude de l'entrée de la rivière de Lagos est de 6°26′ nord, et la longitude de 1°2′ est du méridien de Paris. Les Anglais, parfaitement connaisseurs en géographie, ont choisi là un des points les plus riches de la côte d'Afrique, et le commerce français lui-même prospère dans cette colonie.

La quantité de marchandises, tant importées qu'exportées en 1866, à Lagos, s'est élevée à la valeur de 483,465 liv. st. 13, ou en francs à celle de 12,086,641.

Ces chiffres, comparés à ceux de 1864, présentent une augmentation de 4,914,441 francs. Dans cet ensemble, le chiffre de l'importation est de 5,519,154 francs et celui de l'exportation de 6,567,486 francs.

Comparé à celui de 1864, le chiffre des importations présente une augmentation de

---

[1]. Les exigences de la mise en pages nous forcent à placer le tableau, qui devait être ici, à la page suivante.

SITUATION DES COLONIES ET DÉPENDANCES BRITANNIQUES EN 1864.

COLONIES et DÉPENDANCES.	SUPER-FICIE.	POPULATION.	FINANCES. REVENUS.	FINANCES. DÉPENSES.	DETTE PUBLIQUE.	COMMERCE. NAVIGATION. Tonnage, entrées et sorties.	COMMERCE. IMPORTATIONS totales.	COMMERCE. IMPORTATIONS Roy.-Uni seulement.	COMMERCE. EXPORTATIONS totales.	COMMERCE. EXPORTATIONS Roy.-Uni seulement.
	Milles car.[1]	»	L. S.[2]	L. S.	L. S.	Tonnes.	L. S.	L. S.	L. S.	L. S.
EUROPE.										
Malte	115	136,330	169	163	189	2,235	1,764	40	1,004	625
Gibraltar	1 2/3	15,462	36	35	»	2,275	2,600	1,700	2,250	171
ASIE.										
Inde	1,004,646	143,271,210	44,613	44,082	98,518	4,116	50,108	23,214	66,896	44,971
Ile de Ceylan	24,700	1,892,540	868	1,843	350	1,070	5,527	1,652	3,112	2,015
Ile Maurice	708	310,050	638	602	600	558	2,583	825	2,250	1,089
Labuan	45	2,373	8	8	»	21	84	»	48	»
Hong-Kong	29	119,321	133	159	»	2,046	»	»	»	»
AFRIQUE.										
Natal	14,397	152,704	152	119	100	64	592	441	220	187
Cap de Bonne-Espérance	104,931	267,096	588	634	715	541	2,493	1,777	2,614	1,626
Sainte-Hélène	47	6,860	23	23	»	136	123	55	27	25
Côte d'Or	6,000	150,000	»	»	»	»	»	»	»	»
Sierra-Leone	468	41,497	49	51	2	98	190	140	202	24
Gambie	20	6,748	17	17	6	66	105	45	132	27
AMÉRIQUE.										
Canada	331,280	2,507,657	2,295	2,175	12,368	2,089	9,296	4,382	8,850	3,068
Nouveau-Brunswick	27,037	252,047	214	176	2,767	1,412	1,864	750	1,053	569
Nouvelle-Écosse	18,670	30,857	200	199	969	1,630	2,521	1,082	1,435	66
Ile du Prince-Édouard	2,173	80,857	44	38	68	302	338	154	203	37
Terre-Neuve	40,200	122,638	125	125	177	281	1,067	455	1,111	283
Colombie britannique	200,000	11,816	104	117	164	108	500	»	1,219	»
Ile de Vancouver	13,000	23,000	71	74	40	232	743	292	80	»
Iles Bermudes	24	11,461	31	27	»	280	371	127	143	64
Hondouras	13,500	25,635	31	28	22	84	291	196	373	218
Iles Bahama	2,991	35,487	107	103	13	389	5,346	1,219	4,672	3,511
Ile Turque	»	4,372	13	13	»	101	70	13	54	2
Jamaïque	6,400	441,255	309	315	804	284	1,143	628	947	813
Iles de Vierge	57	6,051	2	2	4	8	8	»	12	»
Saint-Christophe	103	24,440	19	21	»	50	189	60	125	103
Nevis	50	9,822	5	4	3	15	28	6	16	10
Antigoa	183	36,412	33	36	20	43	178	70	79	64
Montserras	47	7,645	4	4	5	10	18	»	19	14
Ile de la Dominique	291	25,065	14	15	3	15	44	15	40	43
Sainte-Lucie	250	26,705	13	13	18	20	91	31	111	101
Saint-Vincent	131	31,755	20	20	3	31	136	54	156	143
Barbade	166	152,727	107	104	23	280	910	363	926	549
Ile de Grenade	133	31,900	20	17	9	34	121	66	153	140
Ile de Tabago	97	15,410	8	10	4	11	50	17	64	57
Ile de la Trinité	1,754	84,438	207	193	215	270	884	426	1,101	912
Guyane anglaise	76,000	148,026	311	270	594	317	1,509	888	1,845	1,589
Iles de Falkland	7,600	566	9	7	»	50	19	19	10	10
AUSTRALIE.										
Nouvelle-Galles du Sud	323,437	358,278	1,985	2,327	6,073	1,254	9,386	3,856	8,117	2,559
Victoria	85,831	541,800	2,800	2,283	8,444	1,262	14,075	7,899	13,898	5,300
Australie méridionale	383,328	126,830	809	645	900	321	2,413	1,218	3,305	919
Australie occidentale	978,000	15,691	72	71	2	94	169	110	112	45
Tasmanie	26,215	89,977	335	319	530	248	908	348	975	421
Nouvelle-Zélande	106,259	98,971	1,381	1,757	1,300	800	7,000	2,700	3,500	1,500
Queensland	678,000	34,884	502	439	549	246	2,268	507	1,247	355

1. Le mille carré équivaut à 2 kil. 58 carrés, ainsi les 115 milles carrés de l'île de Malte représentent 296.70 kil. carrés.
2. La livre sterling vaut 25 francs. — Ici l'unité représente 1,000 livres sterling; il en est de même pour la dette, les importations et les exportations; ainsi Malte, 169, égale Malte 169,000 livres sterling ou 4,225,000 francs.

2,499,279 francs, et celui des exportations une augmentation de 2,415,162 francs.

Le total du commerce de Lagos, en 1866, étant de 12,086,641 francs, celui de Sierra-Leone, pour la même année, étant de 12,773,288 francs, il est aisé de voir que Lagos égalera bientôt Sierra-Leone.

Les importations, en allant par ordre d'importance et de valeur, sont les cauries, cette monnaie de tout l'intérieur de l'Afrique et du Soudan, les spiritueux, le tabac, les cotonnades, les cercles et objets de fer, la quincaillerie, etc. Les exportations principales sont les huiles de palme et l'amande de palme. En 1866, le total de ces exportations s'est élevé à 204,882 liv. st. Il est entré à Lagos, en 151 navires jaugeant 45,053 tonneaux et portant 2,475 hommes d'équipage. Il en est sorti, pendant la même année, 135 jaugeant 42,123 tonneaux et portant 2,314 hommes[1].

Ainsi donc le Royaume-Uni, qui compte déjà par lui-même une population de.................. 30,320,207 âmes, commande à une population coloniale de...................... 151,686,676

Soit en totalité le chiffre énorme de 182,015,883 âmes.

« Si l'on cherche sur une carte du monde, dit M. V. Duruy dans une étude placée à la fin de l'histoire d'Angleterre de M. J.-A. Fleury, les points où flotte le pavillon britannique, on verra qu'il y a à peine une grande position, soit commerciale, soit stratégique, dont il n'ait pas pris possession. Les vieilles îles anglo-normandes de Jersey, de Guernesey et d'Aurigny menacent la côte de Bretagne et la Normandie, en même temps qu'elles coupent la route de Brest à Cherbourg. A Héligoland, l'Angleterre surveille les bouches du Weser, de l'Elbe, tient le commerce de Hambourg, de Brême et de l'Allemagne du Nord sous la gueule de ses canons. A Gibraltar, elle tient les clefs de la Méditerranée. A Malte, elle domine le passage entre les deux grands bassins de cette mer. A Corfou, elle commande l'Adriatique, menace Trieste et tient le commerce de l'Allemagne du Sud.

---

[1]. *Moniteur universel*, 4 novembre 1867.

Elle n'a pas les Dardanelles, qui ne mènent qu'à un grand lac intérieur, mais elle est toute-puissante à Alexandrie et au Caire, qui conduisent aux Indes. Aden est le Gibraltar de la mer Rouge; Maurice, la citadelle de l'océan Indien; les deux presqu'îles de l'Indostan et de Malacca lui appartiennent. Singapoure, Labouan et Hong-Kong sont les étapes entre l'Inde et la Chine. Resserré entre le Cap, Ceylan et la Nouvelle-Hollande, le grand Océan n'est plus qu'un lac anglais. Elle tient par les deux bouts la mer des Antilles, car elle a Honduras d'un côté, Sainte-Lucie, Saint-Vincent et Tabago de l'autre, et elle possède encore au milieu la Jamaïque. Elle occupe, aux îles Bahama, les débouchés du golfe du Mexique; aux Bermudes, une station, à mi-chemin, entre les Antilles et le Canada. La partie du continent américain la plus rapprochée de l'Europe est à elle, avec les immenses forêts du Canada, avec les pêcheries inépuisables de Terre-Neuve, avec le magnifique golfe de Saint-Laurent et les ports de la Nouvelle-Écosse, les meilleurs de toute l'Amérique du Nord. Elle est à la Guyane et elle voudrait bien être encore à l'isthme de Panama, dans le voisinage duquel elle a établi sa colonie de Balèze. Enfin elle a saisi l'Afrique par trois côtés : du côté de la Gambie et de Sierra-Leone, au Cap et par Maurice; on peut dire qu'elle la tient par un quatrième, l'Égypte, où son influence est prépondérante.

« Ces postes ne sont pas seulement des stations pour ses navires, des refuges, en temps de guerre, pour ses escadres et ses corsaires; des comptoirs, en temps de paix, pour ses négociants; des marchés pour ses manufactures; de là elle surveille le commerce entier de l'univers. Ses agents s'y tiennent au courant de toute production nouvelle à exploiter, de toute concurrence à étendre, de tout débouché à ouvrir, et il en résulte que le commerce anglais a non-seulement l'avantage de l'expérience des affaires et du bas prix des capitaux, mais encore celui d'être le mieux renseigné qui soit au monde. »

Depuis que ces lignes ont été écrites, 1852, les choses ont peu changé, et ce tableau est toujours l'expression de la vérité.

Revenons aux colonies anglaises et surtout aux colonies les plus importantes, et voyons quels sont les objets sur lesquels reposent plus particulièrement leur commerce et leur industrie, en fait de leurs productions propres.

Inde. — Café, coton brut, matières tinctoriales, peaux, jute, huiles, opium, riz, salpêtre, graines, châles de cachemire, soie grége, épices, bois de construction et autres. *Natal.* — Peaux, sucre, ivoire et laines. — *Cap de Bonne-Espérance.* — Minerai de cuivre, peaux, vins et laines. — *Canada.* — Bestiaux, productions animales et agricoles, poissons, potasse, perlasse et bois de construction. — *Ile du Prince-Édouard.* — Poissons, graines et bestiaux. — *Terre-Neuve.* — Morues, huiles et peaux de phoques. — *Jamaïque.* — Café, gingembre, piment, rhum, sucre, bois de campêche. — *Barbade.* — Mélasse, riz, rhum et sucre. — *Trinité.* — Cacao, asphalte, mélasses, rhum et sucre. — *Guyane anglaise.* — Mélasse, rhum et sucre. — *Nouvelle Galles du Sud.* — Or, peaux, suif et laines. — *Victoria.* — Or, suif et laines. — *Australie du Sud.* — Cuivre céréales, et laines. — *Nouvelle-Zélande.* — Or et laine. — *Queensland.* — Or, peaux, suif et laines.

Afin de compléter ces notes, nous croyons devoir donner les objets principaux sur lesquels reposent l'importation et l'exportation dans le Royaume-Uni, en rangeant ces produits dans l'ordre de leur importance commerciale:

IMPORTATIONS. — Sucre brut, coton, laines, thé, café, soie brute et filée, blé, graines et farines, lin brut, indigo, vins, laines, étoffes des Indes, rhum, huile de baleine, chanvre brut, garance, peaux brutes et tannées, tabac à fumer, bois de charpente, peaux et fourrures, cendres et potasse, eau-de-vie, fil de lin brut, riz, graines de lin, cochenille, fer en barres, bois de Campêche, fromages, bois pour mâts, bois d'acajou, beurre, fanons de baleine, mercure, brai et poix, raisin de Corinthe, soude, poudre, salpêtre, raisins secs, écorces de chêne et autres, borax, térébenthine, cannelle, huile d'olive, rhubarbe, toiles étrangères, clous de girofle, soufre, bois de sapin, ciment, cacao, citrons et oranges, mélasse, muscade, bois de fustic, planches de chêne, macis, opium, noix de galle, scammonée, grains de perse, alizari, œufs, etc., etc.

EXPORTATIONS. — Tissus de coton, coton filé, tissus de laine, tissus de lin, sucre raffiné, fer forgé, acier, quincaillerie, coutellerie, ouvrages en cuivre et bronze, joaillerie et orfévrerie, sel, chapeaux de toutes espèces, poissons de toutes espèces, étain travaillé, houille, papeterie, verrerie, plomb de chasse, tissus de soie, cuirs préparés et non préparés, blé, grains et farines, savon et bougie, étain brut, bœufs et porcs salés, articles de tabletterie, ouvrages de sellerie, ferraille, bières, articles de broderie, pain et biscuit, instruments de musique, beurre et fromages, salpêtre raffiné, huile de baleine, lard et jambon, mélasse, mercerie et modes, fanons de baleine, graines de toutes espèces, alun, houblon, tabac, etc., etc.

Nous arrivons à un autre ordre de faits : nous voulons parler des expositions. Chose curieuse à constater, c'est que l'Angleterre, la nation commerciale par excellence, est celle où les expositions sont d'existence toute moderne. En France, la première eut lieu en 1798; en Angleterre, celle de 1851 a inauguré ce nouvel ordre de choses.

La première exposition universelle devait s'ouvrir à Paris; par des raisons sur lesquelles il est inutile de revenir, elle s'ouvrit à Londres en 1851.

Le premier palais de l'industrie s'étendait dans Hyde-Park sur une superficie d'environ huit hectares. L'Angleterre et ses colonies occupaient 50,560 mètres carrés; les autres nations 37,467 mètres sur lesquels la France entrait pour 11,128 mètres. Le Royaume-Uni comptait 7,381 exposants, dont 520 appartenaient aux colonies.

En 1855 à Paris, le Royaume-Uni occupait un espace de 17,811 mètres, c'est-à-dire 6,683 mètres de plus que la France en 1851 à Londres. Le nombre des exposants de la Grande-Bretagne était à cette époque de 2,415 exposants.

En 1862 à Londres, l'exposition couvrait un espace d'environ 9 hectares 71 ares, l'Angleterre comptait alors, avec ses colonies, 8,487 exposants, plus 990 exposants d'œuvres artistiques, soit en totalité 9,477.

Cette année en 1867, l'espace affecté à l'Angleterre est de 21,060 mètres carrés, sans préjudice de la superficie qui lui a été concédée dans le parc et à Billancourt. Suivant le dépouillement que nous avons fait du catalogue officiel, 3,703 exposants ont fait acte de présence ; ils se répartissent ainsi qu'il suit, dans les dix groupes ; seulement observons, pour mémoire, que le tableau dressé par la Commission, et placé en tête de ce même catalogue officiel, ne fait mention que de 3,609 exposants :

	Exposants.
1er GROUPE.—OEuvres d'art	384
2e GROUPE.—Matériel et application des arts	413
3e GROUPE.—Meubles et autres objets destinés à l'habitation	432
4e GROUPE.—Vêtements et autres objets portés par la personne	506
5e GROUPE.—Produits des industries extractives.	750
6e GROUPE.—Instruments et procédés des arts usuels	684
7e GROUPE.—Aliments et divers degrés de préparation	355
8e GROUPE.—Produits vivants et spécimens d'établissements d'agriculture	74
9e GROUPE.—Produits vivants et spécimens d'établissements d'horticulture	14
10e GROUPE.—Objets exposés en vue d'améliorer la condition physique et morale des populations	61
Total	3,703

Il résulte de ce tableau que les industries extractives occupent le premier rang, et, en effet, l'Angleterre est un véritable bloc de houille et de fer, et c'est là le secret de sa force.

Les instruments et procédés des arts usuels viennent ensuite, et ici l'excellence non de l'invention, mais de la fabrication est poussée jusqu'au *nec plus ultra*.

Nous allons du reste examiner avec le plus grand soin les éléments productifs de la Grande-Bretagne et revenir classe par classe sur le travail industriel de nos voisins. Une nation de cette importance et qui touche de si près à nos intérêts quotidiens mérite une esquisse complète de sa physionomie générale, c'est du reste ce que nous allons nous efforcer de faire avec l'impartialité la plus complète.

Selon notre programme, nous laissons traiter par d'autres les premières classes consacrées aux beaux-arts et nous commençons par les arts libéraux.

CLASSE VI. *Imprimerie et Librairie.* — Il est incontestable que l'imprimerie et la librairie sont en progrès dans le Royaume-Uni, nous ne parlons pas ici des ouvrages dont la France a encore le monopole, mais seulement du livre usuel, du livre à bon marché, du livre courant.

On compte en Angleterre et dans le pays de Galles 30,590 personnes occupées aux travaux d'imprimerie ; le recensement a donné pour l'Écosse 4,470 et pour l'Irlande 2,845, soit en totalité 37,905 personnes. Sur ce chiffre la seule ville de Londres entre pour 13,937.

La statistique nous apprend, en outre, qu'en 1865 il a été importé en Angleterre pour 2,987,150 francs de livres et pour 913,125 d'imprimés et gravures, soit en totalité trois millions 900,275 francs ; et qu'il a été exporté pour 12,784,700 francs de livres et pour 773,400 francs d'imprimés et gravures, soit en totalité 13,558,100 francs : d'où résulte que les exportations ont dépassé les importations de 9,657,825 francs.

Le nombre des journaux et écrits périodiques, au 30 juin 1864, se répartissait ainsi : Angleterre 1,307, pays de Galles 60, Écosse 133, Irlande 157. Total 1,657 journaux et écrits périodiques.

Il faut attribuer ce progrès à la substitution des machines au travail à la main pour la fonte des caractères, à l'emploi des presses horizontales, à l'application de la stéréotypie et aux perfectionnements apportés à la lithographie et à la chromo-lithographie.

Nous trouvons la preuve des progrès de l'imprimerie et de la librairie anglaises dans les catalogues des objets exposés : le catalogue anglais est en quatre langues : anglais, français, allemand et italien ; il contient, non compris les annonces, 4,321,280 lettres ; la typographie en est irréprochable, à peine si quelques coquilles se sont glissées dans le texte, le papier est fort beau et les deux volumes sont livrés au prix de 2 fr. 50 c.

Le catalogue français contient 6,539,529

lettres, soit environ un tiers en plus; il est affreusement imprimé, il fourmille d'erreurs, et les marges ne sauraient suffire à contenir les corrections des fautes typographiques qui s'y rencontrent à chaque mot, le papier est détestable, et ce catalogue est vendu six francs.

On nous objectera la question des annonces. Il est vrai de dire que le catalogue français ne compte que 215 pages d'annonces, tandis que le catalogue anglais en contient 330, soit une différence en faveur de ce dernier de 115 pages. Mais il ne nous en reste pas moins prouvé qu'il n'existe pas en Angleterre, parmi les livres les plus usuels, parmi les publications les plus infimes, un ouvrage aussi lourdement fabriqué que le catalogue français.

Comme corollaire à ce qui précède, nous signalerons parmi les belles expositions lithographiques et chromo-lithographiques, celles de MM. Vincent, Broocks Leighton, Hanart, Day, Dickes; les épreuves autotypographiques de M. Wallis, épreuves que nous avons déjà eu occasion d'admirer à Londres en 1862, ainsi que les beaux spécimens d'impression mécanique à vapeur sur pierre de MM. Maclure, Macdonald et Macgregor.

Nous signalerons en second lieu les belles impressions de MM. Bradbury, John Leighton, Bell et Daldy, Day et fils, Knight, Murray, Smith et Elder, etc. Ainsi que les chroniques publiées sous la direction du chef des archives, les spécimens des publications périodiques du Royaume-Uni, la bibliothèque des livres d'art du *South Kensington Museum* et la belle collection des livres exposés par M. Spottiswoode, de Londres.

CLASSE VII. *Papeterie. Reliure.* — Il existait en 1865 dans le Royaume-Uni 392 fabricants de papier : 316 en Angleterre et dans le pays de Galles, 56 en Écosse et 20 en Irlande.

La fabrication du papier repose particulièrement sur le chiffon, dont la plus grande partie est annuellement tirée de l'étranger. La paille et le sparte sont les deux succédanés qui ont fait jusqu'à ce jour l'objet d'un travail sérieux.

En 1865, il a été importé en Angleterre :

18,273 tonnes[1] de chiffons toile et coton.
52,324 tonnes sparte et autres fibres végétales.
463 tonnes vieux cordages.
94 tonnes pulpe.

Soit un total de.......... 71,154 tonnes.
Sur lesquelles on a réexporté................. 1,515 tonnes.
De telle sorte qu'il est resté pour la consommation.. 69,639 tonnes.

D'après le recensement de 1861, l'Angleterre, l'Écosse et l'Irlande occupaient dans l'industrie du papier 18,180 ouvriers et ouvrières.

En 1865, il a été importé dans le Royaume-Uni, non compris les papiers de teinture, 239,707 quintaux[2] de papier; 24,537 ont été exportés, si bien qu'il en reste 215,170 quintaux pour la consommation. Mais en même temps en 1865 on fabriquait dans le royaume 141,075 quintaux de papier anglais, soit pour une valeur de 11,194,525 francs.

Les améliorations et progrès de cette industrie reposent particulièrement sur différentes applications mécaniques et sur l'emploi de nouveaux procédés chimiques appliqués au blanchiment et à la préparation des chiffons.

L'industrie de la reliure et de la brochure occupe un nombre imposant de travailleurs : on comptait en 1861 dans les trois royaumes 15,424 ouvriers et ouvrières. Londres seule entre dans ce chiffre pour 7,754. Suivant nous, l'Angleterre a conservé la tradition de la bonne reliure et de la solide reliure à bon marché, et, comme nous le disions dans notre compte rendu de l'Exposition universelle de 1862, leurs guides de voyage, *hand books*, font le tour du monde et reviennent à Londres avec leur habit et sans déchirures.

La reliure anglaise est comme l'imprimerie en voie de progrès. Les débouchés sont tels, que l'introduction des machines a été jugée nécessaire; ces machines sont spécialement

---

1. La tonne équivaut à 1,016 kilogrammes 048.
2. Le quintal anglais et de 50 kilogrammes 80.

destinées à repousser les dessins, à gaufrer les couvertures et à appliquer les couleurs.

La statistique fait défaut lorsqu'il s'agit des encres d'imprimerie et des encres à écrire, des cires à cacheter, des couleurs et autres articles de bureau. Quant aux plumes métalliques, le centre de la fabrication est à Birmingham ; on compte dans cette ville douze manufactures, occupant 2,410 ouvriers et ouvrières et la force de 330 chevaux-vapeur. Chaque semaine, il sort de ces douze manufactures 98,000 grosses de plumes, utilisant hebdomadairement dix tonnes d'acier.

Sans tenir compte du papier, la valeur des articles anglais fabriqués en 1865 et faisant partie de cette classe s'est élevée au chiffre de 10,125,000 francs.

Les expositions les plus remarquables en 1867 sont celles de :

MM. Arnold, Brown et Saunders pour leurs papiers ;

MM. Gillott, Mordan pour leurs plumes ;

M. Goodall pour ses cartes à jouer ;

M. Hyde pour ses encres ;

M. Waterston pour sa cire à cacheter ;

M. Rowney pour ses couleurs et articles pour artistes ;

MM. Rivière et Ward, pour leurs reliures.

CLASSE VIII. *Dessin et plastique.* — Ici les objets exposés sont peu nombreux. Cette classe ne comprend en effet que vingt-deux exposants, et sa circonscription est tellement vague que quantité d'objets qui devraient y figurer sont épars dans d'autres classes.

L'exécution des dessins, des moulages et des objets d'art est parfaite ; mais, chose remarquable, c'est que les Anglais semblent se rendre justice, ils ne reproduisent que des œuvres étrangères, et se gardent bien, par la reproduction des leurs, de montrer leur infériorité lorsqu'il s'agit d'enfantements qui tiennent à l'idéalisme. Nous recommandons cependant les reproductions électrotypiques exposées par les soins du Musée de Kensington.

CLASSE IX. *Photographie.* — En 1861, lors du dernier recensement, on comptait en Angleterre 2,957 photographes ; nous ne serions pas surpris d'apprendre aujourd'hui que ce nombre a doublé. Ce qui nous engage à croire à cette augmentation, c'est que la classe IX, à l'exposition anglaise, ne compte pas moins de 105 exposants [1].

Comme nous l'avons fait pour les autres nations, nous nous abstiendrons, au sujet de la photographie, d'entrer dans des développements techniques, nous nous contenterons de mentionner l'exposition de M. Ross, de Londres, et ses instruments de photographie, qui offrent le précieux avantage d'être complétement exempts de miroitement, défaut qui, malheureusement, est trop fréquent dans les appareils de ce genre.

Nous rappellerons aussi en passant les noms et les belles épreuves de M. Cameron, de Freshwater, île de Wight ; de M. A. Claudet et de M. Bedfort, de Londres ; de M. Breese, de Birmingham ; de M. Dallmeyer, de la Compagnie photographique et stéréoscopique de Londres ; de M. Robinson, de M. Wilson, de Aberdeen, ainsi que les portraits sur émail vitrifié de M. F. Joubert, de Londres.

CLASSE X. *Musique.* — Le nombre des fabricants d'instruments de musique à Londres est de 507. Dans ce chiffre on compte 286 fabricants de pianos, 43 fabricants d'orgues et 28 fabricants d'harmoniums. Malgré les éloges que les Anglais s'accordent bénévolement lorsqu'il s'agit d'instruments de musique et de leur talent comme musiciens, nous sommes loin de partager leur avis. Les quelques virtuoses qui méritent réellement ce nom le savent si bien qu'ils font venir leurs instruments du continent ; nous en trouvons, du reste, la preuve dans les chiffres d'importation et d'exportation. Ainsi, en 1856, l'importation des pianos, harmoniums, boîtes à musique et divers s'est élevée à 6,095,325 francs et l'exportation à 3,095,325 francs.

En fait d'orgues, nous rappellerons cependant le nom de M. Bevington, celui de M. Besson pour ses instruments à vent, et les pianos de M. Broadwood et de M. Kirkman tout en regrettant de ne pas voir figurer au nombre des exposants M. Hopkinson, excellent facteur dont nous avons pu apprécier la fabrication à l'Exposition universelle de 1862.

---

[1]. Les photographes en 1862, à Londres, étaient au nombre de 158.

Classe XI. *Chirurgie.* — En 1865, l'importation des instruments de chirurgie a été de 14,150 francs, l'exportation de 318,800 francs. La plupart des instruments sont fabriqués à Sheffield. Leur insignifiance à l'Exposition de 1867 ne nous permet pas de les apprécier, car les orthopédistes seuls ont bien voulu nous apporter leurs produits. Dans tous les cas, affirmons sans crainte d'erreur, et cela en réunissant à l'étude actuelle nos souvenirs de 1862, que la France n'a, en ce genre, rien à redouter de l'Angleterre.

Classe XII. *Instruments de précision.* — Il existe à Londres 72 fabricants d'instruments de précision, 32 fabricants d'instruments de marine, 78 fabricants d'instruments de physique et 204 opticiens.

En 1865 les importations se sont élevées à 355,600 francs et les exportations à 1 million 776,450 francs.

Quoique cette classe soit, comme les précédentes, très-incomplétement représentée, nous mentionnerons néanmoins les expositions de M. Dallmeyer, particulièrement pour ses objectifs; de M. Elliot pour ses instruments d'optique et de physique; de M. Beck pour ses instruments d'optique : de M. Ladd pour ses machines électriques; de M. Ross pour ses microscopes et télescopes à main, et de MM. Horne et Thornthwaite pour leur tourmaline artificielle.

Classe XIII. *Cartes, Cosmographie.* — Les cartes exposées par les commissions d'artillerie et de géologie sont tellement parfaites, sont exécutées avec un si grand soin qu'elles ne sauraient être discutées. Nous en avons, du reste, parlé en 1862 dans notre compte rendu de l'Exposition universelle de Londres. La première partie de celles qui figurent aujourd'hui au Champ-de-Mars a été exposée à Paris en 1855. Depuis cette dernière époque les études des ingénieurs anglais se sont poursuivies, et l'on termine en ce moment celles du comté du nord de l'Angleterre et la carte d'Irlande.

La statistique nous apprend qu'en 1855 l'exportation des cartes terrestres et marines s'est élevée au chiffre de 164,275 francs.

Cette classe comprend, dans la section anglaise, les cartes et atlas de l'amirauté, les cartes de l'observatoire géologique et de l'observatoire d'artillerie et les deux expositions de M. Nelson et de M. Stanford, de Londres.

Classe XIV. *Meubles.* — Les Anglais affirment, et nous les croyons sans peine, que depuis 1851 l'industrie du meuble a fait plus de progrès en Angleterre que pendant la première moitié du siècle. Nous leur demanderons à notre tour à qui ils sont redevables de ce résultat? Incontestablement à la France. Disons plus, et qu'on remarque ici que nous ne parlons pas d'ébénisterie proprement dite, mais bien de la forme, c'est que le meuble pur anglais est toujours anglais : il est carré, il est sombre, il est guindé comme un quaker, il est lourd comme une pyramide d'Égypte. Heureusement pour l'industrie anglaise que la Manche n'est pas large, que le trajet entre la France et l'Angleterre se fait vite et que l'ouvrier français refuse rarement de gagner une bonne journée. Du reste, nous reviendrons sur ce sujet en parlant des expositions les plus remarquables.

Quoi qu'il en soit, on compte à Londres 812 ébénistes, 486 tapissiers, 342 sculpteurs et doreurs, 142 vernisseurs, 61 fabricants de glaces, 24 étameurs, 108 sculpteurs incrusteurs, 43 fabricants de lits, 44 fabricants de lits en fer, 252 fabricants de chaises, de sofas et de tabourets.

Nous trouvons dans la statistique anglaise qu'en 1865 les articles d'ameublement importés dans le Royaume-Uni représentent une valeur de 3,223,125 francs et que les exportations se sont élevées à 7,247,175 francs; en présence de la faible population ouvrière de cette classe, ces chiffres paraîtront bien minimes, mais l'étonnement cessera quand on saura que l'Angleterre est peut-être le pays d'Europe où l'ameublement est le plus simple et où on ne fait usage que du strict nécessaire.

MM. Jackson et Graham exposent un magnifique cabinet dans le style italien de la Renaissance; les meubles sont en chêne avec incrustation d'ivoire et ciselure de haut goût artistique, le tout enrichi de lapis-lazuli. Or, si nous en exceptons ce lapis-lazuli, qui rappelle le goût anglais, nous osons affirmer que les incrustations de ce meuble n'appartiennent pas à l'Angleterre, ou au moins que ce sont des ouvriers-artistes, étrangers au pays, qui y ont travaillé.

MM. Wright et Mansfield présentent un meuble de salon en bois de citronnier, qu'ils exposent comme un spécimen de type anglais au xviiie siècle. Nous ne comprenons guère le type anglais au xviiie siècle, nous ne savions pas que l'Angleterre du xviiie siècle avait un type à elle, ou plutôt un style, l'expression nous semble préférable, mais passons et affirmons que, quoi qu'il en soit, ce meuble est excessivement beau ; ajoutons toutefois qu'on reconnaît encore et sans peine dans ce petit chef-d'œuvre la main de nos ouvriers français et la perfection qui préside à leurs travaux.

Si l'on veut voir de la véritable ébénisterie anglaise, il suffit de s'arrêter devant l'exposition de M. Gillow, un excellent meuble d'ébène qui ressemble à s'y méprendre à un mausolée, ou bien encore devant le meuble de M. Trollope, admirablement fait mais où le goût ne domine pas ; dans le même genre, il faut citer l'exposition de M. Hunter, celle de M. Magnus et bien d'autres. Le véritable goût anglais se retrouve spécialement dans les lavabos de M. Spiers : ce sont des pots à l'eau qui peuvent contenir deux seaux d'eau et des cuvettes dans lesquelles on peut aisément prendre un bain.

Les Anglais travaillent bien le bois d'érable, avouons-le, et nous serions injuste si nous omettions de signaler l'exposition de M. Alderman : c'est un lit pour un malade qui possède trois mouvements gradués, au moyen desquels le patient peut être mis imperceptiblement dans chaque position voulue, sans être assisté du garde-malade ; ce même modèle a, dit-on, servi au général Garibaldi, jusqu'à parfaite guérison de sa blessure.

Classe XV. *Tapisserie et décoration.* — Cette classe n'offre aucun intérêt et fait, dans la section anglaise, plutôt partie de la précédente et de la xviiie.

Le carton-pierre, dit papier mâché, y occupe cependant une certaine place, c'est particulièrement à Birmingham qu'on rencontre le centre de cette fabrication.

Deux expositions nous ont particulièrement intéressé : la première est celle de MM. Clayton et Bell représentée par une mosaïque, destinée au Musée de Kensington ; la seconde est celle de M. Taylor, qui se compose de fûts de colonne et de panneaux en imitation de bois et de marbre de toute beauté et d'une perfection indiscutable.

Classe XVI. *Cristaux, Verrerie.* — St-Helen's, le comté de Lancaster, Birmingham, Sunderland, Londres et Newcastle, sont les principaux centres de fabrication de l'industrie verrière.

On fabrique, particulièrement en Angleterre, des glaces, du verre blanc, des verres à vitre et des cristaux. Les verres d'optique proviennent de Birmingham.

Nous lisons dans la statistique du Royaume-Uni que de 1789 à 1844 les quantités de verre produites et gardées pour la consommation, au lieu d'augmenter proportionnellement au développement de la population, avaient plutôt une tendance à diminuer ; que depuis 1845, c'est-à-dire depuis l'abolition des droits sur le verre, l'accroissement de cette industrie a été très-considérable, et que depuis l'abolition de l'impôt sur les fenêtres elle a encore progressé dans de remarquables proportions.

Le recensement de 1861 nous apprend que l'industrie verrière occupe en Angleterre et le pays de Galles 15,046 ouvriers, en Écosse 1,217 et en Irlande 262, soit un total de 16,525 ouvriers et ouvrières.

Quoi qu'il en soit, l'importation ne laisse pas d'être considérable ; elle repose particulièrement sur les vitres, les cristaux taillés, de couleur et ornés, les cristaux unis, les glaces, les glaces étamées, les miroirs, les bouteilles de verre commun, différents produits non classés et les perles rondes et ovales, le tout représentant une valeur annuelle d'environ 20 millions 207,125 francs.

Les vitres et le cristal viennent de Belgique et de Hambourg, les glaces et les miroirs viennent de France et de Belgique.

En 1851 l'exportation était de 8,198,750 fr., en 1865 elle s'est élevée à 18,614,850 francs.

C'est particulièrement vers l'Amérique et les colonies anglaises que la plus grande partie des marchandises s'écoule.

Nous croyons devoir consigner ici l'opinion

du jury anglais en 1862 : « L'application de l'art à la décoration du verre doit être attribuée en Angleterre, aux Expositions nationales et internationales dans lesquelles chacun s'apprend mutuellement et s'aide par la concurrence à faire progresser les arts et la paix. »

Nous sommes heureux de cette déclaration, mais ajoutons que les Anglais ont encore fort à faire pour arriver à la perfection de forme des objets qui sortent des verreries de France et de Bohême. Au point de vue de la gobelleterie, ils en sont encore à la taille diamant qui ne se fait plus depuis quarante ans; quant à la gobelleterie unie et gravée, ce sont de bonnes marchandises courantes, mais ce ne sont pas encore des objets d'art. Dans le genre gobelleterie nous recommanderons cependant les expositions de MM. Copeland, James Powell, Pelatt, Green, Dobson et Defries. Dans la fabrication des bouteilles, la maison Aire et Calder est honorablement représentée; mais où les Anglais excellent, c'est, sans contredit, dans la fabrication des verres à vitre, et les expositions de M. Chance, de Birmingham, et de M. Hartley, de Sunderland, sont là pour le prouver surabondamment.

L'exposition de M. Chance se compose en effet de verres à vitre, de verres d'ornement, de globes et verroterie, de vitraux peints et d'une spécialité qui lui appartient; celle des verres d'optique (crown glass et flint glass), en ce dernier genre les produits de M. Chance, sont demandés en grande quantité par les opticiens d'Angleterre, d'Allemagne et d'Amérique.

L'exposition de M. James Hartley se compose également de verres à vitre ordinaires, de glaces brutes, de vitres colorées et de vitraux peints. De même que M. Chance, M. Hartley avait exposé en 1855, à Paris, et c'est à cette époque que nous avons admiré pour la première fois ses verres cannelés pour couvertures, innovation qui, du reste, lui a mérité la médaille de 1re classe.

CLASSE XVII. *Porcelaines et poteries.* — La fabrication de la poterie et de la faïence est une industrie essentiellement anglaise, elle est particulièrement confinée dans le Staffordshire, à Glasgow, Worcester, Newcastle et Lambeth.

On estime qu'en 1865 il a été extrait 374,358 tonnes d'argile et de terre à porcelaine, et 751,566 tonnes d'argile réfractaire. Sur ces chiffres, les poteries du Staffordshire ont prélevé 160,000 tonnes; de plus, elles ont consommé 450,000 tonnes de houille, 30,418 kilogrammes d'oxyde de cobalt, 1,100 tonnes de borax et d'acide borique, 12,000 onces d'or, etc., etc.

Le nombre des ouvriers employés dans les poteries et manufactures de porcelaines était, d'après le recensement de 1861, de 38,072 en Angleterre et le pays de Galles, 2,517 en Écosse, et 108 en Irlande, soit 40,697 ouvriers et ouvrières. De plus, à la même époque, on comptait 4,586 ouvriers et ouvrières employés à la fabrication des pipes à fumer.

L'importation de la poterie dans le Royaume-Uni est nulle ou à peu près, l'importation de la porcelaine et de la faïence a été pour l'année 1865 de 18,705 quintaux d'une valeur de 4,152,450 francs; ajoutons que la majeure partie de cette importation est de provenance française.

Quant à l'*exportation* de la poterie et de la faïence anglaise, elle a été, en 1865, de 36,050,000 francs.

Les Anglais excellent dans la fabrication des poteries fines, que nous nommons terre de pipe, et dans la fabrication des cailloutages que nous nommons porcelaine opaque. Quant aux faïences, grès et poteries décoratives, si nous avons les Pinart, les Lavalle, les Laurin, les Deck, les Avisseau, les Barbizet, etc., les Anglais ont MM. Copeland, Minton et Wedgwood. Ce qui n'a pas empêché lord Granville de dire en 1862 que la nation anglaise avait beaucoup profité des grands concours de 1851 et de 1855, et qu'elle pourrait bien profiter aussi de celui de 1862.

C'est à MM. Minton et Copeland surtout qu'on doit en Angleterre l'extension de cette riche industrie; M. Minton fait particulièrement des terres cuites à pâte marbrée, recouvertes de glaçures colorées qui sont d'un excellent effet. La fabrique royale de Worcester fait de charmants vases découpés à jour, et M. Wedgwood imite plus spécialement le jaspe; ses faïences peintes sont également très-remarquables; cependant, si nous avions à donner un conseil à cet exposant, nous l'engagerions à être plus modéré dans l'emploi de la couleur jaune.

De ce qui précède il résulte que les expositions de MM. Wedgwood, Minton, Copeland, ainsi que celle de la manufacture royale de Worcester méritent les plus grands éloges, et que pour les poteries de grès, M. Doulton et M. Brownfield occupent le premier rang.

Classe XVIII. *Tapis.* — Cette classe comprend les tapis en étoffe, les toiles cirées, les tapis en caoutchouc et les tapis en tissus de crin. La fabrication de ces articles se concentre à Kidderminster, à Durham et à Halifax.

Quarante mille personnes sont occupées dans le Royaume-Uni à cette fabrication. La valeur totale approximative des tapis fabriqués a été évaluée pour l'année 1862 de la manière suivante :

Yorkshire	24,500,000 fr.
Kidderminster	15,750,000
Durham, Kendal et environ	3,000,000
Somersetshire et Wiltdshire	1,000,000
Écosse	8,500,000
Total	52,750,000 fr.

Malgré cette imposante production, il a été importé en 1865, en Angleterre, 981,175 fr. de tapis. La même année, il a été exporté du Royaume-Uni, tant en tapis de luxe qu'en tapis de foyer et tapis de bure et feutre, pour 21,983,755 fr., sans préjudice de 3,461,475 fr. de toiles cirées et vernissées, et 1,011,200 fr. de toiles cirées pour parquets et tapis de caoutchouc.

L'exposition des tapis moquettes et veloutés, des tapis ras, des tapis de feutre et des tapis de foyer est, en 1867, relativement très-considérable ; nous citerons en passant les noms de MM. Henderson, de Durham ; Morton, de Kidderminster ; Templeton, de Glasgow ; Southwell, de Bridgnorth ; Watson et Bontor, de Londres ; Wilkinson, de Leeds ; et Humphries, de Kidderminster.

Quant aux toiles cirées, lorsqu'on a visité l'exposition de M. Nairn, on a vu tout ce que l'Angleterre pouvait produire. M. Nairn a son usine à Kirkaldy (Écosse), la dimension de ses toiles est phénoménale : 7 mètres 32 de largeur, 22 mètres 85 de longueur, et cela sans coutures. Ajoutons que les dessins sont fort beaux et les couleurs très-vives ; la mosaïque, le bois de chêne, le marbre, sont les imitations les plus générales.

Nous signalerons également un genre nouveau : ce sont les tapis élastiques de MM. Tayler et Harry, de Londres, destinés aux églises et à tous autres établissements publics. Non-seulement ils sont élégants, mais encore leur épaisseur est telle, qu'ils sont d'une douceur extrême aux pieds, et qu'en outre ils assourdissent complètement toute espèce de bruit, tout en étant inaccessibles à l'humidité.

Classe XIX. *Papiers peints.* — Londres, Manchester et Édimbourg sont les trois villes où l'on fabrique plus particulièrement les papiers de tenture.

Depuis quelques années, par le fait de l'emploi presque exclusif des machines, cette fabrication s'est considérablement perfectionnée. Les machines en usage peuvent en effet imprimer de 1,000 à 1,500 pièces par jour.

Les droits d'entrée n'ont été abolis qu'en 1846. Depuis cette époque, les papiers français se montrent sur le marché anglais. En 1865, l'importation des papiers de tenture de provenance française s'est élevée au chiffre de 596,825 francs.

Nous l'avons dit, les papiers peints anglais sont exclusivement faits à la mécanique. Dans les trois royaumes, 2,175 ouvriers et ouvrières sont employés à cette fabrication ; l'exportation ne se fait que sur les papiers anglais. En 1865, elle a été de 2,733,000 francs.

La plus belle exposition de la section anglaise en 1867 est, suivant nous, celle de MM. Heywood, Higginbottom et Smith, de Manchester. C'est du reste cette maison qui, en 1862, a particulièrement été signalée pour avoir introduit dans sa fabrication un outillage tout nouveau, qui lui permet de pouvoir fabriquer à bas prix et avec une rapidité trois fois plus grande qu'avant.

L'exposition de M. Jeffrey, de Londres, est également très-remarquable.

Classe XX. *Coutellerie.* — Depuis une vingtaine d'années, la coutellerie anglaise a bien perdu de sa vieille réputation. Sheffield est cependant toujours le centre de la fabrication.

Chose curieuse, c'est qu'en fait de coutellerie de table, les Anglais font moins usage de machines que nous ; chez eux la plupart des opérations importantes se font à la main, tandis qu'à Thiers et à Châtellerault la grosse et la moyenne coutellerie se font à l'aide de machines-outils.

Les ouvriers employés à Sheffield, en 1864, dans l'industrie coutellière, se répartissaient suivant leurs fonctions, ainsi qu'il suit :

Fabrication des ciseaux, 1,420; des limes, 4,934 ; des scies, 1,232 ; de la coutellerie, 3,478; des lames, 1,797; des couteaux, 4,944, et des rasoirs, 817. Soit en totalité 18,622 ouvriers.

L'exportation, pendant une période de quatre années, a été :

De 7,281,100 francs en 1862 ;
De 7,602,975 francs en 1863 ;
De 9,671,475 francs en 1864 ;
De 10,057,350 francs en 1865.

En 1867, six exposants figurent dans cette classe. Parmi eux il faut distinguer les beaux produits de MM. Mappin et Webb, de Sheffield; de MM. Brookes et Crookes, aussi de Sheffield ; de M. Macdaniel, de Londres, et de M. Morton, également de Londres.

Nous avons visité nous-même le splendide établissement de M. Morton et nous avons trouvé là tous les spécimens les plus complets de la belle coutellerie anglaise. En industriel qui se respecte, M. Morton a envoyé à Paris de véritables chefs-d'œuvre devant lesquels nous prenons plaisir à nous incliner.

La question de la coutellerie éveille en nous des idées de lutte et, tout en rendant hommage aux produits anglais représentés par M. Morton, nous n'entendons pas déposer les armes. Nous reprendrons un jour ce grand chapitre où l'on verra que si la coutellerie anglaise est admirable, la coutellerie française n'entend pas lui céder le pas. Mais ce n'est pas avec de vaines paroles qu'il faut plaider cette cause et vider ce procès international, c'est avec des faits que nous nous proposons de réunir. En attendant, l'exposition de M. Morton est une des bonnes pages du grand livre de l'industrie anglaise et elle a été accentuée d'une médaille d'argent... Pourquoi pas d'or ?

CLASSE XXI. *Orfèvrerie*. — On fait encore usage en Angleterre de vaisselle d'argent, en dépit même des procédés d'argenture, dus aux recherches scientifiques modernes. La statistique nous apprend que la valeur de l'argenterie sortant annuellement des manufactures anglaises dépasse la somme de 25,000,000 de francs, et qu'en 1865 l'exportation s'est élevée au chiffre de 1 million 563,300 francs.

Nous renvoyons pour l'étude de l'orfèvrerie à la classe XXXVI, Joaillerie et Bijouterie.

CLASSE XXII. — *Bronzes d'art*. La fabrication des bronzes d'art est nulle en Angleterre. En 1865, l'importation s'est élevée au chiffre de 1,532,675 francs ; sur cette somme, la France est représentée pour une valeur de 1 million 379,200 francs.

Ces chiffres ont leur éloquence ; ils prouvent d'une part que la France a le monopole de cette partie artistique de l'industrie, et d'autre part que l'Angleterre est loin encore d'avoir ce goût du beau qui caractérise si éminemment la nation française ; qu'est-ce que ce chiffre mesquin de 1,379,200 fr. ? Est-ce que dans un pays riche comme l'Angleterre, un pays dans lequel on compte de si grandes fortunes, est-ce que si le sentiment de l'art y était aussi développé qu'il pourrait l'être, nos bronzes ne devraient pas traverser la Manche par dizaine de millions.

Nous trouvons dans cette classe, au palais du Champ-de-Mars, l'exposition remarquable de M. Franchi, de Londres; c'est une porte de bronze destinée au musée de South Kensington, reproduite par la *galvanoplastie*, d'après le projet de feu Godfrey Sykes et exécutée après sa mort par ses collaborateurs John Gamble et Reuben Townroe. Quoique cette porte soit une reproduction galvanoplastique, l'épreuve est tellement belle que nous avons cru devoir la signaler.

CLASSE XXIII. *Horlogerie*. — Le nombre des ouvriers horlogers, d'après le recensement de 1861, est en Angleterre et dans le pays de Galles, de 20,757; en Écosse, de 1,707, et en Irlande, de 963; soit en totalité, 23,427 ouvriers.

Londres, Coventry, Liverpool et Manchester

sont les principaux centres de fabrication. Quant aux mouvements, ils sont fabriqués dans le comté de Lancaster ou bien ils sont importés de Suisse ou de France.

Les montres pour lesquelles les horlogers anglais ont conservé une réputation méritée, sont les chronomètres et les montres-marines, ce qui n'exclut pas cependant la fabrication des montres à bon marché.

Les chiffres des importations et des exportations peuvent s'établir ainsi :

Année 1865.

Importation des pendules.....	5,416,925 fr.
— des montres	6,426,900
Exportation des pendules.....	617,375
— des montres.......	1,729,475
Total.....	14,190,675

D'où il résulte que les importations ont dépassé les exportations de 9,596,975 francs.

Malgré ces chiffres, l'exposition anglaise horlogère n'en est pas moins une des plus remarquables ; aussi des médailles d'honneur sont-elles venues récompenser la plupart des exposants. Parmi eux nous signalerons les expositions de MM. White, Vivier, Blackie, Johannsen, Holdsworth, Mercder, Sewell, etc. Nous recommanderons également le beau chronomètre de marine, muni d'un nouveau balancier à compensation auxiliaire de M. Dent, ainsi que son balancier à cercle plat, inventé par lui, sa montre pour aveugle, ses magnifiques montres de poche et son très-beau modèle de mouvement d'horloge pour cathédrale. Nous n'oublierons pas non plus M. Charles Frodsham et ses horloges astronomiques ; et M. Kulberg, ainsi que ses balanciers perfectionnés à compensation, pour égaliser la marche des chronomètres dans les divers milieux de température.

Classe XXIV. *Chauffage et éclairage.* — Ici les documents statistiques nous font défaut.

Nous mentionnerons le bâtiment élevé dans le parc par les soins de la commission anglaise. On y rencontre tous les appareils de chauffage et d'éclairage qui peuvent venir en aide au service journalier des grandes agglomérations d'hommes : ce sont des fourneaux, cuisines, cheminées, pour les armées en campagne, pour les casernes, pour les écoles, pour les classes ouvrières, pour les campagnards et pour l'économie civile. Il y a également dans ce bâtiment des calorifères, des systèmes de ventilation, puis toute la série des appareils d'éclairage au gaz et d'éclairage économique.

On trouve le complément de cette classe dans le palais : galerie des objets destinés à l'habitation.

Parmi les appareils qui méritent de fixer l'attention, nous signalerons l'exposition de M. Adam et sa cuisine construite d'après le système du capitaine Warren ; les poêles et cuisines pour navires, exposés par l'amirauté anglaise ; une cheminée d'habitation rurale et une cheminée d'école, de MM. Chester et Harry ; une cheminée à dos de ruche de M. Cliff, de Leeds ; une cheminée pour logement militaire, exposée par le ministère de la guerre ; un four pour l'armée, de M. Perkins, et enfin un calorifère de Guerney, déjà appliqué en France à la cathédrale d'Orléans, sur lequel nous croyons devoir donner quelques explications.

Cet appareil consiste en un cylindre uni à l'intérieur et une série de rayons perpendiculaires autour de la surface externe. Ce calorifère est placé dans un bassin rempli d'eau, d'où se produit la quantité d'évaporation nécessaire. La vapeur se perd dans une colonne d'air ascendante et empêche l'appareil de trop chauffer, comme l'air d'être brûlé ou trop desséché, et sous les lois de la convection occasionne un mélange rapide de l'atmosphère, si bien que l'air ambiant reste uniforme, même si le calorifère est placé à l'extrémité d'une longue galerie, tandis qu'une saine fraîcheur, si normalement utile à la respiration, ne cesse d'imprégner l'air environnant.

Dans les appareils d'éclairage nous signalerons la belle exposition de M. Benham, de Londres, et particulièrement ses globes ventilateurs pour l'éclairage au gaz ; puis les lampes pour la marine, de M. Wavish et la nouvelle lampe pour brûler la paraffine et l'huile de schiste de MM. Rowatt et fils, d'Édimbourg.

Classe XXV. *Parfumerie.* — Un mot de statistique sur cette classe.

Londres est le centre principal du commerce de la parfumerie anglaise. Les savons de toilette sont surtout l'objet d'un immense commerce ; le plus renommé est celui connu sous le nom de savon de Windsor.

On compte à Londres 151 parfumeurs en gros, 844 parfumeurs en détail et 16 fabricants de substances propres à teindre les cheveux.

L'abolition des droits qui pesaient sur les savons date de l'année 1853 ; depuis cette époque, non-seulement de grands progrès se sont accomplis, mais encore le commerce en a reçu une heureuse impulsion ; c'est ainsi qu'en 1865, la valeur de la parfumerie anglaise exportée s'est élevée au chiffre de........................ 2,358,775 fr.

Et dans la même année l'exportation des savons de toilette a été de 7,628 quintaux représentant une valeur de.. 809,025

Soit un total de...... 3,167,800 fr.

CLASSE XXVI. *Tabletterie.*

Les nécessaires de toilette anglais jouissent d'une réputation méritée, et généralement le confortable y est uni au bon goût, seulement aucun document statistique n'a été recueilli sur cette industrie, qui doit cependant occuper un certain nombre d'ouvriers et d'ouvrières. Il n'en est pas de même de la brosserie anglaise : le recensement de 1861, réunissant les fabricants de brosses et de balais de crin, constate qu'il existe en Angleterre et dans le pays de Galles 11,178 fabricants, en Écosse 535, et en Irlande 617, soit 12,330 ouvriers.

« L'importation de ces articles est presque nulle, mais l'exportation des brosses et balais, en 1865, s'est élevée au chiffre de 1,300,000 fr., la plus grande partie a été dirigée sur l'Australie, ce qui prouve en faveur de la propreté des Australiens.

Par contre, l'importation des soies de porc est considérable ; en 1865 on a expédié de Russie 1,164,964 kilogrammes de cet article.

CLASSE XXVII. *Coton.* — Le coton est une des branches capitales de l'industrie nationale anglaise.

La fabrication se concentre presque exclusivement en Angleterre dans le Lancashire, en Écosse dans le Lanarkshire.

Le tableau suivant donnera une juste idée de la répartition de cette industrie dans le Royaume-Uni :

DIVISIONS.	NOMBRE des FILATURES.	NOMBRE des FUSEAUX.	NOMBRE des MÉTIERS.
Angleterre et Galles.			
Lancashire..........	1,978	21,530,532	306,423
York...............	369	2,414,898	17,393
Cheshire...........	212	3,373,113	32,926
Derbyshire.........	79	682,008	7,581
Nottingham........	26	36,000	»
Autres comtés.....	50	315,574	3,802
Écosse.			
Lanarkshire........	96	1,138,602	24,149
Renfrew	44	408,742	2,968
Autres comtés.....	23	338,054	2,993
Irlande.			
Irlande.............	9	119,944	1,757
	2,887	30,387,467	399,992

La moyenne de l'importation du coton brut, avant la guerre des États-Unis, était de 512,566,000 kilogrammes par an ; sur cette quantité 77,634,000 kilogrammes étaient exportés et 434,932,000 kilogrammes étaient laissés à la consommation annuelle du pays.

Pendant la guerre d'Amérique, l'Angleterre dut chercher d'autres sources de production ; aussi, en 1865, l'importation a-t-elle été fournie, dans les proportions suivantes, par les différents pays dont les noms suivent :

	Kilogrammes.
L'Inde anglaise......................	202,484,000
États-Unis, y compris les Bahamas et le Mexique...........................	86,260,000
Égypte................................	80,358,000
Brésil.................................	24,970,000
Chine.................................	16,344,000
Littoral méditerranéen, hormis l'Égypte..	12,258,000
Autres pays	21,338,000
Total........	444,012,000

La classe 27 n'est représentée que par 15 exposants dont 7 avaient déjà été récompensés à l'Exposition universelle de 1862.

Il nous paraît intéressant d'ajouter à ce qui précède le prix d'acquisition du coton par l'Angleterre, depuis l'année 1860.

AMÉRICAIN « UPLAND » BONNE QUALITÉ.

Décembre 1860	1 fr.	06 le kil.
— 1861	2	51 —
— 1862	5	41 —
— 1863	6	21 —
— 1864	6	29 —
— 1865	5	02 —
— 1866	3	66 —

A cette époque le coton indien, bonne qualité, valait 2 francs 86 cent. le kilogramme.

L'Angleterre et le pays de Galles emploient 407.598 ouvriers, ouvrières et enfants à la fabrication du coton, l'Écosse 41,237, l'Irlande 2,734; soit en totalité 451,569 travailleurs.

Voyons maintenant en quoi consiste l'importation des matières ouvrées.

Les articles généralement importés consistent en mousselines, en indiennes et quelques autres marchandises en pièces, le tout provenant de la fabrication française.

Mais si l'importation ne dépasse pas 25 millions de francs, il n'en est pas de même de l'exportation, des cotons filés, des fils à coudre et des marchandises en pièces; la statistique nous apprend en effet qu'en 1865 la valeur totale des fils de coton et tissus exportés s'est élevée au chiffre de 1 milliard 425 millions de francs.

Disons enfin que la fabrication du coton en Angleterre se faisant presque entièrement à l'aide de machines, on a calculé que le total de la force motrice employée était de 281,663 chevaux-vapeur et de 12,467 chevaux-hydraulique. On remarquera que ces chiffres, qui sont les plus récents, datent de l'année 1861.

Ajoutons en terminant que le changement le plus important depuis 1862 est la transformation d'un grand nombre de machines, de manière à les rendre propres au travail du coton courte soie des Indes, et autres cotons dont on ne faisait que peu d'usage avant la guerre d'Amérique.

Classe XXVIII. *Lin et chanvre*. — Les centres de fabrication sont, en Irlande, dans les comtés d'Antrim et de Down; en Angleterre dans les comtés d'York et de Lancaster, et en Écosse dans les comtés de Forfar et de Fife.

Les tissus de jute sont spécialement fabriqués à Dundee, en Écosse.

Le nombre des manufactures peut s'établir ainsi :

Filatures de lin, en Angleterre et le pays de Galles, en 1866 : 86 filatures, occupant 770,814 fuseaux et 10,804 métiers;

En Écosse, en 1861 : 163 filatures, occupant 279,385 fuseaux et 7,966 métiers;

En Irlande, en 1861 : 100 filatures, occupant 592,981 fuseaux et 4,666 métiers.

Filatures de chanvre, en Angleterre et le pays de Galles, en 1861 : 3 filatures, occupant 264 fuseaux et 1 métier;

En Écosse, en 1861 : 2 filatures, occupant 2,316 fuseaux;

En Irlande, en 1861 : néant.

Filatures de jute, en Angleterre et le pays de Galles, en Écosse et Irlande réunies : 60 filatures, occupant 100,000 fuseaux et 5,000 métiers.

En 1866, le produit du lin est évalué à 1,054,000 quintaux, et en 1865 il a été importé de l'étranger 1,867,000 quintaux de lin, 913,000 quintaux de chanvre et 1,694,000 de jute. Sur l'importation du lin, la Russie entrait pour une part de 76 p. 100 et sur l'importation du chanvre pour une part de 60 p. 100. Quant au jute, il est exclusivement importé des Indes anglaises.

En 1861, on comptait en Angleterre et dans le pays de Galles 20,474 ouvriers et ouvrières; en Écosse 39,562, et en Irlande 33,967, soit en totalité 94,003 ouvriers et ouvrières occupés à la fabrication des fils et tissus de lin, de chanvre et de jute.

Les importations de toiles, fils et tissus de lin se sont élevées, en 1865, à 552,282 kilogrammes, représentant une valeur de 3,827,600 francs, et les importations de jute, provenant principalement de France, à 888,932 kilogrammes.

Cette même année 1865, 137,562,000 kilogrammes furent réexportés et 306,450,000 kilogrammes furent utilisés par la consommation.

Comme on le voit, les importations des fils et tissus sont insignifiantes, surtout si on les compare aux exportations de ces mêmes articles, pour 1865 :

Lin, fils, 63,375 000 francs. Lin, tissus,

218,900,000 francs. Jute, fils, 2,053,525 francs. Jute, tissus, 7,788,500 francs.

Et si nous établissons l'inventaire général des exportations en 1865, voici les chiffres que nous obtenons :

Fils de lin	63,375,000 fr.
Tissus imprimés, teints ou à carreaux.	15,150,000
Tissus blancs, unis et damassés	188,425,000
Toiles à voiles	9,575,000
Fil à coudre	13,950,000

Le travail des fils et tissus de lin, de chanvre et de jute se fait à l'aide de machines. La force motrice employée était représentée, en 1861, par 33,902 chevaux-vapeur et 4,414 chevaux-hydraulique.

Vingt exposants représentent la classe 28.

CLASSE XXIX. *Laine peignée.* — Il y a ici deux genres de fabrication : les fils de laine peignée pure, et les mélanges de laine, coton, soie, alpaca, poil de chèvre, etc.

C'est dans le comté d'York, à Bradford, que se trouve le siége principal de l'industrie des tissus de laine peignée ; ceci résulte au moins des chiffres suivants :

Angleterre et pays de Galles, comté d'York : 443 filatures, occupant 1,149,072 fuseaux et 40,577 métiers. Autres comtés : 69 filatures, occupant 69,454 fuseaux et 2,391 métiers.

Écosse : 17 filatures, occupant 38,946 fuseaux et 80 métiers.

Irlande : 3 filatures, occupant 4,700 fuseaux.

Soit, pour le Royaume-Uni, 532 filatures, 1,289,172 fuseaux et 43,048 métiers.

En 1865, il a été importé, pour la fabrication des tissus mélangés, 2,452,508 kilogrammes de poils de chèvre.

Le nombre des ouvriers qui sont employés à la fabrication des fils et tissus de laine peignée est en Angleterre et dans le pays de Galles de 82,972, en Écosse de 2,916 et en Irlande de 175, ce qui fait un total de 86,063 travailleurs.

Les importations de tissus de laine peignée ont été, en 1865, de 154,000 pièces, d'une valeur de 8,350,000 francs ; ces tissus provenaient tous de France.

La même année, l'exportation s'est élevée à 13,720,334 kilogrammes de fils de laine peignée, évalués 126,850,000 francs, et de 211,033,292 mètres de tissus de laine peignée, évalués 334,025,000 francs.

La filature de laine peignée se fait exclusivement à l'aide de machines ; la force motrice employée en l'année 1861, dernier recensement, était de 26,234 chevaux-vapeur et de 1,970 chevaux de force hydraulique.

La classe 29 compte à l'Exposition, dans la section anglaise, dix exposants.

CLASSE XXX. *Laine cardée.* — L'industrie de la laine cardée existe en Angleterre depuis l'année 1331, époque où le roi Édouard III invita les manufacturiers flamands à venir s'établir dans le pays. C'est dans le Yorkshire que sous ce règne furent établies les premières manufactures ; et encore aujourd'hui le Yorkshire est le premier centre de fabrication. Leeds, Huddersfield, sont considérées comme les deux métropoles du commerce des lainages ; viennent ensuite Troubridge, Stroud, Witney, Halifax, etc.

En 1861, on comptait dans le Royaume-Uni les filatures dont l'énumération suit :

Angleterre et pays de Galles, 1,456 filatures, occupant 1,846,850 broches et 20,344 métiers ;

Écosse, 184 filatures, occupant 317,185 broches et 1,303 métiers ;

Irlande, 39 filatures, occupant 18,574 broches et 123 métiers.

Soit en totalité, pour tout le royaume, 1,679 filatures, 2,182,609 broches et 21,770 métiers.

La production de la laine, provenant exclusivement du Royaume-Uni, peut être évaluée à 757,008,000 kilogrammes ; sur cette quantité on en exporte 4,585,400 kilogrammes. Quant aux importations, qui complètent le chiffre de fabrication, voici leur provenance pour l'année 1865 :

	Kilogrammes.
Australie	49,819,236
Indes	7,765,670
Cap de Bonne-Espérance	13,265,880
Espagne	51,210
Allemagne	3,113,532
Autres États de l'Europe	12,572,622
Amérique du Sud	8,111,618
Autres pays	1,640,756

Soit en totalité 96,341,524 kilogrammes sur

lesquels l'Angleterre en exporte 37,430,030 kilogrammes, si bien qu'il reste à la consommation du pays 58,911,494 kilogrammes ; si l'on ajoute à ce chiffre le reliquat de la production nationale posée ci-dessus, on arrive à un total de 123,334,494 kilogrammes.

A cette production, il faut ajouter la fabrication des lainages dits shoddy, provenant de l'effilochage des vieux chiffons de laine. Laine renaissance à l'aide de laquelle les classes inférieures et moyennes de la société peuvent se procurer des articles de vêtements très-confortables et en même temps d'un prix fabuleusement réduit. Or on travaille annuellement 23,608,000 kilogrammes de laine effilochée.

Le nombre des ouvriers employés à ces diverses fabrications est :

Angleterre et pays de Galles, ouvriers et ouvrières, 76,309 ; Écosse, 9,812 ; Irlande, 862. Total général, 86,983.

Ajoutons que ces chiffres officiels datent de 1861, et que depuis cette époque ils se sont considérablement accrus.

Afin de compléter ces documents, il nous paraît essentiel de donner les chiffres des importations et des exportations des étoffes de laine pendant l'année 1865.

En 1865, il a été importé 4,753,525 francs de tissus de laine, 892,350 francs de fils de laine, 100,600,000 francs d'étoffes de drap d'habits et 30,075,000 francs de flanelles et couvertures.

En 1861, le total de la force motrice employée dans les filatures de laine était de 26,879 chevaux-vapeur et 9,598 chevaux-hydraulique.

La classe 30 compte 107 exposants, et si nous n'en désignons aucun nominalement, c'est que nos appréciations exigeraient l'exposé de certains principes de fabrication qui ne sauraient trouver leur place ici.

CLASSE XXXI. *Soie.* — Le recensement de 1861 nous permet de donner l'inventaire des filatures de soie :

Angleterre et pays de Galles, 731 filatures, occupant 1,305,910 broches et 10,635 métiers.

Écosse, 8 filatures, occupant 31,452 broches et 60 métiers.

Irlande, 2 filatures, occupant 1,182 broches et 14 métiers.

Soit en totalité, pour le Royaume-Uni, 771 filatures, 1,338,544 broches et 10,709 métiers.

Les principaux centres de fabrication sont à Manchester pour les soieries, à Coventry pour les rubans et à Macclesfield pour les fantaisies.

Les matières premières proviennent de l'Italie, de la Chine, des Indes et du Japon.

L'importation des soies grèges, en 1865, a été de 2,086,130 kilogrammes ; l'importation des déchets, de 1,648,032 kilogrammes, et enfin l'importation des soies moulinées, de 27,299 kilogrammes.

Le nombre des ouvriers et ouvrières employés à cette industrie était en 1861, époque du dernier recensement, de 51,191 ; la force de 6,186 chevaux-vapeur et de 864 chevaux-hydraulique.

Quant à la valeur des tissus de soie importés, elle a été, en 1865, de 212,400,000 francs, tandis qu'en 1860, l'importation n'était que de 83,600,000 francs ; cet accroissement, dit-on, est dû au traité de commerce entre l'Angleterre et la France, et c'est en effet la France qui expédie en Angleterre ses soies manufacturées.

L'exportation anglaise est bien moins considérable : en 1865, elle n'a été que de 35,100,000 francs.

La classe 31 compte, tant en exposants de soie grège, de fils de soie, qu'en tissus de soie, trente-six exposants.

CLASSE XXXII. *Châles.* — Paisley, en Écosse, et Bradford, en Angleterre, sont renommés pour leurs châles de laine. Norwich, en Angleterre, a le monopole des châles de soie.

L'Inde importe en Angleterre ses cachemires, la Chine ses châles de crêpe et la France ses châles de laine, ce qui n'empêche pas l'exportation des produits nationaux d'être considérable. C'est ainsi, par exemple, qu'en 1865 le nombre des châles de laine exportés a été de 431,560, soit une valeur de 3,638,250 francs ; l'exportation des châles de soie, de 129,560, soit une valeur de 5,895,625 francs. A ces chiffres il faut ajouter l'exportation de 15,515 douzaines de châles de soie mélangée avec d'autres matières, soit une valeur de 411,525 francs.

La classe 32 ne comprend, dans la section anglaise, que quatre exposants.

CLASSE XXXIII. *Dentelles.* — La dentelle se fabrique en Angleterre, à Nottingham ; dans le comté de Derby, à Tiverton, à Barnstaple, à Chard ; dans les comtés de Buckingham, à Bedford, Oxford, à Northampton, à Honiton et à Limerick. La mousseline brodée se fait en Irlande.

On comptait, en 1866, 1,797 métiers circulaires à tulle, 1,589 métiers pour dentelles de fantaisie et 166 métiers divers. A Nottingham seulement, on évalue le nombre des personnes employées dans l'industrie dentellière à 38,000. Le jury de 1862 estime que la fabrication de la dentelle au tambour occupe 25,000 femmes et enfants, travaillant chez eux, et que la broderie et le commerce de la mousseline donnent de l'ouvrage à 200,000 personnes, tant en Irlande qu'en Écosse.

Les deux tableaux suivants donneront une juste idée de la valeur des importations et des exportations en 1865.

IMPORTATIONS.

Dentelles de poil de chèvre ou laine.....	6,400 fr.
Dentelles au tambour fil et coton.......	1,071,525
Dentelles de soie au tambour...........	471,375
Dentelles à la mécanique..............	1,743,350
Rideaux brodés sur mousselines et tulles.	402,875
Autres genres........................	1,049,250
Total....	5,644,775 fr.

EXPORTATIONS.

Dentelles de coton et tulle............	11,640,275 fr.
Dentelles de fil......................	8,050
Dentelles de soie.....................	1,583,775
Dentelles de soie mélangées...........	2,107,850
Broderies...........................	4,366,750
Total....	19,706,700 fr.

Ainsi donc les exportations excèdent les importations de 14,061,925 francs.

Quatorze exposants représentent la classe 33. En fait de dentelles, nous nommerons MM. Allen, Barnea et Maltby, Jacoby, Lester, et Mallet ; en fait de broderie, MM. Copestake, Moore et Crampton, Heymann et Alexander, Vickers.

CLASSE XXXIV. *Bonneterie.* — Nottingham, Leicester et Derby en Angleterre, Balbriggan en Irlande, Hawick, Galashields en Écosse, sont les principaux centres de fabrication de la bonneterie anglaise.

On compte à Nottingham seulement 11,000 métiers étroits, 4,250 métiers larges, 1000 métiers rotatifs, 1,200 jeux de métiers circulaires et 400 métiers à chaînes.

On estime que le nombre de personnes employées dans le commerce et la fabrication de la bonneterie à Nottingham est de 64,000 et 22,000 à Leicester. Ces chiffres, du reste, sont ceux du recensement de 1861. Nous ne possédons pas de documents plus récents.

La classe 34 ne comprend pas seulement la bonneterie, elle renferme aussi la lingerie et autres objets accessoires du vêtement : aussi donnons-nous, d'après la statistique de 1865, le chiffre des importations et des exportations de la bonneterie, et en même temps celui des principaux objets compris dans la classe.

IMPORTATIONS.

Bonneterie de coton..................	1,762,550 fr.
Bonneterie de laine..................	462,000
Corsets............................	222,250
Parapluies et ombrelles (soie).........	118,050
Cannes.............................	426,000
Total....	2,990,850 fr.

EXPORTATIONS (Bonneterie, tricots, gants, etc.).

Bonneterie de coton..................	11,345,925 fr.
— de fil....................	502,275
— de soie...................	667,450
— de laine..................	7,694,550
Parapluies et ombrelles..............	4,004,425
Total....	24,214,625 fr.

Le perfectionnement le plus récent et le plus notable, dans l'industrie de la bonneterie, est celui de la confection parfaite des bas et autres articles par les métiers.

On compte dans la classe 34 quatorze exposants.

CLASSE XXXV. *Habillements.* — Les chapeaux se fabriquent particulièrement à Londres, à Manchester, dans le Lancashire, dans le Cheshire, à Édimbourg et à Glasgow. Les tresses pour chapeaux de paille se font principalement à St-Alban's, à Dunstable et Tring, et les bottes et souliers sont fabriqués sur une grande échelle à Northampton, Norwich et Leicester.

Voici quel était, en 1861, le dénombrement des ouvriers employés dans quelques-unes des industries se rattachant à l'habillement des deux sexes.

Tailleurs, hommes et femmes: en Angleterre, 136,390; en Écosse, 17,749; en Irlande, 23,455.

Modistes, hommes et femmes : en Angleterre, 287,101 ; en Écosse, 33,097 ; en Irlande, 50,854.

Chapeliers, hommes et femmes : en Angleterre, 19,413; en Écosse, 2,404; en Irlande, 1,605.

Fabricants de chapeaux de paille, hommes et femmes : en Angleterre, 23,985; en Écosse, 1,649; en Irlande, 1,358.

Tresseurs de paille, hommes et femmes : en Angleterre, 29,869; en Écosse, 31 ; en Irlande, 168.

Bottiers et cordonniers, hommes et femmes : en Angleterre, 250,591; en Écosse, 28,879 ; en Irlande, 46,536.

Ne sont pas comprises dans ces derniers chiffres les femmes de cordonniers qui aident leur mari dans leur profession, et dont le nombre est d'environ 90,970.

En 1865, les importations et les exportations des différents articles du vêtement se sont élevées aux chiffres suivants :

IMPORTATIONS.

Chapeaux de paille	13,901,625 fr.
Chapeaux de feutre	895,300
Tresses de paille	2,572,150
Tresses d'autres espèces	755,625
Bottes et souliers	2,617,325
Total	20,742,015 fr.

EXPORTATIONS (Produits anglais).

Chapeaux de feutre	7,021,275 fr.
Chapeaux de soie	647,725
Chapeaux de paille	4,164,975
Chapeaux d'autres espèces	255,875
Fournitures de chapellerie	1,758,575
Tresses de paille	1,249,900
Bottes et souliers	36,552,625
Total	51,650,950 fr.

C'est la France qui fournit la plus grande partie de la marchandise importée, et c'est l'Australie qui est le principal débouché de l'exportation.

Outre ces objets d'habillement, l'Angleterre exporte annuellement une certaine quantité de vêtements vieux et d'occasion : en 1865, cette exportation a été de 65,975,000 fr., dont la moitié pour l'Australie.

Quarante-deux exposants représentent la classe 35.

Classe XXXVI. *Joaillerie et Bijouterie.* — C'est à Londres que la bijouterie d'or a son véritable siége de fabrication et c'est à Birmingham que se fait l'imitation; on compte dans cette dernière ville un grand nombre d'ouvriers.

Les importations viennent de la France et de la Belgique. En 1865, elles se sont élevées au chiffre de 2,199,525 fr., et l'importation des pierres précieuses, non compris les diamants, à 800,000 fr.

Quant à l'exportation de la bijouterie de manufacture anglaise, elle a été dans la même année de 4,106,775 francs.

La classe 36 de la section anglaise est dignement représentée et attire à l'Exposition une foule de visiteurs et surtout de visiteuses. La plupart des pièces exposées, soit en joaillerie, soit en bijouterie, sont d'une richesse incomparable, mais, disons-le, la plupart manquent d'élégance, de finesse et de légèreté, non-seulement dans les détails de la main-d'œuvre, mais encore dans l'ensemble de la composition.

En général les anglais exigent du bijoutier des bijoux où la pierre et l'or ont l'apparence la plus éblouissante, et cela sans se préoccuper du bon goût et de la forme ; mais nous le demandons, est-ce que le rôle de l'artiste n'est pas de corriger le mauvais goût du public? sinon l'artiste n'est plus qu'un ouvrier.

Une maison nous prouve cependant qu'on peut s'affranchir des influences d'une clientelle qui manque de goût, c'est celle de M. John Brogden, de Londres : M. Brogden, outre de charmants colliers, bracelets, broches pendants, médaillons, a innové un genre, c'est l'imitation en diamants, émail et or, des fougères les plus élégantes du règne végétal; parmi plusieurs incrustations remarquables, nous citerons particulièrement l'*Adianthum capillus Veneris*, le *pteris longisalium*, l'*asplenium trichomanes*, le *polipodium alpestre*, etc., etc...

A côté de M. Brogden sont les belles expositions de MM. Hancock, Phillips et Marshall.

M. Hancock, principalement, a étalé d'éblouissantes richesses en or et en argent. La description des objets nous entraînerait au delà de nos limites. Nous sommes ici en présence d'un maître familier avec toutes les ressources de l'art et que le jury a distingué de la foule par une médaille d'or, c'est-à-dire de ce métal dont il tire un si merveilleux parti. M. Hancock est une des colonnes de l'industrie artistique de la Grande-Bretagne.

Seulement nous n'aimons pas sa pendule sur un boulet dans un obusier.

En fait de joaillerie, d'objets d'art en argent, ce n'est certes pas le cygne automate de M. Emmanuel Harry que nous avons admiré, mais bien les expositions de MM. Hunt et Roskell, de M. Elkington, de la Société d'encouragement des arts et manufactures, de M. Wilkinson, de MM. Shaw et Fischer, parce qu'elles se composent de fort belles choses. Mais ces belles choses, d'où viennent-elles? d'où sortent-elles? N'ont-elles pas été un peu créées par M. Vechte, par M. Morel Landeuil, et par bien d'autres artistes français dont on cache soigneusement les noms? Ah! répétons-le, pour nous qui sommes artistes avant tout : bon goût passe richesse ; n'en déplaise à nos bons amis les Anglais.

CLASSE XXXVII. *Armes portatives.* — Enfield (fabrique de l'État), Birmingham et Londres, sont les trois centres de fabrication. L'acier des armes blanches est travaillé à Sheffield. le bois des crosses de fusil provient des hêtres des comtés de Gloucester et d'Hereford, et les crosses de bois de noyer sont importées d'Italie et d'Allemagne.

Le recensement de 1861 nous apprend que le nombre des ouvriers employés à la fabrication des armes portatives en Angleterre, en Écosse et en Irlande atteint le chiffre de 12,333.

L'importation des armes à feu et des armes blanches de toute espèce s'est élevée en 1865 à la somme de 6,092,475 francs, celle du bois de noyer pour crosses à 5,689 tonnes et celle des crosses de fusil dégrossies à 5,204 quintaux.

Quant à l'exportation, voici ce qu'elle a été en cette même année 1865 :

Fusils de munition, 173,153 ; carabines rayées, 85,322 ; fusils de chasse, 15,505 ; revolvers, 8,061 ; pistolets, 8,994 ; soit en totalité 291,035 pièces, représentant une valeur de 10,600,000 francs, sans préjudice de 113,450 francs d'épées, sabres et baïonnettes.

L'introduction du principe des armes se chargeant par la culasse est un fait qui domine l'exposition anglaise, comme il domine les expositions des autres nations. Le fusil Snider y tient une place honorable. En général les armes à feu anglaises sont bien construites, nous dirons plus, elles sont construites avec infiniment plus de goût que la bijouterie des meilleurs faiseurs, c'est là une justice à rendre à nos voisins. En fait d'ornementation, de damasquinures, nous sommes toujours les maîtres ; en fait d'excellente exécution, les fusils anglais paraissent parfaits; aussi recommandons-nous à ce point de vue les expositions de M. Greener de Birmingham ; de M. Joseph Lang de Londres ; et celle de MM. Adams, Dougall, Gibbs, Lancaster et Reilly.

M. Joseph Lang, surtout, a représenté d'une manière fort remarquable l'arquebuserie anglaise, et s'il n'a reçu du jury qu'une médaille d'argent, cela n'empêche pas qu'il brille au premier rang des fabricants anglais. Sa vitrine renfermait de très-beaux fusils, de magnifiques carabines et des pistolets de différentes formes. Toutes ces armes ont fait leurs preuves entre les mains d'un grand nombre de connaisseurs et elles sont généralement de fort bon goût.

CLASSE XXXVIII. *Objets de campement.* — Cette classe ne compte que huit exposants, dont les produits se font remarquer par la solidité de fabrication. Quant à la question statistique, les chiffres se taisent.

CLASSE XXXIX. *Bimbeloterie.* — Nous ne possédons aucune appréciation sur la valeur de la production des articles de bimbeloterie, nous savons seulement qu'on compte dans la ville de Londres, ouvriers non compris, 44 fabricants de jouets d'enfants, 153 marchands, 19 fabricants de poupées et 8 fabricants de chevaux à bascule. L'importation des jouets étrangers s'est élevée, en 1865, à 4,075,600 francs.

CLASSE XL. *Mines et Métallurgie.* — Nous l'avons dit, le Royaume-Uni est un bloc de fer et de houille, et les mines et la métallurgie représentent la production la plus considérable du pays.

En 1865, l'extraction totale de la houille a été de 98,150,587 tonnes, sur lesquelles 9 millions ont été exportées, 29 millions employées dans les manufactures de fer et 60 millions sont restées pour répondre à la consommation et aux usages domestiques du pays; ce dernier chiffre donne une moyenne de deux tonnes par tête de la population[1].

En 1865, la production du minerai de fer a été de 9,910,000 tonnes, cette même année l'Angleterre a produit 2,738,867 tonnes de fer en gueuses; le pays de Galles 916,909 tonnes et l'Écosse, 1,163,478 tonnes. Le nombre des forges en activité à cette époque était, dans le Royaume-Uni, de 252, possédant 6,407 fourneaux de puddlage et 730 laminoirs.

La quantité de minerai de plomb extrait en 1865 a été de 90,452 tonnes et le plomb produit de 67,181 tonnes.

Celle du minerai de cuivre a été de 198,292 tonnes, et la production du cuivre rouge de 11,888 tonnes ; enfin celle de l'étain a été de 15,686 tonnes.

Les salines de Cheshire produisent annuellement un million de tonnes de sel, celles du Worcestershire 200,000 tonnes.

En résumé :

La valeur annuelle des métaux est estimée..........................	394,325,000 fr.
Celle du charbon de terre.........	613,450,000
Celle des minéraux non métalliques.	35,850,000
Soit un total de..............	1,043,625,000 fr.

N'est pas comprise dans ce chiffre la valeur du sel, de l'argile et des pierres à bâtir.

Le centre de la fabrication quincaillière est à Birmingham, à Walverhampton, Walsall et Sheffield; celui du cuivre rouge et jaune à Birmingham; celui des produits galvanoplastiques à Sheffield, à Birmingham; celui des aiguilles et hameçons à Redditch ; celui des épingles à Birmingham, des fils métalliques à Manchester, Sheffield et Birmingham, et celui de la taillanderie à Sheffield.

Malgré les quantités énormes de produits métallurgiques de provenance nationale, il a été importé en Angleterre pendant l'année 1865 : 82,562 tonnes de minerai de fer, 11,380 tonnes de fer en gueuses, 51,464 tonnes de fer en barres, 6,777 tonnes d'acier, 5,584 tonnes de minerai de plomb, 34,903 tonnes de saumons et de feuilles de plomb, 6,587 tonnes de minerai d'argent, 639 tonnes de minerai d'étain, 5,698 tonnes d'étain en lingots et en barres, 22,193 tonnes de zinc en plaques et 8,492 tonnes de zinc laminé.

Le Chili fournit le cuivre et le régule, l'Espagne, la France et la Suède le minerai de fer, la Suède le fer en gueuses, en barres et l'acier, l'Italie le minerai de plomb, l'Espagne le plomb en saumon et en feuilles, les colonies hollandaises l'étain, la Belgique, la Hollande et la Prusse le zinc.

En 1865 les houillères du Royaume-Uni occupaient 315,000 ouvriers et on comptait, en 1861, que le nombre total des employés dans les travaux relatifs aux mines et aux métaux était de 1,500,000 personnes.

Quant aux exportations, voici les chiffres officiels de 1865 : houille et coke 9,170,000 tonnes, cuivre et articles de cuivre 632,000 quintaux, cuivre jaune 44,000 quintaux, quincaillerie pour une valeur de 98,100,000 francs, fer en gueuses 547,000 tonnes, fer en barres 254,000 tonnes, rails 434,000 tonnes, autres articles de fer 357,000 tonnes, acier 24,000 tonnes, plomb 27,000 tonnes, objets plaqués pour une valeur de 2,800,000 francs, sel 579,000 tonnes, étain 104,000 tonnes, étain en feuilles pour une valeur de 37,025,000 fr., et zinc 89,000 quintaux.

La valeur totale de tous ces articles peut être évaluée à 700 millions de francs.

La classe 40 comprend 137 exposants dont les produits, d'une magnifique apparence, sont peu appréciables à la vue ; puis il nous semble que les documents qui précèdent sont

---

[1]. Nous rappellerons que la tonne anglaise pèse 1016 kilogrammes 048.

suffisants pour qu'on se fasse une juste idée de l'importance des objets exposés, qui, la plupart, mériteraient une mention spéciale.

Classe XLI. *Industrie forestière.* — Les richesses forestières de la Grande-Bretagne sont insuffisantes pour alimenter son industrie, aussi les importations sont-elles assez importantes : en voici les chiffres pour l'année 1865 :

Cendres et potasses 144,000 quintaux, écorces pour tannage et teinture 431,000 quintaux, liége 122,000 quintaux, bouchons 913,448 kilogrammes, noix de galle 16,000 quintaux, sumac 13,000 tonnes, cachou 16,000 tonnes, avelanède [1] 20,000 tonnes, bois non sciés ni fendus, bois de teck [2] compris, 2,387,376 stères, sapins, voliges sciés et fendus 3,024,576 stères, douves 948,720 stères, bois de chauffage 2,548,800 stères, cercles 113,280 stères, lattes 1,486,800 stères, bois de teinture 44,000 tonnes, bois durs 68,000 tonnes.

La valeur totale de ces différents articles est estimée 397,200,000 francs.

Les potasses sont importées des colonies anglaises et de l'Amérique du Nord, l'écorce de la Baltique et de la Hollande, le liége du Portugal, les bouchons de la France, de l'Espagne et du Portugal, la noix de galle de la Chine, des Indes et de la Turquie, le sumac de Sicile, le cachou de Singapore, l'avelanède de Turquie, les bois de construction et autres des possessions anglaises, de l'Amérique du Nord et de la Belgique, le bois de teck de l'Inde et de Singapore, le cèdre de Cuba et l'acajou des États-Unis et de l'Amérique australe.

La représentation de cette classe à l'Exposition anglaise est, pour ainsi dire, nulle : neuf exposants seulement y ont pris part, et, faut-il le dire, leurs produits sont insignifiants.

Classe XLII. *Chasse, Pêche, Cueillette.* — Les renseignements généraux font ici défaut, nous ne possédons que le chiffre des principaux produits importés dans le Royaume-Uni pendant l'année 1865, savoir :

Écorce quercitron 24,944 quintaux, écorce à tan 405,856 quintaux, os 8,666 tonnes, soies de porc 1,164,964 kilogrammes, liége 6,103 tonnes, plumes pour literie 13,493 quintaux, plumes d'ornement 2,461 kilogrammes, noix de coco 2,545,000 têtes, noix de coco broyées 1,939 tonnes, gommes 182,000 quintaux, caoutchouc 71,392 quintaux, gutta-percha 29,077 quintaux, poils de vache, bœufs et chevaux 74,851 quintaux, cornes 3,678 tonnes, colle de poisson 2,764 quintaux, huile de baleine 10,005 tonnes, huile de spermaceti 2,438 tonnes, plumes d'oie 10,949,000 plumes, résine 459,000 quintaux, défenses d'éléphant 10,268 quintaux, ivoire végétale 22,313 quintaux, écailles de tortue 17,836 kilogrammes, cire d'abeilles 10,600 quintaux, plus 1,059,000 peaux de lapins, 92,000 peaux de daims, 2,797,000 peaux de chèvres. 330,000 peaux de chevreaux, 708,000 peaux d'agneaux, 4,300,000 peaux de moutons et 529,000 peaux de veaux marins.

Trois exposants représentent la classe 42.

Classe XLIII. *Produits agricoles.* — Les renseignements statistiques nous font encore ici défaut, nous savons seulement qu'il a été importé en Angleterre, en 1865 : 21,551,900 kilogrammes de graines oléagineuses, de France, de Hollande et de Hambourg, 12,811 tonneaux d'huile de graines montant à la somme de 14,475,000 francs; puis des écorces pour la teinture et le tannage, du cachou, du gambier, de l'avenalède, du libidibi et du sumac.

Quant aux exportations, on ne connaît, pour l'année 1865, que celle de l'huile de graines qui s'est élevée à 499,400 hectolitres d'une valeur de 38,675,000 francs.

Cette classe est représentée dans la section anglaise par dix exposants.

Classe XLIV. *Produits chimiques.* — La fabrication des produits chimiques se concentre particulièrement aux environs de Newcastle, Liverpool, Glasgow, Bristol et Birmingham.

C'est en 1853 que les droits sur les savons ont été abolis. En 1852, les droits d'accise ont pesé sur 92,162,000 kilogrammes de savon ordinaire et sur 9,534,000 kilogrammes de savon noir. Depuis cette époque aucun relevé statistique n'a eu lieu, mais il est certain que la production a considérablement augmenté,

---

[1]. Fruit d'un espèce de chêne qui croît en Orient et sur les côtes de l'Asie Mineure.

[2]. Teck, grand arbre des Indes, de la famille des Gatiliers.

puisque le savon ne vaut aujourd'hui, en moyenne, que 45 centimes 8 le kilogramme, et qu'avant l'abolition de l'impôt, le droit seul était de 68 centimes 7 par kilogramme.

La fabrication des chandelles de suif, des bougies de cire, de spermaceti, de stéarine et de paraffine a fait également de grands progrès; il en est de même du travail du caoutchouc et de la gutta-percha; enfin l'alun, le phosphore, les eaux minérales sont des articles de commerce d'une grande importance.

La quantité d'ouvriers employés à la fabrication des produits compris dans la classe 44 est inconnue. Le recensement de 1861 accuse, seulement au point de vue de la production des produits chimiques proprement dits, une population de 8,051 personnes.

L'industrie des alcalis est considérable; en 1861 on estimait que cette production était de 156,000 tonnes d'alcali, de 104,000 tonnes de cristaux de soude, de 13,000 tonnes de bicarbonate de soude et de 20,000 tonnes de poudre de blanchiment, mais alors la quantité de sel mise en œuvre ne dépassait pas 300,000 tonnes et elle était, en 1865, de 325,000 tonnes.

C'est à l'abolition des droits sur le sel, le verre, le savon et le papier que le commerce de l'alcali en Angleterre doit son développement.

Outre la production indigène, on importe en Angleterre une grande quantité de produits chimiques dont la nomenclature est trop considérable pour que nous puissions la donner ici; qu'il suffise de savoir que ces importations reposent particulièrement sur les alcalis, les baumes, les écorces, les gommes, les huiles, etc... Il en est de même des exportations qui, en y comprenant les chandelles, bougies, savons, caoutchouc, drogues, allumettes, couleurs, etc..., se sont élevées, en 1865, à la somme totale de 115,969,050 fr.

On ne compte pas moins de cent sept exposants dans la classe 44. Tous se font remarquer par la richesse extraordinaire des échantillons exposés. Que peut-on, par exemple, voir de plus beau que les platines et autres produits rares de la chimie et de la métallurgie de MM. Johnson et Matthey, que les amidons de M. John Orlando, de M. Colman, de MM. Berger et Reckett, que les couleurs de M. Bailey, que les bicarbonates, les sulfates et cristaux de soude, les alcalis, les soudes caustiques et les chlorures de chaux de M. Allhusen, que les produits extraits du goudron de MM. Demuth et Lewis, que les bougies de cire, de spermaceti, de stéarine et de paraffine, s'adaptant elles-mêmes à tous les chandeliers, de M. Field de Londres, que les produits chimiques de M. Foot de la compagnie Jarrow chimical, que les cristaux d'alun et de prussiate de potasse jaune et rouge de la compagnie Hurlet, que les hyposulfites de soude, d'ammoniaque, et l'alcali raffiné de la compagnie Walker, et quantité d'autres produits qui méritent les honneurs d'études spéciales.

Classe XLV. *Procédés de blanchiment.*—Cette classe ne comprend que quatre exposants dont les produits se retrouvent dans les classes des matières textiles et des tissus imprimés.

Classe XLVI. *Cuirs et peaux.* — Bermondsey près Londres, est le centre le plus important de l'industrie des cuirs, dans la Grande-Bretagne. Outre les peaux qui proviennent de la dépouille des animaux qui peuplent le territoire, on en importe des quantités considérables de l'Inde, de l'Amérique du Sud et d'autres pays, sans préjudice de l'importation des peaux mégissées, tannées et apprêtées.

En 1851, on estimait la valeur totale annuelle des articles de cuir travaillés dans le Royaume-Uni, à la somme de 350 millions de francs. Mais ici nous ne posons ce chiffre que comme mémoire, car depuis cette époque le commerce et la fabrication des peaux ont considérablement augmenté.

En 1865 l'importation des peaux brutes a été de 968,000 quintaux, celle des peaux tannées de 3,337,808 kilogrammes; soit une valeur totale de 76,825,000 francs.

Quant à l'exportation, elle a été cette même année de 43,000 quintaux, soit une valeur de 10,225,000 francs.

Parmi les vingt exposants qui représentent cette classe nous recommanderons particulièrement les peaux d'agneau blanches et teintes, ainsi que les tapis de peaux de chèvres d'angora de M. Bexington Morris, ainsi que les peaux de même nature de M. Clark; nous signalerons aussi les peaux corroyées et vernies de M. Boak, les maroquins, basanes, cuirs corroyés, peaux émaillées de MM. Deed et fils et, dans le même genre, M. Dixon ; les peaux de buffle, de daim, de veau, de chamois et les peaux mégissées pour la ganterie de M. Mecae, les cuirs de fantaisie de MM. Wilson et Walker, et enfin les peaux anglaises et étrangères de MM. Pullman de Londres.

CLASSE XLVII. *Matériel des mines.*—En Angleterre particulièrement le développement de l'industrie métallurgique est dû à l'emploi des machines et à l'action puissante de la vapeur ; disons plus, c'est que, sans le progrès de la mécanique moderne, beaucoup de gîtes miniers n'auraient jamais été explorés. Ce sont, en effet, les machines qui ont pour mission d'élever les minéraux du fond des puits, d'épuiser l'eau et de ventiler les excavations souterraines ; c'est la vapeur qui met en mouvement et qui vivifie ces utiles engins ; c'est à l'aide de cette même vapeur qu'on opère aujourd'hui le sondage des puits et qu'on fait fonctionner les machines destinées à abattre la houille et à prolonger les galeries d'exploration.

Les cages de sûreté et parachutes sont des appareils qui sont loin d'avoir atteint le dernier degré de la perfection, les lampes de sûreté laissent encore considérablement à désirer, nous en trouvons la preuve dans les terribles accidents qui se produisent à des intervalles malheureusement trop rapprochés ; il y a donc, dans ce sens, encore bien des problèmes à résoudre.

Nous ne parlons pas ici des fusées de sûreté, ni des cages de sûreté, mais nous mentionnerons les heureuses tentatives qui ont été faites dans le sens du creusement des roches, et le piochage des couches de charbon dans l'intérieur des houillères, par MM. Carrett et Marshall, par MM. Leaumont et Locock et par MM. Jones et Levick ; nous avons dit : tentatives, car nous ne voudrions pas affirmer définitivement leur perfection pratique.

Nous signalerons également, dans la même classe, la belle exposition des appareils servant à la fabrication de l'acier, d'après le procédé Bessemer, exposition due au Musée royal britannique de géologie et des mines.

CLASSE XLVIII. *Matériel rural et forestier.* — Le matériel rural et forestier de la section anglaise se compose particulièrement de machines à vapeur locomobiles, de batteuses de grain, de charrues, de cultivateurs à vapeur, de machines à moissonner, à faucher, à faner, à râteler, etc., etc.

Les principaux centres de fabrication de ce genre de matériel sont à Lincoln, à Pétersborough, à Grantham, à Bedford, à Ispwich, à Leistou, Stowmarket et dans un grand nombre d'autres localités.

Le commerce intérieur est considérable ; quant à l'exportation, voici comment elle se traduisait en 1865 :

Instruments d'agriculture de toutes sortes....................	5,257,500 fr.
Instruments d'agriculture entièrement en fer....................	329,425
Machines agricoles à l'exception des machines à vapeur.............	7,050,475
Soit en totalité...	12,637,400 fr.

Voici maintenant, au point de vue des engrais, le chiffre des importations cette même année 1865.

	Tonnes.			Francs.
Os..........	65,642	soit une valeur de		9,050,000
Guano........	237,393	—	—	66,800,000
Substances diverses......	8,025	—	—	1,225,000
Totaux.	311,060			77,075,000

Au milieu des soixante-deux exposants qui composent cette classe, nous trouvons les noms les plus honorables et des personnalités qui marchent au premier rang de l'industrie ; parmi celles-ci il nous suffira de nommer par ordre alphabétique MM. Allen, Ashby et Jeffery, Aveling et Porter, Bentall, Clayton et Shuttleworth, Coleman et Maton, Fowler, Garett fils, Hornsby, Howard, Ransomes et Sims, Richmond et Chandler, Rabey, Ruston, William, Smith, Smyth et Taylor, Turner, Underhill et Wallis, et Haslam. Qu'on remarque que nous sommes loin d'avoir épuisé la nomenclature.

Mais au milieu de cette brillante phalange, qu'apercevons-nous ? Une excellence de fabrication hors ligne ! Mais en fait de nouveautés, d'innovations, d'inventions ? Rien ! Sinon la charrue tourne-oreille de MM. Ransomes et Sims, qui a eu les honneurs du triomphe sur le champ d'expérience de Billancourt, honneurs faciles à conquérir, puisque rien d'équivalent ne lui a été opposé, quoique nous possédions nos belles charrues tourne-oreille simples et doubles de Brabant et nos défonceuses perfectionnées Vallerand [1].

Ainsi donc, si nous en exceptons la charrue Ransomes et Sims, l'Angleterre est, en 1867, ce qu'elle était en 1862; la charrue à vapeur même est restée ce qu'elle était et restera telle jusqu'à ce qu'un de nos fous de Français découvre un perfectionnement dont nos voisins, — soyons-en certains, — s'empareront avec empressement pour le bonheur du genre humain agricole.

CLASSE XLIX. *Instruments de la chasse, de la pêche et des cueillettes.* — Indépendamment des fusils de chasse, cette classe comprend les hameçons, les cannes de pêche, les amorces et les filets.

A Redditch, centre de la fabrication des hameçons, six cents personnes s'occupent de cette spécialité, le recensement de 1861 porte à 670 pour toute l'Angleterre et le pays de Galles, et à 60 pour l'Irlande, le nombre de ceux qui s'occupent de la fabrication des cannes et autres engins de pêche. Les mouches et autres amorces artificielles se fabriquent aussi à Redditch par des femmes et des jeunes filles qui, dit-on, sont très-habiles dans ce genre d'industrie. Outre la consommation intérieure, l'exportation s'est élevée en 1865 à la somme de 2,025,000 francs d'engins de pêche.

Huit exposants représentent la classe 59. Outre les hameçons, nous y avons remarqué un modèle de barrage, disposé de façon que le poisson puisse remonter les cours d'eau. Nous recommandons ce modèle, exposé par les commissaires des pêcheries irlandaises, à tous les pisciculteurs, car il nous parait applicable à un grand nombre de petites rivières, dont le cours rapide vient en aide au dépeuplement.

CLASSE L. *Matériel des industries alimentaires.* — La classe 50 est pauvrement représentée dans la section anglaise. Ce sont, pour la plupart, de petits appareils d'économie domestique, qui ont depuis longtemps leurs si-

milaires dans la fabrication française et qui, le plus souvent, ne sauraient leur être comparés. Quel rapport, par exemple, établir entre nos magnifiques appareils destinés à la fabrication des eaux de seltz et autres boissons gazeuses et ceux présentés par M. Barnett et Fleet de Londres? Comment comparer nos intelligentes machines à hacher la viande avec les déchireurs de M. Lyon de Londres, ou de M. Kent, de la même localité? Contentons-nous donc de mentionner en passant la machine, déjà bien connue, à mouler les briques et tuyaux de drainage de M. Clayton, la baratte atmosphérique de la Compagnie: « Atmosphéric churn, » et quelques machines à laver, à tordre et à calandrer le linge: de véritables joujoux qui, certes, ne valent pas les appareils français en usage dans les buanderies de nos grands établissements.

Nous ne possédons aucun chiffre statistique sur cette classe, qui compte cependant dans la section anglaise 36 exposants.

CLASSE LI. *Matériel des arts chimiques.* — Comme pour la classe précédente, les documents statistiques brillent par leur absence.

Parmi les dix exposants qui représentent le matériel des arts chimiques de la pharmacie et de la tannerie, nous appellerons particulièrement l'attention sur l'exposition des appareils en platine de M. Matthey, que nous avons eu déjà occasion de citer lors de l'examen de la classe 40; nous signalerons aussi l'exposition de M. Tyler, et particulièrement son moulin qui offre quelques heureux dispositifs, quoiqu'il ne nous paraisse pas susceptible de remplacer avantageusement nos broyeurs d'écorce, et particulièrement les moulins à tan de M. Damourette, de Paris; nous mentionnerons encore l'exposition de M. Porter, composée d'un appareil portatif servant à la fabrication du gaz de houille, d'huile, de résine, de graisse, de tourbe et autres substances.

Si cet appareil fonctionne comme on l'annonce, et s'il tient tout ce qu'il promet, il serait heureux de voir son usage se généraliser en France.

CLASSE LII. *Moteur de l'Exposition.* — La Commission impériale a décidé que la force motrice nécessaire à la mise en marche des

---

[1]. Dans le chapitre consacré à Billancourt nous avons indiqué quelques particularités fâcheuses de ces expériences.

appareils exposés serait fournie gratuitement à ceux des exposants qui en feraient la demande et qu'on transformerait en objets d'étude et de concours les installations de force motrice dont l'organisation serait confiée à des constructeurs de tous les pays.

En conséquence, la galerie des machines a été divisée en quinze lots, dont un est échu à l'Angleterre.

Ce lot représente la force de 106 chevaux-vapeur, savoir : 46 chevaux de MM. Galloway et fils, de Manchester; 30 chevaux de M. Howard, de Bedford, et 30 chevaux de MM. Tyler et Hayward, de Londres.

Le service hydraulique pour l'alimentation des chaudières est fait par deux pompes à vapeur, dont l'une est présentée par MM. Carrett et Marshall, de Leeds, et l'autre par MM. Brown et Wilson, de Londres.

Enfin, la Commission impériale ayant appliqué le même principe à la manutention, chaque nation a choisi, parmi ses exposants, ceux qui possédaient les meilleurs appareils élévatoires. Les grues locomobiles à vapeur présentées par l'Angleterre, et qui ont servi au déchargement et à l'installation des produits dans la section anglaise, appartiennent à MM. Taylor et James de Birkenhead, à M. Shanks de Londres, à M. Russell de Glasgow, à MM. Appleby frères, de Londres, à MM. Bowser et Cameron de Glasgow et à MM. Stothert et Put de Newwork.

Quant aux crics, moufles, poulies différentielles, etc..., ils ont été fournis par MM. Tangye frères, de Birmingham.

CLASSE LIII. *Mécanique générale*. — Les machines et les organes mécaniques sont particulièrement fabriqués à Manchester, Leeds, Birmingham, Sheffield, Newcastle, Glasgow, et autres centres manufacturiers. Quant aux machines destinées à la marine, elles sortent plus particulièrement des usines de la Clyde et de la Tamise.

Le nombre des ouvriers occupés à la fabrication des machines était, suivant le dénombrement de 1861, de 72,000 en Angleterre et dans le pays de Galles, de 10,500 en Écosse et de 900 en Irlande, soit un total de 83,400 hommes.

L'exportation est considérable, surtout depuis quelques années; en 1855, elle était de 55 millions 325,000 francs, en 1865 elle a été de 130 millions 550,000 francs, se répartissant ainsi :

Machines et pièces détachées de machines. Locomotives.	23,636,265 fr.
— Autres que locomotives	25,327,050
Machines agricoles	7,050,475
Autres sortes.	74,552,025
Total	130,565,825 fr.

Nous ignorons l'opinion du Jury de 1867 sur les progrès de cette classe; voici celle du Jury de 1862.

En ce qui concerne les machines à vapeur, on constate un plus grand emploi du système à haute pression, une tendance marquée vers la simplification, une plus haute perfection dans la main-d'œuvre et du fini, d'où résulte une plus grande économie dans le combustible, la force motrice, et les réparations.

Parmi les expositions remarquables de cette classe, nous mentionnerons d'abord la pompe à incendie et à vapeur de M. Merryweather, capable de lancer un jet de 45 millimètres par-dessus la girouette du phare français, c'est-à-dire de 65 mètres; viennent ensuite les turbines et pompes à force centrifuge de Williamson de Kendal, celle de Gwynne, de Londres, qui débite sans intermittence, comme nos machines françaises, des torrents d'eau, et la pompe noria de M. Bastier, de Londres, système connu de longue date, puisqu'il figurait en 1860, à Paris, sous le nom de M. Leverd. Seulement ici les dimensions de l'appareil sont considérables et le débit de l'eau est remarquable par sa force et sa puissance.

Le levier hydraulique de M. Tangye de Birmingham se fait également remarquer par ses dispositions et sa force. Celui pour navire surtout, qui ne pèse que 158 kilogrammes, peut élever 50,000 kilogrammes avec la force d'un seul homme, ce qui est déjà un très-beau résultat.

Le moteur électro-magnétique de M. Moore est une tentative faite dans une excellente voie, tentative qui aurait pour résultat d'arriver à un moment donné à la suppression de la vapeur. Suivant l'exposant, dans les villes éloignées des districts houillers, et où par conséquent la houille est d'un prix élevé, la force électro-magnétique ne coûte pas plus cher que la vapeur. Jusqu'à présent M. Moore ne construit que des appareils d'un 1/2 et d'un cheval de force.

Nous plaçons dans cette classe la machine à vapeur horizontale de la compagnie Whitworth, machine remarquable par son excellente construction, sa haute pression, sa grande vitesse, son appareil de condensation et ses résultats économiques. Le diamètre du cylindre de cette machine a 30 centimètres, elle fait 200 tours à la minute et la pression par pouce carré sur le piston est de 32 livres (mesures anglaises).

A côté de cette belle machine se trouve une machine rotative différentielle signée Thomson inventeur. N'en déplaise à M. Thomson, la découverte ne doit pas être de lui : c'est, si je ne me trompe, une copie française dont le brevet a été pris, il y a douze ans, par M. Busson, l'inventeur de l'effilocheuse et du bateau turbinelle, et depuis dix ans elle est tombée dans le domaine public. Seulement dans la machine française les excentriques sont calés par leurs foyers, tandis que dans la machine anglaise ils sont calés par leurs centres.

Nous devons en passant une mention à MM. Russell, James et fils de Wednesbury au sujet de leurs tubes et tuyaux en fer forgé. Afin de montrer l'excellente qualité de fabrication, M. Russell a exposé un serpentin en fer de 54 mètres 3 centimètres de longueur, qui a 102 millimètres de diamètre à sa base et qui finit par un cône de 30 millimètres ; il présente en outre des fractions de tube en métal homogène et en acier Bessemer dont une partie a éclaté par la pression intérieure et l'autre par la pression extérieure. Dans quelques échantillons ces pressions sont énormes.

On trouve dans cette classe une assez grande quantité de compteurs à gaz, soit des compteurs à eau, soit des compteurs secs. Ces derniers ont été inventés, dit-on, en 1844 par Angus Croll et W. Richards. Nous ne saurions ici constater cette date, mais il est certain qu'avant cette époque on parlait déjà du compteur sans eau.

Quoi qu'il en soit, les compteurs secs à gaz exposés par M. Glover et par la compagnie du gaz de Londres consistent en un piston en métal qui, dans ses mouvements en avant et en arrière, déplace le gaz juste d'une quantité égale à l'espace du disque multiplié par l'espace qu'il parcourt. Ce système serait préférable au système à eau, s'il n'était assujetti à des causes fréquentes de détérioration qui résultent de l'action et de la nature même du gaz sur les métaux et sur le diaphragme de l'appareil ; aussi préférons-nous, quant à présent, le compteur anglais à gaz à niveau d'eau invariable de MM. Sanders et Donavau exposé de même par la compagnie du gaz de Londres.

La classe 53 est représentée dans la section anglaise par cinquante et un exposants.

Classe LIV. *Machines-outils.* — La force motrice de la vapeur a eu pour conséquence la création et l'usage des machines-outils, à l'aide desquelles on obtient une augmentation de la puissance productrice et plus de régularité dans la qualité du travail accompli.

C'est à Manchester, Sheffield et Leeds qu'on fabrique plus particulièrement sur une grande échelle les machines-outils.

Les documents statistiques que nous avons donnés classe 53 comprenant les machines-outils, il est donc inutile d'y revenir.

Les machines-outils destinées à travailler le bois sont nombreuses et d'une excellente exécution. Dans ce genre il faut citer, dans la section anglaise, la belle exposition de M. Powis James, celle de M. Powis Charles, de M. Robinson, de M. Sketchley et de M. Worsam.

Les machines-outils destinées à travailler les métaux sont spécialement représentées par les expositions de la compagnie Whitworth, de MM. Shepherd et Hill, de M. Neilson, de M. Forrester, de M. de Bergue, etc.

On comprend aisément qu'il nous est impossible de discuter la valeur intrinsèque de toutes ces machines, qui offrent cependant, chacune dans leur genre, des particularités intéressantes, car alors notre étude sur l'Angleterre prendrait des proportions interminables.

Signalons dans la classe 54 les martinets et marteaux-pilons mus par la vapeur et particulièrement ceux de MM. Tannett et Walker et de M. Massey.

CLASSE LV. *Matériel du filage et de la corderie.* — Les câbles et cordages se fabriquent, en Angleterre, à Liverpool et autres ports de la Tyne, à Londres et dans quelques villes maritimes de l'Écosse. Ceci sans préjudice de ceux qui se fabriquent dans les arsenaux de l'État. Quant aux câbles en fils métalliques, ils se font principalement à Gateshead et à Birmingham.

A ce dernier point de vue il faut avouer que l'Angleterre occupe un rang très-distingué dans la fabrication des cordages en fil de fer, soit pour le gréement des navires et le service des mines, soit aussi pour les services sous-marins électriques.

En 1861 le nombre des personnes occupées aux cordes, câbles, etc..., était, d'après le recensement, de 13,486 en Angleterre et dans le pays de Galles, de 2,580 en Écosse et de 1,165 en Irlande, soit en totalité 17,231 personnes.

L'importation participe grandement à cette fabrication; les matières importées viennent en grande partie de la Russie, de l'Italie et des Indes orientales; en voici l'inventaire pour l'année 1865.

			Francs.
Fil de chanvre pour câbles .	5,031,567 kil.	d'une valeur de	4,098,300
Bourre de coco pour câbles .	97,674 quint.	—	4,440,225
Chanvre apprêté et non apprêté.....	1,065,715 quint.	—	42,604,675
		Total.....	51,143,200

Ce total représente l'importation générale du chanvre dont une petite partie seulement est consacrée à la fabrication des cordes et cordages.

Quant à la valeur des ficelles, câbles et cordages exportés, elle a été, en 1865, de :

	Quintaux.		Francs.
Cordes et cordages de chanvre.	130,715	d'une valeur de	6,716,800
Autres sortes...	14,009	—	692,300
Ficelle.........	23,449	—	2,946,100
Totaux.	1,68,173		10,355,200

Les matières premières destinées à la fabrication des câbles en fil de fer sont comprises dans les exportations des produits métallurgiques.

Les expositions qui représentent la classe 55 sont très-intéressantes, non par leur nouveauté, mais plutôt par l'excellence des dispositions économiques qui les caractérisent. Sur les dix-sept exposants qui y figurent nous citerons spécialement MM. Platt frères et leur machine perfectionnée à simple et double action, système Macarthy, pour l'égrenage du coton; cette égreneuse est munie d'un alimenteur automatique, ce qui permet à une seule personne de pouvoir surveiller et alimenter six machines à la fois, plus une machine à double action pour égrener à la main; une batteuse simple et une machine à réunir, une corde en fer avec tambour, une machine à aiguiser, une peigneuse pour le coton, un banc d'étirage, un banc à broches en gros et intermédiaire, un banc de 84 broches en fin, un métier à filer automatique pour le coton, un banc semblable pour filer la laine et un métier à tisser mécaniquement les étoffes unies et façonnées en laine.

Nous mentionnerons également l'ourdissoir à casse-fils et le métier à tisser de MM. Howard et Bullouch, la machine à broyer et à teiller le lin de M. Hodgkin, la machine pour la préparation de la laine de M. Ferrabee, les câbles de chanvre et en fils métalliques de MM. Craven et Speeding et pour mémoire la machine à broyer les chiffons de la chambre de commerce de Batley. Nous disons : pour mémoire, car nos machines françaises pour le même objet sont infiniment préférables.

On remarquera que cette exposition est un peu en dehors de son titre, mais que, forcé par la classification de nos études de suivre le catalogue, nous devons nous conformer aux règles admises par la commission anglaise.

CLASSE LVI. *Matériel de tissage.* — Cette classe qui a son centre de fabrication à Manchester, Oldham, Bury, Leeds, Halifax, Bradford en Angleterre, et à Glasgow et Dundee en Écosse, n'est en réalité que la suite de la précédente, c'est-à-dire qu'elle complète les machines de la classe 55.

Nous mentionnerons particulièrement l'exposition de MM. Sowden et Stephenson, de Bradford, et leurs machines à six, huit et douze navettes portant six, huit et douze couleurs différentes. Celle à douze navettes est pour nous une heureuse innovation dans l'industrie du tissage.

Dans cette même classe, il est également essentiel de visiter les expositions de M. Leemings et ses métiers mécaniques, de M. Hall Robert, ainsi que ses métiers mécaniques et ses machines à bobines et celles de MM. Brootke, Cook et Hacking, Parker et Smith d'Heywood près Manchester.

Classe LVII. *Matériel de la couture.* — Chose qui nous étonne, c'est de n'avoir trouvé sur l'industrie de la couture, en Angleterre, aucun document statistique. La machine à coudre occupe cependant dans le Royaume-Uni une place des plus distinguées, et depuis 1845, époque où la couseuse mécanique a été introduite d'Amérique en Angleterre, les améliorations et les perfectionnements n'ont pas fait défaut à ce genre de machine.

Sur treize exposants dont se compose cette classe, onze présentent des couseuses. Personnellement nous donnons la préférence à celle de la compagnie Wanzer qui fait un point lié parfait, égal des deux côtés de l'étoffe et qui broche, ourle, rabat, corde, borde, fronce, brode, replie, etc., avec une perfection sans pareille. Nous donnerons ensuite le second prix à M. Simpson pour l'élégance de son meuble et particulièrement pour sa machine à coudre se transformant en bureau; mais en présence des médailles accordées par le jury, nous voilà forcé de citer également les noms des exposants Thomas, Newton et Wilson, Whight et Mann, et de la compagnie européenne des machines à coudre de Coventry.

Classe LVIII. *Confection des objets mobiliers.* — Cette classe n'a pas d'objet dans l'exposition anglaise, un seul exposant y figure et qui présente une machine servant à la fabrication d'une fermeture tournante qui serait bien mieux à sa place dans la classe 54 : machines-outils.

Classe LIX. *Matériel de la papeterie et Impressions.* — Cette classe, dans la section anglaise, n'est pas ce qu'elle devrait être, en d'autres termes, elle est excessivement pauvre.

Ainsi la machine continue à faire du papier sans fin, inventée vers le commencement du siècle, n'y figure pas. Une seule exposition nous paraît digne d'intérêt, c'est celle de la presse horizontale de M. Dellagrana de Londres, presse à disques, souple, légère, sans courroies, facile à diriger et qui peut à volonté fonctionner à la main en produisant un tirage de mille exemplaires à l'heure et cela sous six formats différents, dont le plus grand est celui pour journaux et pour affiches. Nous mentionnerons également les appareils de fonderie en caractères de MM. Miller et Richard.

La valeur du matériel d'impression d'origine britannique, exporté en 1865, s'est élevée à la somme de 1,723,250 francs.

Classe LX. *Machines usitées dans divers travaux.* — La classe 60 n'a pas, suivant nous, sa raison d'être, et cependant le Royaume-Uni a encore répondu ici au programme de la Commission française et a catégorisé dans cette section six exposants parmi lesquels nous signalerons M. Milwards, de Redditch, qui présente un modèle fonctionnant de sa fabrication des aiguilles; mais ce qui nous a particulièrement intéressé, c'est un spécimen réduit de bureau ambulant de poste sur chemin de fer avec appareils automatiques pour prendre et déposer les dépêches par les trains express ou de grande vitesse.

Classe LXI. *Carrosserie.* — Londres est le principal centre de la fabrication carrossière, viennent ensuite les villes d'Édimbourg, de Dublin, de Liverpool, de Derby, de Manchester, de Nottingham, de Glasgow, de Southampton, de Newcastle et autres.

En Angleterre et au pays de Galles, 30,070 ouvriers sont employés aux travaux concernant la carrosserie et le charronnage. On en compte 1,282 en Écosse et 501 en Irlande.

L'importation en ce genre de production est pour ainsi dire nulle, car elle ne s'élève pas à plus de 145,000 francs par an, tandis que les exportations atteignent le chiffre de 4,375,000 fr., sans préjudice de 210,000 fr. de chariots et charrettes dont la plus grande partie est exportée aux Indes anglaises.

Ces chiffres sont ceux de l'année 1865.

Parmi les quarante et un exposants qui représentent cette classe, nous mentionnerons particulièrement les expositions de M. Russell et ses roues à sections, à moyeux métalliques et à bandages creux; de M. Cockshoot et son élégant équipage à roues à bandes convexes; de M. Adelbert; de M. Holmes et ses voitures montées sur ressorts elliptiques; de M. Hutton et sa calèche de campagne, ainsi que sa voiture irlandaise; de MM. Mec Naught et Smith et leur légère calèche à deux chevaux; de MM. Morgan et Rock et leur système automatique pour lever et baisser le dessus de la voiture sans qu'il soit besoin de l'arrêter; de M. Thomas de Liverpool et sa délicieuse voiture de campagne, qui ne retournera pas à Londres ni à Liverpool, puisqu'elle est achetée par le vice-roi d'Égypte; de M. Starey et son omnibus de luxe pour quatre chevaux, etc., etc.

Classe LXII. *Bourrelerie.* — L'industrie de la bourrelerie et de la sellerie a son siége à Walsall, Birmingham, Londres et Glasgow. En Angleterre et au pays de Galles 18,229 ouvriers sont occupés à ce genre de travail; en Écosse on en compte 1,822 et en Irlande 2,968.

On a constaté que depuis l'introduction des machines à coudre, le travail dans cette branche d'industrie avait considérablement diminué, surtout en ce qui regarde la piqûre des harnais.

L'importation est pour ainsi dire nulle, l'exportation au contraire est considérable, elle s'est élevée en 1865 au chiffre de 8,762,500 francs, dont la plus grande partie a été dirigée vers les colonies britanniques et l'Australie.

Parmi les exposants de cette classe qui ont particulièrement fixé notre attention, nous nommerons M. Blackwell, ses harnais et ses articles de sellerie; MM. Swaine et Adeney, leurs fouets et particulièrement leurs charmantes cravaches; puis MM. Ellam, Haynes, Hinkson, Martin et Maxwell.

La classe 62 est représentée par vingt-deux exposants.

Classe LXIII. *Chemins de fer.* — Les rails et coussinets se fabriquent particulièrement à Sheffield, les locomotives à Newcastle, à Manchester, à Leeds, à Glasgow et autres villes, les wagons et fourgons à Birmingham.

A Newcastle seulement, depuis la création des chemins de fer jusqu'à l'année 1864, il est sorti des ateliers 2,400 locomotives. Sur ce chiffre 900 ont été exportées à l'étranger.

En admettant le prix moyen de 50,000 fr., la valeur brute de l'exportation aurait donc été de 45 millions. Si maintenant on évalue à 37,500 francs les locomotives construites pour les besoins du pays, on arrive au chiffre de 67,500,000 francs, soit en totalité une somme de 112,500,000 francs.

Les voies ferrées de la Grande-Bretagne emploient, suivant un rapport de M. Timmins en date de 1865, environ 18,000 wagons pour voyageurs, 233,000 fourgons, 7,417 locomotives, soit un matériel roulant de 425 millions.

L'exportation pour 1865 peut s'établir ainsi qu'il suit :

			Francs.
Wagons pour voyageurs....	1,231	d'une valeur de	4,425,000
Fourgons......	580	—	550,000
Rails et tirants.	330,588 tonnes	—	65,675,000
Coussinets et traverses....	76,098 tonnes	—	9,825,000
Roues et essieux	4,872 tonnes	—	2,950,000
Divers........	23,000 tonnes	—	11,300,000
Locomotives.................			23,625,000
		Total.......	118,350,000

Comme innovation et progrès il convient de signaler, dans la grande industrie des chemins de fer, l'emploi de l'acier pour les rails et bandages, l'appareil à rail central pour plans inclinés, le chauffage des locomotives à la houille au lieu de coke par le fait de l'application des grilles fumivores, le chauffage de l'eau d'approvisionnement par la vapeur perdue et le surchauffage de la vapeur dans son trajet dans les cylindres.

Il y aurait superfétation, après ce qui précède, de parler en particulier des vingt-trois exposants qui représentent la classe 63 dans la section anglaise.

Classe LXIV. *Matériel de la télégraphie.* — Nous n'avons rien à signaler comme progrès dans la science télégraphique en Angleterre.

Seulement nous ne pouvons passer sous silence un des plus grands faits des temps modernes : nous voulons parler de la pose du câble transatlantique qui relie aujourd'hui l'ancien et le nouveau monde. C'est en effet en 1866 que la troisième tentative a été couronnée d'un plein succès.

La communication télégraphique entre l'Irlande et Terre-Neuve comprend une distance de 1,670 mille marins anglais (soit une distance de 3,092 kilomètres 840 mètres). Sur ce parcours la profondeur la plus grande qui ait été rencontrée est de 3,897 mètres, soit 2,400 brasses de 1 mètre 624 millimètres. Malgré la longueur du câble et la profondeur à laquelle il est posé, un rapport de la compagnie du télégraphe transatlantique, nous apprend que la vitesse de transmission, à l'aide d'appareils perfectionnés, est de huit mots par minute.

Sur les onze exposants de cette classe, cinq présentent des spécimens de câbles sous-marins, quatre des appareils électriques, un des isoloirs en grès pour fils télégraphiques, et M. Nicoll de Londres un spécimen de télégraphie électrique souterraine, que nous ne saurions accepter en principe malgré les bonnes raisons de l'exposant.

Classe LXV. *Matériel du génie civil.* — Quatre-vingt-quatorze exposants représentent la classe 65. En présence de ce chiffre, on comprend qu'il nous est impossible d'étudier tous les produits, le plus souvent très-remarquables, des différents industriels qui composent cette section. Nous nous contenterons donc de donner les quelques documents généraux qu'il nous a été possible de réunir.

En fait de travaux publics, il a été construit à Londres, depuis la dernière exposition, trois ponts pour chemins de fer et deux ponts pour piétons, un troisième est même en ce moment en voie d'exécution.

La construction des ponts pour chemins de fer mérite une mention spéciale : ils reposent entièrement sur des piles formées de caissons en fer enfoncés dans le fleuve sans le secours d'aucune espèce de travaux extérieurs ; ces caissons ont été ensuite comblés avec une maçonnerie en béton, et le tout constitue de gigantesques colonnes qui supportent dans d'excellentes conditions de solidité le pont lui-même.

Nous devons également signaler en fait de travaux publics le chemin de fer souterrain de la ville de Londres, l'endiguement de la Tamise, le système de l'égout collecteur, les brise-lames et ports de refuge de Portland, de Douvres et d'Holyhead, les 212 phares des côtes du Royaume-Uni, non compris les feux et les 42 feux flottants, et enfin les nouveaux bâtiments du musée en cours d'exécution à South Kensington.

Un document intéressant sur la fabrication des serrures nous paraît devoir trouver place ici : cette fabrication a son centre à Wolverhampton et autres villes du Staffordshire du Sud. En 1865 il existait dans tout le royaume 460 patrons serruriers et 4,950 ouvriers qui fabriquaient par semaine 24,000 douzaines de cadenas, 3,000 douzaines de serrures d'armoires, de tiroirs et de coffres, 3,000 douzaines de serrures communes, 1,000 douzaines de serrures ordinaires, 500 douzaines de serrures de sûreté, soit en totalité 34,500 douzaines de fermetures par semaine.

Voyons maintenant quel est le mouvement des matériaux de construction, au point de vue des importations et des exportations. Voici à cet égard les chiffres de l'année 1865.

Importation :

Marbre brut, 9,994 tonnes ; marbre scié, 40,572 quintaux ; bois de charpente, 2 millions 385,960 stères ; bois de sapin et voliges, 3,024,576 stères ; lattes, 148,680 stères, le tout pour une valeur de 310,953,200 francs.

Exportation :

Briques, 33,221,000 ; ciment, 2,257,000 quintaux ; ardoises, 7,134,000 ; ardoises au poids, 2,544 tonnes ; craie et chaux, 14,425 tonnes ; tuiles et carreaux, 1,167,000 ; tuyaux de drainage, 454,000, le tout pour une valeur de 14,199,500 francs.

Classe LXVI. *Navigation et art militaire.* — Au matériel de la navigation et du sauvetage, la commission anglaise a annexé le matériel de l'art militaire. Nous étudierons donc exceptionnellement cette classe à ces deux points de vue.

Les principaux chantiers de construction

maritimes sont ceux de la Tamise, de la Humber, de la Tyne, de la Wear, de la Tees, de la Severn, de la Mersey et de la Clyde.

Un des grands progrès accomplis dans l'art des constructions maritimes, c'est le blindage des bâtiments de guerre. Nous avons, en ce genre, remarqué à l'exposition de la section anglaise d'admirables spécimens : une plaque, par exemple, exposée par M. John Brown ; elle a une longueur de 9 mètres 14 millimètres, une largeur de 1 mètre 6 centimètres, une épaisseur de 15 centimètres, enfin son poids est de 11,420 kilogrammes. Une autre plaque de 3 mètres 65 centimètres de longueur sur 2 mètres de large et 345 millimètres d'épaisseur, pesant 20,000 kilogrammes, est également très remarquable.

Or, en 1866, il existait dans les ports du Royaume-Uni 13 bâtiments entièrement blindés, 17 bâtiments particellement blindés et 4 batteries flottantes; il y avait en outre, à la même époque, en voie de construction deux bâtiments destinés à être entièrement blindés et deux bâtiments destinés à être blindés partiellement.

Le métal employé dans la construction des navires anglais sort des usines du pays, mais presque tous les matériaux servant à la construction des navires en bois sont importés.

Le recensement de 1861 nous apprend que le nombre des personnes employées aux constructions maritimes était, à cette époque, de 4,779 pour l'Angleterre et le pays de Galles, de 9,154 pour l'Écosse et de 2,259 pour l'Irlande.

En fait, sinon de perfectionnement, au moins de nouveauté, nous signalerons le vaisseau le *Waterwich*, dont le mécanisme de propulsion consiste en une grande roue de turbine qui aspire l'eau par le fond du navire et la rejette par des ouvertures latérales pratiquées à la hauteur de la ligne de flottaison.

Mentionnons également en passant les navires à hélices jumelles et le bateau-cigare.

L'exposition de l'amirauté anglaise est splendide, mais empressons-nous d'ajouter que les expositions particulières le sont également; dans ce genre, chacun a voulu se surpasser : aussi, pour être juste vis-à-vis les intéressés, sur les 77 exposants qui composent cette classe, il faudrait en citer au moins 60. Notre cadre ne nous permet pas une semblable largesse, mais cependant nous dirons un mot de la belle institution anglaise des *life-boat* ou société de sauvetage.

En 1865, la Grande-Bretagne compte 2,012 sinistres maritimes, ayant occasionné la mort de 698 personnes. La même année le nombre des personnes sauvées par les bateaux de sauvetage de l'institution a été de 532 personnes. Des faits semblables n'ont besoin, ce nous semble, d'aucun commentaire.

L'exposition du matériel de l'art militaire renferme, en fait de canons et d'obusiers, des spécimens excessivement intéressants à étudier. Avouons cependant notre très-faible sympathie pour ce genre d'engin. Les hommes du métier peuvent tomber en extase devant les résultats destructifs qu'il est permis d'obtenir avec ces terribles machines ; quant à nous, nous préférons y voir tout simplement d'intéressants problèmes métallurgiques résolus et la confirmation de certaines théories physiques. Rien de plus ! Comment, par exemple, ne pas être saisi d'admiration devant cet obusier du poids de 52,834 kilogrammes, qui reçoit dans ses flancs une bombe du poids de 1,150 kilogrammes, laquelle a besoin, pour être lancée, d'une charge de poudre de 31 kilogrammes 7 et qui, au moment de l'explosion, représente une charge de 1,367 kilogrammes ? Comment ne pas admirer encore ce canon qui ne pèse pas moins de 23,369 kilogrammes ? et le tout à l'avenant.

Nous avons aussi visité, dans cette section, la maison de campement située dans le parc, et cette visite nous a convaincu que le soldat anglais était le plus heureux de tous les soldats. Nous ne parlerons pas de la salle d'armes, de la salle de gymnastique, parce que nous avons tout cela en France, sinon dans les campements, au moins dans nos casernes et nos camps de dépôt. Mais ce que le soldat français ne possède pas, c'est le lavabo-toilette, absolument comme on en rencontre chez nos coiffeurs les plus accrédités, c'est-à-dire tout aussi luxueux. Nos défenseurs de la patrie se contentent de la pompe et de l'abreuvoir, et Dieu seul sait ce que ferait un soldat breton devant ces cuvettes énormes, ces robinets à eaux courantes, ces tiroirs remplis de peignes, de brosses, de rasoirs et de savons parfumés. Ce que le soldat français ne possède pas, que nous sachions, c'est la chambre de récréation avec dominos, échecs, billard, service à thé en métal anglais, etc., etc... Tout cela est charmant, coquet, d'un confortable exquis ; qu'on en accorde autant à nos nationaux, nous sommes certains que bientôt tous nos jeunes gens voudront jouer au soldat et que demain l'État aura à sa disposition une armée de deux millions d'hommes et cela sans loi, sans décret, sans ordonnance. Il est vrai de dire qu'un soldat anglais coûte, au gouvernement britannique, 3,075 francs par an, tandis qu'en France la dépense annuelle du soldat ne dépasse pas 1,341 francs. Mais la différence inverse c'est que ce dernier est toujours prêt à aller au feu, tandis que l'Anglais, qui sait cependant se faire tuer avec un courage héroïque, ne va et ne veut aller au feu qu'après avoir mangé son bifteck saignant et bu son thé, comme du reste nous avons pu le constater en Crimée.

CLASSES LXVII, LXVIII, LXIX, LXX, LXXI, LXXII, ET LXXIII, *qui comprennent les céréales, la boulangerie et la pâtisserie, les corps alimentaires, les viandes et poissons, les légumes et les fruits, les condiments et les boissons fermentées.* — Nous réunissons ici tout le groupe 7 dans un même paragraphe en renvoyant nos lecteurs aux chiffres que nous avons donnés dans la première partie de cette étude, qui contient tous les documents statistiques d'intérêt général. Quant aux expositions en particulier, elles offrent en réalité peu d'intérêt et ne sont appréciables qu'à la dégustation ; or, comme dans une exposition la dégustation n'est pas permise à tout le monde, nous sommes forcé, malgré nous, de passer sous silence les expositions et les produits des 355 exposants qui composent le groupe 7.

CLASSE LXXIV. *Matériel des exploitations rurales.* — Cette classe, dans la section anglaise, est la même que la classe 48, à laquelle nous renvoyons également nos lecteurs. Ajoutons, en outre, que toutes les classes qui suivent, jusqu'à la 95e inclusivement, n'offrent rien de bien nouveau ; de plus, que tous les faits statistiques qui s'y rattachent sont exposés dans les préliminaires de cette étude, auxquels il est nécessaire de se reporter si l'on veut se faire une juste idée de leur développement.

Il nous reste cependant quelques mots à dire sur le pavillon des expositions bibliques situé dans le parc, sur l'exposition des missions protestantes évangéliques et sur la société pour la propagation de l'Évangile chez les Israélites.

La Société biblique britannique et étrangère a été fondée en 1804 à Londres ; elle a pour but de répandre les Écritures dans le monde entier ; depuis 1804 elle est parvenue, à l'aide de sa puissante activité, à distribuer plus de quatre-vingt-dix millions d'exemplaires des Écritures chez les différents peuples de la terre. Le but est noble, mais les moyens employés, si nous en jugeons par ce qui se passe à l'Exposition, sortent du programme posé : Répandre *sans commentaires* les Saintes Écritures.

La Société des missions protestantes évangéliques qui appartient aux diverses fractions du protestantisme, compte des missionnaires dans le Groënland, l'Amérique du Nord, la Patagonie, les Antilles, l'Afrique occidentale, l'Afrique du Sud, l'Asie Mineure, les îles de la Sonde, le Birman, le Thibet, la Chine, le Japon, l'Océanie, etc...

Ses apôtres sont parvenus, à l'aide d'envois successifs, à former un musée des plus intéressants, qui met particulièrement en relief l'état social et religieux de ces différents peuples avant l'introduction du christianisme parmi eux, et l'état social et religieux auquel les rapports européens les ont fait parvenir.

Enfin, la Société de Londres pour la propagation de l'Évangile parmi les Israélites, société fondée en 1809, a organisé au Champ de Mars et dans le parc une exposition qui permet de se faire une juste idée, par le fait même de l'exactitude des plans en relief, de l'architecture du Saint-Sépulcre à Jérusalem, et des différentes églises qui ont été érigées par toutes les communions.

On y voit en outre un plan de la montagne

de Sion, une copie du livre de la loi de Moïse (Pentateuque), une copie du livre d'Esther, un plan du tabernacle dans le désert avant la construction du temple, une collection de Bibles hébraïques, le panorama de Jérusalem et de la montagne des Oliviers, etc... Cette exposition, qui a réellement un cachet d'authenticité, est très-intéressante, particulièrement au point de vue historique.

Avant de terminer notre étude sur l'exposition du Royaume-Uni, il nous reste quelques mots à dire sur les colonies.

Nous avons précédemment donné un document important, c'est-à-dire le tableau synoptique comprenant les noms, la superficie, la population, l'état des finances et la position commerciale de toutes les colonies du Royaume-Uni. Il nous resterait pour compléter cette partie de notre travail, à signaler les expositions qui, au point de vue général, peuvent intéresser les États européens. Cette étude, en supposant même l'analyse la plus rapide, nous entraînerait à des considérations très-étendues, si étendues même que nous sommes forcé malgré nous d'y renoncer. Nous nous contenterons de signaler seulement quelques expositions hors ligne qui attirent naturellement les regards des visiteurs comme des exceptions qui doivent, dans le présent et dans l'avenir, avoir une prépondérance sur la marche progressive des intérêts généraux du monde.

Ainsi, par exemple, le pays le plus avancé comme civilisation est bien certainement le Canada; son agriculture, à l'exposition, a été forcée de faire une large place à son industrie, et les produits de celle-ci peuvent souvent entrer en lice avec les productions les plus avancées de l'industrie européenne.

L'Inde nous offre plus particulièrement des produits naturels. De tout ce qui a été écrit sur l'Inde, à propos de l'Exposition universelle, rien ne vaudra les quelques pages d'appréciation qui vont suivre. C'est à M. Maurice Dalsème que nous sommes redevable de ces renseignements précieux.

Ce qui frappe tout d'abord le regard du visiteur parcourant la section de l'Inde, c'est que l'art y semble partout indissolublement lié à l'industrie, et qu'on ne découvre pas dans toute cette exposition remarquable un seul objet qui ne porte l'empreinte de cette merveilleuse poétique, qui constitue comme un sixième sens chez les hommes de ces latitudes. — On en vient même à éprouver parfois un regret à voir ce sentiment de l'art rayonner jusque sur les plus infimes et les plus banales productions; c'est une prodigalité qui choque presque les Occidentaux, habitués à n'appliquer l'art qu'aux grandes choses, de le voir ainsi dépensé en menue monnaie. C'est que l'art en Orient n'a pas le même caractère que dans nos pays : don naturel dévolu un peu à tous, il est appliqué par tous naturellement et, pour ainsi dire, d'instinct; et l'Indien fait un peu de la poésie comme M. Jourdain faisait de la prose : sans le savoir. De là cette fantaisie, jetée avec une profusion qui ne compte pas, sur tant d'objets dont l'usage, chez nous, n'éveille, en général, que de banales pensées.

Dans tout l'univers, l'Inde est célèbre pour la fabrication de ce chaud, léger et élégant article de toilette, qui, de son appellation originaire, est connu sous le nom de *Châle*.

On peut classer en trois catégories distinctes les laines employées dans la fabrication de ces tissus :

1° La toison de la chèvre domestique, dont se fabriquent les cachemires les plus fins et les plus soyeux;

2° La toison de la brebis sauvage et de la chèvre sauvage qui broute aux flancs de l'Hymalaya, toison qui procure de riches et beaux produits souvent confondus avec ceux de la première sorte;

3° Les poils ou toisons de divers animaux, tels que l'*Asali tus*, le yack, etc., employés suivant leur finesse à la fabrication des châles depuis la qualité moyenne jusqu'aux sortes les plus communes.

Les toisons sont remises brutes entre les mains des fileuses, dont la première tâche est de séparer les diverses substances qui les composent généralement dans la proportion de :

Deux dixièmes de poil grossier;

Un dixième *Phiri* ou laines secondaires;

Quatre dixièmes poussière et substances étrangères;

Trois dixièmes laine pure, de première qualité.

Les procédés employés pour désagréger ces diverses matières sont extrêmement délicats; ils sont suivis du nettoyage et du peignage de la laine; le savon, qui durcirait cette fine matière est exclu de ces opérations; on y emploie du riz qui, après avoir trempé dans l'eau froide un jour et une nuit, est réduit, au pilon, en une poudre extrêmement fine; de légères couches de cette poudre et de laine bien choisie sont superposées alternativement et pressées à l'aide des mains jusqu'à ce qu'elles forment un mélange compacte. Après que ce traitement s'est prolongé durant une heure environ, la fleur du riz est secouée, la laine ouverte et déchirée avec les ongles, puis rangée en coussinets carrés, minces et élastiques, appelés *tumbu*.

Dans cette opération, l'on dégage la *phiri* ou deuxième laine, qui, trop grosse pour les châles fins, est utilisée dans la fabrication des qualités inférieures.

Le *tumbu* est alors déroulé en un écheveau mince et plat, long d'un demi-mètre à peu près, que l'on nomme *màlà*, qui, précieusement replié sur lui-même, est déposé dans un vase de terre rouge profond, ou *taskas*, pour être préservé de la poussière et de tout accident, jusqu'au moment où il sera placé sur le rouet.

Les jeunes filles commencent à filer dès l'âge de dix ans, et 150,000 femmes sont employées à cette occupation dans le seul royaume de Kashmyr; sur ce nombre, un quinzième environ travaillent pour avoir des châles pour leur propre usage ou celui de leurs familles, et les quatorze quinzièmes pour gagner leur vie. Une fileuse expérimentée gagne de 4 à 5 sous par jour (100 francs par an).

Ces ouvrières emploient un rouet dont la construction particulière permet de former, boutique duquel on les apporte ou qui les envoie prendre chez les fileuses par des gens qui annoncent leur approche en agitant une sonnette. La laine est ensuite vendue aux tisserands, et comme il est perçu, sur les châles achevés, un droit important, l'exportation de la laine filée est prohibée sous peine de fortes amendes et d'emprisonnement, néanmoins il s'en exporte d'assez larges quantités dans les endroits du Penjab où se sont établis les tisserands expatriés.

Après s'être assuré du genre de dessins qui doit le mieux convenir pour le marché, le tisserand s'adresse à des industriels dont c'est l'état de partager la laine en portions appropriées par leur quantité aux couleurs demandées; puis à un autre dont les fonctions consistent à diviser la laine en écheveaux proportionnés, dont chacun est livré au *rang-rez* ou teinturier.

Le teinturier, pour commencer la série de ses opérations, plonge les laines dans l'eau froide; il est à même de leur donner soixante-quatre teintes, la plupart d'une durée à toute épreuve et dont chacune a une dénomination distincte. La profession de teinturier est invariablement héréditaire; plus la fibre de la laine est blanche et fine, plus elle est apte à recevoir de brillantes couleurs; c'est une des raisons qui font préférer à toutes les autres matières la laine éblouissante de la chèvre de Kashmyr.

Le *nakatu* ajuste les fils pour la chaîne et pour la trame; les premiers de ces fils sont doubles, et leur nombre varie de 2,000 à 3,000 suivant le degré de réduction qu'on se propose d'obtenir et le plus ou moins de finesse de la laine.

Le *pennakam-guru*, ou préparateur, plonge les fils de la chaîne dans une eau très-épaisse de riz bouilli; par ce moyen, ils acquièrent, une fois secs, une roideur qui les rend parfaitement distincts et séparés les uns des autres. — Les fils destinés aux bordures des châles sont préparés et tissés à part.

La laine ayant subi les différents degrés de préparation nécessaires, le tisserand la dispose

Lorsque la chaîne est fixée au métier, le *nakash*, ou dessinateur, le *tarah-guru* et le *talim-guru* (ceux qui déterminent les proportions à employer des fils des différentes couleurs) sont de nouveau consultés. Le premier apporte le dessin à l'état d'esquisse non coloriée ; le *tarah-guru*, après l'avoir bien considéré, désigne la disposition des couleurs et indique le nombre exact des fils à employer pour chaque nuance, etc.; et le *talim-guru* note à mesure ses instructions dont il laisse une copie au tisserand.

Dès lors, il est procédé au tissage, à la jonction des différentes parties du châle, à la pose des bordures et franges, etc.

Les cachemires terminés, ils passent aux mains des *pursugar* ou nettoyeurs, qui ont à les expurger de certains fils ou nœuds, à en tondre l'envers, etc., et il ne reste plus qu'à opérer le lavage des pièces à l'eau froide, après quoi chaque châle est tendu sur un cylindre de bois, où il demeure pendant deux jours pour être ensuite soigneusement empaqueté.

Ces opérations nécessitent, suivant la finesse du châle, de quatre mois à quatre ans ; elles emploient 40,000 métiers et 200,000 ouvriers dont les salaires n'excèdent pas 35 centimes par jour.

Les centres les plus importants de fabrication sont : KASHMYR, où se manufacturent les châles les plus beaux, les plus fins et conséquemment les plus coûteux, dont les prix varient d'environ 500 à 25,000 francs.

Passé un maximum qui n'excède pas 10,000 francs les châles fabriqués à Kashmyr ne trouvent pas de débouchés en dehors de l'Inde.

UMRITSIR, qui produit les châles moyens comme prix et qualités, moins fins et moins riches de couleurs que ceux fabriqués à Kashmyr, mais cependant très-recherchés par la consommation européenne ; leur prix varie entre 200 et 1,500 francs environ.

LOODIANAH, MOOLTAN, LAHORE, etc., où se manufacturent les genres courants, les châles rayés et la plupart des châles brodés, c'est-à-dire des pièces qui coûtent de 50 à 1,000 fr. à peu près.

Pour la fabrication des châles brodés (*Doshali Amli*) le dessin est piqué sur le tissu qui doit former le fond du châle ; ce tissu, tendu sur une planche, est frotté avec un morceau extrêmement poli d'agate ou de cornaline, jusqu'à ce qu'il ait acquis une surface parfaitement plane et régulière ; puis la broderie s'exécute manuellement, à l'aiguille, au moyen d'une sorte particulière de fils de laine.

Les châles, longs ou carrés, sont toujours manufacturés *par paires* et la plupart en fonds noirs.

La fabrication de ces articles s'est accrue de beaucoup dans ces dernières années, par suite des demandes de plus en plus importantes du marché européen ; il s'en consomme annuellement, en France seulement, pour plus de quinze millions de francs. Les châles les plus beaux et du premier choix nous arrivent directement par voie de Suez à Marseille ; les autres sont expédiés de Bombay et de Calcutta à Londres, où les négociants de Paris les achètent aux enchères par lots mélangés de dix ou douze châles.

Que de progrès se sont accomplis dans cette industrie, depuis le cachemire aux palmettes modestes et discrètement coloriées que Bonaparte, après son triomphe d'Égypte, rapportait à Joséphine comme un trophée de sa victoire !

Et maintenant si nos lecteurs veulent en savoir davantage sur l'Inde, s'ils veulent surtout voir de leurs propres yeux et toucher de leurs doigts les véritables cachemires, dont nous venons de leur expliquer le travail, qu'ils viennent nous demander de leur servir de guide.

M. Benjamin Gastineau, dans les colonnes du journal *le Siècle*, a consacré à l'Inde plusieurs pages extrêmement intéressantes. Nous nous associons entièrement à ces quelques citations :

« Le voyageur qui supporte le poids de la chaleur du jour et les fatigues de la route en parcourant le sol pittoresque et accidenté de l'Hindoustan recueille peut-être moins d'impressions, moins de notions que le visiteur de l'Exposition universelle qui passe attentivement en revue les vitrines où la compagnie anglaise a exposé une Inde vraiment complète, avec toutes les productions dues à son activité industrielle et artistique, avec toutes les merveilles de sa nature et de son génie.

« Exposer ainsi, c'est créer, c'est ressusciter.

« Nous disons ressusciter, car on voit encadrées dans des panneaux tournants, les vues photographiées des ruines imposantes de l'Inde antique, qui fut la première civilisation et la première aurore du monde, puisqu'elle daterait, selon M. Rodier, le savant auteur de *l'Antiquité des races humaines,* de quarante mille années avant Jésus-Christ, ce qui renverse de fond en comble la chronologie hébraïque et catholique, donnant une humanité imberbe de six mille ans seulement !

« Que penser, que dire en face de ces créations géantes — lorsqu'on songe que plus de quarante mille années nous séparent de cette civilisation. L'esprit reste confondu... et nous nous trouvons bien petits !

« Au mois d'août 1865, MM. Jules Durand et Rondé, chargés par le gouvernement d'une mission dans l'Indo-Chine, ont découvert au milieu d'une immense forêt vierge les ruines enfouies d'une ville dix fois plus étendue que Thèbes et Babylone.

« Le temple d'Ang-Kor-Wat, dont ils ont pris la vue photographique et publié une intéressante monographie, occupe un carré de six kilomètres de périmètre; il est entouré de murailles qui ont quatre mètres d'élévation, de bassins de 200 mètres, et précédé par une chaussée revêtue de dalles en grés qui mesure 350 mètres. Voilà de véritables livres en pierre, qui en disent plus que les nôtres !

« Nous regrettons de ne pouvoir étudier plus longuement l'Inde monumentale et artiste, car, dans ces contrées où rayonne une imagination féerique, le même sentiment artistique, le même enthousiasme créateur, animent toutes les productions.

« N'est-ce pas encore de l'art que les œuvres zons roses, d'océans verts qui réjouissent l'œil par leurs riches décors et leurs tons harmonieux ?

« La rêverie, cette douce rêverie orientale qui ouvre à l'imagination les portes de l'infini, s'empare irrésistiblement du visiteur quand il regarde le bleu émaillé, les teintes douces et fondues, les riches arabesques de cette admirable poterie de l'Inde.

« Combien de fois ne nous sommes-nous pas arrêté devant ces statuettes en bois peint, en terre cuite, vernissée et coloriée, ravissantes de couleur locale, et constituant la grande famille de l'Indoustan !

« Et ces dieux pullulents et multicolores : Kali, l'horrible déesse au corps bleu, au cou surchargé de colliers faits de têtes de mort et de serpents ; Parvahi, à la chair orangée ; — on en mangerait ! — Brahma, sortant sur un lotus du nombril de Vishnou qui, avec sa douce compagne Laçkmi, est couché sur un étrange lit formé par les replis d'un énorme serpent à sept têtes ; Hanouman, aux trois figures de singe ; le monstrueux Çiva, au visage de tigre ; les sages aux têtes d'éléphant ; les méchants aux visages de crocodile ; la tortue supportant les mondes ; l'extrémité caverneuse de la trompe d'éléphant coiffant le *lingam* et symbolisant le principe créateur ; et une foule de petits Bouddhas à double tête et à quadruple corps ruminant le néant, les mains gravement croisées sur l'abdomen.

« Après cette mythologie ciselée dans l'ivoire, dans l'or et l'argent, sculptée dans le bois de santal, pétrie dans la terre, défilent les acteurs de la divine comédie..., puis, le commun des martyrs.

« En un mot, l'Inde tout entière vit et s'agite devant les yeux du visiteur, et il semble que la compagnie anglaise ait embarqué sur ses packets toutes les races, tous les types, tous les règnes et tous les produits de ce pays pour les amener au Champ de Mars.

« Elle a été récompensée de cette attention par le succès incontestable qu'a eu son exposition si complète, si parfaite, qu'elle pourrait injustices, les violences de la conquête d'une splendide contrée que le génie de Dupleix voulait donner à la France, en dirigeant ses forces morales et industrielles dans le sens le plus droit, le plus utile. L'Angleterre nous a prouvé d'ailleurs, par son exposition hindoue, qu'elle a commencé à comprendre ce nouveau rôle. Il ne nous reste plus qu'à appeler son attention sur la misère des ouvriers qu'elle emploie et qu'elle doit rémunérer sinon autant que les ouvriers européens, les besoins étant moins grands dans l'Indo-Chine, du moins d'une façon plus philanthropique, plus équitable. La conquête, passe encore, puisque les races sont destinées fatalement à se heurter dans des chocs sanglants jusqu'à ce qu'elles soient harmonisées, équilibrées ou plutôt civilisées; mais l'exploitation de l'homme doux et indolent de l'Orient par l'homme dur et énergique de l'Occident est une monstruosité à rayer du globe. »

Quelques mots encore sur les autres colonies anglaises:

« Après s'être apitoyé avec raison sur l'esclavage de la race noire, il serait juste d'étendre la commisération jusqu'à ces malheureux coolies de la Chine et ces pauvres ouvriers de l'Inde gagnant trois sous par jour, qui travaillent plus que des nègres et sont plus à plaindre encore que les descendants de Cham! La liberté et le bien-être sont dus à tous les peuples, à toutes les races, qu'elles soient blanches, jaunes, cuivrées ou noires. La couleur et la latitude ne font rien à l'affaire. »

La Nouvelle-Galles nous a apporté son or, la Nouvelle-Écosse ses houilles, et Victoria sa belle pyramide d'or, dont le volume représente la masse extraite de cette contrée australienne durant une période de quinze années, 1851 à 1866. La quantité d'or ainsi figurée est de 36,514,361 onces, ayant une valeur totale de 3,651,436,100 francs. Cette pyramide a 3 mètres 44 centimètres à sa base et 19 mètres 34 centimètres d'élévation, elle forme un cube de 2081 1/3 pieds anglais!!!

Il est un autre produit de l'Australie qui vient de se révéler au monde. — Je veux parler de ses vins. — Dans une séance de dégustation qui a eu lieu chez Véfour, sous la présidence de M. Simmonds, commissaire des colonies anglaises à l'Exposition universelle, nous avons dégusté une grande variété de vins rouges et blancs qui, malgré la redoutable épreuve à laquelle ils ont été soumis au Champ de Mars pendant les sept mois de l'Exposition, se sont cependant maintenus à une valeur réelle; — ces vins, produits de ceps venus de France, pour la plupart, sont pleins d'avenir, — un jour nous leur consacrerons un travail à part.

De tout ce qui précède que conclure?

La réponse nous paraît facile, mais avant tout, que chacun se pénètre bien que notre opinion est personnelle, que nous n'avons aucunement la prétention de l'imposer; elle est le résultat de nos études, de nos recherches et de nos travaux.

Or, pour nous:

Le peuple anglais est le plus grand peuple du monde au point de vue commercial.

Le peuple anglais, en persévérant dans le but qu'il veut atteindre, ne se laisse abattre ni par les difficultés, ni par les revers, ni même par la concurrence.

Triompher des obstacles, tel est le but vers lequel tendent tous ses efforts, et ajoutons qu'il échoue rarement dans l'accomplissement de sa mission.

Si le peuple anglais est habile dans les transactions, il possède aussi un autre genre d'habileté: il a ce qu'en terme de métier on nomme la main, qualité qui lui permet d'atteindre le dernier terme de l'excellence de fabrication.

Telle est la face de la médaille, voyons le revers.

Le peuple anglais n'est ni artiste ni inventeur; nous trouvons la preuve flagrante de cette affirmation dans son exposition des beaux arts et surtout dans ses tableaux; nous trouvons la preuve de sa pauvreté créatrice dans son exposition industrielle.

Ainsi donc, pour nous, l'Anglais est un observateur profond, un travailleur excellent; il a surtout sur le Français l'avantage d'avoir l'esprit national et coopératif développé jusqu'à la dernière expression.

Il est savant, il étudie et travaille non pour la gloire, non pour satisfaire cette passion héroïque de l'immortalité, mais pour augmenter sa somme de bien et sa prépondérance commerciale.

Si nous étudions attentivement les nombreux objets envoyés par l'Angleterre, nous ne trouvons, à très-peu d'exceptions près, que des copies, mais des copies si admirablement exécutées qu'elles semblent différer essentiellement de l'original. Pour celui qui veut aller au fond des choses, la puissance créatrice manque généralement au peuple anglais.

Dans l'avenir, dans un avenir prochain même, la plus grande gloire de l'Angleterre sera d'avoir préparé les peuples à une fédération universelle ; ce but n'est pas celui ostensiblement cherché, mais il sera une déduction inévitable du mouvement qui guide les populations britanniques dans la voie du mercantilisme organisé sur une vaste échelle.

La Grande-Bretagne a écrit elle-même son histoire et la statistique de sa puissance sur les stores qui ornent l'emplacement qu'elle occupe dans l'immense galerie des machines.

En parcourant le promenoir, en levant les yeux sur ces vitraux d'un puissant effet, on pouvait lire toutes les phases successives de la puissance anglaise.

La reconnaissance avait aussi sa place sur cette splendide décoration et là, l'Angleterre avait foulé aux pieds tout égoïsme, car parmi les bienfaiteurs de l'humanité, parmi les apôtres de la science, à quelque nation qu'ils appartinssent, il ne manquait pas un nom.

Ces stores que nous ne pouvions nous lasser d'admirer, c'était une sorte de géographie industrielle et morale du monde entier [1].

Tout cela prouve, qu'entre tous les peuples, ce ne doivent plus être des poings fermés qui se provoquent, mais des mains ouvertes qui se pressent..., et que ce ne sont plus des horions, mais des produits qu'il faut échanger : *Ad majorem Dei et humanitatis gloriam !*

Suivant nous, et sans fatuité, il manque à l'Angleterre notre esprit d'initiative, notre génie créateur, nos intuitions artistiques. Si les deux peuples pouvaient faire abnégation de leur personnalité, si cette abnégation entrait dans les choses possibles, l'Angleterre et la France, je le répète, domineraient bientôt le monde, car de cette alliance résulteraient la force, la puissance, la production de tous les intérêts matériels illuminés par le flambeau du génie des arts et de la poésie. Et alors, en présence de cette union complétant l'esprit social dans la plus large acception, les peuples s'inclineraient forcément devant cette souveraineté intellectuelle ; ou plutôt comme les peuples ne doivent jamais courber le front, ils s'uniraient tous en un lien fédératif et marcheraient ensemble vers l'avénement du bien-être universel.

Ne craignons pas de le redire, l'exposition anglaise, telle qu'elle se présente au palais du Champ de Mars, doit nous donner très-sérieusement à réfléchir.

Cette exposition, admirablement installée sous tous les rapports, contient les enseignements les plus précieux.

Jamais flambeau plus brillant n'aura éclairé

---

[1]. Voici un spécimen de ces stores, pris au hasard :

DENSITÉ DE LA POPULATION DE L'EUROPE PAR MILLE CARRÉ.

	Habitants par mille carré.
Belgique	401
Hollande	309
Grande-Bretagne	242
Italie	221
États d'Allemagne	189
France	176

DENSITÉ DE LA POPULATION DE L'EUROPE PAR MILLE CARRÉ.

	Habitants par mille carré.
Suisse	157
Prusse	156
Autriche	148
Danemarck	110
Portugal	98
Espagne	90
Turquie	76
Grèce	68
Russie	32
Suède et Norwége	18

Ces chiffres sont très-éloquents — et méritent d'être répandus. — En matière de population, nous n'avons pas de statistique plus rigoureusement exacte.

les intérêts commerciaux de tous les peuples.

Honneur à nos voisins!

Et maintenant que nous avons promené nos lecteurs à travers le monde, nous allons rentrer en France.

Ici notre programme change.

Nous n'avons plus de chiffres à donner. Ce n'est pas la statistique de la France que nous allons faire; ce grand travail n'a-t-il pas été tout récemment accompli par M. Legoyt, notre sommité en statistique?

C'est un tableau que nous avons à peindre : Il nous faut rendre la physionomie de la grande nation hospitalière qui avait dressé la table du banquet auquel sont venus sympathiquement s'asseoir tous les peuples de l'univers. Pénétré de la grandeur de notre mission nous tâcherons d'être heureux dans le choix et l'agencement des couleurs et notre patriotisme, s'inspirant de l'impartialité la plus absolue, se chargera de guider le pinceau.

FIN DES EXPOSITIONS ÉTRANGÈRES

PARIS. — J. CLAYE, IMPRIMEUR, RUE SAINT-BENOIT, 7.

www.ingramcontent.com/pod-product-compliance
Lightning Source LLC
Chambersburg PA
CBHW070535160426
43199CB00014B/2265